INSTITUTO NÊMESIS

DE ESTUDOS AVANÇADOS EM DIREITO

Comentários à Lei do Inquilinato

Obra coletiva em homenagem aos Professores
Sylvio Capanema de Souza e Geraldo Beire Simões

INSTITUTO NÊMESIS
DE ESTUDOS AVANÇADOS EM DIREITO

Comentários à Lei do Inquilinato

Obra coletiva em homenagem aos Professores Sylvio Capanema de Souza e Geraldo Beire Simões

organizadores

Werson Rêgo

Fábio de Oliveira Azevedo

GZ EDITORA

Rio de Janeiro
2023

1ª edição – 2023
1ª edição – 2ª tiragem - 2023

Diagramação: *Olga Martins*

CIP – Brasil. Catalogação-na-fonte.
Sindicato Nacional dos Editores de Livros, RJ.

C725

Comentários à lei do inquilinato: obra coletiva em homenagem aos Professores Sylvio Capanema de Souza e Geraldo Beire Simões / coordenação Werson Rêgo, Fábio de Oliveira Azevedo. - 1. ed. - Rio de Janeiro: GZ, 2022.
426 p.; 24 cm.

Inclui índice
ISBN 978655813049-9.

1. Brasil. [Lei do inquilinato (1991)]. 2. Locação de imóveis - Brasil.. I. Rêgo, Werson. II. Azevedo, Fábio de Oliveira. III. Instituto Nêmesis.

22-78198
CDU: 347.453(81)(094.5)

Gabriela Faray Ferreira Lopes - Bibliotecária - CRB-7/6643

contato@editoragz.com.br
www.editoragz.com.br
Estrada do Capuava, nº 1325 - Box Q - CEP 06715-410
Bairro Barro Branco - Município de Cotia - SP
Tels.: (0XX21) 99585-0737 / 99755-0737

Impresso no Brasil
Printed in Brazil

APRESENTAÇÃO

A Lei n. 8.245, de 18 de outubro de 1991, também conhecida como Lei do Inquilinato, regula as relações jurídicas entre locadores e locatários de imóveis urbanos, estabelecendo direitos e deveres para ambas as partes. Objetiva o estabelecimento do equilíbrio e da harmonia nas ditas relações, garantindo estabilidade e segurança jurídica aos contratantes, protegendo o direito à moradia e o acesso à habitação digna, promovendo o desenvolvimento urbano de forma sustentável.

Poucos negócios jurídicos ostentam uma função social e econômica tão relevante para a sociedade como o contrato de locação de imóveis. São milhares os brasileiros e brasileiras que concretizam seus direitos sociais ao trabalho e à moradia, assegurados abstratamente pela Constituição Federal (art. 6º, CF), por meio deste contrato. Estima-se que uma única imobiliária digital movimente cifras impressionantes em ativos locatícios, ultrapassando 50 bilhões de reais.

E não se imagine, menosprezando tal relevância, que a locação se circunscreva a específicos segmentos sociais. De classes mais oprimidas socialmente até locações milionárias celebradas por grandes corporações, verifica-se que os metros quadrados residenciais e comerciais mais caros do país, assim como os mais acessíveis, têm, frequentemente, suas posses diretas adquiridas por meio desse valoroso contrato.

No Brasil, o desvelo econômico-social, o empenho e a vocação de grandes juristas resultaram na criação da bem-sucedida Lei n. 8.245/01, ainda pujante, material e processualmente, apesar de vencidas três décadas de vigência. Nada obstante isso, muito embora sejamos mais de 210 milhões de cidadãos e cidadãs no país, distribuídos pelos 27 entes que compõem a federação, surpreende e choca o número muito tímido de obras que cuidam, com genuíno zelo, desse tão emblemático assunto.

Duas, portanto, são as razões centrais que nos motivaram à criação deste trabalho. Primeira, atentos à realidade exposta antes, contribuirmos para ampliar as reflexões sobre a locação imobiliária, tratada muito cerimoniosamente pela literatura jurídica. Segunda, amortizarmos a incalculável dívida que a comunidade jurídica tem com dois destacados membros da comissão criadora do anteprojeto da Lei n. 8.245/91: os professores Sylvio Capanema de Souza e Geraldo Beire Simões, queridos e saudosos amigos.

Sylvio Capanema de Souza é um dos mais renomados juristas brasileiros, com uma importante contribuição para o desenvolvimento do direito imobiliário no país, notadamente no que respeita à legislação sobre locação de imóveis urbanos. Ao lado de Geraldo Beire Simões e de Pedro Antonio Barbosa Cantisano, foram os autores do anteprojeto que resultou na Lei n. 6.649, de 16 de maio de 1979, que por primeiro regulou a locação predial urbana, e, justos intérpretes de si mesmos, foram coautores do anteprojeto que resultou na edição da Lei do Inquilinato em vigor.

Desta forma, movidos pelos sentimentos de reconhecimento, gratidão e saudades, reunimos um grupo de destacados juristas que aglutinam, simbioticamente, vasta experiência prática com profundo conhecimento acadêmico. E, somados os esforços de talentosas mãos e muito sábios cérebros, produziu-se uma obra densa e que nasce com a corajosa pretensão de incentivar a reflexão jurídica e de contribuir para a eficiente atuação dos operadores do direito.

Cada artigo da Lei n. 8.245/91 é comentado por um coautor, sempre utilizando um tom didático para transmitir o conteúdo profundo, expondo as divergências hermenêuticas sobre a locação imobiliária e assinalando a visão da jurisprudência, com destaque para a posição do Superior Tribunal de Justiça.

Espera-se, enfim, que a obra nasça com a irremediável predisposição para a longevidade, o que só se mostra concebível pela maneira estruturada com que foi organizada, definindo-se previamente cada tema, selecionado o respectivo coautor, possível graças ao alerta, que antecedeu cada convite, de que esse esforço metodológico era necessário para efetivamente reverenciar os dois grandes homenageados. Que seja o trabalho coletivo, escrito com abnegação e entusiasmo por cada coautor, tão imortal quanto os inesquecíveis Sylvio Capanema e Geraldo Beire Simões.

Werson Rêgo
Fábio de Oliveira Azevedo

PREFÁCIO

O mercado de locações sempre foi, e continua sendo, um dos ramos do direito com mais beligerância e conflitos judiciais, uma vez que sofre diretamente as consequências das mudanças econômicas e sociais.

É certo que a Lei de Locações atual, um dos mais completos e respeitados institutos jurídicos do nosso país, trouxe uma certa calmaria nas relações locatícias porque, não obstante seja apelidada de "Lei do Inquilinato" (supostamente defenda os direitos dos inquilinos), em verdade trouxe um equilíbrio nessa modalidade contratual, dando uma temperança nessa relação conflituosa.

Além de ter conteúdo de direito material, regrou, também, quatro dos principais procedimentos locatícios, dando roupagem própria aos tipos processuais mais comuns no universo locatício.

Foi, à época, uma lei de vanguarda: foi o primeiro instituto jurídico a prever direito para o convivente, quando ainda não havia lei regrando essa relação familiar; previu medida liminar num procedimento de natureza ordinária (hoje, procedimento comum), depois copiado pelo Código de Processo Civil, que criou a antecipação da tutela.

A quase perfeição da Lei do Inquilinato se deve ao seu anteprojeto, que foi elaborado por três juristas militantes do mercado imobiliário: Sylvio Capanema de Souza, Geraldo Beire Simões e Antônio Pedro Barbosa Cantisano – então, advogados militantes desse pujante mercado -, que tão bem souberam transpor para os dispositivos legais as agruras vividas por eles no cotidiano contencioso, administrativo e nas adversidades da militância forense.

Apesar de ter sofrido poucas alterações desde sua promulgação, é certo que a Lei do Inquilinato necessitava de um olhar atual, seja pela aparição de novas modalidades de contratação na seara do imóvel urbano – como, por exemplo, o airbnb e a locação por encomenda (built to suit) -, quer seja pela grande sacolejada dada na sociedade pela pandemia mundial acometida pelo vírus da Covid-19, em que arranjos familiares foram formados ou desfeitos a partir daí e, também, o já incorporado no cotidiano trabalho em "home office".

A presente obra traz essa lufada de modernidade ao já consagrado instituto locatício, além de ter a virtude de ter sido concebida e coordenada por dois conceituadíssimos juristas, os professores Werson Rêgo e Fábio Azevedo.

Essa obra coletiva, para qual os coordenadores convidaram juristas proficientes e militantes do mercado locatício, releva um olhar atual e pragmático sobre o negócio jurídico da locação dos imóveis urbanos, norteando o trabalho daqueles que se dedicam ao estudo e à militância dessa área tão pujante do direito civil.

Sérgio Murilo Herrera Simões
Advogado, professor universitário
Presidente do NEED – Núcleo de Estudos e Evolução do Direito

TRIBUTO A SYLVIO CAPANEMA DE SOUZA

Sylvio Capanema de Souza foi um jurista singular, exuberante e excepcionalmente completo, que deixou sua marca indelével no direito brasileiro. Sua extraordinária habilidade como professor e escritor, aliada a uma capacidade incomparável de oratória, tornou-o um dos mais respeitados e admirados juristas de seu tempo. Os que tiveram o privilégio de assistir suas apresentações são auriculares testemunhas da mais absoluta isenção contida neste tributo, imune a hipérboles tão comuns em homenagens, sobretudo quando produzidas post mortem.

Sua didática profunda, expressa em sua escrita elegante e sublime, encantou e iluminou gerações de estudantes e profissionais do direito. Como orador, sua capacidade de comunicar ideias de maneira clara e envolvente, combinada com uma presença de palco magnética, cativou audiências de todos os tipos e tamanhos. A singularidade de seu pensamento e expressão, aliada à sua visão humanista e pragmática, o torna um modelo inigualável de excelência no mundo jurídico. Sua obra e legado são insuperáveis e permanecerão como um exemplo de integridade e dedicação ao direito e à justiça.

Nada obstante sua lamentável partida, a inspiração que plantou nos corações de todos aqueles que tiveram a oportunidade de conhecê-lo é duradoura e perdurará por muitas gerações. A contribuição de Sylvio Capanema de Souza para o direito brasileiro é incomparável e seu legado será lembrado com admiração e respeito por todos aqueles que valorizam a excelência e a integridade no exercício da profissão jurídica.

Capanema, como íntima e carinhosamente era chamado pelos alunos e amigos – e, segundo o mestre, também eram amigos aqueles que nunca se viram antes, mas se reuniam para compartilhar sonhos, esperanças e amor, ao Direito e a Justiça - nasceu no Méier, em 1938. Formou-se na Faculdade Nacional de Direito, em 1960, e rapidamente tornou-se um advogado de alto nível, com destaque na área imobiliária, atuando em nome de importantes associações e corporações brasileiras. Notoriamente reconhecido por sua ética intransigente, provou ser absolutamente conciliáveis a advocacia combativa, a urbanidade e o respeito aos seus pares. Em 1994, aos 56 anos, foi nomeado Desembargador do Tribunal de Justiça do Estado do Rio de Janeiro, ocupando vaga destinada ao Quinto Constitucional da Advocacia. Sua atuação como magistrado foi marcada pela elegância e cientificidade de seus votos, bem assim por ocupar cargos importantes na administração do Tribunal.

Como professor, Capanema deixou sua marca em diversas instituições, mas foi à Universidade Candido Mendes – UCAM e à Escola da Magistratura do Estado do Rio de Janeiro - EMERJ que dedicou mais tempo e paixão, lecionando Direito Civil ininterruptamente. Na UCAM, era frequentemente eleito orador e paraninfo de suas turmas; na EMERJ, homenageado com o título de Professor Emérito, foi um dos membros mais festejados do corpo docente.

Capanema era uma figura inspiradora que incentivava os jovens a lutar por um país melhor e mais justo, resistindo bravamente contra a corrupção, desamor e egoísmo social. Lembrava-nos dos duelos medievais e destacava o papel dos palafraneiros - soldados desarmados, mas que corajosamente posicionavam-se na linha de frente de sua cavalaria, sendo responsáveis por carregar a bandeira, o símbolo da dignidade, da honra e dos sonhos de seu exército. Acreditava Capanema que a bandeira que ele defendia deveria ser passada para as novas gerações, baseando-se na capacidade de resistência e na manutenção dos ideais de seus alunos. O mestre aspirava ser lembrado pela história como um agente ativo de mudanças sociais e contribuir para a construção de um futuro glorioso para o país.

Capanema faleceu em 2020, aos 82 anos, vítima da COVID-19, deixando um legado imensurável para o Direito brasileiro e sendo lembrado como um jurista completo e exuberante, escritor sublime e elegante, um dos maiores e mais cativantes oradores do país. Seus exemplos de ética, retidão e compromisso com a justiça continuarão uma referência para as futuras gerações de advogados e juristas brasileiros. Deixará colossais e não cicatrizáveis saudades, um imenso e insuperável vazio no mundo jurídico, mas seu legado e ensinamentos permanecerão vivos e serão lembrados por gerações. Ele foi, sem dúvida, um imortal agente de mudanças, que contribuiu ativamente para realizar o sonho de construir um futuro glorioso, solidário e justo para o país. Sua bandeira ficará firmemente de pé, empunhada com determinação pelos seus discípulos.

Para aqueles que, inconsoláveis, choram a ausência inestimável do Mestre, vem à memória um trecho da obra Canção do Tamoio, de Antônio Gonçalves Dias, que o próprio costumava citar, e, quiçá, seja mais uma acolhedora lição deixada por ele:

Não chores, meu filho;
Não chores, que a vida
É luta renhida:
Viver é lutar.
A vida é combate,
Que os fracos abate,
Que os fortes, os bravos
Só pode exaltar.

Fábio de Oliveira Azevedo
Werson Rêgo

HOMENAGEM AOS MESTRES

Sylvio Capanema de Souza e Geraldo Beire Simões foram homens do seu tempo, de propósitos firmes, desafiadores. Gigantes na conquista de novos conhecimentos, desde cedo nos impregnaram com uma consciência que parece tê-los embalado desde os primeiros passos: a de que somente os fortes realizam os seus sonhos. Imenso legado! Partiram em voo maior de liberdade. Estão em DEUS e de lá, sem dúvida alguma, velam pela legião de amigos e discípulos que aqui deixaram.

E, se hoje ainda nos entristecemos com esta ausência, é porque a estes Mestres, a par do imenso legado que nos deixaram, escapou um detalhe: "não nos ensinaram a viver sem as suas presenças". Obrigada, Mestres queridos, pela magnitude dos exemplos VIVOS que nos legaram. Permanecerão para sempre entre nós.

Ana Luiza Lima Ferreira Advogada
Conselheira Nata, Sócia Benemérita e ex-Presidente da ABAMI
Membro efetivo da Comissão de Direito Imobiliário e Urbanístico da OAB/RJ

Há quem teime em somente caracterizar como "revolucionários" aqueles que pegam em armas, derrubam regimes e promovem a ruptura de paradigmas político-sociais. Contudo, Sylvio Capanema e Geraldo Beire, sem que possamos nos esquecer de Pedro Cantisano, legaram aos Mercados Imobiliário e Habitacional brasileiros uma quebra tão positiva e eficaz de paradigmas que se enquadram perfeitamente na definição daquele primeiro termo dos melhores dicionários: "quem se caracteriza pela inovação, pela originalidade, pela possibilidade de renovar os padrões estabelecidos; ousado".

Poucos anos depois da promulgação da Constituição, nos proporcionaram a mais bem-sucedida iniciativa legislativa da História, no que respeita à promoção dos valores previstos no art. 3º da Carta Maior. Depois da Lei 8.245/91, locadores e locatários começaram a experimentar, na prática, em que consiste uma sociedade livre (onde os proprietários se sentem estimulados pela própria economia de mercado a ofertarem seus imóveis para locação), justa (com equilibrada distribuição de diretos e deveres entre os personagens contratuais) e solidária (com o reconhecimento da fragilidade social dos inquilinos).

Disse Kierkegaard que "sofrer, é só uma vez; vencer, é para a eternidade".

Os MEUS mestres – e bato no peito com orgulho para assim chamá-los – sofreram para revolucionar, mas venceram.

Luís Fernando Marin

O direito e o mercado imobiliário, sobretudo locatício, são devedores eternos do brilhantismo acadêmico e intelectual de Sylvio Capanema de Souza e Geraldo Beire Simões. Se hoje temos uma relação equilibrada entre locadores e locatários, devemos à energia incansável desses homens exemplares, juristas atemporais e senhores de um tempo que atualmente desfrutamos. Agradecimento é um gesto tímido demais para enaltecer esses gigantes.

Marcelo Borges

Diretor de Locação e Condomínio da ABADI
Membro da Comissão de Direito Imobiliário e Urbanístico da OAB/RJ

Em 1974, conheci Geraldo Beire Simões. Pessoa inteligente, amável e generosa com todos os colegas advogados, sem distinção. Em nossas conversas, se mostrava saudoso dos tempos remotos em que residia no bairro de Bangu. Também contava com orgulho suas lembranças como redator Legislativo das Câmaras dos Vereadores e Assembleia Legislativa.

Com muito destaque, foi um dos colaboradores para a criação da Lei do Inquilinato e também fundou a ABAMI - Associação Brasileira dos Advogados do Mercado Imobiliário. Para mim, que tive o privilégio de conviver com o meu amigo Geraldo Beire, levo comigo a doce lembrança de um espírito de luz que tive a riqueza e o prazer de conhecer.

José Neves Pinheiro

Certas pessoas passam por nossas vidas de forma intensa, muito especial e ficam para sempre em nossas lembranças, pelo que foram, fizeram e acima de tudo, o legado que nos deixaram. Dentre essas, especialmente duas se fizeram marcantes em minha vida: Geraldo Beire Simões e Sylvio Capanema de Souza.

O Dr. Geraldo, cordial amigo, com quem convivi por mais de trinta anos, o qual aprendi a gostar, respeitar e admirar.

O Dr. Sylvio, de capacidade ímpar, profundo conhecedor do direito, um mestre na arte de se comunicar.

Com ambos, tive o privilegio de desfrutar o conhecimento, acompanhando seus feitos e realizações, quando da elaboração da Lei do Inquilinato, em que ambos, juntamente com o também saudoso Pedro Cantisano, foram os baluartes e incansáveis idealizadores e criadores, nos bons tempos da ABADI, que presidi, sempre com o apoio incondicional de ambos.

Com eles foi criada a ABAMI, tendo o Dr. Sylvio como primeiro presidente e, posteriormente, o Dr. Geraldo, associação da qual participei desde a fundação e que, igualmente, presidi com o apoio e atenção de ambos.

Pessoas amigas, notáveis e sempre dispostas para com o próximo, que nos deixaram um grande legado e muita saudade.

Certamente, na dimensão em que se encontram, estão proferindo ótimas "palestras" e participando de um "pinga fogo" muito dinâmico. Saudades dos queridos amigos.

Carlos Samuel de Oliveira Freitas
Ex-presidente da ABADI e da ABAMI

SUMÁRIO

Art. 1° A locação de imóvel urbano regula - se pelo disposto nesta lei:

Parágrafo único. Continuam regulados pelo Código Civil e pelas leis especiais:

a) as locações:

1. de imóveis de propriedade da União, dos Estados e dos Municípios, de suas autarquias e fundações públicas;

2. de vagas autônomas de garagem ou de espaços para estacionamento de veículos;

3. de espaços destinados à publicidade;

4. em apart- hotéis, hotéis – residência ou equiparados, assim considerados aqueles que prestam serviços regulares a seus usuários e como tais sejam autorizados a funcionar;

b) o arrendamento mercantil, em qualquer de suas modalidades.

Fábio de Oliveira Azevedo

É muito comum ouvir-se que a Lei nº 8.245/91 disciplina a locação de imóveis urbanos. Inclusive, sua própria ementa estabelece tal conteúdo ao prever que a legislação "dispõe sobre as locações dos imóveis urbanos e os procedimentos a elas pertinentes".

Tal assertiva, muito embora seja verdadeira, precisa ser examinada com alguma cautela, já que existem locações imobiliárias disciplinadas por outros atos normativos. Essas exceções constam expressamente no rol do art. 1º da Lei nº 8.245/91, que pensamos ser taxativo e, por isso, merecer interpretação restritiva.

Desse modo, *locações de bens públicos* são disciplinadas pelo Decreto-lei n° 9.760/46 ("dispõe sobre os bens imóveis da União") e pelas diversas especificidades que envolvem a relação jurídica existente com a administração pública.

No caso de *locação de vagas autônomas de garagem ou de espaços para estacionamento de veículos*, aplica-se o Código Civil (arts. 565 ao 578) e não a Lei nº 8.245/91. Uma simples ilustração, reveladora da alta relevância prática dessa ressalva excludente, recai sobre a via procedimental adequada para reaver a posse do bem em caso de inadimplemento do dever de pagar o aluguel. No caso da locação de vaga de garagem, o locador deverá ajuizar *ação de reintegração de posse* para reaver a posse do bem, ao contrário da *ação de despejo*, obrigatória para as locações regidas pela Lei nº 8.245/91 (art. 5º). Nas duas hipóteses legais, antecedentemente, o contrato de locação seria resolvido pelo inadimplemento.

Do mesmo modo ocorre nos casos de *locações de espaços destinados à publicidade*. Se um *outdoor* ou a *fachada de um edifício* são alugados para fins publicitários, atrai-se a aplicação do Código Civil e afasta-se a Lei nº 8.245/91, com as mesmas consequências processuais da hipótese examinada no parágrafo anterior.

No caso do *arrendamento mercantil* (ou *leasing*), o legislador – com o risco do truísmo, pois o arrendamento não é exclusivamente uma locação[1] – tomou a muito bem-vinda cautela de deixar claro que o arrendamento mercantil escapa da aplicação da Lei nº 8.245/91, sendo disciplinado pela Lei n° 6.099/74, além de incidirem diversas resoluções editadas pelo Banco Central do Brasil.

Seria o caso do *leasing back*, negócio jurídico pelo qual se aliena a propriedade imobiliária de um bem, geralmente com a finalidade de obter capital de giro. Em seguida, celebra-se um contrato de l*easing* para proporcionar a continuidade do alienante na posse do bem – agora direta pelo desdobramento decorrente da relação obrigacional – acrescida da opção de compra do imóvel ao fim do prazo contratual.

De acordo com o art. 1º da Lei nº 8.245/91, esta lei disciplina a locação de "imóveis urbanos". Portanto, e por exclusão, as locações imobiliárias rurais ou arrendamento rural são regidas pelos artigos 95 da lei n° 4.504/64, 13 da lei n° 4.947/66 e Dec. n° 59.566/66.

Locação em apart-hotel

O art. 1º, "a", "4", prevê uma exceção que merece algumas sucintas considerações. E isso porque o dispositivo afasta da aplicação da Lei nº 8.245/91 as locações "em apart-hotéis, hotéis – residência ou equiparados, assim considerados aqueles que prestam serviços regulares a seus usuários e como tais sejam autorizados a funcionar".

É preciso compreender, a partir das funções desse arranjo peculiar, a razão que motivou o legislador a afastar tal estrutura locatícia do seu específico campo de incidência. Deve-se, essencialmente, examinar os muitos e peculiares aspectos que envolvem a operação hoteleira e assemelhada como um todo, sendo impensável, por exemplo, cogitar a necessidade de um hotel ajuizar ação de despejo para desalijar cada hóspede que se recuse a restituir seu quarto ao término de um curto período de hospedagem.

---

1 De acordo com o art. 1º, parágrafo único, da Lei nº 6.099/74, "considera-se arrendamento mercantil o negócio jurídico realizado entre pessoa jurídica, na qualidade de arrendadora, e pessoa física ou jurídica, na qualidade de arrendatária, e que tenha por objeto o arrendamento de bens adquiridos pela arrendadora, segundo especificações da arrendatária e para uso próprio desta". Cria-se uma opção de compra ao fim do contrato, dado este suficiente para distinguir esse valor mensal no arrendamento do aluguel da locação, especialmente após a Súmula 293 do STJ admitir que o VRG (valor residual de garantia). Essa modalidade também é objeto de disciplina pela Resolução 2.309/96.

Essa mesma motivação estende-se às operações assemelhadas, como são os casos do apart-hotel, do hotel residência e equiparados. Destaca-se, com relação ao contrato de hospedagem, a aplicação da Lei nº 11.771/08, sobretudo os elementos de qualificação previstos pelo art. 23[2] dessa lei.

Porém, é preciso distinguir duas situações possíveis e muito frequentes para o mercado imobiliário.

Pela primeira, um interessado dirige-se à administradora hoteleira, responsável por gerenciar diversas unidades que formam um *pool* e se mantêm disponíveis para locação. Pela segunda, um investidor adquire uma unidade imobiliária localizada em um condomínio comercial com estrutura de apart-hotel e o aluga diretamente.

O legislador, quando desejou afastar do campo de incidência da Lei nº 8.245/91 a locação em apart-hotel, o fez para a primeira hipótese, de forma a respeitar as peculiaridades que envolvem esse arranjo.

Não o fez, porém, para a segunda, ao menos examinada a questão em perspectiva funcional, pois a locação realizada pelo proprietário de uma unidade, tão somente porque inserida em condomínio sob a estrutura de apart-hotel, não deve afastar a legislação protetiva.

Concordamos, assim, com Gustavo Tepedino[3], quando ensina que "com efeito, verifica-se, em regra, duas espécies de locação nos apart-hotéis: a locação realizada diretamente pelo proprietário, que não se diferencia da locação

2 Art. 23. Consideram-se meios de hospedagem os empreendimentos ou estabelecimentos, independentemente de sua forma de constituição, destinados a prestar serviços de alojamento temporário, ofertados em unidades de freqüência individual e de uso exclusivo do hóspede, bem como outros serviços necessários aos usuários, denominados de serviços de hospedagem, mediante adoção de instrumento contratual, tácito ou expresso, e cobrança de diária.
§ 1º Os empreendimentos ou estabelecimentos de hospedagem que explorem ou administrem, em condomínios residenciais, a prestação de serviços de hospedagem em unidades mobiliadas e equipadas, bem como outros serviços oferecidos a hóspedes, estão sujeitos ao cadastro de que trata esta Lei e ao seu regulamento.
§ 2º Considera-se prestação de serviços de hospedagem em tempo compartilhado a administração de intercâmbio, entendida como organização e permuta de períodos de ocupação entre cessionários de unidades habitacionais de distintos meios de hospedagem.
§ 3º Não descaracteriza a prestação de serviços de hospedagem a divisão do empreendimento em unidades hoteleiras, assim entendida a atribuição de natureza jurídica autônoma às unidades habitacionais que o compõem, sob titularidade de diversas pessoas, desde que sua destinação funcional seja apenas e exclusivamente a de meio de hospedagem.
§ 4º Entende-se por diária o preço de hospedagem correspondente à utilização da unidade habitacional e dos serviços incluídos, no período de 24 (vinte e quatro) horas, compreendido nos horários fixados para entrada e saída de hóspedes.

3 Temas de Direito Civil. Ed. Renovar, 2ª Edição, p. 142.

residencial; e a locação realizada pela administradora do apart-hotel, numa espécie de pool de unidades oferecidas em locação, muitas vezes por diversos proprietários nos períodos em que não pretendem utilizar as respectivas unidades, efetuando-se a locação através de uma central de administração. Esta última espécie é a que o legislador afastou de sua órbita de incidência, admitindo-se a autonomia privada para a cobrança das taxas correspondentes aos serviços que lhe são peculiares, como sistema de telefonia, o serviço de quarto, lavanderia, restaurante etc... enquanto a primeira, ao contrário, permanece sob a égide da Lei do Inquilinato, sujeitando-se a todas as restrições de prazos e condições para a denúncia cheia ou vazia".

Air BNB

Os espaços imobiliários disponibilizados para ocupação mediante remuneração, por meio de uma plataforma digital, refletem um rumo contemporâneo irreversível para as relações sociais e econômicas que caracterizam a chamada *sharing economy* (econômica de compartilhamento).

Esse percurso econômico não se limitou somente à hospedagem e ao turismo, expandindo-se criativamente para o setor de transporte, para a hospedagem de animais, alimentação e até o setor financeiro, tendo como limite a infinita capacidade do mercado idealizar novos formatos ou simplesmente moldar modelos já existentes.

Especificamente no caso do *AirBnb*, verifica-se que o arranjo de interesses ocorre pela intermediação entre uma pessoa que disponibiliza total ou parcialmente o seu imóvel (anfitrião) para ocupação por outra (hóspede), em troca de uma remuneração.

Neste caso, a plataforma digital evidentemente não é sujeito da relação jurídica locatícia, embora mantenha relações jurídicas individuais com cada uma das partes. Inclusive, embora não haja relação de consumo na relação entre hóspede e anfitrião, sobretudo admitindo-se a controversa orientação de que a relação é locatícia, nada impede que se verifiquem, em tese, os elementos qualificadores da relação de consumo (arts. 2º e 3º do CDC) entre o AirBnb e os usuários dos seus serviços.

Controverte-se sobre a correta qualificação desse arranjo de interesses, o que precisa ser verificado a partir dos efeitos principais que são produzidos, para então identificar se estão presentes, ou não, os elementos qualificadores da relação locatícia.

São elementos essências da locação: i. a coisa, que necessariamente deve ser imóvel para que a Lei nº 8.245/91 seja aplicada; ii. consenso entre as partes, sem que exista uma forma específica para que a vontade seja externada (art. 107 do Código Civil) ; iii. locador e locatário, que transferirá e utilizará a posse, respectivamente, por meio do desdobramento da posse que a locação propicia; iv. temporariedade, sem que haja limitação mínima ou máxima, de acordo com a legislação brasileira; v. remuneração mediante aluguel.

Desse modo, pensamos que no arranjo contratual do AirBnb encontram-se presentes todos esses elementos qualificadores da locação, a atrair a aplicação da Lei nº 8.245/91, especialmente as regras da locação por temporada previstas nos arts. 48 ao 50. Muito embora não se negue a especificidade da criação tecnológica propiciar novo modo de aproximação entre locador e locatário, dinamizando funcionalmente a tradicional estrutura locatícia, nos parece que tal transformação atua muito mais para assemelhar o aribnb ao tradicional corretor de imóveis na aproximação das pontas do negócio, do que propriamente interferir com intensidade capaz de afastar os elementos qualificadores da locação, que, repita-se, pensamos que estarão presentes como síntese dos efeitos essenciais desse ajuste, seja lá como esse modelo de negócio queira nominar locador e locatário para o fim de divulgação da sua operação.

Não concordamos com as respeitadas opiniões que enxergam uma aticipidade contratual ou uma hospedagem atípica, somente porque a tecnologia desenvolveu novo modelo de negócio e inovador instrumento de ligação entre locador e locatário.

Porém, sendo uma função bastante diferente para a estrutura locatícia tradicional, incluindo a locação por temporada, e sobretudo considerando a alta densidade social e econômica dessa ferramenta de aproximação de pessoas, recomenda-se e será muito bem-vinda a disciplina autônoma das particularidades que envolve os interesses mercadológicos dessa locação, o que pode ser feito por lei própria ou por modificação na própria Lei nº 8.245/91.

Airbnb e a posição do STJ

No julgamento do REsp 1819075/RS, a 4ª Turma do STJ, por maioria, enfrentou com pioneirismo o tema e concluiu que "existindo na Convenção de Condomínio regra impondo destinação residencial, mostra-se indevido o uso de unidades particulares que, por sua natureza, implique o desvirtuamento daquela finalidade (CC/2002, arts. 1.332, III, e 1.336, IV). Não obstante, ressalva-se a possibilidade de os próprios condôminos de um condomínio edilício de fim residencial deliberarem em assembleia, por maioria qualificada (de dois terços das frações ideais), permitir a utilização das unidades condominiais para fins de hospedagem atípica, por intermédio de plataformas digitais ou outra modalidade de oferta, ampliando o uso para além do estritamente residencial e, posteriormente, querendo, incorporarem essa modificação à Convenção do Condomínio".

Conclui-se, ao menos pelo raciocínio extraído da ementa do acórdão, que o Airbnb já estaria proibido, automaticamente, nos condomínios residenciais, embora possa haver deliberação por assembleia, pelo quórum qualificado de 2/3, para permitir a prática. Sobretudo porque a própria instituição do condomínio exige a indicação do "fim a que as unidades se destinam" (art. 1332, III, Código Civil).

Parece-nos, portanto, essencial o exame individual de cada um dos votos e das especificidades do caso concreto para a compreensão da extensão da decisão do STJ.

O caso julgado envolvia ação cominatória ajuizada por um condomínio de Porto Alegre, Rio Grande do Sul, contra mãe e filho proprietários de duas unidades subdivididas estruturalmente em diversos cômodos, assemelhando-as a um *hostel*, inclusive oferecendo serviço de lavanderia e internet para os hóspedes.

Além do mais, tal prática ocorria há 2 anos e não havia qualquer regra na convenção proibindo a locação por curto período, embora o abuso de direito não tivesse sido objeto do debate. Os pedidos foram julgados procedentes em primeiro e segundo grau.

O Ministro Luis Felipe Salomão, relator, deu provimento ao recurso para julgar improcedente o pedido e admitir a locação como sendo por temporada e não um contrato de hospedagem, como entendeu o TJ/RS, de modo que a exploração econômica da propriedade teria ocorrido de forma regular, cabendo ao condomínio, eventualmente, adotar medidas para manutenção da regularidade, como o cadastramento dos hóspedes na portaria. Soma-se o fato da prática ocorrer no condomínio há anos, sem qualquer objeção, e o princípio da legalidade não prevê autorização para a restrição da prática.

Para o relator, a proibição no caso concreto foi genérica ("finalidade residencial do imóvel"), ou seja, haveria utilização com finalidade comercial pela locação por meio de aplicativos. Desse modo, entendeu que não existe fundamento legal para restringir o aluguel por meio desse modelo de negócio, assim como não há prova de quebra ou vulneração de segurança. E, com isso, "nessa linha de intelecção, penso ser ilícita a prática de privar o condômino do regular exercício do direito de propriedade, em sua vertente de exploração econômica".

O Ministro Raul Araújo divergiu, para negar provimento ao recurso especial e manter o acórdão recorrido. Para o Ministro, o condômino deve cumprir o art. 1336, IV, do CC, e "dar às suas partes a mesma destinação".

Disse que, "nessa linha de intelecção, procede a pretensão do Condomínio Edilício autor de, com base na Convenção condominial, vedar o uso das unidades condominiais para fins de hospedagem remunerada, com múltipla e concomitante locação de aposentos existentes nos apartamentos, a diferentes pessoas, por curta temporada. A forma de utilização do imóvel pretendida pelos recorrentes altera a finalidade residencial do Edifício, exigindo relevantes adaptações na estrutura de controle de entrada e saída de pessoas e veículos do prédio, sob pena de ensejar potencial ameaça à segurança e ao sossego de todos. Apenas para ilustrar e facilitar a compreensão, exemplifica-se: o ingresso equivocado de pessoas, devido a compreensível engano do porteiro pela dificuldade de controle de movimentação de entrada e saída, disponibiliza para aproveitadores oportunidade para arrombamento fácil de apartamentos fechados em razão de viagem de condômino ou para outras formas de roubo, até mais violentas. Sem falar em outros crimes.

Destacou que o caso concreto envolve a locação de quartos de um apartamento, a locação parcial de dois apartamentos, enquadrando-se em nova modalidade de hospedagem, distinta de hotéis, pousadas e motéis, regidos pela Lei nº 11.771/08.

Com o contexto envolvendo a disponibilização de serviço de internet e lavanderia, ficaria descaracterizada a locação por temporada e emergiria a hospedagem atípica, autorizada pelo art; 425 do CC.

Enfim, se a convenção prevê que a destinação do edifício é residencial, a utilização da unidade para hospedagem atípica é ilegal, muito embora, observado o quórum de 2/3, possa a prática ser autorizada.

Para a Ministra Isabel Gallotti, a divergência inaugurada pelo Min. Raul Araujo merecia ser acompanhada. Não haveria destinação residencial no airbnb, escapando da permissão da convenção.

Diferente, porém, ocorreria em condomínio de casas, onde haveria maior liberdade, diferente do que ocorre em condomínios, muito embora não tenha sido enfrentado pela culta Ministra a hipótese de casas localizadas em condomínios edilícios ou assemelhados.

Para o Ministro Antonio Carlos Ferreira, que também acompanhou a divergência, a questão central não seria a qualificação da relação ou mesmo o modo de locação (aplicativo ou jornal, por exemplo), mas a legalidadade da decisão que restringe o direito de propriedade.

Nesse sentido, entendeu que o caso concreto sequer deveria ser utilizado como precedente, pois "entendo não ser este o processo mais adequado para que dele se possa extrair uma abrangência maior e criar precedente específico sobre a questão envolvendo os aplicativos pelos quais os usuários oferecem seus imóveis para uso temporário (locação para temporada)"

Disse, ainda, que "Em tais circunstâncias, consigno e reafirmo meu entendimento pessoal de que a contratação realizada por meio de aplicativos em plataformas como o "AirBNB" não implica transformar, por si, a locação do imóvel em atividade comercial. São as características dos serviços prestados, aferidas caso a caso, que podem ensejar o reconhecimento da prestação de serviços de hospedagem, desqualificando a mera locação para temporada (prevista nos arts. 48, 49 e 50 da Lei do Inquilinato)".

Inclusive, no caso concreto, se não houvesse o serviço de internet e lavanderia, o destino do processo poderia ser diverso. De acordo com sua posição, "Se tratássemos aqui de uma locação para temporada pura, sem a oferta de qualquer serviço adicional, ainda que avençada por meio de um aplicativo, possivelmente não teria a mesma sorte este recurso, ao menos sob a minha compreensão, ressalvada a hipótese de expressa vedação na convenção condominial, o que não se noticia neste caso".

Dito de outro modo, a utilização do aplicativo, isolada, não transforma a atividade em comercial ao se oferecer remuneradamente o uso das unidades. No caso concreto, porém, especialmente pela prestação de serviço de internet e lavanderia, a hipótese seria de hospedagem atípica e não de locação.

Desse modo, é possível extrair algumas conclusões desse julgamento.

Em suma, parece-nos que o debate ainda não está definitivamente sepultado, ao menos no âmbito da 4ª Turma do STJ. Basta pensar que um recurso especial que envolva uma locação pura, sem serviços, poderia ser caracterizada como locação para os Ministros Luis Felipe Salomão e Antonio Carlos Ferreira, sem falar na futura participação do Ministro Marco Buzzi, que estava justificadamente ausente.

Pensamos que o debate mais intenso será outro, ou seja, saber se o exercício da autonomia privada condominial merecerá tutela se vier a proibir a disponibilização de unidades pelo AIRBNB, fazendo com que tenha importância secundária a qualificação dessa relação jurídica. Lembre-se que neste caso concreto não havia deliberação assemblear proibindo a locação, e por isso prevaleceu a orientação de que havia uma incompatibilidade entre a finalidade residencial e a forma de disponibilização do espaço com feição comercial.

Nossa posição é de que a disponibilização remunerada de unidades pelo AIRBNB e modelos de negócio assemelhados é qualificável como locação por temporada, e por isso autorizada pela Lei nº 8.245/91, em seus arts. 3º e 48/50, por atrair os elementos do contrato de locação. Porém, pode ser proibida por deliberação específica.

Veja-se que a autonomia privada condominial é atribuída por lei no caso específico da convenção condominial, especificamente pelo art. 1334 do CC: "além das cláusulas referidas no art. 1.332 e das que os interessados houverem por bem estipular, a convenção determinará".

E, no caso de decisão de assembleia, prevalece a liberdade para deliberar livremente pelo quórum de maioria simples, em segunda convocação, para qualquer matéria para a qual não se reserve expressamente quórum específico.

Dito de outro modo, com base no art. 1353 do Código Civil ("em segunda convocação, a assembleia poderá deliberar por maioria dos votos dos presentes, salvo quando exigido quórum especial"), entendemos que pode ser convocada assembleia específica para deliberar sobre a proibição de locação por curtíssimos períodos, elegendo-se um período mínimo e justificando as razões para tal deliberação.

E, em última análise, o controle de merecimento de tutela dessa deliberação será feito pelo abuso do direito, previsto pelo art. 187 do CC. Por exemplo, a vocação do condomínio deve ser um dos critérios para a verificação da legalidade da deliberação, a tornar abusiva a posição que proíba a locação por curto período em condomínios com função prioritariamente sazonais, como seriam os condomínios de casas nas regiões litorânea ou serrana.

Locação built to suit (CONSTRUÍDO PARA SERVIR)

Mais um efeito da criatividade do mercado imobiliário e reflexo da livre iniciativa privada que a CF assegura como um dos seus fundamentos, tanto da república como da ordem econômica (art. 1º, IV, e art. 170, respectivamente), o contrato *built to suit* desperta polêmicas que se iniciam pela própria possibilidade de qualifica-lo como locação.

E isso porque não existe pura e simplesmente uma locação. O arranjo de interesses vai além. Antes mesmo de tornar-se locatário, essa pretensão é antecedida pela especificação do próprio imóvel que será adquirido, para, em seguida, poder ser construído ou reformado. Enfim, pelo *built to suit* o locador constrói para servir ao locatário, na livre tradução da expressão doutrinária de origem inglesa.

Por esse percurso já se identificam a existência de diversos negócios jurídicos:

i. aquisitivo (ex. compra e venda, dação, permuta, contrato preliminar, arrematação e outros);

ii. construtivo (ex. empreitada, para reforma ou construção);

iii. locação.

O construtor-locador deve proceder ao cálculo dos alugueres e do tempo determinado para o contrato. E assim buscar a recuperação do seu investimento para, então, extrair os frutos civis da estrutura disponibilizada ao locatário, mediante a percepção do aluguel. O inquilino, por sua vez, tem a vantagem de não imobilizar recursos para a aquisição de imóvel apto a atender aos seus propósitos comerciais e/ou industriais. As vantagens econômicas dessa contratação já foram percebidas há muito e, por tal motivo, o instituto tem larga aplicação no mercado imobiliário brasileiro, europeu e estadunidense.

Os juristas debatiam acesamente a qualificação dessa relação jurídica, que seria locatícia para uns, um contrato atípico para outros, sem falar nos que advogavam a tese de que seria um contrato coligado.

Pense-se em determinada sociedade empresária que tenha todo o conhecimento, estrutura humana, recursos e autorização estatal para expandir o seu ramo empresarial de instituição de ensino, mas não tenha ainda o imóvel adequado para a abertura da filial idealizada. Encontrando outra empresa que tenha o terreno adequado para tanto, pode ajustar com esta a contratação da construção de uma escola nos moldes definidos no contrato de locação *built to suit*. Interessa, portanto, ao locador, pela possibilidade de retorno financeiro do investimento com lucro, ao passo que o locatário poderá prosseguir com sua atividade empresarial sem a preocupação de imobilizar importante capital para a construção do imóvel adequado e é importante para a sociedade, pois a um só tempo se confere função social à propriedade que poderia estar sem a utilização devida e ao próprio contrato que conferirá segurança jurídica aos parceiros contratuais. O que se disse para a construção da escola pode ser utilizado para uma reforma substancial em construção já existente.

O legislador, então, achou por bem editar a Lei nº 12.744/12, que promoveu algumas modificações na Lei nº 8.245 que serão comentadas uma por uma.

Primeiro, o art. 4º da Lei nº 8.245/91, que passou a prever o seguinte: "Durante o prazo estipulado para a duração do contrato, não poderá o locador reaver o imóvel alugado. Com exceção ao que estipula o § 2º do art. 54-A, o locatário, todavia, poderá devolvê-lo, pagando a multa pactuada, proporcional ao período de cumprimento do contrato, ou, na sua falta, a que for judicialmente estipulada.

Pelo dispositivo, a cláusula penal compensatória deve ser cobrada proporcionalmente. Se o locatário, por exemplo, celebra um contrato de locação pelo prazo de 30 meses e estipula 3 alugueres a título de multa, caso opte por resilir o contrato de locação no 15º mês, deverá pagar 1 aluguel e meio, somente, e não o total de 3 alugueres, sendo, inclusive, nula a cláusula que estipule o afastamento dessa regra, com base no art. 45 da Lei nº 8.245/91.

Por outro lado, na locação *buil to suit* essa limitação é afastada, conforme ressalva estabelecida pelo art. 4º, embora a cláusula penal não possa ultrapassar a soma dos aluguéis a receber até o termo final da locação, conquanto assim preveja o art. 54-A, § 2º, da Lei nº 8.245/91, com a redação imprimida pela Lei nº 12.744/12.

Questão interessante é saber se o prejuízo superior ao estipulado na cláusula penal poderia ser cobrado por meio de ação autônoma.

O art. 416, parágrafo único, do Código Civil, estabelece que "ainda que o prejuízo exceda ao previsto na cláusula penal, não pode o credor exigir indenização suplementar se assim não foi convencionado. Se o tiver sido, a pena vale como mínimo da indenização, competindo ao credor provar o prejuízo excedente".

Como regra, portanto, a cláusula penal impede a cobrança de indenização por danos que superem o valor nela estipulado. Excepcionalmente, porém, se o contrato prevê que a cláusula penal é apenas o mínimo indenizatório, pode o prejudicado, em ação própria e desincumbindo-se do ônus de provar o prejuízo superior, buscar a reparação integral do seu prejuízo.

Como a Lei nº 8.245/91 prevê, expressamente, em seu art. 79, a aplicação subsidiária do Código Civil naquilo que for omissa, pensamos não haver razão para afastar a possibilidade de convencionarem as partes uma cláusula penal que possibilite a pretensão de reparação integral do prejuízo.

Daí porque propomos e foi aprovado o Enunciado nº 67, da II Jornada de Direito Comercial do CJF/STJ, em 2015: "na locação *built to suit*, é válida a estipulação contratual que estabeleça cláusula penal compensatória equivalente à totalidade dos alugueres a vencer, sem prejuízo da aplicação do art. 416, parágrafo único, do Código Civil." Isso porque o prejuízo do investidor (locador) pode superar a cláusula penal prevista no contrato, que valerá como um mínimo de indenização, competindo ao credor o ônus de provar dano superior ao pactuado e liquidá-lo buscando o ressarcimento.

Segundo, modificou-se o art. 54-A para constar uma definição de *built to suit*, e, não menos relevante, para qualificar tal relação como locatícia: "Na locação não residencial de imóvel urbano na qual o locador procede à prévia aquisição, construção ou substancial reforma, por si mesmo ou por terceiros, do imóvel então especificado pelo pretendente à locação, a fim de que seja a este locado por prazo determinado, prevalecerão as condições livremente pactuadas no contrato respectivo e as disposições procedimentais previstas nesta Lei".

Pelo parágrafo primeiro do art. 54, admite-se que as partes convencionem a renúncia ao direito à revisional de aluguel, autorizada pelo art. 9º da Lei nº 8.24591 após 3 anos de vigência do contrato de locação ou de eventual acordo, a fim de ajustar o aluguel ao preço de mercado.

Muito embora seja controversa a possibilidade de renúncia, no caso específico da locação *built to suit* essa possibilidade decorre da lógica econômica desse arranjo, ou seja, o investidor-locador não deseja pura e simplesmente fruir alugueres, mas, antes disso, recuperar o investimento realizado para atender o seu locatário.

Desse modo, o valor de mercado do aluguel, em geral apurado pelo método comparativo, costuma utilizar como base de cálculo principal o valor do imóvel para o mercado imobiliário e sobre ele incidir um percentual que resultará no preço locatício. Tal lógica é incompatível com a expectativa legítima de retorno do investimento realizado pelo locador, de modo que o preço do imóvel e consequente valor do aluguel torna-se irrelevante.

Por outro lado, a renúncia do direito à revisão do aluguel não deve ser aplicada se o contrato for renovado, uma vez que apenas na primeira contratação o investidor já deve realizar o cálculo necessário para a recuperação do seu investimento dentro do prazo contratual. Essa primeira locação é *built to suit*, com as suas peculiaridades. Com a renovação, tem-se um contrato de locação não residencial, atraindo, portanto, as regras protetivas da lei do inquilinato, pois ao renovar-se o contrato, a função de remuneração deixa de existir, havendo, a partir daí, o pagamento de uma importância em troca da posse do bem imobiliário, ou seja, a relação jurídica passa a ser qualificada apenas como locação não residencial e não mais locação *built to suit*. De toda sorte, a renúncia à revisão se restringe ao artigo 19 da lei do inquilinato, nada obstando que as partes postulem revisão do contrato, na forma dos artigos 317 e 478 do Código Civil diante de eventual onerosidade excessiva superveniente, tal como ocorrido com a pandemia causada pela COVID-19.

Merece destaque o fato de que nessa modalidade especial de locação, regras de direito material previstas na lei do inquilinato podem ser afastadas por expressa previsão contratual, tomando, portanto, um viés dispositivo, sendo cogentes as de direito processual que preveem a renovação do contrato, revisão do aluguel e despejo. Por exemplo, em ação de despejo por falta de pagamento, ao locatário sempre será conferido o direito potestativo de evitar a resolução do contrato pela purga da mora, sendo nula cláusula que eventualmente suprima esse direito. Por tal motivo, a parte final do caput do artigo 54-A preconiza a aplicação das regras procedimentais previstas na lei do inquilinato.

Art. 2º Havendo mais de um locador ou mais de um locatário, entende-se que são solidários se o contrário não se estipulou.

Parágrafo único. Os ocupantes de habitações coletivas multifamiliares presumem-se locatários ou sublocatários.

Fábio de Oliveira Azevedo

De acordo com o art. 265 do Código Civil, "a solidariedade não se presume; resulta da *lei* ou da *vontade das partes*". Como regra, portanto, a cobrança de créditos locatícios deve ser feita proporcionalmente a cada um dos devedores, no caso de pluralidade de sujeitos passivos, assim como o recebimento deve ser individual e proporcional, se for de credores a pluralidade de sujeitos.

Tal regra geral está contida no art. 257 do Código Civil: "Havendo mais de um devedor ou mais de um credor em obrigação divisível, esta se presume dividida em tantas obrigações, iguais e distintas, quantos os credores ou devedores".

Existem duas exceções para essa regra: i. solidariedade; ii. indivisibilidade, classificação na qual não sei inclui o débito pecuniário, pois o dinheiro é divisível por natureza.

No caso da locação disciplinada pela Lei nº 8.245/91, excepciona-se a referida regra geral do art. 257 do Código Civil, por força do art. 2º da Lei nº 8.245/91: "Havendo mais de um locador ou mais de um locatário, entende-se que são solidários se o contrário não se estipulou. Parágrafo único. Os ocupantes de habitações coletivas multifamiliares presumem-se locatários ou sublocatários.

Dessa forma, o locador, se forem 3 os locatários, no citado exemplo, poderá cobrar total ou parcialmente a dívida de qualquer um desses múltiplos devedores.

Questão interessante envolve o despejo, no caso de pluralidade de devedores. Sendo solidários, poderia a demanda ser ajuizada apenas contra um desses locatários?

Caso o locador deseje ajuizar ação de execução, sem dúvida alguma poderá optar por um ou alguns dos devedores para cobrar sua dívida. Por outro lado, caso opte pelo despejo, pensamos que a presença de todos os locatários no polo passivo será forçosa, compulsoriamente obrigatória.

E isso porque, antes de decretar o desalijo, a sentença proferida na ação de despejo precisa, antes, reconhecer a causa extintiva do contrato de locação e pronunciá-la. Portanto, não se pode extinguir o contrato de locação sem que todos os sujeitos da relação contratual integrem a relação jurídica processual.

O art. 114 do Código de Processo Civil prevê que "o litisconsórcio será necessário por disposição de lei ou quando, pela natureza da relação jurídica controvertida, a eficácia da sentença depender da citação de todos que devam ser litisconsortes".

Se a extinção do contrato de locação constitui antecedente necessário para decretar o despejo, nos termos do art. 114 do Código Civil, a "natureza da relação jurídica" locatícia faz com que a "eficácia da sentença" dependa "da citação de todos que devam ser litisconsortes".

Dessa forma, pensamos que se for ajuizada ação de despejo – e não de cobrança, que faculta a escolha, pela solidariedade – sem a inclusão de todos os litisconsortes no polo passivo, deve o magistrado determinar a inclusão e citação de todos, sob pena de extinção do processo por ilegitimidade, por ser plúrima e não individual.

E, além de ser necessário, a necessidade de uniformidade da decisão faz com que o litisconsórcio também seja unitário, de acordo com o art. 116 do Código Civil: "O litisconsórcio será unitário quando, pela natureza da relação jurídica, o juiz tiver de decidir o mérito de modo uniforme para todos os litisconsortes."

Desse modo a ausência dos litisconsortes, sendo proferida sentença de despejo no lugar da devida extinção do processo, irá gerar um ato processual nulo e que não produzirá qualquer efeito em relação aos demais locatários. Cabe ao juiz, inclusive, determinar que o autor inclua os litisconsortes necessários.

Outra questão não menos polêmica envolve a possibilidade inversa, consistente na existência de múltiplos locadores, se apenas um deles desejar ajuizar ação de despejo contra um locatário que esteja em mora. Seria necessária a participação dos demais?

Sendo a ação uma faculdade de demandar o estado para a entrega da jurisdição e não um dever jurídico, naturalmente torna-se impensável e até certo modo contraditório afirmar um litisconsórcio necessário ativo, de modo que não se pode impor que os demais locadores participem do polo ativo de uma ação de despejo.

Por outro lado, caso um dos locadores resolva demandar isoladamente, pelas mesmas razões expostas por ocasião da análise que fizemos do litisconsórcio passivo, não poderá a sentença extinguir o contrato para o locador demandante e não fazê-lo para os demais.

De acordo com o art. 238 do CPC, "citação é o ato pelo qual são convocados o réu, o executado ou o interessado para integrar a relação processual". Dessa forma, não é apenas o réu que é citado para ocupar o polo passivo e responder, se assim desejar. Igualmente citam-se os interessados.

E por isso pensamos que, no caso de pluralidade de locadores, se apenas um deles resolver demandar, caberá a este o ônus de incluir os demais locadores no polo passivo para que decidam integrar o polo ativo, ocupar o passivo ou simplesmente manterem-se em estado de inação, embora ficando sujeitos aos efeitos da decisão que vier a ser proferida.

Art. 3º O contrato de locação pode ser ajustado por qualquer prazo, dependendo de vênia conjugal, se igual ou superior a dez anos.

Parágrafo único. Ausente a vênia conjugal, o cônjuge não estará obrigado a observar o prazo excedente.

Melhim Chalhub

Na contratação da locação as partes gozam de liberdade para fixar o prazo de vigência do contrato, no exercício da autonomia privada, devendo ser observada apenas a exigência de vênia conjugal nos contratos com prazo igual ou superior a dez anos.

Nas locações residenciais de imóvel urbano tornou-se usual a contratação a fixação de prazo relativamente curto, com preferência pelo prazo de trinta meses, tendo em vista que as locações contratadas com prazo igual ou superior a esse prazo se extinguem pela simples expiração do prazo, "independente de notificação ou aviso" (art. 46), seguindo-se a imediata retomada do imóvel.

Em relação à locação de imóveis não residenciais é usual a contratação por prazo igual ou superior a cinco anos, que constitui requisito para a proteção do fundo do comércio mediante ação renovatória.

Admite-se a locação por prazo indeterminado, caso em que tanto o locador quanto o locatário poderão denunciá-la com prazo de trinta dias para extinção do contrato e desocupação (arts. 6º e 57).

A exigência de vênia conjugal para celebração de contratos de prazo igual ou superior a dez anos é justificada pelo interesse de proteção do grupo familiar e alcança também os conviventes nos casos de união estável (Constituição Federal, art. 226, § 3º) dada à publicidade mediante averbação do contrato de convivência, salvo se o imóvel for de propriedade exclusiva de um deles, como, por exemplo, se adquirido antes do início da união estável.

É exigida tanto do locador quanto do locatário, pois a lei se refere a *cônjuge*, sem distinguir.

Não há forma especial para a anuência, admitida a simples assinatura do cônjuge ou convivente no contrato ou em instrumento separado do qual conste sua concordância inequívoca com a locação contratada por esse longo prazo. Sua falta pode ser suprida por ato posterior, hipótese em que se dá a convalidação da fixação do longo prazo, retroagindo a anuência à data da sua celebração.

A inexistência da anuência não é causa de nulidade nem de anulabilidade, mas, sim, de ineficácia relativa, como deflui da norma do parágrafo único do art. 3º, que evidencia a primazia do princípio da conservação do contrato, de modo que, se não houver anuência, nem posterior convalidação, a locação valerá pelo prazo de dez anos, mas não produz efeito pelo que exceder a esse prazo.

A exigência de vênia conjugal merece atenção.

Com efeito, essa norma foi motivada, entre outros fatores, pelo art. 235, I, do Código Civil de 1916, que exigia anuência do cônjuge para alienar ou onerar imóvel qualquer que fosse o regime de bens, e visava afastar o risco de simulação pelo cônjuge que, estando na administração do imóvel e não logrando obter anuência do outro cônjuge para a venda, tentasse contratar uma locação de longo prazo a preço fixo irrisório.

Essa motivação, contudo, desapareceu a partir da vigência do Código Civil de 2002, que afasta a exigência de vênia conjugal para os casados sob regimes de separação absoluta e de comunhão parcial, neste caso quando o bem tiver sido adquirido antes do casamento, e confere amplos poderes ao cônjuge para administrar seus bens, inclusive para alienar ou onerar bens imóveis independente de anuência do outro cônjuge (art. 1.647, I, e art. 1.665).[4]

A reformulação introduzida pelo Código Civil suscita controvérsia, que recomendaria solução pela via legislativa em atenção à segurança jurídica.

4 SOUZA, Sylvio Capanema de, *A Lei do Inquilinato comentada – artigo por artigo*. Rio de Janeiro: Gen-Forense, 11ª ed., 2019, p. 41.

É que, de uma parte, pode-se argumentar que a Lei nº 8.245/1991 é especial e, portanto, sua validade e eficácia persiste a despeito da superveniência da norma geral do Código Civil.

Contudo, pondera-se, de outra parte, que, interpretado sistematicamente, o art. 3º não incidiria sobre as locações com prazo superior a dez anos que tivessem por objeto imóveis submetidos aos regimes de separação absoluta e de comunhão parcial, quando adquirido o bem antes do casamento, assim como os imóveis de um dos conviventes, adquiridos antes do início da união estável.

Art. 4º Durante o prazo estipulado para a duração do contrato, não poderá o locador reaver o imóvel alugado. Com exceção ao que estipula o § 2º do art. 54-A, o locatário, todavia, poderá devolvê-lo, pagando a multa pactuada, proporcional ao período de cumprimento do contrato, ou, na sua falta, a que for judicialmente estipulada. (Redação dada pela Lei n. 12.744, de 2012)

Parágrafo único. O locatário ficará dispensado da multa se a devolução do imóvel decorrer de transferência, pelo seu empregador, privado ou público, para prestar serviços em localidades diversas daquela do início do contrato, e se notificar, por escrito, o locador com prazo de, no mínimo, trinta dias de antecedência.

Flávio Tartuce

O art. 4º da Lei de Locação é um dos dispositivos mais importantes dessa lei específica, com numerosas repercussões e debates práticos. Conforme o seu *caput*, durante o prazo convencionado não poderá o locador reaver o imóvel alugado. Trata-se de um dever legal imposto ao locador que, se violado, gera a possibilidade de o locatário pleitear as perdas e danos, nos termos dos arts. 402 a 404 do Código Civil. Além dos prejuízos materiais, danos emergentes e lucros cessantes, é possível até que o locatário seja reparado por danos morais. Cite-se o caso de uma locatária pessoa jurídica que foi injustamente despejada, o que gerou prejuízos imateriais para a sua reputação, em determinado mercado.

Ressalte-se que essa primeira parte do art. 4º, *caput*, da Lei nº 8.245/1991 não sofreu qualquer modificação, desde a sua redação original. Porém, a segunda parte do comando já foi modificada duas vezes.

Originalmente, previa o dispositivo legal: "O locatário, todavia, poderá devolvê-lo, pagando a multa pactuada, segundo a proporção prevista no art. 924 do Código Civil e, na sua falta, a que for judicialmente estipulada". O dispositivo referenciado era da codificação de 1916, com a seguinte dicção: "quando se cumprir em parte a obrigação, poderá o juiz reduzir proporcionalmente a pena estipulada para o caso de mora, ou de inadimplemento". A norma foi expressamente revogada, assim como toda a Norma Privada anterior, pelo que consta do art. 2.046 do Código Civil de 2002.

Em 2009, o comando foi inicialmente modificado pela Lei nº 12.112, passando a enunciar o seguinte: "O locatário, todavia, poderá devolvê-lo, pagando a multa pactuada, proporcionalmente ao período de cumprimento do contrato, ou, na sua falta, a que for judicialmente estipulada". Como se percebe, não havia mais menção ao dispositivo revogado, prevendo o comando a redução proporcional da multa ao período de cumprimento do contrato.

De toda sorte, sempre entendi que a redação anterior não afastaria a incidência do art. 413 do Código Civil de 2002, que equivale ao antigo art. 924 do CC/1916, com duas modificações importantes, como se retira da sua dicção: "a penalidade deve ser reduzida equitativamente pelo juiz se a obrigação principal tiver sido cumprida em parte, ou se o montante da penalidade for manifestamente excessivo, tendo-se em vista a natureza e a finalidade do negócio".

Primeiro, nota-se que não há mais uma possibilidade ou faculdade de redução da multa pelo magistrado, mas um dever. A esse propósito, na *IV Jornada de Direito Civil,* evento promovido pelo Conselho da Justiça Federal e pelo Superior Tribunal de Justiça, aprovou-se o Enunciado n. 356, *in verbis*: "nas hipóteses previstas no art. 413 do Código Civil, o juiz deverá reduzir a cláusula penal de ofício".

Segundo, a redução não é só proporcional, matemática, levando-se em contato o estrito percentual do cumprimento da obrigação; mas por razoabilidade, pois a codificação em vigor menciona a multa manifestamente excessiva, levando-se em conta a função do contrato celebrado. Exatamente nessa linha, da *IV Jornada de Direito Civil,* tem-se o Enunciado n. 359, segundo o qual "a redação do art. 413 do Código Civil não impõe que a redução da penalidade seja proporcionalmente idêntica ao percentual adimplido".

Com essas duas conclusões sobre as mudanças da norma, entre muitos acórdãos do Superior Tribunal de Justiça, e aplicando os enunciados doutrinários, julgou-se que "o artigo 413 do Código Civil de 2002, além de instituir o dever do juiz de redução da cláusula penal quando cabível, substituiu o critério da proporcionalidade matemática (previsto no artigo 924 do Código Civil de 1916) pela equidade. A equidade, como sabido, é cláusula geral que visa obter modelo ideal de justiça distributiva, com aplicação excepcional nos casos previstos em lei. Entre outras funções, a equidade pode ostentar papel corretivo, obstando a concretização de evidente injustiça, mediante a garantia do equilíbrio das prestações estabelecidas entre os sujeitos de direito. Daí a opção do legislador civilista de conferir ao magistrado o dever de utilizar a equidade corretiva como parâmetro para o balanceamento judicial da cláusula penal".[5] Essa

5 STJ, REsp 1.353.927/SP, 4.ª Turma, Rel. Min. Luis Felipe Salomão, j. 17.05.2018, *DJe* 11.06.2018.

ementa traz outra conclusão fundamental sobre o dispositivo em análise, que passo a abordar.

Houve um interessante debate doutrinário no passado a respeito do dispositivo se, de fato, deveria complementar o art. 4º da Lei de Locação, a respeito da redução da penalidade. Isso porque parte da doutrina, liderada pelo Ministro Paulo de Tarso Sanseverino, passou a considerar que o art. 572 do Código Civil em vigor é que deveria cumprir tal função. Nos termos desse comando, "se a obrigação de pagar o aluguel pelo tempo que faltar constituir indenização excessiva, será facultado ao juiz fixá-la em bases razoáveis". A regra vale para os casos em que o contrato trouxer previsão sobre tal pagamento, como forma de multa ou cláusula penal.

Contudo, sempre fui contra tal entendimento. De início, porque o dispositivo menciona que "será facultado ao juiz fixá-lo em bases razoáveis", enquanto o art. 413 do CC/2002 expressa que a "penalidade deve ser reduzida equitativamente pelo juiz". Pelo primeiro comando, há uma *faculdade*; pelo segundo, um *dever*, o que inclui a redução da multa de ofício pelo juiz. Como o art. 572 do CC/2002 é norma especial, deve ser aplicado para a locação de coisas que segue a codificação privada, especialmente de bens móveis e de imóveis não abrangidos pela norma em estudo.

Desse modo, não me filiava ao teor do Enunciado n. 179, aprovado na *III Jornada de Direito Civil*, promovida no ano de 2003, pelo qual "a regra do art. 572 do novo CC é aquela que atualmente complementa a norma do art. 4º, 2.ª parte, da Lei nº 8.245/1991 (Lei de Locações), balizando o controle da multa mediante a denúncia antecipada do contrato de locação pelo locatário durante o prazo ajustado". Foram as justificativas do Ministro Paulo de Tarso Sanseverino, do Superior Tribunal de Justiça, autor da proposta daquele enunciado doutrinário:

> "Observe-se que a Lei nº 8.245/91, ao regular, na parte final de seu art. 4º, a denúncia imotivada do locatário no curso do prazo da locação, permite a sua redução equitativa na forma prevista pelo art. 924 do CC/16, buscando estabelecer uma sanção proporcional ao tempo restante do contrato. A partir da edição do novo Código Civil, a complementação da regra do art. 4º da Lei nº 8.245/91 deverá ser feita não apenas pelo art. 413, que é o correspondente do art. 924 do CC/16, mas também, especialmente, por este art. 572, que regula a mesma situação para o caso específico dos contratos de locação. Competirá ao locatário requerer ao juiz a redução equitativa da multa, conforme a extensão do tempo que faltar para a execução do contrato. O legislador confia mais uma vez no senso de equidade dos juízes para que se estabeleça um valor justo para a multa contratual. Constitui concreção da diretriz da eticidade, traçada por Miguel Reale, buscando abrir espaço para os valores éticos no orde-

namento jurídico (REALE, Miguel. *Visão geral do Código Civil*, p. 16). O presente caso representa exatamente uma abertura expressa do ordenamento jurídico ao juízo de equidade dos magistrados, permitindo alcançar a justiça do caso concreto".

Votei de forma contrária à proposta quando da *III Jornada de Direito Civil*, sendo pertinente expor as razões anteriores desse entendimento e repisar a minha posição de que o art. 413 do Código Civil melhor complementa o art. 4º da Lei de Locação mesmo com as modificações pela Lei nº 12.112/2009. Como antes pontuado, a norma locatícia fazia menção ao art. 924 do Código Civil de 1916, que equivale ao art. 413 do CC/2002. O enunciado doutrinário desprezava essa correlação entre os dispositivos dos dois *Códigos Civis*.

Assim, na *IV Jornada de Direito Civil*, realizada em 2006, propus um novo enunciado doutrinário, que acabou sendo aprovado, com a seguinte redação: "o art. 413 do Código Civil é o que complementa o art. 4º da Lei nº 8.245/1991. Revogado o Enunciado 179 da III Jornada".

Como já pontuado, sucessivamente, o art. 4º da Lei de Locação foi alterado pela Lei n. 12.112/2009, passando a prever que, durante o prazo estipulado para a duração do contrato, não poderá o locador reaver o imóvel alugado. Ainda conforme o comando modificado, o locatário, todavia, poderá devolvê-lo, pagando a multa pactuada, proporcionalmente ao período de cumprimento do contrato, ou, na sua falta, a que for judicialmente estipulada. Ressalte-se que mais recentemente o dispositivo foi novamente alterado pela Lei nº 12.744/2012, fazendo ressalva ao contrato "*built-to-suit*", hipótese em que a redução da multa, em tese, não se aplicaria, o que ainda será aqui estudado.

Como se pode perceber, a alteração principal, e que interessa a estes comentários, é que não há mais menção ao art. 924 do Código Civil de 1916, mas apenas à redução da cláusula penal proporcionalmente ao cumprimento do contrato. De todo modo, na minha opinião doutrinária, a redação dada pela Lei nº 12.112/2009 não afastaria a incidência do art. 413 do Código Civil de 2002 sobre a multa locatícia, sendo perfeitamente possível a redução por equidade da cláusula penal.

De outra forma, pode-se afirmar que o Enunciado nº 357 CJF/STJ ainda tem incidência na atual realidade jurídica, mesmo com as mudanças ocorridas no art. 4º da Lei de Locação no ano de 2009. Primeiro, pela tese do *diálogo das fontes*, que procura um sentido de complementaridade entre as normas, no caso entre a Lei nº 8.245/1991 e o Código Civil de 2002. Segundo, porque, repise-se, o art. 413 do CC, norma específica sobre a cláusula penal, tem relação direta com a função social do contrato, princípio de ordem pública com aplicação emergencial e prioritária (arts. 421 e 2.035, parágrafo único, do CC). Entre julgados estaduais publicados nos últimos anos, fazendo incidir o art. 413 para a multa locatícia, colaciona-se:

"Ação de cobrança. Locação de imóvel. Prazo de vigência ajustado em dez (10) anos. Denúncia imotivada do contrato locatício pela inquilina. Multa pela rescisão antecipada que se mostra devida por força contratual e legal, porém, de forma proporcional ao período em que não vigorou o negócio jurídico. Aplicação do artigo 4º, *caput*, da Lei nº 8.245/91 e do artigo 413 do Código Civil. Recurso desprovido"[6].

"Ação de cobrança. Alegação de decadência feita com base no parágrafo único, art. 324, do Código Civil. Inaplicabilidade. Rescisão prematura de contrato de locação. Multa. Excesso. Redução. O prazo previsto no parágrafo único, art. 324, do Código Civil só se aplica para os casos em que a dívida encontra-se representada em título. Se o locatário prematuramente extingue contrato de locação, ele tem o dever de pagar multa destinada a compensar os prejuízos causados ao locador em razão deste fato. Se a multa prevista no contrato se mostra excessiva deverá haver redução, conforme art. 413 do Código Civil"[7].

"Apelação. Ação de despejo c.c. cobrança. Contrato de locação. (...). Validade do contrato de locação e da fiança prestada por outra corré. Entrega das chaves em agosto, fazendo-se necessário o pagamento das prestações locatícias vencidas até então. Multa também devida, pela rescisão imotivada e antes do termo final ajustado contratualmente, porém reduzida na proporção do adimplemento parcial (art. 413 do Código Civil). Demonstração de que houve exercício da atividade pela locatária, sem qualquer impedimento. Obrigação de alvará de funcionamento que foi contratualmente incumbida à locatária. Atividade de *show room* que podia ser exercida sem ressalvas. Recurso parcialmente provido"[8].

"Direito civil. Locação. Cláusula penal. Artigo 413 do Código Civil. Matéria de ordem pública. Redução do valor da multa de ofício. Possibilidade. 1. A norma do artigo 413 do Código Civil é de ordem pública, sendo possível de alegação em sede recursal, ainda que não suscitada na instância *a quo*. Preliminar rejeitada. 2. A multa prevista no contrato locatício para o caso de desocupação antecipada

---

6 TJSP, Apelação 1075179-89.2015.8.26.0100, Acórdão 10115616, 28ª Câmara de Direito Privado, São Paulo, Rel. Des. Dimas Rubens Fonseca, j. 31.01.2017, *DJESP* 06.02.2017.

7 TJMG, Apelação Cível 1.0024.11.210358-5/001, Rel. Des. Pedro Bernardes, j. 02.02.2016, *DJEMG* 19.02.2016.

8 TJSP, Apelação 0400978-63.2010.8.26.0000, Acórdão 6984622, 25.ª Câmara de Direito Privado, São Paulo, Rel. Des. Hugo Crepaldi, j. 29.08.2013, *DJESP* 12.09.2013.

do imóvel há que ser reduzida a valor condizente à proporcionalidade do adimplemento do ajuste, pois, de resto, afigura-se injusto impor ao locatário a penalidade integral, quando cumpriu parte da obrigação. 3. Recurso conhecido e parcialmente provido"[9].

No mesmo sentido, e mais recentemente, do Superior Tribunal de Justiça, o acórdão antes destacado, importante precedente superior sobre a temática, citando o meu entendimento doutrinário e o enunciado em estudo:

> "Como o artigo 924 do Código Civil de 1916 (indicado na Lei do Inquilinato) equivale ao artigo 413 do novel *Codex,* o critério da proporcionalidade matemática, dantes adotado para a redução judicial de cláusula penal inserta em contrato de locação, foi também substituído pelo critério da equidade corretiva. Inteligência do Enunciado 357 da *IV Jornada de Direito Civil* promovida pelo Conselho da Justiça Federal. Na espécie, o pacto locatício, celebrado em 13.4.2006, previa que, em havendo a devolução da loja pela locatária, antes do término do prazo de 36 (trinta e seis) meses (contados a partir de 1º.05.2006), esta obrigar-se-ia ao pagamento de multa compensatória no valor equivalente a 6 (seis) aluguéis (fl. 164), ou seja, R$ 10.260,00 (dez mil, duzentos e sessenta reais). Diferentemente da proporcionalidade matemática adotada pela Corte estadual - que reduziu a multa para 2,34 aluguéis, por terem sido cumpridos 14 (catorze) meses da relação jurídica obrigacional, faltando 22 (vinte e dois) meses para o encerramento regular do ajuste –, o caso reclama a observância do critério da equidade, revelando-se mais condizente a redução para 4 (quatro) aluguéis, dadas as peculiaridades do caso concreto"[10].

Esse último aresto demonstra que a tese aqui defendida ganhou grande adesão jurisprudencial, para os devidos fins práticos. Destaque-se, conforme se extrai do último julgado, que, pela subsunção do art. 413 do CC/2002 à multa locatícia, a sua redução não será obrigatoriamente proporcional, mas razoável. Nessa linha, estabelece o antes citado Enunciado nº 359 CJF/STJ, também da *IV Jornada de Direito Civil,* que a redação do art. 413 do Código Civil não impõe que a redução da penalidade seja proporcionalmente idêntica ao percentual adim-

---

9 TJDF, Recurso 2010.07.1.015264-2, Acórdão 486.005, 1ª Turma Cível, Rel. Des. Sandoval Oliveira, *DJDFTE* 11.03.2011, p. 113.

10 STJ, REsp 1.353.927/SP, 4.ª Turma, Rel. Min. Luis Felipe Salomão, j. 17.05.2018, *DJe* 11.06.2018.

plido. Para ilustrar, se o contrato de locação for cumprido pela metade, não obrigatoriamente a redução da multa será em 50%. Caso o magistrado entenda que o seu valor continua exagerado, reduzirá ainda mais a cláusula penal. Em outras palavras, vale a razoabilidade e não obrigatoriamente a proporcionalidade.

Também foi exposto que a Lei nº 12.112/2009 alterou o art. 4º da Lei de Locação, não fazendo mais referência ao art. 924 do Código Civil de 1916, o que confirma a tese de aplicação subsidiária do art. 413 do Código Civil de 2002. Em complemento, consigne-se que o homenageado, Professor Sylvio Capanema de Souza, entendia do mesmo modo, ensinando que, "se houver excessos, o poder cautelar genérico do juiz, com base no que lhe permite o art. 413 do Código Civil, poderá restabelecer o reequilíbrio, reduzindo a multa cominada, ajustando-a à hipótese concreta"[11].

Frise-se, ainda, que a Lei nº 12.744/2012, que trata da locação nos contratos de construção ajustada (*"built-to-suit"*), introduziu outra alteração no comando. Com a nova redação passou-se a estabelecer que a redução da multa não é cabível em tais contratos, valorizando-se a autonomia privada das partes e afastando-se a redução equitativa da cláusula penal pelas peculiaridades existentes em tais negócios. Sobre esse contrato, foi também introduzido o art. 54-A na Lei nº 8.245/1991. O seu *caput* passou a definir tais negócios como locações não residenciais em que o locador procede à prévia aquisição, construção ou substancial reforma, por si mesmo ou por terceiros, do imóvel então especificado pelo pretendente à locação, a fim de que seja a este locado por prazo determinado.

De acordo com as lições de Adriano Ferriani, professor da PUCSP, "*Built to suit*, numa tradução livre, seria 'construído para servir', ou 'construído para ajustar'. Juridicamente, a expressão é utilizada em referência a contratos de locação (antes considerados atípicos por alguns) de bens imóveis urbanos, em que o locador investe dinheiro no imóvel, nele edificando ou por meio de reformas substanciais, sempre com vistas a atender às necessidades previamente identificadas pelo locatário. Exemplificando, se uma rede de varejo precisa locar um imóvel que tenha determinadas características, qualquer investidor pode providenciar a compra e construção, ou reforma, com a finalidade única de atender aos interesses desse inquilino especificamente. Para tanto, antes do investimento, o locador celebra o contrato *built to suit*, contemplando um prazo de vigência que lhe permita ter a segurança de recuperar o capital investido, além de perceber rendimentos da locação"[12].

---

11 SOUZA, Sylvio Capanema de. *A Lei do Inquilinato comentada. 7ª ed.* Rio de Janeiro: GZ, 2012. p. 35.

12 FERRIANI, Adriano. *O contrato built-to-suit e a Lei n 12.744/12. Migalhas, 13 jan. 2013.* Disponível em: www.migalhas.com.br. Acesso em: 26 out. 2020.

Como desenvolve Alexandre Junqueira Gomide em sua dissertação de mestrado, defendida na Faculdade de Direito da USP e recentemente publicada, o contrato em questão não seria uma locação, mas uma figura atípica. A atipicidade, segundo o autor, decorre pelo fato de que, no contrato *built-to-suit*, a prestação da locação não é referencial. As prestações da empreitada e, eventualmente, da compra e venda também possuem extrema relevância. E é justamente a somatória das prestações, segundo Gomide, que faz surgir o negócio em questão[13]. Conforme as suas exatas palavras:

> "Sendo um contrato atípico, em nossa opinião, não havia qualquer necessidade de o legislador procurar regulamentar o contrato *built to suit* na Lei do Inquilinato. O contrato atípico não requer regulamentação e o Código Civil autoriza que as partes contratem modelos contratuais fora aqueles disciplinados em lei. Essa não foi, infelizmente, a opção do legislador. Possivelmente imaginando que a regulamentação legal é sinônimo de segurança jurídica, o legislador resolveu incluir o *built to suit* na Lei nº 8.245/1991. Ao prever o contrato *built to suit* no texto legal, o legislador criou uma situação indesejada: intitula o contrato *built to suit* como 'contrato de locação comercial', mas aduz que prevalecem as condições contratuais estabelecidas pelas partes"[14].

Apesar das lições transcritas, parece-me que a opção do legislador pelo enquadramento como locação é clara, devendo esse tratamento ser considerado como o majoritário, para os devidos fins teóricos e práticos. Na linha das últimas lições e ainda na dicção do *caput* do novo preceito, em tais contratos prevalecerão as condições livremente pactuadas no instrumento respectivo e as disposições procedimentais ou processuais previstas na Lei de Locação. Assim, em tese, algumas das normas materiais da Lei nº 8.245/1991 ficariam afastadas para os negócios de *built-to-suit*, como ocorre com o art. 4º da norma, antes analisado.

Além disso, de acordo com o § 1º do art. 54-A, poderá ser convencionada a renúncia ao direito de revisão do valor dos aluguéis durante o prazo de vigência do contrato de locação. Em outras palavras, a revisão é tida pelo novo preceito como um direito disponível pelas partes, podendo ser afastada por acordo entre elas. Seguindo no estudo do tema, em caso de denúncia antecipada do vínculo locatício pelo locatário, compromete-se este a cumprir a multa convencionada, que não excederá, porém, a soma dos valores dos aluguéis a receber até o termo final da locação (§ 2º do art. 54-A). Essa exceção é que foi incluída no art. 4º da

---

13 GOMIDE, Alexandre Junqueira. *Contratos "built to suit". São Paulo: RT*, 2017. p. 61.

14 GOMIDE, Alexandre Junqueira. *Contratos "built to suit", cit.*, p. 197.

Lei n. 8.245/1991, devendo a multa ser paga integralmente, não cabendo, em tese, a sua redução.

De toda sorte, apesar da alteração desse último comando e do art. 4º da Lei de Locação, acredito sempre na possibilidade de redução da multa ou cláusula penal nos termos do art. 413 do Código Civil. Trata-se de norma de ordem pública com relação direta com o princípio da função social do contrato (art. 421 do CC/2002), devendo sempre prevalecer, notadamente quando a multa for exagerada ou traduzir onerosidade excessiva à parte.

Em sua obra monográfica sobre o assunto, Alexandre Junqueira Gomide também defende a eventual aplicação do art. 413 do Código Civil para o contrato "*built-to-suit*", mas com grande cuidado, de forma extrema e excepcionalíssima. Conforme suas lições, "embora seja possível admitir que o art. 413 do Código Civil é norma de ordem pública e inderrogável, a aplicação analógica desse dispositivo deve ser utilizada com extrema cautela pelo intérprete. Antes de ser determinada a redução da multa com base naquele dispositivo, o intérprete deve se atentar ao quanto é estabelecido no art. 54-A, § 2º, da Lei do Inquilinato, que já impõe limites à multa contratual. Aplicando-se o dispositivo é possível que a multa seja reduzida automaticamente, de forma suficiente para que a pena não seja excessivamente onerosa, dispensando a aplicação analógica da regra geral, do Código Civil"[15].

Para encerrar as anotações sobre negócios específicos, merece ser comentado enunciado doutrinário aprovado na *II Jornada de Direito Comercial*, promovida pelo Conselho da Justiça Federal em fevereiro de 2015. Nos termos do Enunciado n. 67 daquele evento, "na locação *built to suit*, é válida a estipulação contratual que estabeleça cláusula penal compensatória equivalente à totalidade dos alugueres a vencer, sem prejuízo da aplicação do art. 416, parágrafo único, do Código Civil". Desse modo, a conclusão dos juristas participantes da *Jornada* foi no sentido de não ser a norma específica sobre *built-to-suit* totalmente excludente do Código Civil.

Vale lembrar que o parágrafo único do art. 416 da codificação material estabelece que, ainda que o prejuízo exceda ao previsto na cláusula penal, não pode o credor exigir indenização suplementar se assim não foi convencionado. Em outras palavras, presente a cláusula penal compensatória, o credor deve optar entre a exigência da multa e a das perdas e danos.

Entretanto, admite-se, por pactuação das partes, uma cláusula de cumulação da multa com as perdas e danos. Em situações tais, conforme a mesma norma codificada, a pena vale como mínimo da indenização, competindo ao credor provar o prejuízo excedente. Essa última cláusula é perfeitamente viável para os

15 GOMIDE, Alexandre Junqueira. *Contratos "built to suit", cit.*, p. 166.

contratos de *built- to-suit*, o que contou com o pleno apoio deste autor quando daquele evento de aprovação do enunciado.

Como outro tema de relevo a respeito do art. 4º da Lei de Locação, há debate interessante, no âmbito da jurisprudência, sobre a possibilidade de cumulação de multa moratória e do *abono pontualidade*, um desconto dado pelo locador em caso de pagamento antecipado pelo locatário. Recente aresto do Superior Tribunal de Justiça entendeu por sua possibilidade jurídica. Vejamos a publicação no *Informativo* n. *572* da Corte:

> "O desconto para pagamento pontual do aluguel (abono pontualidade) é, em princípio, liberalidade do locador, em obediência ao princípio da livre contratação, representando um incentivo concedido ao locatário, caso venha a pagar o aluguel em data convencionada. Referido bônus tem, portanto, o objetivo de induzir o locatário a cumprir corretamente sua obrigação de maneira antecipada. A multa contratual, por sua vez, também livremente acordada entre as partes, tem a natureza de sanção, incidindo apenas quando houver atraso no cumprimento da prestação (ou descumprimento de outra cláusula), sendo uma consequência de caráter punitivo pelo não cumprimento do que fora acordado, desestimulando tal comportamento (infração contratual). Portanto, apesar de ambos os institutos – o bônus e a multa – objetivarem o cumprimento pontual da obrigação contratada, não possuem eles a mesma natureza, pois o primeiro constitui um prêmio ou incentivo, enquanto a multa representa uma sanção ou punição. Por isso, em princípio, as cláusulas de abono pontualidade e de multa por impontualidade são válidas, não havendo impedimento a que estejam previstas no contrato de locação de imóvel, desde que compatibilizadas entre si, nas respectivas lógicas de incidência antípodas. Nessa ordem de ideias, a compatibilização dos institutos requer, para a validade do desconto, bônus ou prêmio por pontualidade, que este, constituindo uma liberalidade do locador, esteja previsto para ser aplicado apenas no caso de pagamento antes da data do vencimento normal do aluguel mensal, cumprindo seu objetivo 'premial', representando uma bonificação, um desconto para o pagamento antes do dia do vencimento. Para pagamento efetuado no dia do vencimento da obrigação, entretanto, já não poderá incidir o bônus, mas o valor normal do aluguel (valor cheio), pois, caso contrário, esse 'valor normal do aluguel' inexistirá na prática"[16].

16 STJ, REsp 832.293/PR, 4.ª Turma, Rel. Min. Raul Araújo, j. 20.08.2015, *DJe* 28.10.2015.

Ou, ainda, de data mais próxima, agora da Terceira Turma, a demonstrar que esse é o entendimento consolidado da Corte Superior: "embora o abono de pontualidade e a multa moratória sejam, ambos, espécies de sanção, tendentes, pois, a incentivar o adimplemento da obrigação, trata-se de institutos com hipóteses de incidência distintas: o primeiro representa uma sanção positiva (ou sanção premial), cuja finalidade é recompensar o adimplemento; a segunda, por sua vez, é uma sanção negativa, que visa à punição pelo inadimplemento. À luz dos conceitos de pontualidade e boa-fé objetiva, princípios norteadores do adimplemento, o abono de pontualidade, enquanto ato de liberalidade pela qual o credor incentiva o devedor ao pagamento pontual, revela-se, não como uma 'multa moratória disfarçada', mas como um comportamento cooperativo direcionado ao adimplemento da obrigação, por meio do qual ambas as partes se beneficiam. Hipótese em que não configura duplicidade (*bis in idem*) a incidência da multa sobre o valor integral dos aluguéis vencidos, desconsiderando o desconto de pontualidade"[17].

Com o devido respeito à posição jurisprudencial superior, não me filio à premissa adotada, pois há sim um *bis in idem penalizador* nessas hipóteses. Em complemento, o objetivo do tal abono é disfarçar uma nova multa moratória, cujo limite está sujeito aos 10% do valor da dívida, conforme previsto no art. 9º do Decreto-lei n. 22.626/1973 (Lei de Usura), norma de ordem pública aplicável às locações. Por fim, como a locação assume, na grande maioria das vezes, a forma de contrato de adesão, pode-se cogitar a nulidade da previsão, por força do que consta do art. 424 do Código Civil.

Como última nota doutrinária a respeito do art. 4º da Lei de Locação, o locatário ficará dispensado da multa se a devolução do imóvel decorrer de transferência, pelo seu empregador, privado ou público, para prestar serviços em localidade diversa daquela informada no início do contrato, e se notificar, por escrito, o locador com, no mínimo, trinta dias de antecedência (parágrafo único do art. 4º). Essa última norma tem um forte caráter social, mitigando a força obrigatória do contrato. Entendo ser a hipótese de *resilição unilateral*, ou seja, um direito colocado à disposição do locatário, como aponta há tempos a atenta doutrina[18].

Referências

FERRIANI, Adriano. *O contrato built-to-suit e a Lei nº 12.744/12. Migalhas, 13 jan. 2013.* Disponível em: www.migalhas.com.br. Acesso em: 26 out. 2020

GOMIDE, Alexandre Junqueira. *Contratos "built to suit". São Paulo: RT,* 2017.

17 STJ, REsp 1.7459.16/PR, 3.ª Turma, Rel. Min. Nancy Andrighi, j. 19.02.2019, *DJe* 22.02.2019.

18 NERY JR., Nelson; NERY, Rosa Maria de Andrade. *Código Civil comentado. 2ª ed.* São Paulo: RT, 2005. p. 1330.

NERY JR., Nelson; NERY, Rosa Maria de Andrade. *Código Civil comentado. 2ª ed.* São Paulo: RT, 2005.

SOUZA, Sylvio Capanema de. *A Lei do Inquilinato comentada. 7ª ed.* Rio de Janeiro: GZ, 2012.

Art. 5º Seja qual for o fundamento do término da locação, a ação do locador para reaver o imóvel é a de despejo.

Parágrafo único. O disposto neste artigo não se aplica se a locação termina em decorrência de desapropriação, com a imissão do expropriante na posse do imóvel.

Carlos Santos de Oliveira

A locação importa em transferência temporária e onerosa da posse direta do imóvel locado, que passa às mãos do locatário, mantendo o locador a posse indireta. Frise-se, por oportuno, que não há necessidade de o locador ser proprietário, bastando que seja possuidor direto, para que possa celebrar contrato de locação. Sendo temporária a transferência da posse direta em decorrência da locação, a um determinado tempo o locador poderá exigir a restituição da posse direta ao locatário. Dispõe o artigo 5º, da Lei do Inquilinato que a ação do locador quando objetivar a recuperação da posse direta do imóvel locado, será a de "despejo"[19]. Seja qual for o fundamento (denúncia vazia, denúncia cheia, falta de pagamento, retomada para uso próprio, dentre outros) do pedido de recuperação da posse formulado pelo locador, na locação imobiliária urbana, a ação será a de despejo e, não a de reintegração de posse.

Art. 6º O locatário poderá denunciar a locação por prazo indeterminado mediante aviso por escrito ao locador, com antecedência mínima de trinta dias.

Parágrafo único. Na ausência do aviso, o locador poderá exigir quantia correspondente a um mês de aluguel e encargos, vigentes quando da resilição.

Carlos Santos de Oliveira

19 CAPANEMA de Souza, Sylvio, A Lei do Inquilinato Comentada, 8ª edição, editora Gen/Forense, Rio de Janeiro, 2012, p. 39, verbis: "*Preserva-se a tradição de ser a ação de despejo a única competente para reaver o imóvel locado, seja qual for o fundamento do término da locação. Mesmo que não mais exista a relação "ex locato", em decorrência, por exemplo, da denúncia pelo novo adquirente, a ação de que ele dispõe para despedir o locatário é a de despejo*".

O contrato de locação se submete as formas de extinção dos contratos em geral. Portanto, pode ser extinto por resilição, resolução ou rescisão. A resilição pode ocorrer na forma bilateral ou unilateral. A forma bilateral é o distrato, enquanto a forma unilateral pode ocorrer em decorrência de denúncia, revogação, resgate, dentre outras.

O distrato se resume ao desfazimento bilateral do contrato, mediante acordo de vontades entabulado entre as partes, independentemente de o contrato ter sido cumprido em sua totalidade. A justificativa para a realização do distrato é, por exemplo, a ausência de interesse das partes na continuidade do contrato, ou mesmo, a ausência de utilidade da própria contratação. Desta forma, as partes, de comum acordo, firmam o pacto de encerramento da relação contratual.

A forma unilateral é aquela que permite a uma das partes contratantes, por iniciativa isolada, dar fim ao contrato, independentemente da vontade da outra parte. A denúncia ocorre na locação, no mandato; a revogação ocorre no mandato, quando o mandatário, insatisfeito com o mandante, revoga os poderes que lhe foram concedidos; o resgate ocorre no extinto direito real de enfiteuse, embora o instituto permaneça regulado na codificação anterior, com relação aquelas enfiteuses que foram constituídas antes da vigência do atual código civil.

A resolução pode ocorrer de forma voluntária ou involuntária. A forma voluntária se dá quando o contrato é resolvido, imputando uma parte culpa à outra, no sentido do descumprimento do pacto. A forma involuntária ocorre quando o descumprimento do pacto advém de caso fortuito ou força maior, que não traduz ato ou fato que possa ser imputado a qualquer dos contratantes.

Por fim, a rescisão se aplica naquelas situações em que a parte contratante pretende a extinção do pacto com fundamento em algum dos vícios do negócio jurídico, que possam ensejam anulabilidade ou nulidade.

Na hipótese do dispositivo em comento, o legislador do inquilinato previu expressamente a possibilidade de o locatário poder denunciar (resilir unilateralmente) o contrato de locação, desde que esteja vigendo por prazo indeterminado. É direito do locatário, desde que observados os requisitos impostos pela lei, não podendo o locador se recusar, por exemplo, ao recebimento das chaves do imóvel nessa situação, mesmo sob alegação de mora ou de que o imóvel esteja danificado, por culpa do locatário. Deverá o locador, nesta situação, receber as chaves e, posteriormente demandar o locatário ou seu fiador, caso existente, pleiteando eventual reparação ou cobrando alugueres não pagos.

É sabido que o contrato de locação, por transferir temporariamente da posse direta ao locatário, pode ser firmado com prazo ou sem prazo. Se firmado sem prazo, cabível a denúncia pelo locatário. Se firmado com prazo, mas restou prorrogado sem prazo, também cabível a referida denúncia, que somente não seria admissível quando o contrato firmado com prazo determinado, ainda estivesse na vigência, ou seja, o prazo determinado ainda não tivesse transcorrido.

O legislador impôs, como requisito para que o locatário denuncie o contrato, além da ausência de prazo do contrato, que o seja dado ao locador aviso prévio, que o locador seja notificado, com antecedência mínima de trinta dias. A impossibilidade de denúncia nos contratos com prazo determinado é norma protetiva do locador, considerando que está o dispositivo tratando de denúncia imotivada[20]. Esta denúncia não precisa de qualquer fundamento, bastando que o locatário não tenha mais interesse na continuidade da locação e, repito, que o contrato esteja sendo cumprido sem prazo. O prazo determinado se constitui, portanto, em garantia mínima para o locador, que conta com o recebimento dos alugueres durante aquele período contratual.

Ademais, a exigência de notificação se traduz em fórmula apta a minimizar eventual prejuízo para o locador, em decorrência da iniciativa do locatário em resilir unilateralmente a avença. Durante o período de espera, o locador poderá providenciar a vistoria do imóvel e, poderá também disponibilizar o imóvel para nova locação. A notificação poderá ser realizada judicial ou extrajudicialmente, inclusive na forma verbal, importando que o locatário tenha prova de que efetivamente o locador tomou ciência da denúncia[21].

No parágrafo único, o legislador outorgou ao locador a possibilidade de exigir quantia correspondente a um mês de aluguel e encargos vigentes quando da resilição, na hipótese de o locatário não proceder ao aviso prévio, quando da denúncia da locação. Desta forma, caso o locatário denuncie o contrato, sem dar aviso prévio ao locador, aquele ficará obrigado ao pagamento da importância relativa a um aluguel e encargos, que estejam vigentes no momento da resilição.

Não havia, na legislação do inquilinado anterior, qualquer consequência para o locatário, caso procedesse a denúncia da locação sem avisar previamente ao locador. Portanto, o parágrafo único em comento, constitui inovação na vigente legislação, sanando controvérsias então existentes em razão da omissão legislativa, relativamente a lei anterior.

A previsão contida no *caput* e em seu parágrafo único, retrata a preocupação do legislador em conceder direitos ao locatário, mas, não desamparar o locador. Com efeito, na medida em que o dispositivo permite ao locatário a desocupação unilateral do imóvel, em contrato sem prazo, concede a este um benefício. Contudo, tal benefício se mostra vinculado a observância de deter-

---

20 CAPANEMA de Souza, Sylvio, A Lei do Inquilinato Comentada, 8ª edição, editora Gen/Forense, Rio de Janeiro, 2012, p. 41, verbis: "*Tal faculdade tem sido assegurada ao locatário em todas as leis do inquilinato anteriores. Trata-se de denúncia vazia, da iniciativa do locatário, contra a qual não poderá se opor o locador*".

21 CAPANEMA de Souza, Sylvio, A Lei do Inquilinato Comentada, 8ª edição, editora Gen/Forense, Rio de Janeiro, 2012, p. 43, verbis: "*É irrelevante a forma com que se faça o aviso ao locador. O que se exige é que a intenção resilitória do inquilino seja levada ao conhecimento do locador de maneira inequívoca*".

minados requisitos impostos pelo legislador. De outra vertente, caso o locatário não conceda ao locador o aviso prévio, deverá arcar com o pagamento de um aluguel mais encargos. Desta forma, protege o locador em face de atitude repentina do locatário, com o nítido propósito de minimizar os eventuais prejuízos a serem suportados pelo locador.

Art. 7º Nos casos de extinção de usufruto ou de fideicomisso, a locação celebrada pelo usufrutuário ou fiduciário poderá ser denunciada, com o prazo de trinta dias para a desocupação, salvo se tiver havido aquiescência escrita do nuproprietário ou do fideicomissário, ou se a propriedade estiver consolidada em mãos do usufrutuário ou do fiduciário.

Parágrafo único. A denúncia deverá ser exercitada no prazo de noventa dias contados da extinção do fideicomisso ou da averbação da extinção do usufruto, presumindo-se, após esse prazo, a concordância na manutenção da locação.

Carlos Santos de Oliveira

O presente dispositivo trata das locações em que figurem como locadores o usufrutuário, ou o fideicomissário. Necessário lembrar que, quando dos comentários ao artigo 5º, deixamos assentado que para realizar contrato de locação, na condição de locador, não há a necessidade de ser proprietário do bem objeto da locação. Aquele que tiver a posse do bem, quer de forma autônoma, quer mediante título, poderá formalizar contrato de locação.

O usufruto é direito real limitado através do qual o proprietário cede a outrem, que se chama usufrutuário, o uso e gozo do bem, permanecendo com os poderes de disposição, na condição de nu-proprietário. O usufrutuário, na condição de detentor da posse e gozo da coisa, poderá disponibilizá-la em locação, auferindo os frutos do imóvel usufrutuário, traduzido no recebimento dos valores dos aluguéis. Essa autorização se encontra inserida no artigo 1.393, do Código Civil, segunda parte. Com efeito, ao usufrutuário é vedado transferir o usufruto por alienação. Contudo, o legislador civil permite que o usufrutuário possa ceder o exercício do usufruto, quer a título gratuito, quer a título oneroso. Não podemos olvidar que locação constitui a cessão onerosa e temporária da posse direta do bem que é objeto do contrato.

Os direitos reais sobre coisas alheias, também conhecidos como direitos reais limitados, estão previstos no artigo 1225, do Código Civil. Este dispositivo, em seu inciso IV, prevê o usufruto, que é classificado pela doutrina como direito real sobre coisa alheia de gozo ou fruição, considerando que o usufrutuário adquire o direito de usar e fruir da coisa. A doutrina destaca três modalidades de constituição do usufruto: legal, judicial e convencional. Há duas formas de implementação do usufruto, que pode ser por "alienação" e por "retenção". Na primeira, o proprietário permanece com a nua-propriedade e transfere ao usufrutuário os poderes de uso e gozo da coisa. Na segunda, o usufruto surge de forma inversa, considerando que o proprietário reserva para si os poderes de uso e gozo da coisa, assumindo a condição de usufrutuário, enquanto é transferido para terceiro a propriedade, o poder de disposição da coisa, constituindo uma espécie de doação com reserva, negócio jurídico que produz eficácia dúplice[22].

O fideicomisso é cláusula testamentária através da qual o testador institui herdeiro testamentário ou legatário sob condição de, a determinado termo, ou mediante determinada condição, transferir a propriedade do bem a terceiro. É disposição testamentária que institui herdeiros ou legatários sucessivos[23]. Na instituição do fideicomisso figuram o fideicomitente, que é o testador, o instituidor da cláusula de fideicomisso, o fiduciário, que é o primeiro beneficiário da disposição testamentária, e o fideicomissário, que é o segundo instituído, aquele que será beneficiado pela transferência de propriedade a ser realizada pelo fiduciário, quanto do atingimento do respectivo termo, ou do implemento da condição, na forma descrita pelo fideicomitente, na cláusula testamentária.

O fideicomisso somente comporta instituição *causa mortis*, não havendo espaço para sua instituição na modalidade *inter vivos*. Aliás, quando o Código Civil prevê, no artigo 547, a doação com cláusula de reversão, esta somente opera seus efeitos entre doador e donatário, destacando-se que no parágrafo único, há a proibição da instituição de cláusula de reversão a benefício de terceiro que não seja o doador. O motivo desta proibição é exatamente o reconhecimento pela doutrina da impossibilidade de instituir fideicomisso *inter vivos*. Caso fosse permitida a doação com cláusula de reversão a benefício de terceiro que não fosse o doador, estar-se-ia instituindo, via transversa, um fideicomisso em vida.

O fideicomisso pode ser instituído na forma universal, ou singular. Na forma universal abrange a herança como um todo, ou seja, inclui todos os bens deixados pelo testador, em seu testamento. Na forma singular, o seu objeto é delimitado, ou seja, inclui apenas o legado, mas não a deixa testamentária como um todo. O legado é aquele bem individualizado, que é deixado por testamento para o legatário. Não se pode olvidar que o fideicomisso, por ser uma cláusula testamentária, somente pode ter por objeto bens que eventualmente possam ser deixados em testamento, não atingindo a legítima, que constitui expectativa de direito dos herdeiros necessários.

É de sabença que a propriedade se classifica em plena, limitada e resolúvel. Na propriedade plena, todos os poderes inerentes ao domínio ou propriedade

22 FARIAS, Cristiano Chaves de; ROSENVALD, Nelson. *Curso de Direito Civil, Reais*, volume 5, 11ª edição, Editora Atlas, São Paulo, 2015, p. 705.

23 TEPEDINO, Gustavo; NEVARES, Ana Luiza Maia; MEIRELES, Rose Melo Vencelau. *Fundamentos do Direito Civil, Direito das Sucessões*, volume 7, Editora Gen/Forense, 2020, p. 193.

estão reunidos na pessoa de um único titular, que é o proprietário. Nesta classificação se engloba a propriedade condominial, porque no condomínio, não há partição desses poderes, mas, ao contrário, exercício conjunto deles por todos os coproprietários. Na propriedade limitada, há a bipartição relativamente ao exercício dos poderes inerentes ao domínio ou propriedade. O usufruto é exemplo de propriedade limitada, assim como os demais direitos reais que se classificam como de gozo e fruição. Na propriedade resolúvel, a limitação é temporal. Nesta, os poderes inerentes ao domínio ou propriedade estão reunidos na pessoa do titular da propriedade, mas, de forma temporária, por determinado termo ou, mediante determinada condição. Uma vez atingido o termo final ou, implementada a condição, a propriedade se resolve a benefício de outrem.

No fideicomisso, o fiduciário ostenta a condição de proprietário resolúvel[24], na medida em que, atingido o termo final, ou implementada a condição estabelecida na cláusula testamentária, a propriedade se resolve a benefício do fideicomissário. Portanto, na condição de proprietário resolúvel, poderá o fiduciário firmar contrato de locação.

A previsão contida no dispositivo em comento se resume a garantir o direito de denunciar o contrato por parte daquele que não o celebrou. Com efeito, o contrato que foi celebrado pelo usufrutuário ou elo fiduciário, poderá ser denunciado (denúncia vazia) pelo beneficiário da extinção do instituto, desde que observados os prazo e condições estabelecidos pelo legislador. A denúncia deverá ser formalizada mediante a concessão de um prazo de trinta dias para a desocupação do imóvel, encaminhada por qualquer meio admitido em direito, sendo importante que haja prova de que o locatário efetivamente tomou ciência da intenção do notificante. A partir do momento em que o locatário é notificado, inicia a fluência do prazo estabelecido na notificação.

O legislador do inquilinato previu duas hipóteses nas quais a denúncia do contrato de locação não produz qualquer efeito. A primeira diz respeito ao fato de o nu proprietário ou do fideicomissário já terem aquiescido, de forma escrita, com a locação. Por óbvio, se o nu proprietário, ou o fideicomissário, respectivamente, já tiverem concordado com a locação, não haverá razão para se autorizar que denunciem uma locação com a qual concordaram. De se destacar que a le-

24 TEPEDINO, Gustavo; NEVARES, Ana Luiza Maia; MEIRELES, Rose Melo Vencelau. *Fundamentos do Direito Civil, Direito das Sucessões*, volume 7, Editora Gen/Forense, 2020, p. 197, verbis: "*O fiduciário é titular da propriedade plena dos bens fideicometidos. A única restrição diz respeito ao impedimento de alienação incondicionada. Trata-se de propriedade resolúvel, isto é, sujeita à resolução, bem como os direitos reais concedidos na sua pendência, e o proprietário, em cujo favor se opera a resolução – o fideicomissário –, pode reivindicar a coisa do poder de quem a possua ou detenha (CC. Art. 1.359)*".

gislação exige que essa aquiescência seja escrita, manifestando-se a doutrina[25] no sentido de não admitir concordância que não seja escrita, considerando que se permitiria, desta forma, negar direito concedido ao nu proprietário ou fideicomissário, no sentido da denúncia do contrato.

A segunda hipótese tem a ver com a consolidação da propriedade em mãos do usufrutuário ou do fiduciário. A consolidação da propriedade na pessoa do usufrutuário é causa direta da extinção do usufruto, conforme preconiza o art. 1.419, inciso VI, do Código Civil. Esta decorre do fato de o nu proprietário falecer, deixando como herdeiro único e universal apenas o usufrutuário. Assim, o usufrutuário consolida a propriedade plena em seu nome, considerando que herdará a nua propriedade do finado. No dizer de Sylvio Capanema de Souza opera-se a confusão subjetiva[26].

A razão desta exceção resulta do fato de a locação ter sido celebrada pelo usufrutuário e, havendo a consolidação da propriedade em suas mãos, não há motivo para se permitir a denúncia por quem efetivamente celebrou o contrato. As figuras do nu proprietário e do usufrutuário, na hipótese de consolidação da propriedade, passa a não mais existir, considerando a extinção do usufruto.

As causas de extinção do usufruto se encontram elencadas nos incisos do art. 1.410, do Código Civil. Todas aquelas causas, com exceção da consolidação (inciso VI), são suficientes para induzir a aplicação do disposto no artigo 7º, da Lei do Inquilinato. Portanto, a extinção do usufruto por renúncia ou morte do usufrutuário; pelo termo de sua duração; pela extinção da pessoa jurídica usufrutuária ou pelo decurso de trinta anos da data em que começou a exercer; pela cessação do motivo; pela destruição da coisa; por culpa do usufrutuário; e, pelo não uso ou não fruição da coisa objeto do usufruto, enseja a utilização do direito de denunciar o contrato de locação.

---

25 CAPANEMA de Souza, Sylvio, A Lei do Inquilinato Comentada, 8ª edição, editora Gen/Forense, Rio de Janeiro, 2012, p. 50, verbis: "*O contrato de locação foi firmado pela mandatária da locadora, usufrutuária do imóvel, e que era sua filha, e, por coincidência, nu proprietária. Extinto o usufruto, pela morte da usufrutuária, a nu proprietária, já agora no domínio pleno, denunciou a locação. .... O locatário resistiu à pretensão autoral, alegando que houve a anuência da nu proprietária, que assinou o contrato, não podendo ignorá-lo. Sustentamos que a nu proprietária figurava no contrato como mandatária da locadora, emitindo, assim, vontade em nome da mandante, e que ó a ela vinculava. Jamais emitira vontade própria, como nu proprietária, anuindo com o contrato, não estando, assim, obrigada a respeitá-lo. .... Também se questiona se o nu proprietário, assinando o contrato como testemunha, estaria obrigado a respeitá-lo, uma vez extinto o usufruto. A hipótese, tal como a anterior, é polêmica, entendo nós que também daí não se pode inferir a anuência do nu proprietário, já que a testemunha é apenas presencial, não emitindo vontade própria, nem interferindo no conteúdo da avença*".

26 CAPANEMA de Souza, Sylvio, A Lei do Inquilinato Comentada, 8ª edição, editora Gen/Forense, Rio de Janeiro, 2012, p. 50.

Aduza-se, por relevante que, se a locação for celebrada antes da instituição do usufruto, não há aplicabilidade do disposto no dispositivo em comento, considerando que, nesta hipótese, a locação foi realizada pelo proprietário pleno do bem que, posteriormente, instituiu o usufruto. A aplicação do dispositivo, portanto, fica reservada, de forma restrita, sendo a locação realizada quando já existente o usufruto, ou seja, realizada pelo usufrutuário.

Imagine-se uma situação em que o proprietário aluga bem imóvel de sua propriedade. Estando em curso a locação, o proprietário, então locador, institui usufruto por alienação, passando à condição de nu proprietário. Com a extinção do usufruto, o proprietário que locou, ficaria com o direito de denunciar a locação. Essa situação não é a admitida pela lei, que visa exatamente permitir que aquele que não participou da locação tenha o direito de denunciá-la. Na hipótese exemplificada, quem locou, não poderia exercer o direito de denúncia do contrato.

Segundo leciona Sylvio Capanema de Souza, para proteção do locatário em face de eventual denúncia da locação, este deveria, quando da contratação, exigir a anuência do nu proprietário. Somente assim a eventual extinção do usufruto não o prejudicará[27].

Quanto ao fideicomisso, ocorre sua extinção quando, aberta a sucessão, o fiduciário renuncia a herança ou legado (art. 1.954, CC). Neste caso, não havendo indicação de substituto por parte do testador (fideicomitente), defere-se ao fideicomissário o poder de aceitar. Outrossim, é deferido ao fiduciário o direito de renunciar a herança ou legado (art. 1.955, CC). Nesta hipótese o fideicomisso caducará, deixando de ser resolúvel a propriedade do fiduciário, se não houver disposição em contrário por parte do testador.

O fideicomisso também restará caduco se o fideicomissário falecer antes do fiduciário, ou antes de ser realizada a condição resolutória (art. 1.958, CC). Assim ocorrendo, a propriedade se consolidará na pessoa do fiduciário.

Portanto, quando o legislador do inquilinado, na parte final, do *caput*, do art. 7º, menciona a exceção relativa a consolidação da propriedade do bem objeto da locação, em mãos do fiduciário, nada mais fez do que se referir as hipóteses de consolidação da propriedade a que se referem os artigos 1955 e 1.958, ambos do Código Civil. A renúncia do fideicomissário à herança ou legado, bem como o passamento do fideicomissário antes do fiduciário, depois de aberta a sucessão do testador (fideicomitente), dá ensejo a consolidação da propriedade nas mãos do fiduciário.

No parágrafo único, do art. 7º, o legislador estabeleceu um prazo de caducidade de noventa dias, contados a partir da extinção do usufruto (averbação

27 CAPANEMA de Souza, Sylvio, A Lei do Inquilinato Comentada, 8ª edição, editora Gen/Forense, Rio de Janeiro, 2012, p. 51.

- art. 1.410, *caput*, CC) ou do fideicomisso. Se não for observado o prazo aqui destacado, presumir-se-á aceita a continuidade da locação.

Destaque-se que a legislação do inquilinado anterior não estabelecia prazo para o exercício do direito à denúncia. Desta forma, os tribunais firmaram precedentes no sentido de que a eventual demora em proceder a denúncia, principalmente quando acompanhada de prova de recebimento dos alugueres por parte do nu proprietário ou fideicomissário, acarretaria aceitação com a continuação da locação e, portanto, renúncia ao direito denunciar o contrato. A legislação atual, ciente da controvérsia, tratou de regulamentar a hipótese, estabelecendo prazo para o exercício do direito à denúncia da locação. Portanto, escoado o prazo, sem a realização da denúncia, há decadência[28] do direito que é potestativo.

O início do prazo de noventa dias, na hipótese de extinção do usufruto, será computado a partir da data em que ocorrer a averbação da extinção perante o cartório do registro de imóveis da jurisdição em que se localizar o imóvel. Quanto ao fideicomisso, o início do prazo será computado a partir da data em que ocorrer a extinção do fideicomisso, ou pela renúncia do fideicomitente, ou pelo passamento deste, antes do passamento do fiduciário.

Vale destacar que o art. 7º não distingue a modalidade de locação que pode ser objeto da denúncia. Se o legislador não distinguiu, não caberá ao intérprete fazê-lo. Portanto, a referida denúncia se aplica tanto às locações residenciais, quanto as locações não residenciais, desde que firmadas pelo usufrutuário ou fiduciário, ocorrendo as hipóteses mencionadas no artigo.

Art. 8° Se o imóvel for alienado durante a locação, o adquirente poderá denunciar o contrato, com o prazo de noventa dias para a desocupação, salvo se a locação for por tempo determinado e o contrato contiver cláusula de vigência em caso de alienação e estiver averbado junto à matrícula do imóvel.

§ 1° Idêntico direito terá o promissário comprador e o promissário cessionário, em caráter irrevogável, com imissão na posse do imóvel e título registrado junto à matrícula do mesmo.

§ 2° A denúncia deverá ser exercitada no prazo de noventa dias contados do registro da venda ou do compromisso, presumindo - se, após esse prazo, a concordância na manutenção da locação.

Carlos Santos de Oliveira

28 CAPANEMA de Souza, Sylvio, A Lei do Inquilinato Comentada, 8ª edição, editora Gen/Forense, Rio de Janeiro, 2012, p. 54, verbis: "*Tratando-se de direito potestativo, o prazo da denúncia é decadencial, não se interrompendo ou suspendendo, seja qual for a causa*".

Este dispositivo consagra um velho brocardo que tem origem no direito romano que expressa: "*venda rompe locação*"[29]. Contudo, o que efetivamente tem o condão de romper a locação é a denúncia formulada pelo adquirente do bem locado, considerando que este pode se conformar com a locação e não a denunciar, permitindo, assim, a sua continuidade. O direito à denúncia constitui reconhecimento ao princípio da relatividade dos contratos, na medida em que o adquirente, por não ter sido parte no contrato de locação, não está obrigado a respeitá-lo.

O primeiro requisito é a alienação do imóvel locado. Por alienação entenda-se toda e qualquer forma de transferência da propriedade, quer a título oneroso, quer a título gratuito. A compra e venda, a permuta, são formas de alienação. A doação, também é forma de alienação. A alienação é o gênero, do qual são espécies, a compra e venda, a permuta, a doação, a dação em pagamento. Portanto, o alienatário comprador, permutante, ou donatário, uma vez realizada a alienação, poderá se valer do presente dispositivo e denunciar a locação que fora celebrada pelo alienante vendedor, permutante ou doador.

A alienação tem que ocorrer durante o período da locação, conduzindo a conclusão de que o referido dispositivo se dirige tanto as locações que tenham prazo determinado, como também as locações que estejam vigendo sem prazo. Nas locações com prazo, a denúncia fica restrita a hipótese da alienação. Nas locações sem prazo, o terceiro adquirente poderá promover a denúncia da locação com base na aquisição (alienação) ou, com base em outro permissivo que a legislação expresse, como são exemplos os artigos 46, § 2º, quando se trata de locação residencial e, 57, quando se trata de locação não residencial, mediante observância dos requisitos previstos.

A condição de adquirente, que se traduz em segundo requisito, se comprova pela exibição do respectivo título aquisitivo, devidamente registrado perante do cartório do registro de imóveis competente. A denúncia, terceiro requisito, deverá ser promovida com prazo de 90 (noventa) dias para desocupação do imóvel, mediante qualquer forma que seja admitida em direito. Ressalte-se que a denúncia é realizada mediante a notificação do locatário, quando o adquirente demonstra a sua intenção de romper o vínculo locatício. Portanto a notificação pode ser judicial ou extrajudicial. Pode ser, inclusive, verbal, destacando-se, neste particular, a necessidade de comprovação de que o locatário efetivamente tomou conhecimento, ficou ciente, dos termos da denúncia.

Realizada a denúncia, na forma da lei e, decorrido o prazo sem que o locatário desocupe o imóvel, mediante a entrega das chaves, o adquirente terá

---

29 CAPANEMA de Souza, Sylvio, A Lei do Inquilinato Comentada, 8ª edição, editora Gen/Forense, Rio de Janeiro, 2012, p. 55, verbis: "*Costuma-se dizer, sem muito apreço à técnica, que a venda rompe locação, repetindo-se o velho brocardo romano*".

a possibilidade de propor a respectiva ação de despejo, que não terá qualquer motivação[30]. A hipótese é de denúncia vazia, ou seja, baseada apenas na aquisição do imóvel locado pelo terceiro, durante a locação.

Conforme previsão contida no parágrafo segundo a denúncia deverá ser exercida no prazo de noventa dias, contados do registro da venda ou do compromisso. Este o último requisito que deve ser observado pelo adquirente. Primeiro, tem que comprovar a ocorrência da alienação, bem como a condição de novo adquirente, depois tem que proceder com a denúncia e, por fim, observar o prazo decadencial[31] de noventa dias para assim proceder, sob pena de se presumir a concordância com a continuidade da locação.

A condição de proprietário, novo adquirente do bem imóvel locado, somente se faz através do registro do contrato de alienação, ou da averbação do compromisso de compra ou de cessão. Seguindo essa linha, o parágrafo segundo estatui, com acerto, que o prazo de noventa dias para denunciar o contrato somente inicia o seu cômputo a partir da data do respectivo registro. A aquisição, a condição de novo proprietário, somente se prova através do registro do título. Assim, o início do prazo somente se justifica a partir da data em que o registro for realizado[32].

A presunção contida na parte final, do parágrafo segundo, do artigo 8º é medida de salutar importância, considerando que não se pode permitir que o locatário permaneça durante toda a locação sob ameaça de o terceiro adquirente denunciar o contrato. O princípio da segurança das relações jurídicas, por si só justifica o cuidado do legislador do inquilinato. O terceiro adquirente deve observar os requisitos e condições da lei para poder exercer o direito à denúncia da locação, sob pena de ficar o locatário liberado, quanto a continuidade da locação.

No parágrafo primeiro, do artigo 8º, encontramos disposição legal que permite a extensão desse direito ao promissário comprador ou ao promissário

30 CAPANEMA de Souza, Sylvio, A Lei do Inquilinato Comentada, 8ª edição, editora Gen/Forense, Rio de Janeiro, 2012, p. 56, verbis: "*Expirado o prazo e permanecendo o locatário no imóvel, poderá o adquirente propor a ação de despejo, sendo desnecessária qualquer outra motivação. Sendo imotivada a reprise, faculta-se ao autor, após a desocupação, dar ao imóvel o destino que melhor lhe convier*".

31 CAPANEMA de Souza, Sylvio, A Lei do Inquilinato Comentada, 8ª edição, editora Gen/Forense, Rio de Janeiro, 2012, p. 62, verbis: "*O prazo de 90 dias é decadencial, não se admitindo interrupção ou suspensão*".

32 CAPANEMA de Souza, Sylvio, A Lei do Inquilinato Comentada, 8ª edição, editora Gen/Forense, Rio de Janeiro, 2012, p. 56, verbis: "*A faculdade de resilir unilateralmente o contrato é concedida ao adquirente, só podendo ser considerado como tal aquele que já tem o seu título registrado, já que é por este modo que se transfere a propriedade imobiliária*".

cessionário[33], desde que a aquisição tenha ocorrido em caráter irrevogável, ou seja, sem previsão de direito de arrependimento, e também que tenha havido a respectiva imissão na posse do imóvel, estando o respectivo título de transferência registrado junto à matrícula do imóvel, perante o cartório do registro de imóveis da circunscrição em que estiver localizado o bem.

O disposto no parágrafo primeiro constitui inovação com relação a lei do inquilinado anterior[34]. Com efeito, a ausência de previsão na legislação pretérita causou acirrada discussão na doutrina e perante os tribunais, no sentido de delimitar os direitos do promissário comprador e do promissário cessionário, quanto a possibilidade de denunciar o contrato de locação em razão da aquisição realizada. Para aqueles que entendiam que a expressão "adquirente" abrangia também o promissário, poderia haver a denúncia. Contudo, para aqueles que entendiam que o promissário ainda não era adquirente, sendo mero credor de uma obrigação de fazer, que consistiria na outorga da escritura definitiva, não se reconhecia o referido direito. A inovação, contudo, veio a pacificar a matéria, colocando um ponto final na discussão doutrinária e jurisprudencial, na medida em que reconheceu expressamente o direito do promissário comprador e do promissário cessionário, mediante a observância de alguns requisitos.

Da cláusula de vigência em caso de alienação

Contudo, de acordo com o contido na segunda parte, do *caput*, do artigo 8º, o terceiro adquirente de imóvel submetido ao regime da locação predial urbana, não poderá exercer o direito de denunciar, se a locação for por prazo determinado e o contrato contiver "cláusula de vigência em caso de alienação", e se encontrar averbado junto a matrícula do imóvel locado, perante o cartório do registro imobiliário competente. Cumpridos estes três requisitos, o locatário terá o direito de opor o contrato contra o terceiro adquirente do imóvel, que terá de respeitar o contrato, não podendo denunciá-lo. Este direi-

---

33 BEZERRA DE MELO, Marco Aurélio. *Direito Civil, Contratos*, Editora Gen/Forense, 3ª edição, 2019, p. 535, verbis: "*Não há necessidade de o terceiro ser proprietário, bastando que se trate de um direito real que lhe assegure o direito de uso sobre o bem, como seria o caso de um compromisso de compra e venda ou eventuais cessões, desde que devidamente registradas no cartório imobiliário, direito real de usufruto, uso ou de superfície*".

34 CAPANEMA de Souza, Sylvio, A Lei do Inquilinato Comentada, 8ª edição, editora Gen/Forense, Rio de Janeiro, 2012, p. 59, verbis: "*Terrível divergência doutrinária e jurisprudencial ficou resolvida, finalmente, e em boa hora, com o § 1º do artigo 8º, que estende o direito de denunciar a locação ao promissário comprador e promissário cessionário, em caráter irrevogável, com imissão na posse do imóvel e título registrado junto a matrícula do mesmo*".

to outorgado ao locatário, embora obrigacional, contém eficácia real, na medida em que pode ser oposto contra qualquer um que se coloque na situação de "terceiro adquirente".[35]

Desta forma, visando proteger a parte mais vulnerável na relação locatícia, que é o locatário, o legislador fez inserir regra que lhe outorga o poder de opor o seu direito ao terceiro adquirente, obrigando-o a respeitá-lo, durante a vigência do contrato. É necessário, contudo, que os requisitos estejam presentes. Na hipótese, por exemplo, de o contrato de locação se encontrar vigendo sem prazo determinado, mesmo que contenha cláusula de vigência e que esteja averbado, não haverá possibilidade de o locatário opor o seu direito ao terceiro adquirente.

Aduza-se que a existência da cláusula de vigência traduz segurança para o locatário. Este deverá promover a averbação da referida cláusula perante o cartório imobiliário competente, outorgando publicidade ao referido ajuste, de forma que o terceiro adquirente não possa alegar desconhecimento de sua existência. A exigência da averbação perante do cartório imobiliário é exatamente fundada na necessidade de publicização da cláusula. Aquele que pretender adquirir imóvel que se encontre locado deverá ter a precaução de pesquisar junto ao cartório do registro de imóveis da circunscrição, se há averbação do contrato e se neste consta a respectiva cláusula de vigência. Seguindo esta linha de raciocínio, conclui-se que a averbação tem que preceder a aquisição, considerando que se a averbação for realizada após a aquisição, não poderá o locatário opor o seu direito ao terceiro adquirente[36]. Nesta hipótese, o terceiro não teria condições de saber da existência da cláusula de vigência, considerando que a publicização desta ainda não teria ocorrido.

---

35 BEZERRA DE MELO, Marco Aurélio. *Direito Civil, Contratos*, Editora Gen/Forense, 3ª edição, 2019, p. 538, verbis: *"Note-se que essa obrigação se insere no âmbito do direito pessoal, mas é dotada de eficácia erga omnes" típica do direito real. A obrigação com eficácia real não se confunde com a chamada obrigação "propter rem" que possui natureza mista entre o direito pessoal e real"*.

36 CAPANEMA de Souza, Sylvio, A Lei do Inquilinato Comentada, 8ª edição, editora Gen/Forense, Rio de Janeiro, 2012, p. 58, verbis: *"Se a averbação da cláusula é posterior a averbação, isto em nada afetará o direito do adquirente de denunciar o contrato. Quando existe a averbação, não pode o adquirente alegar que a desconhecia, já que elementar prudência exige de qualquer adquirente de imóvel que requeira uma certidão de ônus reais, onde constaria a averbação"*.

Art. 9º A locação também poderá ser desfeita:

I – por mútuo acordo;

II – em decorrência da prática de infração legal ou contratual;

III – em decorrência da falta de pagamento do aluguel e demais encargos;

IV – para a realização de reparações urgentes determinadas pelo Poder Público, que não possam ser normalmente executadas com a permanência do locatário no imóvel ou, podendo, ele se recuse a consenti-las.

Carlos Santos de Oliveira

O artigo 9º, da legislação do inquilinato prevê quatro hipóteses de extinção do vínculo de locação. O primeiro, "por mútuo acordo", prevê a hipótese de resilição bilateral. O segundo, terceiro e quarto, preveem hipóteses de resolução voluntária e involuntária. A constante do inciso II "em decorrência da prática de infração legal ou contratual", bem como a constante do inciso III "em decorrência da falta de pagamento do aluguel e demais encargos", traduzem modalidades de resolução voluntária, ou seja, mediante culpa. A última (inciso IV), prevê hipótese de resolução involuntária, ou seja, aquela na qual o locador pode pleitear a recuperação da posse em decorrência de ato externo, que decorreu sem qualquer participação do locatário, como é o caso da determinação de reparação urgente determinada pelo poder público, que não possa ser normalmente executada com a permanência do locatário no imóvel ou, podendo, ele se recusar a consenti-la.

Mútuo acordo

O legislador, quando menciona o mútuo acordo como uma das causas do desfazimento do contrato de locação, se refere ao distrato. Com efeito, o distrato é forma de resilição bilateral do contrato, devendo observar, na forma preconizada no artigo 472, do Código Civil, a mesma forma exigida para o contrato. Trata-se da adoção do princípio da atração da forma. Se o contrato foi realizado na forma escrita, o distrato não poderá ser realizado verbalmente. A forma escrita utilizada na realização do contrato atrai a forma para o distrato.

O distrato tem lugar quando as partes entendem mutuamente que não há mais interesse na manutenção do contrato até então vigente, ajustando, por consequência, os termos da resilição. Quando da realização do contrato há uma força convergente criadora de direitos e obrigações. Quando da realização do distrato, há uma força convergente extintora de direitos e obrigações. As partes, de comum acordo, procedem aos ajustes finais da avença, de modo a encerrar o contrato.

O contrato, antes de seu termo final, estando ainda em vigor, pode ser objeto de distrato que, desta forma, difere da extinção do contrato em razão do cumprimento das obrigações contidas no mesmo, ou pelo atingimento do termo final. Independentemente de ter atingido o seu termo final, ou de terem sido exauridas, pelo cumprimento, todas as obrigações previstas, as partes, por mútuo consenso, podem dar fim a avença através da realização de um distrato. O princípio da autonomia da vontade, tanto leva a criação do contrato, quanto autoriza o seu distrato por mútuo acordo.

O mútuo acordo realizado por escrito entre locador e locatário, mediante a interveniência de duas testemunhas, pondo fim ao contrato de locação, e prevendo prazo mínimo de 06 (seis) meses para desocupação do imóvel, caso não cumprido, dará ensejo a propositura da ação de despejo por parte do locador, inclusive com possibilidade de pedido liminar de desocupação, na forma prevista no art. 59, § 1º, inciso I, da Lei de Locações. A concessão da liminar dependerá da prestação de caução por parte do locador (art. 59, § 1º).

Prática de infração legal ou contratual

A infração legal é aquela que decorre diretamente da lei, do não cumprimento de obrigação decorrente da legislação. A infração contratual decorre de previsão contida no contrato, do não cumprimento de obrigação prevista em cláusula do contrato. A hipótese aqui versada diz respeito a resolução do contrato de locação por culpa ou do locador, ou do locatário. Não se pode olvidar que o contrato de locação é bilateral sinalagmático, do qual decorrem obrigações a serem cumpridas por ambas as partes. A legislação do inquilinado, mais precisamente nos artigos 22 e 23, prevê obrigações tanto para o locador, quanto para o locatário. A inobservância destas obrigações importa em infração à lei.

O locador tem a obrigação legal de "responder pelos vícios ou defeitos anteriores a locação" (art. 22, inciso IV, da Lei de Locações). Portanto, a não assunção da responsabilidade por vícios ou defeitos no imóvel locado, que sejam anteriores à locação, constitui infração à lei por parte do locador, ensejando a resolução do contrato por culpa, na hipótese dos vícios ou defeitos impedirem a utilização do imóvel pelo locatário. O locatário será o responsável por analisar se os vícios ou defeitos não impedem o uso do imóvel. Caso queira, nesta hipótese, poderá o locatário optar por uma ação de obrigação de fazer (pretendendo a execução forçada da obrigação), com pedido de perdas e danos, ao invés da ação de resolução do contrato de locação.

De outra vertente, o locatário tem a obrigação legal de "servir-se do imóvel para o uso convencionado ou presumido, compatível com a natureza deste, e com o fim a que se destina, devendo tratá-lo com o mesmo cuidado como se fosse seu" (art. 23, inciso II, da Lei do Inquilinato). Portanto, a utilização do imóvel residencial, com finalidade não residencial constitui infração à lei, tendo como consequência a quebra do contrato, por culpa do locatário, ensejando a propositura de ação de despejo por parte do locador. Imagine a locação de uma casa em um condomínio residencial. Não poderá o locatário, mesmo que não haja proibição em contrato, utilizar o imóvel com finalidade não residencial, em razão de este não ser o uso convencionado ou presumido para o imóvel, sendo incompatível com sua natureza e com o fim a que se destina.

As partes podem convencionar contrato de locação clausulando que a posse direta do bem será transmitida ao locatário no prazo de 60 (sessenta) dias a contar da data do contrato. Na hipótese de o locador não cumprir o estipulado em contrato, não entregando a posse direta do imóvel no prazo ajustado, se estará diante de uma infração a obrigação contratual, dando ensejo, igualmente, a resolução do contrato por culpa do locador. Se a previsão de cumprimento da obrigação decorre do contrato, seu inadimplemento gera infração contratual.

A previsão legal aqui comentada se mostra despicienda, considerando que o contrato de locação é bilateral, aplicando-se ao mesmo a previsão contida nos artigos 474 e 475, do Código Civil. A cláusula resolutiva pode ser expressa ou tácita, destacando-se que todo contrato bilateral carrega em seu bojo a presunção de aplicação da cláusula resolutiva, mesmo que não prevista em contrato. Diante da prova de infração legal ou contratual, poderá o contratante prejudicado pedir a resolução da avença, com perdas e danos[37]. O artigo 475 autoriza que a parte lesada pelo inadimplemento possa pedir a resolução do contrato, caso não prefira exigir o cumprimento da obrigação. A indenização por perdas e danos é consequência do inadimplemento da obrigação, desde que tenha resultado prejuízo para a parte lesada.

Falta de pagamento do aluguel e demais encargos

Conforme previsão expressa no inciso I, do artigo 23, da legislação de regência, constitui obrigação do locatário o pagamento pontual do aluguel e dos encargos da locação. Esses encargos, nos termos da lei, podem ser legal ou contratualmente exigíveis, devendo o locatário observar o prazo estabelecido. Caso não haja a estipulação de termo final no contrato para a realização dos referidos pagamentos, deverá o locatário observar o prazo correspondente até o sexto dia útil do mês seguinte ao vencido, quando outro não tiver sido estabelecido.

A locação é contrato bilateral oneroso. Constituem elementos essenciais deste contrato: coisa, preço e consentimento. O preço, traduzido pela obrigação do pagamento do aluguel, por ser elemento essencial do contrato de locação,

37 CAPANEMA de Souza, Sylvio, A Lei do Inquilinato Comentada, 8ª edição, editora Gen/Forense, Rio de Janeiro, 2012, p. 66, verbis: *"Aliás, nem seria necessário que a Lei do Inquilinato assim estabelecesse. O direito de resolver o contrato, diante do inadimplemento de obrigação de uma das partes, está assegurado no artigo 475 do Código Civil, sendo inerente aos contratos bilaterais, entre os quais se relaciona a locação".*

constitui a mais importante obrigação[38] a ser cumprida pelo locatário, tanto que foi a primeira a ser destacada pelo legislador. Quando da realização de contrato de locação, se não for estabelecido preço, não será locação, mas sim comodato.

Observe-se, ainda, que a importância da obrigação relativa ao pagamento pontual dos alugueres e encargos, pode ser visualizada pela própria disposição dos incisos do artigo 9º. Com efeito, no inciso II, o legislador do inquilinato destacou como causa para o desfazimento da locação, o cometimento de infração legal ou contratual. Ora, a falta de pagamento de aluguel e encargos constitui infração legal e contratual, porque certamente haverá previsão no contrato. Portanto, a previsão contida no inciso III se encontra inserida na previsão do inciso II, atribuindo-se a um zelo ou preocupação do legislador, destacar em inciso próprio que a falta de pagamento de aluguel e encargos constitui fundamento para o desfazimento da locação.

Não ocorrendo o pagamento do aluguel e encargos da locação no dia estipulado, não sendo observado o termo final, estará o locador autorizado a propor a ação de despejo por falta de pagamento, que possui previsão no artigo 62, da Lei do Inquilinato. O pedido de resolução da locação por falta de pagamento de aluguéis e encargos poderá, na forma da lei, ser cumulado com pedido de cobrança, comportando propositura inclusive em face do fiador.

Destaque-se, por oportuno, que a falta de pagamento de alugueres e encargos da locação, além de constituir causa de resolução do contrato, também autoriza a concessão de liminar para desocupação do imóvel, na hipótese de o contrato não contar com nenhuma garantia (artigo 59, § 1º, inciso IX, da Lei nº 8.245/91). A ausência de garantia pode decorrer de não ter sido contratada, de ter sido extinta, ou de ter havido pedido de exoneração do fiador, independentemente do motivo. Não se pode esquecer da obrigação de prestação de caução por parte do locador (art. 59§ 1º). Há, inclusive, precedentes na jurisprudência, autorizando a concessão da liminar nestes casos, desde que a garantia ofertada em contrato não se mostre suficiente para garantir o pagamento da dívida.

Reparações urgentes, determinadas pelo poder público

A autoridade pública tem o poder dever de fiscalizar as construções e prédios, no sentido de evitar que imóveis que estejam pondo em risco seus moradores, e pondo em risco a vizinhança, permaneçam habitados sem realização

38 CAPANEMA de Souza, Sylvio, A Lei do Inquilinato Comentada, 8ª edição, editora Gen/Forense, Rio de Janeiro, 2012, p. 67, verbis: "*Uma das mais importantes obrigações do locatário é a de pagar, pontualmente, o aluguel avençado e os encargos; inadimplida esta obrigação, estando o locatário em mora, poderá o locador pedir a resolução do contrato, pela via da ação de despejo*".

das obras de reparação urgente. Desta forma, constatada pela autoridade municipal o estado precário de determinado imóvel, necessitando de obras e reparações urgentes, a edilidade fará notificar o proprietário para que realize as obras de reparo, sob pena de pagamento de multa.

Há a necessidade de constatação do estado precário do imóvel por profissional especializado, que lavrará laudo. No laudo deverá constar a descrição do estado do imóvel, bem como das reparações urgentes e necessárias de serem realizadas. O laudo também deverá dispor a respeito das consequências, caso as obras não sejam realizadas com urgência. De posse do laudo, a autoridade pública emitirá notificação para o proprietário, determinando a realização dos reparos de forma urgente.

A questão a ser discutida diz respeito a possiblidade de realização das obras de reparo com a permanência do locatário no imóvel, ou se haveria necessidade de o locatário desocupar o imóvel para viabilizar a realização dos reparos. Um imóvel que esteja com várias paredes rachadas, ameaçando desabar necessitará de reformar urgentes. Nesta hipótese vislumbra-se de plano a impossibilidade de permanência do locatário no imóvel, a fim de preservar a sua própria segurança. Esse tipo de obra de reforço não se enquadra naquela modalidade de obra que poderia normalmente ser executada com a permanência do locatário no imóvel. Contudo, há casos em que se fará necessária a realização de perícia para constatar a necessidade, urgência e extensão das obras de reparo, bem como a possibilidade ou não de permanência do locatário no imóvel, durante a realização destas.

A determinação da realização de obras de reparação urgente pelo poder público é causa de desfazimento da locação. Mas se as obras determinadas pelo poder público puderem ser realizadas normalmente com a permanência do locatário, a locação não poderá ser desfeita, desde que o locatário consinta com a realização das obras e se comprometa a suportar os incômodos dela decorrentes. Caso recuse o consentimento, a locação poderá ser desfeita.

Não se pode olvidar que a realização das obras com a permanência do locatário no imóvel poderá gerar responsabilidade para o locador, considerando que este responderá pelo fato da coisa[39]. Portanto, presentes os requisitos legais, está o locador autorizado a pedir, através da competente ação de despejo, a resolução da locação, com a finalidade de reparar seu imóvel e, desta forma, não ser penalizado pela administração publica através a imposição de multa.

39 CAPANEMA de Souza, Sylvio, A Lei do Inquilinato Comentada, 8ª edição, editora Gen/Forense, Rio de Janeiro, 2012, p. 68, verbis: *"Qualquer obra traz um risco de acidentes, por maiores os cuidados adotados, e por eles responderia o locador, em decorrência do princípio da responsabilidade pelo fato da coisa".*

Importante sinalizar que a hipótese aqui tratada não se confunde com aquela prevista no artigo 47, inciso IV. Esta importa em obra voluntária, que não precisa de determinação do poder público, bastando que a edificação seja licenciada, ou que a obra pretendida esteja aprovada pelo órgão público competente. Assim, o proprietário poderá pedir o imóvel para demolição e nova edificação, ou para a realização de obras que aumentem a área construída em no mínimo 20% (vinte por cento), ou no máximo 50% (cinquenta por cento) se o imóvel for destinado a exploração de hotel ou pensão. A prova do aumento de área é ônus exclusivo do locador, que pretende o despejo.

De se destacar também a previsão contida no artigo 52, inciso I, quando o legislador do inquilinato outorga ao locador uma exceção a ser oposta como linha defensiva, em ação renovatória de contrato de locação não residencial. Aqui a obra não é voluntária, dependendo de determinação do poder público. Contudo, essa obra deverá importar na radical transformação do imóvel; ou para modificação da natureza do imóvel, que aumente o valor do negócio ou da propriedade. A prova dos requisitos elencados no inciso I, do artigo 52, da lei do inquilinado, deverá ser realizada pelo proprietário, que demandará prova pericial, para que sua pretensão de reaver o imóvel locado possa obter sucesso.

Art. 10. Morrendo o locador, a locação transmite-se aos herdeiros.

Carlos Santos de Oliveira

O artigo 577, do Código Civil prevê a hipótese de sucessão *causa mortis*, na locação por prazo determinado. Assim, ocorrendo o passamento do locador, ou do locatário, quando da vigência da locação, esta será transferida aos seus herdeiros. Os herdeiros do locador permanecerão com o direito ao recebimento dos alugueres que, primeiro, serão pagos ao espólio, na pessoa de seu inventariante e, posteriormente à realização e homologação da partilha, assumirá a qualidade de locador aquele herdeiro que for beneficiado com a propriedade do imóvel pela transmissão *causa mortis*, passando este a ter o direito ao recebimento dos alugueres.

O contrato de locação não possui natureza personalíssima, sendo transmissível *causa mortis*, embora a doutrina vislumbre exceções[40], quando o objeto

40 BEZERRA DE MELO, Marco Aurélio. *Novo Código Civil Anotado*, volume III, Editora Lúmen Júris, 2003, p. 244, in verbis: *"Imagine-se a hipótese de uma locação de inúmeros instrumentos musicais para que o locatário possa exercer a sua atividade profissional. Tal contrato tenha sido celebrado pelo prazo de vinte e quatro meses, sendo que no terceiro mês de contrato tenha o locatário falecido. Será justo impor a seu filho advogado que continue a referida locação? Parece-nos que não, e nessa hipótese fica claro que, excepcionalmente, o contrato de locação fora celebrado intuitu personae, não vinculando os herdeiros do locatário."*

da locação for daqueles que somente interessa ao locatário, não tendo nenhuma utilidade para seus herdeiros. Os herdeiros tanto do locador, quanto do locatário, ficam obrigados a respeitar o contrato por prazo determinado.

Prevalece, portanto, a força obrigatória do contrato, enquanto vigente o prazo avençado. Contudo, pode ocorrer a hipótese de não interessar aos herdeiros do locatário a continuidade da locação. Estes deverão propor a resilição unilateral da avença, ficando obrigados ao pagamento da multa contratualmente prevista. A doutrina de Gustavo Tepedino traz lembrança da existência de precedente no sentido de vislumbrar para os herdeiros do locatário apenas uma faculdade na continuidade do contrato, e não uma obrigatoriedade[41].

O legislador especial ao tratar da locação predial urbana (Lei nº 8.245/91) estabeleceu, de forma taxativa, que na hipótese de passamento do locador, a locação de imóvel urbano será transmitida aos herdeiros deste (artigo 10º). A norma é cogente, não importando se a locação é por prazo determinado ou indeterminado, importando reconhecer a proteção do direito fundamental à moradia, constitucionalmente garantido. Os herdeiros do locador, quer o contrato esteja vigendo por prazo determinado ou indeterminado, caso queiram dar por finda a locação, somente o poderão fazer mediante a tutela da ação de despejo, observados os fundamentos previstos na legislação específica, não ao fundamento do falecimento do locador.

Embora haja aquisição da propriedade *causa mortis*, a hipótese não autoriza os herdeiros a denunciarem a locação na forma prevista no artigo 8º da legislação. Não há equiparação à figura do terceiro adquirente, optando o legislador por preservar os direitos do locatário[42]. Contudo, os herdeiros, na qualidade de locadores, poderão postular a retomada do imóvel locado, nas outras hipóteses constantes da lei, mediante o preenchimento dos requisitos para tanto exigidos.

41 TEPEDINO, Gustavo; BARBOZA, Heloisa Helena; MORAES, Maria Celina Bodin de, In Código Civil Interpretado conforme a Constituição da República, Vol. II, Editora Renovar, 2006, p. 285, verbis: "*Em sentido contrário, vale registrar, entretanto, que já se decidiu que "o disposto no CC/1916 (art. 1.198) deve ser entendido como faculdade dos herdeiros do locatário falecido, não constituindo dever de suportar os ônus do contrato" (RT 291/731)*".

42 CAPANEMA de Souza, Sylvio, A Lei do Inquilinato Comentada, 8ª edição, editora Gen/Forense, Rio de Janeiro, 2012, p. 71, verbis: "*A regra visa a proteger o locatário, para que não perca ele a locação pelo simples fato da morte do locador. A sub-rogação é legal, automática, e independe da vontade das partes, não sendo necessário a celebração de novo contrato, mantendo-se, integralmente, as condições do original*".

Art. 11. Morrendo o locatário, ficarão sub-rogados nos seus direitos e obrigações:

I – nas locações com finalidade residencial, o cônjuge sobrevivente ou o companheiro e, sucessivamente, os herdeiros necessários e as pessoas que viviam na dependência econômica do de cujus, desde que residentes no imóvel;

II – nas locações com finalidade não residencial, o espólio e, se for o caso, seu sucessor no negócio.

Art. 12. Em casos de separação de fato, separação judicial, divórcio ou dissolução da união estável, a locação residencial prosseguirá automaticamente com o cônjuge ou companheiro que permanecer no imóvel. (Redação dada pela Lei nº 12.112, de 2009)

§ 1º Nas hipóteses previstas neste artigo e no art. 11, a sub-rogação será comunicada por escrito ao locador e ao fiador, se esta for a modalidade de garantia locatícia. (Incluído pela Lei nº 12.112, de 2009)

§ 2º O fiador poderá exonerar-se das suas responsabilidades no prazo de 30 (trinta) dias contado do recebimento da comunicação oferecida pelo sub-rogado, ficando responsável pelos efeitos da fiança durante 120 (cento e vinte) dias após a notificação ao locador. (Incluído pela Lei nº 12.112, de 2009)

Art. 13. A cessão da locação, a sublocação e o empréstimo do imóvel, total ou parcialmente, dependem do consentimento prévio e escrito do locador.

§ 1º Não se presume o consentimento pela simples demora do locador em manifestar formalmente a sua oposição.

§ 2º Desde que notificado por escrito pelo locatário, de ocorrência de uma das hipóteses deste artigo, o locador terá o prazo de trinta dias para manifestar formalmente a sua oposição.

§ 3º (VETADO) (Incluído pela Lei nº 12.112, de 2009)

Guilherme Calmon

Introdução[43]

Vivencia-se uma época de mudanças em vários segmentos da vida gregária, inclusive no âmbito das relações de locação predial urbana. A Lei nº 8.245 completará seu 30° aniversário no dia 18 de outubro de 2021, ainda que sua

43 Esta parte do artigo se baseia em outro texto escrito pelo autor intitulado "Vênia conjugal e contrato de locação de imóvel urbano" para a obra coletiva *30 anos da Lei do Inquilinato* (sob coordenação de Heloisa Helena Barboza, Guilherme Calmon Nogueira da Gama e Thiago Ferreira Cardoso Neves, no prelo).

entrada em vigor tenha se operado apenas no início de 1992 (ou seja, sessenta dias após sua publicação: art. 89). Trata-se da lei que passou a dispor sobre as locações dos imóveis urbanos e os procedimentos a elas pertinentes, na busca de proporcionar maior estabilidade das normas jurídicas e, simultaneamente, preservar a comutatividade da relação contratual locatícia.

Sylvio Capanema de Souza foi um dos principais artífices da Lei n° 8.245/91 diante de suas preocupações com um dos setores da vida econômica e social do país que é o segmento da locação de imóveis urbanos. Não por acaso esta obra coletiva tem também o propósito de render justas e merecidas homenagens ao Professor Sylvio Capanema – mestre de gerações de profissionais e professores de Direito –, cuja obra permanecerá eterna devido à altíssima qualidade intelectual e inigualável devoção ao aperfeiçoamento do sistema jurídico nacional, além de oratória ímpar. Entre outras, pode ser citada a obra doutrinária intitulada "A Lei do Inquilinato Comentada – artigo por artigo"[44] que, na sua 12ª edição, é o principal estudo teórico e prático no Direito brasileiro a respeito do conjunto das normas contidas na referida Lei. Trata-se de estudo que permite encontrar interpretação detalhada e acurada das normas legais, além de colmatar as lacunas e imperfeições que o texto da Lei n° 8.245/91 apresenta.

É certo que a noção do livre acordo de vontades celebrado para coordenar interesses preponderantemente de natureza patrimonial entre duas ou mais pessoas, supostamente num plano de igualdade para designar o contrato[45] ainda subsiste, mas especialmente para retratar o paradigma de contrato por negociação que resulta de negociações preliminares, conversas, debates, discussões. No entanto, com o maior desenvolvimento do regime capitalista em matéria econômica, buscando reduzir custos, otimizar benefícios de uma economia de produção massiva de bens e serviços, surgiram os contratos em massa, com a estandartização da matéria contratual, gerando a figura dos contratos de adesão. Mais recentemente, em razão dos avanços tecnocientíficos com a disseminação dos meios de comunicação e de informação na rede mundial de computadores – além da inserção das questões de inteligência artificial em vários setores da vida em sociedade –, há a condutas sociais típicas que também revolucionaram o mundo dos contratos.

Certo é que o "regime jurídico da locação imobiliária urbana, tema de enorme densidade social e econômica"[46], é de fundamental importância em qualquer país, tal como ocorre no Brasil, pois seja no segmento da moradia – com o

44 SOUZA, Sylvio Capanema de. *A Lei do Inquilinato comentada:* artigo por artigo. 12ª ed. Rio de Janeiro: Forense, 2020.

45 DIEZ-PICAZO, Luis. *Fundamentos del Derecho Civil Patrimonial*: I. Introducion. Teoria del Contrato. 5ª ed. Madrid: Civitas, 1996, p. 130.

46 SOUZA, Sylvio Capanema de. Locação de imóveis urbanos. In: AZEVEDO, Fábio de Oliveira; MELO, Marco Aurélio Bezerra de (coords.) *Direito Imobiliário.* São Paulo: Editora Atlas, 2015, p. 187.

enorme contingente de locatários residenciais –, seja no ramo da empresa e do exercício de atividades pelos profissionais liberais (autônomos) – em razão dos inúmeros casos de locatários não residenciais –, o contrato de locação representa o instrumento jurídico utilizado para proporcionar a satisfação dos interesses em questão. A locação, na atualidade, é o termo utilizado para designar "o contrato cuja causa é proporcionar a alguém o uso e gozo **temporários** de uma coisa restituível, em troca de retribuição pecuniária"[47].

No curso do século XX, no caso brasileiro, a questão social e econômica das locações urbanas residenciais passou a ser objeto de preocupação pelo Estado a partir da 1ª Grande Guerra Mundial que acarretou o primeiro movimento de industrialização em algumas cidades, gerando êxodo rural. Não à toa que a primeira legislação do inquilinato data de 1922[48], quando a matéria deixou de ser considerada regulada pelo Código Civil de 1916, para o fim de permitir maior controle do valor dos aluguéis e restringir os casos de retomada dos imóveis pelos locadores.

Outro enorme impacto sofrido no segmento da locação urbana foi o que decorreu da 2ª Grande Guerra Mundial no século XX, eis que o Brasil precisou investir na maior industrialização interna, gerando consequentemente maior crescimento das cidades sem que houvesse preocupação com ordenação de tal "inchaço" dos grandes centros urbanos. Várias leis se sucederam em matéria de locação – Leis n°s. 1.300/50, 4.494/64, 5.334/67 e 6.649/79 – no Direito brasileiro e, atrelados às questões da macroeconomia – com altíssimos índices de inflação, recessão na economia nacional –, houve uma das maiores crises no mercado de locações de imóveis urbanos, eis que "ninguém se animava a investir na construção de imóveis para alugar"[49]. Em momentos de crise no setor habitacional, há consenso a respeito da maior probabilidade do abuso, como já registrou a doutrina: "... a liberdade será de um só dos contratantes e facilmente se transformará em tirania; para o outro, no expressivo dizer de Menger, será colocado ao lado da guilhotina"[50].

Em relação à locação de imóvel residencial, o Estado considera que "deve criar uma série de regras cogentes para regulamentar esse contrato, pelo valor social que ele ampara: o abrigo das famílias"[51]. De sua parte, a intervenção do Estado legislador nos contratos de locação não residencial também se justifica devido ao estímulo das atividades desenvolvidas pelos locatários, o que gera a repercussão de tais atividades para muito além do mero ambiente contratual,

---

47 GOMES, Orlando. *Contratos.* 26ª ed. Rio de Janeiro: Forense, 2008, p. 329/330.

48 SOUZA, Sylvio Capanema de. Locação de imóveis urbanos, *op. cit.*, p. 189.

49 SOUZA, Sylvio Capanema de. Locação de imóveis urbanos, *op. cit.*, p. 191.

50 BESSONE, Darcy. *Do contrato:* teoria geral. Rio de Janeiro: Forense, 1987, p. 42/43.

51 NEVES, José Roberto de Castro. *Contratos I.* Rio de Janeiro: GZ Editora, 2016, p. 168.

com a geração de empregos, desenvolvimento da economia, arrecadação de tributos, entre outros aspectos.

Nos anos oitenta do século passado, o ambiente no segmento da locação era tão hostil e negativo que se mostrou necessária a construção de um novo regime jurídico em matéria de locação de imóveis urbanos de modo a proporcionar a recuperação do mercado locatício imobiliário urbano, tentando equilibrar a equação econômica do contrato de locação e, simultaneamente, aliviar a pressão social então existente. A Lei n° 8.245/91 foi elaborada com base em algumas premissas: a) tornar mais flexíveis as regras anteriores, de modo a afastar um pouco o contrato do dirigismo contratual que notabilizou a legislação do inquilinato no período anterior, tentando preservar o valor dos aluguéis e resgatar a "denúncia vazia" - ainda que de modo mais restrito - para haver interesse dos locadores na contratação; b) unificar o regime da locação de imóveis urbanos para acabar com os tratamentos normativos distintos entre locação residencial e locação não residencial; c) dar maior segurança ao mercado em termos de previsibilidade com uma indicação de certa estabilidade legislativa na justa medida do equilíbrio de interesses entre locadores e locatários; d) propiciar uma prestação jurisdicional mais ágil e efetiva nas ações envolvendo matéria locatícia urbana[52].

Neste trabalho, serão comentados dispositivos da Lei n° 8.245/91 que se referem à morte do locatário (art. 11), à dissolução da sociedade conjugal ou união estável em vida (art. 12) e à necessidade do formal consentimento do locador para a cessão da locação, a sublocação ou o empréstimo do imóvel locado.

Comentários ao art. 11

Noções gerais

Em razão do contrato de locação não ser *intuitu personae*, é possível que os direitos e obrigações relativos à relação locatícia possam ser transmitidos e, por isso, logo em seguida à previsão da consequência jurídica da morte do locador no âmbito do contrato de locação (art. 10), a Lei n° 8.245/91 traz o efeito jurídico da morte do locatário na esfera do contrato de locação, seja para fins residenciais ou para fins não residenciais.

Relativamente à locação predial urbana para fins residenciais, considera-se que quem contratou a locação, o fez como administrador da sua família[53]. No que se refere à locação predial urbana para fins não residenciais, entende-se

52 SOUZA, Sylvio Capanema de. Locação de imóveis urbanos, *op. cit.*, p. 191/192.

53 DINIZ, Maria Helena. *Lei de Locações de Imóveis Urbanos comentada.* São Paulo: Editora Saraiva, 1992, p. 71.

que quem contratou a locação o fez para o exercício da atividade empresarial ou da atividade como prestador de serviços e, por isso, deve haver a continuidade da locação.

Como bem registrou Sylvio Capanema, "seria iníquo que a família do locatário morto ficasse sujeita ao desalijo, quando mais precisa de proteção, e ainda não refeita do trauma provocado pela sua perda"[54], ao referir-se à sub-rogação na locação predial urbana residencial. Nos casos de morte natural do locatário, como também de sua ausência judicialmente declarada, há a incidência da regra do art. 11, ora comentado, devido à não extinção do contrato, mas sim sua sub-rogação, como regra.

Cuida-se de efeito decorrente do fato jurídico morte do locatário, mas que não envolve propriamente a sucessão hereditária relacionada ao patrimônio deixado pelo óbito do autor da sucessão. É possível, inclusive, que nem haja abertura de inventário no caso de morte do locatário de imóvel urbano, eis que o bem locado não era objeto de sua propriedade ou de algum outro direito real sobre coisa alheia, além da circunstância dele não haver deixado bens, direitos ou obrigações e dívidas. Ademais, a regra do art. 11 se afasta da regra geral da ordem de vocação hereditária prevista no Código Civil, pois prestigia-se o fato da "residência no imóvel, em face do caráter intuitu familiae da locação residencial"[55].

Outra observação a título geral é a de que a regra legal se aplica aos casos de contrato de locação por tempo determinado ou por tempo indeterminado e, por isso, o dispositivo legal se insere na Seção I - "Da Locação em Geral" - do Capítulo I - "Disposições Gerais" - do Título I - "Da Locação" - da Lei n° 8.245/91.

Sub-rogação dos direitos e obrigações na locação urbana residencial

O art. 11, I, da Lei n° 8.245/91, prevê a continuidade do contrato de locação de imóvel urbano residencial devido à morte do locatário, sub-rogando-se os direitos e obrigações contratuais em relação a uma das pessoas elencadas na lei, a saber, o cônjuge supérstite, o companheiro sobrevivente, outro herdeiro necessário que não fundado na conjugalidade ou o dependente econômico do falecido locatário, sendo que em qualquer caso desde que a pessoa fosse residente no imóvel.

54 SOUZA, Sylvio Capanema de. Locação de imóveis urbanos, *op. cit.*, p. 94

55 SLAIBI FILHO, Nagib. *Comentários à Nova Lei do Inquilinato.* 9ª ed. Rio de Janeiro: Forense, 1996, p. 125.

O escopo do contrato de locação de imóvel urbano residencial é *intuitu familiae*[56], pois ainda que o contratante seja um dos cônjuges ou um dos companheiros ou um parente, por exemplo, a finalidade residencial beneficiará todos os que habitarem o imóvel locado com o locatário.

A morte do locatário, portanto, não extinguirá o contrato, desde que haja a constatação da residência no imóvel de outras pessoas, por ocasião do óbito, e que pretendam dar continuidade à relação locatícia. A lei claramente atribui o efeito da sub-rogação nos direitos e obrigações às pessoas que residiam no imóvel com o locatário, antes do óbito deste. E o critério que vai definir a quem cabe a sub-rogação é a presença no imóvel como residente permanente por ocasião da morte do locatário, independentemente da existência de outras pessoas elencadas no inciso I, do art. 11, com vínculo familiar (pelo casamento, pela união estável ou pelo parentesco). Se, por acaso, o locatário estivesse separado de fato do seu cônjuge e, por tal circunstância, este não mais residisse no imóvel locado, e sim um filho maior do locatário, caberá a este a sub-rogação na locação[57].

Ou seja: diferentemente do que ocorre na ordem de vocação hereditária prevista no Código Civil (art. 1.829), a previsão contida na Lei n° 8.245/91 (art. 11, I) não representa uma ordem obrigatória de reconhecimento de quem prefere aos demais na sub-rogação. A prioridade na sub-rogação leva em conta, como principal critério, a efetiva e permanente residência no imóvel por ocasião do óbito do locatário.

O art. 11, ora comentado, contempla o fenômeno de inserção da pessoa ou das pessoas no pólo da relação jurídica fundada na locação, não se tratando de sucessão hereditária, até mesmo em razão da circunstância de que os sub-rogados do art. 11 não necessariamente serão herdeiros do locatário falecido[58].

Na eventualidade das pessoas integrantes das classes referidas no art. 11, I, residirem como o falecido locatário no imóvel locado, haverá o emprego do segundo critério para definir a quem se dirigirá a sub-rogação, priorizando-se a conjugalidade (cônjuge ou companheiro), em seguida um dos herdeiros necessários e, ao final, um dos dependentes econômicos do locatário. Esta definição pressupõe, ainda, que não haja renúncia do cônjuge, do companheiro ou de um herdeiro necessário residente no imóvel à sub-rogação.

Diversamente do que poderia se colher da interpretação do art. 11, I, a sub-rogação não é efeito automático e obrigatório devido ao falecimento do lo-

56 CARNEIRO, Waldir de Arruda Miranda. *Anotações à Lei do Inquilinato*. São Paulo: Editora RT, 2000, p. 67. No mesmo sentido: CALDAS, Gilberto. *Nova Lei do Inquilinato comentada*. São Paulo: Ediprax Jurídica, <s.d.>, p. 50.

57 SOUZA, Sylvio Capanema de. Locação de imóveis urbanos, *op. cit.*, p. 96.

58 TOMASETTI JÚNIOR, Alcides; CARVALHO, Luis Camargo Pinto de *et allii*. *Comentários à Lei de Locação de Imóveis Urbanos*. São Paulo: Saraiva, 1992, p. 154.

catário e a identificação de uma das pessoas elencadas na lei como residente no imóvel locado. É possível que o cônjuge ou companheiro, por exemplo, não tenha condições financeiras de prosseguir na locação e, por isso, opte por devolver o imóvel ao locador para não ser onerado além das suas possibilidades. Assim, a sub-rogação é uma faculdade reconhecida às pessoas elencadas na lei, e não um efeito necessário o que geraria um dever para tais pessoas.

Rol de pessoas como possíveis beneficiários da sub-rogação

No elenco previsto no art. 11, I, da Lei n° 8.245/91, há a indicação do cônjuge, do companheiro, dos demais herdeiros necessários e dos dependentes econômicos do locatário falecido.

Quanto ao cônjuge sobrevivente (ou supérstite), é fundamental que não apenas o vínculo matrimonial ainda exista, mas também a sociedade conjugal. Em outras palavras: é preciso que não tenha ocorrido a dissolução da sociedade conjugal devido à separação formal (judicial ou por escritura pública) ou ao divórcio (judicial ou por escritura pública). Caso já tenha ocorrido o rompimento do convívio conjugal, até em razão de não mais haver vida em comum sob o mesmo teto entre os ex-cônjuges, por óbvio que não se reconhecerá a sub-rogação da locação em favor do ex-cônjuge do locatário falecido.

Desde o reconhecimento pelo Conselho Nacional de Justiça a respeito do casamento entre pessoas do mesmo sexo – casamento homoafetivo –, com base na Resolução n. 175/13[59], é perfeitamente possível a sub-rogação em favor do cônjuge do mesmo sexo do locatário falecido.

Acerca do companheiro sobrevivente, ainda que formalmente a Lei n° 8.245/91 o tenha incluído como possível sub-rogado na locação de imóvel urbano residencial, mesmo no período anterior à lei em vigor já se reconhecia o direito à continuidade da locação em favor do companheiro (ou da companheira)[60], devido à noção da dependência econômica, normalmente em relação à companheira. A Constituição Federal de 1988 (art. 226, § 3°), ao reconhecer a união estável como entidade familiar, concluiu o processo gradativo de identificação de outras famílias que não apenas fundadas no casamento e, por isso, é de se aplaudir a iniciativa da Lei n° 8.245/91, ao elencar o companheiro como possível sub-rogado na locação predial urbana residencial.

---

59 Eis a regra principal da Resolução n. 175: Art. 1º É vedada às autoridades competentes a recusa de habilitação, celebração de casamento civil ou de conversão de união estável em casamento entre pessoas de mesmo sexo (DJE/CNJ nº 89/2013, de 15/05/2013, p. 2).

60 A esse respeito, seja consentido remeter o leitor ao subitem "Direito à locação" do livro do autor deste artigo sobre os efeitos da união estável no Direito Civil (GAMA, Guilherme Calmon Nogueira da. *O companheirismo*: uma espécie de família. São Paulo: Editora RT, 2001, p. 276-281).

> A Lei n° 8.245, de 18 de outubro de 1991, aperfeiçoou o tratamento legislativo sobre o tema, equiparando os companheiros aos cônjuges, em ambos os lados da relação locatícia, para reconhecimento dos mesmos direitos. Assim, o art. 11, I, da lei, menciona expressamente o companheiro como primeiro na ordem da sub-rogação da locação, no caso de morte do locatário, retirando a vinculação até então feita à dependência econômica do falecido"[61].

Desde o advento da Lei n° 8.245/91, houve reconhecimento de outras entidades familiares além daquelas constantes do texto constitucional, tal como se verifica na temática das uniões estáveis homoafetivas. O Supremo Tribunal Federal, em maio de 2011, no julgamento da Ação Direta de Inconstitucionalidade n. 4.277 e da Arguição de Descumprimento de Preceito Fundamental n. 132, considerou que, na interpretação do art. 1.723, do Código Civil, não se pode excluir o regime jurídico da união estável às uniões homoafetivas[62].

Ainda sobre o tema, deve-se considerar a polêmica sobre a inadmissibilidade das denominadas "uniões (ou famílias) simultâneas" e das uniões poliafetivas. Em julgamento concluído em dezembro de 2020, o STF assentou a seguinte tese jurídica, ao apreciar o Recurso Extraordinário n. 1.045.273:

> A preexistência de casamento ou de união estável de um dos conviventes, ressalvada a exceção do artigo 1.723, § 1º, do Código Civil, impede o reconhecimento de novo vínculo referente ao mesmo período, inclusive para fins previdenciários, em virtude da consagração do dever de fidelidade e da monogamia pelo ordenamento jurídico-constitucional brasileiro.

O caso concreto tratava de hipótese de pessoa falecida que mantinha união com seu consorte e, posteriormente, veio a manter segunda relação concomitantemente à primeira, mas em outra residência (diversamente das uniões poliafetivas nas quais três ou mais pessoas resolvem, consensualmente, manter convívio como se integrassem a mesma família). O STF não reconheceu o se-

---

61 GAMA, Guilherme Calmon Nogueira da. *O companheirismo, op. cit.*, p. 278-279.

62 É válido conferir o dispositivo do voto do relator: "... julgo procedentes as duas ações em causa. Pelo que dou ao art. 1.723 do Código Civil interpretação conforme à Constituição para dele excluir qualquer significado que impeça o reconhecimento da união contínua, pública e duradoura entre pessoas do mesmo sexo como "entidade familiar", entendida esta como sinônimo perfeito de "família". Reconhecimento que é de ser feito segundo as mesmas regras e com as mesmas conseqüências da união estável heteroafetiva" (Disponível em: https://redir.stf.jus.br/paginadorpub/paginador.jsp?docTP=AC&docID=628635. Visitado em 30.11.2020).

gundo vínculo como formador de nova entidade familiar e, por isso, considerou que não havia efeitos jurídicos da segunda união para fins previdenciários (de reconhecimento do direito à pensão previdenciária).

Diante do referido julgamento, não há como reconhecer a existência de entidade familiar envolvendo alguém que já mantém vínculo de fato no âmbito de relação familiar com outra pessoa que não seu cônjuge ou companheiro. O julgamento, por óbvio, repercute na interpretação do art. 11, I, da Lei nº 8.245/91, ao não admitir as uniões simultâneas. Maria Helena Diniz já defendia essa orientação há tempos, ao observar que "a Lei do Inquilinato só estende sua proteção ao relacionamento concubinário puro, pois não teria cabimento, sendo o adultério ilícito civil (...), que a norma conferisse direitos ao adúltero"[63].

Do mesmo modo, não se pode admitir como espécie de família a relação fundada nas denominadas uniões poliafetivas, tal como já decidiu o Conselho Nacional de Justiça no Pedido de Providências n. 0001459-08.2016.2.00.0000[64].

Contudo, a decisão vinculante não excluiu a possibilidade de reconhecimento da denominada união estável putativa, em simetria ao tratamento previsto no art. 1.561, do Código Civil. Cuida-se, por exemplo, do caso de um dos companheiros (ou até em hipóteses extremas, de ambos) não saber da existência do impedimento do outro companheiro, por ignorar que ele já mantém família baseada na conjugalidade em outro imóvel. Neste caso, a boa fé (subjetiva) do companheiro da segunda relação deve atuar em seu favor para o fim de serem produzidos os efeitos da união estável, inclusive no aspecto da sub-rogação em matéria de locação predial urbana para fins residenciais.

Outros possíveis beneficiários

Não havendo cônjuge ou companheiro sobrevivente que residisse com o locatário falecido, o art. 11, I, da Lei nº 8.245/91 prevê os demais herdeiros necessários (CC, art. 1.845), eis que atualmente cônjuge e companheiro são considerados também herdeiros necessários do autor da sucessão (diversamente do que acontecia no sistema do Código Civil de 1916, no art. 1.603).

---

63 DINIZ, Maria Helena. *Lei de Locações de Imóveis Urbanos comentada, op. cit.*, p. 72.

64 Este item da ementa do julgado do CNJ retrata bem a conclusão: "(...) 8. A sociedade brasileira não incorporou a "união poliafetiva" como forma de constituição de família, o que dificulta a concessão de status tão importante a essa modalidade de relacionamento, que ainda carece de maturação. Situações pontuais e casuísticas que ainda não foram submetidas ao necessário amadurecimento no seio da sociedade não possuem aptidão para ser reconhecidas como entidade familiar" (Disponível em: https://www.cnj.jus.br/InfojurisI2/Jurisprudencia.seam;jsessionid=DE5A3222422A59727199EC826B62482C?jurisprudenciaIdJuris=51260&indiceListaJurisprudencia=6&firstResult=7875&tipoPesquisa=BANCO, visitado em 30.11.2020).

Os demais herdeiros necessários aos quais a leis se refere são os descendentes (CC, art. 1.829, I, c.c. art. 1.845) e os ascendentes (CC, art. 1.829, II, c.c. art. 1.845), desde que obviamente residissem no imóvel junto com o locatário falecido quando vivo. Há, aqui, a possibilidade de se identificar dois ou mais parentes em linha reta (descendente ou ascendente) que moravam com o locatário. Segue-se o critério da lei civil, com prioridade aos descendentes em relação aos ascendentes, e entre eles (descendentes, por exemplo), os de grau de parentesco mais próximo em detrimento dos outros parentes em grau mais afastado. Assim, um filho do locatário tem prioridade sobre um neto do mesmo locatário, considerando que ambos residiam com ele até o momento do óbito.

Como bem observa a doutrina, é de se manter a ordem sucessiva prevista na lei, mesmo que haja cláusula contratual em sentido contrário, por se tratar de regra de ordem pública[65].

Por último, a regra ora comentada prevê como possíveis sub-rogados na locação as pessoas que viviam sob a dependência econômica do falecido, desde que residentes no imóvel locado. Sylvio Capanema observa que a noção conceitual de dependência econômica é vaga e, a princípio, poderia conduzir à conclusão exagerada de que os empregados domésticos do locatário estariam incluídos na previsão legal[66]. A correta interpretação do dispositivo legal não permite tal compreensão, contudo.

A pessoa do dependente econômico é aquela – parente (mesmo na linha colateral, como um irmão, um tio, um sobrinho) ou não (como um enteado) – que tem suas necessidades básicas supridas pelo locatário, ainda que de maneira preponderante (e não exclusiva apenas), mas com estabilidade, permanência e continuidade, a constituir um vínculo de natureza econômica que, sem ela, tornasse impossível (ou extremamente dificultosa) sua sobrevivência, sem o amparo material do locatário. Além disso, trata-se de pessoa que residia com o locatário até em razão das suas necessidades de moradia.

Assim, ainda que o locatário tivesse cônjuge (ou companheiro) e/ou outros herdeiros necessários, ainda assim poderá ser a pessoa que dependia economicamente do locatário que fosse o único que residisse com ele no imóvel locado e, desse modo, será esta pessoa que poderá se sub-rogar na locação do imóvel residencial.

Quanto ao requisito da moradia no imóvel locado, é preciso que a pessoa do sub-rogado não estivesse ali de passagem ou de modo transitório, e sim em caráter permanente. Residência, para fins do art. 11, é compreendida como "habitação estável" ou "estada durável", distinguindo-se da morada (habitação

65 DINIZ, Maria Helena. *Lei de Locações de Imóveis Urbanos comentada, op. cit.*, p. 72.

66 SOUZA, Sylvio Capanema de. Locação de imóveis urbanos, *op. cit.*, p. 95.

temporária)[67]. Caso sua presença no imóvel fosse apenas por dever de cortesia (ou de hospitalidade) do locatário, por períodos curtos de permanência, não haverá sub-rogação. Da mesma forma, se a pessoa se mudou temporariamente para o imóvel locado para o fim de amparar o locatário em razão de doença grave, não haverá o atendimento ao requisito da residência em caráter permanente. Como já ficou assentado na doutrina, "a intenção do legislador foi amparar as pessoas que habitassem com o locatário, ou seja, proteger as pessoas que estejam residindo no prédio, de modo estável, duradouro, quando da sucessão"[68].

Caso nenhuma das pessoas previstas no elenco do art. 11, I, resida no imóvel locado, a locação será extinta[69], não sendo caso de ação de despejo em face de pessoa que, de modo espúrio, passe a ocupar o imóvel, eis que não há locatário a ser despejado, mas sim um esbulhador[70]. Para tanto, o ex-locador terá que promover ação de reintegração de posse para recuperar o imóvel, e não ação de despejo[71].

Efeitos da sub-rogação

Havendo o óbito do locatário em imóvel de fins residenciais, o contrato se transfere ao sub-rogado nas mesmas condições que existiam quando era vivo o locatário original, sendo desnecessária a celebração de novo contrato, eis que o mesmo contrato inicial terá continuidade. Todavia, não há qualquer óbice a que seja firmado termo aditivo ao contrato original para fins de haver a formalização da sub-rogação[72].

Caso o locador se recuse a admitir a sub-rogação, a doutrina sugere a viabilidade do ajuizamento da ação de consignação em pagamento pelo sub-rogado ou de ação declaratória de existência da relação jurídica de locação por sub-rogação com o novo locatário em sub-rogação ao anterior.

Outro ponto importante diz respeito à permanência (ou não) da garantia ao contrato de locação que havia sido prestada. Assim, por exemplo, se havia fiador relativamente ao contrato de locação de imóvel residencial, com a morte do locatário e o efeito da sub-rogação, a garantia da fiança permanecerá? A dou-

67 CARNEIRO, Waldir de Arruda Miranda. *Anotações à Lei do Inquilinato, op. cit.*, p. 69.

68 MONTEIRO, Franklin Delano do Rego. *A Nova Lei do Inquilinato.* Rio de Janeiro: Forense, 1996, p. 65.

69 CARNEIRO, Waldir de Arruda Miranda. *Anotações à Lei do Inquilinato, op. cit.*, p. 67.

70 DINIZ, Maria Helena. *Lei de Locações de Imóveis Urbanos comentada, op. cit.*, p. 72.

71 VENOSA, Silvio de Salvo. *Nova Lei do Inquilinato comentada:* doutrina e prática. São Paulo: Editora Atlas, 1992, p. 64.

72 SOUZA, Sylvio Capanema de. Locação de imóveis urbanos, *op. cit.*, p. 96.

trina tem considerado que, por ser a fiança um contrato de natureza pessoal, o fiador poderá obter a exoneração de sua responsabilidade[73].

Ao ser cientificado do falecimento do locatário e da sub-rogação a uma das pessoas previstas no art. 11, I, o fiador deverá comunicar sua intenção de se exonerar da fiança, encaminhando correspondência de modo a manifestar inequivocamente sua vontade nesse sentido. Passados sessenta dias da notificação feita ao credor (Código Civil, art. 835), o fiador estará exonerado, sendo desnecessária qualquer outra providência de sua parte.

O locador, após a exoneração do fiador, poderá notificar o novo locatário (sub-rogado) para que providencie a indicação de novo fiador ou que apresente outra garantia idônea. Caso o locatário não tome qualquer providência nesse sentido, poderá o locador ajuizar ação de despejo por infração legal. O locatário poderá oferecer outra modalidade de garantia diferente daquela que existia na época do locatário originário, desde que idônea. Na eventualidade de o locador recusar a nova garantia, de modo injustificado, para conseguir ter motivo para a ação de despejo, o sub-rogado poderá invocar a prática de ato abusivo[74] (Código Civil, art. 187) e, assim, obter pronunciamento judicial em ação própria no sentido de que a garantia oferecida é idônea e, portanto, substituirá a garantia existente anteriormente.

Para que possa ser mantida a garantia da fiança anteriormente prestada ao locatário falecido será preciso expressa manifestação de vontade do fiador. Outra hipótese que admite a exoneração da fiança é aquela que envolve o término do prazo contratual da locação – contrato por prazo determinado – e, não havendo a extinção do contrato, haverá sua automática continuidade, mas desta vez por prazo indeterminado. O fiador deverá adotar as mesmas providências acima referidas para obter a exoneração de sua responsabilidade, tal como ocorre na sub-rogação.

As hipóteses do art. 11 que ensejam a sub-rogação em razão da morte do locatário, desde a Lei n° 12.112/09, devem ser comunicadas ao locador e ao fiador (se for o caso) para o fim de oponibilidade da sub-rogação às pessoas que foram cientificadas a respeito, de modo que possam agir, seja para fins de exoneração da fiança (no caso do fiador), seja para fins de imposição de substituição da garantia locatícia (no caso do locador).

Sub-rogação dos direitos e obrigações na locação urbana não residencial

O art. 11, II, da Lei nº 8.245/91, prevê que, em morrendo o locatário, nas locações de imóveis urbanos com finalidade não residencial, haverá sub-rogação

73 SOUZA, Sylvio Capanema de. Locação de imóveis urbanos, *op. cit.*, p. 98.

74 SOUZA, Sylvio Capanema de. Locação de imóveis urbanos, *op. cit.*, p. 98.

em direitos e obrigações em favor do espólio do locatário e, sendo o caso, do sucessor no negócio anteriormente desenvolvido.

As locações não residenciais de imóveis urbanos são as que compreendem a utilização do imóvel para fins do exercício do comércio, da indústria, ou ainda de atividades de prestação de serviços. Resta caracterizada, assim, que a finalidade da locação do imóvel não é residencial.

Sylvio Capanema observa que a regra legal em vigor não resolveu as dúvidas existentes à luz da Lei nº 6.649/79. O espólio do locatário não residencial é ente despersonalizado, como se sabe, além de sua existência ser temporária pois com a partilha do acervo hereditário, ele desaparecerá do mundo jurídico e fático.

De todo modo, em obediência à previsão legal, o espólio se sub-roga nos direitos e obrigações do locatário falecido em se tratando de locação de imóvel não residencial e será representado pelo inventariante nomeado pelo juiz (ou, ainda que em casos mais restritos, indicado pelos herdeiros capazes na escritura pública de inventário consensual).

As despesas relativas à locação não residencial, nesse período, serão arcadas pelo monte hereditário e, por isso, enquanto não houver a partilha (ou mesmo a adjudicação a um único herdeiro), são os valores pecuniários existentes no acervo hereditário que serão utilizados para fazer frente a tais despesas.

Com a realização da partilha, o herdeiro que suceder o negócio do falecido será aquele que vai se sub-rogar em direitos e obrigações na locação não residencial, até em razão do desaparecimento do espólio devido ao término da comunhão hereditária. Como observa a doutrina, "se a firma for individual, ou se tiver encerrado com a morte do sócio, findo o inventário, resolve-se o contrato"[75]. Não há óbice a que o inventariante, diante da concordância dos herdeiros do falecido, providencie a extinção da locação com a devolução do imóvel ao locador.

Na contemporaneidade, em que a empresa e mesmo a prestação de serviços se desenvolve por sociedades por ações ou por cotas de responsabilidade limitada, a hipótese de aplicação do art. 11, I, da Lei nº 8.245/91, é bastante diminuta.

Comentários ao art. 12

Noções gerais

O art. 12, da Lei n° 8.245/91, trata das hipóteses de alteração do pólo do locatário da relação contratual por dissolução da sociedade conjugal ou da união estável mantida pelo locatário originário que resolveu desocupar o imóvel, dei-

75 SOUZA, Sylvio Capanema de. Locação de imóveis urbanos, *op. cit.*, p. 99.

xando seu ex-cônjuge ou ex-companheiro no mesmo. Assim, diversamente do que ocorre com a hipótese de incidência do art. 11, a regra ora comentada cuida de sucessão "inter vivos" da posição de locatário na relação jurídica mantida com o locador. Maria Helena Diniz denomina a hipótese como de "cessão compulsória da locação"[76] como medida para garantir a estabilidade econômica da família e preservar a comunidade familiar como no caso da ex-esposa que ficar com a guarda jurídica dos filhos menores, após a saída do lar do seu ex-marido.

A redação original do art. 12 referia-se à "dissolução da sociedade concubinária" (no que foi substituída por "dissolução da união estável" pela Lei n° 12.112/09), e não contemplava a previsão ora contida no § 2°, do referido dispositivo, que foi acrescentado pela Lei n° 12.112/09, que também deu nova redação ao antigo parágrafo único (atual § 1°, do dispositivo legal).

Outra observação importante diz respeito à inclusão da expressão "locação residencial" no *caput* do art. 12, espancando dúvidas existentes à luz da redação anterior sobre a aplicabilidade da regra também nos casos de locação de imóvel urbano para fins não residenciais. Sylvio Capanema observa que, mesmo sob a égide da redação anterior, o dispositivo somente seria aplicável às locações residenciais devido ao caráter *intuitu familiae* nesses contratos de locação, o que não ocorre nas locações não residenciais[77].

Assim, nos casos de locação de imóvel por temporada - que não podem exceder a noventa dias -, o rompimento da família não repercutiria na relação contratual devido à exiguidade do prazo. O mesmo se diga em relação às locações não residenciais, que na maior parte dos casos, tem locatários como pessoas jurídicas - e não pessoas físicas -, além de a finalidade da locação ser a destinação para atividades de natureza econômica[78] (normalmente de caráter empresarial) e, por isso, qualquer evento que abale a convivência familiar não repercute no âmbito das locações não residenciais.

Sub-rogação em vida pelo rompimento da família fundada na conjugalidade

A regra legal contida no art. 12, *caput*, da Lei n° 8.245/91, permite a continuidade da locação celebrada por pessoa que deixa de residir no imóvel locado após a separação de fato, separação formal - judicial ou por escritura pública

76 DINIZ, Maria Helena. *Lei de Locações de Imóveis Urbanos comentada, op. cit.*, p. 74.

77 SOUZA, Sylvio Capanema de. Locação de imóveis urbanos, *op. cit.*, p. 100. Contudo, ainda sob a égide da redação anterior à Lei n° 12.112/09, a Sexta Turma do STJ considerou a incidência do art. 12 também às locações não residenciais: Recurso Especial n. 316173 / RJ, relator Ministro Paulo Gallotti, julgado em 23/11/2004, publicado no DJe de 07/05/2007, p. 367.

78 SOUZA, Sylvio Capanema de. Locação de imóveis urbanos, *op. cit.*, p. 100.

–, divórcio dos cônjuges, ou dissolução da união estável, sendo substituída pelo ex-cônjuge ou ex-companheiro que permanecer residindo no imóvel em razão do interesse em prosseguir com a locação do imóvel para fins residenciais.

Nos casos elencados no art. 12, há o rompimento da família fundada na conjugalidade (por casamento ou pela união estável) em vida, e não pelo evento morte do locatário original. E, mesmo na redação original do art. 12, *caput*, havia sido contemplada a possibilidade do rompimento em vida da união estável entre os companheiros, em estreita sintonia com o art. 226, § 3°, da Constituição Federal, ao reconhecer a união estável como entidade familiar.

No período anterior à vigência da Lei n° 8.245/91 não havia regra que previsse a sub-rogações nos direitos e obrigação da locação de imóvel urbano residencial nesses casos[79], o que gerava algumas situações iníquas, devido à imposição do locador quanto à desocupação do imóvel pelo ex-cônjuge do locatário original.

Desde o advento da Lei n° 11.441/07, é possível que a separação consensual dos cônjuges, desde que não haja qualquer estipulação sobre questões relativas à situação jurídica dos filhos comuns, seja feita por escritura pública, o que foi mantido no Código de Processo Civil em vigor (art. 733). Houve a manutenção da separação judicial para os casos de litígio entre os cônjuges, bem como para os casos que envolvem separação consensual com cláusulas sobre alimentos, guarda e direito de visitas dos filhos menores (ou por qualquer outro motivo, incapazes) ou separação judicial consensual por conveniência de ambos os cônjuges.

Nos acordos de separação, normalmente é consensuada a estipulação de que um dos ex-cônjuges ficará residindo no imóvel locado, especialmente quando se tratar daquele que não figurou como locatário no contrato de locação com o locador. Se for o próprio locatário que for prosseguir ocupando o imóvel, tal cláusula se afigura desnecessária, tampouco haverá incidência do art. 12 no caso concreto. Assim, somente se justifica a estipulação de tal cláusula quando o outro cônjuge (que não o locatário original[80]) seja aquele que vai permanecer residindo no imóvel locado, em regra com seus filhos menores. Nos casos de separação judicial litigiosa, o juiz deverá decidir a respeito do tema, se não houver consenso e, neste caso, poderá ordenar que o cônjuge que não celebrou o contrato continue residindo no imóvel[81].

A respeito da polêmica sobre a subsistência (ou não) da separação formal no Direito brasileiro após o advento da Emenda Constitucional n° 66/10,

---

79 SOUZA, Sylvio Capanema de. Locação de imóveis urbanos, *op. cit.*, p. 101.

80 CARNEIRO, Waldir de Arruda Miranda. *Anotações à Lei do Inquilinato, op. cit.*, p. 73.

81 SOUZA, Sylvio Capanema de. Locação de imóveis urbanos, *op. cit.*, p. 101.

que deu nova redação ao art. 226, § 6°, da Constituição Federal, prevaleceu a orientação de que a mudança da norma constitucional não suprimiu a separação formal do ordenamento jurídico brasileiro até em razão de não haver incompatibilidade das regras legais que tratam da separação judicial e extrajudicial com as normas constitucionais em vigor. Tanto assim é que o Código de Processo Civil (arts. 693 e 731) prossegue tratando da separação formal, além do Superior Tribunal de Justiça já ter se pronunciado neste mesmo sentido[82]. Há um argumento central nessa questão que envolve a liberdade dos cônjuges de se separarem ou se divorciarem, sabendo que há consequências distintas em relação às duas hipóteses de dissolução da sociedade conjugal.

As mesmas observações acima feitas se aplicam ao divórcio no que tange à possibilidade de o divórcio consensual ser feito por escritura pública, ou haver a opção pela via judicial facultativamente nos casos de acordo, e obrigatoriamente nos casos de litígio ou da necessidade de incluir questões referentes aos alimentos, guarda e direito de visita aos filhos comuns (menores ou, por outro motivo incapazes).

A questão se torna mais problemática nos casos de separação de fato, eis que, como bem lembra Sylvio Capanema, "não há uma certeza judicial da dissolução do vínculo"[83]. Em alguns casos não se sabe se a saída da residência comum pelo cônjuge que celebrou a locação residencial é episódica, fruto de desentendimentos ainda não resolvidos, ou se ela terá uma "quase-definitividade" no sentido do não retorno do restabelecimento do convívio conjugal. Nesses casos, não há qualquer proibição a que o locatário originário, que saiu do imóvel, mesmo com a separação de fato, prossiga à frente da obrigação de pagar o valor do aluguel e demais encargos[84] e, por isso, nem seja necessária qualquer providência perante o locador para haver a alteração subjetiva da relação locatícia. Há casos, inclusive, nos quais o cônjuge que saiu do imóvel se compromete a considerar o valor do aluguel e dos encargos como integrante dos alimentos que ele deve prestar ao seu cônjuge[85], mesmo que não tenha sido formalizada a separação ou o divórcio. Trata-se dos denominados alimentos "in natura", e não propriamente dos alimentos pagos a título de valores pecuniários ao credor da obrigação alimentar.

De todo modo, ainda que a separação de fato não apresente contornos de formalidade perante terceiros, ela é uma realidade no mundo concreto e, por

---

82 Disponível em: https://www.stj.jus.br/sites/portalp/Paginas/Comunicacao/Noticias-antigas/2017/2017-09-14_09-08_Divorcio-e-separacao-coexistem-no-ordenamento-juridico-mesmo-apos-EC-66.aspx. Visitado em 30/11/2020.

83 SOUZA, Sylvio Capanema de. Locação de imóveis urbanos, *op. cit.*, p. 102.

84 CARNEIRO, Waldir de Arruda Miranda. *Anotações à Lei do Inquilinato, op. cit.*, p. 71.

85 SOUZA, Sylvio Capanema de. Locação de imóveis urbanos, *op. cit.*, p. 102.

isso, uma vez caracterizada a hipótese com a desocupação do imóvel pelo cônjuge – até então locatário –, poderá o outro considerar-se sub-rogado em direitos e obrigações na locação, devendo comunicar tal circunstância ao locador e ao terceiro garante, se for o caso. A lei civil não estabelece um período de tempo para configuração da separação de fato que, aliás, não é instituto tratado de modo sistemático na legislação brasileira até em razão da informalidade da situação concreta envolvendo os cônjuges. Daí ser acertada a observação de Sylvio Capanema, ao observar que "o advérbio 'automaticamente' não deve ser literalmente interpretado"[86], ao comentar o *caput* do art. 12, da Lei n° 8.245/91.

As mesmas observações em relação à separação de fato dos cônjuges se aplicam à dissolução da união estável, pois na maioria dos casos o rompimento entre os companheiros não é acompanhado de alguma providência formal. Tal como a união estável se constituiu informalmente, sua dissolução, como regra, também será informal. Será necessário que o companheiro que permanecer no imóvel – não sendo ele o locatário originário – tome as medidas necessárias para o fim de ocorrer a sub-rogação em direitos e obrigações da locação em seu favor.

Em ambos os casos – separação de fato dos cônjuges e dissolução da união estável entre os companheiros –, pode ocorrer do retorno ao convívio familiar entre eles que estavam separados até então, ou seja, uma espécie de reconciliação de fato. Neste caso, poderá o locador ser informado a respeito do retorno do locatário originário ao imóvel e, assim, voltar a ter como integrante do pólo da relação locatícia o primitivo locatário, e não o sub-rogado. Ou mesmo, em termos práticos, poderá do novo locatário, em substituição ao anterior, continue como locatário, sendo desnecessária qualquer providência para sua manutenção nessa condição contratual.

A sub-rogação prevista no art. 12 também se aplica aos casos de declaração de nulidade ou de anulação de casamento do cônjuge locatário[87].

No caso de o cônjuge ou companheiro, após a saída do seu consorte do imóvel locado, não se interessar em sub-rogar os direitos e obrigações contratuais, basta ele também desocupar o imóvel, hipótese em que o locatário originário deverá denunciar o contrato nos termos da Lei n° 8.245/91.

As mesmas observações feitas nos comentários ao art. 11, da Lei n° 8.245/91, a respeito das uniões homoafetivas como entidades familiares, e sobre as uniões simultâneas e poliafetivas como não sendo, valem para o art. 12, ora comentado.

---

86 SOUZA, Sylvio Capanema de. Locação de imóveis urbanos, *op. cit.*, p. 102.

87 CARNEIRO, Waldir de Arruda Miranda. *Anotações à Lei do Inquilinato, op. cit.*, p. 71.

Efeitos da sub-rogação em vida

Verificado qualquer um dos acontecimentos previstos no *caput* do art. 12, ora comentado, o locador terá que passar a manter contato com o sub-rogado que é o cônjuge ou companheiro que permaneceu residindo no imóvel. Verificada a sub-rogação, o contrato de locação se mantém nas mesmas condições anteriores, no que tange às cláusulas e condições, operando-se, tão somente, a modificação subjetiva da pessoa do locatário.

Com a comunicação feita ao locador a respeito da sub-rogação em vida, o novo locatário tem como receber os recibos de pagamento dos alugueres e outros encargos em seu nome, não sendo necessário que haja celebração de novo contrato, pois disso não se trata. Não há novo contrato, e sim o mesmo contrato com a alteração subjetiva do locatário. Ainda que seja desnecessário, poderá haver aditamento ao contrato original para formalizar a sub-rogação[88].

A sub-rogação, no caso, configura direito potestativo do cônjuge ou companheiro que permanecer residindo no imóvel, não podendo se opor o locador, uma vez preenchidos os requisitos legais para que haja a substituição do locatário. Caso haja recusa do locador em aceitar o efeito da sub-rogação, o novo locatário poderá se valer da ação de consignação em pagamento para não incorrer em mora quanto ao pagamento dos alugueres e demais encargos, ou ainda propor ação declaratória de existência de relação jurídica de locação na qual figure agora como locatário[89].

Havendo a sub-rogação, inclusive com os efeitos dela se operando, na eventualidade de haver a reconstituição do convívio entre o novo locatário e seu ex-cônjuge ou ex-companheiro no imóvel locado, e posterior novo rompimento com a saída do novo locatário do imóvel, poderá ocorrer uma segunda sub-rogação à luz da regra legal. Contudo, se não houve a reconstituição do convívio, e o novo locatário resolve extinguir a locação (arcando com as consequências daí decorrentes, inclusive a multa contratual, se for o caso), não poderá o antigo locatário voltar a ocupar o imóvel pois não há como se admitir a repristinação do contrato em seu favor, eis que ele deixou de figurar na relação jurídica locatícia. Se assim agir, estará cometendo esbulho possessório e, por isso, se sujeita à ação de reintegração de posse[90], ajuizada pelo locador do imóvel.

A comunicação da sub-rogação ao locador não precisa ser feita através de notificação judicial ou de outro meio judicial. O que deve ocorrer é que o fato que ensejou a sub-rogação seja efetivamente comunicado ao locador, de maneira inequívoca, de modo que ele possa adotar as medidas necessárias para

88 SOUZA, Sylvio Capanema de. Locação de imóveis urbanos, *op. cit.*, p. 102.

89 SOUZA, Sylvio Capanema de. Locação de imóveis urbanos, *op. cit.*, p. 102.

90 SOUZA, Sylvio Capanema de. Locação de imóveis urbanos, *op. cit.*, p. 102.

se preservar acerca das garantias contratuais. Do contrário, se não houver a notificação ao locador a respeito da sub-rogação, continuarão vinculados ao locador o locatário originário e o fiador, tal como já decidiu o Superior Tribunal de Justiça a respeito[91].

Sub-rogação e a fiança anterior

Nos termos do § 1°, do art. 12, da Lei n° 8.245/91 (na redação da Lei n° 12.112/09), a sub-rogação deverá ser comunicada por escrito ao locador e, se for a fiança a modalidade de garantia escolhida para a relação contratual, também ao fiador. Como ressalta Sylvio Capanema, "a alteração protege o fiador que, ao tomar ciência da sub-rogação, estará autorizado a exercer sua exoneração"[92].

A norma atual exige a forma escrita para a comunicação a respeito da sub-rogação, diversamente do que ocorria sob a égide da Lei n° 6.649/79. A comunicação poderá ser feita pelo locatário originário ou pelo sub-rogado, demonstrando a ocorrência de algum dos eventos previstos no *caput,* do art. 12. De modo a que possa produzir efeitos ao locador, a sub-rogação precisa ser comunicada a ele, pois não é exigível que ele esteja acompanhando a realidade da convivência do locatário originário com seu cônjuge ou companheiro. Não é necessária que a comunicação se dê por notificação judicial ou algum outro remédio em juízo.

A Lei n° 12.112/09 incluiu o § 2° ao art. 12, para prever a possibilidade de exoneração do fiador a respeito da sua responsabilidade dentro do prazo de trinta dias a contar da comunicação feita a ele (fiador) a respeito da sub-rogação, mas ainda assim ele continuará responsável pelos efeitos da fiança no prazo de cento e vinte dias após a comunicação feita ao locador a respeito da sub-rogação ocorrida. O prazo de cento e vinte dias é superior ao prazo de sessenta dias previsto no Código Civil (art. 835), mas não pode ser reputado excessivo no âmbito da locação predial urbana, cujos contratos são celebrados por prazo bem longo.

---

91 BRASIL, STJ, Agravo de Instrumento n° 1004408, relator Ministro Hamilton Carvalhido, decisão monocrática publicada no DJe de 12/03/2008. Destaca-se trecho da referida decisão: "... a sub-rogação não se opera automaticamente, ou seja, com a simples saída do cônjuge responsável pelas obrigações locatícias do imóvel, eis que a referida disposição legal assevera a necessidade da comunicação da sub-rogação ao locador, impondo que esta se faça por escrito." No mesmo sentido: BRASIL, STJ, Quinta Turma, Recurso Especial n. 660.076/RJ, relator Ministro Felix Fischer, julgado em 17/08/2006, publicado no DJ de 18/09/2006, p. 351: "Ausente tal comunicação ou prova, o vínculo locatício persistirá entre as partes originárias, tendo em vista os princípios que regem os contratos em geral".

92 SOUZA, Sylvio Capanema de. Locação de imóveis urbanos, *op. cit.*, p. 103.

O fiador, para se exonerar da responsabilidade decorrente da locação do imóvel urbano, terá que se dirigir ao locador no prazo de trinta dias (a contar do recebimento da comunicação sobre a sub-rogação) de modo a manifestar sua vontade de se exonerar. Tal manifestação de vontade pode ser feita por qualquer uma das formas admitidas na legislação atual, não sendo necessária que seja através da via judicial. A forma mais frequente é a notificação feita por meio do Cartório de Títulos e Documentos até em razão da fé pública que é dotado o Oficial do Cartório a respeito da notificação realizada. Não é necessário que o fiador promova ação de exoneração da fiança em face do locador[93].

O prazo de trinta dias para atuação do fiador no sentido da sua exoneração da responsabilidade em decorrência da fiança é prazo decadencial quanto ao direito potestativo à exoneração e, portanto, se não for cumprido, gera a perda de tal direito em relação ao fiador. O silêncio do fiador, dentro do prazo de trinta dias, configura hipótese de perda do direito à exoneração e, por isso, ele não mais poderá manifestar seu desejo de se exonerar depois do referido prazo, ao menos tendo como motivo a sub-rogação quanto ao locatário.

O Superior Tribunal de Justiça já apreciou a questão relativa à possível incidência da Súmula n° 214 – "O fiador na locação não responde por obrigações resultantes de aditamento ao qual não anuiu" –, no que se refere ao caso de sub-rogação prevista no art. 12, da Lei n° 8.245/91, para considerar que a hipótese é diversa, pois não houve aditamento ao contrato de locação originalmente celebrado, mas apenas modificação do locatário, sendo que a norma em vigor prevê a possibilidade de exoneração do fiador caso venham a ser adotadas as providências contidas no § 2°, do art. 12[94].

Apesar de a sub-rogação se verificar no momento do fato da ruptura do convívio conjugal ou da união estável, somente será oponível ao locador por ocasião da comunicação por este recebida: "só a partir daí é que a sub-rogação

93 SOUZA, Sylvio Capanema de. Locação de imóveis urbanos, *op. cit.*, p. 105.

94 STJ, Terceira Turma, Recurso Especial n. 1.510.503/ES, relatora para acórdão Ministra Nancy Andrighi, julgado em 05/11/2019, publicado no DJe de 19/11/2019: Destaca-se o seguinte trecho da ementa: " (...) Ocorrendo a sub-rogação legal de contrato de locação, o fiador do locatário original poderá exonerar-se das suas responsabilidades em relação ao negócio jurídico locatício, no prazo de 30 dias contado da ciência inequívoca da referida sub-rogação, nos termos do art. 12, § 2°, da Lei 8.245/91 c/c 244 do CPC/73 (277 do CPC/15). Não há aditamento em contrato de locação sub-rogado por lei, nos termos do art. 12 caput, §§ 1° e 2°, da Lei 8.245/91, sendo portanto, inaplicável a Súmula 214/STJ nessas situações".

passa a ter eficácia perante este último e, assim, só a partir desse momento é que o fiador se vê liberado"[95].

Recebida a notificação, e sendo caso de liberação do fiador originário, o locador poderá exigir novo fiador em substituição ao anterior, ou se for o caso, uma outra garantia locatícia contida no art. 37, da Lei n° 8.245/91[96]. Caso no prazo concedido, o sub-rogado não atenda à notificação, deixando de apresentar novo fiador ou outra garantia locatícia, ele ficará sujeito à ação de despejo promovida pelo locador por infração legal e/ou contratual[97].

Comentários ao art. 13

Noções gerais

O art. 13, da Lei n° 8.245/91, exige o consentimento formal (por escrito) do locador para que o locatário possa promover a cessão da locação, a sublocação ou o empréstimo do imóvel a terceiro. Na lição de Sylvio Capanema, para o locatário trata-se de "uma obrigação negativa, que é a de não ceder, sublocar ou emprestar o imóvel, sem o prévio e escrito consentimento do locador"[98].

A cessão do contrato de locação, a sublocação e o empréstimo do imóvel locado são "modos translativos *inter vivos* do contrato de locação, dependentes da anuência prévia e escrita do locador"[99]. Nos termos da Lei n° 8.245/91, a princípio o mero silêncio do locador não faz presumir que ele aceitou qualquer uma das hipóteses de transferência - total e parcial - da locação do imóvel urbano.

Ainda que não se trate de contrato com caráter *intuitu personae*, a locação de imóvel urbano para fins residenciais ou para fins não residenciais gera a expectativa em relação ao locador que o imóvel venha a ser conservado e preservado com a pessoa do locatário inicialmente escolhido para celebração da avença. Logo, qualquer pessoa além do locatário que possa ter alguma posição jurídica de vantagem relativamente ao imóvel, tal como o cessionário do contrato de locação, o sublocatário e o comodatário, não foi admitida pelo locador no momento da contratação da locação do imóvel.

---

95 CARNEIRO, Waldir de Arruda Miranda. *Anotações à Lei do Inquilinato, op. cit.*, p. 76. Tal comentário foi redigido em época anterior à Lei nº 12.112/09 e, por isso, atualmente precisa ser compatibilizado com a previsão contida no § 2°, do art. 12, da Lei n° 8.245/91, quanto à pessoa do fiador que ainda se responsabiliza pelo período de cento e vinte dias depois da comunicação feita ao locador acerca da sub-rogação.

96 SOUZA, Sylvio Capanema de. Locação de imóveis urbanos, *op. cit.*, p. 104. Em sentido contrário ao texto: CARNEIRO, Waldir de Arruda Miranda. *Anotações à Lei do Inquilinato, op. cit.*, p. 77.

97 SOUZA, Sylvio Capanema de. Locação de imóveis urbanos, *op. cit.*, p. 104.

98 SOUZA, Sylvio Capanema de. Locação de imóveis urbanos, *op. cit.*, p. 106.

99 DINIZ, Maria Helena. *Lei de Locações de Imóveis Urbanos comentada, op. cit.*, p. 76.

O cessionário, o sublocatário e o comodatário não autorizados pelo locador se colocam à margem da Lei n° 8.245/91 e, portanto, são estranhos ao locador, razão pela qual podem ser excluídos do contato com o imóvel através de ação possessória ajuizada pelo locador, ou por via indireta em razão da ação de despejo promovida pelo locador em face do locatário exatamente em virtude da violação à lei ou ao contrato[100].

Cessão da locação

Na cessão do contrato de locação, há a retirada do locatário originário para, no seu lugar, passar a figurar como locatário o cessionário. Trata-se da "alienação, transferência a outrem da posição contratual do locatário, enfim, na transmissão, para outra pessoa, dos direitos e deveres que lhe competem"[101]. O cedente - antigo locatário - transfere sua posição contratual para o cessionário - novo locatário. Há a sub-rogação nos direitos e obrigações contratuais em favor do cessionário, deixando o cedente de figurar na relação locatícia.

A cessão é modo comum de transferência de direitos pessoais[102], como ocorre na cessão de crédito. O cessionário assume a posição do cedente na relação jurídica anteriormente existente com o sujeito passivo.

Assim, caso o cessionário deixe de cumprir a obrigação de pagar o valor do aluguel em favor do locador, ou pratique alguma outra violação contratual, não poderá o locador promover qualquer medida contra o ex-locatário eis que este já não mais suporta qualquer efeito decorrente do contrato.

Cuida-se de hipótese de modificação subjetiva do contrato que, por isso, não se extingue ou resolve, ocorrendo apenas a saída do locatário originário (cedente) e o ingresso do novo locatário (cessionário). Não há, na cessão da locação, hipótese de novação como modo de extinção da obrigação e, consequentemente, do contrato inicialmente celebrado. Como bem observa Sylvio Capanema, "na cessão do contrato não se vislumbra o *animus novandi*"[103].

As normas aplicáveis à cessão da locação são aquelas que envolvem a cessão de crédito. O cessionário assume a posição jurídica de adquirente, recebendo o bem locado no estado de conservação que ele se encontrava com o cedente, não podendo posteriormente reclamar do mau estado do imóvel[104].

---

100 CARNEIRO, Waldir de Arruda Miranda. *Anotações à Lei do Inquilinato, op. cit.*, p. 85.

101 DINIZ, Maria Helena. *Lei de Locações de Imóveis Urbanos comentada, op. cit.*, p. 78.

102 DINIZ, Maria Helena. *Lei de Locações de Imóveis Urbanos comentada, op. cit.*, p. 77.

103 SOUZA, Sylvio Capanema de. Locação de imóveis urbanos, *op. cit.*, p. 107.

104 DINIZ, Maria Helena. *Lei de Locações de Imóveis Urbanos comentada, op. cit.*, p. 79.

A cessão do contrato de locação é mais comum nos casos de locações de imóveis para fins não residenciais, sendo de raríssima incidência nas locações residenciais. A esse respeito, não é possível confundir a cessão da locação com a cessão do estabelecimento. O Código Civil em vigor (arts. 1.144 e 1.148) considera que a universalidade de bens direitos e negócios integrantes do estabelecimento abrange também o contrato de locação do imóvel onde se a atividade empresarial é desenvolvida.

Sylvio Capanema entende que "condicionar a cessão do estabelecimento à prévia e expressa autorização do locador, traduziria insuportável desrespeito do direito de dispor, que é uma das faculdades atribuídas ao domínio"[105]. Assim, em havendo a transferência do estabelecimento, seu adquirente se sub-roga nos direitos e obrigações decorrentes dos contratos firmados para a exploração da atividade, e entre eles se inclui o contrato de locação de imóvel para fins não residenciais. Como lembra a doutrina, "nas hipóteses onde a cessão da locação integrar a cessão do próprio fundo de comércio é evidente que não seria o caso de aplicação da dita restrição"[106], eis que o locatário não poderia, em última análise, transferir a outrem o fundo empresarial que ele constituiu: "não incide sobre a hipótese de cessão do fundo de comércio a regra do art. 13 da atual Lei do Inquilinato"[107].

Não há qualquer óbice a que o locador e o novo locatário resolvam extinguir o contrato originário, e no seu lugar celebrem novo contrato de locação, inclusive com cláusulas negociais distintas daquelas existentes no contrato anterior que foi extinto.

Sublocação

Diversamente do que ocorre na cessão da locação, na sublocação o contrato originalmente celebrado permanece com os mesmos contratantes (mesmo locador e mesmo locatário), sendo que surge nova relação contratual entre o locatário (também chamado sublocador) e o terceiro (denominado de sublocatário). Haverá, portanto, a locação e a sublocação.

Entre o locador e o sublocatário não se constitui uma relação jurídica devido à sublocação, como regra, ressalvados apenas alguns efeitos previstos na Lei n° 8.245/91. O locatário continuará obrigado perante o locador, ainda que haja a sublocação.

A sublocação pode ser total ou parcial. Na sublocação total, o locatário desocupa o imóvel completamente e, no seu lugar, o sublocatário passa a ocupa-lo

105 SOUZA, Sylvio Capanema de. Locação de imóveis urbanos, *op. cit.*, p. 110.

106 CARNEIRO, Waldir de Arruda Miranda. *Anotações à Lei do Inquilinato, op. cit.*, p. 82.

107 CARNEIRO, Waldir de Arruda Miranda. *Anotações à Lei do Inquilinato, op. cit.*, p. 82.

inteiramente. Na sublocação parcial, o sublocador (locatário original) continua a ocupar uma parte do imóvel, ao passo que a outra é cedida ao sublocatário. Independentemente de ser total ou parcial, a sublocação não exonera o locatário de sua responsabilidade perante o locador a respeito do cumprimento de todas as obrigações legais e contratuais.

A sublocação, como regra, não pode atribuir mais direitos e obrigações ao sublocatário comparativamente aos direitos e obrigações do locatário perante o locador, ressalvada apenas a hipótese de imóvel que sirva de habitação coletiva multifamiliar (Lei n° 8.245/91, art. 21).

Há orientação sumulada, mas que ainda hoje é seguida, segundo a qual "o locatário autorizado a ceder a locação, pode sublocar o imóvel" (STF, Súmula 411), baseada na regra de hermenêutica de que "quem pode o mais, pode o menos". Ora, se o locador havia previamente autorizado a cessão da posição contratual do locatário, admitindo sua liberação dos efeitos da locação se houvesse a cessão, com muito mais razão estará abrangida a sublocação, pois neste caso o locatário continua vinculado ao contrato. A recíproca não é verdadeira: se houve prévia autorização para sublocação, não se pode considerar abrangida a autorização implícita para a cessão da locação.

Empréstimo do imóvel

A terceira hipótese contemplada no art. 13, ora comentado, refere-se ao empréstimo do imóvel locado. O empréstimo gratuito de bem infungível é classificado no Direito brasileiro como contrato de comodato, no qual o comodante cede gratuitamente a utilização do bem para o comodatário, sem que haja qualquer contraprestação, ao nível de alguma vantagem econômica dirigida ao comodante.

O comodato do imóvel locado pode ser, a exemplo da sublocação, total ou parcial, dependendo se todo o imóvel passará a ser ocupado pelo comodatário (e não mais pelo comodante) ou se apenas parte dele.

O empréstimo corresponde à cessão feita pelo locatário, a título provisório e gratuito, de parte ou da totalidade do imóvel locado, com a obrigação do comodatário de restituir a coisa em tempo determinado ou quando for exigido pelo comodante. No caso de imóvel locado, o locatário será o comodante e o terceiro estranho à locação será comodatário.

É necessário distinguir o comodato do imóvel locado com o dever "moral" de hospitalidade que o locatário tenha em relação a um parente ou amigo seu. Não há como negar a possibilidade de o locatário receber no imóvel locado, por um curto espaço de tempo, alguém próximo para hospedá-lo no bem imóvel em razão da hospitalidade. Tratando-se de presença episódica, temporária, não há que se cogitar de que houve comodato[108]. Ao revés, se a presença e permanência do parente ou amigo se estende por período de tempo mais longo e duradouro, com ares de estabilidade - residência com permanência -, poderá ser caracterizada a hipótese de comodato, o que ensejará a configuração de infração legal ou contratual, a permitir a ação de despejo pelo locador.

Consentimento do locador para a cessão, sublocação ou empréstimo

Durante a vigência do Código Civil de 1916 (art. 1.201), considerava-se que a sublocação e o empréstimo do imóvel locado eram autorizados, se não houvesse cláusula contratual em sentido contrário, sendo que apenas na cessão do contrato de locação exigia-se o expresso consentimento do locador[109]. Naquela época, ainda sob inspiração dos ideais do liberalismo clássico, as partes eram livres para ajustarem seus interesses, com fundamento na autonomia da vontade, sendo que ao Estado não cabia interferir no conteúdo da relação contratual.

Em termos concretos, a viabilidade da sublocação e do empréstimo do imóvel locado, no entanto, ensejou o desenvolvimento de uma "verdadeira indústria, que enriquece o locatário, sem proveito algum para o locador, o que não é eticamente recomendado"[110]. Os vários casos de sublocação do imóvel locado fizeram, na prática, com que houvesse deterioração do bem, com problemas nas instalações elétricas, hidráulicas e outros equipamentos que guarneciam o imóvel. Desse modo, com o advento da Lei n° 1.300/50, passou-se a exigir o consentimento do locador não apenas na cessão da locação, mas também nos casos de sublocação e de empréstimo.

Em sendo cientificado da cessão, da sublocação ou do empréstimo, caso não haja formal oposição dentro de trinta dias, o locador ratificou o ato praticado pelo locatário, não havendo que se cogitar de qualquer infração à lei ou ao contrato. Daí a razão da crítica de Sylvio Capanema quanto à redação do *caput* do art. 13, ora comentado, conter a referência a consentimento prévio, quando na realidade o correto seria apenas consentimento expresso.

No âmbito da locação de imóvel urbano não residencial, a questão da sublocação ganha maior importância, em razão do debate sobre a legitimidade do sublocatário para propor a ação renovatória de modo a obter a renovação do período contratual, ainda que contra a vontade do locador e do sublocador. Havendo concordância com a sublocação, o sublocatário poderá ajuizar ação renovatória em face do sublocador e do locador (como litisconsortes necessários), ressalvada apenas a hipótese em que não haja tempo suficiente, à luz do

108 SOUZA, Sylvio Capanema de. Locação de imóveis urbanos, *op. cit.*, p. 109.

109 SOUZA, Sylvio Capanema de. Locação de imóveis urbanos, *op. cit.*, p. 108.

110 SOUZA, Sylvio Capanema de. Locação de imóveis urbanos, *op. cit.*, p. 108.

contrato de locação, para contemplar o novo prazo renovado da sublocação, quando então a ação renovatória será ajuizada apenas em face do sublocador[111].

Nos casos de sublocação total do imóvel, há orientação doutrinária no sentido que cabe ao sublocatário o direito de preferência caso o locador pretenda alienar a título oneroso o imóvel locado e sublocado, em prioridade sobre o sublocador[112].

A regra contida no § 1°, do art. 13, da Lei n° 8.245/91, estabelece que apenas a demora do locador em manifestar a sua oposição formal à cessão, sublocação ou empréstimo do imóvel locado não pode gerar a presunção do consentimento à prática desses atos. Sylvio Capanema recorda que, sob a égide da Lei n° 6.649/79, havia entendimento jurisprudencial que admitia o consentimento tático do locador em razão da sua inércia de promover medidas contra o locatário, depois que soubesse da cessão, da sublocação ou do empréstimo: "em boa hora modificou-se a orientação, e a simples demora no ajuizamento da ação de despejo não mais beneficia o locatário"[113].

Em termos práticos, hoje em dia é difícil o locador conhecer o locatário do imóvel e, por isso, não é raro acontecer daquele somente vir a saber da cessão, sublocação ou empréstimo após algum tempo. Daí a justificativa para a previsão contida no § 1°, do art. 13. Contudo, se houver alguma outra circunstância que não apenas o dado temporal que leve à conclusão de que houve concordância, o locador não poderá se valer da regra legal. Assim, por exemplo, se o locador outorgou poderes expressos ao sublocatário para representá-lo perante a assembleia do condomínio edilício, inclusive com referência à sua condição de sublocatário, houve consentimento a respeito da sublocação, não podendo mais ser invocada a regra do *caput* do art. 13 para imputar ao locatário a prática de infração legal ou contratual[114].

Em outras palavras: ainda é possível o reconhecimento de casos de consentimento tácito do locador a respeito da cessão da locação, da sublocação e do empréstimo feitos pelo locatário a terceiro. O Direito Privado contemporâneo incorporou valores e princípios ligados à eticidade nas relações intersubjetivas e, como bem lembra a doutrina, "o princípio da boa fé passou a ser um dever jurídico, regra obrigatória de conduta e não mais uma exortação ética feita aos contratantes"[115]. Entre os institutos relacionados à boa fé objetiva no âmbito contratual, identificam-se o *venire contra factum proprium* e a *supressio.* Logo,

111 SOUZA, Sylvio Capanema de. Locação de imóveis urbanos, *op. cit.*, p. 109.

112 SOUZA, Sylvio Capanema de. Locação de imóveis urbanos, *op. cit.*, p. 109.

113 SOUZA, Sylvio Capanema de. Locação de imóveis urbanos, *op. cit.*, p. 111.

114 SOUZA, Sylvio Capanema de. Locação de imóveis urbanos, *op. cit.*, p. 112.

115 SOUZA, Sylvio Capanema de. Locação de imóveis urbanos, *op. cit.*, p. 112.

não se admite que alguém, por longo tempo, aja de certa forma, despertando a confiança no outro de que não mudaria seu agir, posteriormente possa vir a adotar comportamento contrário (*venire*...), bem como não é razoável que uma pessoa titular de uma posição jurídica ativa que, por longo tempo, não a exerça, gerando a crença de que teria abdicado de tal posição, possa posteriormente exercê-la (*supressio*)[116].

A previsão contida no § 2°, do art. 13, da Lei n° 8.245/91, acerca da notificação feita pelo locatário ao locador sobre uma das hipóteses contempladas no *caput* (cessão, sublocação ou comodato) para abrir prazo de trinta dias para oposição formal pelo locador, somente se justifica nos casos nos quais ainda não houve, de fato, a ocorrência da cessão do contrato, da sublocação ou do empréstimo do imóvel locado. Ou seja, trata-se de hipótese na qual o locatário pretende, caso venha a ser autorizado pelo locador, providenciar a cessão do contrato, a sublocação ou o empréstimo do imóvel, mas ainda não o fez antes do decurso do prazo de trinta dias concedido ao locador.

Não tem sentido considerar a regra legal para o caso em que já houve a cessão, a sublocação ou o empréstimo, pois nesses casos o locatário estaria "confessando" a prática de violação à lei ou de infração ao contrato. Como bem observa Sylvio Capanema, "estamos convencidos de que o locatário dificilmente se submeteria ao risco de fazer a notificação", pois seria "um tiro no próprio pé"[117]. Daí ser correta a orientação no sentido de que "se a notificação diz respeito à ação futura do locatário, interpretando-se a expressão 'ocorrência' no sentido de acontecimento futuro, a regra se torna útil, revelando a admissão, pelo sistema atual, o consentimento presumido"[118].

Logo, a previsão legal somente se aplica nos casos anteriores à cessão, à sublocação ou ao empréstimo do imóvel pelo locatário. Em ficando silente o locador dentro do prazo de trinta dias, a contar da notificação feita pelo locatário, haverá possibilidade de o locatário providenciar a cessão da locação, a sublocação ou o empréstimo do imóvel. O silêncio do locador, associado ao decurso do prazo de trinta dias, faz presumir seu consentimento.

Último aspecto a ser registrado diz respeito ao veto presidencial à proposta aprovada no Congresso Nacional quanto à inclusão do § 3°, ao art. 13, da Lei n° 8.245/91. De acordo com a proposta aprovada no parlamento brasileiro, "nas locações não residenciais equipara-se à cessão da locação qualquer negócio jurídico que importe na transferência do controle societário do locatário pessoa jurídica".

---

116 SOUZA, Sylvio Capanema de. Locação de imóveis urbanos, *op. cit.*, p. 112.

117 SOUZA, Sylvio Capanema de. Locação de imóveis urbanos, *op. cit.*, p. 113.

118 TEPEDINO, Gustavo; KONDER, Carlos Nelson; BANDEIRA, Paulo Greco. *Fundamentos do direito civil.* v. 3. Rio de Janeiro: GEN/Forense, 2020, p. 242.

Tal proposta, caso viesse a ser transformada em norma jurídica, ensejaria a consideração de que haveria infração à lei ou ao contrato a transferência do controle societário da locatária (pessoa jurídica), sendo que juridicamente a mudança do controle societário da pessoa jurídica não gera mudança da pessoa do locatário no contrato. Daí ter sido corretamente vetada a proposta legislativa, pois geraria "insegurança para as pessoas jurídicas que se tornassem locatárias de imóveis onde se instalassem"[119], pois estariam sujeitas ao despejo por suposta violação à lei ou ao contrato. O Superior Tribunal de Justiça, a respeito do tema, já considerou que mera alteração do quadro societário da sociedade empresária locatária não configura sub-rogação[120] nos direitos e obrigações do locatário – muito menos cessão do contrato –, a demonstrar o acerto no veto presidencial à proposta legislativa aprovada.

Referências

BESSONE, Darcy. *Do contrato:* teoria geral. Rio de Janeiro: Forense, 1987.

CALDAS, Gilberto. *Nova Lei do Inquilinato comentada.* São Paulo: Ediprax Jurídica, <s.d.>.

CARNEIRO, Waldir de Arruda Miranda. *Anotações à Lei do Inquilinato.* São Paulo: Editora RT, 2000.

DIEZ-PICAZO, Luis. *Fundamentos del Derecho Civil Patrimonial*: I. Introducion. Teoria del Contrato. 5ª ed. Madrid: Civitas, 1996.

DINIZ, Maria Helena. *Lei de Locações de Imóveis Urbanos comentada.* São Paulo: Editora Saraiva, 1992.

GAMA, Guilherme Calmon Nogueira da. *O companheirismo*: uma espécie de família. São Paulo: Editora RT, 2001.

GAMA, Guilherme Calmon Nogueira da. Vênia conjugal e contrato de locação de imóvel urbano. In: BARBOZA, Heloisa Helena; GAMA, Guilherme Calmon Nogueira da; NEVES, Thiago Ferreira Cardoso (coords.) *30 anos da Lei do Inquilinato*, no prelo.

GOMES, Orlando. *Contratos.* 26ª ed. Rio de Janeiro: Forense, 2008.

MONTEIRO, Franklin Delano do Rego. *A Nova Lei do Inquilinato.* Rio de Janeiro: Forense, 1996.

NEVES, José Roberto de Castro. *Contratos I.* Rio de Janeiro: GZ Editora, 2016.

SLAIBI FILHO, Nagib. *Comentários à Nova Lei do Inquilinato.* 9ª ed. Rio de Janeiro: Forense, 1996.

119 SOUZA, Sylvio Capanema de. Locação de imóveis urbanos, *op. cit.*, p. 114.

120 BRASIL, Superior Tribunal de Justiça, Quarta Turma, Agravo Interno no Agravo em Recurso Especial n 1.184.251/SP, relatora Ministra Maria Isabel Gallotti, julgado em 21/03/2019, publicado no DJe de 27/03/2019. Da ementa, extrai-se o seguinte trecho: "(...) Na hipótese, não houve a extinção da pessoa jurídica locatária e sub-rogação por outra empresa, apenas alteração do quadro societário e da razão social, como certificado no acórdão de origem, o que afasta a incidência da Súmula 214/STJ".

SOUZA, Sylvio Capanema de. *A Lei do Inquilinato comentada:* artigo por artigo. 12ª ed. Rio de Janeiro: Forense, 2020.

SOUZA, Sylvio Capanema de. Locação de imóveis urbanos. In: AZEVEDO, Fábio de Oliveira; MELO, Marco Aurélio Bezerra de (coords.) *Direito Imobiliário.* São Paulo: Editora Atlas, 2015.

TEPEDINO, Gustavo; KONDER, Carlos Nelson; BANDEIRA, Paulo Greco. *Fundamentos do direito civil.* v. 3. Rio de Janeiro: GEN/Forense, 2020.

TOMASETTI JÚNIOR, Alcides; CARVALHO, Luis Camargo Pinto de *et allii. Comentários à Lei de Locação de Imóveis Urbanos.* São Paulo: Saraiva, 1992.

VENOSA, Silvio de Salvo. *Nova Lei do Inquilinato comentada:* doutrina e prática. São Paulo: Editora Atlas, 1992.

Art. 14. Aplicam-se às sublocações, no que couber, as disposições relativas às locações.

José Carlos Maldonado de Carvalho

O legislador regulou, como assim apregoam a doutrina e a jurisprudência, apenas a sublocação autorizada, ou seja, aquela que é reconhecida pelo locador, afastando, por conseguinte, a sublocação ilegítima ou irregular.

Note-se que, uma vez implementada à revelia do locador, dará causa ao inadimplemento contratual e, consequentemente, à ação de despejo.

Nas sublocações regulares, portanto, a relação entre o sublocador (locatário original) e o sublocatário é disciplinada pelas mesmas regras da lei de locação, em especial no que se refere aos direitos e obrigações.[121]

E mais, sendo a sublocação uma nova locação, aplicam-se a esta nova relação as regras da locação, não necessitando, assim, de regras próprias.

Trata-se, em verdade, de contrato de natureza acessória que, por esta característica, seguirá sempre à sorte do contrato principal (o de locação).

Logo, uma vez rescindido o contrato de locação ou findo o período contratual, a sublocação também estará finalizada.

E, como assim doutrina o professor SYLVIO CAPANEMA DE SOUZA, "como a sublocação é uma locação, ainda que derivada de outra, é evidente que se submete ao mesmo regime jurídico. As obrigações e direitos do sublocador em relação ao sublocatário são os mesmos que existem entre o locador e o locatário". [122]

121 CC/02. Art. 2.036. A locação de prédio urbano, que esteja sujeita à lei especial, por esta continua a ser regida

122 A Lei do Inquilinato comentada. 7ª ed. Rio de Janeiro: GZ, 2012, p. 89.

A sublocação deve, preferencialmente, ser formalizada por escrito, mediante termo aditivo ao contrato de locação.

De se ressaltar, a bom tempo, que a sublocação irregular não confere ao sublocatário os direitos assegurados por lei ao locatário, como, por exemplo, o direito de preferência em caso de venda do imóvel sublocado e o direito à renovação.

No que se refere ao valor do aluguel, a regra é no sentido de que não poderá ser superior ao preço do aluguel, salvo em se tratando de habitações coletivas multifamiliares, caso em que não poderá ser cobrado valor superior ao dobro do valor da locação original (art. 21). O descumprimento autoriza o sublocatário a reduzir o aluguel até os limites estabelecidos na regra geral (parágrafo único).

Já em relação aos contratos coligados ou conexos, o Superior Tribunal de Justiça vem sinalizado que, em verdade, "há uma justaposição de modalidades diversas de pactos, de maneira que cada um destes mantém sua autonomia, preservando suas características próprias, haja vista que o objetivo da junção de tais contratos é possibilitar uma atividade econômica específica".

Por conseguinte, "o fato de o contrato de **sublocação** possuir outros pactos adjacentes não retira sua autonomia nem o desnatura, notadamente quando as outras espécies contratuais a ele se coligam com o único objetivo de concretizar e viabilizar sua finalidade econômica, de modo que as relações jurídicas dele decorrentes serão regidas pela Lei nº 8.245/1991". [123]

Remarque-se, por oportuno, que não há relação jurídica entre o locador e o sublocatário, pois são duas as relações que se apresentam: a relação *ex locato* entre o locador e o locatário, que é a principal, e a relação entre o locatário e o sublocatário, razão pela qual é inadmissível a ação do locador em face do sublocatário, como, por exemplo, a ação de despejo por denúncia vazia.

Por fim, e de carona na linha doutrinária do Superior Tribunal de Justiça, reconhece-se como lícita e legítima a sublocação não escrita, em não havendo proibição contratual e ciência inequívoca do locador (AREsp 887559. Rel. Min. RICARDO VILLAS BÔAS CUEVA, p. 01/10/2020). De tal arte, a Corte tem proclamado que a responsabilização patrimonial do sublocatário é aplicável tanto à sublocação legítima quanto à ilegítima.

Confira-se, a seguir, outro julgado da Corte Superior sobre o tema em exame:

123 REsp 1475477/MG. Rel. Min. MARCO AURÉLIO BELLIZZE. TERCEIRA TURMA. Dj. 18/05/2021

> CIVIL E PROCESSUAL CIVIL. RECURSO ESPECIAL. CONTRATO DE ALUGUEL DE IMÓVEIS. SUBLOCAÇÃO ILEGÍTIMA RESPONSABILIDADE SUBSIDIÁRIA E LIMITADA. LEGITIMIDADE PASSIVA EXTRAORDINÁRIA RECONHECIDA. RECURSO ESPECIAL PARCIALMENTE PROVIDO. A questão central do recurso especial é definir se o sublocatário é sujeito passivo legítimo para responder por ação de execução do contrato de locação e qual a extensão de sua responsabilidade. (*omissis*) A legitimidade passiva para a ação de execução de título extrajudicial é virtualmente aquela estabelecida de forma expressa no título exequendo, uma vez que pessoas estranhas ao título podem ser alcançadas, seja por legitimação ordinária secundária, seja por legitimação extraordinária. Ao se estabelecer a responsabilidade do sublocatário por dívidas do sublocador ao locador, ainda que de forma subsidiária e limitada (art. 16 da Lei nº 8.245/1991), é possível sua inclusão no polo passivo de execução de aluguel, a despeito da inexistência de relação jurídica direta entre locador e sublocatário. A responsabilização patrimonial do sublocatário é aplicável tanto à sublocação legítima quanto à ilegítima.[124]

Contudo, apesar de sinalizar o pensamento majoriatario da doutrina, o professor SYLVIO CAPANEMA DE SOUZA, com a nossa total concordância, assim diverje: "a sublocação ilegítima, não-concedida, não gera qualquer efeito jurídico, nem confere direitos ao sublocatário, que fica na desconfortável situação de intruso, nem mesmo sendo necessário que se lhe dê ciência de eventual ação de despejo assestada em face do inquilino".

Art. 15. Rescindida ou finda a locação, qualquer que seja sua causa, resolvem-se as sublocações, assegurado o direito de indenização do sublocatário contra o sublocado.

José Carlos Maldonado de Carvalho

Levando-se em consideração a natureza acessória da sublocação, resolvido o contrato de locação, resolvida estará a sublocação, como alhures já assinalado.

A expressão "rescindida ou finda a locação, qualquer que seja sua causa", abrange tanto as hipóteses em que a dissolução do vínculo contratual ocorrer

124 REsp 1384647 / SP Rel. Ministro MARCO AURÉLIO BELLIZZE - TERCEIRA TURMA, Julgamento 19/02/2019, DJE 22/02/2019

por inadimplemento culposo, ou quando ocorrer a resilição ou resolução do pacto locatício.

Importante se mostra o destaque nas hipóteses em que ocorrer a resilição do contrato, pois, ainda que não haja concordância do sublocatário, extinta restará a sublocação.

Por outro lado, se a locação se findar por consolidação ou confusão, nas hipóteses em que o locatário adquire a qualidade de proprietário, usufrutuário ou enfiteuta do imóvel locado, não se extinguirá a sublocação, uma vez que não cessa o direito de uso do locatário, alterando-se tão somente a forma.

Assegura-se ao sublocatário o direito à indenização pelo sublocador, como assim pontua a parte final do artigo em exame.

Em tal hipótese, serão ressarcidas ao sublocatário as benfeitorias necessárias que tenham sido realizadas no imóvel pelo sublocatário, facultando-se o direito de retenção por se tratar de possuidor de boa-fé.

Reconhece-se, porém, que se o contrato dispuser expressamente em sentido contrário, aplicar-se-á a Súmula 335, do Superior Tribunal de Justiça, e que assim dispõe: "Nos contratos de locação, é válida a cláusula de renúncia à indenização das benfeitorias e ao direito de retenção".

A indenização, porém, deverá ser pleiteada apenas em face do sublocador, posto que não há, como visto, qualquer relação direta entre o sublocatário e o locador, cujos prejuízos deverão ser comprovados.

Discute-se, ainda em sede doutrinária, a pretensão de indenização por dano moral em face do locatário, quando ocorrentes a angústia e a insegurança resultantes da perda da posse em demanda ajuizada pelo locador.

Não há, ainda, consenso jurisprudencial na concessão de tal verba reparatória, não se excluindo, porém, o seu reconhecimento, que deverá ser objeto de exame de forma casuística, provando-se sempre o fato alegado.

No campo processual, a lei em comento faz ver no parágrafo 2º, do art. 59, que "Qualquer que seja o fundamento da ação, dar-se-á ciência do pedido aos sublocatários que poderão intervir no processo como assistentes".

Decerto, tratando de sublocação consentida, o locador que promover a ação de despejo em face do locatário, seja qual for a motivação, dará ciência ao sublocatário da pretensão deduzida. Não o fazendo, a ordem de desocupação não alcançará o sublocatário.

Caso assim proceda, poderá o sublocatário atuar no feito como assistente, de acordo com os artigos 119 a 124, do Código de Processo Civil.

Questão ainda intrigante é a relacionada à sublocação não consentida.

Nesse contexto, e como assim afirma SYLVIO CAPANEMA DE SOUZA, "o locador dispõe de duas opções, a seu exclusivo arbítrio, podendo se valer da ação de despejo, em face do locatário, ou do interdito de reintegração de posse, em face do intruso".

Caso assim proceda, poderá o sublocatário, *ope legis,* atuar no feito como assistente, de acordo com os artigos 119 a 124, do Código de Processo Civil.

A jurisprudência do Superior Tribunal de Justiça é estável. A respeito, vejam-se alguns arestos:

> PROCESSO CIVIL - RECURSO ESPECIAL - LOCAÇÃO - AÇÃO DE DESPEJO - SUBLOCATÁRIO - ILEGITIMIDADE PASSIVA AD CAUSAM - ASSISTENTE - CARÊNCIA DA AÇÃO DECRETADA - DIVERGÊNCIA JURISPRUDENCIAL NÃO COMPROVADA. 1 - A teor do art. 255 e parágrafos, do RISTJ, não basta a simples transcrição de ementas para apreciação da divergência jurisprudencial (art. 105, III, alínea "c", da CF), devendo ser mencionadas e expostas as circunstâncias que identificam ou assemelham os casos confrontados, bem como juntadas cópias integrais de tais julgados ou, ainda, citado repositório oficial de jurisprudência. Como isso não ocorreu, impossível, sob este prisma, o seu conhecimento. 2 - Por não existir relação ex locato entre o sublocatário e o locador, este não poderá afrontá-lo pela via da ação de despejo. A demanda deve ser ajuizada contra o locatário e não contra o subinquilino. Todavia, intentada a ação de desalijo, por qualquer que seja o seu fundamento, deverá o locador dar ciência da mesma ao sublocatário legítimo e consentido, dando-lhe oportunidade de ingressar na relação processual como assistente litisconsorcial, já que sua obrigação é subsidiária e não solidária. Inteligência do art. 59, parág. 2º, da Lei nº 8.245/91. Ilegitimidade passiva ad causam reconhecida. Carência decretada. 3 - Precedente (REsp nº 138.216/ SP). 4 - Recurso conhecido, nos termos acima expostos e, neste aspecto, provido para, reformando o v. acórdão de origem, reconhecer a ilegitimidade passiva ad causam e julgar a autora carecedora da ação, nos termos do art. 267, VI, do CPC, invertendo-se os ônus sucumbenciais, já fixados na r. sentença monocrática.[125]
>
> PROCESSUAL CIVIL E LOCAÇÃO. AÇÃO DE DESPEJO. CARÊNCIA DA AÇÃO. ILEGITIMIDADE DA PARTE. DECRETAÇÃO DE OFÍCIO. POSSIBILIDADE. JULGAMENTO EXTRA PETITA. INOCORRÊNCIA. SUBLOCATÁRIO. PARTE ILEGÍTIMA. - Não ocorre julgamento extra

125 REsp 288031 / PR RECURSO ESPECIAL 2000/0120235-9 Rel. Ministro JORGE SCARTEZZINI **Órgão Julgador** T5 - QUINTA TURMA, Julgamento 16/05/2002 DJ 26/08/2002 p. 283 RNDJ vol. 35 p. 113

petita na hipótese em que o Tribunal de origem, antes de proferida a decisão de mérito, reconhece, de ofício, a ilegitimidade passiva ad causam e decreta a extinção do processo, sem julgamento do mérito. – O sublocatário não é parte legítima para figurar no polo passivo de ação de despejo, de vez que inexiste relação jurídica entre ele o locador. – Recurso especial não conhecido.[126]

PROCESSUAL CIVIL. LOCAÇÃO. ASSISTENTE. LITISCONSÓRCIO. SUBLOCAÇÃO. FUNDAMENTAÇÃO. É inquestionável, no caso, a identidade de interesses entre réu e assistente, o que os coloca, dada a natureza da relação jurídica, em clara situação de litisconsórcio. O recurso interposto por um dos litisconsortes a todos aproveita (Art. 509 do CPC). Não peca pela ausência de fundamentação o acórdão que, em sede de embargos de declaração, apresenta concreta e suficiente motivação. Recurso não conhecido.[127]

RESP - CIVIL - DESPEJO - SUBLOCATARIO - RENOVATORIA - INTIMAÇÃO - NA AÇÃO DE DESPEJO, O SUBLOCATARIO DEVE SER INTIMADO DA DEMANDA PARA EVITAR A SURPRESA DO DESPEJO E ENSEJAR A INTERVENÇÃO COMO ASSISTENTE. DESNECESSARIA, PORÉM, QUANDO SE TRATA DE RENOVATORIA PROPOSTA PELO INQUILINO. NESSE CASO, O SUBINQUILINO, CIENTE DO TÉRMINO DO CONTRATO, NÃO É SURPREENDIDO COM O ENCERRAMENTO DA AVENÇA.[128]

Art. 16. O sublocatário responde subsidiariamente ao locador pela importância que dever ao sublocador, quando este for demandado e, ainda, pelos aluguéis que se vencerem durante a lide.

José Carlos Maldonado de Carvalho

Como aqui já afirmado, na sublocação autorizada não há relação contratual entre o locador e o sublocatário, mas previu o legislador uma exceção à regra geral, qual seja, quando o locatário (o sublocador) deixa de pagar os alugueres devidos ao locador.

126 REsp nº 138.216 / SP (1997/0044945-9) Rel. MINISTRO VICENTE LEAL, T6, SEXTA TURMA, DJ 20/08/2001

127 REsp 196671 / SP RECURSO ESPECIAL1998/0088229-4 Rel. Ministro FELIX FISCHER Órgão Julgador T5 - QUINTA TURMA, Julgamento 04/05/1999, Publicação/Fonte DJ 01/07/1999 p. 202.

128 Ministro LUIZ VICENTE CERNICCHIARO Órgão Julgador T6 - SEXTA TURMA, Julgamento 12/04/1993, Publicação/Fonte DJ 24/05/1993 p. 10025

Nesse contexto, o locador notifica o sublocatário a pagar o valor que deveria ser pago ao sublocador (o locatário) a ele diretamente, ficando o sublocador em mora pelo pagamento da diferença se existente.

Trata-se, por certo, de responsabilidade subsidiária, sem qualquer conotação, decerto, com a responsabilidade solidária, instituto que não foi contemplado na lei de locações.

Na subsidiariedade, como cediço é, pressupõe-se uma determinada ordem entre os devedores na obrigação, como, por exemplo, a responsabilidade dos sócios no que se refere à obrigação da sociedade empresarial (artigo 1.024, do Código Civil).

Logo, uma vez exauridos todos os meios de responsabilização do devedor principal, no caso o locatário, transfere-se para o devedor secundário, o sublocatário, a responsabilidade pelo pagamento diretamente ao locador do valor referente a sublocação.

Repele-se o enriquecimento sem causa, por determinação expressa de lei, evitando-se com isso que o sublocatário continue a pagar diretamente ao sublocador o valor ajustado. Caso assim proceda, sujeitar-se-á a repetir o pagamento, diante da ineficácia da quitação que venha a ser dada pelo sublocador.

O professor SYLVIO CAPANEMA DE SOUZA, com o peso de sua irreprochável autoridade doutrinária, assim conclui: "pode-se afirmar que a regra do art. 16 está impregnada de forte conteúdo ético, e só poderá ser invocada pelo locador se já tiver ele ajuizado a ação de despejo por falta de pagamento em face do locatário moroso, dando ciência ao sublocatário". [129]

No que se refere, por fim, aos pagamentos antecipados pelo sublocatário ao sublocador, deverão estes ser examinados com o máximo cuidado no que diz respeito à sua eficácia.

Deveras, apesar de a lei de locação não ter repetido a regra do parágrafo único, do art. 1.201, do Código Civil[130], fato é que uma vez afirmado pelo sublocatário em Juízo que pagou antecipadamente o aluguel, ao sublocador, excetuada a hipótese do art. 42[131], da lei locatícia, e na locação para temporada (art.

---

129 SOUZA, Sylvio Capanema de. A locação do imóvel urbano. Rio de Janeiro. Forense, 2000, p. 138.

130 Art. 1.201. É de boa-fé a posse, se o possuidor ignora o vício, ou o obstáculo que impede a aquisição da coisa. Parágrafo único. O possuidor com justo título tem por si a presunção de boa-fé, salvo prova em contrário, ou quando a lei expressamente não admite esta presunção.

131 Art. 42. Não estando a locação garantida por qualquer das modalidades, o locador poderá exigir do locatário o pagamento do aluguel e encargos até o sexto dia útil do mês vincendo.

49)[132], estará apenas confessando a prática de infração penal (fraude)[133], razão pela qual não produzirá quitação e, consequentemente, qualquer efeito em relação do locador inadimplido.

Também nesse quadrante, o Tribunal de Justiça do Estado do Rio de Janeiro vem sinalizando no seguinte sentido de condenar a exigência do pagamento antecipado dos aluguéis, e, bem assim, da dupla garantia, ainda quando travestidos de caução.

> AGRAVO LEGAL. CONTRATO DE LOCAÇÃO. IMÓVEL RESIDENCIAL. ANTECIPAÇÃO INTEGRAL DOS ALUGUERES CAUÇÃO. DUPLA GARANTIA. DESCABIMENTO. INCÊNDIO. DESTRUIÇÃO DO IMÓVEL. ALTERAÇÃO DE FECHADURAS IMPEDINDO O ACESSO DA LOCATÁRIA EM SUA RESIDÊNCIA. DANO MORAL CONFIGURADO. 1- O parágrafo único do art. 37 da Lei 8.245/91, que dispõe sobre as modalidades de garantia possíveis no contrato de locação de imóveis urbanos, veda, sob pena de nulidade, mais de uma das modalidades de garantia num mesmo contrato de locação. 2- E reforçando o caráter negativo e a reprovabilidade da exigência de "dupla garantia" no contrato de locação de imóveis o art. 43 da Lei 8.245/91 prevê três hipóteses de contravenção penal puníveis com prisão simples ou multa, a ser revertida em favor do locatário, dentre as quais cobrar antecipadamente o aluguel, salvo a hipótese do artigo 42 e da locação para temporada. 3- Desfazimento unilateral do contrato de locação que enseja a devolução do valor pago antecipadamente pelo locatário, correspondente ao período não utilizado, em razão do incêndio que destruiu o apartamento. 4 – A frustração da expectativa da locatária em entrar no imóvel em que residia para buscar seus pertences, em razão dos danos causados pelo incêndio, é causa suficiente para afetar sua integridade psicológica, interferir negativamente na sua dignidade, macular a sua honra subjetiva e enseja indenização por dano moral. 5- A indenização por dano moral deve representar compensação razoável pelo constrangimento experimentado, cuja intensidade, aliada a outras circunstâncias peculiares de cada conflito de

132 Art. 49. O locador poderá receber de uma só vez e antecipadamente os aluguéis e encargos, bem como exigir qualquer das modalidades de garantia previstas no art. 37 para atender as demais obrigações do contrato.

133 Art. 43. Constitui contravenção penal, punível com prisão simples de cinco dias a seis meses ou multa de três a doze meses do valor do último aluguel atualizado, revertida em favor do locatário: III – cobrar antecipadamente o aluguel, salvo a hipótese do art. 42 e da locação para temporada.

interesses, deve ser considerada para fixação do seu valor, não podendo traduzir-se em enriquecimento indevido.[134]

Finalmente, ainda que não constitua o objeto primordial deste estudo, parece conveniente tecer brevíssima anotação sobre a responsabilidade do fiador no contrato de aluguel. A jurisprudência do Superior Tribunal de Justiça é firme no sentido de que, havendo previsão de que a obrigação do fiador se estenda até a entrega das chaves, como, aliás, prenuncia o art. 39 c/c § 1º, 46,[135] da Lei do Inquilinato, "salvo disposição contratual em contrário, qualquer das garantias da locação se estende até a efetiva devolução do imóvel", razão por que subsiste a responsabilidade solidária do fiador e principal pagador pela liquidação dos aluguéis, se, ao término do contrato, este não se exonerou do encargo.

Ainda no capítulo da sublocação, questão interessante se refere à Lei de Franquias (a de nº 13.966/2019), que traz uma exceção à Lei do Inquilinato, especificamente na sublocação de imóveis para franquias e o valor do aluguel.

Com efeito, a lei 13.966/2019 traz regra específica no que se refere ao valor do aluguel a ser pago pelo franqueado ao franqueador (p.u., art. 3º), podendo ser superior ao da locação, respeitadas as seguintes condições: (i) que essa possibilidade esteja expressa e clara na Circular de Oferta de Franquia e no contrato; e (ii) que o valor pago a maior ao franqueador na sublocação não implique excessiva onerosidade ao franqueado, garantida a manutenção do equilíbrio econômico-financeiro da sublocação na vigência do contrato de franquia.

Certo é que o primeiro critério, por ser objetivo, não representa maior dificuldade em se lhe atender, uma vez que basta que seja apresentada a circular e o contrato de franquia.

Já em relação ao segundo critério, que não goza de certeza jurídica, reconhece-se, ao contrário, uma maior dificuldade.

De fato, em razão da subjetividade que ele encerra, se, por um lado, a questão da onerosidade excessiva tenha recebido tratamento nos artigos 478 a 480,

134 APELAÇÃO 0010446-40.2012.8.19.0001. Des. MILTON FERNANDES DE SOUZA - Julgamento: 10/07/2014 - QUINTA CÂMARA CÍVEL

135 Art. 39. Salvo disposição contratual em contrário, qualquer das garantias da locação se estende até a efetiva devolução do imóvel, ainda que prorrogada a locação por prazo indeterminado, por força desta Lei.
Art. 46. Nas locações ajustadas por escrito e por prazo igual ou superior a trinta meses, a resolução do contrato ocorrerá findo o prazo estipulado, independentemente de notificação ou aviso. § 1º Findo o prazo ajustado, se o locatário continuar na posse do imóvel alugado por mais de trinta dias sem oposição do locador, presumir-se-á prorrogada a locação por prazo indeterminado, mantidas as demais cláusulas e condições do contrato.

do Código Civil[136], que dispõem sobre a resolução dos contratos de execução continuada ou diferida por onerosidade excessiva, que contém em si a aplicação da cláusula *rebus sic stantibus*, relativizando, em contraponto, os efeitos do *pacta sunt servanda*, fato é que a legislação não define objetivamente o que seja "onerosidade excessiva", inexistindo, *a priori*, indicativos doutrinários diante da novel legislação, razão pela qual sugere-se que sejam tais critérios discutidos e indicados no contrato de franquia pelos contratantes, evitando-se, com isto, a judicialização e a necessária segurança jurídica.

É de bom tom que os contratantes estabeleçam um percentual em relação ao valor da locação principal, e outro sobre o possível faturamento do franqueado, que servirá de parâmetro para o bom funcionamento do negócio para ambos os contratantes.

A Lei nº 13.966/2019, no que se refere ao quesito legitimidade para a propositura da ação renovatória, também inovou, ampliando ao franqueado e ao sublocatário também exercerem o direito à renovação (art. 3º, *caput*).

Deveras, o direito de requerer a renovação do contrato de aluguel e, por conseguinte, o da sublocação em face do proprietário ou do possuidor do imóvel, poderá ser exercido se, é claro, forem preenchidos os requisitos legais da ação renovatória, não é apenas pelo franqueador, mas, também, pelo franqueado.

A lei objetivou, em verdade, a continuidade do negócio e a proteção da empresa comercial, mesmo que tendo ocorrido sucessivas alterações dos franqueados.

Ressalva a legislação em comento, porém, que no caso de inadimplência dos contratos de locação, no de sublocação ou no de franquia não poderá ocorrer o exercício do direito à renovatória.

Excetua-se a hipótese de ser o sublocatário o inadimplente, o que não afetará o direito a renovação do locatário-sublocador; mas se o inadimplente for o sublocador, a renovação do contrato estará fadada ao insucesso, excetuando-se, contudo, a hipótese em que o locador venha a aceitar a substituição do locatário-sublocador pelo sublocatário.

---

136 Art. 478. Nos contratos de execução continuada ou diferida, se a prestação de uma das partes se tornar excessivamente onerosa, com extrema vantagem para a outra, em virtude de acontecimentos extraordinários e imprevisíveis, poderá o devedor pedir a resolução do contrato. Os efeitos da sentença que a decretar retroagirão à data da citação.
Art. 479. A resolução poderá ser evitada, oferecendo-se o réu a modificar equitativamente as condições do contrato.
Art. 480. Se no contrato as obrigações couberem a apenas uma das partes, poderá ela pleitear que a sua prestação seja reduzida, ou alterado o modo de executá-la, a fim de evitar a onerosidade excessiva.

Art. 17. É livre a convenção do aluguel, vedada a sua estipulação em moeda estrangeira e a sua vinculação à variação cambial ou ao salário mínimo.

Parágrafo único. Nas locações residenciais serão observados os critérios de reajustes previstos na legislação específica.

Jaques Bushatsky

É livre

É sempre interessante e intrigante dispositivo legal que seja iniciado com a declaração de que determinado fazer seja livre, admitido. Certamente teríamos menos leis, quiçá mais claras e respeitadas, se as reduzíssemos àquelas proibitivas de (poucas) condutas.

Mas é explicável a preocupação com a liberdade. Governos brasileiros que - ainda bem - ficaram no passado, tentaram sobrepor-se às forças da economia[137] e, por exemplo, ditatorialmente limitaram reajustes dos aluguéis a um ínfimo porcentual da inflação efetiva, congelaram os aluguéis ou parcelaram a aplicação dos reajustes inflacionários, como se isso pudesse proteger os locatários. Não deu certo, seja no particular de cada caso, seja quando verificado o espraiamento - a função social - da determinação. Bem por isso o acerto da atual lei ao proclamar a liberdade.

Por isso se compreende a meta do legislador, após anos ditatoriais: em 1.991 certamente pretendeu frisar, enaltecer, assegurar a liberdade na convenção do aluguel, afastando eventuais más ou distorcidas interpretações. Essa fórmula, aliás, tem sido repetida - e os efeitos práticos parecem positivos - em várias iniciativas legislativas, a proclamar-se: sim, existe liberdade.

A convenção

Quais os limites às convenções em matéria de locação de imóveis urbanos? Basicamente, aqueles traçados no artigo 45 da Lei das Locações[138], que trata das nulidades contratuais.

O artigo há de ser lido em duas camadas: a primeira, simples e direta, concerne à nulidade de quaisquer estipulações "que proíbam a prorrogação previs-

137 Inesquecíveis as barafundas criadas por congelamentos de preços e de remunerações, que lotaram os tribunais.

138 Artigo 45: São nulas de pleno direito as cláusulas do contrato que visem a elidir os objetivos da presente lei, notadamente as que proíbam a prorrogação prevista no art. 47, ou que afastem o direito à renovação, na hipótese do art. 51, ou que imponham obrigações pecuniárias para tanto.

ta no art. 47, ou que afastem o direito à renovação, na hipótese do art. 51, ou que imponham obrigações pecuniárias para tanto". Redação clara – como convém a qualquer lei – quaisquer alongamentos seriam supérfluos, depois de tantas ótimas lições divulgadas.

A segunda camada traz maior interesse, pois proclama a supremacia dos "objetivos da presente lei". Logo, da *razão de ser* da lei há de resultar a sua perfeita aplicação e de alcançar-se sua efetiva meta.

A interpretação haverá de se fazer também com base na Lei nº 13.874, de 20/09/2019, decretada com o propósito de instituir a "Declaração de Direitos de Liberdade Econômica", que proclamou "a intervenção subsidiária e excepcional do Estado sobre o exercício de atividades econômicas" (art. 2º – III); previu que as "dúvidas de interpretação do direito civil, empresarial, econômico e urbanístico serão resolvidas de forma a preservar a autonomia privada, exceto se houver expressa disposição em contrário" (art.3º – V), a par de garantir que "os negócios jurídicos empresariais paritários serão objeto de livre estipulação das partes pactuantes" (art. 3º – VIII).

Essa lei realçou "a intervenção mínima" e (tema que merecerá muitos estudos) até a "excepcionalidade da revisão contratual", conforme o novo parágrafo único do art. 421, do Código Civil; cujo novo art. 421 – A, faz presumir "paritários e simétricos" os "contratos civis e empresariais", tudo a enaltecer a quase absoluta liberdade de contratar. Esta é, atualmente, a lei.

Essas lembranças são relevantes ao se apreciar o artigo 17 da lei das locações: desde que a fixação (e, matéria concernente ao artigo 18, a *nova fixação*), a convenção do aluguel, não afronte[139] de algum modo, a estrutura e os objetivos legais, impedimento algum existirá.

Do aluguel, vedada a sua estipulação em moeda estrangeira

Pois bem. Livre a convenção, que se cuide do valor do aluguel e se relembre que o seu pagamento é realizado em dinheiro, na lição de Agostinho Alvim para quem, desde que na locação o aluguel equivale ao que na venda e compra vem a ser o preço, se não se pagasse em dinheiro, "Com efeito, se o pagamento

139 Importante – sempre, aliás – ler Sylvio Capanema de Souza, que com a clareza aplaudida em suas aulas, apresentou a inadequação de previsões maliciosas em contratos: A criatividade humana imagina incontáveis fórmulas astuciosas para fraudar os objetivos da lei, fugindo às restrições por ela impostas [...] O legislador conhece a fragilidade humana, e sabe que é impossível tornar a lei imune às fraudes, ainda mais quando ela impõe restrições de direitos, como ocorre no campo da locação. Capanema de Souza, Silvio. A lei do inquilinato comentada. 8ª ed. Rio de Janeiro: Forense, 2012. p. 188.

se efetuar mediante a entrega de uma coisa, haverá permuta e não venda; se o pagamento consistir em serviços, não haverá venda paga com serviços, e sim serviços pagos mediante dação de certa coisa"[140].

Em reais, portanto, desde que proibida a estipulação em moeda estrangeira, como também o veda o artigo 318, do Código Civil, embora este se refira a estipulações também em ouro e excepcione as situações legalmente previstas. Semelhantemente previu a Lei nº 10.192/2001[141], que dispôs sobre medidas complementares ao Plano Real. A trilha foi seguida pelo Projeto de Lei nº 4571/2019, do Senador Rodrigo Pacheco, dirigido somente às locações urbanas não residenciais.

Estipulado o valor nominal do aluguel, este deverá ser pago no vencimento ajustado (art. 315, do Código Civil). Desrespeitado o vencimento, o valor nominal merecerá correção, para mais ou para menos (o que interessa é o valor efetivo da moeda, seu poder de compra, não o seu valor nominal - as explicações estão nos compêndios de economia e na memória de quantos brasileiros vivenciaram o período inflacionário), a par das penas convencionadas e dos juros.

Se deve ser contratado e pago em moeda nacional, isso não significa que ocorra vedação à forma de *apuração* do aluguel (sempre mantidas em vista as proibições legalmente expressas).

Logo, nada impedirá a fixação de aluguel, considerando-se determinado importe mínimo (nada proíbe, a rigor, uma fixação *máxima*) e um percentual sobre o faturamento do locatário, costumeira a contratação nesses moldes em shopping centers (art. 54, da Lei), mas também praticada[142] em outros negócios.

Vedada a sua vinculação à variação cambial ou ao salário-mínimo

Anualmente é admitido o reajuste do valor do aluguel, resgatada a vedação à sua estipulação "em moeda estrangeira[143] e a sua vinculação à variação cambial ou ao salário-mínimo" (art. 17, da Lei das Locações). E, não é admitido, em

---

140 Alvim, Agostinho. Aspectos da locação predial. São Paulo: Acadêmica, 1940. p. 90.

141 Art. 1º. Parágrafo Único. São vedadas, sob pena de nulidade, quaisquer estipulações de: I - pagamento expressas em, ou vinculadas a ouro ou moeda estrangeira, ressalvado o disposto nos arts. 2º e 3º do Dec. Lei nº 757, de 11 de setembro de 1969, e na parte final do art. 6º da Lei nº 8.880, de 27 de maio de 1994.

142 Por apego à precisão: cuida-se, aqui, somente do aluguel. Em alguns contratos complexos, o pagamento do aluguel é mesclado a pagamentos outros, tais como os devidos por assessorias, desempenhos, outras práticas. Nesses contratos, o pertinente à locação será interpretado como tal; o relativo a outras prestações, conforme estas.

143 Francisco Carlos Rocha de Barros notou, a esse respeito: Outra desnecessidade. O Decreto Lei nº 857/69 impõe pena de nulidade às convenções que não adotem a moeda nacional como forma de pagamento de obrigações, repudiando a cláusula-ouro, a moeda estrangeira, ou qualquer outro meio que restrinja ou recuse o curso legal do "cruzeiro". Barros, Francisco Carlos Rocha de. Comentários à lei do inquilinato: Lei nº 8.245 de 18/10/1991. São Paulo: Saraiva, 1995. p.73.

decorrência da legislação que disciplinou a reorganização econômica nacional, prever periodicidade de reajuste inferior a um ano (art. 28, parágrafo 1º, da Lei nº 9.069/95 [Plano Real] e art. 2º, parágrafo 1º, da Lei nº 10.192/01), ao menos por enquanto.

O reajuste se calcula através da aplicação do índice de atualização monetária livremente[144] eleito no contrato de locação. À eventual indagação, aliás, da razão de ter a lei dado aos contratantes, liberdade tão larga[145] para a escolha do índice de reajuste, convém buscar a resposta – como sempre imediata e efetiva – de Luis Camargo Pinto de Carvalho:

> Considerando, entretanto, a inconfiabilidade e a própria desmoralização dos chamados "índices oficiais", tais como as OTN, ORTN, BTN, BTNF, TR, TRD e outros da mesma natureza, manipulados pelo Poder Público, sabiamente a Lei nº 8.245/91 deixou à livre escolha dos contraentes elegerem aquele que se prestará a reajustar o aluguel, de modo que o seu valor não seja corroído pela inflação[146].

Cabe aos contratantes, então, a escolha. Nesse estágio, é recomendável observar que cada índice se distingue dos demais, basicamente, pela metodologia do seu cálculo, pelo organismo que o gera, pelo período que abrange, pelo setor que foca. Nenhum está errado, diga-se, mas cada um se destina a um objeto específico, daí as variações dos seus resultados, entre si.

No que diz com a vedação da vinculação ao salário-mínimo, ensinou Rubens Elias que:

> [...] a restrição é de caráter constitucional inclusive (artigo 7º, IV, da Constituição Federal), para impedir que o aumento do salário mínimo gere, indiretamente, peso maior do que aquele diretamente relacionado com o acréscimo, o que pressionaria reajuste menor

144 Nos informa o Prof. Carlos Eduardo Elias de Oliveira que na recente lei argentina: o reajuste do aluguel só poderá ocorrer anualmente (antes da nova lei, era semestral) e deverá seguir um índice fruto da mistura do índice geral de correção monetária e do índice específico de variação do salário dos trabalhadores. Ley n. 27.551, de 1º de julho de 2020. Disponível em: <https://m.migalhas.com.br/coluna/migalhas-contratuais/330267/ nova-lei-de –locações-na-Argentina-um-breve-resumo.> Acesso em: 06/07/2020.

145 A retratar a seriedade e a maturidade das relações de locação imobiliária urbana.

146 Carvalho, Luis Camargo Pinto de. Comentários ao artigo 17. *In*: Comentários à lei de locações de imóveis urbanos: Lei nº 8.245, de 18/10/1991. Juarez de Oliveira (coord.) São Paulo: Saraiva, 1992.p.188.

do salário mínimo, obstaculizando política salarial contemplada no art. 7º, IV, da Constituição Federal[147].

Concorda-se plenamente.

Mas, passados tantos anos, interessa testar, saber se os fatos confirmaram a hipótese. Para isso, comparem-se os valores do salário-mínimo em maio de 1991 (antes da promulgação da Lei das Locações), de maio de 1995 (após o Plano Real) e de 2020. Testem-se, igualmente, os resultados corrigidos pelo IGPM e segundo a Tabela Pratica do TJSP; por igual, os resultados quanto ao dólar norte americano, sempre tomado como "valor presente", o de maio de 2.020.

Teremos, utilizadas tabelas e dados[148] públicos[149]:

MÊS / ANO	SALÁRIO MÍNIMO (NACIONAL)	CONVERSÃO PARA REAL	ATUALIZAÇÃO PELO IGPM (05/2020)	ATUALIZAÇÃO PELA TABELA PRÁTICA DO TJSP (05/2020)
mai/91	Cr$ 23.131,68		R$ 668,78	R$ 508,31
mai/95	R$ 100,00	R$ 100,00	R$ 685,45	R$ 498,22
mai/20	R$ 1.045,00	R$ 1.045,00	R$ 1.045,00	R$ 1.045,00
ANO	DÓLAR AMERICANO Convertido	CONVERSÃO PARA REAL	ATUALIZAÇÃO PELO IGPM	ATUALIZAÇÃO PELA TABELA PRÁTICA DO TJSP
1991 (MAIO)	Cr$ 272,69	R$ -	R$ 7,88	R$ 5,99
1995 (MAIO)	R$ 0,89	R$ 0,89	R$ 6,10	R$ 4,43
2020 (MAIO)	R$ 5,42	R$ 5,42	R$ 5,42	R$ 5,42

Os números são claros, se a correção dos aluguéis restringisse de algum modo a evolução do salário-mínimo, de fato problemas graves viriam.

De quebra, importa notar como variam os resultados conforme o índice eleito, aqui tomados somente dois da meia centena de índices constantes no país. Tema a desafiar muitas reflexões e cálculos quando da escolha do índice de reajuste.

147 Filho, Elias. Comentários Art. 17. *In*: Locação ponto a ponto: comentários à Lei nº 8.245/91. Bushatsky, Jaques et al. (coord.). São Paulo: Iasp, 2020. p. 170.

148 https://www.aasp.org.br/suporte-profissional/calculos/calculos-judiciais, acesso aos 29/09/2020

149 https://www.debjt.com.br/atualiza2/calculo_html.php?id_calc=19965123, acesso aos 29/09/2020.

Art. 18. É lícito às partes fixar, de comum acordo, novo valor para o aluguel, bem como inserir ou modificar cláusula de reajuste.

Jaques Bushatsky

Em não sendo ilícito, sendo capazes os contratantes, em respeitada a forma legal (art. 104, do Código Civil), em não abalroados os parâmetros estipulados no artigo 45, da Lei das Locações, ou os "limites da função social do contrato" (art. 421, do Código Civil) sempre se poderá contratar, em matéria de locação. A liberdade de contratar é presente.

A liberdade se presencia de modo geral. Especificamente nas locações com destinação não residencial, palco de maior criatividade contratual devido às próprias necessidades, explicou o Professor Fábio Ulhôa Coelho que:

> "O princípio da autonomia da vontade, quando pertinente a contrato empresarial, articula-se com os da livre iniciativa e livre concorrência. Empresários devem ser livres para contratar segundo as suas vontades porque a liberdade de iniciativa estrutura o modo de produção capitalista. Ademais, a liberdade de contratar dos empresários não pode ser restringida, para que, assim, a competição empresarial possa gerar, à coletividade, os benefícios esperados de redução dos preços e aumento da qualidade de produtos."[150]

O que dizer da alteração do contrato? Evidentemente há liberdade e o pressuposto essencial é óbvio: os contratantes precisarão desejar a inovação.

Não se cuida, aqui da transação (art. 840, do Código Civil), pois nem há obrigatoriamente litígio, sequer latente, mas sim, se acerta – ou se reposiciona – situação já contratada. Entende-se, a propósito, que sequer novação[151] ocorra nesses pactos de novo aluguel, verificado que na hipótese, mesmo que tomada por *objetiva* a negociação (ou seja, remanescentes os contratantes, mas alterado o objeto), não ocorre a substituição da dívida anterior pela posterior. O que se acerta, na hipótese focada pelo artigo 18, é o novo aluguel, futuro.

Aponte-se que nos contratos de locação, a escolha do índice de reajuste é questão pertinente somente aos contratantes e é possibilitada a alteração do índice inicialmente eleito por eles (a concretizar o princípio da autonomia privada).

Interessaria em acréscimo, lembrar das modificações não formalizadas, porém operadas. Não é somente através de novos pactos escritos que os

---

150 Coelho, Fábio Ulhôa. Curso de Direito Comercial – direito de empresa. 1.v. 18ª ed. São Paulo: Saraiva, 2014. p. 90.

151 Art. 360, do Código Civil.

interessados se acertam, valendo-se por vezes, de paulatinas mutações no exercício do contrato, mutações consensuais até que convenha - bem ou mal - a uma das partes, apontá-la e tentar qualificá-la como "infração" hábil à rescisão e à imposição de penas ou à cobrança de indenizações. Não parece razoável se pensar em descumprimento contratual, nessas hipóteses, mas em alteração do pacto - inclusive quanto ao valor do aluguel.

Realmente, alterações de valores jamais formalizadas imperam ao longo de períodos significativos, sendo pagos e recebidos regularmente aluguéis distintos daqueles contratados inicialmente. Vindo a discutir as partes, acredita-se que se reputará correto o "novo" valor, aquele operado, dado por bom pelos contratantes, em detrimento daquele inicialmente estipulado.

Tenha-se presente que existem normas, "cláusulas gerais" francamente adotadas pelo Código Civil, realçando a preservação da boa-fé objetiva[152] e determinando a perseguição do equilíbrio das posições dos contratantes no negócio. A atenção a estes pressupostos por certo conduzirá à melhor análise de cada situação concreta. E dentre tais "cláusulas gerais" há de ser destacada a previsão do artigo 422, do Código Civil, forte ao exigir atenção à boa-fé e à probidade não somente quando da celebração do contrato, mas também, na sua execução (que se sintetiza na exigência de comportamento leal de todos os pactuantes).

Assim é que é plenamente aplicável a regra de interpretação de contratos "*Talis enim proesumitur proecessisse titulus, qualis apparte usus et possessio*", brocardo claramente explicado - lição tradicional - por Carvalho de Mendonça[153]:

> "Entretanto, se as partes interpretaram suas convenções de um certo modo pela observância das cláusulas contratuais durante um certo período, essa forma de observância servirá de norma na hipótese de um litígio ulterior para dúvidas de execução que puderem se suscitar."

O que leva à validade da mutação contratual, decorrente do consenso dos contratantes ao operarem o contrato, mesmo que sem nova formalização, passível a nova operação contratual de ser provada através de todos os meios disponíveis em lei.

---

152 Os negócios jurídicos devem ser interpretados conforme a boa-fé e os usos do lugar de sua celebração. (art. 113, do Código Civil).

153 Carvalho de Mendonça, Manuel Inácio. Contratos no Direito Civil Brasileiro. Tomo I. Atualização por José de Aguiar Dias. Rio de Janeiro: Forense, 1957. p.18.

Art. 19. Não havendo acordo, o locador ou locatário, após três anos de vigência do contrato ou do acordo anteriormente realizado, poderão pedir revisão judicial do aluguel, a fim de ajustá-lo ao preço de mercado.

Jaques Bushatsky

O artigo 19 da Lei das Locações está entre aqueles que ao longo das décadas transcorridas desde o ano de 1.991, data da edição do diploma, remanesceu sem qualquer alteração: não foi tocado pelas pontuais modificações legais até hoje ocorridas[154], não constando tenha vingado qualquer tentame de modificá-lo. Traduz, conseguintemente, disposição legal socialmente almejada e por isso, acolhida.

Acolhida porque sensivelmente justa. Não se admite a quebra da base[155] do negócio (o porquê da fixação daquele aluguel e celebração daquele contrato), até em homenagem ao exercício do princípio da autonomia privada, expresso em cláusulas objetivas, claras (vindo a pelo o novo art. 421 – A, do Código Civil, introduzido pela Lei n° 13.874/2.019) e o respectivo respeito, atentando à boa-fé, vedando a onerosidade excessiva. E, foi bem aceito o período de três anos para o rever contratual.

A abrangência do dispositivo

A revisão trienal se aplica[156] a qualquer locação de imóvel urbano, atentando-se às exclusões estampadas no parágrafo único, do artigo 1º da Lei das Locações.

É certo que não é a situação do imóvel que distingue o prédio rural do urbano, mas a sua finalidade, o seu uso e, se urbana for a locação[157], residencial ou não, será admitida a revisão do aluguel.

---

154 Leis nºs 9.256/1996, 10.931/2004, 11.196/2005, 12.112/2009, 12.744/2012 e Medida Provisória n° 2.223/2001.

155 "Por base do negócio entendem-se as representações dos interessados, ao tempo da conclusão do contrato, sobre a existência de certas circunstâncias básicas para a sua decisão", na lição de Arnoldo Medeiros da Fonseca (Caso fortuito e teoria da imprevisão. Rio de Janeiro: Forense, 1943. p.115).

156 O sistema revisional da Lei das Locações não afasta a tradicional cláusula "*rebus sic stantibus*", embora por certo a operação das revisionais periódicas possa tender a reduzir a necessidade da invocação.

157 Para o prestigiadíssimo Gildo dos Santos: Prédios urbanos, qualquer que seja a sua localização, devem ser considerados os que se destinam à moradia, ao comércio, à indústria, à educação, à saúde, ao lazer, à cultura, ao entretenimento, ao esporte, enfim a quaisquer

Renúncia à revisão

Cuidando, o aluguel, de direito claramente patrimonial, nada parece conduzir à inviabilidade legal de renunciar-se à revisão, expressa, aliás, a possibilidade, quando disciplinada a locação "*built to suit*" no artigo 54 – A, da referida lei.

A contratação da renúncia mostra-se coerente com a recente Lei nº 13.874, de 20/09/19 ("Lei da Liberdade Econômica"), integrando, aliás, o amplo escopo liberal impresso à esperada legislação, ora em debate, a partir do Projeto de Lei nº 4.571/2019, do Senador Rodrigo Pacheco. Pode ser afirmado, entretanto: se verificado desequilíbrio contratual sério, que venha a devastar a base da celebração do negócio, sempre poderão os contratantes invocar a proteção presente no Código Civil, que não se confunde com a ora cuidada.

A boa conclusão, enfim, foi escrita pelo emérito Desembargador Nestor Duarte, em obra recém publicada:

> "Feitas essas observações não é possível afirmar a invalidade da renúncia à revisão em qualquer hipótese, mas somente naquelas em que se demonstrar a destruição da base do negócio, ou grave alteração das circunstâncias, e, porque decorrente de fato superveniente, poderá até mesmo reduzir-se a eiva à simples ineficácia, pela impossibilidade de a cláusula produzir os efeitos pretendidos, ao menos em dado momento."[158]

Aí, aliás, mais um motivo de extrema valia em prol da clareza, da transparência dos contratos, em moldes que habilitem o intérprete a encontrar, no texto[159] do ajuste, as justificativas que levaram à renúncia do direito à revisão, exercendo inteligência simples e adequada, como já impunha[160] o Código Comercial, em meados do século XIX.

---

atividades, exceto as agrícolas. Independentemente da sua localização, considera-se prédio urbano aquele que tenha uma das apontadas finalidades. (Santos, Gildo dos. Locação e despejo – Comentários à Lei 8.245/91. 7ª ed. ver. ampl. e atual. São Paulo: Revista dos Tribunais, 2011.p.65.).

158 Duarte, Nestor. Um ponto a mais: renúncia a ação revisional de aluguel. *In*: Locação Ponto a Ponto: comentários à Lei nº 8.245/91. Bushatsky, Jaques et al. (coord.). São Paulo: Iasp, 2020. p. 192.

159 Art. 421 – A, do Código Civil, introduzido pela Lei n° 13.874/2.019.

160 Art. 131, do Código Comercial (Lei n° 556, de 25/06/1.850).

"Reajuste" difere de "revisão"

Por ser contumaz o reavivar do tema, é relevante distinguir reajuste de revisão, conforme empregada a terminologia na legislação das locações e, provavelmente, a melhor elucidação prática, foi traçada por Nagib Slaibi Filho:

> "[...] o reajuste é fazer incidir sobre o valor do aluguel o porcentual que representa a desvalorização da moeda no período de referência. No reajuste, corrige-se o aluguel por índice genérico. Na revisão, diversamente, atualiza-se o valor do aluguel em atenção ao preço do mercado, tendo, assim, caráter mais individualizado do que o reajuste."[161]

A distinção entre o reajuste periódico, segundo índice eleito pelos pactuantes, e o reajuste almejando reavivar o correto valor de mercado dá razão de existir ao artigo 19.

A isonomia prevista na lei

Aplauda-se a isonomia outorgada pela lei: se antes somente o locador[162] era contemplado na lei para manejar a revisional, o que talvez se esteasse (afastando-se do apego à Constituição e às ciências econômicas, realce-se) pelos tempos da inflação ditatorial, desde a lei de 1.991 qualquer dos contratantes, locador ou locatário, pode se valer da revisão judicial[163], com absoluta clareza.

A propósito, a prática tem mostrado a necessidade – e o manejo processual quando preciso – de revisões por locatários, seja em locações residenciais ou não, buscando a justa e igualitária prevalência das condições atualizadas quanto ao imóvel locado, à sua renda, ao seu valor, ao correto pagamento pelo seu uso, enfim.

A igualdade de posições, do locador e do locatário segundo a legislação de 1.991, é coerente com a lógica que norteia esta norma locatícia, a mais isonômica dentre tantas que já regularam a matéria em nosso país.

---

161 Slaibi Filho, Nagib. Comentários à nova lei do inquilinato. 9ª ed. Rio de Janeiro: Forense, 1999. p.151-152.

162 Lei nº 6649/79, art. 49, § 4º: Não tendo havido acordo, nos termos do parágrafo antecedente, o locador, após cinco anos de vigência do contrato, poderá pedir a revisão judicial do aluguel, a fim de ajustá-lo ao preço de mercado, aplicando-se o disposto nos §§ 2º. e 3º do art. 53.

163 Já houve ação revisional especifica para a locação residencial (art. 49, par. 4º, da Lei n° 6.649/1978) e outra para as não residenciais (art. 31, do Decreto n° 24.150/1934).

Sobre os acordos

Na vigência do CPC/2015[164] os acordos alcançaram a importância merecida, embora nesse campo específico, pensados como meio de solução de ações distribuídas[165]. A rigor, mencione-se, o primeiro passo no processamento de ações revisionais é, exatamente, a audiência de tentativa de conciliação (art. 68, inciso IV, da Lei das Locações), cujo desenrolar foi agilizado pela alteração introduzida pela Lei n° 12.112, de 2.009.

A transação, o prevenir ou terminar o litígio mediante concessões mútuas não é estranha ao direito[166], quando objetivados direitos patrimoniais de caráter privado[167], como o são as questões de locação de imóveis; a fixação do valor do aluguel; tudo que cerca tais negócios de natureza civil.

Há muito a cultura da paz alcançada por composições, sem interferência judicial, é prestigiada em nosso Direito, malgrado ainda não concretizada pela sociedade, ao contrário do que ocorre com outros povos, nações, algumas religiões. Se não o desejável crescimento mental, certamente o decréscimo das possibilidades econômicas individuais nos levará - espera-se - à prática das boas soluções consensuais. É o que se traduz da previsão do código processual, intrinsicamente voltado às soluções, à validação dos direitos.

Negociar o valor do aluguel sempre foi possível, malgrado impedidas muitas das negociações por interferências governamentais, ditando e impondo proceders e dispositivos estapafúrdios e, por certo, estimulando ao invés da desejável avença, o reprovável dissenso entre os interessados.

Em litígios sobre aluguéis, interessa destacar que no mais das vezes os acordos são, efetivamente, possíveis e praticados, situação demonstrada pela estatística: na Capital de São Paulo, a mais de 12 milhões de habitantes correspondem somente 15.666 ações locatícias em 2019, apenas 9.183 de janeiro a agosto de 2020[168] (e todos sofreram com a pandemia!), Dessas, cerca de 90% são ações decorrentes do inadimplemento, tudo a levar à conclusão da certa e

164 A Exposição de Motivos do Código de Processo Civil gizou que: pretendeu-se converter o processo em instrumento incluído no contexto social em que produzirá efeito o seu resultado. Deu-se ênfase à possibilidade de as partes porem fim ao conflito pela via da mediação ou da conciliação. Entendeu-se que a satisfação efetiva das partes pode dar-se de modo mais intenso se a solução é por elas criada e não imposta pelo juiz. Disponível em: <https://www.verbojuridico.com.br/vademecum/CPC-Exposicao-de-motivos.pdf>.

165 Art. 3º §§ 2º e 3º, do CPC/2015.

166 Art. 840, do Código Civil de 2002 (art. 1025, do Código Civil de 1916).

167 Art. 841, do Código Civil de 2002 (art. 1035, do Código Civil de 1916).

168 Sindicato das Empresas de Compra, Venda, Locação e Administração de Imóveis Comerciais e Residenciais de São Paulo (Secovi-SP). Ações locatícias. São Paulo: 2020. Disponível em: <http://www.secovi.com.br/pesquisas-e-indices/analises/analise-locaticias>

costumeira celebração de acordos, pois, afinal, é ínfima a quantidade de ações, mas por certo hão de existir dissensos, superados extrajudicialmente.

Aliás, a prática forense mostra que até quando sentenciadas ações revisionais ou renovatórias, após laudos de avaliação, mesmo então, são alcançados acordos distintos das fixações sentenciais, logo à saída da audiência de julgamento.

Por que isso ocorre? Porque premiadas pela decisão, as partes são confrontadas por um único dilema: precisam tudo rescindir, porque sabem inexequíveis as condições nessas oportunidades decretadas, ou devem mitiga-las, de um ou outro lado, para preservar a relação negocial, privilegiar a base do negócio, quiçá da celebração original. Assim se fazem os acordos nessa fase, após dispêndio de energia, dinheiro, tempo. É a vida naturalmente se sobrepondo aos decretos.

Evitar impasses e dispêndios desnecessários é simples, quando se cogita de revisão do valor do aluguel: será, aos contratantes, benéfico, ao invés de perseguir as vias judiciais (malgrado abertas) prever já no contrato de locação, a fixação de valor por árbitro ou, quiçá, através de imediata consulta a especialista, sendo suficiente na ocasião favorável do ajuste do contrato, incluir a previsão[169], de modo a sequer ser preciso do assunto se cogitar, quando, mais tarde, a relação porventura azedar.

A moderna doutrina, enfrentando casos certamente mais complexos do que a fixação do valor do aluguel pode ser vista no escrito de Daniel Bushatsky:

> "Vinculação a laudo comum – perícia prévia. Naturalmente, um dos pontos mais conflituosos é o resultado justo da perícia. Causas complexas, que exigem a indicação de perito, bem como a contratação de assistentes técnicos pelas partes, com inúmeras impugnações, poderiam ser resolvidas se as partes, em contrato, já indicassem a empresa técnica de confiança mútua, antes da desavença. [...] certamente isso traria um conforto e sensação de justiça para ambas as partes, independentemente do resultado final."[170]

É sensível o acerto dessa conclusão, nada havendo – excepcionadas as impugnáveis e um tanto raras situações de fraudes ou erros – a invalidar a utilização dessa alternativa de solução adequada.

---

169 A propósito, os dispositivos da Lei de Arbitragem, Lei nº 9.307/96, alterada pela Lei nº 13.129, de 26 de maio de 2015.

170 Bushatsky, Daniel. Os negócios jurídicos processuais nos contratos internacionais: uma opção à arbitragem? *In*: Atualidades do Direito Internacional. Ana Carla V. Ribeiro de Oliveira, Carolina I. Ferreira, Rosana Bastos Alarcon (coord.). Belo Horizonte: Arraes Editores, 2016. p. 121.

"Não havendo acordo..."

Quais acordos interromperiam o prazo de três anos, seriam hábeis? Qualquer um? Qualquer majoração de aluguel?

Em obra daqueles tempos, logo após a transição legal, o hoje clássico Waldir de Arruda Miranda Carneiro pesquisou as tendências da jurisprudência e premonitoriamente concluiu que a:

> "[...] sensata orientação doutrinária, acolhida por boa parte das decisões pretorianas, irá acabar se consolidando, mesmo porque não é sequer razoável conferir a qualquer acordo, que não alcance a finalidade da ação revisional (de atualizar o aluguel), o condão de impedir o processamento desta. [...]. Pela simples análise da finalidade da revisão (ajustar o aluguel ao preço de mercado - cfr. Art. 19), seria no mínimo ilógico aceitar a ideia de que o legislador teria tido o intento de se referir a "qualquer acordo" ao definir o termo inicial da contagem do triênio."[171]

Como se sabe, o professor acertou.

É lógico que o acordo referido na lei é aquele acordo inteligente, prévio, salutar. Para alcançá-los, os interessados têm se valido de profissionais com atuação crescentemente sofisticada e ampliada, de negociadores e mediadores (e, na correta oportunidade, conciliadores), a par de se propagar a benéfica inclusão de cláusulas disciplinando a solução adequada de impasses e litígios.

"Três anos de vigência do contrato ou do acordo anteriormente realizado"

A legislação anterior[172] previa a possibilidade da revisão judicial manejada pelo locador, "após cinco anos de vigência do contrato", provocando então a elucidação pela jurisprudência: era possível a revisão a cada cinco anos, contados senão do início do período contratual, do último acordo[173].

Foi aplaudida a redução do prazo para aquisição do direito à revisão judicial e releva anotar as candentes discussões à época ocorridas, tanto na vigência da velha lei quanto na da lei de 1.991, acerca do evento que dispararia o prazo de

171 Carneiro, Waldir de Arruda Miranda. Teoria e Prática da ação revisional de aluguel: Lei n° 8.245/91, de 18/10/1991. 2ª ed. rev. e ampl. São Paulo: Saraiva, 1996. p. 23-24.

172 Art. 49 § 4°, da Lei n° 6.649, de 16/05/1979.

173 RT 611/154, 612/148.

aquisição do direito à revisão, quando celebrado acordo. Foi visto, acima, qual o escopo do acordo que poderá consistir o termo inicial do triênio aquisitivo.

Logo, conta-se o período desde o contrato ou do acordo que coloque o valor do aluguel em conformidade com o mercado. Mas, o que ocorrerá se o valor for fixado judicialmente? É hipótese que parece um tanto esquecida pela legislação[174].

Mas não existe óbice à revisão, pois se a lei contemplou o ajuste (contrato original ou acerto posterior), não afastou a hipótese de estipulação pelo Judiciário, nem haveria porque fazê-lo.

Qual seria, caberia indagar, o termo inicial do período de três anos habilitante à revisão, quando contado a partir de decisão em ação judicial? A data da citação (art. 240, do CPC/2015), esta é a resposta.

Precioso o entendimento de Francisco Carlos Rocha de Barros, certamente um dos primeiros e principais divulgadores da Lei nº 8.245 de 1991:

> "Convém anotar que o direito à ação revisional é adquirido dia a dia até completar três anos. Em qualquer hipótese de sucessão, de locador ou locatário, o sucessor adquire para si o prazo já vencido em favor do sucedido. A norma não se refere à revisão do aluguel decretada judicialmente. Se tal ocorrer, o prazo de três anos, para a propositura de outra revisional, começa a correr da data em que, pela sentença, ficou o locatário obrigado a pagar o aluguel revisto. Pela lei atual (art. 69) o novo aluguel retroage à data da citação (sic)."[175]

Sim: está no artigo 69 a previsão de que o aluguel fixado na sentença retroage à citação, já não persistindo, portanto, qualquer dúvida acerca do termo inicial do período aquisitivo do direito à revisão: se desde a citação se paga o novo valor, desde a citação se conta o triênio para a aquisição do direito à modificação desse valor.

174 É difícil auscultar essa indicação, como se via no artigo 49 da Lei nº 6.649/79, mesmo no parágrafo introduzido pela Medida Provisória nº 227, de 20/09/1990 (mantido pelas Medidas Provisórias nº 250, de 19/10/1990 e nº 267, de 21/11/1990), no parágrafo 6º do artigo 2º da Medida Provisória nº 291, de 03/01/1991 e no parágrafo 2º do artigo 17 da Lei nº 8.178/1991 e se vê no já transcrito artigo 19, da Lei nº 8.245/1991, remanescendo o silêncio nas alterações e introduções legislativas seguintes.

175 Barros, Francisco Carlos Rocha de. Comentários à Lei do Inquilinato. São Paulo: Saraiva: 1995. p. 78.

Como ocorre com qualquer processo judicial, também a ação revisional pode ter trâmite alongado por demais, ultrapassando o período de três anos (contado desde a citação) e razão alguma impediria o ajuizamento de nova ação, antes de finalizada a primeira demanda, desde que reunidas as condições para tal (art. 19), mormente a premente necessidade de ajuste do locativo ao valor operado pelo mercado, o valor correto e justo. Que proponha, qualquer dos contratantes, nova ação, então, nada o vedará.

Admitindo a revisional, considerando-se a fixação judicial (levando o termo inicial para a data da citação) como evento detonador do triênio de aquisição do direito à revisional posicionaram-se desde cedo os tribunais:

> "O prazo de três anos para permitir o ajuizamento da ação revisional de aluguel tem por marco inicial a data do acordo ou da vigência do contrato, sendo essa expressão entendida como vigência propriamente dita do contrato e início (citação) do novo aluguel fixado em ação revisional."[176]

"Ajustá-lo ao preço de mercado"

À remuneração pelo uso do imóvel durante determinado período se denomina "aluguel", conceituação bastante simplificada, porém suficiente neste passo.

A apuração do valor da renda dos imóveis exige o estudo de vários elementos[177] relevantes, de onde a essencialidade dos laudos periciais, cuja metodologia tem sido sofisticada, em prol do atendimento das sucessivas mutações econômicas (expressão de diversos fatores, evidentemente) experimentadas no país e, em especial, em alguns locais. Por evidente não é somente no curso de uma ação judicial que se buscará o laudo, sempre presente a possibilidade, expressão de sagacidade negocial (que pode coexistir entre ambos os interessados), aliás, de ser realizado o estudo antes de qualquer demanda ser ajuizada.

Enorme rol de situações concretas fez obrigatório o descarte de certos e rançosos dogmas nas perícias, tais como os porcentuais "tidos" como exatos de remuneração (por anos e anos se teve como supostamente cogente a fixação de

---

176 TJSP – AI 361.748-0-00, 8ª Câm. do Extinto 2º TAC. Relator: Cintra Pereira, j. 13/08/1992.

177 A par dos dados tradicionalmente considerados e dos meios utilizados, foram desenvolvidas pesquisas interessantes e com clara repercussão na avaliação imobiliária. Dentre elas, vale lembrança daquelas resultantes em: "índice de custos condominiais", "VSO – venda sobre oferta", "comportamento dos valores médios contratados", "quantidade de ações locatícias ajuizadas", do Secovi-SP ou de "vendas de imóveis residenciais novos na cidade de São Paulo", da Embraesp. São claros indicadores das tendências de mercado e cumpre, aos especialistas, interpretá-los e considerá-los.

aluguel correspondente a 10% a 12% anuais, sobre o valor do imóvel, embora tal não se praticasse, na verdade, há tempos, nem guardasse qualquer coerência com os negócios feitos na vida real) findando-se na substituição desses imperativos falsos por estudos mais modernos e corretos[178] contemplados em normas técnicas, com força impositiva[179].

Tratando-se de análise judicial, desde que o juiz identifique os fatos que formaram sua convicção, poderá apreciar livremente a prova e, na elaboração lógica que resultará na sentença, utilizar-se-á das máximas de experiência[180] e dos fatos notórios (que independem de prova) e hão de integrar a cultura do julgador, membro que é da coletividade que bem conhece tais inteligências e evidências[181] não negligenciando os outros elementos de prova[182] em eventual confronto com laudos.

Em suma, as modernas circunstâncias com repercussão no valor dos imóveis e os cada vez mais acessíveis meios de informação, têm sido considerados como mote de boas avaliações, único meio de subsidiar decretos judiciais estritamente legais e justos.

---

178 Jungidos às normas técnicas, seja em atenção ao "estado da arte", seja por lei. Os engenheiros, os arquitetos e os agrônomos atentam ao Código de Ética (Conselho Federal de Engenharia, Arquitetura e Agronomia) que prevê a atenção às "normas aplicáveis", que não são somente as leis em sentido estrito.

179 Para a Professora Anna Cândida da Cunha Ferraz: Assim, as Normas Técnicas Brasileiras, por imporem condutas restritivas de liberdades fundamentais (liberdade de iniciativa, de indústria, de comércio etc.) e destinarem-se a proteger o exercício de direitos fundamentais (direito à vida, à saúde, à segurança, ao meio ambiente etc.) expressam, como se disse acima, atividade normativa material secundária do Poder Público, ou, como ensina a doutrina, podem ser qualificadas de atos normativos equiparados à lei em sentido material, por retirarem sua força e validade de "norma" impositiva de conduta de atos legislativos e regulamentares do ordenamento jurídico brasileiro. (Ferraz, Anna Cândida da Cunha. O posicionamento institucional da ABNT e das normas técnicas no quadro dos direitos fundamentais. *In*: Revista Mestrado em Direito, Osasco (SP), Ano 6, n.1, 2006, p. 63-95).

180 Em homenagem à precisão, lembra-se que "máximas de experiência" não englobam conhecimento particular de fatos ou habilidade técnica do juiz.

181 Ilustra-se: o senso comum não duvida da valorização imobiliária decorrente da instalação do metrô, na caótica São Paulo. Em que montante se alterará o valor do imóvel específico diante da notícia de ereção de nova linha, só um laudo pericial atual poderá apurar.

182 Uma decisão judicial identificou que: "[...] além da avaliação imobiliária e reportagens acostadas pelo recorrente com vistas a demonstrar a valorização do imóvel, consta também certidão em que o Poder Público Municipal avalia o bem[...]", em valor superior ao encontrado no laudo judicial, confrontando, portanto, a avaliação encartada naqueles autos judiciais com os outros elementos provados. (TJRS, Agravo de Instrumento nº. 700241285062008. Relator Desembargador: Glêncio José Wasserstein Hekman, julgado em 05/05/2008).

A título de conclusão

A lei prevê a periódica revisão do valor do aluguel, para mantê-lo sempre compatível com a remuneração pelo uso do patrimônio imobiliário contemporâneo.

Para o atendimento do dispositivo legal, o valor apurado engloba a precificação, a valoração de vários componentes, mas tem por escopo, reitere-se, a adequação ao valor de mercado.

Esse valor de mercado não obrigatoriamente equivale à remuneração esperada (com base nas expectativas de renda correntes ou em comparação com a advinda de outras aplicações de capital): um prédio que tenha exigido investimentos elevados não obrigatoriamente implicará em remuneração correspondente, mais valendo a composição dos fatores que explicam o posicionamento perante o mercado. Afinal, investidores também erram.

Como ocorre naturalmente em locação nova, através da ação revisional alcança-se de um lado, o valor adequado sob o viés do locatário (que pagará quanto haveria mesmo de pagar por imóvel semelhante naquela região e naquelas condições) e de outro lado, sob o olhar do locador atinge-se a remuneração possível em decorrência não do investimento que fez, mas do que resultou desse investimento.

E repisa-se: essa foi a solução que a Sociedade encontrou e tem prestigiado legalmente há décadas, para fazer-se o que deve mesmo ser feito: praticar-se o valor determinado pelas livres forças do mercado, o mais adequado retrato da evolução e do equilíbrio das relações negociais.

Art. 20. Salvo as hipóteses do art. 42 e da locação para temporada, o locador não poderá exigir o pagamento antecipado do aluguel.

Ieres Pimentel

Ao nos depararmos com o presente artigo a primeira indagação que surge é saber se esta regra poderia ser afastada pela vontade das partes pois já é consolidado o entendimento jurisprudencial de que a Lei de Locações se caracteriza por um microssistema de normas jurídicas que possui caráter cogente em razão da densidade social do mercado imobiliário.

Inicialmente precisamos ter como certo que a violação deste Artigo caracteriza-se como infração penal tipificada no Artigo 43, Inc III, deste Lei, passível de prisão simples ou multa, que se for cobrada será revertida em favor do Locatário lesado pela conduta descrita como contravenção.

Além da cominação de pena, o artigo 20 já estabeleceu exceções que entenderia como cabíveis para a proibição por ele criada.

A primeira exceção está disposta no artigo 42 da Lei o qual afirma que "não estando a locação garantida por qualquer das modalidades, o locador poderá exigir do locatário o pagamento do aluguel e encargos até o sexto dia útil do mês vincendo."

Fica claro que o objetivo do legislador nesta hipótese é vedar a cobrança de aluguel antecipado caso o contrato possua alguma das garantias contratuais previstas nesta Lei, evitando que o Locatário seja excessivamente onerado.

Diante da falta de garantia no contrato de locação estaria o Locador legitimado a exigir o pagamento adiantado do aluguel, ressaltando-se que, nos termos expostos pelo presente artigo, somente pode se adiantar o valor relativo a um mês, vedando-se em tese o adiantamento de valores superiores ao equivalente a mais de um mês.

A segunda hipótese em que se permite a cobrança antecipada de aluguel é quando se tratar de locação por temporada, que é definida pelo artigo 48 como *"aquela destinada à residência temporária do locatário, para prática de lazer, realização de cursos, tratamento de saúde, feitura de obras em seu imóvel, e outros fatos que decorrem tão-somente de determinado tempo, e contratada por prazo não superior a noventa dias, esteja ou não mobiliado o imóvel."*

Tratando-se de conduta tipificada como ilícito penal e já tendo o legislador estabelecido duas exceções, ainda assim seria possível que as partes convencionassem o pagamento antecipado ou tal disposição estaria terminantemente proibida?

Nosso saudoso Mestre Capanema ao analisar a tipificação dada pelo próprio Artigo 20 quando diz que *"o Locador não poderá exigir"*, nos ensinou que a proibição aqui contida dirige-se ao Locador.

Sendo assim, se o Locatário pretendendo negociar um valor mais benéfico de aluguel, propõe o pagamento antecipado e tal condição for aceita pelo Locador não há que se falar na ocorrência de ilícito penal e nem de nulidade contratual conforme será estudado nos comentários ao artigo 45 desta Lei.

Estamos, portanto, diante de um artigo que merece uma releitura para que possa auxiliar o fluxo das atividades econômicas e permitir incidência em um maior número possível de situações e conferir maior segurança jurídica as partes que optarem por esta alternativa.

Diga-se que esta releitura do artigo 20 vem sendo realizada por nossos Tribunais, que vem admitindo a cobrança antecipada de aluguéis conforme destacamos nos julgados abaixo:

"PODER JUDICIÁRIO

TRIBUNAL DE JUSTIÇA DE SÃO PAULO

Apelação com revisão n° 992.05.141.975-0 – São Paulo

Apelante: Sinibaldo de Oliveira Cheis

Apelado: Moema Imóveis e Administração Ltda LOCAÇÃO. Imóvel urbano para fins residenciais. Ação de indenização por danos materiais e morais por exigência de aluguel antecipado. Demanda direcionada em face da mandatária do locador. Descabimento. Improcedência. Apelação denegada. (...) No caso examinado, sequer se pode ter como existente nexo de causa e efeito entre a conduta da apelada de exigir aluguel antecipadamente e os gastos que o apelante teve com o pagamento de juros para obtenção da soma em dinheiro correspondente àquela prestação. Enfim, se entendia o apelante descabida a exigência, o que lhe cabia fazer era não pagar apenas, e se o fez, no mínimo, presume-se uma aceitação da conduta tida como anômala, quando a real parece ser bem outra, ou seja, que o cheque dado para a soma em dinheiro a ser caucionada como garantia do cumprimento do contrato de locação não foi compensado por falta de fundos. Enfim, estranha-se que, como infrator contratual, queira o apelante ainda haver indenização por danos morais, em razão de uma conduta do locador de procurar, legitimamente, se precaver contra os riscos de uma muito provável inadimplência do inquilino."

"PODER JUDICIÁRIO

TRIBUNAL DE JUSTIÇA DE SÃO PAULO

SEÇÃO DE DIREITO PRIVADO

25ª Câmara/ TJSP Apelação n. 9186663-60.2007.8.26.0000

Da mesma maneira, não há que se falar em ilicitude por meio da exigência de pagamento antecipado das prestações dos aluguéis.

A própria Lei nº 8.245/91 permite que haja pagamento antecipado nos casos em que o contrato não tenha qualquer meio de garantia, conforme determinam os artigos 20 e 42 do referido diploma legal. E, no contrato celebrado entre as partes, de fato não se previu qualquer meio de garantia, razão pela qual não há censuras na exigência do pagamento antecipado."

Art. 21. O aluguel da sublocação não poderá exceder o da locação; nas habitações coletivas multifamiliares, a soma dos aluguéis não poderá ser superior ao dobro do valor da locação.

Parágrafo único. O descumprimento deste artigo autoriza o sublocatário a reduzir o aluguel até os limites nele estabelecidos.

Ieres Pimentel

Novamente nos deparamos com a demonstração de que dada a densidade social contida na relação locatícia, existe por parte do Estado uma preocupação em atuar para evitar disparidades neste contrato, reforçando o caráter cogente de suas normas.

Neste particular é possível identificarmos duas preocupações básicas que foram tratadas pelo Legislador.

A primeira delas se origina do Controle da Boa Fé que deve fazer com que as partes atuem pautadas pela lealdade, pelo dever de colaboração e baseado nisso não pode um Locatário obter vantagens através de sublocações, pois se tal fosse permitido estaria ele abusando de seu direito de usar a coisa locado e se enriquecendo injustificadamente.

O princípio da eticidade impede que um Locatário possa se beneficiar pelo uso de patrimônio alheio e por isso o artigo estabelece que o valor dos aluguéis na sublocação de imóvel unifamiliar não pode exceder ao valor do aluguel fixado na Locação.

A segunda preocupação é proteger os sublocatários de sofrerem abusos quando da fixação do preço para pagamento do valor que lhes competiria pela sublocação e por isso estabeleceu-se que nas habitações multifamiliares o valor cobrado pelas sublocações não pode ser superior ao dobro do valor da locação, justificando-se esse acréscimo pelo fato de que o sublocador teria despesas para administrar e conservar o bem.

Essa preocupação foi reforçada pelo disposto no parágrafo único deste artigo, pois na hipótese do sublocatário de imóvel unifamiliar descobrir que paga valor superior ao valor da Locação originária ou na hipótese de os sublocatários de imóvel multifamiliar descobrirem que pagam além do dobro do valor da locação, estarão eles autorizados a exigir a redução.

O mesmo não se diga com relação ao Locador, pois se este identificar o Locatário está lucrando com a sublocação acima do que está estabelecido neste artigo não poderá exigir aumento no valor do aluguel, pois esta regra destina-se a proteger o sublocatário.

Todavia, há quem entenda que a vontade das partes pode afastar esta regra de modo que, se o Sublocatário concordar, mediante cláusula estabelecida no contrato, em pagar valor superior ao da Locação originária, não poderá posteriormente pedir a restituição do que foi pago a mais e nem a redução do valor fixado.

Questão que suscita controvérsia na prática das sublocações é saber se em virtude da realização de benfeitorias o sublocatário estaria legitimado a cobrar pela sublocação valor superior ao cobrado pela Locação.

Existem decisões afirmando que na hipótese em que o Sublocador venha a realizar benfeitorias no imóvel que causem modificações profundas em sua estrutura, proporcionando valorização do bem, não seria razoável limitar o do aluguel da Sublocação ao valor do aluguel da Locação.

No entanto, a maioria das decisões encontradas em nossa jurisprudência afirma que por tratar-se de regra de caráter cogente não que se falar na possibilidade de o valor da sublocação superar o valor da Locação pois se assim fosse permitido estar-se-ia afrontar o preceituado no artigo 21 ora em comento.

Art. 22. O locador é obrigado a:

I - entregar ao locatário o imóvel alugado em estado de servir ao uso a que se destina;

II - garantir, durante o tempo da locação, o uso pacífico do imóvel locado;

III - manter, durante a locação, a forma e o destino do imóvel;

IV - responder pelos vícios ou defeitos anteriores à locação;

V - fornecer ao locatário, caso este solicite, descrição minuciosa do estado do imóvel, quando de sua entrega, com expressa referência aos eventuais defeitos existentes;

VI - fornecer ao locatário recibo discriminado das importâncias por este pagas, vedada a quitação genérica;

VII - pagar as taxas de administração imobiliária, se houver, e de intermediações, nestas compreendidas as despesas necessárias à aferição da idoneidade do pretendente ou de seu fiador;

VIII - pagar os impostos e taxas, e ainda o prêmio de seguro complementar contra fogo, que incidam ou venham a incidir sobre o imóvel, salvo disposição expressa em contrário no contrato;

IX - exibir ao locatário, quando solicitado, os comprovantes relativos às parcelas que estejam sendo exigidas;

X - pagar as despesas extraordinárias de condomínio.

Parágrafo único. Por despesas extraordinárias de condomínio se entendem aquelas que não se refiram aos gastos rotineiros de manutenção do edifício, especialmente:

a) obras de reformas ou acréscimos que interessem à estrutura integral do imóvel;

b) pintura das fachadas, empenas, poços de aeração e iluminação, bem como das esquadrias externas;

c) obras destinadas a repor as condições de habitabilidade do edifício;

d) indenizações trabalhistas e previdenciárias pela dispensa de empregados, ocorridas em data anterior ao início da locação;

e) instalação de equipamento de segurança e de incêndio, de telefonia, de intercomunicação, de esporte e de lazer;

f) despesas de decoração e paisagismo nas partes de uso comum;

g) constituição de fundo de reserva.

Art. 23. O locatário é obrigado a:

I – pagar pontualmente o aluguel e os encargos da locação, legal ou contratualmente exigíveis, no prazo estipulado ou, em sua falta, até o sexto dia útil do mês seguinte ao vencido, no imóvel locado, quando outro local não tiver sido indicado no contrato;

II – servir - se do imóvel para o uso convencionado ou presumido, compatível com a natureza deste e com o fim a que se destina, devendo tratá - lo com o mesmo cuidado como se fosse seu;

III – restituir o imóvel, finda a locação, no estado em que o recebeu, salvo as deteriorações decorrentes do seu uso normal;

IV – levar imediatamente ao conhecimento do locador o surgimento de qualquer dano ou defeito cuja reparação a este incumba, bem como as eventuais turbações de terceiros;

V – realizar a imediata reparação dos danos verificados no imóvel, ou nas suas instalações, provocadas por si, seus dependentes, familiares, visitantes ou prepostos;

VI – não modificar a forma interna ou externa do imóvel sem o consentimento prévio e por escrito do locador;

VII – entregar imediatamente ao locador os documentos de cobrança de tributos e encargos condominiais, bem como qualquer intimação, multa ou exigência de autoridade pública, ainda que dirigida a ele, locatário;

VIII – pagar as despesas de telefone e de consumo de força, luz e gás, água e esgoto;

IX – permitir a vistoria do imóvel pelo locador ou por seu mandatário, mediante combinação prévia de dia e hora, bem como admitir que seja o mesmo visitado e examinado por terceiros, na hipótese prevista no art. 27;

X – cumprir integralmente a convenção de condomínio e os regulamentos internos;

XI – pagar o prêmio do seguro de fiança;

XII – pagar as despesas ordinárias de condomínio.

§ 1° Por despesas ordinárias de condomínio se entendem as necessárias à administração respectiva, especialmente:

a) salários, encargos trabalhistas, contribuições previdenciárias e sociais dos empregados do condomínio;

b) consumo de água e esgoto, gás, luz e força das áreas de uso comum;

c) limpeza, conservação e pintura das instalações e dependências de uso comum;

d) manutenção e conservação das instalações e equipamentos hidráulicos, elétricos, mecânicos e de segurança, de uso comum;

e) manutenção e conservação das instalações e equipamentos de uso comum destinados à prática de esportes e lazer;

f) manutenção e conservação de elevadores, porteiro eletrônico e antenas coletivas;

g) pequenos reparos nas dependências e instalações elétricas e hidráulicas de uso comum;

h) rateios de saldo devedor, salvo se referentes a período anterior ao início da locação;

i) reposição do fundo de reserva, total ou parcialmente utilizado no custeio ou complementação das despesas referidas nas alíneas anteriores, salvo se referentes a período anterior ao início da locação.

§ 2° O locatário fica obrigado ao pagamento das despesas referidas no parágrafo anterior, desde que comprovadas a previsão orçamentária e o rateio mensal, podendo exigir a qualquer tempo a comprovação das mesmas.

§ 3° No edifício constituído por unidades imobiliárias autônomas, de propriedade da mesma pessoa, os locatários ficam obrigados ao pagamento das despesas referidas no § 1° deste artigo, desde que comprovadas.

Werson Rêgo

Introdução

É improvável que, no mundo jurídico brasileiro, alguém nunca tenha lido uma obra ou assistido a uma das milhares – sem exceção – brilhantes palestras do Professor Sylvio Capanema. A honra de participar de uma obra em sua homenagem só não é maior que a saudade, pois aqui estamos a realizar um trabalho acadêmico *in* memoriam daquele que, especialmente na área do Direito Civil, sempre foi um visionário e criador de soluções.

Ao Professor Sylvio Capanema, meu querido mestre e amigo, nunca haverá como encontrar formas de agradecer convenientemente, em especial por tentar nos legar um jeito de explicar o direito e todas as suas complexidades, com enorme profundidade, mas em nunca se afastar da objetividade e da simplicidade. E é exatamente dessas lições que o desafio nessa obra não é reescrever ou reinterpretar o trabalho acadêmico de Sylvio Capanema no que se refere às locações prediais urbanas, mas apenas acrescentar pensamentos e reflexões que sejam resultado das minhas atividades jurisdicionais e acadêmicas.

A mim coube a tarefa de abordar deveres do locador e do locatário, tema que é, via de regra conflitante, mas que nos remete ao fato da Lei 8.245/1991 ser uma das mais longevas em nosso ordenamento jurídico, prova definitiva da excelência do Jurista Sylvio Capanema de Souza e dos demais autores da Lei do Inquilinato vigente.

A condição de permanecer válida há 30 (trinta) anos e sem qualquer alteração substancial no que se refere aos deveres de locador e locatário revela o equilíbrio eficaz e eficiente na definição desses importantes vitais, os quais acabam por dialogar com o conjunto de direitos que nascem do início dessa relação jurídica destinada a conformar tão importante questão da sociedade brasileira pois envolve o direito à moradia.

É preciso dizer que a análise de deveres inseridos em uma legislação nos exige, antes mesmo do seu enfrentamento específico, uma rápida digressão sobre princípios jurídicos, quer dentro da teoria geral do direito, quer, mais especificamente, no contexto do ramo específico do direito que trata da comutatividade dos contratos. Uma importante advertência é a minha conclusão definitiva sobre ser impossível interpretar textos legais sem conhecer ou compreender os princípios e as regras sobre as quais foram os mesmos assentados e, ainda, os fenômenos sociais presentes ao tempo da sua elaboração e ao tempo da sua aplicação.

O Professor Sylvio Capanema sempre nos lembrou que o equilíbrio se dá, na maior parte das vezes, pela proteção aos grupos inseridos em determinadas relações jurídicas, afastando-se de interpretações e soluções casuísticas, as quais acabariam por ampliar ou reduzir o conjunto de deveres de uma das partes da relação locatícia, quando, ao contrário, é a sinergia entre os deveres de cada parte de um contrato que garante até mesmo o respeito ao princípio da boa-fé objetiva.

Nesse ponto, basta-nos aqui a definição de LUIS ROBERTO BARROSO[183] segundo o qual os princípios constitucionais figuram como uma síntese dos valo-

183 BARROSO, Luis Roberto. Fundamentos teóricos e filosóficos do novo direito constitucional brasileiro. In BARROSO, Luis Roberto (Org.). In A nova interpretação constitucional: ponderação, direitos fundamentais e relações privadas. Rio de Janeiro: Renovar Boreal, 2003, p. 29-31.

res éticos e morais abrigados no ordenamento jurídico. Indicam a ideologia da sociedade, seus postulados básicos, seus fins. Conferem unidade e harmonia ao sistema, integrando suas diferentes partes e atenuando tensões normativas. Servem de guia para o intérprete, cuja atuação deveria ser pautada pela identificação do princípio maior que regeria o tem a apreciado, descendo do mais genérico ao mais específico, até chegar à formulação da regra concreta que regeria a espécie. Conteriam, portanto, maior carga valorativa, um fundamento ético, uma decisão política relevante, e indicariam uma determinação direção a seguir.

Para o que nos interessa nessa parte da obra, a Seção IV da Lei 8.2495/91 é composta por cinco artigos, dos quais abordaremos, diante, os artigos 22 e 23 que tratam, respectivamente dos deveres do locador e do locatário. E, ao fim, abordaremos importante questão contida no artigo 55 que trata como comercial a locação de imóveis para fins residenciais se o locatário for pessoa jurídica e o imóvel destinar-se ao uso de seus titulares, sócios, diretores, gerentes, executivos ou empregados, especialmente nos tempos atuais em que há ampliação do fenômeno chamado *pejotização* e, ainda mais, pelo desenvolvimento em larguíssima - e praticamente irreversível - escala do *home office*.

O artigo 22 estabelece os principais devedores do locador, lembrando sempre que a relação não é exaustiva e pode ser ampliada a partir da aplicação dos princípios na interpretação dos casos concretos, valendo considerar o tripé básico dos deveres do locador que é (i) entregar a posse do imóvel ao locatário e o ajudar a defender contra terceiros, sempre que necessário, (ii) conservar o imóvel quando os vícios ou defeitos forem anteriores à locação e (iii) pagar as despesas de sua responsabilidade, dentre eles as despesas extraordinárias de condomínio.

Por seu turno, o artigo 23 define obrigações para o locatário alicerçadas em dois pilares consistentes em (i) pagar o aluguel e demais obrigações e (ii) conservar a coisa como se fosse sua, inclusive contra terceiros. Para o locatário, também vale a regra de não ser exaustiva a lista e, ao contrário do locador a quem cabem as despesas extraordinárias, o locatário é responsável pelas despesas condominiais ordinárias.

Para ambos, até as despesas condominiais são citadas apenas exemplificativamente, valendo analisar, no caso a caso, se elas não se referem aos gastos rotineiros de manutenção do edifício, configurando, então, despesas extraordinárias, ou se elas guardam relação com as despesas necessárias à administração rotineira do condomínio, distinções que serão feitas especialmente nos tópicos seguintes.

Da análise dos principais deveres do locador

A importância social da Lei 8.245/91 nos leva, por vezes, a esquecer que o Código Civil sempre regulou o tema *"da locação das coisas"* que é gênero da locação de imóveis, objeto do presente estudo.

Como a lei de locações estabelece que, nas suas lacunas, o Código Civil é ferramenta de interpretação, os artigos 565 a 578 do CC/2002 devem ser objeto de estudo conjunto com a Lei 8.245/91, trabalho esse que é facilitado pois as regras gerais que estão reproduzidas na legislação ordinária foram reproduzidas, em sua maior parte, e quase *ipsi litteris*, na regra específica.

O principal ponto de diferença a ser aqui ressaltado é que o Código Civil estabelece um tipo de sanção para determinadas infrações comuns em contratos de locação e uma ferramenta processual básica para recuperação do bem locado que é a reintegração de posse, enquanto a lei de locações estabelece a ação de despejo como única ferramenta para recuperação da posse do imóvel locado.

Como se trata de contrato sinalagmático, no qual há, ou deveria existir, reciprocidade de obrigações, tem sido fundamental para pacificações das relações contratuais nessa área que a lei de locações tenha reproduzido e ampliado o rol exemplificativo de deveres dos locadores e locatários.

Vale lembrar que o inadimplemento dos deveres contratuais leva uma das partes a ficar sujeita à ação de rescisão ou à exigência, também por via judicial, do cumprimento compulsório de sua obrigação, sem falar que, em algumas hipóteses, a exceção do contrato não cumprido pode autorizar que a parte inocente suspenda algumas das suas obrigações até que a outra resolva a sua mora.

Há de se ter cuidado, entretanto, ao abordar esse tema, para lembrar que, diante da enorme complexidade social envolvida no contrato de locação, as hipóteses em que isso pode se dar[184] são restritas e não podem, *v.g.*, configurar ferramenta adicional de coação exagerada à outra parte, como aconteceria, dentre outras hipóteses, se o locador impedisse a entrada no imóvel do locatário inadimplente, ou se esse, diante de algum defeito não grave do imóvel, viesse a se autocompensar no pagamento do aluguel.

Se, antes do advento da lei 8.245/91, os locadores possuíam uma posição aparentemente mais privilegiada, já que, donos do ativo principal da locação e diante da uma falta enorme de moradias em nossa sociedade, a eles eram reservadas poucas obrigações formais, esse cenário mudou consideravelmente e podemos identificar, na leitura do artigo 22, uma relação mais ampla de deveres.

Essa revisão é fruto de um novo cenário mais justo e equitativo da construção pretoriana, em especial a partir dos novos ares de um direito principiológi-

184 A invocação da *exceptio non adimpleti contractus*.

co inserido a partir do CC/2002 e essa mesma construção é que nos lembra que a lista não é exaustiva, nem mesmo se pensarmos limitadamente a um contrato de locação, existindo muitas outras obrigações que, mesmo quando não ali expressamente previstas, exsurgem como consequência lógica de uma relação contratual bilateral e oneroso.

O primeiro e principal dos devedores do locador é **entregar ao locatário o imóvel alugado em estado de servir o uso a que se destina** e isso vai além de assinar o contrato ou entregar as chaves, situações que, via de regra, acontecem simultaneamente.

O locador tem a obrigação de garantir que o imóvel sirva adequadamente para o uso a que se destina, seja ele residencial ou comercial, valendo notar que, nas hipóteses em que o locador concede desconto para que o locatário realize obras no imóvel, é recomendável que isso seja detalhadamente descrito no contrato de locação ou em aditivo a ele celebrado.

Evidentemente que estar o imóvel em condições de servir ao uso não se confunde com defeitos que o locatário vier a encontrar no imóvel durante a realização de vistoria, cuja previsão de prazo para sua realização é, via de regra, de dez dias após a entrega das chaves.

O início da locação é um momento importante na definição dos deveres de cada parte e é importante que nenhuma delas negligencie no dever de realizar a vistoria inicial, sendo até, quando possível, que se realize a vistoria conjuntamente.

Esse primeiro dever do locador ganha importância nos dias atuais em que há diversas plataformas virtuais para oferta de imóveis em locação, através das quais os contratos são fechados sem presença física ou com presença física consideravelmente reduzida.

Nestes casos, a regra que obriga estar o imóvel nas condições a que se destina inclui estar em condições fidedignas àquelas em que foi anunciado, sendo prudente lembrar que ainda se constrói a jurisprudência sobre o real papel dessas ferramentas de locação, seja para as enquadrar como locadoras, seja para defini-las como meros representantes do locador, ponto importante na definição de responsabilidades sobre as condições do imóvel no início e durante a locação.

A par desse assunto ser discutido em outros pontos desse livro e da promessa de não aprofundar temas que possam colidir com as linhas centrais do Professor, não posso deixar de considerar, inclusive em razão de todo meu histórico posicionamento acadêmico e jurisprudencial, a incidência, ainda que não na relação principal, do Código de Defesa do Consumidor a exigir uma reinterpretação ao menos no que se refere aos compromissos ligados à oferta de imóveis e à prestação do serviço operacional de locação.

Nos tempos atuais, em que os princípios da boa-fé são inerentes a todos os contratos, dentre eles se incluindo o dever de colaboração inclusive na fase pré-contratual, é preciso que os locadores de imóveis comerciais estejam atentos à finalidade para qual o locatário quer alugar o imóvel, pois, em existindo alguma vedação legal ou restrição de uso que seja do conhecimento do locador, ele tem a obrigação de alertar ao interessado sob pena de ver a locação rescindida se a autorização para funcionamento não for obtida.

A intenção do locatário é algo que deve ser levado muito em consideração na definição sobre o imóvel estar em condições de servir ao fim a que se destina, cabendo às partes serem tão minuciosas quanto possível no início da locação.

Quando o locador entrega a posse do imóvel ao locatário, ele não perde integralmente os direitos de possuidor, eis que, na hipótese, há um desdobramento da posse, passando ele a ser possuidor indireto, ao tempo em que o locatário assume a posse direta.

Dessa regra, surge o inciso II do artigo 22 que determina ser obrigação do locador **garantir, durante o tempo de locação, o uso pacífico do imóvel locado.**

Por isso, ele tem o poder-dever no que refere à defesa da posse do imóvel locado contra atos de terceiros e essa obrigação é a que se encontra inserida na adjetivação de uso *"pacífico"*, pois quis o legislador que o locador soubesse ser dele a obrigação de garantir que ninguém perturbe a posse direta do locatário, ou seja, o uso pleno da coisa durante todo o tempo da locação, ainda que se encontre o contrato por prazo indeterminado.

Em situações de ameaça à posse do imóvel, o locatário tem o dever de informar ao locador e este tem o dever de adotar as diligências necessárias, inclusive judiciais, para defesa da posse e, se não o fizer, o locatário estará legitimado a fazê-lo em seu nome próprio, posto que é titular da posse direta, como já se disse acima.

O locador permanece com a posse indireta do imóvel, mas esse direito ele não pode exercer em desfavor do locatário, pois a lei lhe impõe o dever de **manter, durante a locação, a forma e o destino do imóvel**.

O conceito aqui é, sem dúvida, o de manter o locatário em paz, utilizando a coisa em harmonia com seus intentos, o que retira o direito do locador de realizar obras, ainda que para melhoria do imóvel, sem autorização do locatário, ou seja, durante o tempo da locação, o locador só poderá fazer obras no imóvel se for por exigência da Administração Pública ou para obras emergenciais destinadas a garantir as condições originais de habitabilidade ou para evitar a deterioração do imóvel.

Nesse último caso, se a gravidades dos defeitos comprometer a estabilidade e segurança do imóvel, o locador pode agir ainda que contra o consentimento do locatário, pois o bem a ser preservado passa a ser, no caso, a propriedade, que se eleva sobre a posse temporária do locatário, cabendo, entretanto, ao locador realizar as obras com o mínimo de incômodo para o locatário em qualquer caso.

Uma questão relevante diz respeito sobre a (im)possibilidade de alteração da finalidade do imóvel de residencial para não residencial e vice-versa. É lógico que dificilmente seria possível ao locador realizar essa operação no curso da locação, já que, presente o locatário, ele teria como se defender dessas tentativas, inclusive pela reivindicação do dever que o locador tem de garantir o uso pacífico do imóvel.

Mas, por exemplo, sabendo que o locatário tem direito à renovação no caso de contratos não residenciais, o locador pede às autoridades públicas a alteração da finalidade do imóvel, o que tornaria impossível a renovação compulsória do contrato ao seu término. A meu sentir, essa alteraria violaria os princípios gerais da boa-fé e autorizaria ao locatário não apenas o uso dos interditos possessórios, mas também o da via indenizatória, pois estar-se-ia diante de um comportamento não compatível com a ética.

Por um contrato de locação, há sempre a transferência da posse de um bem para outra pessoa, no caso o locatário que, diante da comutatividade dos contratos, remunera ao locador na forma avençada. Para que ambas as prestações se mantenham equivalente durante toda a locação, é que o inciso IV do artigo 22 estabelece o dever de **responder pelos vícios ou defeitos anteriores à locação.**

Para as locações, a regra guarda absolutamente harmonia com a regra dos vícios redibitórios tratados no Código Civil, e ao locatário há de ser garantido o direito à redibição do contrato, sempre que os vícios tornarem o bem absolutamente imprestável para o uso pretendido, assim como lhe é permitido exigir que o locador faça todas as obras necessárias à preservação do bem.

Há um terceiro direito consequente à presença de vícios redibitórios, que é o de requerer abatimento no preço da coisa, o qual ainda enfrenta certas controvérsias no campo das locações. É que a lei prevê a ação revisional a cada período de tempo fixados na lei e, em regra, se um imóvel tem defeitos, ele vale, logicamente, menos que outro que não os tenha.

Se, nas hipóteses em que o imóvel se valoriza ou desvaloriza no curso da locação, a ação revisional só pode ocorrer dentro de lapsos temporais pré-definidos, poderia alguém entender que, se o vício não retira a utilidade do imóvel e se o locatário não quer que o locador faça as obras, ele só poderia pleitear a revisão por conta dos vícios se e quando alcançar o prazo das ações revisionais ordinárias.

A interpretação autêntica do Professor Sylvio Capanema diz que esses casos não estão submetidos aos prazos ordinários das ações revisionais típicas, sendo, aí sim, um caso de ação estimatória atípica.

Essas são as consequências jurídicas dos vícios redibitórios no caso das locações.

Mas, não são todos os vícios que conflagram as hipóteses acima.

Embora o legislador não tenha feito essa distinção, parece óbvio que ele quis se referir aos vícios ocultos e, não bastando isso, que eles de fato influenciem na utilização da coisa ou sem sua valoração. Se os vícios ou defeitos existiam à época da vistoria e o locatário aceitou a locação, já não poderá mais enjeitar a coisa nem exigir redução do preço, mas apenas que os reparos sejam feitos.

Ora, se o locatário visitou o imóvel para locação, identificou os vícios e os aceitou, ainda que tenha lançado em vistoria posterior, renunciou, a meu sentir, ao direito de recusar a coisa ou rever o seu preço, embora continue com direito de exigir os reparos. Se, além disso, ele não fez a vistoria prevista em contrato ou, fazendo-a, não identificou os defeitos e vícios que seriam perceptíveis pelo homem médio, haverá de operar a decadência do seu direito à reclamação.

Na mesma linha, se os vícios ou defeitos surgirem durante a locação, como decorrência do uso normal da coisa, o locador os deverá reparar; se, diversamente, decorrerem de uso extraordinário e/ou indevido, caberá essa responsabilidade para o locatário, pois, como se verá adiante, ele também tem o dever de conservar a coisa locada.

Para qualquer discussão, o prazo é de doze meses a partir da identificação do vício.

Com o objetivo de desfazer dúvidas ou, ainda, na linha principiológica da legislação brasileira de estimular que as partes façam aquilo que deveriam fazer *de per si*, o inciso V estabelece que o locador deve **fornecer ao locatário, caso este solicite, descrição minuciosa do estado do imóvel, quando da sua entrega, com expressa referência aos eventuais defeitos existentes.**

O início de uma locação deve se dar da forma mais harmoniosa possível e uma das questões que mais gera problema é, exatamente, o estado do imóvel no início da locação, ou seja, o estado em que efetivamente o locatário recebe o imóvel, só que esse ponto de litígio somente vai se dar ao final da locação.

No início, as partes mostram-se muito mais interessadas em dar início à locação e esquecem isso que lhes parece detalhe. Mas, no curso e ao final da locação, nem sempre se dá do mesmo jeito. Se o locatário não faz a vistoria ou não exige que o locador lhe forneça a descrição minuciosa prevista no inciso aqui enfrentado, aceitando a cláusula genérica que diz estar o imóvel em perfeitas condições de uso e habitabilidade, pode, no final da locação, ser chamado a recoloca-lo nessas mesmas condições, o que pode lhe ocasionar um grande prejuízo.

Da mesma forma, se o locador receber vistoria do locatário e não a impugnar, ao fim do contrato terá limitações para exigir obras de recomposição do imóvel, sendo de todo recomendável que as partes se portem com boa-fé e construam, em conjunto, uma completa descrição do estado físico do imóvel no início da locação.

Embora a lei processual admita em favor do locatário a adoção de procedimentos cautelares similares à vistoria *ad perpetuam rei memoriam*, a verdade dos dias atuais é que começar uma locação com um litígio é fenômeno social dos mais desagradáveis, razão pela qual essa atuação mais se restringe às locações comerciais de grande porte, nas locações de shopping center em construção, nas quais o contrato é celebrado muito antes da entrega do imóvel e, especialmente, nas operações complexas de build to suit.[185]

Uma alternativa viável e que protege o locatário de enfrentar, desde cedo, litígios com o locador que podem resultar até em não conseguir a locação, tem sido a lavratura de atas notariais que, em essência, se assemelham às produções antecipadas de provas destacadas no inicial, embora o custo nem sempre possa ser sustentável em locações de menor valor.

Se as partes se comportarem de boa-fé e celebrarem esse termo detalhado no início da locação, não é exagero afirmar que haverá redução de 20% (vinte por cento) dos litígios na matéria de locações, o que, convenhamos, é de ser profundamente estimulado.

Essa primeira parte das disposições do artigo 22 guarda sintonia com o imóvel, suas condições físicas e a garantia do objeto permanecer útil durante toda a locação, o que faz todo sentido pois o bem que o locador entrega nessa relação bilateral onerosa é justamente o imóvel.

Já a 2ª e última parte do dispositivo traz obrigações decorrentes da relação contratual e objetivam garantir que a contraprestação paga pelo locatário esteja concertada com o contrato, nada se lhe exigindo além do ajustado, tanto é assim que o primeiro dever do locador é **fornecer ao locatário recibo discriminado das importâncias por estes pagas, vedada a quitação genérica**, conforme dispõe expressamente o inciso VI.

Se a lei prevê direito a recibo discriminado, é porque o locatário não tem apenas a obrigação de pagar o aluguel, já que, a depender do contrato, o preço da locação é o aluguel mais os encargos do imóvel e outros encargos que venham a ser fixados entre as partes ou sejam decorrentes da própria relação.

Mas apenas essa explicação não é suficiente para entender o dispositivo, sendo necessário avançar pela *ratio* do texto legal. É que, como se verá adiante,

---

185 Embora estejam ambas em capítulos separados, são, em essência, operações de locação e como a seção de deveres do locador e locatário estão nas condições gerais, não é desarrazoado sustentar que a elas se aplicam se não houver norma legal ou contratual específica em sentido contrário.

alguns encargos de locação estabelecidos por lei ou contrato para o locatário são pagamentos que se faz na modalidade de reembolso ou antecipação para o locador. Por exemplo, IPTU e condomínio.

É claro que ter o recibo de aluguel é fundamental, pois é a única prova do adimplemento da obrigação principal e a recusa no fornecimento do recibo dá ao locatário o direito à consignação e até mesmo configura crime em se tratando de habitações multifamiliares, devendo o locador saber que o recibo deve ser firmado por ele ou seu representante, sendo dispensada maiores formalidades, mas se exigindo sempre a descrição precisa de cada parcela paga pelo locatário.

Além dessa individualização das parcelas, o locatário tem o direito de exigir prova de representação de quem assina, na hipótese de representantes, como no caso das administradoras.

Nos dias atuais, em que a virtualização é a regra, importante considerar que é válida a assinatura eletrônica dos recibos através de uma das diversas ferramentas existentes no mercado tecnológico, da mesma forma que, no caso dos boletos bancários em que não há assinatura, é de considerar cumprida a obrigação do locador se no boleto houver a especificação de cada uma das parcelas que compõem o valor total pago.

É dever do locador ou de seu representante que o boleto tenha essa especificação ou, se isso não for possível, deverá fazer o boleto ser acompanhado do detalhamento das parcelas, acrescentando ainda uma forma do locatário associar o detalhamento separado ao boleto a ele referente.

Embora essas questões tecnológicas mais modernas não estejam, claro, inseridas no texto legal e não se possa fazer alterações de lei a cada vez que houver uma modernização das ferramentas, a experiência do homem comum e a construção pretoriana são de admitir isso como prova de cumprimento da obrigação.

Há tempos através, a autenticação bancária se fazia diretamente no boleto e havia, então, a junção em um único documento de tudo que estava previsto em lei. Hoje, ao boleto bancário deve se somar o recibo que é emitido pela Instituição financeira de forma separada.

Um ponto de controvérsia que precisa atenção reside no fato do pagamento de um aluguel presumir a quitação dos meses anteriores, já que é uma obrigação de trato sucessivo e, por isso, o artigo 322 do Código Civil faz presumir a quitação dos meses anteriores.

Assim, ao cumprir o seu dever de fornecer recibo de valores pagos, o locador deverá ressalvar sempre se há débitos anteriores, sejam eles de aluguéis ou de encargos da locação, caso decida receber aluguéis mais recentes em detrimento de aluguéis mais antigos, o que costuma ocorrer quando há judicialização de determinadas questões financeiras da locação, direcionadas a um ou alguns meses específicos.

O locador poderá incluir uma ressalva para retirar do recibo a quitação tática dos meses anteriores, o que até acontece com frequência no caso de administradoras de imóveis, mas esse procedimento é, por si só, controverso se não houver concordância expressa do locatário, valendo notar nesse ponto especifico que o Professor Sylvio admite a validade da ressalva, se o locatário não a recusar expressamente, aceitando fazer o pagamento sem optar pela consignação dos aluguéis e encargos.

A *contrario sensu*, se o locador recebe sem a ressalva, ele terá que provar não ter recebido os pagamentos, posto que a natureza jurídica do instituto aqui tratado é o da presunção relativa.

Durante muitos anos, houve discussão sobre a responsabilidade de pagamento das despesas necessárias à celebração da locação e também as despesas necessárias à operação da própria locação, o que mais comumente se resumia às despesas de contrato ("taxa de contrato") e as pesquisas de idoneidade cadastral.

É fato que a lei 8.245/91 veio forte em reduzir o dirigismo contratual nas relações locatícias e, em contrapartida, aproveitou para, em benefício da busca do equilíbrio, retirar qualquer dúvida sobre as despesas que poderiam ser repassadas ao locatário e sobre as que deveriam obrigatoriamente ficar na responsabilidade do locador.

À semelhança do que ocorreu com a taxa de decoração nas incorporações imobiliárias, cuja cobrança deixou de ser feita pelo próprio setor em autoregulamentação de uma matéria decidida pelo Poder Judiciário, também o mercado de locações avançou em padrões de sustentabilidade e governança e hoje praticamente não há mais cobranças de taxas de contrato e taxa de avaliação de cadastro que sejam feitas para o locatário, assumindo os locadores essas duas despesas.

O inciso VII estabeleceu que o locador deve pagar **as taxas de administração imobiliária, se houver, e de intermediações, nestas compreendidas as despesas necessárias à aferição da idoneidade do pretendente e do seu fiador.**

É, portanto, uma daquelas regras lançadas na lei que, uma vez aceitas e assimiladas pela sociedade em que vivemos, pode até parecer letra morta, mas ficam ali para nos lembrar de manter permanente vigilância para que as práticas comerciais continuem éticas e em conformidade com os princípios vigentes.

A questão é relevante à luz das novas tecnologias, através da qual pode o locatário contratar um serviço de busca de imóveis adequados ao seu perfil. Neste caso, teríamos não uma taxa de contrato, mas uma taxa de serviço pela utilização da plataforma, o que não nos parece absurdo considerar como legal. Vale, entretanto, a ressalva que nos remete ao fato dos proprietários já cadastrados nos sites também assumirem o pagamento, inclusive de comissão de corretagem.

Há, então, um espaço em aberto que precisa ser construído pela jurisprudência, caso provocada, pois, o que se tem até hoje é o fato desses serviços serem custeados integralmente pelos locadores e não pelos locatários. De qualquer forma, como os locatários tem o direito de exigir recibo descriminado de todos os pagamentos feitos, é em situações como essa que a regra legal lhe oferece um mecanismo de proteção contra abusos.

De qualquer forma, considerando a amplitude da presente obra, preciso ressalvar que o meu entendimento ainda está em construção sobre como aliar essa regra às novas ferramentas tecnológicas que beneficiam – e muito – o mercado da locação de imóveis.

Nesta seção, a lei é forte em buscar o estímulo a uma conduta correta, pela educação acerca dos deveres de cada uma das partes e a repetição de outros textos legais foi uma ferramenta salutar, assim como a ratificação de questões já consolidadas pela prática da locação. É o caso do inciso VIII que confirma o dever de o locador **pagar os impostos e taxas, e ainda o prêmio do seguro complementar contra fogo, que incidam ou venham a incidir sobre o imóvel, salvo disposição expressa em contrário no contrato.**

Assim, definitivamente não há dúvida que a principal das despesas acessórias incidentes sobre um imóvel é de responsabilidade legal do locador, ou seja, o IPTU é sua obrigação, mas ele pode transferir, como acontece na quase unanimidade dos casos, para o locador mediante expressa disposição contratual.

Ao fazer a referência ao seguro complementar contra fogo, acabou por via inversa confirmando que a despesa do seguro obrigatório contra fogo é do locatário, como se verá adiante. Então, no caso de seguro complementar, caso o locador deseje que esse produto faça parte do preço da locação, deverá estabelecer em contrato.

Mas, à luz dos atuais princípios informadores da relação contratual, deverá o locador garantir que o seguro seja feito pelo preço de mercado do imóvel e que, embora lhe pertença o direito de escolher a seguradora da sua confiança, o custo seja compatível com o de outras seguradoras.

Um ponto importante guarda relação com o IPTU. É mais que consolidado a atribuição dessa responsabilidade aos locatários, mas, ao mesmo tempo, não é raro que o Poder Público cometa erros na cobrança do imposto, e o Judiciário não reconhece ao locatário a legitimidade para impugnar a cobrança[186].

186 STJ – Súmula 614 – O locatário não possui legitimidade ativa para discutir a relação jurídico-tributária de IPTU e de taxas referentes ao imóvel alugado nem para repetir indébito desses tributos.

Nesse caso, mais uma vez socorrendo-me dos princípios, é razoável permitir ao locatário que exija do locador que impugne as cobranças sempre que ele identificar razões para tanto, podendo até mesmo se pensar em infração contratual quando o locador negligencie dessa obrigação depois de alertado pelo locatário.

O inciso IX confirma obrigação acessória já prevista em inciso anterior ao estabelecer que cabe ao locador **exibir ao locatário, quando solicitado, os comprovantes relativos às parcelas que estejam sendo exigidas**, o que leva à interpretação de ser possível requerer esses comprovantes mensalmente, sem a necessidade de esperar o fim do ano fiscal caso a hipótese seja de pagamento do IPTU.

A critério do locador, tais despesas podem ser pagar diretamente pelo locatário aos respectivos beneficiários ou ele pode receber do locatário para pagamento, posição essa que nos parece a mais recomendável, inclusive para evitar as questões relacionadas à inadimplência e as que se seguem ao término da locação.

Caso o locatário faça o pagamento do seguro complementar ao locador, mas esse não o quite junto à seguradora, na hipótese de sinistro ele poderá vir a ser chamado para ressarcir os prejuízos do locatário, em especial se o imóvel se tornar imprestável para o uso.

Por fim, o legislador reservou o item que considero mais polêmico ao disciplinar a divisão de responsabilidades entre locador e locatário quanto às verbas condominiais, optou por dividir essa matéria em dois grandes grupos: as despesas extraordinárias e as despesas ordinárias, definindo o inciso X que é ônus do locador **pagar as despesas extraordinárias de condomínio.**

O enfrentamento mais didático será feito ao final desse trabalho.

Da análise dos principais deveres do locatário

O principal dever do locatário tem perfeita simetria com o principal dever do locador, cabendo-lhe **pagar pontualmente o aluguel e os encargos da locação, legal ou contratualmente exigíveis, no prazo estipulado ou, em sua falta, até o sexto dia útil do mês seguinte ao vencido, no imóvel locado, quando outro local não tiver sido indicado no contrato.**

Como uma decorrência da comutatividade onerosa do contrato, a cessão da posse, que é, como visto, um dever do locador, deve ser remunerada pelo pagamento do aluguel.

O vencimento e a forma de pagamento podem ser estabelecidos no contrato e, na ausência de definição, deverá se dar até o 6º dia útil e deverá ocorrer no imóvel locado, ou seja, o locador terá que ir ao encontro do locatário.

Uma vez estabelecido o vencimento ou celebrado o contrato sem a sua indicação, a sua alteração dependerá de consenso entre as partes, admitindo-se, apenas, que o locador altere unilateralmente a data de vencimento se conceder ao locatário um aviso prévio com, no mínimo, 30 (trinta) dias de antecedência. De igual modo, ainda que convencionada a forma de pagamento através, por exemplo, de boletos bancários, entendo que o locador pode alterar unilateralmente essa forma, desde que não gere custos ou providências acessórias para o locatário.

Assim, pode alterar o banco, pode escolher novas ferramentas de pagamento como pix e equivalentes.

Uma das maiores lendas urbanas consiste em acreditar que a ação de despejo só pode ocorrer depois de 3 (três) meses de atraso, o que é absolutamente falso, pois, vencido o 1º aluguel, a inadimplência já pode ser cobrada na Justiça, mesmo que o locador não tenha feito qualquer aviso, pois, em razão da natureza da dívida, a mora do locatário é *ex re*, caracterizando-se pelo simples decurso do prazo.

Por simetria, como existe a obrigação do locador manter o imóvel nas condições em que o alugou e apto a servir ao fim previsto, era previsível que o legislador estabelecesse, no inciso II do artigo 23, para o locatário a obrigação de **servir-se do imóvel para o uso convencionado ou presumido, compatível com a natureza deste e com o fim a que se destina, devendo tratá-lo com o mesmo cuidado como se fosse seu.**

Se o contrato não estabelecer a finalidade da locação, nem isso beneficiará o locatário para dar ao imóvel o uso que preferir, já que, em tais hipóteses, haverá de ficar restrito ao uso habitualmente previsto para o imóvel.

Esse tema ganha relevância nos dias atuais em que o *home office* é, praticamente, uma regra. Penso que, nesse caso, não se estaria violando a regra quanto à destinação do bem, desde que a frequência de pessoas no imóvel não seja alterada da que, normalmente, se espera para uma locação residencial.

Há que se ponderar, *in casu*, entre a força maior e a ausência de prejuízo para o locador, a tornar legítimo o uso do imóvel para trabalho do locatário, podendo, em alguns casos nos quais isso resulte em valorização do imóvel, a matéria ser levada em consideração em ação revisional de aluguel.

A entrega do imóvel com o início da posse é momento solene e gerador potencial de conflitos, razão pela qual acima se fez várias considerações sobre a melhor forma de realizar vistorias e atos a ela correlatos. Da mesma forma, o fim da locação deve seguir a mesma regra de cautela, parceria e informação, pois o inciso III reafirma que é dever do locatário **restituir o imóvel, finda a locação, no estado em que o recebeu, salvo as deteriorações decorrentes do seu uso normal.**

A regra comum nos lembra que, embora a deterioração da pintura seja algo decorrente do seu uso normal, é do locatário a obrigação de devolver o imóvel pintado, se assim o recebeu no início da locação.

De mais importante neste tema, é que se deve recomendar às partes que, finda a locação, não obstaculizem o seu encerramento formal por conta de defeitos a serem reparados, o que leva, na maioria das vezes, a aumentar as despesas e incentivar os litígios.

É perfeitamente possível colocar fim na locação, encerrando-se o contrato com a devolução das chaves, e discutir-se, de forma autônoma, a responsabilidade pela reparação de eventuais danos, hipótese em que a celebração conjunta de uma vistoria, ou mesmo de uma ata notarial, pode ser extremamente útil para redução de prejuízos de lado a lado.

O desdobramento da posse gera obrigações recíprocas e, por isso, o locatário deve **levar imediatamente ao conhecimento do locador o surgimento de qualquer dano ou defeito cuja reparação a este incumba, bem como as eventuais turbações de terceiros,** conforme a regra do inciso IV.

O objetivo é garantir que o locador possa adotar em tempo hábil as providências necessárias à preservação de seu patrimônio, corrigido os defeitos ou defendendo a posse, e, em tais casos, se a (de)mora do locatário causar prejuízos ou agravar os já existentes, ele poderá vir a ser judicialmente responsabilizado, sem prejuízo do fim da locação por infração contratual, já que, no caso, será perfeitamente possível cumular as duas consequências.

Um destaque é o fato de o locatário ter o poder/dever de agir diretamente para defesa da posse, especialmente quando a turbação tiver origem fática, ou seja, sem discussão relacionada a títulos estranhos ao contrato de locação, mas, ainda que faça *de per si* a intervenção judicial, isso em hipótese alguma o desonera da obrigação de comunicar ao locador.

Embora o locador tenha obrigação de manter o imóvel em condições de habitabilidade, é do locatário o dever de **realizar a imediata reparação dos danos verificados no imóvel, ou nas suas instalações, provocados por si, seus dependentes, familiares, visitantes ou prepostos** e, nessas hipóteses, tanto faz qualquer seja qual o dano causado, bastando, diante da aplicação da teoria da responsabilidade por fato de terceiro, que o dano tenha sido causado por um dos agentes indicados.

A hipótese é de responsabilidade objetiva, que somente será elidida nas hipóteses de caso fortuito, força maior, mas, em defesa do locatário, é de se lembrar que o rol de pessoas listadas é exaustivo, ou seja, se o dano for causado por alguém não incluído na lista, será dele, em princípio, a responsabilidade da reparação, cabendo ao locatário comunicar ao locador a sua ocorrência.

Para os casos aqui previstos, o locatário não precisa comunicar ao locador, mas sim realizar imediatamente os reparos; já para os outros, deve, claro, fazer a comunicação.

Embora seja titular de vários direitos, alguns deles até contra o locador, o locatário será sempre possuidor direto, em caráter provisório, da coisa locada e, assim, nenhuma alteração física poderá fazer no imóvel pois o inciso VI é direto ao proibir **modificar a forma interna ou externa do imóvel sem o consentimento prévio e por escrito do locador.**

A única questão que induz à reflexão é lembrar que não basta ao locatário afirmar que, ao fim da locação, reporá o imóvel nas condições originais, pois que a lei proíbe é qualquer mudança, sem especificação sobre ser ou não desfeita por ocasião do término do contrato.

Aliás, vale dizer que até a autorização para as alterações é subordinada a uma condição resolutiva, vez que o locador pode, quando previsto em contrato, exigir ao fim da locação à reposição do bem ao seu estado original ainda que tenha consentido com as alterações no curso do contrato.

A mesma razão pela qual se exige que o locador seja informado de ameaças à posse do imóvel, foi a *mens legis* segundo a qual é o locatário tem o dever de **entregar imediatamente ao locador os documentos de cobrança de tributos e encargos condominiais, bem como qualquer intimação, multa ou exigência de autoridade pública, ainda que dirigida a ele locatário.**

Diante da existência do sigilo de correspondência e para evitar os riscos de sua mora, o locatário deve encaminhar formalmente todas as correspondências que ele tenha recebido em nome do locador, podendo fazer isso diretamente a ele ou através da administradora de imóveis. Por seu turno, não é qualquer intimação de autoridade pública emitida em nome do locatário e recebida no imóvel que deve ser enviada ao locador, mas apenas as que digam respeito ao imóvel.

A locação é um contrato cujo preço consiste no pagamento do aluguel e demais encargos, tendo o legislador optado por estabelecer, no inciso VIII, a obrigação de **pagar as despesas de telefone e de consumo de força, luz e gás, água e esgoto**, querendo claramente se referir àquelas que estejam em nome do locador, ou de terceiros a ele relacionados, ou aquelas que o inadimplemento possa gerar prejuízos para o locador, como, por exemplo, impossibilidade temporária de realugar o imóvel ou necessidade de providências adicionais.

Com as ressalvas necessárias, é possível invocar a teoria do desvio produtivo para responsabilizar o locatário pelas providências administrativas que obrigar o locador a adotar por causa do seu inadimplemento, ainda que a conta esteja em seu nome.

Nas hipóteses de imóvel inserido em habitações coletivas, o locatário é obrigado a **cumprir integralmente a convenção de condomínio e os regulamentos internos**, na letra objetiva do inciso X. Embora a convenção e o regulamento interno sejam documentos públicos e a sua validade *erga omnes* decorra do registro público, o que permitirá ao locatário ter acesso aos mesmos antes de decidir pela locação, os princípios atuais a partir dos quais se deve analisar a boa-fé das partes recomenda que o locador forneça ao candidato à locação, depois de o aprovar e antes de assinar o contrato, tais documentos, de forma que a vontade dele de alugar o imóvel seja compatível com a possibilidade do imóvel.

Por exemplo, é fundamental em seu processo decisório saber se há permissão para animais domésticos, quer ele os tenha, quer ele não os tolere. Da mesma forma, horários e regras de acesso e uso das garagens, salões de festas, etc. Em casos mais graves, não é de todo absurdo considerar a possibilidade de desfazimento motivado da locação, sem pagamento de multa, por iniciativa do locatário.

Diante do desdobramento da posse e de ser a relação com o Condomínio centrada, em grande parte, no uso e no compartilhamento da coisa comum, é possível atribuir ao locatário legitimidade para responder a multas aplicadas pelo Condomínio quando decorrentes do exercício da sua posse direta, embora não seja equivocado que o Condomínio interpele o locador para que seja dele a iniciativa de exigir do locatário o respeito às regras condominiais.´

A oferta de garantia para a locação será sempre, integralmente, de responsabilidade do locatário, não sendo oponíveis ao locador quaisquer despesas dela derivadas, salvo expressa - e rara - disposição em contrário. É para confirmar essa condição que o inciso XI estabelece que a cabe ao locatário **pagar o prêmio do seguro de fiança.**

E, acrescento, na seguradora escolhida ou aceita pelo Locador. Da mesma forma, se o locatário optar por seguro capitalização, fiança bancária ou qualquer outra modalidade de garantia, todos os custos serão exclusivamente seus.

O inciso XII estabelece o dever de **pagar as despesas ordinárias de condomínio**, o que nos leva ao tópico seguinte para propor uma diferenciação entre as despesas extraordinárias e ordinárias, a partir dos exemplos que a Lei 8.245/91 trouxe nos parágrafos únicos dos artigos 22 e 23.

Da distinção entre despesas condominiais ordinárias e extraordinárias

As relações condominiais costumam ser turbulentas por sua própria natureza. Quando se soma a esse cenário uma relação locatícia, o legislador já previu a grande possibilidade grande possibilidade de conflito nesse ponto, e, para reduzir isso, exemplificou algumas despesas mais comuns e as enquadrou como extraordinárias (alíneas "a" *us que* "g" do artigo 22, X) ou ordinárias (alíneas "a" *us que* "i" do artigo 23, XI).

A questão exige alguns conceitos. A obrigação de pagar condomínio é *propter rem* e, assim, a responsabilidade legal será sempre do proprietário que estabelece o vínculo jurídico com o Condomínio.

As despesas extraordinárias guardam relação mais próxima com a conservação da coisa comum, importam, muitas vezes, na manutenção do seu valor ou até em seu beneficiamento, condições essas que, por sua própria natureza, já se mostram intransferíveis aos locatários.

Por seu turno, as despesas ordinárias são aquelas necessárias ao funcionamento do condomínio e aquelas relacionadas ao consumo, seja de bens, seja de serviços, sem o quais tornar-se-ia difícil ou até impossível a habitação de um condomínio edilício.

Há uma corrente que associa despesas extraordinárias à imprevisibilidade da sua ocorrência, ligando-as a casos fortuitos ou danos imprevistos, limitação que, nos tempos atuais, me parece incapaz de solucionar o problema, sendo de todo recomendável que se perquira caso a caso a razão de ser da despesa, definindo, na sequência, se a responsabilidade é do locador ou do locatário, a partir do uso dos princípios que mencionamos no início desse trabalho.

Se o Condomínio aprova construção de uma churrasqueira, por exemplo, e lança isso no orçamento anual, sem fazer a cobrança de cota extra, ainda assim essa despesa será do locador; da mesma forma, se há uma alteração de legislação com criação de bônus para os empregados fora da previsão orçamentária, ainda assim essa despesa será do locatário.

Assim, estar a despesa prevista ou não no orçamento anual é um bom indicativo, mas não é o único e nem definitivo, embora saibamos que esse conceito tem sido usado cotidianamente para separar as despesas e estabelecer as responsabilidades, com o que academicamente não é possível concordar, em especial porque a lei e a jurisprudência já se firmaram no sentido de não ser possível transferir tais despesas ao locatário, mesmo que exista previsão contratual.

Se, por um lado, sou crítico do dirigismo contratual, é de se reconhecer uma desigualdade histórica na relação entre locadores e locatários a tornar ainda atual e necessária essa vedação pretoriana.

O legislador afirmou que **por despesas extraordinárias de condomínio se entendem aquelas que não se refiram aos gastos rotineiros de manutenção.** Para exemplificar, listou nessa categoria, **obras de reformas ou acréscimos que interessam à estrutura integral do imóvel.**

Ao se ler essas exemplificações com os deveres inicialmente estabelecido fica fácil compreender o seu sentido. É assim quando ele fica responsável por **pintura das fachadas, empenas, poços de aeração e iluminação, bem como das esquadrias externas.**

A menção à pintura é de ser entendimento como qualquer obra, inclusive substituição.

As obras destinadas a repor as condições de habitabilidade do edifício são pagas pelo locador e, dentre elas, estão as reformas, consertos e substituição de elevadores, compactadores de lixo, geradores e afins, mas, por outro lado, as despesas de manutenção desses equipamentos são dos locatários.

Há uma lógica incrivelmente sensata que o legislador utilizou nesses exemplos, pois há neles, assim como nos relacionados com os locatários, absoluta simetria com os demais deveres fixados com certo grau de generalidade.

No caso de **indenizações trabalhistas e previdenciárias pela dispensa de empregados, ocorridas em data anterior ao início da locação**, não há qualquer dúvida, mas se a relação trabalhista se iniciou antes do início da locação, mas o seu término se deu após esta data, é razoável admitir que se faça um cálculo *pro rata* para estabelecer limites das despesas para locador e locatário.

Embora a lei fale que a **instalação de equipamentos de segurança e de incêndio, de telefonia, de intercomunicação, de esporte e de lazer** sejam deveres do locador, é preciso reforçar que todo e qualquer equipamento que se incorporarem ao edifício será de responsabilidade do locador, quer estejam ou não na descrição acima, da mesma forma que, também para eles, as despesas de manutenção serão do locatário.

Nos tempos atuais, embora a lei fale em **despesas de decoração e paisagismo nas partes de uso comum** como despesas do locador, é sustentável afirmar que as despesas de manutenção desses elementos decorativos podem ser atribuídas aos locatários.

Por último, a alínea que parece ser a mais simples: **constituição de fundo de reserva.**

Definitivamente, essa obrigação é do locador. Mas, sempre que o fundo de reserva for utilizado para pagar alguma despesa inserida nas responsabilidades do locatário, esse é obrigado a fazer a reposição.

Para os locatários, a responsabilidade se concentra naquilo que se pode identificar despesas de manutenção (**instalações e equipamentos hidráulicos, elétricos, mecânicos e de segurança, equipamentos destinados a prática de esportes e lazer, elevadores, porteiros eletrônicos e antenas coletivas**).

E as despesas decorrentes do uso da coisa comum, tais como **salários, encargos trabalhistas, previdenciários e sociais, consumo de água, esgoto, luz, gás, força, limpeza, conservação e pequenos reparos de pintura das áreas de uso comum.**

Há dois pontos que ainda geram polêmica.

Ao mencionar **pequenos reparos nas dependências, instalações elétricas e hidráulicas de uso comum**, o legislador não fixou valores e, assim, considerando que as *grandes* despesas seriam dos locadores, a melhor interpretação nos parece que os reparos que forem necessários em razão do uso comum pelo locatário e demais condôminos pode a ele ser atribuída a responsabilidade financeira. Já qualquer despesa que não tenha essa origem, não pode ser cobrado do locatário independentemente do seu valor.

Os **rateios de saldo devedor** também são de responsabilidade dos locatários, **salvo se referentes ao período anterior ao início da locação.** Mas, é preciso acrescentar que também não são de responsabilidade do locatário se a necessidade de rateio do saldo devedor tiver origem em gastos que tem natureza extraordinária, hipótese em que o rateio será de responsabilidade do locador.

Como já antecipado, se o fundo de reserva for utilizado para pagar quaisquer despesas que, como as acima relacionadas, sejam de responsabilidade do locatário, caberá a ele fazer a reposição devida, no tempo e modo determinados pelo Condomínio.

Da conclusão

A ideia do presente trabalho não é esgotar, como já se disse, o tema, nem revisitar a obra do Professor Sylvio Capanema, mas sim entregar-lhe uma sincera homenagem a partir dos estudos da sua obra mais preferida: a lei do inquilinato e sua importância na sociedade brasileira.

Para alcançar esse resultado, embora muito mais pudesse ser dito, estas linhas apressadas buscaram a análise das funções, dimensões e a correta forma de aplicar os princípios que levaram à redação dos artigos compreendidos no estudo, a permitir a extração de cada uma das normas o máximo da sua eficácia e eficiência, para cada um dos casos concretos, com conhecimento, ponderação e serenidade, sem ativismo ou alternatividade.

Essa construção é, como o mestre Capanema sempre nos exortava carinhosamente, parte da argamassa que ajudará a termos tempos mais justos em um novo, e melhor, futuro para todos nós.

A Lei de locações é um exemplo de pacificação social, configurada na sua enorme capacidade de reduzir conflitos que sobrecarregavam o Judiciário antes da sua vigência e, sem a menor sombra de dúvida, grande parte disso vem do espírito altivo, gentil e harmonizar de Sylvio Capanema de Souza, mestre de todos nós, figura pública capaz de colecionar exclusivamente amigos e admiradores, inclusive dentre aqueles contra os quais litigou ou aqueles que, eventualmente, aventuraram-se a discordar de suas teses como advogado ou seus votos, enquanto brilhante Desembargador que foi durante anos no Tribunal de Justiça do Rio de Janeiro.

A sua lembrança ainda hoje nos emociona com uma saudade que não se dissipará e é, ao mesmo tempo, o combustível que nos mantém na luta por um mundo mais justo, equilibrado e confortável para todas as pessoas, o que sempre foi o sonho do nosso eterno Professor.

Bibliografia

SOUZA, Sylvio Capanema de Souza, *A Lei do Inquilinato Comentada*, ed. 2017

DINIZ, Maria Helena, *Comentários à Nova Lei do Inquilinato*

SLAIB FILHO, Nagib. *Comentários à Nova Lei do Inquilinato, 1992.*

ESPÍNOLA, Eduardo. *Manual do Código Civil*

Art. 24. Nos imóveis utilizados como habitação coletiva multifamiliar, os locatários ou sublocatários poderão depositar judicialmente o aluguel e encargos se a construção for considerada em condições precárias pelo Poder Público.

§ 1° O levantamento dos depósitos somente será deferido com a comunicação, pela autoridade pública, da regularização do imóvel.

§ 2° Os locatários ou sublocatários que deixarem o imóvel estarão desobrigados do aluguel durante a execução das obras necessárias à regularização.

§ 3° Os depósitos efetuados em juízo pelos locatários e sublocatários poderão ser levantados, mediante ordem judicial, para realização das obras ou serviços necessários à regularização do imóvel.

Fábio de Oliveira Azevedo

Comentário

O caput do art. 24 revela que a Lei 8.245/91 realmente é um dos símbolos de uma transição do Estado liberal para o social, com reflexo direto na criação de mecanismos que asseguram a isonomia em seu sentido substancial e o tratamento diferente dos vulneráveis.

E isso porque se o imóvel, objeto da locação, estiver em condição de precariedade, deixando de atender à própria causa da contratação, ficará o locatário autorizado a realizar o depósito judicial desse valor, por meio da ação de consignação de pagamento.

Essa precariedade deve ser atestada pelo Poder Público, em geral o poder público municipal, que costuma possuir secretarias com competência para fiscalizar a regularidade das construções.

De acordo com o § 1º, reforçando a específica e diferenciada tutela, ficará o locador impedido de levantar o valor depositado, exatamente pela dúvida que se constitui em pressuposto da consignação, de modo que deve ser aguardado o poder público atestar que o imóvel está em situação regular.

Para o § 2º, cessando a posse direta que constitui a contrapartida para o pagamento dos alugueres e encargos, a sua causa, em decorrência da precariedade do imóvel, de modo que o contrato de locação continuará a existir de forma válida, mas sua eficácia ficará suspensa até que ocorra a regularização. Em outras palavras, tal solução se assemelha a exceção de contato não cumprido, prevista pelo art. 478 do Código Civil.

Já o § 3º prevê uma solução equilibrada e muito interessante, na medida em que o locador pode estar impossibilitado de realizar os reparos necessários exatamente pela cessação da renda que obtinha com a locação. Nesse caso, poderá o juiz autorizar comprovada que os créditos locatícios depositados sejam destinados especificamente para a realização da obra, inclusive com a possibilidade de pagamento direito a fornecedores, assim como sendo possível a fixação de prazo para o locador comprovar o destino dos valores, após prévia justificativa, como seria o caso de apresentar projetos e orçamentos.

Art. 25. Atribuída ao locatário a responsabilidade pelo pagamento dos tributos, encargos e despesas ordinárias de condomínio, o locador poderá cobrar tais verbas juntamente com o aluguel do mês a que se refiram.

Parágrafo único. Se o locador antecipar os pagamentos, a ele pertencerão as vantagens daí advindas, salvo se o locatário reembolsá-lo integralmente.

Felipe Deiab

Por força do art. 123 do Código Tributário Nacional, *"salvo disposições de lei em contrário, as convenções particulares, relativas à responsabilidade pelo pagamento de tributos, não podem ser opostas à Fazenda Pública, para modificar a definição legal do sujeito passivo das obrigações tributárias correspondentes".*

Como é de trivial sabença, os tributos incidentes sobre imóveis a que se refere o dispositivo são comumente o IPTU, a taxa de coleta de lixo e a taxa de fiscalização do Corpo de Bombeiros.

A obrigação de pagar o tributo – relação jurídica entre, de um lado, o proprietário ou possuidor, como contribuinte, e, de outro lado, o Município ou Estado e o Distrito Federal, como ente instituidor do tributo – diferencia-se, à toda evidência, da obrigação contratual do locatário de efetuar o pagamento, ao locador, dos valores por este devidos à Fazenda Pública.

A obrigação tributária principal – que reside, basicamente, em pagar o tributo ou a penalidade pecuniária, nos termos do art. 113 do Código Tributário Nacional, independe da vontade do contribuinte. Uma vez configurado o fato gerador, signo presuntivo de riqueza, surge para o contribuinte, sujeito passivo da relação jurídica tributária definido por lei em sentido formal, a obrigação de pagar o tributo.

A obrigação do locatário de efetuar o pagamento, ao revés, decorre de ato da autonomia privada: resulta da criação de vínculo obrigacional pela vontade das partes, locador e locatário.

A regra do art. 25, de ótima técnica legislativa, é precisa: locador e locatário podem acordar que os tributos incidentes sobre o imóvel sejam pagos pelo locatário e, uma vez assim determinado pela vontade de ambos, surge para o locador o direito de cobrar esses valores juntamente com o mês do aluguel em referência. Cuida-se, pois, de regras dispositivas, que podem ser afastadas pelas partes.

Questão interessante diz respeito à cobrança do IPTU.

Conquanto na prática a Fazenda Pública permita o pagamento do IPTU de forma parcelada ao longo do exercício financeiro, o fato gerador do imposto, na esmagadora maioria dos Municípios brasileiros, é a propriedade do imóvel no primeiro dia do exercício financeiro, 1° de janeiro. Assim, o IPTU já é devido na sua totalidade a partir de 1° de janeiro, de modo que o proprietário do imóvel naquele dia é que será o contribuinte do imposto.

Usualmente, a Municipalidade estipula descontos para o pagamento do IPTU até determinada data, geralmente no início de fevereiro.

Efetuado o pagamento do valor integral do IPTU pelo locador com desconto, essa vantagem ser-lhe-á exclusiva, podendo, entretanto, o locatário reembolsá-lo *incontinenti*, hipótese em que o locador não lhe poderá cobrar valor maior daquele que pagou. Assim, por exemplo, caso o IPTU de determinado imóvel seja de 1.000 reais e o locador o pague com desconto de 8% (oito por cento) por ter feito o pagamento no prazo fixado pelo Município para obter tal benefício tributário, não estará ele obrigado a cobrar apenas 920 reais do locatário se este não lhe restituir *incontinenti* o pagamento do IPTU.

Art. 26. Necessitando o imóvel de reparos urgentes, cuja realização incumba ao locador, o locatário é obrigado a consenti-los.

Parágrafo único. Se os reparos durarem mais de dez dias, o locatário terá direito ao abatimento do aluguel, proporcional ao período excedente; se mais de trinta dias, poderá resilir o contrato.

Felipe Deiab

A regra do *caput* do art. 26 traz um conceito jurídico indeterminado – *reparos urgentes* – e ao mesmo tempo um conceito determinado pela própria lei: que *incumbam ao locador.*

Reparos urgentes são os consertos e restaurações no imóvel que demandem *imediata intervenção*. Estão abrangidos pelo conceito de benfeitorias necessárias do §3° do art. 96 do Código Civil, mas com estas não se confundem, precisamente por conta do critério temporal. Nem toda benfeitoria necessária constitui reparo urgente: este demanda intervenção imediata; aquela, nem sempre. Portanto, todo reparo urgente encerra uma benfeitoria necessária, mas a recíproca não é verdadeira.

Na prática, a definição de reparo urgente dependerá do caso concreto e, nos termos do art. 375 do Código de Processo Civil, das regras de experiência comum subministradas pela observação do que ordinariamente acontece. A título de exemplo, um defeito hidráulico pode demandar reparo urgente ou não. Um defeito dessa natureza que impeça o uso de todos os vasos sanitários da casa sempre será urgente, por razões óbvias. Se só há um banheiro, como sói ocorrer em imóveis destinados a locações comerciais, também se estará diante de hipótese de intervenção imediata. Mas se esse defeito hidráulico afeta apenas um banheiro pouco utilizado, já não se estará diante de reparo urgente.

Defeitos que coloquem em risco a segurança de pessoas vulneráveis, especialmente crianças e idosos, serão, a seu turno, sempre urgentes. Exemplo clássico são os defeitos elétricos, cujo potencial danoso é assustador. Não são poucas, infelizmente, as notícias de incêndios causados pela má conservação de imóveis, mormente com o uso cada vez mais acentuado de aparelhos de ar condicionado e dos mais variados eletrodomésticos, que incrementam a já alta demanda de energia elétrica no País.

A delimitação de quais reparos urgentes incumbem ao locador encerra questão que pode ser solucionada com a interpretação sistemática da própria lei. Reparos urgentes relacionados a obras que geram despesas extraordinárias ficarão a cargo do locador. A título de exemplo, se a fachada de prédio está em ruína, dela podendo cair pedaços de mármore, ou outras pedras, concreto ou qualquer material com potencial lesivo (cf. art. 937 do Código Civil), esse reparo urgente, a ser custeado por meio de contribuição condominial extraordinária, incumbe ao locador, nos termos da alínea "a" do parágrafo único do art. 22 da lei.

As obrigações estabelecidas pela lei ao locador no art. 22 também fornecem critério objetivo e seguro para definir o que seja reparo urgente a cargo do locador: se um defeito nos canais e tubos de gás natural é preexistente à locação, esse reparo deverá ser promovido pelo locador conforme deflui do art. 22, *caput*, inciso IV, da lei.

O dispositivo impõe ao locatário a obrigação de tolerar a obra e confere ao locador o direito de intervir na casa ou apartamento dado à locação. Em linha de princípio, o locatário, sendo possuidor direto, não estaria obrigado a sofrer essa perturbação, mas a lei, nesse passo, atribui ao locador o direito de intervenção em prol da necessária manutenção do imóvel.

Por sua vez, o parágrafo único do art. 26 confere ao locatário dois direitos, de natureza potestativa. Em primeiro lugar, se a intervenção necessária durar mais de dez dias, o locatário terá o direito de abater do aluguel o período da obra. O critério temporal encontra justificativa matemática: para o legislador, um terço do mês é o período máximo da obrigação atribuída ao locatário de tolerar a intervenção. Ultrapassado esse prazo razoável, o locatário tem o direito de abatimento do aluguel. A norma merece os maiores elogios, pela simplicidade e clareza. Em uma época de exacerbada apologia às cláusulas gerais e aos conceitos jurídicos indeterminados, a regra demonstra o elevado valor do positivismo jurídico, trazendo segurança jurídica a locadores e locatários, tão cara em um País em que "até o passado é imprevisível".

A regra também confere o direito à resilição do contrato se a intervenção durar mais de trinta dias, sendo indisputável o acerto técnico da sua redação, resultante do brilhante trabalho do nosso Professor Sylvio Capanema de Souza. A resilição é o modo de extinção do contrato por meio do exercício de um direito potestativo.

Art. 27. No caso de venda, promessa de venda, cessão ou promessa de cessão de direitos ou dação em pagamento, o locatário tem preferência para adquirir o imóvel locado, em igualdade de condições com terceiros, devendo o locador dar - lhe conhecimento do negócio mediante notificação judicial, extrajudicial ou outro meio de ciência inequívoca.

Parágrafo único. A comunicação deverá conter todas as condições do negócio e, em especial, o preço, a forma de pagamento, a existência de ônus reais, bem como o local e horário em que pode ser examinada a documentação pertinente.

Rosângela Gomes

A locação não gera a propriedade, nem a detenção, como era entendido no Direito Romano[187], mas sim, a posse (posse precária)[188], coadunada com os artigos 1.196; 1.200 e 1.203, todos do Código Civil.

Exatamente, por esta razão, não há empecilho ao locador para a venda ou alienação onerosa do imóvel. Sendo que, nessa hipótese surge a necessidade da oferta ao inquilino, pois este tem a preferência na aquisição do bem imóvel.

Segundo Sylvio Capanema de Souza:

> "Como a locação não importa na alienação do domínio, e sim da posse, nada impede que o locador, no curso do contrato, venha a vender, prometer vender ou dar em pagamento a coisa locada, mesmo que o prazo avençado para a sua duração ainda não se tenha expirado."[189]

O sentido do comando legal é a integralidade do exercício do direito de ter a posse do bem imóvel, uma vez que, com a locação há a bifurcação da posse

187 "Da *locatio conductio rei* não nasce direito real para o locatário, que, com a entrega da coisa pelo locador, se torna simplesmente detentor dela (*possessio naturalis*), não gozando, portanto, por via de regra, sequer da proteção dos interditos possessórios." ALVES, José Carlos Moreira. *História do Direito Romano*: Instituições de Direito Romano, vol. II, Rio de Janeiro: Forense, 1994, p.206.

188 O Código Civil de 2002 adotou a teoria objetiva da posse, formulada por Rudolf von Jhering, na qual considera-se posse aquele que exerce poder sobre a coisa (*corpus)*, com algumas das faculdades do domínio contidas no art. 1.228, *caput*, CC, que são as conferidas ao proprietário, em nome próprio (*animus*), sem impedimento legal para tanto (*affectio tenendi*). Esta é a interpretação da redação do art. 1.196, CC ao conceituar o possuidor. Ressalva deve ser feita às hipóteses de usucapião, onde a teoria subjetiva (Savigny) prevaleceu, tendo em vista o requisito da "posse como sua" (*animus domini*).

189 SOUZA, Sylvio Capanema de. *Da locação do imóvel urbano:* direito e processo, Rio de Janeiro: forense, 1999, p.209.

(posse direta/inquilino e posse indireta/proprietário). Também, está na mira do olhar do legislador especial a questão social. Com a aquisição do imóvel pelo inquilino, afasta-se a possibilidade de retomada do bem, atendendo o direito social constitucional à moradia (art. 6º, CRFB), principalmente à função social da propriedade (art. 5º, XXIII e art. 170, III, CRFB)[190].

Entretanto, ressalte-se que para o exercício do direito de preferência à aquisição do bem imóvel, a posse do inquilino deve ser qualificada para tal. Ou seja, será uma posse de boa-fé (subjetiva e objetiva). Portanto, o contrato[191] estará cumprindo com sua destinação econômica. Não existirão débitos, as obrigações recíprocas - as expressas no contrato, as que decorrem da locação no sistema jurídico e as que as partes esperam do acordo, reciprocamente - estão sendo cumpridas, não há por parte do locatário, qualquer ato que denote a ciência de estar descumprindo o acordo (princípios da probidade, boa-fé objetiva e normatividade dos contratos) ou violando regras do Direito (boa-fé subjetiva), sobretudo as contidas no art. 59 da Lei nº 8245/91 (Lei do Inquilinato).

Embora a posse precária não enseje o direito à aquisição originária (doação, usucapião, legitimação da posse, legitimação fundiária, p.ex.), no caso da locação predial, é admitida a forma de aquisição derivada, tal como, compra e venda, dação em pagamento[192], cessão de direitos[193], ou as promessas de realização de qualquer destas modalidades de negócio jurídico translativo oneroso.

Observação importante deve ser feita em relação à promessa de compra e venda irrevogável, registrada na matrícula do bem imóvel, conforme autoriza os artigos 1.417 e 1.418 do Código Civil. Esclareça-se que, diante do princípio da publicidade e da força probante do registro público, caso a inscrição (ônus reais) tenha ocorrido antes da realização da locação, há de ser claro ao inquilino que haverá a transferência de titularidade. Nesse caso, não deve existir o direito de preferência ao locatário.

O direito de preferência, de que trata o art. 27, parágrafo único, da Lei do Inquilinato, ao mencionar a existência de gravames como fato gerador do Direito à preferência, está se reportando às situações simultâneas ao contrato de locação, não às pretéritas.

---

190 Idem.

191 O STJ entende ser irrelevante o contrato estar registrado na matrícula do imóvel para o exercício regular do direito de preferência do inquilino. AgInt no REsp 1780197 / CE AGRAVO INTERNO NO RECURSO ESPECIAL 2018/ 0300593-5. https://scon.stj.jus.br/SCON/jurisprudencia/doc.jsp, acesso em 30/08/2020.

192 Art. 356 à 359, CC. Modo de extinção da obrigação distinto do pagamento.

193 Art. 1.793 à 1.795, CC. O Código Civil de 2002 admite, somente, a cessão de direitos sobre a herança. Vedada a cessão do direito hereditário sobre um bem singularizado.

O direito de preferência será exercido nas mesmas condições da oferta para terceiros. Importante esclarecer que a proposta apresentada, em desigualdade desfavorável para o locatário (preço à maior, p.ex.), comparativamente a oferta ao terceiro[194], enseja direito ao ajuizamento de ação de anulação do negócio jurídico[195], sendo admitido, inclusive, o depósito judicial[196] para a compra do imóvel pelo inquilino, pois, configura o abuso do direito, contido no art. 187, CC[197].

Esclareça-se que, tal direito deve ser exercido caso o inquilino tenha o legítimo interesse em adquirir o bem imóvel, pois caso contrário, com a intenção apenas de procrastinar a retomada do bem, por exemplo, configurará o abuso do direito na mesma toada do que foi analisado para o locador omisso ou negligente.

Forçoso ressaltar que o direito de preferência poderá ser exercido pelo locatário, sublocatário[198] e cônjuge ou companheiro[199] supérstite[200], assim como, por condôminos[201] e qualquer um dos sujeitos o exercerá em nome próprio. Os herdeiros (art. 1.206 e 1.207, 1ª parte, CC[202]) também poderão exercer o direito

194 Entende-se por terceiro, pessoa estranha ao contrato de locação.

195 RECURSO ESPECIAL Nº 1.680.638 - RS (2017/0152370-3). RELATOR: MINISTRO LUIS FELIPE SALOMÃO. RECORRENTE : RECURSO ESPECIAL. DIREITO CIVIL. CONTRATO DE LOCAÇÃO. DIREITO DE PREFERÊNCIA. FALTA DE AVERBAÇÃO NA MATRÍCULA DO IMÓVEL. POSSIBILIDADE DE PEDIDO DE INDENIZAÇÃO. 1. A falta de averbação de contrato de locação não impede o pleito de indenização por perdas e danos eventualmente configurados pela não oportunização do direito de preferência. Recurso especial provido em parte. MINISTRO LUIS FELIPE SALOMÃO (Relator). https://scon.stj.jus.br/SCON/decisoes/doc.jsp. Acesso em 30/08/2020.

196 Art. 33, Lei nº 8245/91 (Lei do Inquilinato)

197 AGRAVO INTERNO. AGRAVO INTERNO. AGRAVO EM RECURSO ESPECIAL. AÇÃO ANULATÓRIA DE NEGÓCIO JURÍDICO. VIOLAÇÃO DOS ARTS. 165, 458 E 535 DO CÓDIGO DE PROCESSO CIVIL DE 1973. NÃO OCORRÊNCIA. DIREITO DE PREFERÊNCIA DO LOCATÁRIO. ADJUDICAÇÃO. DECADÊNCIA. FUNDAMENTO DO ACÓRDÃO RECORRIDO NÃO IMPUGNADO. SÚMULA N. 283/STF. REEXAME FÁTICO DOS AUTOS. SÚMULA N. 7/STJ. AgInt no AgInt no AREsp 909595 / MG AGRAVO INTERNO NO AGRAVO INTERNO NO AGRAVO EM RECURSO ESPECIAL 2016/01074698.https://scon.stj.jus.br/SCON/jurisprudencia/doc.jsp, acesso em 30/08/2020.

198 Ver regra do art. 30, Lei nº 8245/91.

199 Isonomia segundo decisão do STF, publicado em 10/05/2017 , RECURSO EXTRAORDINÁRIO 878.694 MINAS GERAIS, que reconheceu a inconstitucionalidade do art. 1.790, CC. https://www.conjur.com.br/2018-fev-16/stf, acesso em 30/08/2020.

200 Art. 11, I, Lei nº 8245/91.

201 A preferência entre condôminos se sobrepõe à do inquilino.

202 Art. 1.206, CC. A posse transmite-se aos herdeiros ou legatários do possuidor com os mesmos caracteres; Art. 1.207, CC. O sucessor universal continua de direito a posse do seu antecessor; e ao sucessor singular é facultado unir sua posse à do antecessor, para os efeitos legais.

de preferência que cabia ao morto, no caso do inquilino falecido ter exercido seu direito em vida e o óbito ter ocorrido no curso do cumprimento do contrato de alienação[203].

Outro ponto relevante, sobre o objeto do direito de preferência, é o tratado no Enunciado 320 do CJF, que estende o direito de preferência aos abrigos de veículos, a saber: "O direito de preferência de que trata o art. 1.338 deve ser assegurado não apenas nos casos de locação, mas também na hipótese de venda da garagem." [204]

Note-se que não será qualquer espécie de alienação onerosa que resguarda o direito de preferência aos locatários. Segundo o art. 32 da Lei do Inquilinato, não ocorre preferência na venda por decisão judicial, na permuta, na doação, na integralização de capital, na cisão, na incorporação e, na perda da propriedade, temas que serão aprofundados quando a análise do referido preceito legal.

Como o direito de preferência nasce de determinação legal, não há necessidade de estar expresso no contrato de locação. Também, será nula a cláusula que o não autorize ou que contenha renúncia prévia ao direito de preferência. Nesse sentido, a lição de Sylvio Capanema de Souza[205]:

> "É nula a cláusula contratual que, antecipadamente, implique renúncia ao direito de preferência. A ela se aplica, como uma luva, a regra de proteção ética, constante do art. 45, já que o objetivo da cláusula de renúncia antecipada à preferência visa, sem dúvida, a elidir um dos objetivos fundamentais da lei."

O parágrafo único do art. 27, da lei em comento, indica os requisitos da preferência[206]:

---

203 "Assinale-se que o direito de preferência do locatário é personalíssimo, não podendo ser por ele cedido a terceiro, onerosa ou gratuitamente". Confere, SOUZA, Sylvio Capanema de. *Da locação do imóvel urbano:* direito e processo, Rio de Janeiro: forense, 1999, p.211.

204 https://www.cjf.jus.br/, acesso em 30/08/2020.
Art. 1.338, CC. Resolvendo o condômino alugar área no abrigo para veículos, preferir-se-á, em condições iguais, qualquer dos condôminos a estranhos, e, entre todos, os **possuidores**.

205 Ob. Cit. p.211.

206 O direito de preferência contido no art. 27 da Lei do Inquilinato, não deve ser confundido com a preempção ou preferência dos artigos 513 a 520 do Código Civil, próprio do contrato de compra e venda. Muito menos, há de ser confundido com o direito de preempção do art. 25 a 27, da Lei nº 10.257/2001 (Estatuto da Cidade), cuja finalidade é a aquisição pelo poder público municipal de um bem imóvel colocado à venda. Neste último caso, o interesse público se revela. Como para o exercício do direito de preempção houve a publicação de lei autorizativa, o inquilino terá ciência do fato, por óbvio.

a) Condições do negócio jurídico (à termo ou à prazo, com ou sem encargo, por representação, etc.);

b) Descrição do objeto, no caso, do imóvel alugado, excepcionando, se for o caso, as benfeitorias realizadas pelo inquilino, no curso da locação e que não tenham sido ressarcidas. Pode haver compensação, no caso, se for do interesse das partes;

c) Preço (indicação do valor em moeda corrente com índice de atualização financeira ou forma de indexação). No caso do exercício de preferência sendo arguido diante de uma dação em pagamento, o preço deverá corresponder ao débito, ainda que em parte do valor de avaliação do bem imóvel.

d) Forma de pagamento (à vista ou em parcelas – indicando a sua quantidade –, multa moratória, incidência de juros, dia, hora e local, modo de quitação, possibilidade de rescisão, se aceita financiamento imobiliário, etc.);

e) Existência de ônus reais e dia, hora e local para examinar os documentos (certidões, existência de credores, situação enfitêutica do bem imóvel, possibilidade de compensação de dívidas de natureza *propter rem*, etc.

A finalidade da notificação ao inquilino é dar ciência inequívoca da alienação do imóvel. Portanto, nela deverão estar expressas as condições, também, de forma clara e precisa, tal como foi (ou será) apresentada ao terceiro interessado na aquisição do bem imóvel locado. Caso a notificação não contenha todas as informações legais, o inquilino comunicará ao locador para que acrescente e/ ou emende, com os dados necessários, não sendo válida antes que todas as exigências legais tenham sido atendidas. Logo, o prazo nela contido, só começará a fluir da apresentação da notificação válida.

Art. 28. O direito de preferência do locatário caducará se não manifestada, de maneira inequívoca, sua aceitação integral à proposta, no prazo de trinta dias.

Rosângela Gomes

Na prática, o direito de preferência será exercido em conformidade com o Art. 28 da Lei do Inquilinato (Lei nº 8245/91). Ou seja, o locatário deverá manifestar, de forma inequívoca, sua aceitação integral à proposta, válida, no prazo decadencial de trinta dias.

Questão relevante é saber se pode haver contraproposta do inquilino ao locador, diante da notificação do interesse na venda do imóvel locado.

Na verdade, o que a lei pretende com a notificação é informar ao inquilino o interesse, por parte do locador em alienar onerosamente o imóvel. Portanto, não é mera negociação, logo, não admite contraproposta[207]. Trata-se apenas do dever de informação e a oferta ao locatário, caso tenha interesse na aquisição do bem.

A caducidade da preferência ocorre quando, no tempo determinado na notificação (30 dias, prazo legal) ao inquilino, este não exerce seu direito.

Importante sinalizar que a caducidade remete à decadência, logo, em não exercendo o direito de preferência, o decurso do tempo levará à extinção do direito. A lei impõe o prazo, que deverá ser adotado pelas partes, sem alteração, ou seja, trinta dias.

O prazo decadencial passa a correr da ciência. Portanto, relevante será a forma adotada para a notificação, embora a lei não determine forma expressa, é relevante a ciência da notificação de forma inequívoca e que o aceite chegue ao locador no prazo legal.

Claro está que, se houver ciência do aceite após o decurso do prazo legal, mas, exista real interesse das partes (locador e locatário) em concluir o negócio jurídico, não há razão para que a oferta seja abortada. Certamente, aos olhos do Direito, pode-se afirmar que há uma nova negociação, alheia ao direito de preferência, porém, o que interessa é a conclusão satisfatória, para os envolvidos, da aquisição da propriedade.

Não é desnecessário lembrar que qualquer ato que, maliciosamente, gere a perda do direito de preferência, será matéria de responsabilidade civil contratual, com a consequente reparação de dano causado. Assim, caso o locador, propositalmente, deixe de conhecer a resposta à proposta para que o decurso do prazo gere a perda do direito ocorrerá a consequência nefasta do abuso, conforme esclarecido anteriormente.

Art. 29. Ocorrendo aceitação da proposta, pelo locatário, a posterior desistência do negócio pelo locador acarreta, a este, responsabilidade pelos prejuízos ocasionados, inclusive lucros cessantes.

Rosângela Gomes

O art. 427, do Código Civil torna obrigatória a proposta ao proponente, gerando a força vinculante do negócio jurídico. Nessa linha, o art. 29 da Lei nº

207 SOUZA, 1999: 212.

8245/91 (Lei do Inquilinato) determina a obrigatoriedade da proposta formulada na notificação ao inquilino, após sua aceitação. Da mesma forma, o locador deverá respeitar os termos do negócio proposto, sob pena de responder por responsabilidade civil contratual.

Claro está, que o inquilino não poderá aceitar a oferta sem ter o numerário para o pagamento do valor estipulado no preço, ao menos a aprovação do financiamento imobiliário, caso a notificação possibilite esta via.

Da mesma forma, o locador, não poderá oferecer o imóvel ao locatário sem que tenha a firme convicção do propósito de alienação.

A desistência da proposta, após sua aceitação acarreta consequências jurídicas para a parte que, manifestando sua vontade de forma oposta a anteriormente expressa, gera danos aos envolvidos. Não é negócio jurídico preliminar, mas, contrato. Logo, a desistência produz os efeitos inerentes ao descumprimento contratual.

Evidente que o dever de reparar o dano, pela quebra contratual, por si só gera o dano (art. 927, parágrafo único, CC). Basta, portanto, a prova do desfazimento do contrato. Entretanto, como a lei menciona o dever de reparação, caberá a prova do *quantum* para quantificação dos prejuízos causados e liquidação do débito em sede de perdas e danos (art. 402, CC).

Ponto relevante abordado pelo STJ, em decisão da Ministra Nancy Andrighi, é o poder de coerção para a realização do acordo. A lei é clara no sentido de restar ao prejudicado o direito de reparação do dano, a saber[208].

> "A Turma entendeu não ser possível discutir, em ação de despejo por denúncia vazia, questões relativas à conduta do locador que, após a aceitação pelo locatário da proposta de venda do imóvel locado (direito de preferência), desiste de realizar o negócio, resilindo unilateralmente o contrato. Segundo a Min. Relatora, o arrependimento do locador é irrelevante para a defesa do réu da ação de despejo e não inviabiliza a tutela do direito nela buscado, porquanto, nessas situações, a Lei nº 8.245/1991 não confere ao locatário o poder de forçar a realização da venda, mas apenas a possibilidade de ser ressarcido pelos danos sofridos. Na espécie, os locadores recorrentes ajuizaram, na origem, ação de despejo por denúncia vazia em desfavor do recorrido nos termos do art. 57 da referida lei. REsp 1.193.992-MG, Rel. Min. Nancy Andrighi, julgado em 2/6/2011."

Assim, pode-se afirmar que, tanto o locador quanto o locatário não poder exigir a realização do contrato, pois a autonomia da vontade, diretriz máxima

208 https://ww2.stj.jus.br/jurisprudencia, acesso em 30/08/2020.

das relações contratuais, estaria sendo flagrantemente violada. Mas, sem dúvida, resta a reparação do dano.

Irrelevante para a lei ser ou não fundada a desistência, uma vez que a configuração do nexo causal (contrato), o dolo (quebra do contrato) e o dano causado pela quebra do acordo (resilição unilateral), são os requisitos necessários para configurar a responsabilidade civil contratual[209].

Certo é que, se a causa da desistência do acordo configurar um fato anterior a formulação da proposta, que era do conhecimento da parte que motivou a quebra contratual pela desistência, tal linha de raciocínio será relevante para a quantificação da indenização. Mas, a violação da boa-fé contratual e do dever de probidade, princípios norteadores das relações contratuais (art. 422, CC) estão configurados na simples desistência do acordo.

Art. 30. Estando o imóvel sublocado em sua totalidade, caberá a preferência ao sublocatário e, em seguida, ao locatário. Se forem vários os sublocatários, a preferência caberá a todos, em comum, ou a qualquer deles, se um só for o interessado.

Parágrafo único. Havendo pluralidade de pretendentes, caberá a preferência ao locatário mais antigo, e, se da mesma data, ao mais idoso.

Fátima Santoro

O artigo supra estabelece que existindo sublocação no imóvel, a preferência caberá primeiro aos sublocatários e, após, aos locatários.

Neste caso a lei protege primeiramente quem está efetivamente ocupando o espaço do prédio, dando garantias de preferência ao sublocatário. Há que se observar o início do caput, onde diz "em sua totalidade", ou seja, se o imóvel estiver sublocado por inteiro.[210]

209 A responsabilidade civil contratual difere da aquiliana ou extracontratual. Na primeira há um contrato que vincula as partes (vínculo jurídico) ao cumprimento de deveres avençados e deveres anexos ao acordo. O descumprimento de tais deveres implica na quebra contratual e suas consequências jurídicas, tal como expresso no art. 389, CC. Na responsabilidade civil extracontratual, os deveres são de omissão, ou seja, não causar dano ou violar direito alheio. Nesta, não existe um vínculo preexistente, mas o dever genérico de não violar direito alheio.

210 CASSAROTTE, Marijane Fernanda. O direito de preferência e suas peculiaridades. **Revista Jus Navigandi**, ISSN 1518-4862, Teresina, ano 13, n. 2000, 22 dez. 2008. Disponível em: https://jus.com.br/artigos/12114. Acesso em: 28 ago. 2020.

O dispositivo é claro no sentido de que o sublocatário poderá exercer o direito de preferência se o imóvel estiver sublocado por inteiro a ele, não tendo neste caso nenhum direito o locatário. Se o sublocatário não demonstrar interesse na aquisição o locatário poderá exercer este direito.

Tratando-se de sublocação parcial, o direito será exercido pelo Locatário. Na sublocação clandestina o direito de preferência seria do Locatário.

Nos casos em que o imóvel tiver mais de um sublocatário, todos tem o mesmo direito de preferência e se todos desejarem exercer este direito ao sublocatário mais antigo exercerá o direito. Se todos tiverem a mesma data de contrato neste caso a preferência será do locatário mais idoso.

Nosso saudoso professor Sylvio Capanema de Souza, em sua obra A Lei do Inquilinato comentada traz a seguinte reflexão:

> "Impõe-se, agora, uma indagação, que o legislador não respondeu gerando dúvidas quanto à exata interpretação do dispositivo.
> Não se interessando o locatário-sublocador pelo exercício da preferência, deverá o locador oferecê-la ao sublocatário, sendo parcial a sublocação?
> Uma primeira linha de raciocínio nos levaria a uma resposta negativa forte no argumento de que a lei não lhe impõe esta conduta, aludindo apenas à hipótese de sublocação total.
> Não se pode compelir alguém a praticar uma conduta que a lei não obriga.
> Preferimos, entretanto, acolher a tese contrária, amparado no princípio da função social do direito.
> Que prejuízo adviria para o locador oferecer a preferência ao sublocatário parcial, se a não quiser o locatário? Parece-nos que nenhum.
> Por outro lado, o sublocatário já ocupa o imóvel, embora não integralmente, sendo socialmente justo que nele possa permanecer, adquirindo a propriedade.
> Assim ocorrendo poderá ele denunciar a locação ao locatário-sublocador, invocando também a regra do já citado artigo 8º."[211]

Deve-se ficar atento aos termos do parágrafo único do referido artigo, pois se na venda do imóvel estão interessados mais de um Locatário, ou mais de um Sublocatário, o direito poderá ser exercido por aquele que esteja mais tempo no imóvel e no caso de empate, pelo mais velho. Mas todos os Locatários e Sublocatários devem ser notificados da proposta de venda do imóvel, pois todos têm em comum o direito de preferência.

211 SOUZA, Sylvio Capanema de. A Lei do inquilinato comentada. 12ª ed. Rio de Janeiro: Gen, 2020

O parágrafo destaca a ordem de preferência, uma vez que havendo vários sublocatários, todos podem simultaneamente exercer o direito de preferência ou apenas aquele que se interessar.

Vale salientar que todos deverão ser comunicados com um prazo legal individual para cada um manifestar seu aceite. Havendo concorrência, o artigo dá preferência ao sublocatário mais antigo. Se todos estiverem na posse ao mesmo tempo, terá preferência o mais idoso.

Silvio de Salvo Venosa destaca que:

> "É claro que, sendo vários os locatários ou sublocatários consentidos, todos devem ser notificados da proposta de venda. A aquisição em condomínio somente será permitida mediante acordo dos interessados."[212]

Da mesma forma que o locatário, o sublocatário não terá a preferência na aquisição quando se tratar de venda entre cônjuges na separação, venda entre condôminos, perda da propriedade por desapropriação, perda da propriedade por venda judicial (pode o sublocatário concorrer no leilão em igualdade com todos), permuta, doação, adiantamento da legítima (herança).

Ademais, cumpre apontar jurisprudência pertinente para exemplificação da matéria. Neste sentido, de acordo com a decisão do Superior Tribunal de Justiça:

> "Sendo a sublocação um contrato novo, mas não autônomo, que permanece vinculado ao contrato básico, as exigências legais pertinentes a este se estendem àquela. Assim, o exercício do direito de preferência, em caso de alienação do imóvel locado, por parte do sublocatário, depende da verificação do pré-requisito da inscrição no Registro Imobiliário. Recurso especial não conhecido."[213]

Deste modo, somente a sublocação legítima, aquela com consentimento prévio e escrito do locador, transfere ao sublocatário o direito de preferência na aquisição do imóvel locado. A ausência de averbação do contrato de locação não elide o direito do locatário em postular adjudicação compulsória se o adquirente tem prévio conhecimento da locação.

---

212 VENOSA, Sílvio de Salvo. Lei do inquilinato comentada: doutrina e prática. 14ª ed. São Paulo: Atlas, 2015, p.212

213 REsp. nº 43.081/SP, 5ª Turma, Min. Assis Toledo, julg. em 23.03.1994, publ. em 11.4.1994, DJ, p. 07659

Art. 31. Em se tratando de alienação de mais de uma unidade imobiliária, o direito de preferência incidirá sobre a totalidade dos bens objeto da alienação.

Fátima Santoro

Analisando o artigo supra, percebe-se que é proibido o exercício do direito de preferência apenas sobre parte de um imóvel. Desta forma, se o proprietário de um prédio decide vender todas as unidades dele, o locatário de apenas uma unidade pode exercer o direito de preferência na compra do prédio inteiro.

O mesmo ocorre se o proprietário tem em um prédio diversas unidades autônomas, mas não o prédio todo, e decide vendê-las em conjunto. Também o locatário de apenas uma unidade pode exercer o direito de preferência na compra de todas elas. Em ambos os casos, o locatário não pode exercer o direito de preferência apenas sobre a sua unidade.

Se diversos locatários decidem exercer o direito de preferência sobre o todo, neste caso aplicam-se as regras de preferência do parágrafo único do artigo 30, conforme foi observado no texto anterior.

Vale consignar o pensamento de Flavio Tartuce:

> "Havendo venda em bloco a preferência também deverá ser exercida em bloco, não podendo o titular do domínio ser obrigado a fracionar o seu imóvel. A regra é aplicada, por exemplo, no caso de venda de um prédio onde se encontram vários escritórios."[214]

Em vista disso, de modo a complementar o presente trabalho, satisfaz indicar jurisprudência referente ao Superior Tribunal de Justiça acerca do chamado direito de preferência para melhor compreensão da matéria.

Dessa forma, de acordo com o REsp nº 1554437, a Terceira Turma do Superior Tribunal de Justiça (STJ) manteve a condenação do proprietário de um imóvel, localizado em São Paulo, ao pagamento de indenização de 75 salários mínimos à empresa locatária, que pretendia adquirir o bem, mas fora impedida porque, dentro do prazo de preferência, a Rádio e Televisão Record conseguiu realizar a compra. Na origem, empresa de pequeno porte ajuizou ação anulatória, com pedido de posse e de compensação por danos morais, contra o dono do imóvel, que o vendeu para a Record, dez dias antes de acabar o prazo de

214 Tartuce, Flávio Manual de direito do consumidor : direito material e processual / Flávio Tartuce, Daniel Amorim Assumpção Neves.- 5.ed. rev., atual. e ampl. – Rio de Janeiro: Forense: São Paulo: MÉTODO, 2016.

preferência (preempção) a que o locatário tem direito. O magistrado de primeiro grau julgou os pedidos improcedentes. Em seu entendimento, o direito de preferência não seria válido, porque não fora averbado ao contrato locatício no cartório de registro de imóveis. Além disso, segundo ele, como foram vendidos vários imóveis contíguos, a preferência deveria ser exercida em relação a todos eles, e não somente quanto ao imóvel alugado. O Tribunal de Justiça de São Paulo (TJSP) deu parcial provimento ao recurso da União Park e condenou o locador ao pagamento de 75 salários mínimos de indenização. Não satisfeita, a empresa interpôs recurso especial no STJ. [215]

Segundo Sylvio Capanema de Souza:

> "Na hipótese de o locador pretender vender, em conjunto, várias unidades imobiliárias, que lhe pertençam e que se acham locadas a pessoas diversas, a preferência incidirá sobre a totalidade dos bens, e não isoladamente. Assim se estabeleceu para proteger o interesse econômico do locador, já que a venda em conjunto, em geral, proporciona melhor resultado, especialmente quando se trata de velhos e pequenos edifícios, localizados em bairros que se valorizaram, e cuja compra interessa a um incorporador, para demoli-los, e, em seu lugar, erguer um prédio maior e mais moderno." [216]

Já conforme leciona Sílvio de Salvo Venosa:

> "Se o imóvel estiver sublocado na totalidade, a preferência cabe ao sublocatário, primeiramente, e em seguida ao locatário. Se forem vários os sublocatários, a preferência caberá a todos, em comum, ou a qualquer um deles, se um só for o interessado. Havendo pluralidade de pretendentes, caberá a preferência ao locatário mais antigo, e, se da mesma data, ao mais idoso (art. 30). Nessa hipótese, a sublocação gera efeitos para o locador. Prefere-se o sublocatário que ocupa todo o imóvel por óbvias razões. Trata-se de sublocação autorizada. Na sublocação não consentida, não há direito do sublocatário."[217]

215 EDcl nos EDcl no RECURSO ESPECIAL Nº 1.554.437 - SP (2013/0327943-9)

216 SOUZA, Sylvio Capanema de. A Lei do inquilinato comentada. 12ª ed. Rio de Janeiro: Gen, 2020, p.20.

217 VENOSA, Sílvio de Salvo. Lei do inquilinato comentada: doutrina e prática. 14ª ed. São Paulo: Atlas, 2015, p.212

Art. 32. O direito de preferência não alcança os casos de perda da propriedade ou venda por decisão judicial, permuta, doação, integralização de capital, cisão, fusão e incorporação.

Parágrafo único. Nos contratos firmados a partir de 1o de outubro de 2001, o direito de preferência de que trata este artigo não alcançará também os casos de constituição da propriedade fiduciária e de perda da propriedade ou venda por quaisquer formas de realização de garantia, inclusive mediante leilão extrajudicial, devendo essa condição constar expressamente em cláusula contratual específica, destacando-se das demais por sua apresentação gráfica.

Fátima Santoro

O art. 32 abre exceções nas quais não se aplica a preferência em favor do inquilino: perda da propriedade ou venda por decisão judicial, permuta, doação, integralização de capital, cisão, fusão e incorporação. O parágrafo único do art. 32, incluído pela Lei nº 10.931, de 2004, dispõe que nos contratos firmados a partir de 1º de outubro de 2001, o direito de preferência não alcançará os casos de constituição da propriedade fiduciária e de perda de propriedade ou venda por quaisquer formas de realização de garantia, inclusive mediante leilão extrajudicial, devendo essa condição constar expressamente em cláusula contratual específica, destacando-se das demais por sua apresentação gráfica. [218]

Ainda conforme Venosa, a lei anterior excluía da preferência expressamente apenas os casos de venda judicial, permuta e doação. São hipóteses que não se coadunam com esse direito concedido ao inquilino. Poderia, é verdade, ter a lei mantido a preferência para os casos de venda judicial, mas razões de grande dificuldade na prática certamente já inspiraram o legislador na lei anterior. Quanto à permuta, esta se inspira no exclusivo interesse do proprietário, entrosando-se com outra coisa que a substitui em seu patrimônio, que pode nem mesmo ser imóvel. A doação, como negócio jurídico gratuito, tem finalidade absolutamente diversa de qualquer outra forma de alienação e por isso mesmo alija o locatário. Se for comprovada simulação nesses negócios, na troca ou no ato de liberalidade, em ação anulatória do negócio jurídico ou incidentemente em processo no qual se discute a preferência, deve ser preservado esse direito do inquilino. O mesmo espírito do caput é mantido pelo parágrafo introduzido pela Lei nº 10.931/2004. Como passou a integrar o ordenamento pátrio a garantia fiduciária para imóveis, na sua forma de excussão, a qual pode ser leilão extrajudicial, não haverá também direito de preferência. A lei nova exigiu que

218 VENOSA, Sílvio de Salvo. Lei do inquilinato comentada: doutrina e prática. 15ª ed. São Paulo: Atlas, 2020, p.220.

essa condição conste expressamente em cláusula do contrato de locação, com destaque para sua apresentação gráfica.[219]

Nesta perspectiva, perfaz indicar jurisprudência pertinente e de acordo com decisão do Superior Tribunal de Justiça, em relação ao agravo em recurso especial nº 1240958, em que a pessoa jurídica ajuizou ação declaratória de preferência cumulada com pedido de antecipação e tutela para manutenção de posse, a Corte da base concluiu que o negócio jurídico tratava-se de permuta e, assim, manteve a sentença que indeferiu o direito de preferência. Essa conclusão baseou-se na análise do contrato de compromisso de permuta física, tendo assentado que, dos termos e condições da avença celebrada entre os locadores e a incorporadora, é possível extrair que o contrato entre as partes tem natureza de permuta, e não de compra e venda, como alega a inquilina:

> AGRAVO EM RECURSO ESPECIAL Nº 1.240.958 - SP (2018/0018006-0) LOCAÇÃO DE IMÓVEL NÃO RESIDENCIAL - CONTRATO DE PERMUTA CELEBRADO COM EMPRESA INCORPORADORA - TROCA DE IMÓVEL LOCADO POR QUATRO UNIDADES AUTÔNOMAS A SEREM CONSTRUÍDAS NO LOCAL - COMPLEMENTAÇÃO EM DINHEIRO - PERMUTA NÃO CARACTERIZADA - DIREITO DE PREFERÊNCIA AFASTADO - INTELIGÊNCIA DO ART. 32 DA LEI DO INQUILINATO - CERCEAMENTO DE DEFESA - INOCORRÊNCIA DILAÇÃO PROBATÓRIA DESNECESSÁRIA RECURSO ESPECIAL NÃO CONHECIDO.[220]

Nosso ordenamento anterior não contemplava os institutos da venda judicial, permuta e doação. São espécies que não se coadunam com esse direito concedido ao inquilino. A venda judicial novamente foi excluída deste novo ordenamento por razões de muitas dificuldades na prática da aplicação de tal direito. A permuta trata de exclusivo interesse do proprietário, trocando-se por outros tipos de coisas que não necessariamente precisam se imóveis.[221]

Sylvio Capanema de Souza elucida sincronicamente com as jurisprudências e doutrinas, ao que tange o Artigo 32 da Lei 8.245/91:

---

219 VENOSA, Sílvio de Salvo. Lei do inquilinato comentada: doutrina e prática. 15ª ed. São Paulo: Atlas, 2020, pp.161-162.

220 STJ - AREsp: 1240958 SP 2018/0018006-0, Relator: Ministro MOURA RIBEIRO, Data de Publicação: DJ 21/02/2018

221 CASSAROTTE, Marijane Fernanda. O direito de preferência e suas peculiaridades. **Revista Jus Navigandi**, ISSN 1518-4862, Teresina, ano 13, n. 2000, 22 dez. 2008. Disponível em: https://jus.com.br/artigos/12114. Acesso em: 28 ago. 2020.

"Há situações especiais em que não se assegura ao locatário o direito de preferência, ficando livre o locador, desde logo, para alienar o imóvel, a quem melhor lhe convier. Tais hipóteses estão elencadas no artigo 32, cujo horizonte foi bastante ampliado, em relação ao texto anterior. O primeiro dos casos é o da alienação por decisão judicial, justificando-se a orientação legal pela ausência da voluntariedade, por parte do locador. A alienação decorre de imposição legal, tal como acontece, por exemplo, nas ações de execução ou de cobrança, quando o imóvel objeto da penhora é levado à praça. Também se verifica a venda judicial nos casos de extinção de condomínio, não sendo divisível o bem comum. Como se não bastasse o argumento, a preferência não precisará ser oferecida ao locatário, já que poderá ele, como qualquer pessoa do povo, comparecer ao leilão e igualar o lance vencedor, quando, então, lhe será assegurada a primazia. Seu direito não corre risco algum, já que a venda judicial é pública e precedida de editais, para o conhecimento de todos. A preferência será, assim, exercida diretamente por ocasião da praça, e de forma ainda mais eficaz. O segundo caso é o da permuta, e a razão também é óbvia. A permuta diferencia-se da venda porque nesta o preço é pago, predominantemente, em dinheiro, enquanto naquela ele é representado por outro bem, que não dinheiro. É a hipótese, por exemplo, de se trocar o apartamento locado por um sítio, na periferia da cidade, ou por um veículo. Como a preferência tem de ser exercida pelo locatário tanto por tanto, ou seja, em absoluta igualdade de condições com o terceiro, jamais poderia o inquilino igualar a proposta do permutante, por não dispor de bem exatamente igual, para oferecer ao locador. A permuta envolve bens infungíveis, pelo que fica o locatário inibido de igualar a proposta, sendo inútil o oferecimento da preferência. Nos dias atuais vai se tornando frequente a chamada "permuta no local", em que o proprietário de um imóvel, celebra com uma empresa incorporadora ou construtora uma permuta, ou promessa de permuta, trocando a propriedade do imóvel locado por um certo número de unidades, a serem construídas, pelo outro permutante. Em outras palavras: permuta-se coisa já existente por uma obrigação de fazer, ou ainda, uma coisa existente, por outra futura. Nestes casos não se pode afirmar que os bens são infungíveis, inibindo o exercício de preferência, pela impossibilidade de se igualar a oferta." [222]

222 SOUZA, Sylvio Capanema de. A Lei do inquilinato comentada. 14ª ed. Rio de Janeiro: Gen, 2020, p. 52.

O autor ainda leciona sobre o parágrafo único do Artigo 32, da referida lei:

> "Trata-se de acréscimo decorrente da Lei nº 10.931/04, que alarga as hipóteses de não incidência do direito de preferência. Na redação original não se aludia a esta hipótese porque ainda não se havia criado a alienação fiduciária de imóveis. Na constituição de propriedade fiduciária, não se pode admitir a preferência do locatário, já que ela se verifica com o escopo de garantia, sendo resolúvel o domínio que se transfere ao credor. Na outra hipótese também não se justifica a preferência, já que poderá ser ela exercida, mais eficazmente, quando da realização do leilão extrajudicial. Exige a lei que tudo isso conste de cláusula expressa e diferenciada, em cumprimento aos princípios da informação e da boa-fé objetiva, e para que o locatário tome inequívoca ciência do dispositivo."[223]

Deste modo, é possível inferir que se o fiduciário, o qual obteve a propriedade já integrada ao seu nome, bem como seus sucessores, se valerão, em face do locatário, após a denúncia, da ação de reintegração de posse, prevista no art. 30 da Lei 9.514/1997, ou da ação de despejo.

Importante salientar que a ação é de reintegração de posse em razão de expressa disposição legal e em função do princípio da especialidade, pois a lei especial determina a reintegração de posse, não fazendo distinção, ainda que reveja um modo diferente para a denúncia pelo adquirente.

Ademais vale complementar que a Lei do Inquilinato prevê como lei especial que o adquirente terá que retomar o imóvel, por ação de despejo.

Contudo, a Lei da Alienação Fiduciária (Lei 9.514/97) prevê prazos diferentes e, portanto, sistemática diversa e especial em relação à Lei do Inquilinato, até pelo fato da alienação fiduciária ser pública, não podendo o locatário ignorar as consequências da consolidação nas mãos do fiduciário e do público leilão ante o registro imobiliário.

A única exceção, na qual pode ser utilizar o remédio do despejo, na hipótese da alienação fiduciária suceder o contrato de locação, com a permanência do locatário do fiduciante após a constituição da propriedade fiduciária, até porque tal constituição. Nos termos do parágrafo único, do art. 32 da Lei 8.245/1991, não concede ao locatário o direito de preferência e não exige, assim, sua comunicação ou anuência.

Nas palavras de Luiz Antônio Scavone Junior:

---

223 SOUZA, Sylvio Capanema de. A Lei do inquilinato comentada. 14ª ed. Rio de Janeiro: Gen, 2020, p. 53.

"Não há direto de preferência ao locatário para aquisição do imóvel vendido no leilão extrajudicial , de acordo com a Lei 8.245/1991, art. 32, parágrafo único, aplicável aos contratos de locação firmados a partir de 1º de outubro de 2001."[224]

Art. 33. O locatário preterido no seu direito de preferência poderá reclamar do alienante as perdas e danos ou, depositando o preço e demais despesas do ato de transferência, haver para si o imóvel locado, se o requerer no prazo de seis meses, a contar do registro do ato no cartório de imóveis, desde que o contrato de locação esteja averbado pelo menos trinta dias antes da alienação junto à matrícula do imóvel.

Marco Aurélio Bezerra de Melo

Ao alugar um imóvel, o locador não abre mão do poder de disposição, sendo-lhe lícito alienar o bem locado a quem quiser. Contudo, se a alienação pretendida for onerosa, em regra, o exercício dessa faculdade passa por um importante fator de legitimação que consiste no fato de garantir ao locatário preferência na aquisição, tanto por tanto, ou seja, em igualdade de condições com o terceiro.

Assim, antes de alienar o imóvel alugado por meio de um contrato de compra e venda, promessa de compra e venda, cessão ou mesmo promessa de cessão de direitos ou dação em pagamento, o locador deverá ter um comportamento ativo de notificar o locatário, dando a este ciência inequívoca do interesse na transferência do bem.

Com o propósito de que o exercício da preferência seja efetiva o parágrafo único do artigo 27 da lei 8245/91 dispõe que "a comunicação deverá conter todas as condições do negócio e, em especial, o preço, a forma de pagamento, a existência de ônus reais, bem como o local e horário em que pode ser examinada a documentação pertinente".

O descumprimento da aludida obrigação de oferecer a preferência pode acarretar a própria ineficácia do negócio jurídico como se verá adiante a depender da escolha que faça o locatário preterido, já que o dispositivo legal garante ao locatário o direito potestativo de escolher entre a indenização ou a adjudicação do imóvel no prazo de seis meses.

224 SCAVONE JÚNIOR, Luiz Antonio. Direito imobiliário: teoria e prática. 10ª ed. Rev., atual. E ampl. Rio de Janeiro: Forense, 2016. P. 725-780.

Se resolver reclamar a indenização, o locatário terá que propor ação própria, pelo procedimento comum, onde alegará e provará a extensão do dano.

De outro lado, como se disse, é possível ao locatário escolher pela adjudicação compulsória do imóvel e Capanema festeja a opção legal:

> "A regra tem grande alcance social, evitando que a alienação importe na retirada do locatário do imóvel, agravando o déficit habitacional.
>
> Converte-se, assim, o locatário em proprietário da coisa que lhe fora, antes, locada, o que socialmente é do maior interesse.
>
> Quando isso ocorre, a posse direta até então exercida pelo locatário, se converte em posse em nome próprio, operando-se o que os romanos chamavam de traditio brevi manu, que é exatamente o oposto do constituto possessório." (CAPANEMA DE SOUZA, Sylvio. Da Locação do Imóvel Urbano. Forense: 2000, p. 209)

A preferência adotada pela lei locatícia é bastante diferente da regra geral do direito civil:

> "É da tradição do direito brasileiro que a preferência tenha natureza pessoal, resolvendo-se em perdas e danos, quando não é respeitada. Assim acontece, por exemplo, na cláusula especial de preempção, inserida no contrato de compra e venda.
>
> No campo da locação do imóvel urbano, atribui-se ao direito de preferência um caráter real, ao se assegurar ao locatário a adjudicação compulsória do imóvel, na hipótese de desrespeito ao seu direito.
>
> Tal solução foi muito criticado quando do advento da lei nº 6.649/79, até porque trazia insegurança ao sensível e nervoso mercado de compra e venda de imóveis, colocando em risco os direitos do terceiro adquirente de boa-fé.
>
> A atual lei manteve a mesma diretriz, no evidente propósito de fortalecer o direito do locatário." (obra citada, p. 218/219)

Pontua o professor Nagib Slaibi Filho que a adjudicação compulsória em favor do inquilino é direito que está submetido às seguintes condições: "a) só se torna exercitável se não lhe foi tornada factível a preferência na aquisição (se o locador alienou sem lhe comunicar, se comunicou e não esperou o decurso do prazo, alienou a coisa por preço inferior ao que comunicara ao inquilino); b) se foi exercida a ação no prazo decadencial de 6 meses, com termo inicial no registro da alienação (e não na data da escritura de compra e venda, por exemplo); c) se houve o depósito em juízo do preço e demais." (**SLAIBI FILHO, Nagib.** *Comentários à Nova Lei do Inquilinato.* 9ª ed. 1997, p. 239.)

Assim, se o contrato de locação estiver averbado junto à matrícula no cartório do registro imobiliário competente pelo menos trinta dias antes da alienação e o locador privar o locatário do direito de preferência, poderá este pagando o valor pelo qual foi feita a venda a terceiro, haver para si o imóvel locado, mediante ação de adjudicação compulsória em que o interessado, citando locador e adquirente, pedirá guia para depósito judicial no valor do contrato acrescido das despesas de transferência em favor do terceiro adquirente.

A anotação registral reveste-se de inestimável importância, pois é esse ato que confere à transação imobiliária a publicidade que justifica ser o terceiro atingido pela pretensão aquisitiva do inquilino que, a fim de evitar a caducidade de seu direito potestativo, deverá exercê-lo no prazo de seis meses a contar do registro da alienação onerosa junto ao cartório imobiliário, *ex vi* do disposto no artigo 33 da lei do inquilinato. Nesse sentido;

> "PROCESSO CIVIL E CIVIL. AGRAVO EM MEDIDA CAUTELAR. EFEITO SUSPENSIVO A RECURSO ESPECIAL. PENDÊNCIA DE JUÍZO DE ADMISSIBILIDADE POR TRIBUNAL ESTADUAL. INVIABILIDADE. SÚMULAS Nºs 634 E 635/STF. LOCAÇÃO. DIREITO DE PREFERÊNCIA. ADJUDICAÇÃO DO IMÓVEL PELO LOCATÁRIO PRETERIDO EM SEU DIREITO. PRÉVIA AVERBAÇÃO DO CONTRATO. NECESSIDADE. 1. A pendência do juízo de admissibilidade do recurso especial pelo Tribunal Estadual inviabiliza a análise da aparência do bom direito. 2. Compete ao Tribunal local a apreciação de pedido de efeito suspensivo a recurso especial pendente de admissibilidade. Incidência dos verbetes sumulares nºs 634 e 635/STF. 3. A não-averbação do contrato de locação no competente cartório de registro de imóveis impede o exercício do direito de preferência pelo locatário, consistente na anulação da compra e venda do imóvel locado, bem como sua adjudicação, nos termos do art. 33 da Lei 8.245/91, restando a ele a indenização por perdas e danos. Precedentes. 4. Agravo interno a que se nega provimento." (STJ, AgRg na MC 18.158/MG, Rel. Ministra Nancy Andrighi, Terceira Turma, julgado em 09/08/2011, *DJe* 17/08/2011).

A não-averbação do contrato de locação no competente cartório de registro de imóveis, previsto no art. 33 da Lei 8.245/91, impede tão-somente o exercício do direito de preferência do locatário preterido, pela falta de publicidade a terceiros, sendo desnecessária a averbação quando se tratar de pedido de indenização de perdas e danos. Nesse sentido, decide o STJ:

> "AGRAVO REGIMENTAL NO RECURSO ESPECIAL. AÇÃO INDENIZATÓRIA. DIREITO DE PREFERÊNCIA. AVERBAÇÃO DO CONTRATO NO REGISTRO IMOBILIÁRIO.PRESCINDIBILIDADE. 1. Nos termos da jurisprudência desta Corte, a inobservância do direito de preferência do locatário na aquisição do imóvel enseja o pedido de perdas e danos, que não se condiciona ao prévio registro do contrato de locação na matrícula imobiliária. Precedentes. 2. Agravo regimental não provido." (STJ – AgRg no REsp 1356049/ RS, Rel. Ministro Ricardo Villas Bôas Cueva, Terceira Turma, julgado em 25/02/2014, *DJe* 28/02/2014).

Mas a jurisprudência do STJ foi além: estabilizou-se o entendimento de que o direito à indenização pelo não oferecimento da preferência depende da comprovação, pelo locatário, da condição econômica para a aquisição do imóvel:

> EMBARGOS DE DECLARAÇÃO NO AGRAVO REGIMENTAL NOS EMBARGOS DE DECLARAÇÃO NO RECURSO ESPECIAL PROCESSUAL CIVIL. OBSCURIDADE. PRESENÇA. ACOLHIMENTO DOS ACLARATÓRIOS SEM EFEITOS INFRINGENTES. 1. Existência de obscuridade no acórdão embargado que não altera a conclusão do julgamento. 2. Para fazer jus à indenização por perdas e danos, o locatário preterido em seu direito de preferência deve comprovar que possuía condições financeiras de adquirir o imóvel na mesma conjuntura em que ele foi alienado a terceiro. 3. Entendendo a Corte de origem, com base na análise dos elementos fático-probatórios dos autos, pela inexistência de prova da condição financeira do autor, fica inviabilizado o conhecimento do recurso diante do óbice da Súmula nº 7/STJ. 4. Embargos de declaração acolhidos, sem efeitos infringentes." (STJ – EDcl no AgRg nos EDcl no REsp 1391478 / SP- Rel. Min. RICARDO VILLAS BÔAS CUEVA, Terceira Turma, DJe 01/06/2016)

O posicionamento é um tanto questionável, já que não se sabe, no caso concreto, quais seriam os esforços e manobras que o locatário faria para conseguir adquirir o imóvel, se a proposta fosse interessante: poderia obter a quantia com a família u por empréstimo bancário, por exemplo. Na verdade, a jurisprudência cria uma condição que a lei não criou para o exercício do direito potestativo ao locatário.

***Parágrafo único.* A averbação far-se-á à vista de qualquer das vias do contrato de locação desde que subscrito também por duas testemunhas.**

Basta, portanto, que o locatário apresente ao oficial do Registro de Imóveis a sua via do contrato. Quanto à assinatura de duas testemunhas, a lei acrescenta requisito estranho ao contrato de locação que não precisaria, prima facie, estar assinado por duas testemunhas para valer, por exemplo, como título executivo.

Capanema nos ensina, no entanto, que "as testemunhas são instrumentais, e a sua ausência inibirá a averbação. Trata-se, portanto, de solenidade essencial ao ato." (CAPANEMA DE SOUZA, Sylvio. A Lei do Inquilinato Comentada. GZ Editora: 2012, p. 155)

E complementa:

> "Vale a pena fazer, agora, referência expressa e oportuna ao que disse o art. 81, inserido nas Disposições Finais e Transitórias, que viabiliza a averbação a que se refere o artigo ora comentado.
>
> O art. 81 altera a redação do inciso II do art. 167 e do art. 169 da Lei nº 0.015, de 31 de dezembro de 1973 (lei de Registros Públicos), permitindo a averbação, à margem da matrícula dos imóveis, dos contratos de locação, independente da existência de cláusula de vigência, para os fins de exercício de direito de preferência, e mediante apresentação de qualquer das vias do contrato, assinado pelas partes e subscrito por duas testemunhas, bastando a coincidência entre o nome de um dos proprietários e o locador" (obra citada, p. 219)

A ação judicial a ser proposta pelo locatário para exercer e exigir sua preferência terá alienante e adquirente como litisconsortes necessários e "julgado procedente o pedido, o juiz adjudicará o imóvel ao autor, expedindo mandado ao oficial do Registro, para que cancele a anotação anterior. A sentença, transitada em julgado, valerá, para o locatário, como título aquisitivo de domínio, sendo levada ao Registro de Imóveis, como se escritura pública fosse." (obra citada, p. 155)

No que se refere, por fim, ao prazo de 6 meses, importante ressaltar que trata-se de prazo decadencial, a contar do registro do ato no cartório de imóveis. Assim, não está sujeito a causas interruptivas. Suspensivas ou a prorrogação.

Art. 34. Havendo condomínio no imóvel, a preferência do condômino terá prioridade sobre a do locatário.

Marco Aurélio Bezerra de Melo

Os romanos já diziam que "o condomínio é a mãe de todas as discórdias" e, atento a isso, o legislador posiciona a preferência do condômino à frente da preferência do locatário.

Assim, no embate entre a preferência advinda com a força do direito real e aquela que se estabelece como direito pessoal de locação, a prioridade será da primeira (art. 34 da lei 8245/91). Destarte, se o condômino alienar a sua parte no bem indivisível locado, a prioridade na aquisição da cota ou quinhão será dos demais condôminos que, se não a exercerem, deverá ser assegurada ao locatário. Capanema fundamenta a razão de ser da norma:

> "A preferência do direito dos condôminos, sobre o do locatário, justifica-se por dois argumentos principais.
>
> O primeiro diz respeito aos títulos ostentados pelos interessados. Os condôminos são coproprietários do imóvel, enquanto que o locatário é, apenas, o possuidor direto." (obra citada, p. 155)

Importante frisar que a regra não se aplica ao condomínio edilício, mas, tão somente, ao condomínio comum, regulado pelo Código Civil.

Chegando ao final desses breves comentários, percebo como foi bom revisitar esse tema e a obra de Sylvio Capanema. Eu teria um desgosto profundo, se faltasse o Capanema no mundo. Que bom que meu querido amigo e mestre vive, em outro plano da vida e em suas preciosas lições sobre locações.

Art. 35. Salvo expressa disposição contratual em contrário, as benfeitorias necessárias introduzidas pelo locatário, ainda que não autorizadas pelo locador, bem como as úteis, desde que autorizadas, serão indenizáveis e permitem o exercício do direito de retenção.

Marcos Alcino de Azevedo Torres

Esse dispositivo trata de assunto muito importante na relação entre locador e locatário, qual seja, a situação na qual o locatário realiza algum tipo de benfeitoria qualificada como necessária ou útil no imóvel cedido pelo locador, que não necessita ser proprietário para assim fazê-lo, uma vez que o possuidor com posse não derivada, o usufrutuário, superficiário, enfiteuta, dentre outros que não só o proprietário, podem figurar na relação locatícia como locador.

Para fins de comparação será tomado como marco temporal a regulação do contrato de locação na Consolidação das Leis Civis de Teixeira de Freitas de 1858 que vigiu até 1917, quando entrou em vigor o código civil, com consulta à 3ª edição publicada em 1896, em especial art. 663 e 665.[225]

A questão atinente às benfeitorias e sua natureza vem definida no Código Civil de 2002 no art. 96, na parte que o código cuida da situação de um bem em relação a outro, isto é, bens reciprocamente considerados e na classificação de bens acessórios e bens principais. Essa situação, conforme magistério de San Tiago Dantas não se funda "nas qualidades físicas ou jurídicas da coisa, mas, na relação recíproca em que elas se encontram" e para que se possa falar em coisa acessória e coisa principal é mister " que ela se ache em relação com a outra e que se possa, então, perceber, nessa relação, um vínculo de dependência" e essa dependência "é, portanto, a essência mesmo desta relação."[226]

A identificação de que um bem é acessório ou não de outro, nem sempre se faz de modo simplório mas a importância da classificação decorre da aplicação do princípio da gravitação jurídica, "que faz com um bem atraia para sua órbita um outro que é o seu acessório e lhe comunica o seu próprio regimen jurídico"[227], na expressão bem conhecida significa que o acessório segue a sorte do principal. Na hipótese, isto é, de relação locatícia, a situação envolve a aquisição da benfeitoria pelo titular do direito sobre o bem objeto da locação (bem principal) em detrimento daquele que realizou obras e melhoramentos na coisa (bens acessórios), que perde o investimento realizado, quando não recebe indenização por eles, conforme o caso, como abaixo será analisado de modo mais preciso para permitir ao leitor, inclusive não acostumado aos conceitos jurídicos, compreender o dispositivo em análise.

225 Art. 663: "Não é licito ao locatário reter a cousa com o pretexto de domínio, e só póde retel-a por despesas; ou bemfeitorias necessárias, ou uteis, que tenha feito até que seja pago do valor delas." E e art. 665: " Findo o tempo do contracto, o inquilino não póde embaraççar o despejo com oposição suspensiva, salvo mostrando que fez bemfeitorias com expresso consentimento do senhoria, e provando-as em continente." Consolidação das Leis Civis. 3ª Ed. Rio de Janeiro. H Garnier, Livreiro-Editor, 1896, p. 440/441, transcrito como no original.

226 DANTAS, San Tiago. Programa de Direito Civil. 2ª tiragem, Parte Geral. Editora Rio, 1979 p. 235.

227 Idem. Idem, p. 236.

Benfeitoria

Neste tópico procurar-se-á demonstrar os diversos significados do termo benfeitoria. Assim, benfeitorias são "intervenções" introduzidos num determinado bem "com o propósito de conservação, melhoramento ou embelezamento"[228], desse modo por necessidade, utilidade ou embelezamento ou ainda as despesas realizadas com uma das finalidades acima indicadas, mesmo que não resultem em obras mas que concorram para conservação, melhoria ou aformoseamento do bem considerado principal ou ainda tudo "aquilo que se acrescenta a um bem móvel ou imóvel para melhorá-lo, para lhe dar nova utilidade ou aprazimento"[229] e, o alargamento da compreensão do significado de benfeitoria é, conforme Fabio Azevedo, "de significativa importância prática", pois "permite que as indenizações por benfeitorias não alcancem apenas obras, mas que por exemplo, abranjam despesas como o pagamento de tributos incidentes sobre um imóvel."[230]

As benfeitorias, em sentido vulgar, podem ser realizadas por alguém que seja titular de direito sobre a coisa, de natureza real, como a propriedade, a posse, direito de superfície, os direitos reais sobre coisa alheia como usufruto, uso, habitação, servidão, como também por alguém que tenha posse de coisa de outrem por vinculo de natureza obrigacional como no contrato de locação, sublocação, no de comodato, no de promessa de compra e venda, dentre outros. Mas a questão só envolve exame no sentido técnico do termo benfeitoria (relação de principal e acessório) quando os melhoramentos realizados em um bem não o foi por seu proprietário ou titular de direito sobre a coisa, mas por alguém que tenha obrigação de restituir por extinção de um determinado vinculo contratual ou por alguém que tenha a propriedade sob condição resolutiva em tendo se operado a condição ou qualquer outra relação social e jurídica que alguém está na posse de bem de outrem, autorizado ou não e que em razão de decisão judicial tenha que entregar o bem a outrem, como por ex. na ação por evicção, nas ações reivindicatórias, nas ações possessórias.

Benfeitorias nos termos regulados pela lei civil difere de outro bem considerado acessório, identificado como acessões que são coisas novas inseridas por alguém na coisa de outrem, como construções, plantações e que também pelo princípio da gravitação passam a pertencer ao dono do solo e que por uma circunstancia qualquer (extinção de um vínculo, decisão judicial, evicção v.g.)

---

228 TEPEDINO. Gustavo e OLIVA. Milena Donato. Fundamentos do Direito Civil, vol. 1. Teoria Geral do Direito Civil. Gen/Forense, p. 203.

229 DANTAS. San Tiago. Programa... ob cit., p. 238.

230 AZEVEDO. Fábio de Oliveira. Direito Civil. Introdução e Teoria Geral. Gen/Forense, 4ª ed., 2014, p. 336.

tenha que entregar a coisa ao legitimo titular, tendo ou não os interessados ajustado algo a respeito. Isso se dá por ex., na hipótese de extinção do direito de superfície com relação a propriedade superficiária (plantação ou construção).

Ainda que acessões e benfeitorias sejam institutos tecnicamente diversos, dependendo da situação a primeira pode ser considerada uma benfeitoria, como a construção de um galpão ou prédio num terreno que foi locado vazio e que o objetivo da locação é o desenvolvimento de certa atividade empresarial nele, ou quando "se ergue uma casa, um paiol ou coisa semelhante, está-se diante de um benfeitoria útil, pois se acrescentou àquele imóvel uma utilidade nova, que é a utilidade da construção"[231]. Na acessão comum perderá o construtor, plantador o bem para o dono do solo, com ou sem indenização, conforme o caso (art. 1254, 1255 e 1256 do CC) salvo na acessão invertida consagrada no código civil atual no § único do art. 1225.

Também difere do conceito de benfeitoria as pertenças, que nos termos do art. 93 do Código Civil são "os bens que, não constituindo partes integrantes, se destinam, de modo duradouro, ao uso, ao serviço ou ao aformoseamento de outro". São bens acessórios, a despeito da discussão doutrinária respeito, como indica Fábio Azevedo, pontuando que se não tivesse a natureza de acessório desnecessário seria o legislador ter inserido o art. 94 do Código Civil,[232] que estabelece os negócios que envolvem o bem principal, de regra, não incluem as pertenças, isto é, podem elas ser separadas do bem principal, mesmo tendo sido empregados de modo permanente em outro bem, posto que podem inclusive pertencerem a titular diverso do da coisa principal.[233]

Nosso sistema codificado sempre cuidou na parte relativa a classificação dos bens das benfeitorias considerando-as como bens acessórios ao bem principal. No entanto, como registra Clóvis Bevilaqua, podem as benfeitorias necessárias "consistir em meras despesas, que não apareçam exteriormente como acessórios"[234] do bem. Aliás, nesse particular, o art. 663 da Consolidação das Leis Civis ao reconhecer o direito de retenção do locatário, trata como sendo hipóteses diferentes despesas e benfeitorias.[235]

O código civil de 1916 no seu art. 62 assentara que todas as benfeitorias seriam bens acessórios, não importando seu valor, mas excetuava a pintura em relação à tela, a escultura em relação à matéria-prima, a escritura e outro qual-

231 DANTAS. San Tiago. Ob cit. p. 239.

232 AZEVEDO. Fábio de Oliveira. Ob cit. p. 344.

233 AMARAL. Francisco. Direito Civil. Introdução. 8ª ed, Renovar. 2014, p. 334

234 BEVILAQUA. Clóvis. Theoria Geral do Direito Civil. Livraria Francisco Alves. SP/RJ, 1929, p. 244.

235 Consolidação das Leis Civis. Ob cit., p. 440.

quer trabalho gráfico em relação a matéria-prima que o recebe, mas porque aumentam o valor da coisa de tal modo "que deixam de ser, em face do direito, coisas accessóras para se transformarem em principaes"[236]. Tais situações decorrem da atividade criativa do homem, gerando coisa diversa daquela que foi trabalhada.[237] O novo código civil suprimiu essa disposição da parte geral, mas a inseriu na aquisição da propriedade pela especificação no §2º do art. 1270.

O código civil atual cuidou das benfeitorias no seu art. 96 mantendo o tratamento de que as benfeitorias podem ser de três espécies: necessárias, úteis ou voluptuárias. Na dicção do código são necessárias as benfeitorias que tem por fim conservar o bem ou evitar que se deteriore (§3º do art. 96). São úteis as benfeitorias que aumentam ou facilitam o uso do bem (§2º do art. 96). Por outro lado, são benfeitorias voluptuárias as de mero deleite ou recreio, que não aumentam o uso habitual do bem, ainda que o tornem mais agradável ou sejam de elevado valor (§1º do art. 96). É nas regras do código civil que o interprete deverá buscar o enquadramento da situação que está examinando no caso concreto e, sua adequada identificação, é que ditará a solução, seja aquela ajustada pelos próprios interessados seja aquela por incidência exclusiva da lei aplicável ao caso objeto de investigação.

Na prática do dia a dia nem sempre é fácil ao interprete identificar a natureza da benfeitoria, como no exemplo comum dos autores da construção de uma piscina num determinado imóvel. San Tiago Dantas reconhece essa dificuldade de identificação e no exemplo figurado, salienta ele que se for "num colégio, hotel ou casa cuja a finalidade é proporcionar certo exercício e certos benefícios aos seus moradores ou visitantes, ninguém negará que a piscina seja um benfeitoria útil, ao passo que numa outra construção ela poderá parecer voluptuária"[238], daí a importância da ponderação apresentada por Carlos R. Gonçalves de que a classificação do código civil, "não tem caráter absoluto, pois uma mesma benfeitoria pode enquadrar-se em um ou outra espécie, dependendo das circunstancias."[239]

A identificação da espécie de benfeitoria é de suma importância na questão da locação pois conforme sua classificação, saberá o interprete se sua realização demandaria ou não autorização prévia do locador; se existe ou não direito a indenização pelo que se incorporou ao patrimônio do locador; se há ou não

236 BEVILAQUA. Clóvis. Ob cit. 245.

237 PEREIRA. Caio Mario da S. Instituições de Direito Civil. Introdução ao Direito Civil. Teoria Geral do D. Civil. Gen/Forense. Vol I, 23ª ed., p. 372.

238 DANTAS. San Tiago. Programa... ob cit. p.339.

239 GONÇALVES. Carlos Roberto. Direito Civil Brasileiro. Parte Geral. Vol I. Ed. Saraiva, 2009, p.269.

direito de retenção da coisa pelo locatário até o recebimento do valor das benfeitorias. Aliás a redação do artigo sob comentário não deixa dúvida quanto a tal importância.

A doutrina menciona alguns exemplos para facilitar a compreensão do interprete, mas ainda que muitas das hipóteses aja coincidência de entendimento outras não há. Em matéria de locação razoável se valer dos exemplos de Sylvio Capanema, que se dedicou durante longos anos ao estudo de tal matéria. Indica renomado jurista que lamentavelmente a Covid-19 ceifou sua vida, que são comuns a indicação de hipóteses como sendo de benfeitorias necessárias "as substituições de vigas de telhado, ou de portas e esquadrias, apodrecidas pelo \tempo, ou comprometida pela ação de insetos, a troca da fiação elétrica, que ameaça entrar em curto, das manilhas de esgoto, ou dos encanamentos, corroídos pela ferrugem, ou mesmo a reforço das fundações, a reparação de trincas ou o levantamento do piso, para evitar a inundação do imóvel pelas águas pluviais"[240]. Como benfeitorias úteis indica o pranteado jurista e professor: "a construção de varandas, garagem para guarda de veículos, de churrasqueiras, piscinas, saunas, quartos para empregados e jardins".[241] Assinale-se que algumas das hipóteses indicadas como de benfeitorias úteis, para alguns autores, como já assinalado na referência a San Tiago Dantas, indicam como tendo a natureza de voluptuárias. Daí porque evidenciada está a dificuldade prática. Concordamos com Sylvio Capanema na classificação acima, uma vez que a construção das benfeitorias indicadas como úteis sem sombra de dúvida aumentam o uso do bem e o valorizaram enquadrando-se no §2º do art. 96 do CC. Colocar no mercado uma casa com churrasqueira, piscina, sauna, quarto de empregados obtém-se um melhor valor locatício e de regra, logra-se alugar de modo mais célere, o que é bom para o mercado e certamente para as partes envolvidas na relação. No que se refere a locação rápida de imóveis disponíveis, não se pode ignorar a influência decorrente, também neste setor, da evolução tecnológica com a criação de empresas com aplicativos de telefone celular que prometem a locação rápida de imóveis, garantindo inclusive o pagamento dos alugueres ao locador.

Importante também assinalar que por força do contrato e até por disposição legal (inc. II do art. 23 da Lei 8.245/91) o locatário tem obrigação de cuidar do imóvel locado como se fosse seu, o que implica em considerar um padrão com um homem "médio social emprega na conservação de seu patrimônio"[242], assim entendo, de modo exemplificativo, que a substituição de lâmpadas, disjuntores e fusíveis de energia, carrapetas de torneiras, reparo de válvula de aparelho de

240 SOUZA. Sylvio Capanema. A Lei do Inquilinato Comentada. GZ Editora, 5ª ed. 2009, p. 155.

241 Idem, Idem, p. 155

242 SOUZA.Sylvio Capanema. A Lei do Inquilinato ... ob cit. p. 125.

descarga, pinturas de manutenção, gastos com despesas de limpeza do imóvel, cuidados no tratamento de piscina, limpeza de churrasqueira, corte de gramados, limpezas de jardins, caixa d´agua, cisternas, corte e poda de cercas, arvores, estão compreendidas no dever de cuidado do locatário e não devem ser consideradas como benfeitorias a despeito do custo de sua realização, uma vez que são despesas comuns ao imóvel que contenha esses itens especiais e comuns a todos os outros imóveis.

No caso do contrato de locação as benfeitorias devem necessariamente advir de intervenção direta e voluntária do locatário, isto é, realizadas diretamente por ele ou por ele custeada, sob risco de sua descaracterização (art. 97 do CC), com por ex., acréscimo decorrente de acessão natural, como ilhas, o aluvião, avulsão, abandono de álveo, por decorrerem do fortuito ou força da natureza.[243] As benfeitorias de regra valorizam economicamente o bem pertencente ao locador, de modo que representam um ganho, um enriquecimento, mas não podem ser consideradas, por exemplo, a valorização do imóvel que decorrem de fatos e ações que não se ligam ao locatário, como por ex. por intervenções urbanísticas da Administração Pública ou de particulares (*v.g.* asfaltamento; construção de metrô, escola ou *shopping center* nas proximidades), fortuitos como ação natural como as acessões naturais como acima indicado ou obras e despesas realizadas por terceiro não relacionado com o locatário.

Apesar de acessões e benfeitorias não se confundirem como já salientado, no debate ocorrido ao longo do tempo passou a prevalecer o entendimento de que às acessões também se aplica o disposto no art. 35 quanto ao direito de indenização e de retenção, em razão da ausência de distinção prática de ambos os conceitos.[244]

Indenização e autorização

A discussão a respeito da autorização e indenização para a realização de benfeitorias no imóvel locado já existia ao tempo da Consolidação das Leis Civis de Teixeira de Freitas. O artigo 665 estabelecia que o locatário não poderia embaraçar o despejo com oposição suspensiva, "salvo mostrando que fez bemfeito-

243 ZEVEDO. Fábio de Oliveira. 337. Direito Civil. Introdução e Teoria Geral. 4ª ed, Gen/Forense, 2014, p. 337.

244 Nesse sentido, confira-se na jurisprudência: (i) STJ. REsp nº 1.316.895. Terceira Turma. Relatora Min. Nancy Andrighi. Julgamento em 11.06.2013; (ii) STJ. REsp nº 805.522. Quinta Turma. Relator Min. Arnaldo Esteves Lima. Julgamento em 07.12.2006 Também, na doutrina: (i) SCAVONE JUNIOR, Luiz Antonio. Direito Imobiliário: teoria e prática. 15ª ed. Rio de Janeiro: Forense, 2020, p. 2.286-2.287; (ii) VENOSA, Sílvio de Salvo. Lei do Inquilinato Comentada: doutrina e prática. 15ª ed. São Paulo: Atlas, 2020, p. 188.

rias com expresso consentimento do senhorio, e provando-as em continente"[245] mas só tinha direito de receber por elas, conforme assinala Teixeira de Freitas em nota, se provasse a sua realização nos termos do art. 368 da Consolidação e ainda "que o senhorio obrigou-se a pagal-as".[246]O Código Civil de 1916 que regulou na ocasião tanto a locação de prédio urbano quanto rural, estabeleceu no art. 1.199 que o locatário só poderia reter a coisa alugada no caso de benfeitorias necessárias ou no caso de benfeitorias úteis se estas houverem sido feitas com o expresso consentimento do locador. Essa disposição fora repetida no art. 578 do Código Civil de 2002 mas que não se aplica a locação de imóveis urbanos regulada pela Lei 8.245/91, salvo nas locações indicadas no § único do art. 1º da referida lei. Então, a partir do código civil de 1916 o legislador passa a distinguir, para efeito de exigir autorização prévia do locador, benfeitorias necessárias das úteis.

A primeira lei de locação predial urbana, Lei 1.300 de 1950, que era lei de natureza temporária[247], não tratou nos seus dispositivos da questão relativa as benfeitorias, mas estabeleceu no seu art. 21 que no que ela fosse omissa deveria ser aplicado o código civil. A Lei 4494/64 que a substituíra só fez referência à benfeitorias no art. 26 inc. V e VI, na parte que cuidava da prova pericial na revisão do aluguer, sendo que no inciso V determinou que o perito descrevesse as benfeitorias realizadas pelo locatário e no inc. VI que no arbitramento do novo aluguel, não considerasse as benfeitorias, mesmo aquelas autorizadas pelo locador e no que a lei fosse omissa deveria ser aplicado o direito comum (art. 41). A Lei 6649/79 que a substituíra cuidou do assunto no art. 26 estabelecendo que ao locatário só seria lícito reter o prédio no caso de benfeitorias necessárias ou no de benfeitorias úteis, desde que autorizadas. Redação semelhante ao artigo 35 ora examinado e a regra do código civil de 2002, com a ressalva da exclusão de tal direito como será examinado.

Percebe-se que historicamente o legislador brasileiro quanto ao contrato de locação tratou com distinção da questão de benfeitorias necessárias e úteis,

245 Consolidação das Leis Civis, ob cit., p. 441.

246 FREITAS. Teixeira. Consolidação ... ob cit., nota 19 ao art. 665.

247 Inicialmente tinha previsão de vigência até 31.12.1952, contudo diversas leis por vezes anuais e por vezes semestrais, foram editadas prorrogando sua vigência até 25.11.1964, – cerca de 15 leis entre 1951 a 1964 – quando entrou em vigor a nova Lei do Inquilinato de nº 4494/64, regulando de modo amplo a locação predial urbana, nos moldes das que lhe seguiram (Lei 6649/79 e Lei 8.245/91) revogando a Lei 1.300/50 e todas as leis editadas para sua prorrogação desde a primeira (Lei 1.708/52) até a última Lei 4416/64. Algumas dessas leis, além de prorrogar a Lei 1300/50, traziam também outras disposições a respeito da locação predial urbana, mas nenhuma delas sobre benfeitorias. A Lei 4494/64 excluiu no § 2º do art. 1º as locações para fins não residenciais que continuariam sujeitas ao Dec. 24.150/34 e ao Código Civil.

seja através da regulação geral do código civil, aplicado supletivamente seja através da lei própria e de um modo geral sempre exigiu consentimento expresso do locador tão somente para a realização de benfeitorias úteis.

Como as benfeitorias úteis e necessárias de que cuida o artigo 35 em exame são melhoramentos e despesas realizadas no imóvel locado, que pelo princípio da gravitação seguem o bem principal, portanto passam a pertencer ao titular de direito sobre o bem objeto da locação ou o livram de certos pagamentos (impostos, hipotecas etc.) aproveitam assim à aquele que figura como locador, o qual, a princípio, deverá indenizá-las a fim de evitar o seu enriquecimento sem causa. Nesse sentido, o Código Civil, que pode ser invocado de modo supletivo (art. 79 da Lei 8.245/91), ao cuidar da posse - natureza da situação jurídica do locatário - estipula como regra geral no art. 1.219 que o possuidor de boa-fé tem direito à indenização pelas benfeitorias úteis e necessárias que introduzir no bem objeto de sua posse e poderá exercer o direito de retenção até o recebimento do valor a elas correspondentes.

Trata-se de melhoramentos que impactam diretamente na utilidade e preservação (conservação) do imóvel tanto no sentido físico como jurídico (despesas com o pagamento de impostos, hipoteca, promoção da defesa judicial do bem)[248] e, consequentemente, no próprio objeto do contrato de locação. Daí porque, o direito à indenização pode ser extraído dos deveres gerais do locador, como a garantia do uso pacífico do imóvel (art. 22, II da Lei 8.245/91) e a manutenção da sua forma e destino (art. 22, III da Lei 8.245/91).

O art. 35 da Lei de Locações na linha do código civil na parte relativa à locação traz requisito específico ao estabelecer que as benfeitorias necessárias independem de autorização do locador, mas as benfeitorias úteis somente serão indenizáveis quando por ele autorizadas[249]. A autorização pode ser aposta no contrato ou em documento a parte, mas há divergência quanto sua forma: (i) para Silvio Venosa, a autorização pode ser expressa ou tácita, inclusive verbal, diante da inexistência de exigência legal quanto à forma escrita[250]; (ii) Para Sylvio Capanema a autorização deve ser necessariamente prévia e expressa[251].

---

248 GONÇALVES. Carlos Roberto. Ob cit., p. 270.

249 Fora do âmbito das locações urbanas, a título ilustrativo, cumpre observar duas situações especiais: (i) No arrendamento rural, a indenização de benfeitorias necessárias e úteis não exige prévia autorização, a qual é reservada apenas às benfeitorias voluptuárias (art. 95, VIII da Lei 4.504/64); (ii) Nos imóveis federais locados, as benfeitorias necessárias só serão indenizáveis se notificadas dentro de 120 dias de sua execução (art. 90 do DL 9.760).

250 VENOSA, Sílvio de Salvo. Lei do Inquilinato Comentada: doutrina e prática. 15ª ed. São Paulo: Atlas, 2020, p. 190.

251 SOUZA, Sylvio Capanema de. In: TEIXEIRA, Salvio de Figueiredo (coord.). Comentários ao Código Civil. v. 8. Rio de Janeiro: Forense, 2004, p. 524.

Para este último autor, que se dedicou por quase toda vida ao tema da locação predial urbana, sendo, sem dúvida, um dos maiores conhecedores do assunto, a diferença de tratamento da questão entre o possuidor comum do código civil (art. 1210 a 1222) e possuidor locatário, decorre do fato de que "não se poderia compelir o locador a indenizar benfeitorias que podem não atender a seu interesse, ou que suas disponibilidades econômicas não permitiriam fazer, gerando, para o locatário, o direito de retenção."[252]

Recomenda-se, então, que as partes estabeleçam em contrato quais benfeitorias úteis estariam previamente autorizadas e poderiam ser realizadas pelo locatário desde já, ainda que de forma ampla, mas com limites minimamente aplicáveis e razoáveis. Porém, nada impede que as partes resolvam o tema em documento apartado, informal e imediatamente (*v.g.* via telefone ou mensagens de texto) ou, inclusive, mediante ratificação posterior do locador – o que naturalmente enseja riscos, mas deve ser interpretado conforme os princípios da boa-fé objetiva e da tutela da confiança. Num contrato classificado na teoria geral dos contratos como simplesmente consensual posto que a lei não exigiu forma para sua existência, deve ser reconhecida a autorização dada pelo locador por qualquer modo, tais como comunicação por email, wathzap etc ou qualquer outra forma que se consiga demonstrar que a realização das benfeitorias foi efetivamente autorizada. Essa autorização era exigida pelo art. 665 da Consolidação das Leis Civis de Teixeira de Freitas, afirmando que "provado esse consentimento, o inquilino pode reter a casa arrendada" mas na ocasião o locador só estava obrigado a pagar pelas benfeitorias se tivesse assumido tal compromisso,[253]e é também exigido a autorização prévia na locação comum do código civil conforme redação do art. 578.

É importante observar que a sistemática da autorização para benfeitorias úteis se assemelha sobremaneira com o instituto da gestão de negócios,[254] sendo possível identificar duas hipóteses: (i) benfeitoria útil não autorizada; (ii) inexistência de autorização após prazo razoável. Parece assim possivel a invocação das regras e princípios atinentes a gestão de negócios alheios como uma alternativa de solução normativa para a intrincada questão.

Em primeiro lugar, a realização de benfeitoria útil não autorizada por vontade manifesta ou presumível do locador não importa em qualquer direito a indenização enquanto intervenção indevida em propriedade alheia. Na forma

---

252 Idem. A Lei do Inquilinato Comentada. GZ Editora, 5ª ed., 2009, p. 154

253 FREITAS. Teixeira de. Consolidação... ob cit., p. 441.

254 Instituto que o C.C. Alemão de 1896 no § 994 manda aplicar na hipótese de despesas necessárias realizadas pelo possuidor. (in Código Civil Alemão traduzido por Souza Diniz. Distribuidora Record Editora, 1960, p. 163.)

dos arts. 862 e 863 do Código Civil, que cuidam da gestão de negócios e mesmo por inserção de cláusula padrão nos contratos de locação (art. 23 inc. III da Lei 8.245/91), o locatário deverá restituir o imóvel ao seu estado original, assim como indenizar ao locador quando sua intervenção causar mais prejuízos que benefícios. O simples fato de a benfeitoria ter trazido maior utilidade ao imóvel não é suficiente para impor ao locador o dever de pagamento por sua realização, mesmo porque a maior utilidade resultante da intervenção do locatário a ele mesmo beneficiou no curso da locação.

Além disso, o locatário não autorizado também responderá pelo caso fortuito ou força maior que guardarem nexo causal com sua intervenção no bem objeto da locação, afastada sua responsabilidade quando provar que o dano sobreviria de qualquer forma. De todo modo, a responsabilidade será sempre subjetiva, fundada na existência de culpa (art. 866 do CC).

É de se observar que, o locador que não autoriza a intervenção, mas dela se aproveita, deverá indenizar o locatário pelas despesas realizadas (art. 868, parágrafo único do CC), tratando-se de nítido comportamento contraditório, violando assim a boa-fé objetiva (*venire contra factum proprium*) recusar-se a pagar a indenização correspondente a vantagem obtida.

Em segundo lugar, coloca-se a situação em que há solicitação ao locador para intervenção no imóvel, mas este não responde em prazo razoável. É dever do locatário levar imediatamente ao conhecimento do locador qualquer dano ou defeito que precise de reparação (art. 23, IV da Lei 8.245/91), mas ao mesmo tempo também é seu dever tratar o imóvel com a devida diligência como se seu fosse, a todo tempo (art. 23, II da Lei 8.245/91 c/c art. 865 do CC).

Assim, havendo urgência na decisão quanto a realização ou não de benfeitoria útil[255] ou tendo transcorrido prazo razoável sem resposta do locador, salvo disposição contratual em sentido contrário, o locatário estará autorizado a atuar no interesse e vontade presumíveis daquele (art. 861 do CC). Logo, se o imóvel for utilmente administrado, o locatário fará jus à indenização pelas despesas necessárias e úteis (art. 869 e 870 do CC), tendo em vista a preponderância do seu dever de preservar a coisa. Caso a intervenção não seja ratificada, o locatário será responsável de forma subjetiva (art. 866 do CC).

Por fim, cumpre observar que, não tendo autorizado a realização de benfeitorias úteis, o locador poderá exigir seu desfazimento quando do fim

255 Trata-se de hipótese de difícil observação prática e de fácil confusão com as benfeitorias necessárias, mas que pode ocorrer em virtude de situações específicas do caso concreto. Como exemplo, pode-se citar uma proposta exclusiva e extremamente vantajosa de prestação de serviço a ser respondida em prazo exíguo.

do contrato de locação, tendo em vista ser obrigação do locatário, como já se disse, restituir o imóvel no estado em que o recebeu (art. 23, III da Lei 8.245/91)[256]. De qualquer modo, resguarda-se eventual discussão sobre possível comportamento contraditório, abuso do direito, condição puramente potestativa (cláusula *si volam* – art. 122 do CC) ou ato emulativo da parte do locador.

Pagamento da indenização

Quanto ao montante a ser indenizado pelas benfeitorias úteis e necessárias, tratando-se de posse de boa-fé, uma vez que se trata de posse derivada decorrente do contrato de locação, prevalecerá seu valor atual em detrimento do seu custo efetivo, conforme o art. 1.222 do Código Civil aplicado supletivamente. Assim, o locatário suportará a eventual desvalorização das benfeitorias quando do pagamento, enquanto o locador arcará com o impacto de sua valorização.

Não é possível a compensação automática do valor da indenização das benfeitorias com os aluguéis vencidos (e logicamente os vincendos), uma vez que aquela carece dos requisitos para compensação (prova da existência, valores etc que conduzam a certeza e liquidez) exigidos pelo Código Civil para que possa operar-se *ex-lege* (art. 369 do CC)[257], nada impedindo, por obvio a compensação por ajuste entre as partes, dita convencional, onde tais requisitos podem ser afastados pela vontade das partes. Salvo concordância do locador em relação aos *an* e *quantum debeatur*, a liquidez da obrigação de pagar pelas benfeitorias somente seria alcançada com o trânsito em julgado da sentença proferida em ação de despejo ou de cobrança, na qual a matéria deve ser apresentada pelo locatário em contestação, seja na ação despejo ou em ação de conhecimento proposta por ele em face do locador, observado o contraditório – quando, então, será possível falar em compensação por força de lei, como admite o sistema no art. 368 do Código Civil ou mesmo a chamada compensação judicial.

Registre-se o entendimento da Corte Especial do Superior Tribunal de Justiça (STJ), de que a realização de benfeitorias pelo locatário pode importar em aumento do valor do aluguel para ajustá-lo ao preço de mercado (via ação revisional ou consenso entre as partes), ainda que a indenização das benfeitorias não tenha sido paga ou tenha sido renunciada[258]. Não há que

256 SOUZA, Sylvio Capanema de. A Lei do inquilinato comentada artigo por artigo. 12ª ed. Rio de Janeiro: Forense, 2020, p. 289.

257 SOUZA, Sylvio Capanema de. A Lei do inquilinato comentada artigo por artigo. 12ª ed. Rio de Janeiro: Forense, 2020, p. 288.

258 STJ. EREsp 1.411.420. Corte Especial. Relatora Min. Nancy Andrighi. Julgamento em 03.06.2020.

se estabelecer distinção entre melhoramentos realizados pelo locador ou pelo locatário, uma vez que as benfeitorias sempre se incorporam ao domínio do proprietário, contudo, sua influência no arbitramento do novo aluguer só deve ser admitida em tendo o compromisso de pagar por elas ao final do vínculo. Em sentido da posição aqui externada, tem-se a opinião de Luiz Antonio Scavone Junior que sustenta que o valor do aluguel só pode sofrer revisão quando as benfeitorias são indenizadas pelo locador, como na hipótese de ação renovatória de locação não residencial, na qual há novo contrato, sob pena de enriquecimento ilícito do locador por remuneração que não investiu.[259]Isto pode ocorrer se o perito judicial levar em consideração, na fixação do novo aluguer as benfeitorias realizados pelo locatário. A Lei 4494/64 vedava expressamente no inciso VI do art. 26 levar em consideração na fixação do novo aluguer as benfeitorias realizadas pelo locatário para exercício de sua atividade. Está situação é comum, como por ex., a construção pelo locatário de um mezanino que permita explorar a parte superior do bem locado, armazenando mercadorias ou mesmo dando outra utilidade como servindo lanches e refeições.

Por último, a 3ª Turma do STJ entende que o prazo prescricional para a ação de ressarcimento de benfeitorias é de 3 anos contados da rescisão do contrato de locação (art. 189 do CC)[260], assim como é vedado seu reconhecimento de ofício por se tratar de matéria patrimonial disponível restrita à autonomia das partes.[261]

Efeitos da inclusão de cláusula de renúncia à indenização por benfeitorias

A questão relativa a possibilidade ou não do locatário renunciar previamente por cláusula expressa inserida no contrato de locação a qualquer indenização por benfeitorias independente de sua natureza de necessária ou útil e sua incorporação automática ao patrimônio do locador, sempre foi e ainda é, a despeito da legislação, palco de acesas discussões.

Como se viu, historicamente, não havia previsão legal ou seja, na função promocional do direito, o legislador não estimulava a inclusão de cláusula de renuncia e na legislação agora em vigor, resolveu assim fazê-lo. Nesse particular

259 SCAVONE JUNIOR, Luiz Antonio. Direito Imobiliário: teoria e prática. 15ª ed. Rio de Janeiro: Forense, 2020, p. 2.288.

260 STJ. REsp nº 1.791.837. Terceira Turma. Relatora Min. Nancy Andrighi. Julgamento em 19.11.2020.

261 STJ. REsp. nº 1.826.846. Terceira Turma. Relatora Min. Nancy Andrighi. Julgamento em 22.09.2020.

Fabio Azevedo assinala que trata-se "de regra sem dúvida lamentável e de muito pouca coerência axiológica."[262]

Na prática do mercado de locação as empresas administradoras de imóveis que assessoram os locadores sempre fizeram inserir uma cláusula contratual de renuncia ao pagamento de qualquer indenização por benfeitorias, não importando a natureza e sua plena incorporação ao patrimônio do locador ao termino do contrato, o que em tese, por força da autonomia privada seria lícito fazê-lo.

Como já salientado acima, essa situação remonta ao século XIX, quando já na Consolidação das Leis Civis de Teixeira de Freitas ficara assentado que somente seria indenizável as benfeitorias autorizadas pelo locador.

A legislação atual, tanto o código civil quanto à Lei 8.245/91 admitem a renúncia ao direito à indenização (e ao consequente direito de retenção): "*salvo expressa disposição contratual em contrário*", incluiu o legislador tanto no art. 35 ora em exame quanto no art. 578 do Código Civil de 2002, sendo regra básica na qualificação da norma jurídica que utilizando o legislador a expressão "salvo disposição em contrário", qualifica o dispositivo legal como de natureza supletiva, isto é, de aplicação não imperativa.

A opção legislativa decorre da máxima admitida em direito que tratando-se de direito patrimonial disponível deve ser deixada a apreciação livre das partes por força da autonomia privada. A jurisprudência do STJ ratifica essa interpretação tendo editado a Súmula nº 335.[263]

De toda forma, ainda que a legislação atual fosse silente, não se poderia falar, em princípio, em ilegalidade da renúncia em razão, por ex., da vedação ao enriquecimento sem causa, em especial em relação às benfeitorias qualificadas como úteis. Ressalvadas as hipóteses de vício de consentimento, presume-se que o contrato de locação é paritário e simétrico e, logo, plenamente válido e eficaz (art. 421-A do CC, introduzido pela Lei da Liberdade Economica).

Por certo que essa presunção é relativa e pode ser demonstrado no caso concreto que o contrato firmado pode ser considerado como de adesão. Havendo dependência econômica entre os pré-contratantes no caso concreto, devidamente comprovada nos autos, caberá ao juiz a excepcional revisão do contrato em interpretação conforme a racionalidade econômica[264] das partes

262 AZEVEDO. Fabio de Oliveira. Ob cit., p.338.

263 Súmula 335 do STJ: Nos contratos de locação, é válida a cláusula de renúncia à indenização das benfeitorias e ao direito de retenção.

264 Na compreensão da racionalidade econômica, deve-se utilizar dos conceitos da nova economia institucional evidenciados por Oliver Williamson, dentre os quais cita-se: (i) racionalidade limitada: o ser humano não é omnisciente, sendo impossível ter o

e a boa-fé objetiva (art. 113, §1º III e V do CC) - sendo o caso ou não de afastamento dos efeitos da renúncia a depender dos custos de transação e das informações disponíveis às partes, sob risco de indevida intervenção estatal apta a criar ou aumentar ônus não previstos inicialmente quando das negociações, sub-rogando-se indevidamente à figura do contratante.[265]

Tratando-se de contrato de adesão, será imperativa a nulidade da cláusula de renúncia antecipada ao direito de indenização das benfeitorias (art. 424 do CC), posição também adotado por Fabio Azevedo.[266] Registre-se ser comum a aquisição de formulário de contrato de locação em papelarias e armarinhos, contendo as cláusulas comuns do mercado de locação, de regra no interesse do locador, preenchendo os interessados os espaços destinados a identificação das partes, identificação do imóvel, valor do aluguel, período da locação e identificação, se houver, do fiador. Nesta opção, as partes não discutem qualquer das cláusulas do contrato já impressas, embora seja possível riscar qualquer cláusula que não corresponda ao interesse das partes.

Destaque-se que a qualificação de um contrato como sendo de adesão passou também por evolução adaptativa à realidade dos negócios, considerando que tradicionalmente raras hipóteses contratuais eram consideradas como sendo de adesão (prestadores de serviços públicos, seguros, contratos bancários por exemplo).Diz Caio Mario que contrato de adesão "são aqueles que não resultam do livre debate entre as partes, mas provêm do fato de uma delas aceitar tacitamente cláusulas e condições previamente estabelecidas pela outra."[267] Fácil perceber então, que muitos dos contratos de locação firmados através de grandes empresas imobiliárias, poderão ser considerados como contratos por adesão.

Cláudia Lima Marques que defende a aplicação das normas protetivas de ordem pública do Código de Defesa do Consumidor (CDC) a todos os contratos de locação, principalmente em razão de sua elaboração por imobiliárias nas grandes cidades[268]. O mesmo raciocínio poderia ser extraído a partir da teoria

---

conhecimento de todas as informações relevantes na formação e execução do contrato; (ii) oportunismo: o ser humano é naturalmente egoísta, buscando sempre seu próprio interesse, ainda que em detrimento do de outras pessoas; (iii) ambiente institucional: conjunto de normas econômicas, políticas, jurídicas e sociais existentes (WILLIAMSON, Oliver E. *The Economics Institutions of Capitalism*: Firms, Markets, Relational Contracting. Nova York: The Free Press, 1985).

265 SCHWARTZ, Alan; SCOTT, Robert E. *Contract Theory and the Limits of Contract Law*. In: Yale Law Journal, v. 113, p. 572-576.

266 AZEVEDO. Fabio de Oliveira. Ob cit. p. 339 em especial a conclusão do tópico na p. 340.

267 PEREIRA. Caio Mario da S. Instituições de Direito Civil. Contrato. Gen/Forense, vol III, 21ª ed, 2017, p.65

268 MARQUES, Cláudia Lima. Contratos no Código de Defesa do Consumidor: o novo regime das relações contratuais. 8ª ed. São Paulo: Revista dos Tribunais, 2016, p. 477-478.

do finalismo mitigado, cuja aplicação é pacífica no STJ[269], de modo a considerar como consumidores todas as pessoas em situação de vulnerabilidade, ainda que não seja destinatário final fático ou econômico. Dessa forma, aplicar-se-ia o art. 51, I e XVI do CDC, sendo nula de pleno direito a cláusula de renúncia à indenização ou ao direito de retenção de benfeitorias.

Entretanto, ainda que louvável, a posição favorável à aplicação do CDC não prevalece na jurisprudência, seja em sua versão ampla ou restrita ao finalismo mitigado. Nesse sentido, o STJ já decidiu pela inaplicabilidade da lei consumerista face à incompatibilidade entre as figuras do locador e locatário com as de consumidor e fornecedor:

> A jurisprudência desta Corte é firme no sentido de que "não se aplica o Código de Defesa do Consumidor ao contrato de locação regido pela Lei nº 8.245/1991, porquanto, além de fazerem parte de microssistemas distintos do âmbito normativo do direito privado, as relações jurídicas não possuem os traços característicos da relação de consumo, previstos nos arts. 2º e 3º da Lei nº 8.078/1990" (STJ. AgRg no AREsp nº. 101.712/RS. Quarta Turma. Relator Min. Marco Buzzi. Julgamento em 03.11.2015).

A respeito da eficácia da cláusula de renúncia, Sylvio Capanema em seu livro de comentários à lei de locação, apresentados ao público 15 anos da edição anterior, mudou de posição por entender que o assunto demandava novas reflexões por força da adoção de um direito "principiológico, em que os valores fundamentais que dele emergem devem pairar, soberanamente sobre o texto da norma jurídica" e ainda forte no argumento de a "nulidade das cláusulas de renuncia prévia a direitos inerentes ao negócio jurídico celebrado."[270] Tal posição, se refere às benfeitorias necessárias, posição que adiro, em razão da diferença fundamental entre uma e outra modalidade de benfeitorias. Assim parece razoável admitir a renuncia ao direito de indenização por benfeitorias úteis mas não admiti-la em relação às benfeitorias consideradas como necessárias.

Direito de retenção

O direito de retenção (*jus retentionis*) configura evidente mecanismo de autotutela e já estava presente no art. 655 da Consolidação de 1858, tendo sido

269 Nesse sentido, confira-se, entre outros: (i) STJ. REsp nº 1.785.802/SP. Terceira Turma. Relator: Min. Ricardo Villas Bôas Cueva. Julgamento em 19.02.2009 e (ii) STJ. REsp nº 1.730.849/SP. Segunda Turma. Relator: Min. Herman Benjamin. Julgamento em 07.08.2018.

270 SOUZA. Sylvio Capanema. Lei do Inquilinato ..., 5ª edição, 2009, p. 159.

mantido no art. 1.199 do Código Civil de 1916 para benfeitorias qualificadas como necessárias e as úteis desde que autorizadas. É uma faculdade concedida ao locatário para pressionar o pagamento da indenização de benfeitorias pelo locador, guardando idêntica regulamentação nos arts. 578 e 1.219 do Código Civil de 2002 quanto à posse de boa-fé[271]. Seu exercício depende de três condições: (i) ter o locatário realizado benfeitoria útil ou necessária; (ii) inexistência de renúncia ao direito de retenção para aqueles que dão amplitude aos efeitos de tal cláusula ou de negativa de autorização quanto às benfeitorias úteis; (iii) inexistência de mora do locatário.

Sylvio Capanema, inclusive, se posicionou no sentido de legitimar o não pagamento dos aluguéis durante o exercício do direito de retenção, a fim de incentivar e pressionar o pagamento do montante indenizatório pelo locador.[272]

Assim, enquanto forma coercitiva para o adimplemento de obrigações, o direito de retenção só poderá ser exercido quando o locatário não incorrer em mora, seja em relação ao pagamento de aluguéis ou à conservação do imóvel.[273] Não se pode admitir o uso da prerrogativa para reprimir a mora quando o próprio locatário nela incorre. Trata-se de interpretação conforme a boa-fé objetiva, a fim de evitar a figura da *exceptio non adimpleti contractus* (impossibilidade de exigir implemento de obrigação antes de cumprida a sua - art. 476 do CC) ou, inclusive, do *tu quoque* (uso de posição jurídica privilegiada para aplicar critérios valorativos diversos a situações idênticas).

Quanto ao prazo para o exercício do direito de retenção, há duas posições: (i) não há limitação temporal por se tratar de meio coercitivo, e não mera pretensão indenizatória; (ii) termina quando o valor dos aluguéis vencidos e acumulados se equiparar ao montante das despesas com as benfeitorias.[274]

271 Como observa Jones Alves, O jus retentionis é baseado em princípio de eqüidade, concedido ao locatário em face das benfeitorias necessárias ou, ainda, das úteis realizadas, se estas tiverem à sua execução a anuência expressa do locador. Uma inquirição histórica o encontra, em fonte primeva, na *pignoratio privata*, depois recepcionada pela ordem jurídica, significando um exercício arbitrário das próprias razões do retentor por um crédito insatisfeito pelo retomante (ALVES, Jones Figueirêdo. In: FIUZA, Ricardo (Coord.). Novo Código Civil Comentado. São Paulo: Saraiva, 2002, p. 513).

272 SOUZA, Sylvio Capanema de. In: TEIXEIRA, Salvio de Figueiredo (coord.). Comentários ao Código Civil. v. 8. Rio de Janeiro: Forense, 2004, p. 526.

273 SOUZA, Sylvio Capanema de. In: TEIXEIRA, Salvio de Figueiredo (coord.). Comentários ao Código Civil. v. 8. Rio de Janeiro: Forense, 2004p. 530.

274 TEPEDINO, Gustavo; BARBOZA, Heloisa Helena; MORAES, Maria Celina Bodin de (coord.). Código Civil interpretado conforme à Constituição da República. v. ii. 2ª ed. Rio de Janeiro: Renovar, 2012, p. 287.

Por fim, observa-se que, sob pena de preclusão, o direito de retenção deve ser alegado na fase de conhecimento quando de eventual ação de despejo, não sendo possível sua discussão tão somente quando da execução via embargos de retenção.[275] Do contrário, seria admitida a rediscussão do mérito após o fim da instrução e do saneamento do processo. Isso não impede, contudo, que o direito de indenização seja posteriormente alegado em ação autônoma, porque sendo o direito de retenção uma faculdade do locatário, pode ele não ter interesse em exercê-lo no momento da ação de despejo ou mesmo quanto do termino normal do contrato.

Sublocação

Ao sublocatário aplica-se as mesmas regras sobre direito de indenização e retenção (art. 14 da Lei 8.245/91), desde que as benfeitorias sejam autorizadas pelo locador. Não havendo concordância do locador, o sublocatário só terá direito à indenização contra o sublocador (desde que haja autorização quanto às benfeitorias úteis), o qual poderá discutir eventual direito de regresso contra o locador, mas jamais contra ele pleitear direito de retenção. Nesse sentido, Sílvio Venosa observa que:

> O sublocatário que realizar benfeitorias com consentimento do locador goza dos mesmos direitos do locatário. Isso se se tratar de sublocação autorizada, já que a própria autorização para realizar as benfeitorias torna, em tese, legítima a sublocação. O sublocatário não consentido só terá direito à indenização contra o sublocador; este, eventual direito de regresso contra o locador, sendo inaplicável o direito de retenção diretamente a este último, para quem, no caso, o subinquilino é um estranho.[276]

Responsabilidade do adquirente

Como regra, o contrato de locação estabelece relação jurídica estritamente pessoal entre locador e locatário, não aderindo ao direito real subjacente, tampouco alcançando terceiros, salvo a proteção mais recentemente admitida em nosso direito por aplicação do princípio da boa-fé e da função social do con-

---

275 A jurisprudência do Superior Tribunal de Justiça firmou o entendimento no sentido de que, tratando-se de ação de despejo, o exercício do direito de retenção por benfeitoria (art. 35 da Lei nº 8.245/1991), deve ser exercido por ocasião da contestação (STJ. AgInt no AgRg no Ag nº 1.311.922. Quarta Turma. Relatora Min. Isabel Gallotti. Julgamento em 04.02.2020).

276 VENOSA. Silvio de Salvo. Ob cit. p..

trato. A locação não interfere no direito de disposição do bem, o qual pode ser livremente onerado ou transmitido (onerosa ou gratuitamente), por seu titular enquanto exercício regular de seu próprio direito.

Pelo princípio da relatividade dos contratos, o direito de indenização e o consequente direito de retenção existente contra o locador, em princípio, não se estende de forma automática ao comprador. A locação não é circunstância que adere ao b em, assim como sua transferência não importa em sub-rogação imediata nos direitos e obrigações do locador. Essa a posição resultante da aplicação do enunciado 158 da Súmula do STF.[277] Nessa hipótese caberia ao locatário ajuizar ação de indenização contra o ex-locador.

Este entendimento deve ser examinado com cuidado. Imagine-se a hipótese na qual o locador-vendedor, aufere considerável vantagem em razão da realização de benfeitorias úteis autorizadas como a construção de piscina, churrasqueira, área de lazer e imagine-se que em razão da alienação o adquirente exerça a faculdade de romper a locação, não teria o locatário prejudicado, não só pela extinção do contrato mas pelo não recebimento da indenização por benfeitorias, o direito de retenção da coisa? Transferindo assim a discussão entre vendedor e comprador? Penso que sim ainda que a relação de locação seja obrigacional. Não se pode ignorar o principio vigente em toda e qualquer aquisição derivada, de que ninguém transfere mais direito do que possui. Deste modo, não vejo qualquer exagero em considerar tanto o ex-locador quanto o adquirente, como responsáveis pelo pagamento de indenização devida ao ex-locatário.

Também poderá ocorrer assunção de dívida por parte do comprador por previsão expressa no contrato translativo de domínio ou de averbação de estipulação da dívida ou do contrato de locação (com cláusula nesse sentido) no registro imobiliário, conforme inteligência da mesma Súmula 158 do STF. Em sentido do texto, tem-se a posição de Nelson Rosenvald defende a possibilidade do exercício do direito de retenção contra o adquirente[278].

277 Súmula nº 158 do STF: Salvo estipulação contratual averbada no registro imobiliário, não responde o adquirente pelas benfeitorias do locatário.

278 ROSENVALD, Nelson. In: PELUSO, Celso (coord.). Código Civil Comentado. 4ª ed. Barueri: Manole, 2010, p. 615.

Art. 36. As benfeitorias voluptuárias não serão indenizáveis, podendo ser levantadas pelo locatário, finda a locação, desde que sua retirada não afete a estrutura e a substância do imóvel.

Marcos Alcino de Azevedo Torres

As benfeitorias voluptuárias servem para a mera comodidade e aformoseamento, não sendo realizadas no interesse do imóvel ou do locador, mas tão somente do próprio locatário. Teixeira de Freitas assinala que "são as de mero luxo ou recreio, ou de exclusiva utilidade para quem as fez".[279] Por isso, salvo disposição em contrário, não importam em direito de indenização ou de retenção ao locatário enquanto não incorporadas propriamente ao domínio.[280]

Para Gustavo Tepedino *et al.*, havendo consentimento prévio e escrito do locador, a realização de benfeitorias voluptuárias importa em direito de indenização e, consequentemente, direito de retenção sobre o imóvel.[281]

Sendo a regra a inexistência de direito de indenização ou retenção por benfeitorias qualificadas como voluptuárias, é reservado ao locatário apenas o direito de retira-las (*jus tollendi*), desde que não importe em danificação ao imóvel (art. 1.219 do CC). Como exemplo, azulejos inseridos com propósito de embelezamento não podem ser retirados sem deterioração ou alteração da substância do imóvel, ao contrário de um sistema de ar-condicionado ou de torneiras douradas.

Sylvio Capanema observa que não há que se falar em enriquecimento ilícito do locador quando as benfeitorias voluptuárias não puderem ser levantadas, tendo em vista o prévio conhecimento do locatário a seu respeito, de modo que a realização de tais benfeitorias deve ser interpretada como um legítimo ato de *animus donandi*,[282] ressalvando a hipótese de serem tais benfeitorias introduzidas com autorização e com compromisso de pagamento futuro.

279 FREITAS. Augusto T. Consolidação das Leis Civis., ob cit. nota 17 ao art. 663, p. 440.

280 Fora do âmbito das locações urbanas, no arrendamento rural vige sistemática diversa, de modo que é cabível o direito de indenização (e o consequente direito de retenção) desde que haja prévia autorização do arrendador (art. 95, VIII da Lei 4.504/64);

281 TEPEDINO, Gustavo; KONDER, Carlos Nelson; Bandeira, Paulo Greco. Fundamentos do Direito Civil: Contratos. v. 3. Rio de Janeiro: Forense, 2020, p. 308.

282 SOUZA, Sylvio Capanema de. A Lei do inquilinato comentada artigo por artigo. 12ª ed. São Paulo: Forense, 2020, p. 295.

Bibliografia

ALVES, Jones Figueirêdo. In: FIUZA, Ricardo (Coord.). Novo Código Civil Comentado. São Paulo: Saraiva, 2002.

AMARAL. Francisco. Direito Civil. Introdução. 8ª ed, Renovar. 2014.

AZEVEDO. Fábio de Oliveira. Direito Civil. Introdução e Teoria Geral. Gen/Forense, 4ª ed., 2014.

BEVILAQUA. Clóvis. Theoria Geral do Direito Civil. Livraria Francisco Alves. SP/RJ, 1929.

DANTAS, San Tiago. Programa de Direito Civil. 2ª tiragem, Parte Geral. Editora Rio, 1979.

FREITAS. Augusto T. Consolidação das Leis Civis. 3ª Ed. Rio de Janeiro. H Garnier, Livreiro-Editor, 1896.

GONÇALVES. Carlos Roberto. Direito Civil Brasileiro. Parte Geral. Vol I. Ed. Saraiva, 2009.

MARQUES, Cláudia Lima. Contratos no Código de Defesa do Consumidor: o novo regime das relações contratuais. 8ª ed. São Paulo: Revista dos Tribunais, 2016.

PEREIRA. Caio Mario da S. Instituições de Direito Civil. Contrato. Gen/Forense, vol III, 21ª ed, 2017.

PEREIRA. Caio Mario da S. Instituições de Direito Civil. Introdução ao Direito Civil. Teoria Geral do D. Civil. Gen/Forense. Vol I, 23ª ed.

ROSENVALD, Nelson. In: PELUSO, Celso (coord.). Código Civil Comentado. 4ª ed. Barueri: Manole, 2010.

SCAVONE JUNIOR, Luiz Antonio. Direito Imobiliário: teoria e prática. 15ª ed. Rio de Janeiro: Forense, 2020.

SCHWARTZ, Alan; SCOTT, Robert E. *Contract Theory and the Limits of Contract Law*. In: Yale Law Journal,.

SOUZA, Sylvio Capanema de. A Lei do inquilinato comentada artigo por artigo. 12ª ed. Rio de Janeiro: Forense, 2020.

SOUZA, Sylvio Capanema de. In: TEIXEIRA, Salvio de Figueiredo (coord.). Comentários ao Código Civil. v. 8. Rio de Janeiro: Forense, 2004.

SOUZA. Sylvio Capanema. A Lei do Inquilinato Comentada. GZ Editora, 5ª ed. 2009.

TEPEDINO, Gustavo; BARBOZA, Heloisa Helena; MORAES, Maria Celina Bodin de (coord.). Código Civil interpretado conforme à Constituição da República. v. ii. 2ª ed. Rio de Janeiro: Renovar, 2012.

TEPEDINO, Gustavo; KONDER, Carlos Nelson; Bandeira, Paulo Greco. Fundamentos do Direito Civil: Contratos. v. 3. Rio de Janeiro: Forense, 2020.

TEPEDINO. Gustavo e OLIVA. Milena Donato. Fundamentos do Direito Civil, vol. 1. Teoria Geral do Direito Civil. Gen/Forense.

VENOSA, Sílvio de Salvo. Lei do Inquilinato Comentada: doutrina e prática. 15ª ed. São Paulo: Atlas, 2020.

WILLIAMSON, Oliver E. *The Economics Institutions of Capitalism*: Firms, Markets, Relational Contracting. Nova York: The Free Press, 1985.

Introdução

Antonio Ricardo Corrêa da Silva

Ao receber o honroso convite para participar dessa obra em homenagem ao Professor Sylvio Capanema de Souza e, claro, como uma referência aos 30 anos da Lei 8.245/91[283], decidi seguir o mesmo caminho do Mestre e usar a forma manuscrita para elaborar a 1ª versão dos comentários.

Ao fazê-lo, deparei-me com várias anotações resultantes do tempo em que tive o privilégio de integrar a equipe do Mestre, Jurista e Amigo Sylvio, das quais uma me parece absolutamente compatível com os pontos que me foram estabelecidos para a escrita. É dele a, para mim, inesquecível frase "A garantia é a ponte que liga o crédito à sociedade" e a compreensão dessa condição é fundamental para entender a *mens legis* no quando se analisam os fenômenos da substituição da garantia, disciplinada nos artigos 40 a 42 da Lei 8.245/91.

Desde logo, ainda na introdução, é fundamental lembrar que os objetivos dos idealizadores da Lei 8.245/91, dentre eles emergindo, claro, destacada a figura de Sylvio Capanema, sempre foi aproximar locadores e locatários, fomentar a pacificação dessa relação que sempre foi, historicamente, conflituosa e permitir a expansão do mercado de locação, posição que, ao final de tudo, garante a paz social pela solução, ou diminuição, do grave problema do déficit habitacional.

Para esse fim, fundamental a disciplina de todos os aspectos que envolvem as questões de substituição da garantia, quer nos aspectos materiais, quer nos aspectos formais, tudo assim direcionado a preservar, a um só tempo, (i) a locação e (ii) a garantia, condições que, a sentir do Professor Sylvio, foram razoavelmente alcançadas com o advento da Lei 12.112/09.

Se antes da edição da citada Lei, dúvidas ainda permaneciam na doutrina e na jurisprudência acerca do debate e do (aparente) conflito entre o artigo 835 do Código Civil de 2002 e o artigo 39 da Lei 8.245/91, tema inserido nos artigos anteriores, gerando inclusive a posição refletida na Súmula 214 do Superior Tribunal de Justiça ("Súmula 214 – O fiador na locação não responde por obrigações resultantes de aditamento ao qual não anuiu").

Aliás, desde a primeira hora da sua existência, o Professor Sylvio sempre alertou que ela não guardava qualquer relação com o artigo 39 da Lei 8.245, o que deveria afastar qualquer tese acerca de (inexistente) conflito entre ambas.

Considerando que esse tema está afeito mais diretamente aos artigos precedentes aos que me foram destinados, vale aqui destacar, apenas, a conside-

283 Lei do Inquilinato

ração definitiva sobre a exoneração do fiador: em qualquer das hipóteses de extinção da garantia, inclusive a da exoneração do fiador, não se obrigará ao locador permanecer com o contrato, mas, sim e muito ao contrário, haverá de se exigir, sempre, que o locatário recomponha a garantia sob pena de vê-la extinta, *op legis*, submetendo-se à ação de despejo.

Por fim, para que não se diga que a Lei veio proteger o fiador ou, de alguma forma, apenas o locador, em detrimento do locatário que se veria constrangido, ou melhor, compelido a providenciar nossa garantia quando o fiador, mesmo contra a sua vontade, resolvesse da obrigação se exonerar, basta lembrar que, muito diferentemente disso, a regulação adequada e sustentável da garantia na locação é condição *sine qua non* para preservação do sistema como um todo e, assim, é em benefício também da coletividade de locatários que terão, também por conta disso, acesso a um número maior de imóveis, uma facilidade maior de obter garantias e, sim, a um custo menor.

Como verdadeiro jurista, Sylvio Capanema sempre foi capaz de ter presciência e defendeu, quase que inaugurando uma discussão que parecia escoteira, que a função social do contrato é de ser lida e interpretada para atender a uma coletividade de interesses, mas nunca para servir a casuísmos de interesses individuais, o que ocorreria se, em prejuízo do sistema econômico das locações, fosse permitido a locatários permanecerem em locações quando houvesse a extinção superveniente da garantia.

Dito isso, o artigo 40 disciplinou as hipóteses em que o Locador poderá exigir novo fiador ou a substituição da garantia, o que significa dizer, é sempre bom repetir, as hipóteses em que o locatário deverá prestar nova garantia, se assim o locador o exigir, restando certo, então, que é para esse, um direito potestativo e, para aquele, uma obrigação legal.

O artigo 41 estabelece uma relevantíssima condição para o seguro de fiança locatícia ao disciplinar que ele deverá abranger a totalidade[284] das obrigações do locatário, sejam elas contratuais sejam elas derivadas do texto legal.

Concluindo a parte que nos cabe, há o artigo 42 que, revendo a surpresa ruim imposta pela Lei 6.649/79, autorizou, com restrições, a cobrança do aluguel antecipado sempre que a locação não estiver garantida por qualquer das modalidades autorizadas pela Lei.

284 E a interpretação nesse caso é de ser extensiva, cabendo à seguradora analisar o contrato de locação antes de aceitar o risco de celebrar o contrato de seguro e não o contrário.

Art. 37. No contrato de locação, pode o locador exigir do locatário as seguintes modalidades de garantia:

I – caução;

II – fiança;

III – seguro de fiança locatícia.

IV – cessão fiduciária de quotas de fundo de investimento. (Incluído pela Lei nº 11.196, de 2005)

Parágrafo único. É vedada, sob pena de nulidade, mais de uma das modalidades de garantia num mesmo contrato de locação.

André Roberto de Souza Machado

O artigo 37, da Lei nº 8.245/1991, inaugura a Seção VII, intitulada "Das Garantias Locatícias", estabelecendo, de forma exaustiva, o rol das espécies de garantia elegíveis nas locações imobiliárias urbanas sujeitas ao regime da referida lei.

As obrigações de garantia diferem das obrigações de meio e das obrigações de resultado, pois seu objetivo é assegurar a satisfação do credor na hipótese de inadimplemento contratual pelo devedor, oferecendo, assim, mais segurança à relação negocial.

As obrigações de garantia, estabelecidas pelo legislador em *numerus clausus*[285], possuem natureza acessória e conteúdo patrimonial, subdividindo-se em garantias pessoais ou fidejussórias (fiança e seguro de fiança), onde um terceiro garantidor assume a responsabilidade ante o eventual inadimplemento do locatário (devedor principal) e, em garantias reais (caução e cessão fiduciária de quotas de fundo de investimento), em que ocorre a vinculação real de um bem móvel ou imóvel à eventual execução forçada da obrigação locatícia.

Como expressamente previsto no parágrafo único do artigo 37, sob exame, *é vedada, sob pena de nulidade, mais de uma das modalidades de garantia num mesmo contrato de locação.*

Trata-se de matéria de ordem pública inderrogável, portanto, pela vontade das partes, independente de se tratar de locação residencial ou não residencial. Nas palavras saudoso Professor Sylvio Capanema de Souza:

285 Na lição do Prof. Sylvio Capanema, *"(A)s garantias locatícias estão elencadas em* numerus clausus, não se admitindo qualquer outra, além das que estão referidas no artigo 37, sob pena de nulidade da cláusula. SOUZA, Sylvio Capanema de. A Lei do Inquilinato Comentada – artigo por artigo – 9ªª ed. Rio de Janeiro: Forense, 2014, p. 163.

> "Muitos imaginam que a concordância do locatário, ao firmar o contrato onde constem duas modalidades de garantia, afastaria a vedação legal.
>
> E evidente que não. A norma é cogente, e a sanção da nulidade está cominada de maneira expressa. Sendo nula a cláusula, é tido como inexistente, não produzindo qualquer efeito jurídico, pelo que a assinatura do locatário não traduz concordância."[286]

Optou o legislador por manter a tradição da legislação anterior de proteger o locatário da excessiva onerosidade de fornecer múltiplas modalidades de garantia para a mesma locação como, por exemplo, a caução em dinheiro e a fiança simultaneamente.

Acerca da nulidade, afirmada expressamente no mencionado dispositivo legal, firmou-se inicial divergência quanto ao alcance da mencionada nulidade, isto é, se todas as garantias contratadas seriam nulas e o contrato seguiria sem garantia, ou se uma das garantias permaneceria válida, declarando-se a nulidade das demais. Neste último caso, ainda haveria uma segunda dúvida sobre qual seria a garantia válida.

Ao tratar do tema, Sylvio Capanema de Souza inicialmente defendeu a nulidade de todas as garantias, afirmando *"(F)ica, assim, a locação sem garantia, podendo o locador, então, notificar o locatário para oferece-la, sob pena de, não o fazendo, sujeitar-se ao despejo".*[287]

Tal posicionamento, contudo, não era unânime, ao contrário. O próprio Sylvio Capanema posteriormente escreveu:

> "Melhor refletindo sobre o tema passamos a considerar que a eventual dualidade de garantia não acarreta a nulidade da cláusula, passando o contrato a viger sem qualquer proteção.
>
> A hipótese, se verificada, traduziria ineficácia relativa, afastando-se uma das modalidades escolhidas para prevalecer a remanescente.
>
> Caberia ao locador exercer a opção, embora pudesse ele repassá-la ao locatário, mediante prévio ajuste.
>
> Também se poderia adotar a solução prática de preservar a primeira das garantias elencadas no contrato, afastando a segunda.
>
> Assim passei a entender em homenagem à vontade manifestada

286 Idem, p.164.

287 Ob. cit., p.165.

> pelas partes, que era de garantir o contrato, não se justificando que passe ele a vigorar sem qualquer das modalidades de garantia, contrariando o objetivo expressamente declarado".[288]

Em sede de Recurso Especial, o Superior Tribunal de Justiça firmou entendimento no mesmo sentido, considerando que a nulidade atingiria somente uma das garantias, mantendo-se válida a outra.

> DIREITO CIVIL. RECURSO ESPECIAL. CONTRATO DE LOCAÇÃO POR TEMPO DETERMINADO. DUPLA GARANTIA. NULIDADE DAQUELA EXIGIDA EM SEGUNDO LUGAR. PRORROGAÇÃO LEGAL POR PRAZO INDETERMINADO. FIANÇA. EXONERAÇÃO AUTOMÁTICA. IMPOSSIBILIDADE. PRECEDENTES. DISSÍDIO JURISPRUDENCIAL. NÃO-OCORRÊNCIA. SÚMULA 83/STJ. RECURSO ESPECIAL CONHECIDO E IMPROVIDO.
>
> 1. A exigência de dupla garantia em contrato de locação não implica a nulidade de ambas, mas tão-somente daquela que houver excedido a disposição legal.
>
> 2. A Terceira Seção do Superior Tribunal de Justiça, no julgamento do EREsp 566.633/CE, ocorrido em 22/11/06, firmou o entendimento de que, havendo cláusula expressa no contrato de aluguel de que a responsabilidade do fiador perdurará até a efetiva entrega das chaves do imóvel objeto da locação, não há falar em desobrigação deste, ainda que o contrato tenha se prorrogado por prazo indeterminado.
>
> 3. "Não se conhece do recurso especial pela divergência, quando a orientação do tribunal se firmou no mesmo sentido da decisão recorrida" (Súmula 83/STJ).
>
> 4. Recurso especial conhecido e improvido.
>
> (REsp 868.220/SP, Rel. Ministro ARNALDO ESTEVES LIMA, QUINTA TURMA, julgado em 27/09/2007, DJ 22/10/2007, p. 360)

Como se lê na ementa do Acórdão retro transcrito, o órgão julgador reconheceu a validade de uma das garantias concedidas, declarando a nulidade da outra. Parece-nos ser esta, de fato, a melhor solução, uma vez que foi inequívoca a intenção de ambas as partes de firmar relação locatícia com garantia, devendo-se privilegiar a real intenção das partes e preservar a parte válida do

---

288 Ob. cit., p. 165.

negócio, afastando-se tão somente a parte nula, como bem preceitua o Código Civil Brasileiro, em seu artigo 184[289].

No caso decidido pelo Superior Tribunal de Justiça prevaleceu aquela garantia que foi primeiro contratada, declarando-se nula a garantia subsequente. Entretanto, tendo ocorrido a contratação das garantias locatícias por instrumentos autônomos, porém na mesma data, de modo que não se possa firmar convicção sobre qual delas teria sido contratada primeiro, demandaria a necessidade do exercício do direito de escolha entre elas, a fim de que somente a escolhida remanesça.

Em nossa opinião, nessa situação específica, a solução passaria pela aplicação analógica do artigo 252, do Código Civil Brasileiro, que cuida das obrigações alternativas e prevê que, no silêncio, a escolha caberá ao devedor. Caso o devedor não faça a escolha, esta poderá ser suprida pelo credor, na forma do artigo 800, §1º, do Código de Processo Civil Brasileiro.

Art. 38. A caução poderá ser em bens móveis ou imóveis.

§ 1° A caução em bens móveis deverá ser registrada em cartório de títulos e documentos; a em bens imóveis deverá ser averbada à margem da respectiva matrícula.

§ 2° A caução em dinheiro, que não poderá exceder o equivalente a três meses de aluguel, será depositada em caderneta de poupança, autorizada, pelo Poder Público e por ele regulamentada, revertendo em benefício do locatário todas as vantagens dela decorrentes por ocasião do levantamento da soma respectiva.

§ 3° A caução em títulos e ações deverá ser substituída, no prazo de trinta dias, em caso de concordata, falência ou liquidação das sociedades emissoras.

André Roberto de Souza Machado

O artigo 38 cuida especialmente da modalidade da caução, que tanto pode recair sobre bens móveis, inclusive dinheiro, como sobre bens imóveis. Tal mo-

289 Lei 10.406/2002. Artigo 184. Respeitada a intenção das partes, a invalidade parcial de um negócio jurídico não o prejudicará na parte válida, se esta for separável; a invalidade da obrigação principal implica a das obrigações acessórias, mas a destas não induz a da obrigação principal.

dalidade foi ampliada pela Lei nº 8.245/1991, uma vez que a lei anterior limitava a caução apenas a dinheiro[290].

A caução ampliada pelo artigo 38, para incluir também a caução sobre outros bens móveis e, também, sobre imóveis, trouxe consigo uma intensa controvérsia sobre a natureza jurídica dessa caução e, por conseguinte, sobre seus requisitos formais e sobre seus efeitos.

Primeiramente a discussão está em se saber se a caução prevista pelo artigo 38 seria um direito real de garantia ou um direito obrigacional com eficácia real. Em segundo lugar tem-se que se, uma vez identificada a caução como direito real, este direito seria o de penhor, para bens móveis, e o da hipoteca, para bens imóveis, ou se estaríamos diante de uma nova categoria de direito real típica da lei de locações.

Para o Professor Sylvio Capanema de Souza a caução prevista no artigo 38 teria natureza de direito real de garantia, devendo ser constituída sob a forma de penhor, quando recair sobre bens móveis, e sob a forma de hipoteca, quando recair sobre bens imóveis, como se depreende dos trechos a seguir transcritos:

> "A caução sobre bens móveis equivale ao penhor, que é direito real de garantia, em função do qual o devedor, ou alguém por ele, entrega ao credor uma coisa móvel para o fim de lhe conferir a prerrogativa de, sobre o valor desse objeto, se pagar do que lhe for devido, preferencialmente a outros credores."[291]

E, mais adiante, complementa:

> "Poderá, ainda, o locatário oferecer em garantia bens imóveis, seus ou de terceiros, o que equivale à hipoteca."[292]

Na mesma linha, a Profa. Maria Helena Diniz assevera que:

> "O artigo sob examine cuida da caução real como garantia da locação. A ideia de caução real liga-se ao patrimônio ou aos bens do próprio devedor ou de outrem. Esta caução se dará quando o próprio devedor, ou alguém por ele, destina todo ou parte de seu patrimônio para assegurar o cumprimento da obrigação contraída. Se incidir sobre bem móvel do locatário, ter-se-á penhor, se recair

290 Lei nº 6.649/1979, Art. 31 – No contrato de locação, pode o locador exigir do locatário as seguintes garantias: I – caução em dinheiro.

291 Ob. cit. p. 165.

292 Idem, p. 167.

> sobre bem imóvel seu, configurar-se-á hipoteca, e se disser respeito ao usufruto desse imóvel, constituir-se-á anticrese."[293]

Uma vez que se adote tal entendimento, os requisitos formais, exigidos pela lei civil para a constituição e eficácia do penhor e da hipoteca, deverão ser observados sob pena de invalidade e/ou de ineficácia, conforme o caso.

Para a constituição de penhor deverão ser atendidos aos seguintes requisitos:

1) Requisito subjetivo: o devedor ou o terceiro garantidor deverão ser pessoa capaz e estarem legitimados para o ato de alienar[294];

2) Requisito objetivo: o penhor deve ter objeto um bem móvel suscetível de alienação[295];

3) Requisito formal: para se aperfeiçoar o penhor, deverá ocorrer a tradição da coisa ao credor, com exceção das hipóteses previstas no parágrafo único, do artigo 1.431, do Código Civil, tratando-se, portanto, de contrato real, isto é, aquele que somente se aperfeiçoa pela tradição. Também se apresenta como requisito do penhor a forma escrita, que pode ser por instrumento público ou por instrumento particular, documento físico ou documento eletrônico.

O instrumento de penhor deverá conter todas as informações obrigatórias elencadas no art. 1.424, incisos I a IV, do Código Civil, sob pena de ineficácia, bem como ser levado a registro no cartório de títulos e documentos, a fim de adquirir oponibilidade perante terceiros, na forma do art. 1.432, do Código Civil.

Já no caso dos bens imóveis, uma vez que se considere que o direito em espécie é o de hipoteca, deverão ser atendidos aos requisitos legais exigidos pelo Código Civil, a saber:

1) Requisito subjetivo: o devedor ou o terceiro garantidor deverá ser pessoa capaz e estar legitimada para o ato de alienar inclusive, se casado, com ob-

293 DINIZ, Maria Helena. Lei de locações de imóveis urbanos comentada. São Paulo: Saraiva, 1995. p. 137.

294 Código Civil. Art. 1.420. Só aquele que pode alienar poderá empenhar, hipotecar ou dar em anticrese; só os bens que se podem alienar poderão ser dados em penhor, anticrese ou hipoteca.

295 Art. 1.431. Constitui-se o penhor pela transferência efetiva da posse que, em garantia do débito ao credor ou a quem o represente, faz o devedor, ou alguém por ele, de uma coisa móvel, suscetível de alienação.
Parágrafo único. No penhor rural, industrial, mercantil e de veículos, as coisas empenhadas continuam em poder do devedor, que as deve guardar e conservar.

servância do disposto no art. 1.647, que estabelece a necessidade de vênia do cônjuge, exceto no caso de regime de separação total. O não atendimento desse último requisito possibilitará ao cônjuge não anuente a requerer a anulação da garantia, importando na sua ineficácia total, a teor do que dispõe o art. 1.649 e o verbete n. 335, das súmulas do Superior Tribunal de Justiça;

2) Requisito objetivo: poderão ser objeto de hipoteca os imóveis e os acessórios dos imóveis conjuntamente com eles (art. 1.473, I), o domínio direto (art. 1.473, II), o domínio útil (art. 1.473, III), o direito real de uso para fins de moradia (art. 1.473, VIII), o direito de uso (art. 1.473, IX) e o direito de superfície (art. 1.473, X). Tais bens e direitos deverão ser alienáveis, sob pena de nulidade, o que significa que um bem gravado com cláusula de inalienabilidade (art. 1.911) ou como bem de família convencional (art. 1711) não poderá ser dado em hipoteca;

3) Requisito formal: para bens imóveis de valor superior à 30 (trinta) salários-mínimos far-se-á necessária a escritura pública (art. 108), da qual deverá constar obrigatoriamente as informações relacionadas no art. 1.424, incisos I a IV, sob pena de ineficácia, bem como ser levada ao registro no ofício de registro de imóveis competente.

Observe-se, todavia, que se entendida a caução locatícia nos moldes anteriormente explicitados, teria o legislador incorrido em uma impropriedade técnica na Lei nº 8.245/1991, ao dispor que "a caução em bens móveis deverá ser registrada em cartório de títulos e documentos; a em bens imóveis deverá ser averbada à margem da respectiva matrícula" (art. 38, § 1º). Isto porque, uma vez que o ato relacionado à hipoteca deveria ser o de registro (art. 167, I, nº 2, da Lei 6.015/1973) e não o de averbação como constou do referido dispositivo.

Um ponto importante a se observar é que se adotada a garantia real da hipoteca e desde que a locação garantida seja em proveito da entidade familiar, poder-se-á enquadrar a referida hipoteca em uma das restritas exceções à impenhorabilidade do bem de família legal, com base no disposto no art. 3º, V, da Lei nº 8.009/1990.

Por outro lado, há quem defenda[296] que a caução de bens móveis ou imóveis prevista na lei de locações representaria categoria autônoma de garantia real, não se confundindo nem com o penhor e nem com a hipoteca. Tal entendimento seria justificado na ausência total de referência a tais figuras típicas de

296 AgIn 611602-00/3, da 7.ª Câm. do extinto 2.º Tribunal de Alçada Cível de São Paulo, publicado no DJe 17.03.2000, p. 144.

direito real na redação da lei 8.245/1991, bem como na ausência de exigência de forma pública para a constituição da caução sobre imóveis, assim como o ato a ser praticado no respectivo cartório ser o de averbação e não o de registro, como ocorreria se fosse uma hipoteca.

Dentre as decisões que consideram a caução de imóvel para fim de garantia locatícia, nos moldes do art. 38 da Lei nº 8.245/1991, como um direito real, há aquelas que mantém a exigência da forma especial de escritura pública em razão do disposto no artigo 108, do Código Civil[297].

Por fim há aqueles que defendem a natureza meramente obrigacional da caução locatícia, que adquire oponibilidade perante terceiros a partir da sua averbação no respectivo ofício de registro de imóveis, ou seja, modalidade de obrigação com eficácia real e não direito real de garantia, o que, aliás, justificaria o emprego da expressão *averbação* pelo legislador, ao invés de *registro.*

Nessa linha de entendimento, somente se faria necessária a realização de escritura pública no caso de se pretender realizar efetivamente uma hipoteca. Do contrário, se a garantia foi constituída no bojo do próprio contrato de locação, celebrado por instrumento particular, estar-se-ia diante de um direito obrigacional com eficácia real, mediante averbação.

É a posição defendida por João Pedro Lamana Paiva, em artigo disponível no sítio do IRIB (Instituto de Registro Imobiliário do Brasil) em que afirma:

> "Conclui-se, desta forma, que num contrato de locação o locador poderá se garantir usando ou a fiança, ou o seguro de fiança locatícia, ou A CAUÇÃO – todos de natureza PESSOAL –, ou a própria hipoteca (direito real de garantia)."
>
> Assim, se o que se pretender for a constituição de um DIREITO REAL, será necessária a apresentação de uma Escritura Pública de Hipoteca (art. 108 do CC), momento em que o Registrador praticará um ato de registro (art. 167, I, item 2, da LRP). Finalmente, para implementar a CAUÇÃO PESSOAL tendo por título causal o contrato de locação, o Registrador Imobiliário procederá a uma averbação, em obediência às formalidades legais, consagrando a nova modalidade de garantia prevista no artigo 38, §1º, da LI." [298]

297 Neste sentido ver https://www.anoregsp.org.br/noticias/55615/cnbsp-1-vrpsp-registro--de-imoveis.-caucao.-em-que-pesem-divergencias-doutrinarias-acerca-da-natureza-juridica-da-caucao-locaticia-prevista-no-art.38-1-da-lei-n-8.24591, acessado em 29 de setembro de 2020.

298 https://irib.org.br/obras/90, acessado em 29 de setembro de 2020.

Carlos Eduardo Elias de Oliveira também se posiciona neste sentido afirmando que:

> "Em qualquer caso dos casos de caução supracitados, a caução é um direito obrigacional, ainda que, no caso de caução de imóvel no âmbito de locação urbana, a caução seja um "direito obrigacional com eficácia real". Daí decorre que não se aplica o art. 108 do CC e, portanto, a caução de imóvel nesses casos pode ser formalizada por meio de instrumento particular: não há necessidade de escritura pública ainda que o imóvel valha mais do que 30 salários-mínimos.
>
> Se, porém, a caução de imóvel for dada mediante a instituição de uma hipoteca, aí haverá necessidade de escritura pública se o imóvel for de valor superior a 30 salários-mínimos, pois, nesse caso, o art. 108 do CC será aplicável para a instituição da hipoteca."[299]

No âmbito da jurisprudência do Superior Tribunal de Justiça, o entendimento de que a caução de imóveis da Lei de Locações é modalidade distinta da hipoteca tem se destacado, implicando relevante consequência no contexto do bem de família.

A questão aqui suscitada decorre do fato de que a Lei nº 8.009/1990, ao instituir a figura do bem de família legal, adotou a proteção da moradia como norma de Ordem Pública, inafastável exceto nas estritas hipóteses elencadas em seu artigo 3º, a saber:

> Art. 3º A impenhorabilidade é oponível em qualquer processo de execução civil, fiscal, previdenciária, trabalhista ou de outra natureza, salvo se movido:
>
> I – (revogado)
>
> II – pelo titular do crédito decorrente do financiamento destinado à construção ou à aquisição do imóvel, no limite dos créditos e acréscimos constituídos em função do respectivo contrato;
>
> III – pelo credor da pensão alimentícia, resguardados os direitos, sobre o bem, do seu coproprietário que, com o devedor, integre união estável ou conjugal, observadas as hipóteses em que ambos responderão pela dívida;

299 OLIVEIRA, Carlos Eduardo Elias de. A natureza jurídica da caução e repercussões civis, processuais, penais, notariais e de registro público. Disponível em https://flaviotartuce.jusbrasil.com.br/artigos/679048610/a-natureza-juridica-da-caucao-e-repercussoes-civis-processuais-penais-notariais-e-de-registro-publico, acessado em 16 de dezembro de 2020.

IV – para cobrança de impostos, predial ou territorial, taxas e contribuições devidas em função do imóvel familiar;

V – para execução de hipoteca sobre o imóvel oferecido como garantia real pelo casal ou pela entidade familiar;

VI – por ter sido adquirido com produto de crime ou para execução de sentença penal condenatória a ressarcimento, indenização ou perdimento de bens.

VII – por obrigação decorrente de fiança concedida em contrato de locação.

Da leitura do rol taxativo do artigo 3º depreende-se que somente a hipoteca e a fiança locatícia, no âmbito de nossa análise, constituiriam exceções à impenhorabilidade legal do bem de família do garantidor, não se admitindo interpretação extensiva neste caso. Deste modo, se a caução de imóvel dada em garantia de locação for caracterizada como modalidade de obrigação com eficácia real distinta, portanto, do direito real de hipoteca, consequentemente quando a garantia recair sobre o imóvel residencial onde efetivamente esteja estabelecida a residência habitual de seu proprietário, tal garantia restará ineficaz ante a impossibilidade de penhora do bem de família.

Nesse sentido, dentre outros julgados da Corte, tome-se de exemplo o seguinte Acórdão:

> DIREITO CIVIL. RECURSO ESPECIAL. AÇÃO DE EXECUÇÃO DE TÍTULO EXECUTIVO EXTRAJUDICIAL. CONTRATO DE LOCAÇÃO. CAUÇÃO. BEM DE FAMÍLIA. IMPENHORABILIDADE.
>
> 1. Ação de execução de título executivo extrajudicial – contrato de locação.
>
> 2. Ação ajuizada em 05/08/2019. Recurso especial concluso ao gabinete em 16/07/2020. Julgamento: CPC/2015.
>
> 3. O propósito recursal é definir se imóvel – alegadamente bem de família – oferecido como caução imobiliária em contrato de locação pode ser objeto de penhora.
>
> 4. Em se tratando de caução, em contratos de locação, não há que se falar na possibilidade de penhora do imóvel residencial familiar.
>
> 5. Recurso especial conhecido e provido.
>
> (REsp 1873203/SP, Rel. Ministra NANCY ANDRIGHI, TERCEIRA TURMA, julgado em 24/11/2020, DJe 01/12/2020)

Em seu voto condutor, a Ministra Nancy Andrighi ressalta dois importantes aspectos de sua fundamentação: 1º) que a modalidade de garantia instituída pelo artigo 37, da Lei nº 8.245/1991 – caução sobre imóvel – não se incluiria no rol taxativo das exceções admitidas pelo artigo 3º, da Lei nº 8.009/1990; 2º) que mesmo que a referida caução sobre imóvel fosse considerada como uma hipoteca, a mesma somente teria a eficácia de atingir o bem de família se prestada em proveito da própria entidade familiar e não por dívida de terceiros[300].

Podemos concluir que, apesar do dissídio doutrinário acerca do tema, neste momento a posição do Superior Tribunal de Justiça tem se mostrado forte no sentido de entender a caução de imóveis no âmbito das locações, como espécie autônoma de garantia em relação às figuras típicas da hipoteca e do penhor, tendo como consequência o menor rigor formal em sua constituição, admitindo-a no bojo do contrato particular de locação, e a sua ineficácia em relação ao bem de família.

Por outro lado, ainda que se constitua sob a forma de escritura pública um direito real de hipoteca, valendo-se da interpretação de que tal direito constituiria modalidade de caução real imobiliária, o locador deverá ter em perspectiva se o bem imóvel que está sendo hipotecado pertence ao próprio locatário ou a terceiro garantidor, pois que nesta última hipótese igualmente poder-se-á verificar a ineficácia da garantia relativamente ao bem de família.

---

300 Vejam-se os seguintes trechos extraídos do voto da Ministra Relatora:

4. Como se sabe, as hipóteses de exceção à regra da impenhorabilidade do bem de família, previstas na Lei 8.009/90, são taxativas, não comportando interpretação extensiva.

5. Dentre elas, como se infere, não consta a hipótese da caução imobiliária oferecida em contrato de locação, razão pela qual inviável que se admita a penhora ao bem de família do recorrente.

6. De fato, considerando que a possibilidade de expropriação do imóvel residencial é exceção à garantia da impenhorabilidade, a interpretação às ressalvas legais deve ser restritiva, sobretudo na hipótese sob exame, em que o legislador optou, expressamente, pela espécie (fiança), e não pelo gênero (caução), não deixando, por conseguinte, margem a dúvidas (REsp 866.027/SP, 5ª Turma, DJ 29/10/2007).

7. (...)

8. Por oportuno, convém salientar que o TJ/SP reconheceu a possibilidade de penhora do imóvel oferecido como caução pelo recorrente sob o argumento de que "descabida a alegação de impenhorabilidade do bem de família, pois a caução do bem imóvel no contrato de locação (artigo 37, inciso I, da Lei número 8.245/91) configura hipoteca, que é hipótese de exceção à regra de impenhorabilidade, nos termos do artigo 3º, inciso V, da Lei número 8.009/90" (e-STJ fl. 49) (grifo acrescentado).

9. Entretanto, sequer poder-se-ia entender que a caução imobiliária prestada configuraria hipoteca – hipótese em que o benefício da impenhorabilidade não seria oponível –, uma vez que, como mesmo perfilhado pela jurisprudência desta Corte Superior, a penhorabilidade excepcional do bem de família, de que cogita o art. 3º, V, da Lei 8.009/90, só incide em caso de hipoteca dada em garantia de dívida própria, e não de dívida de terceiro (AgInt no AREsp 1.551.138/SP, 4ª Turma, DJe 13/03/2020; e AgRg no REsp 1.543.221/PR, 3ª Turma, DJe 09/12/2015).

10. O acórdão recorrido, portanto, merece reforma.

Art. 39. Salvo disposição contratual em contrário, qualquer das garantias da locação se estende até a efetiva devolução do imóvel, ainda que prorrogada a locação por prazo indeterminado, por força desta Lei.

André Roberto de Souza Machado

A atual redação do artigo 39 foi dada pela Lei nº 12.112/2009. Em sua redação original o referido dispositivo dispunha que: *Salvo disposição contratual em contrário, qualquer das garantias da locação se estende até a efetiva devolução do imóvel.*

A primitiva redação foi fonte de intenso debate envolvendo notadamente os casos em que a locação houvesse sido prorrogada automaticamente e por prazo indeterminado, nos moldes dos artigos 47 (locação residencial), 50 (locação por temporada) ou 56, Parágrafo Único (locação não residencial), situação em que havia forte dúvida sobre a extensão da anuência do terceiro garantidor em relação ao novo período locativo.

Em uma primeira interpretação, o Superior Tribunal de Justiça, valendo-se da súmula n. 214[301], considerava que a prorrogação automática do contrato de locação equivaleria a um aditamento tácito do contrato, apto a obrigar locador e locatário, mas não de vincular o fiador[302].

Posteriormente, quando do julgamento do EREsp 566.633/CE, a Terceira Seção do Superior Tribunal de Justiça, passou a considerar que, em caso de existência de cláusula expressa no contrato original, pela qual o fiador se obrigaria a garantir a locação até a efetiva devolução do imóvel, na hipótese de prorrogação automática do período locativo haveria, também, prorrogação automática da fiança.[303]

Finalmente, com a modificação ocorrida no texto da lei, conferindo-se a atual redação ao artigo 39, a questão restou resolvida de forma inversa, qual seja, não dispondo o contrato de locação de forma diversa, todas as garantias locatícias presumem se estender até a efetiva devolução do imóvel, inclusive quando prorrogada a locação automaticamente.

Isto nunca significou, contudo, que estaria o terceiro garantidor em um estado de sujeição absoluta ao mero arbítrio de locador e locatário de, um dia,

---

301 SÚMULA N. 214: O fiador na locação não responde por obrigações resultantes de aditamento ao qual não anuiu.

302 REsp 255392 / GO - RECURSO ESPECIAL (2000/0037015-0). Relator Ministro GILSON DIPP. Órgão Julgador - QUINTA TURMA. Data do Julgamento: 19/10/2000. Data da Publicação/Fonte: DJ 06/11/2000 p. 219 / JBCC vol. 186 p. 129 / LEXSTJ vol. 140 p. 219.

303 EREsp 566633 / CE - EMBARGOS DE DIVERGÊNCIA EM RECURSO ESPECIAL (2004/0102172-5). Relator Ministro PAULO MEDINA. Órgão Julgador - TERCEIRA SEÇÃO. Data do Julgamento: 22/11/2006. Data da Publicação/Fonte: DJe 12/03/2008.

decidirem pelo término da locação, mas sim se haveria ou não a necessidade do garantidor denunciar formalmente a garantia para, só então, se desvincular do contrato, ou se isso se daria de forma automática ao término do prazo original.

A questão hoje se encontra definida pelo disposto no inciso X, do artigo 40, isto é, exceto nos casos em que haja cláusula expressa de vigência da garantia por prazo determinado, cujo término desonerará de pleno direito o garantidor, deverá ele, em caso de prorrogação automática da locação, notificar o locador denunciando a garantia e mantendo-se vinculado somente pelos 120 dias subsequentes.

Art. 40. O locador poderá exigir novo fiador ou a substituição da modalidade de garantia, nos seguintes casos:

I - morte do fiador;

II - ausência, interdição, recuperação judicial, falência ou insolvência do fiador, declaradas judicialmente

III - alienação ou gravação de todos os bens imóveis do fiador ou sua mudança de residência sem comunicação ao locador;

IV - exoneração do fiador;

V - prorrogação da locação por prazo indeterminado, sendo a fiança ajustada por prazo certo;

VI - desaparecimento dos bens móveis;

VII - desapropriação ou alienação do imóvel.

VIII - exoneração de garantia constituída por quotas de fundo de investimento;

IX - liquidação ou encerramento do fundo de investimento de que trata o inciso IV do art. 37 desta Lei.

X - prorrogação da locação por prazo indeterminado uma vez notificado o locador pelo fiador de sua intenção de desoneração, ficando obrigado por todos os efeitos da fiança, durante 120 (cento e vinte) dias após a notificação ao locador.

Parágrafo único. O locador poderá notificar o locatário para apresentar nova garantia locatícia no prazo de 30 (trinta) dias, sob pena de desfazimento da locação.

Antônio Ricardo Corrêa da Silva

Embora a hipótese mais comum seja, de fato, a exoneração do fiador, a análise sistêmica dos dispositivos revela que seu conteúdo se destina a todas as hipóteses de necessidade de substituição da garantia locatícia, como ferramenta de preservação, como já se disse, dos interesses do locador e do mercado de locação, pois se atinge a função social do contrato, que é estimular a redução do déficit habitacional, quando se preserva a garantia do pagamento do aluguel e o cumprimento das demais obrigações locatícios.

Em suas obras e em todas as suas palavras sobre o tema, o Professor Sylvio Capanema antevia – e, depois, reclamava do atraso no avanço dessas ferramentas – que a fiança pessoal seria rapidamente substituída com principal fonte de garantia pelo seguro fiança, especialmente pela carga emocional presente nessa modalidade de garantia, que muito lhe preocupava, tanto mais sendo ele um pensador ativo acerca da pacificação social pelo adequado uso e aplicação das leis.

O *caput* não deixa dúvida que, desaparecendo ou perdendo eficácia e eficiência, é direito do locador exigir a recomposição da garantia e essa conclusão nos lembra que, igualmente, é direito do locatário recompor ou refazer a garantia para continuar na locação.

Vale ressaltar que a garantia deve ser substituída sempre que ela se tornar menos forte que era no início da locação, daí porque se fez referência à eficácia e eficiência, pois, por exemplo, de nada vale um fiador com patrimônio milionário, se lhe faltar disponibilidade sobre esse patrimônio. De igual forma, um bilionário fundo de investimentos nada vale se for liquidado ou encerrado.

Essa equivalência de direitos que ao locador é garantido o direito de reduzir os seus riscos, exigindo nova garantia, mas ele deve fazê-lo atento aos princípios que regem as relações contratuais, tanto mais a partir da vigência do Código Civil de 2002, o que equivale dizer que não é dado ao locador se valer dos eventos previstos nos incisos I a X da Lei 8.245/91 para forçar o rompimento da locação.

Nessa linha de raciocínio, por exemplo, é de se dizer que o locatário poderá, em lhe sendo impossível manter a modalidade de garantia anterior ("fiador por fiador", por exemplo), lhe é assegurado oferecer outra modalidade, desde que prevista no rol do artigo 40, e, nesse caso, o locador só a poderá recusar na hipótese de inidoneidade da garantia, o que ocorre, por exemplo, quando o fiador substituto possui restrições creditícias ou não tem patrimônio capaz de garantir o cumprimento do contrato.

Embora se tenha um razoável grau de subjetivismo na escolha e aceitação de uma garantia e lembrando que no início da locação é direito do locador recusar qualquer garantia que lhe seja oferecida, sem a necessidade de qualquer fundamentação ou explicação para o candidato à locação, nas hipóteses de substituição de garantia no curso da locação esse direito potestativo do locador é mitigado para preservação dos direitos do locatário.

Assim, é preciso avaliar o conjunto das obrigações a serem garantidas, incluindo valor dos aluguéis e demais encargos da locação, para avaliar a condição econômica da garantia oferecida e, conjuntamente, a condição *"ética"*[304], o que considero avaliar a higidez jurídica, o que se poderá mais facilmente identificar pelo exemplo.

Vamos imaginar um fiador com capacidade patrimonial inquestionável, mas que tenha seu nome ligado a um desses cada vez mais comuns escândalos políticos, hipótese em que será legítima a recusa, ainda que não exista ação criminal em curso, especialmente quando se lembra que boa parte dessas ações corre em sigilo de justiça.

De igual forma, se o seguro fiança é prestado por instituição financeira que esteja sob intervenção, ou assemelhado, das instituições reguladoras, também nos parece razoável, atendida à *mens legis*, a recusa pelo locador.

Por outro lado, considerando a velocidade com que o mundo avança em vários aspectos, não seria razoável admitir a recusa da garantia quando feita por uma *fintech* ou operação similar, desde que, claro, exista autorização do Poder Público para o seu funcionamento, ou seja, não pode o locador recusar a garantia por desconhecer o garantidor ou a sua forma de atuação, desde que seja caução, fiança, seguro de fiança locatícia ou cessão fiduciária de quotas de fundo de investimento.

Se há idoneidade econômica e higidez jurídico-ética, o locador não pode recusar a locação, valendo notar que, em se tratando de substituição da garantia, a recusa do locador deverá ser expressa e fundamentada, não sendo possível a recusa sem fundamentação, que será equiparada, então, à recusa não ética.

Sylvio Capanema lembrou que *"a recusa imotivada do locador, rejeitando as novas garantias oferecidas pelo locatário, no evidente propósito de constituí-lo em mora, para ensejar o ajuizamento da ação de despejo, traduzirá abuso de direito, atualmente consagrado como ato ilícito"*[305]

Das situações específicas de substituição da garantia

A morte do fiador é a primeira das hipóteses previstas no artigo 40 e se aplica exclusivamente aos casos de garantia pessoal, cujas obrigações de garantia não se transferem aos herdeiros, posto que é um contrato que é personalíssimo, quase sempre decorrente de uma relação de confiança que se estabelece entre as partes.

---

304 Referência de Sylvio Capanema de Souza.

305 A Lei do Inquilinato Comentada – Sylvio Capanema de Souza

Neste caso, o encerramento da fiança se dá exatamente na data do óbito, independentemente de ter havido ou não cientificação quer do locatário, quer do fiador, pois a extinção da fiança se dá *op legis* à luz do artigo 836 do Código Civil.

Extinta a fiança, ainda que o locador leve meses até notificar o locatário a constituir nova garantia, os débitos vencidos a partir do óbito, ou seja, após o óbito, exclusive, não poderão ser cobrados dos herdeiros e sucessores.

Neste caso, a *contrario sensu*, todas as obrigações vencidas até a data do óbito, inclusive, deverão ser pagas *"nos limites das forças da herança, em respeito ao chamado benefício do inventário"*[306].

Um ponto importante a destacar nesse caso é que não se deve considerar as datas de vencimento, como a de um boleto de aluguel, por exemplo, para fixar o limite da obrigação, posto que o importante é considerar a data do fato gerador da obrigação. Assim, ainda que o boleto do aluguel vença no dia 20 de um determinado mês e o fiador venha a falecer no dia 1º desse mesmo mês, ainda assim as forças da herança estarão obrigadas pelo pagamento integral se o aluguel se referir aos 30 (trinta) dias do mês anterior.

De igual sorte, caso exista confissão de dívida que (i) englobe período anterior à morte e (2) tenha sido adequada e regularmente cientificada ao fiador, como costuma acontecer em locações de shopping center, a integralidade da dívida também deverá ser paga com o monte da herança.

Como já alertava o Professor Sylvio Capanema, embora se use de forma imperfeita a expressão morte a determinados fatos jurídicos a que estão sujeitos os fiadores, apenas no caso de morte natural ou presumida, é que se terá a possibilidade de exigir nova garantia, não incidindo a regra do artigo 40 em casos chamados de morte civil como a indignidade ou a deserdação, a não ser que, desses fatos, tenha resultado a insolvência do fiador, hipótese que considero bastante rara, posto que dificilmente alguém terá concedido fiança avaliando o futuro de uma herança que caberia ao fiador.

Quanto ao inciso II, as causas estão diretamente ligadas à redução da capacidade econômica do fiador, o que aumenta os riscos de, se necessário, não haver condições de honrar a garantia e, assim, estão inseridas a interdição, a recuperação judicial, falência ou insolvência do devedor.

Algumas questões são importantes para definir em que momento as causas acima efetivamente autorizam o locador a notificar o locatário. Desde logo, é de se advertir que as hipóteses precisam estar judicialmente configuradas, o que afasta, por exemplo, a recuperação extrajudicial.

---

306 Sylvio Capanema de Souza, *in* obra citada

Nessa linha, é preciso que a interdição, a falência e a insolvência estejam declaradas por decisão judicial. Já no que se refere à recuperação judicial, há de perquirir se houve a aprovação do plano de recuperação judicial para atender o exato comando da lei. Entretanto, em minha opinião, como a recuperação judicial e autofalência são procedimentos deflagrados pelo fiador, a declaração de incapacidade econômica por eles feita já me parece suficiente para autorizar ao locador que exija nova garantia.

A lei protege o locador e visa minimizar os seus riscos quanto à inidoneidade econômica, daí porque não seria coerente que se aguardasse a longa tramitação de um processo quando o fiador já declara estar em condições que representam incapacidade econômica de honrar o compromisso.

O item III exige uma separação importante. De um lado, as hipóteses em que o patrimônio imobiliário do fiador é alienado ou sobre ele são inseridos ônus e/ou gravames que lhe retirem quaisquer dos direitos inerentes à propriedade. Do outro lado, uma simples formalidade que não traz qualquer risco direto à garantia, que é a mudança de residência do fiador, sem comunicação ao locador.

No caso da alienação ou gravação de bens, a lei fala que o evento deve alcançar todos os bens imóveis do fiador, condição essa que, no cenário atual, deve ser interpretada à luz dos objetivos do legislador que é o da proteção da garantia, bastando, a meu sentir, que a alienação ou gravação alcance número suficiente de bens imóveis que o tornem incapaz de honrar a garantia.

Aqui a conta não deve ser pelo número de imóveis, mas sim pelo valor econômico de cada um deles, já que podem sobrar imóveis que não sejam capazes de garantir o cumprimento do contrato.

O inciso VII melhor estaria inserido no inciso III e, portanto, aqui será apresentado pois trata da hipótese em que o fiador tem apenas um imóvel e esse é objeto de desapropriação ou alienação, condição absolutamente simétrica com a tratada acima, valendo notar que, também nas hipóteses de oneração desse único imóvel, o direito de exigir nova garantia também surgirá para o locador.

Com relação à questão da alteração do endereço do fiador, Sylvio Capanema de Souza já alertara para o aparente exagero dessa condição e sustentava que, ainda que esse fato tenha ocorrido, quando o locatário for chamado a substituir a garantia, poderá limitar-se a indicar o novo endereço do fiador e, assim, suprir a falha, mas, ainda mais uma vez, recomenda-se sempre o cuidado com a lealdade e a transparência nas relações locatícias e, assim, sempre prudente será que o locatário informe ao locador a mudança de residência do locador tão logo tenha ciência desse fato.

Neste item, é importante destacar que o fiador deve possuir domicílio no município em que está situado o imóvel, sob pena de se autorizar ao locador a sua recusa, nos exatos termos do artigo 825 do Código Civil.

O rol do artigo 40 inclui a exoneração do fiador no inciso IV como uma das situações em que torna necessária a substituição da garantia, mas, embora se tenha na introdução produzido alguns comentários sobre isso, o tema em si está previsto no artigo 35 e é objeto de análise em ponto antecedente ao presente debate.

O inciso V consagra uma das mais comuns hipóteses, pois lembra que, tendo sido contratada a fiança por prazo determinado, nas hipóteses em que essa se tornar por prazo indeterminado, cabe ao locador o direito de exigir nova garantia, que poderá ser satisfeita inclusive pela declaração do fiador original quanto à aceitação dos novos termos do contrato que se prorrogou por prazo indeterminado.

É importante destacar que essa anuência deve ser expressa e específica.

A lei permite que a garantia seja feita através de caução de bens móveis, hipótese que, claro, é muito rara. Nesse caso, a regra é exatamente a mesma dos bens imóveis e sempre que os bens desaparecem é de se fazer a substituição da garantia. É claro que a expressão "desparecimento" está ligada a qualquer forma pela qual a disponibilidade dos mesmos saia da esfera patrimonial do fiador, assim como alcança as hipóteses em que esses bens tenham a sua expressa econômica reduzida a ponto de os tornar insuficientes para garantir o contrato.

A leitura do inciso VI não pode ser literal, mas sim axiológica a partir dos objetivos da lei.

Em 2005, sempre de acordo com o princípio defendido pelo Professor Sylvio Capanema de Souza, segundo o qual ampliar a proteção ao contrato de locação atinge a sua função social, passou a ser permitida a garantia através da cessão fiduciária de quotas de fundos de investimento, ferramenta através da qual o locatário transfere ao locador, apenas para garantir a locação e seus encargos, títulos mobiliários que ele disponha em um fundo de investimento.

É similar a caução em bens móveis, acrescentando, aqui, o alerta sobre a volatilidade dessa garantia, posto que atrelada aos riscos e variações comuns a esse tipo de mercado. Portanto, como bem disciplinam os incisos VIII e IX, se houver exoneração dessa garantia, liquidação ou encerramento do fundo de investimento, poderá o locador exigir nova garantia.

Um único destaque aqui é na hipótese de exoneração de garantia, que somente se aplica se essas quotas cedidas fiduciariamente pertencerem a terceiro e não ao locatário, posto que a esse não seria dado exonerar-se da garantia, retirando da caução as cotas fiduciariamente cedidas.

É claro que não pode o locador negociar[307] essas cotas a cada simples inadimplência do locatário, sendo sempre obrigado a seguir os trâmites da lei, especialmente da lei específica, cabendo-lhe notificar o locatário, constitui-lo em mora, dar-lhe prazo para purgação e, só aí então, estará autorizado a dispor da garantia nos exatos limites da dívida, respondendo ao locatário por eventuais excessos que venha a cometer nesse ponto.

Por último, o inciso X, segundo o qual o locatário pode ser chamado a oferecer nova garantia se o contrato ficar por prazo indeterminado e o locador for notificado pelo fiador acerca da sua intenção de se exonerar da fiança, o que lhe será permitido fazer depois de 120 (cento e vinte) dias contados da notificação, ocorrendo a exoneração de forma automática pelo decurso do tempo.

A advertência do Professor Sylvio Capanema é, como sempre, atual, ao lembrar que não basta a notificação do fiador e que, uma vez decorridos os 120 dias citados na lei, é só a partir desta data que ele estará exonerado da fiança, o que equivale dizer que responderá por todos os débitos ocorridos no período.

Nos dias atuais, é de se admitir que a notificação seja inclusive pelos meios eletrônicos, cada vez mais efetivos, sendo desnecessário obrigar o fiador a usar da via judicial, bastando que, nas palavras do Mestre, ela seja *"inequívoca, levando ao locador a certeza da intenção do fiador"*, o que nos faz pensar, inclusive, em notificações por aplicativos de troca de mensagens, cuja certificação de existência pode se dar por ata notarial.

Nas condições desse dispositivo, o locador não pode recusar a exoneração, cabendo-lhe notificar, tão rápido quanto possível, o locatário para que apresente nova garantia e, se esta for aceita no curso do prazo de 120 dias durante os quais o fiador original estaria obrigado, essa fiança ficará antecipadamente exonerada, permanecendo apenas a nova garantia, já que a lei não permite dupla garantia.

Das hipóteses de extinção da fiança previstas no Código Civil

Lembrando, embora possa parecer desnecessário, que a Lei 8.245 regular apenas as locações de imóvel urbano, sejam elas residenciais ou comerciais, inclusive porque ela mesma estabelece as não incidências já no parágrafo único do seu artigo 1º[308], é preciso analisar o Código Civil também estabelece hipóte-

307 O locador não pode ficar com as quotas para si em razão da proibição do pacto comissório na legislação brasileira

308 São regulados pelo Código Civil, locação de imóveis públicos, de vagas de garagem, estacionamento de veículos, espaços destinados à publicidade, apart-hotéis ou equiparados, e o arrendamento mercantil.

ses de extinção da fiança que se aplicam às locações urbanas quando não forem incompatíveis com o texto da mesma.

A primeira é a concessão de moratória ao locatário, sem a concordância prévia do fiador. Note-se, aqui, que embora pareça ser um benefício para locatário e fiadores a concessão de moratória[309], em verdade isso torna maior o risco do fiador com o acréscimo de encargos fora da previsão contratual.

Abaixo do princípio da preservação da garantia, há princípios que se destinam a tornar mais justa e equilibrada a relação contratual e um deles é certamente o que veda esconder do fiador dívidas ou renegociações do locatário, retirando-lhe a chance de purgar a mora ou exercer pressão sobre o locatário, enquanto é tempo.

Ao contrário de outros dispositivos da lei 8.245/91, aqui não basta a ciência do fiador, sendo necessária a sua concordância prévia e expressa, sob pena de não lhe poder ser imputada a cobrança ainda que os valores tenham fato gerador dentro do espetro temporal em que lhe seria possível fazer a cobrança, pois que a doutrina considera isso, no caso específico, uma novação, com a criação de uma nova dívida.

A concessão de moratória exige, a nosso sentir, uma manifestação expressa de vontade de sentido, a ponto de lhe diferenciar da simples demora do locador em efetuar a cobrança e/ou ajuizar a ação de despejo e essa distinção é importante porque a simples mora não desonera o fiador, mantendo hígida a garantia, embora a distinção entre concessão de moratória e a simples demora vá ser objeto de apreciação judicial, situação que se impõe evitar.

Como se tem repetido aqui, o contrato de locação envolve, no mínimo, 3 (três) partes e elas devem, entre si, guardar atenção aos princípios norteadores da boa-fé, lealdade e transparência, dentre outros, pelo que se recomenda a comunicação de todos os fatos do contrato que fugirem à normalidade.

Assim, por exemplo, cada atraso do locador deve ser cientificado ao fiador a cada sua ocorrência, permitindo que as partes se movimentem para regularização.

A segunda causa se dá quando o locador, por ato seu, impede que o fiador exerça, em pagando o débito, o seu direito de sub-rogação contra o locatário. É assim porque quando o fiador paga ao locador, ele se transforma em credor do locatário, podendo contra ele regredir e se o locador torna impossível o resultado prático dessa demanda, a fiança é considerada extinta, desonerando-se o fiador a partir do ato praticado, ou permitido, pelo locador.

309 Que não se confunde com perdão ou extinção das dívidas

Em sua obra, Sylvio cita a hipótese em que o locador autoriza que o locatário aliene todos os seus bens no curso da locação. Eu ouso acrescentar todas as hipóteses em que o locador tem ciência da insolvência próxima do locatário e não se preocupa em comunicar esse fato ao fiador.

Por fim, se o locador aceitar que o locatário pague a dívida com bem diverso daquele programado, e o locador vier a perder esse novo bem por evicção ou, acrescento eu, por qualquer motivo que seja precedente à entrega do mesmo ao locador, o fiador ficará desonerado dessa responsabilidade.

Na quase totalidade das locações urbanas, o pagamento é feito em dinheiro.

Agora, imagine-se a hipótese em que, acumulando dívidas, o locatário entregue um veículo em dação em pagamento. Se o fiador não concordar expressamente com isso e esse bem for perdido pelo locador, este só terá ação contra o locatário.

Um último dispositivo trata da exoneração do fiador se, no curso da execução, ele arguir o benefício da excussão para que primeiro sejam alcançados os bens do locatário e, apenas depois, os seus próprios bens. Nesse caso, se o locatário tinha bens à época da excussão e, durante a demora do processo, vem a perde-los, ele estará desonerado da fiança.

Essa é uma hipótese rara, pois quase sempre o fiador renuncia ao benefício da excussão e, ademais, será sempre difícil estimar o que seria uma demora além do normal no processo e, também, ainda será preciso avaliar as razões pelas quais o locatário perdeu os seus bens, pois, se tiver culpa nisso ou, de alguma forma, participação do fiador, é evidente que a regra da desoneração será afastada.

Do prazo para oferta da nova garantia

O parágrafo único do artigo 40 estabelece que o locador poderá notificar o locatário para apresentar nova garantia locatícia no prazo de 30 (trinta) dias, sob pena de desfazimento da locação.

Alguns aspectos extremamente importantes dessa regra devem ser aqui pontuados, tanto mais que comumente esquecidos no dia a dia.

O direito não pode socorrer aos que dormem é, sem dúvida, um dos mais conhecidos brocardos jurídicos, tão presente na nossa vida que não se pode questionar que qualquer membro da sociedade não tenha a ele se referido em diversas passagens das suas relações sociais, o que o torna de lembrança obrigatória.

Só que, neste caso, embora possa parecer existir a obrigação do locador de exigir a nova garantia, é, em verdade, obrigação do locatário obter a aprovação do locador em até 30 (trinta) dias contados da data em que este tiver ciência do fato ensejador da necessidade da substituição da garantia.

De novo, o exemplo prático é a melhor ferramenta acadêmica.

O fiador morre em 1 de janeiro e, então, no cenário normal o locatário deveria comunicar esse fato ao locador e, aqui, a minha recomendação é para que o faça já ofertando a nova locação, seja um novo fiador, seja uma proposta de substituição por uma das modalidades previstas em lei.

Há uma diferença enorme quanto ao termo inicial da contagem desses prazos, já que, se por um lado se presume não caber ao locador acompanhar todos fatos e jurídicos acerca da garantia que lhe foi ofertada, por outro é absolutamente obrigação do locatário acompanhar a idoneidade da sua garantia.

E é definitivamente assim porque não há presunção de conhecimento pelo locador, ou seja, a qualquer tempo em que lhe seja cientificada a necessidade de substituição da garantia, poderá assim exigir do locatário que terá, aí então, os trinta dias previstos em lei, sob pena de desfazimento da locação.

É claro que haverá hipóteses em que a necessidade de substituição de garantia ocorrerá e não haverá sua imediata comunicação ao locador, inclusive porque muitas vezes nem mesmo o locatário terá imediato acesso a essa informação, como por exemplo na liquidação do fundo de investimento cujas quotas tenham sido fiduciariamente cedidas em garantia.

Em hipóteses assim, ainda que a locação permaneça por longo tempo sem a nova garantia, o locatário não poderá arguir novação, *surrectio* ou *supressio* para requerer que seja mantida a locação sem garantia. E, mais que isso, defendo que casos haverá nos quais sendo facilmente identificado que o locatário soube da necessidade de substituição da garantia, mas não o fez voluntariamente, o locador nem precisará de lhe conceder 30 (trinta) dias adicionais para considerar desfeita a locação.

A conclusão vem da análise dos objetivos desse dispositivo legal que é o de proteger o locador e manter a higidez das garantias, não sendo razoável exigir que ao locador fosse fixada a obrigação de monitorar a garantia, enquanto se permitiria ao locatário permanecer na locação, mesmo sabendo (ou devendo saber) acerca do desaparecimento da garantia.

Frise-se que, no caso da exoneração do fiador, esse risco não existe, posto que, enquanto não formalizar sua exoneração, já é pacífico que o fiador permanecerá obrigado, mas, em quase todas as hipóteses do artigo 40, com exceção do inciso IV, é perfeitamente possível, embora indesejável, que os efeitos incidentes sobre a garantia já sejam sentidos com alto grau de imutabilidade.

Ora, se o fiador aliena todos os seus imóveis antes que o locatário esteja em débito, e esse fato só venha ser descoberto pelo locador meses depois da inadimplência, é claro que, se não for vencedor em discutível alegação de fraude a credores, o locador terá sido exposto a um risco muito maior que o assumido no início da locação, pois terá ficado absolutamente sem garantia durante um determinado período de tempo.

Diferentemente do que acontece quando o fiador ainda permanece onerado, em casos tais simplesmente não haverá garantia e, estabelecido o ônus *vigilando* em desfavor do locatário, é razoável esperar que, sendo hipóteses de seu conhecimento ou sobre as quais deveria ter conhecimento, a ele seja exposto uma ação de despejo com possibilidade de liminar.

De qualquer forma, lembrando os sempre sábios conselhos do Mestre Sylvio Capanema, a orientação é para que, dentro do possível, também os locadores acompanhem a higidez da garantia para agir, exigindo, como está previsto em lei, que o locatário a substitua ou recomponha no prazo de 30 (trinta) dias.

Para mim, se há inadimplência dos aluguéis por prazo superior a trinta dias contados da data em que se deu a necessidade de substituição da garantia, é legítimo que o locador possa considerar presente a causa extintiva da locação, ainda que não tenha feito a notificação ao locatário, mas advirto que essa posição ainda demanda consolidação jurisprudencial em volume considerável, o que me leva a ratificar que, em qualquer hipótese em que tenha tomando conhecido do *"defeito superveniente"* da locação, o locador conceda 30 (trinta) dias ao locatário para exercer o seu direito de manter a locação.

Se, depois de notificado, o locatário tem 30 (trinta) para oferecer ao locador nova garantia, temos algumas questões práticas que podem fazer a diferença no dia a dia.

A primeira é a mais simples. O locatário recebe a notificação e, por escrito, oferece, dentro do prazo de 30 (trinta) dias, uma nova garantia. Até que essa garantia seja, por escrito, recusada, não corre o restante do prazo ali indicado, durante o qual, segundo defendo, é possível ao locatário oferecer quantas garantias forem necessárias para obter a aprovação do locador.

Voltemos ao exemplo. Ofertada a garantia no 15º dia útil da notificação feita pelo locador, quando a oferta for recusada, o locatário ainda terá 15 (quinze) dias úteis para fazer nova oferta, posto que, durante esse saldo de prazo, o locador não poderá fazer ação de despejo.

Se o locatário oferecer nova garantia no 30º (trigésimo) dia útil da notificação, contados os prazos com as suspensões derivadas do interregno de tempo entre as respostas do locador, ele não terá oportunidade de oferecer nova garantia, ainda que o locador prolongue no tempo a sua resposta.

Por outro lado, enquanto o locador não responder, no intervalo dos 30 (trinta) dias aqui citados, as propostas feitas pelo locatário, tantas quantas forem elas, não se poderá ter por vencido o prazo, o que significa dizer que ele não poderá propor ação de despejo por causa da extinção da garantia.

Em resumo, durante os 30 (trinta) dias úteis da notificação, o locatário poderá oferecer quantas garantias quiser e o tempo entre a entrega da proposta ao locador e a resposta do mesmo, não terá curso o prazo acima indicado.

Uma vez desfeita a locação como decorrência da não substituição da garantia, é possível na ação de despejo a concessão de liminar para desocupação em 15 (quinze) dias contados da citação.

Art. 41. O seguro de fiança locatícia abrangerá a totalidade das obrigações do locatário.

Antônio Ricardo Corrêa da Silva

Um dos grandes lamentos do Professor Sylvio Capanema de Souza sempre foi a pouca utilização do seguro fiança, atribuindo isso à falta de cultura da sociedade brasileira acerca do mercado de seguro, imaginando-o caro ou complexo demais, bem como ao desinteresse das seguradoras, inclusive por medo das decisões judiciais despreocupadas com o impacto econômico.

A partir dessa ideia, ele rodou o Brasil defendendo a importância, qualidade e eficiência do sistema do seguro fiança e se pode dizer que, hoje, o seguro fiança se aproxima de 20% (vinte por cento) do mercado, o que é um salto gigantesco comparado com os 2% (dois por cento), dos primórdios da Lei.

As condições gerais do seguro fiança serão vistas em ponto próprio dessa obra e, no campo das substituições de garantia, impede destacar a ratificação do artigo 41 que dispõe que o seguro fiança abrangerá a totalidade das obrigações do locatário.

É bom que se diga que o seguro é um dos contratos com maior número de cláusulas de exclusão da responsabilidade da seguradora, sem a menor dúvida, e para que ele fosse efetivo, fundamental era que o locador se sinta integralmente protegido, sem qualquer risco, pois só assim se sentirá disposto a aceitar essa modalidade.

Portanto, quaisquer que sejam as regras pactuados pelo locatário, tomador do seguro, e a Seguradora, elas não valerão contra o locador se forem excludentes de responsabilidades ou limitadoras da regra do artigo 41, pois o legislador determino que o seguro seja completo.

Uma vez estabelecido o tamanho da garantia que é, usualmente, até 30 (trinta) vezes o valor do aluguel, prazo esse compatível com a duração do contrato padrão, esse é o tamanho da responsabilidade da seguradora que, assim como no caso do fiador, ficará sub-rogadas nos créditos do locador.

Art. 42. Não estando a locação garantida por qualquer das modalidades, o locador poderá exigir do locatário o pagamento do aluguel e encargos até o sexto dia útil do mês vincendo.

Antônio Ricardo Corrêa da Silva

A lei nº 6.649/79 havia revogado essa regra que, de forma positiva, foi restabelecida pela Lei 8.245/91.

Considerando as dificuldades sociais do país, o legislador quis criar uma última alternativa para ampliar o mercado de locação até as classes menos favorecidas, para as quais obter garantia, ainda que através de seguro fiança, sempre se mostrou *vis crucis* de difícil solução.

Ora, para levar o locador a aceitar uma locação sem garantias, era preciso lhe conceder benefícios. E, dentre eles, foi o acesso à liminar de desocupação nas ações de despejo, o que muito incentivou – e, por que não dizer, estimulou – que se fizesse propositadamente uma locação sem garantia.

O outro benefício é o previsto no artigo 42, permitindo ao locador receber pagamento de aluguel e encargos até o sexto dia útil do mês vincendo, ou seja, antecipadamente. Mas, é bom que se diga, não é a antecipação integral como se faz na locação por temporada, mas apenas a antecipação do mês vincendo.

O recebimento não é a garantia, mas apenas uma liberalidade exatamente em razão da falta de garantia.

Das posições jurisprudenciais relevantes

RESP 1.013.436/RS- 4ª Turma do STJ - Rel. Min. Luiz Felipe Salomão

A transação e a moratória, conquanto sejam institutos jurídicos diversos, têm um efeito comum quanto à exoneração do fiador que não anuiu com o acordo firmado entre o credor e o devedor (arts. 1.031, §1º e 1.5023, I, do CC de 1916). Assim, mesmo existindo cláusula prevendo a permanência da garantia fidejussória, esta é considerada extinta, porquanto o contrato de fiança deve ser interpretado restritivamente, nos termos do artigo 1.483 do CC de 1916, ou seja, a responsabilidade dos fiadores restringe-se aos termos pactuados na avença original, com a qual expressamente consentiram. Inteligência da Súmula 214 do STJ.

AREsp 270.129 – 4ª Turma do STJ – Rel. Min Marco Buzzi

Não há nos autos informação de terem os fiadores – genitores da apelante – cumprido o dever contratual de informar a apelada do intento de alienar o imóvel previamente à concretização da venda. Assim, não apenas vislumbro no caso a má-fé dos devedores mencionada pela sentença recorrida, como também a violação do dever de boa-fé contratual, vez que os fiadores doaram o imóvel à apelante sem comunicar à apelada, deixando o contrato de locação sem a mencionada garantia. O princípio da boa-fé contratual impõe que as partes mantenham uma relação marcada por um comportamento de probidade, honestidade e lealdade, não apenas durante a elaboração e formação dos contratos, mas também durante toda a execução. (...) Manutenção da penhora"

AREsp 1.387.477 - 4ª Turma do STJ - Rel. Min Maria Isabel Gallotti

8. No caso, o fundamento para o deferimento da medida cautelar reside nas alegações do autor segundo as quais a locatária se encontra em séria crise de liquidez, já com uma dívida acumulada de quase meio milhão de reais perante os locadores. Além disso, a locatária teria realizado fraudulenta operação societária para frustrar obrigações perante os seus credores. Ainda segundo os autores, a garantia locatícia está praticamente extinta em razão da morte de alguns dos fiadores. (...)

10. Pois bem. A baixa liquidez e o vulto da dívida não determinam, por si só, o deferimento do bloqueio de parte do patrimônio da fiadora. Por outro lado, verifica-se que a aludida crise financeira da ré veio à tona logo após as recentes alterações societárias, que culminaram na saída de quase todos os seus sócios originais, que alienaram as suas cotas a um holding, cujo capital social é de apenas R$ 20.000,00 e passou a ser detentora de 99% do capital social da locatária. (...) tais indícios, quando analisados em conjunto, conduzem à conclusão que há risco de dilapidação de bens e frustação da execução do julgado.

AREsp 1.601.462 - 4ª Turma do STJ - Rel. Min Paulo de Tarso Sanseverino

(...) note-se que, contrariamente ao adunado, a obrigação da fiadora ocorre até a entrega definitiva das chaves ou restituição do bem à postulante, exatamente como consignado na sentença atacada.

(...) a *ratio* em questão, todavia, deve ser coaduna com a hipótese de exoneração do encargo, mediante notificação resilitória, conduta que deve partir do próprio fiador, segundo se depreende do artigo 835 do Código Civil (...).

O direito potestativo de exoneração pressupõe, porém, sua realização enquanto esteja ocorrendo o regular cumprimento da prestação obrigacional.

Assim, para que se possa ser legalmente exercido, afigura-se que não haja dívida anterior de aluguel, possibilitando assim ao locador exigir do locatário, na forma do art. 40, IV e parágrafo único, da lei de locações, novo fiador ou a substituição da garantia, sob pena de desfazimento do contrato no prazo de 30 (trinta) dias.

Observe-se que toda essa sistemática desnaturar-se-ia caso considerassem corretas as razões recursais, corrompendo a fiança estabelecida, que serve exatamente para fazer frente às hipóteses de inadimplemento contratual. É significativo, dessa forma, apreciar o momento em que se intenta a exoneração diante das vicissitudes da relação principal.

Por conseguinte, do cotejo dos autos e à luz do exposto, ressai patente a falta de relevância do recebimento ou não das notificações extrajudiciais realizadas. Isso porque, quando do propósito exoneratório, a fiadora já possuía ciência inequívoca do inadimplemento contratual da afiançada, havendo, com efeito, de mote próprio, iniciado tratativas negociais com a locadora no tocante à dívida da locatária, ora 1ª ré.

Portanto, como assentado no decisum, a conduta em questão manifestamente se caracteriza como violação à boa-fé objetiva, uma vez que hábil a esvaziar o próprio conteúdo da garantia fidejussória. Não se vislumbra, dessa forma, contrariamente ao exposto nas razões recursais, o suscitado desequilíbrio na espécie, havendo, isto sim, natural responsabilização decorrente do compromisso assumido em contrato"

Da conclusão

Com a exortação habitual do Professor Sylvio Capanema de Souza sobre um chamado a esse novo tempo de um novo comportamento probo das pessoas, em especial nas relações contratuais, as regras dos artigos 40 a 42 estão a desafiar soluções consensuais, atenção aos princípios formadores dos contratos para que, assim, se possa atender à proteção do bem maior no caso que é o mercado de locações urbanas como uma poderosa ferramenta para redução do odioso déficit habitacional em nosso país.

Bibliografia

SOUZA, Sylvio Capanema de Souza, *A Lei do Inquilinato Comentada*, ed. 2017

DINIZ, Maria Helena, *Comentários à Nova Lei do Inquilinato*

SLAIB FILHO, Nagib. *Comentários à Nova Lei do Inquilinato, 1992.*

Art. 43. Constitui contravenção penal, punível com prisão simples de cinco dias a seis meses ou multa de três a doze meses do valor do último aluguel atualizado, revertida em favor do locatário:

I – exigir, por motivo de locação ou sublocação, quantia ou valor além do aluguel e encargos permitidos;

II – exigir, por motivo de locação ou sublocação, mais de uma modalidade de garantia num mesmo contrato de locação;

III – cobrar antecipadamente o aluguel, salvo a hipótese do art. 42 e da locação para temporada.

Art. 44. Constitui crime de ação pública, punível com detenção de três meses a um ano, que poderá ser substituída pela prestação de serviços à comunidade:

I – recusar - se o locador ou sublocador, nas habitações coletivas multifamiliares, a fornecer recibo discriminado do aluguel e encargos;

II – deixar o retomante, dentro de cento e oitenta dias após a entrega do imóvel, no caso do inciso III do art. 47, de usá - lo para o fim declarado ou, usando - o , não o fizer pelo prazo mínimo de um ano;

III – não iniciar o proprietário, promissário comprador ou promissário cessionário, nos casos do inciso IV do art. 9°, inciso IV do art. 47, inciso I do art. 52 e inciso II do art. 53, a demolição ou a reparação do imóvel, dentro de sessenta dias contados de sua entrega;

IV – executar o despejo com inobservância do disposto no § 2° do art. 65.

Parágrafo único. Ocorrendo qualquer das hipóteses previstas neste artigo, poderá o prejudicado reclamar, em processo próprio, multa equivalente a um mínimo de doze e um máximo de vinte e quatro meses do valor do último aluguel atualizado ou do que esteja sendo cobrado do novo locatário, se realugado o imóvel.

Diogo Tebet e Victor Vieites

Sancionada em 18 de outubro de 1991, a Lei do Inquilinato prevê a tipificação penal de determinadas condutas que representariam, em regra, infringência dos deveres do locador. Tal criminalização, desconhecida de grande parte da comunidade jurídica, apresenta-se defeituosa e desnecessária, especialmente quando as hipóteses apresentadas nos incisos do art. 43 e 44 poderiam ser satisfatoriamente repelidas com sanções civis.

O artigo 43 considera contravenção penal, punível com prisão simples de cinco dias a seis meses ou multa de três a doze meses do valor do último aluguel atualizado revertida em favor do locatário, aquele que exige, por motivo de locação ou sublocação, (i) quantia ou valor além do aluguel e encargos permitidos, (ii) mais de uma modalidade de garantia num mesmo contrato de locação, ou (iii) cobrar antecipadamente o aluguel, salvo quando a locação não estiver garantida por qualquer modalidade (art. 42) e da locação para temporada.

Já o artigo 44 considera crime, punível com detenção de três meses a um ano, a qual poderá ser substituída pela prestação de serviços a comunidade, (i) o locador ou sublocador que se recusa nas habitações coletivas multifamiliares, a fornecer recibo discriminado do aluguel e encargos; (ii) deixar o retomante, dentro de cento e oitenta dias após a entrega do imóvel, no caso do inciso III do art. 47,[310] de usá-lo para o fim declarado ou, usando- o, não o fizer pelo prazo mínimo de um ano; (iii) não iniciar o proprietário, promissário comprador ou promissário cessionário, nos casos do inciso IV do art. 9º[311], inciso IV do art. 47[312], inciso I do art. 52[313] e inciso II do art. 53[314], a demolição ou a reparação do imóvel, dentro

310 Art. 47. Quando ajustada verbalmente ou por escrito e como prazo inferior a trinta meses, findo o prazo estabelecido, a locação prorroga - se automaticamente, por prazo indeterminado, somente podendo ser retomado o imóvel:
(...) III - se for pedido para uso próprio, de seu cônjuge ou companheiro, ou para uso residencial de ascendente ou descendente que não disponha, assim como seu cônjuge ou companheiro, de imóvel residencial próprio;

311 Art. 9º A locação também poderá ser desfeita:
(...)IV - para a realização de reparações urgentes determinadas pelo Poder Público, que não possam ser normalmente executadas com a permanência do locatário no imóvel ou, podendo, ele se recuse a consenti - las.

312 Art. 47. Quando ajustada verbalmente ou por escrito e como prazo inferior a trinta meses, findo o prazo estabelecido, a locação prorroga - se automaticamente, por prazo indeterminado, somente podendo ser retomado o imóvel:
(...) IV - se for pedido para demolição e edificação licenciada ou para a realização de obras aprovadas pelo Poder Público, que aumentem a área construída, em, no mínimo, vinte por cento ou, se o imóvel for destinado a exploração de hotel ou pensão, em cinqüenta por cento;

313 Art. 52. O locador não estará obrigado a renovar o contrato se:
I - por determinação do Poder Público, tiver que realizar no imóvel obras que importarem na sua radical transformação; ou para fazer modificações de tal natureza que aumente o valor do negócio ou da propriedade;

314 Art. 53 - Nas locações de imóveis utilizados por hospitais, unidades sanitárias oficiais, asilos, estabelecimentos de saúde e de ensino autorizados e fiscalizados pelo Poder Público, bem como por entidades religiosas devidamente registradas, o contrato somente poderá ser rescindido.
(...)
II - se o proprietário, promissário comprador ou promissário cessionário, em caráter irrevogável e imitido na posse, com título registrado, que haja quitado o preço da promessa ou que, não o tendo feito, seja autorizado pelo proprietário, pedir o imóvel para demolição, edificação, licenciada ou reforma que venha a resultar em aumento mínimo de cinqüenta por cento da área útil.

de sessenta dias contados de sua entrega; (iv) executar o despejo com inobservância do disposto no § 2º do art. 65.[315]

Não obstante, antes de se analisar criticamente a criminalização de tais condutas, se faz necessário comentar alguns aspectos materiais e processuais penais, posto que tratam de norma vigente.

A contravenção penal prevista no artigo 43 trata de conduta comissiva e de mera conduta, pois não exige que o locatário cumpra as exigências ou a cobrança, de modo que não há que se falar em tentativa nessas hipóteses[316], mas mesmo se fosse possível, deve ser destacado que a tentativa não é punida, nos termos do art. 4º da Lei de Contravenções Penais[317].

No artigo 44, os incisos II e III tratam de crimes omissivos, à exceção da parte final do inciso II. Já os incisos I e IV tratam de crimes comissivos, sendo o único crime material o previsto no inciso IV, admitindo-se a tentativa.

A diferença básica entre crimes materiais e os de mera conduta está na redação do tipo penal, pois no primeiro "o resultado integra a descrição típica e, caso não sobrevenha, o crime ficará na esfera do tentado"[318], já os de mera conduta "descrevem somente a conduta, prescindindo do resultado"[319].

Além disso, a hipótese do inciso IV versa sobre crime de mão própria, que somente pode ser cometido pelo oficial de justiça e não pelo locador, pois cabe ao oficial executar o despejo, admitindo-se a participação do agente da força policial que eventualmente venham auxiliá-lo na diligência.[320] Contudo, se estes desconhecem o falecimento das pessoas elencadas no §2º,

---

315 Art. 65. Findo o prazo assinado para a desocupação, contado da data da notificação, será efetuado o despejo, se necessário com emprego de força, inclusive arrombamento.
(...)
§ 2º O despejo não poderá ser executado até o trigésimo dia seguinte ao do falecimento do cônjuge, ascendente, descendente ou irmão de qualquer das pessoas que habitem o imóvel.

316 Art. 14 - Diz-se o crime:
(...) II - tentado, quando, iniciada a execução, não se consuma por circunstâncias alheias à vontade do agente. Parágrafo único - Salvo disposição em contrário, pune-se a tentativa com a pena correspondente ao crime consumado, diminuída de um a dois terços.

317 Art. 4º Não é punível a tentativa de contravenção.

318 SOUZA, Artur de Brito Gueiros; JAPIASSU, Carlos Eduardo. *Curso de Direito Penal:* Volume 1.Rio de Janeiro: Elsevier, 2012. p. 155.

319 Idem.

320 Art. 29 - Quem, de qualquer modo, concorre para o crime incide nas penas a este cominadas, na medida de sua culpabilidade. § 1° - Se a participação for de menor importância, a pena pode ser diminuída de um sexto a um terço. §2° - Se algum dos concorrentes quis participar de crime menos grave, ser-lhe-á aplicada a pena deste; essa pena será aumentada até metade, na hipótese de ter sido previsível o resultado mais grave.

do art. 65, não cometerão crime algum, haja vista que a modalidade é punida apenas a título de dolo (como todas as outras infrações penais aqui abordadas).

Discutível é a participação do juiz que determina o despejo. Em nosso entendimento, o tipo penal pune apenas o executor imediato e não o mediato, que neste caso, seria o magistrado.

Por outro lado, deve ser frisado que tais dispositivos perderam significativa relevância com o advento da Lei n° 9.099/95, que privilegia a conciliação (art. 2º), sendo certo que as infrações penais previstas na Lei do Inquilinato são processadas perante o Juizado Especial Criminal, pois são consideradas infrações de menor potencial ofensivo, nos termos do art. 61, da Lei n° 9.099/95.[321]

Dessa forma, na fase preliminar além da possibilidade da realização da composição civil dos danos, a qual terá plena eficácia na seara cível, ainda poderá ser oferecida pelo Ministério Público, caso frustrada a conciliação, proposta de transação penal (art. 72 e 76, da Lei n° 9.099/95[322]).

321 Art. 61. Consideram-se infrações penais de menor potencial ofensivo, para os efeitos desta Lei, as contravenções penais e os crimes a que a lei comine pena máxima não superior a 2 (dois) anos, cumulada ou não com multa.

322 Art. 72. Na audiência preliminar, presente o representante do Ministério Público, o autor do fato e a vítima e, se possível, o responsável civil, acompanhados por seus advogados, o Juiz esclarecerá sobre a possibilidade da composição dos danos e da aceitação da proposta de aplicação imediata de pena não privativa de liberdade.
(...)
Art. 76. Havendo representação ou tratando-se de crime de ação penal pública incondicionada, não sendo caso de arquivamento, o Ministério Público poderá propor a aplicação imediata de pena restritiva de direitos ou multas, a ser especificada na proposta.
§ 1º Nas hipóteses de ser a pena de multa a única aplicável, o Juiz poderá reduzi-la até a metade.
§ 2º Não se admitirá a proposta se ficar comprovado:
I - ter sido o autor da infração condenado, pela prática de crime, à pena privativa de liberdade, por sentença definitiva;
II - ter sido o agente beneficiado anteriormente, no prazo de cinco anos, pela aplicação de pena restritiva ou multa, nos termos deste artigo;
III - não indicarem os antecedentes, a conduta social e a personalidade do agente, bem como os motivos e as circunstâncias, ser necessária e suficiente a adoção da medida.
§ 3º Aceita a proposta pelo autor da infração e seu defensor, será submetida à apreciação do Juiz.
§ 4º Acolhendo a proposta do Ministério Público aceita pelo autor da infração, o Juiz aplicará a pena restritiva de direitos ou multa, que não importará em reincidência, sendo registrada apenas para impedir novamente o mesmo benefício no prazo de cinco anos.
§ 5º Da sentença prevista no parágrafo anterior caberá a apelação referida no art. 82 desta Lei.
§ 6º A imposição da sanção de que trata o § 4º deste artigo não constará de certidão de antecedentes criminais, salvo para os fins previstos no mesmo dispositivo, e não terá efeitos civis, cabendo aos interessados propor ação cabível no juízo cível.

Frise-se que, por expressa vedação legal, não é admitido o acordo de não persecução criminal - inserida em nosso ordenamento jurídico pela recente reforma da Lei nº 13.964/19 (alcunhada de Pacote Anticrime) - quando for cabível a transação penal, nos termos do art. 28-A, §2º, I, do Código de Processo Penal[323].

Não obstante, analisando as condutas típicas constata-se a infeliz opção do legislador em enquadrá-las como infração penal, já que um dos princípios que regem o Direito Penal pátrio é o da intervenção mínima ou da *ultima ratio*.

Infelizmente, nos últimos anos nota-se uma clara curva de aumento da hiper criminalização legislativa, seja em número de tipos penais, seja no aumento das penas já cominadas, o que é um reflexo da chamada administrativização do Direito Penal que:

> se caracteriza pela pretensão de um uso indiscriminado do poder punitivo para reforçar o cumprimento de certas obrigações públicas (em especial no âmbito fiscal, societário, previdenciário, etc.), o que banaliza o conteúdo da legislação penal, destrói o conceito limitativo de bem jurídico, aprofunda a ficção do conhecimento da lei, põe em crise a concepção do dolo, vale-se da responsabilidade objetiva e, em geral, privilegia o estado em sua relação com o patrimônio dos habitantes[324]

Certamente, as sanções civis disponíveis em nosso Direito já são suficientes para se rechaçar as condutas tipificadas nos incisos de ambos os artigos, tanto é que tais regras quase não têm função prática (que restou esvaziada ainda mais com o advento da Lei n° 9.099/95).

Aliás, a regra do parágrafo único do artigo 44, permitindo que o prejudicado, em qualquer das hipóteses previstas como crime, possa reclamar uma multa, em processo próprio, demonstra claramente o desrespeito ao princípio da intervenção mínima:

---

323 Art. 28-A. Não sendo caso de arquivamento e tendo o investigado confessado formal e circunstancialmente a prática de infração penal sem violência ou grave ameaça e com pena mínima inferior a 4 (quatro) anos, o Ministério Público poderá propor acordo de não persecução penal, desde que necessário e suficiente para reprovação e prevenção do crime, mediante as seguintes condições ajustadas cumulativa e alternativamente:
(...)
§ 2º O disposto no caput deste artigo não se aplica nas seguintes hipóteses:
I - se for cabível transação penal de competência dos Juizados Especiais Criminais, nos termos da lei;

324 BATISTA, Nilo; ZAFFARONI, E. Raú; ALAGIA, Alejandro e SLOKAR, Alejandro. *Direito Penal Brasileiro:* Volume . 2ª Edição. Rio de Janeiro: Revan, 2003. p. 50.

> Antes, portanto, de se recorrer ao Direito Penal deve-se esgotar todos os meios extrapenais de controle social, e somente quando tais meios se mostrarem inadequados à tutela de determinado bem jurídico, em virtude da gravidade da agressão e da importância daquele para a convivência social, justificar-se-á a utilização daquele meio repressivo de controle social[325]

A respeito do instituto da contravenção penal, espécie de infração penal, já deveria ter sido extirpado de nosso ordenamento jurídico há muito tempo, não só como corolário do princípio da intervenção mínima, mas também porque em muitos casos "promovem formas veladas de discriminação social e incentivam a cizânia dentre pessoas, que buscam resolver seus problemas cotidianos e superficiais, no campo penal"[326].

Caminhando de mãos dadas ao princípio da intervenção mínima tem-se o conceito de bem jurídico que é outro arcabouço importante para auxiliar o legislador na escolha de quais condutas devem ou não ser punidas pelo Direito Penal, devendo este ramo do Direito recair somente sobre aquelas condutas mais graves e lesivas à sociedade.

Porém, verifica-se que as condutas tipificadas na Lei do Inquilinato não possuem danosidade suficiente para serem alçadas à crime. Nas palavras de Hassemer *"uma proibição que não consiga reportar-se a um bem jurídico seria terrorismo estatal"*[327].

Dito isso, ao analisar os tipos em questão, além da violação ao princípio da intervenção mínima, percebe-se a completa ausência de bem jurídico relevante de tutela penal.

Por exemplo, qual bem jurídico é afetado quando o locador exige mais de uma garantia (art. 43, II) ou cobra antecipadamente o aluguel (art. 43, III)? Ora, se o locador concordar com as exigências realmente estaria habilitado a atuar o poder punitivo estatal? Se este não concordar, seria suficiente considerar tais cláusulas nulas e aplicar uma multa.

De outra parte qual bem jurídico seria afetado quando o retomante não usa o imóvel para uso próprio ou de seu companheiro/cônjuge no prazo de cento

---

325 BITTENCOURT, Cezar Roberto. *Tratado de Direito Penal.* 26ª Edição. São Paulo: Saraiva, 2020. p. 62.

326 NUCCI, Guilherme de Souza. *Leis penais e processuais penais comentadas:* volume 1. 7ª Edição. São Paulo: RT, 2013. p. 112.

327 ROXIN, Klaus. *Sobre o recente debate em torno do bem jurídico.* In: GRECO, Luiz; TORTIMA, Fernanda L. (org.). O bem jurídico como limitação do Poder Estatal de Incriminar?.Rio de Janeiro: Lumen Iuris, 2011. p. 179.

e oitenta dias (art. 44, II)? Apesar de evidentemente se tratar de um "engodo", este tipo de situação é mero dissabor, podendo facilmente ser resolvido na seara cível, com as penalidades aplicáveis.

Curiosamente, um dos poucos precedentes encontrados no Superior Tribunal de Justiça, referente à crime na Lei do Inquilinato, publicado em 01.02.1999, é o Recurso Ordinário em *Habeas Corpus* n° 5.041/MG, cujo caso concreto é justamente a retomada de imóvel insincera (art. 44, II).

Neste precedente, o Superior Tribunal de Justiça considerou que o bem jurídico protegido seria a economia popular e que não haveria prejudicialidade entre a seara civil e criminal. Contudo, é de se discordar de tal posicionamento a respeito do bem jurídico, pois o próprio termo "economia popular" remete a ideia de coletividade ou possibilidade de afetar o coletivo, o que não ocorre na hipótese de aluguel entre particulares, que é irrelevante:

> A necessária vinculação de um bem jurídico estatal à sua origem e finalidade pessoal é uma garantia do individuo de que sua liberdade não será molestada por mera adoção de políticas públicas, no âmbito administrativo, econômico ou social, ou por finalidades eleitoreiras. Será preciso demonstrar, para tornar válida a eleição desta categoria de bem jurídico que sua lesão signifique igualmente à pessoa e às suas condições sociais. Por isso se deve descartar da noção de bem jurídico a noção de função, que encerra atividades administrativas do Estado, referentes aos controles sobre determinado setor da vida de relação ou de seu próprio organismo[328]

Analogicamente, tem-se que a contravenção penal de perturbação do sossego, prevista no art. 42 do Decreto-Lei nº 3.688[329], de 3 outubro de 1941 (Lei de Contravenções Penais), somente será típica se afetar a coletividade, ou seja, mera contenta entre dois vizinhos é conduta atípica (STF, HC n° 85.032/RJ, 2ª Turma, Rel. Min. Gilmar Mendes, 17.05.05).

---

328 TAVARES, Juarez. *Teoria do injusto penal.* 3ª Edição. Belo Horizonte: Del Rey, 2003. p. 203.

329 Art. 42. Perturbar alguém o trabalho ou o sossego alheios:
I - com gritaria ou algazarra;
II - exercendo profissão incômoda ou ruidosa, em desacordo com as prescrições legais;
III - abusando de instrumentos sonoros ou sinais acústicos;
IV - provocando ou não procurando impedir barulho produzido por animal de que tem a guarda:
Pena - prisão simples, de quinze dias a três meses, ou multa, de duzentos mil réis a dois contos de réis

Por outro lado, poder-se-ia argumentar que a recusa do locador ou sublocador em não fornecer recibo descriminado do aluguel e encargos, quando se tratar de habitações coletivas multifamiliares (art. 44, I), afetaria o bem jurídico da fé pública ou que poderia ser utilizado para enganar um dos locatários.

Contudo, não nos parece acertada tal assertiva. O tipo em questão não exige a inserção de elementos falsos que pudessem enganar os locatários, as informações podem estar corretas, de modo que tal conduta seria mera irregularidade, facilmente repelida na esfera extrapenal.

Aliás, em caso de falsidade, também não haveria necessidade de criar um tipo penal específico, pois tais modalidades já são criminalizadas em nosso ordenamento jurídico, *v.g.*, estelionato (art. 171, do CP).

As únicas exceções são aquelas condutas descritas nos incisos III e IV, do art. 44. Na primeira hipótese, caso não seja realizados reparos urgentes na estrutura do imóvel determinados pelo poder público, a depender da situação, poder-se-ia colocar em risco não só a integridade física do próprio locatário como de transeuntes e outros moradores do edifício, podendo afetar também o direito de propriedade de terceiros.

Contudo, já existem figuras semelhantes previstas nos arts. 29[330] e 30[331] da Lei de Contravenção Penal e art. 256[332] do Código Penal, de modo que tal disposição afigura-se completamente desnecessária, bem como pelo fato de, assim como todas as outras hipóteses do inciso, ser resolvidas pelo Direito Civil/Administrativo.

Já o inciso IV tipifica o despejo realizado antes do trigésimo dia seguinte ao falecimento de cônjuge, ascendente, descendente ou irmão de qualquer pessoa que habite o imóvel. Porém, a criminalização deveria recair se e quando fosse utilizada a força policial, pois, neste caso, evidentemente a integridade do despejado poderia ser afetada.

Além disso, outro grande erro do legislador foi estabelecer que ambas as infrações penais fossem objeto de ação penal pública incondicionada[333] ao invés de facultar a representação pela vítima.

---

330 Art. 29. Provocar o desabamento de construção ou, por erro no projeto ou na execução, dar-lhe causa:
Pena – multa, de um a dez contos de réis, se o fato não constitue crime contra a incolumidade pública.

331 Art. 30. Omitir alguem a providência reclamada pelo Estado ruinoso de construção que lhe pertence ou cuja conservação lhe incumbe:
Pena – multa, de um a cinco contos de réis.

332 Art. 256 – Causar desabamento ou desmoronamento, expondo a perigo a vida, a integridade física ou o patrimônio de outrem:
Pena – reclusão, de um a quatro anos, e multa.

333 O Artigo 17 do Decreto-Lei nº 3.688/41 (Lei das Contravenções Penais) estabelece que "a ação penal é pública, devendo a autoridade proceder de ofício.".

Recentemente, após o famigerado "Pacote Anticrime" (Lei n° 13.964/19), o crime de estelionato deixou de ser processado por ação penal pública incondicionada, passando a exigir, como condição de procedibilidade, a representação da vítima, pois em várias situações quando ela consegue reaver o dinheiro perdido opta-se pela não continuidade da investigação.

Nesse sentido, seria preferível, ao menos, que os tipos penais previstos no artigo 43 e 44 - caso não extirpados de nosso ordenamento jurídico - fossem processados por ação penal pública condicionada à representação.

Concluindo, as infrações penais previstas na Lei do Inquilinato deveriam ser revogadas, já que ferem o princípio da intervenção mínima ou *ultima ratio*, ante o fato de as contendas poderem ser facilmente resolvidas na seara civil, com aplicação de multas ou nulidade de cláusulas abusivas, alternativamente.

Referências Bibliográficas

BATISTA, Nilo; ZAFFARONI, E. Raú; ALAGIA, Alejandro e SLOKAR, Alejandro. *Direito Penal Brasileiro:* Volume I. 2ª Edição. Rio de Janeiro: Revan, 2003.

BITTENCOURT, Cezar Roberto. *Tratado de Direito Penal.* 26ª Edição. São Paulo: Saraiva, 2020.

GRECO, Luiz; TORTIMA, Fernanda L. (org.). *O bem jurídico como limitação do Poder Estatal de Incriminar?* Rio de Janeiro: Lumen Iuris, 2011.

JUNIOR, Luiz Antônio Scavone, e PERES, Tatiana Bonatti (org.). *Lei do Inquilinato comentada artigo por artigo.* 2ª Edição. Rio de Janeiro: Forense, 2017.

NUCCI, Guilherme de Souza. *Leis penais e processuais penais comentadas:* volume 1. 7ª Edição. São Paulo: RT, 2013.

PRADO, Luiz Regis. *Tratado de Direito Penal:* volume I. 2ª Edição. São Paulo: RT, 2017.

SANTOS, Juarez Cirino dos. *Direito Penal: Parte Geral.* 3ª Edição. Curitiba: Lumen Iuris, 2008.

SOUZA, Artur de Brito Gueiros; JAPIASSU, Carlos Eduardo. *Curso de Direito Penal:* Volume 1.Rio de Janeiro: Elsevier, 2012.

TAVARES, Juarez. *Teoria do injusto penal.* 3ª Edição. Belo Horizonte: Del Rey, 2003.

Art. 45. São nulas de pleno direito as cláusulas do contrato de locação que visem a elidir os objetivos da presente lei, notadamente as que proíbam a prorrogação prevista no art. 47, ou que afastem o direito à renovação, na hipótese do art. 51, ou que imponham obrigações pecuniárias para tanto.

Ieres Pimentel

Desde a sua origem o Direito Privado Brasileiro teve forte influência do Liberalismo Francês cuja característica mais marcante sempre foi o caráter individualista, estabelecendo sua essência na valorização da liberdade individual e na propriedade privada.

Esses pilares básicos fizeram com que nosso direito das obrigações e dos contratos fossem pautados na Autonomia da Vontade das partes e por isso se afirmava que "o contrato faz lei entre as partes", pois uma vez celebrado livremente o acordo de vontades o contrato passaria a se revestir de imutabilidade devendo ser respeitado na íntegra.

Mas ao longo do tempo sempre se percebeu que as relações contratuais sofrem influência direta das instabilidades jurídicas e econômicas, que provocam alterações ao longo do tempo de desenvolvimento do contrato gerando distorções entre as condições existentes no momento de sua celebração e as circunstâncias atuais, além de estarem sujeitas ao desejo desenfreado de obtenção de vantagens, algumas vezes até indevidas, o que ocasionando desequilíbrios.

Estas intercorrências sofridas pelos contratos, acabam por gerar algumas enfermidades, ou fissuras na relação jurídica e o antidoto para estas alterações são as teorias e as ações revisionais, conforme estabelecido nos Artigos 19 e 68 desta Lei, que procuram dar tratamento as fissuras que ocorrem ao longo de contratos de trato sucessivo e que sofrem o impacto das ondulações mercadológicas.

Com relação às vantagens excessivas, que por muitas vezes decorrem da utilização de artifícios ardilosos empregados por uma das partes em desfavor da outra, o nosso querido Mestre Sylvio Capanema, ao comentar este artigo já nos alertava que "A criatividade humana imagina incontáveis fórmulas astuciosas para fraudar os objetivos da lei, fugindo às restrições por ela impostas".

A única forma de se impedir a prática de fraudes nos negócios jurídicos seria a existência de um texto legal que pudesse prever e coibir todas as condutas, possíveis e imagináveis, que pudessem ser praticadas por uma das partes em desfavor da outra, mas, infelizmente, essa é uma tarefa impossível de ser atingida pelo legislador.

Por conta disso, podemos afirmar que o principal postulado que se deseja alcançar quando da criação de uma relação contratual é a busca pela segurança jurídica, pois nenhum contratante deseja correr riscos ou depender de elementos aleatórios para não ser surpreendido, pois se assim fosse todos os agentes econômicos precisariam torcer para que um elemento místico conduzisse o negócio jurídico pelo melhor caminho, e precisariam clamar como o magnifico Gilberto Gil que nos encanta ao dizer "Andá com fé eu vou, Que a fé não costuma faiá".

Na hipótese específica do artigo 45, temos mais uma agravante que é o fato de o legislador ter utilizado o que chamamos de *Cláusulas Gerais ou Cláusulas Abertas,* que podemos defini-las como normas que adotam um modelo aberto que demanda a necessidade de uma complementação ou integração.

Chegamos a esta conclusão observando a primeira parte do artigo que afirma serem nulas as cláusulas do contrato *"que visem a elidir os objetivos da presente lei".*

A Professora Judith Martins Costa nos ensina que as cláusulas gerais são *janelas abertas deixadas pelo legislador para preenchimento pelo aplicador do direito.*

Ao se deparar com as clausulas gerais o aplicador necessitará de maior utilização das regras de experiência e dos instrumentos de integração das normas tais como os princípios gerais de direito, os usos e os costumes.

Por serem dotadas de extenso grau de generalidade as clausulas gerais possibilitam a sujeição de um maior número de situações pois tais clausulas possuem um sentido dinâmico que tem como objetivo permitir que a evolução dos fatos sociais possua condições de estar amparadas pelo direito através da integração destas normas.

Muitos autores atribuem, inclusive, um caráter de normas de ordem pública para as cláusulas gerais utilizando como fundamento o Parágrafo único do Artigo 2035 do Código Civil que afirma *"Nenhuma convenção prevalecerá se contrariar preceitos de ordem pública, tais como os estabelecidos por este Código para assegurar a função social da propriedade e dos contratos".*

O Tribunal de Justiça do Estado de São Paulo, no Julgamento da Apelação nº 1007324-81.2018.8.26.0361 nos traz valiosas lições ao analisar a nulidade de cláusula inserida em contrato de Locação e que cuidava do procedimento pelo qual Locatário deveria se valer para Denunciar Contrato que vigorava por período indeterminado.

A primeira das lições extraídas do brilhante acórdão é justamente a de que a Lei de Locações, confirmado o que dissemos acima, possui caráter cogente caracterizando-se como verdadeira norma de ordem pública, conforme trecho que destacamos:

> *"De acordo com o que ressalta Gildo dos Santos,* ***"as leis relacionadas às locações ou, como se costuma dizer, as leis do inquilinato são consideradas de ordem pública"*** *(Locação e Despejo Comentários*

> *à Lei 8.245/91, 7ª ed., São Paulo: RT, 2013, pág.284). Infere-se que essa conclusão, de que se trata de lei de ordem pública, é extraída da regra segundo a qual "são nulas de pleno direito as cláusulas do contrato de locação que visem a elidir os objetivos da presente lei"."*

Por terem a conotação de normas cogentes caberá ao intérprete, diante das disposições contidas em contrato, avaliar se o que o fora convencionado teria o condão de alterar o propósito da Lei elidindo seu alcance de modo a fazer com que uma das partes acabe por se beneficiar em detrimento da outra.

Tal tarefa se fará através da utilização dos métodos de integração das cláusulas gerais depurando daquilo que foi estabelecido qual era a intenção das partes e se está ela em consonância que o pretendeu estabelecer o legislador.

Ocorre que as cláusulas gerais possuem um ponto negativo que é o fato de conter um certo grau de incerteza, possibilitando que casos idênticos possam ser decididos de maneira diversa mas com fundamento na cláusula geral, fato que já era previsto pelo nosso Insigne Mestre Sylvio Capanema que ao discorrer sobre o papel do Julgador afirmou ser "*O papel saneador da Magistratura é dos mais relevantes para o fim de preservar os objetivos sociais da lei. Devem os Juízes estar alertas fulminando as cláusulas fraudulentas.*"

Faz-se necessário, então, buscar através dos métodos de integração da norma jurídica, reconhecer quais seriam os objetivos pretendidos pelo Legislador quando da gestação da presente lei.

Como sempre, nos socorremos do nosso Saudoso Sylvio Capanema que com sua didática nos ensinou que a Lei do Inquilinato possuiria quatro objetivos básicos, que de forma resumida podemos dizer que são:

1) Implantação do regime de livre mercado no âmbito do Contrato de Locação – a intenção aqui é a de superar um forte intervencionismo estatal e conceder aos contratantes o protagonismo para que os investidores se sentissem estimulados e retornassem a este mercado de tamanha relevância para o cenário econômico. Por obvio que nas relações onde o desnível econômico pode ser fator de desequilíbrio ou de vulnerabilidade o Estado mantém sua prerrogativa de intervenção no domínio econômico para reestabelecer a equação econômica financeira entre as partes;

2) Fomentar a indústria da Construção Civil – um ambiente que ofereça maior segurança jurídica tende a atrair investidores, que ao se sentirem amparados serão impulsionados a adquirir novas unidades imobiliárias;

3) Aumentar a velocidade na tramitação das ações locatícias – importantes alterações foram introduzidas na Lei do Inquilinato para tornar mais célere a retomada do imóvel, em caso de inadimplência, pois o artigo 59, em especial seu parágrafo 1º, traz hipóteses em que o Locador passa a ter verdadeiro direito

potestativo na obtenção de medida liminar se preencher os requisitos estabelecidos na citada regra. A inadimplência em uma relação locatícia possui efeitos devastadores e que se não forem sanados com a maior brevidade possível geram tenebroso impacto neste setor econômico pois além de não receber a importância que é devida, o Locador passa a ter, ainda, o ônus de se preocupar com as despesas que incidem sobre o imóvel, tais como condomínio e IPTU, que se não forem quitadas podem levar a perda da propriedade. Portanto, a tutela jurisdicional precisa ser ágil e eficaz para que uma inadimplência não acabe por ocasionar a perda do direito de propriedade;

4) Unificar o regime jurídico que se aplica aos contratos de locação pois até a entrada em vigor da presente Lei existia um diploma que cuidava do tratamento da Locação residencial e outro Diploma para cuidar da Locação não residencial, extinguindo-se esta dualidade.

Mas diante da moderna concepção do Direito Civil, e do cuidado que devemos ter para definir a validade ou nulidade de cláusulas inseridas em contrato de Locação, entendemos que seria importante adicionar outro objetivo projetado pelo Legislador quando da elaboração da Lei do Inquilinato que é o que fora denominado pelo Professor Flavio Tartuce de *Controle da Boa Fé Objetiva.*

Existe na atual codificação uma valorização de condutas éticas, de boa fé e de lealdade que devem pautar o comportamento das partes no âmbito de uma relação jurídica contratual.

Inspirados por esse postulado devemos buscar superar disposições contratuais que possuam caráter individualista e valorizar uma denotação social, onde os sujeitos da relação jurídica passam a cooperar entre si para que seja possível atingir a concretude esperada pelo Direito.

Alguns autores chegaram a afirmar que o objetivo da presente Lei seria proteger o inquilino pois o legislador reconhecendo a situação de desigualdade entre Locador e Locatário procurou compensar esta desigualdade criando regras de amparo ao Locatário, por considera-lo como parte vulnerável.

Todavia, entendemos que a interpretação baseada no postulado da Boa Fé Objetiva nos levará a concluir que o verdadeira objetivo buscado pelo Legislador ao elaborar a presente Lei foi de Preservar as relações contratuais, permitindo que cada uma das partes alcance o resultado almejado sem que para isso sejam realizados sacrifícios desproporcionais ou distantes do que é razoável.

A supressão das desigualdades ou dos desequilíbrios será efetivada pelo *"dirigismo contratual, que veio atenuar o principio da autonomia privada, não deve ultrapassar o limite do necessário para assegurar que o contrato cumpra a sua função social, protegendo a parte mais vulnerável, na procura do equilíbrio da equação econômica do negócio Juridico"*, como nos ensinou nosso Saudoso Mestre Sylvio Capanema.

É fato que na imensa maioria das vezes, o Locador estará em posição preponderante a do Locatário, principalmente no âmbito das relações locatícias residenciais, em que o Locatário, em diversas oportunidades não possui outras alternativas e precisa se submeter ao que lhe for imposto.

Mas imaginemos a situação de Locador pessoa física, que adquiriu bem imóvel por meio de economias reunidas ao longo de toda uma vida, cuja renda proveniente do pagamento do aluguel é a garantia de sua subsistência quando sua idade estiver mais avançada (na fase em que nosso querido Sylvio de forma bem humorada afirmava ser a de visita do Professor Alemão Alzheimer).

Se este proprietário locar seu imóvel para uma grande instituição bancária ou um grande conglomerado de empresas, não há menor dúvida de que estará ele em situação de total vulnerabilidade e hipossuficiência financeira e jurídica perante este inquilino, que possuirá ferramentas muito mais potentes do que a que estariam à disposição deste Locador.

Caberá ao intérprete identificar quais seriam as cláusulas que ferem o espírito da Lei de Locações o que deverá ser feito através de um critério de interpretação sistemática para que se possa manter a aplicação daquilo que for de ordem pública e proporcionar maior segurança jurídica aos contratos.

Cumprindo sua tarefa de Mestre, Patrono de todos nós, o Professor Sylvio Capanema nos trouxe alguns exemplos de cláusulas consideradas como nulas, dentre outras, listando as seguintes:

a) As que estabelecem, no mesmo contrato, duas modalidades de garantia;

b) As que importem em renúncia prévia ao direito de preferência do locatário para aquisição do imóvel locado;

c) As que cominem ao locatário o pagamento da totalidade dos alugueis vincendos, até o fim do contrato, em caso de denúncia antecipada, salvo nos contratos de "built to suit";

d) As que vedam a sub-rogação, por ocasião da morte do locatário, pelas pessoas referidas no artigo 11;

e) As que adotam periodicidades de correção inferiores ao mínimo legal, ou indexadores vedados em lei;

f) As que exigem aluguel antecipado, salvo nas hipóteses legais;

g) As que exoneram o locador dos deveres que lhe são por lei impostos;

h) As que repassam ao inquilino a responsabilidade pelo pagamento das despesas extraordinárias de condomínio, de constituição de fundo de reserva, da taxa de cadastro ou de qualquer outro encargo que a lei atribua, com exclusividade ao Locador;

i) As que mudem o regime jurídico da locação residencial, adotando, para ela, as regras da não residencial;

j) As que vedam a soma dos prazos ininterruptos dos contratos para efeito de ajuizamento da ação renovatória;

l) As que importem em resilição antecipada do contrato;

m) As que sejam meramente potestativas;

n) As que dispensem o Locador de dar ao imóvel o destino declarado no instrumento.

Em virtude experiências pelas quais tivemos oportunidade de nos depararmos na prática do Direito Imobiliário, e por entende-las relevantes, gostaríamos de adicionar outros exemplos e comentar alguns daqueles citados acima.

Exemplo que entendemos relevante é o da Clausula em contrato de Locação que celebra contrato de mandato Locatários e Fiadores, nomeando-os procuradores entre si com poderes recíprocos para fins de recebimento de mandado de citação.

Em uma primeira análise poderia se considerar que tal cláusula afrontaria a ampla defesa pois cada uma das partes deve ser instada para que de modo individual, pessoal, possa conhecer a imputação e exerça na plenitude sua defesa, o que restaria prejudicado com a manutenção de clausula neste sentido.

Mas a prática forense nos demonstra que em inúmeras situações os réus em processo judicial adotam todos os artifícios possíveis e imagináveis para ocultar-se ao recebimento de mandado de citação, principalmente quando estamos diante de uma cobrança de dívida.

Utilizando o filtro do controle da Boa Fé vamos entender que, se as partes devem colaborar umas com as outras no cumprimento das obrigações pactuadas no contrato, o que se espera é que ao ser cientificada sobre a existência de ação judicial uma das partes tenha a lealdade de comunicar tal fato ao outro contratante.

Ademais, se o contrato foi celebrado por partes capazes e o negócio não foi acometido por vícios, não há que se falar em qualquer nulidade o que já foi declarado pelo Egrégio Tribunal de Justiça do Rio de Janeiro, no Julgamento da Apelação Cível nº 0008981-05.2015.8.19.0061 conforme trecho que destacamos abaixo:

> *"No que tange à cláusula contratual que outorga poderes recíprocos, a mesma é perfeitamente válida e eficaz, até mesmo porque decorre de manifestação de livre vontade das partes.*
>
> *Demais disso, não há qualquer colidência de interesses entre os mandantes e reciprocamente mandatários.*

> *Nesse sentido, já decidiu esta Egrégia Corte, nos autos das Apelações Cíveis n.os 0054572-76.2015.8.19.0000 e 0020036-10.2013.8.19.0000, da lavra das Relatoras Maria Helena Pinto Machado e Myriam Medeiros da Fonseca Costa, respectivamente, cujas ementas a seguir se transcrevem, nesta mesma ordem:*
>
> *1) Agravo de Instrumento. Ação de despejo cumulada com cobrança. Cláusula contratual de outorga recíproca de procuração entre locatário e fiadores. Decisão que rejeitou a aplicação da referida cláusula e determinou a citação de todos os réus, individualmente.*
>
> *2) Validade da cláusula mandato inserida no contrato de locação livremente firmado entre as partes. Precedentes jurisprudenciais.*
>
> *3) Decisão cassada. Recurso provido; e CIVIL E PROCESSUAL CIVIL. AGRAVO DE INSTRUMENTO. DESPEJO POR FALTA DE PAGAMENTO. CONTRATO QUE PREVÊ OUTORGA RECÍPROCA DE PROCURAÇÃO. DECISÃO AGRAVADA QUE INDEFERE A CITAÇÃO EM NOME DE TERCEIRO. AUSÊNCIA DE NULIDADE DA CLÁUSULA. IMPERIOSA NECESSIDADE DE RENOVAÇÃO DA DILIGÊNCIA. RECURSO A QUE SE DÁ PROVIMENTO NA FORMA DO ARTIGO 557, §1º-A DO CPC."*

Outra disposição, utilizada com frequência em contratos de locação de shopping center, é a possibilidade de retomada antecipada da posse do imóvel em caso de abandono o que gera inúmeras discussões em virtude do que estabelece o artigo 66 da presente Lei.

Referido artigo determina que "*quando o imóvel for abandonado após ajuizada a ação, o locador poderá imitir-se na posse do imóvel*", mas não detalha o procedimento que deve ser adotado pelo Locador para reaver a posse de seu imóvel.

Uma visão mais tradicional, conservadora, dirá que esta retomada somente é possível após determinação do Juízo competente, sob pena de se incidir na prática de crime de exercício arbitrário das próprias razões definido pelo Artigo 345 do Código Penal que proíbe a conduta de "*Fazer justiça pelas próprias mãos, para satisfazer pretensão, embora legítima, salvo quando a lei o permite*".

A justificativa para esta vertente de pensamento é o fato de que embora o imóvel esteja desocupado de pessoas, pode ser que em seu interior existam bens ou coisas que pertençam ao locatário e permitir a entrada do Locador poderia lhe gerar inúmeros prejuízos.

O ingresso no imóvel locado somente se legitimaria mediante decisão judicial já que o Artigo 5º da presente Lei determina que "*Seja qual for o fundamento do término da locação, a ação do locador para reaver o imóvel é a de despejo*", e por isso a retomada do imóvel só será permitida após a decisão de decretação do despejo, sem a qual não haverá atendimento do disposto no referido Artigo 5º da presente Lei.

Mas o que se verifica no cotidiano, e principalmente nos shopping centers, é que o abandono de um imóvel geralmente se dá em circunstâncias de inadimplência do locatário, que furtando-se ao seu dever de lealdade simplesmente cerra as portas do estabelecimento para que não seja compelido a cumprir com as obrigações inadimplidas no decorrer do contrato.

Se além do custo da inadimplência este locador ainda for obrigado a aguardar custo da morosidade do judiciário estaria ele sendo sobremaneira onerado, pois se pensarmos em uma comarca de interior onde os processos ainda tramitam fisicamente e que a juntada de uma petição leva meses para ocorrer, estaríamos atingindo frontalmente a função social do contrato e da propriedade, pois o Locador teria que aguardar por meses para retomar a posse de sua propriedade que não está gerando frutos que pudessem, pelo menos, minimizar o impacto da inadimplência.

Acrescente-se a isso a repercussão fiscal que é gerada para um Locador, pois na hipótese em que este seja uma pessoa jurídica e dependendo de seu regime de tributação, enquanto estiver vigorando o prazo da locação e o imóvel não tiver sido retomado, deverá ele locador continuar a lançar em seu faturamento o crédito pela receita que seria gerada pelo pagamento do aluguel.

Dessa forma, entendemos que adotadas as cautelas devidas, como por exemplo a lavratura de Ata Notarial, é possível ao Locador retomar a posse do imóvel na hipótese de abandono pois a parte final do artigo 66 afirma que *o locador poderá imitir-se na posse do imóvel,* deixando claro que estamos diante de um direito do locador para o qual não foi exigida prolação de decisão judicial, pois se esta fosse a intenção do Legislador teria ele expressado tal vontade, não cabendo ao intérprete estender o alcance da norma.

Ao listar os exemplos de cláusulas que deveriam ser declaradas como nulas, o Professor Sylvio Capanema mencionou aquelas *que importem em renúncia prévia ao direito de preferência do locatário para aquisição do imóvel locado.*

De fato, uma disposição como esta deve ser declarada como absolutamente nula quando estivermos diante de uma locação residencial em que o proprietário deseja realizar a venda de seu bem e seu inquilino, que fixou domicílio naquele imóvel, onde habita com sua família, intenciona a compra.

Não permitir a este inquilino a possibilidade de, em igualdades de condições, adquirir este imóvel, seria ofender a boa fé objetiva que tanto exigimos ao longo destes comentários.

Mas também já afirmamos que, em nosso entendimento, um dos objetivos da Lei de Locações é manter o equilíbrio entre as partes contratantes, fazendo com que cada uma alcance o resultado pretendido.

Então, se nos voltarmos, novamente, ao mercado de shopping center teremos uma situação peculiar pois um empreendimento pode abrigar centenas de locatários e por conta disto teríamos centenas de direitos de preferência que deveriam ser atendidos se o empreendedor desejasse alienar a propriedade de alguma unidade autônoma.

Porém, não é incomum neste setor que um empreendedor negocie todo o complexo comercial, até porque um dos elementos mais valiosos nessa atividade é exatamente o que se denomina *tenant mix do empreendimento,* que é desenvolvido através do esforço e investimento daquele empreendedor que estruturou a operação.

O *tenant mix* trata-se de uma cuidadosa análise técnica que regula a distribuição das lojas e serviços para o melhor aproveitamento do espaço e da circulação das pessoas de acordo com os diversos ramos de atividades que serão oferecidos naquele shopping.

Se diante de uma proposta de aquisição para a totalidade do empreendimento, o proprietário estivesse obrigado a oportunizar preferência na aquisição das unidades para os lojistas, isto certamente inviabilizaria seu negócio pois esta pulverização faria com que o interessado perdesse o que de mais valioso existe dentro de um shopping center que é justamente a exclusividade no controle e administração.

Dessa forma, havendo cláusula específica em contrato de locação em shopping center estabelecendo que o Locatário renuncia ao seu direito de preferência, consideramos, smj, que seria ela uma disposição válida e eficaz considerando as peculiaridades do empreendimento.

Outro exemplo que provoca inúmeros desdobramentos na prática é a cláusula contratual que impede ou restringe a transferência do controle societário da Locatária quando esta se trata de Sociedade Empresária.

Quanto à validade desta cláusula percebemos a existência de duas vertentes de pensamento para considerar válida ou não esta disposição contratual.

Em um primeiro entendimento, vislumbrar-se-ia que o elemento preponderante para a celebração de um contrato de locação é a pessoalidade, pois o fator que determina a aceitação do Locador é a avaliação que fora realizada sobre a pessoa Jurídica locatária e seus integrantes onde a idoneidade destes foi o principal argumento para que o negócio fosse firmado.

Por conta deste caráter intuitu personae, a cessão do controle acionário representaria verdade quebra de confiança fazendo com que o locador não mais tivesse interesse na manutenção do vínculo.

Esta inclusive é a opinião do Professor Luiz Antonio Scavone que ao discorrer sobre o tema descreveu a transferência do controle societário como um *"expediente muito comum utilizado por locatários que buscam burlar a proibição de cessão do contrato de locação sem anuência do locador"*.

Em sentido oposto há quem afirme que um contrato de locação está inserido no âmbito patrimonial da sociedade empresária que celebrou o contrato de locação na qualidade de Locatária.

Isso se deve ao fato de que a Pessoa Juridica Locatária possui personalidade jurídica própria, distinta da de seus sócios, e por isso os direitos e os deveres oriundos da Locação pertencem exclusivamente a ela, titular desta relação jurídica advinda deste contrato.

Os sócios, acionistas ou controladores daquela sociedade não figuram como partes no contrato de locação e a substituição destas personagens não representa qualquer prejuízo ao contrato uma vez que as condições permaneceriam inalteradas.

Acredito que nessa hipótese específica, tanto a permissão incondicionada, como a restrição absoluta de alteração do controle societário, não representam a melhor alternativa, devendo haver uma permissão condicionada à avaliação dos novos integrantes da sociedade que loca o imóvel, pois o ingresso de incapaz ou de um devedor contumaz no quadro societário da inquilina pode sim representar consequências no decorrer do contrato que fora estabelecido com pessoas cuja idoneidade foi fator preponderante.

No tocante à parte final do Artigo 45, embora o legislador tenha se referido expressamente as hipóteses de proibição de prorrogar o contrato por tempo indeterminado ao término do prazo estabelecido no contrato como previsto no artigo 47, e a hipótese de renúncia do direito de renovação como previsto no artigo 51, devemos entender que aqui também trata-se de enunciação meramente exemplificativa.

Inserida no contrato de locação cláusula estabelecendo que em contrato de locação com prazo de 30 (trinta) meses, encerrada sua vigência estará proibida sua prorrogação por prazo indeterminado, teremos como certo que tal cláusula é nula de pleno de direito.

No tocante à possibilidade de renúncia ao Direito de renovação estabelecido pelo artigo 51, há divergência jurisprudencial, pois há quem entenda que seria ilícita a disposição contratual na qual uma das partes renuncia ao direito de ajuizar a Ação Revisional de Aluguel, já que a manutenção do valor do aluguel aos níveis de mercado durante a vigência do vínculo locatício seria um dos objetivos da supracitada Lei.

A jurisprudência, porém, já vem admitindo a licitude da renúncia quando o valor do aluguel tenha sido fixado propositadamente a fim de conceder a um dos contratantes uma compensação em virtude da concessão de vantagem à outra parte (TJ/SP, Ap. s/ Rev. nº 495.493-00/4).

O STJ, por ocasião do Recurso Especial nº 127.355-SP, concluiu que a questão envolve direitos patrimoniais e que "Esta renúncia contratual não se inclui nas vedações implícitas e explícitas do art. 45 da Lei nº 8.245/91 que por óbvio, não restou violado".

Ou seja, nos termos da decisão proferida pelo STJ, prevaleceria a livre manifestação da vontade das partes e o princípio de que os contratos devem ser cumpridos, já que estamos diante de direitos patrimoniais disponíveis.

Art. 46. Nas locações ajustadas por escrito e por prazo igual ou superior a trinta meses, a resolução do contrato ocorrerá findo o prazo estipulado, independentemente de notificação ou aviso.

§ 1º Findo o prazo ajustado, se o locatário continuar na posse do imóvel alugado por mais de trinta dias sem oposição do locador, presumir-se-á prorrogada a locação por prazo indeterminado, mantidas as demais cláusulas e condições do contrato.

§ 2º Ocorrendo a prorrogação, o locador poderá denunciar o contrato a qualquer tempo, concedido o prazo de trinta dias para desocupação.

André Abelha

Introdução

De certo modo, foi realmente genial, uma revolução ampla e silenciosa no mercado locatício residencial brasileiro. Sem pedir licença, os artigos 46 e 47 chegaram para instalar no sistema um algoritmo simples, engenhoso e altamente eficaz, revertendo sem choques uma arraigada prática dos locadores.

Até então, contratos de 12 meses, ou por tempo indeterminado, eram a regra. Traumatizados por perdas financeiras e aborrecimentos gerados pelo incoerente sistema da Lei nº 6.649/79, nossa 3ª Lei de Locações[334], o senhorio evitava largar com prazo longo, e o inquilino já entrava no imóvel com a perspectiva de ser expulso a qualquer momento, garantindo, quando muito, um ano apenas de estabilidade no seu lar. Era, enfim, um clima pouco saudável para todos.

A ideia era singela, e focava na mudança de comportamento. Sem ameaça de multa ou imposições. A atual Lei de Locações, evitando excessivo dirigismo

334 O mercado de locações brasileiros, antes da atual, experimentou diversas outras Leis, a saber: (i) Decreto nº 24.150/34 (Lei de Luvas); (ii) Lei nº 1.300/50 (1ª Lei de Locações); (iii) Lei nº 4.494/64 (2ª Lei de Locações); (iv) Lei nº 6.239 (Locações a hospitais e estabelecimentos de ensino e de saúde); e (v) Lei nº 6.649/79 (3ª Lei de Locações).

contratual, estabeleceu uma espécie de recompensa, ou contrapartida: o locador que ajustar contrato escrito de 30 meses ou mais terá, ao fim do prazo, o direito potestativo à resilição unilateral e retomada do seu bem, sem a necessidade de invocar motivo; a conhecida denúncia vazia.

O prazo mínimo de 30 meses e a forma escrita não são obrigatórios. Não há qualquer ilicitude em se estabelecer uma duração de 12 meses, valendo até mesmo a locação firmada por tempo indeterminado e de forma verbal. A autonomia privada, aqui, tem seu campo de atuação. Entretanto, a retomada do imóvel somente poderá ocorrer em certas ocasiões, adiante analisadas, e denúncia vazia somente depois de 60 meses.

Deveres decorrentes da boa-fé

De acordo com o *caput* do artigo 46, nas locações celebradas com tempo mínimo de 30 meses, a resolução, ao fim do prazo, ocorre de pleno direito, e não depende de notificação de qualquer das partes. Contudo, a boa-fé objetiva, regra comportamental explicitada no art. 421 do Código Civil, impõe os seguintes deveres anexos:

- ao locador, o de alertar ao locatário com antecedência sua intenção de receber as chaves do imóvel, caso contrário, mesmo escoado o prazo, não poderá alegar descumprimento do contrato pelo locatário, não antes que este seja avisado de sua intenção e disponha de tempo compatível para providenciar sua mudança; e

- ao inquilino, o dever de convocar o dono do imóvel para a vistoria final, para que este possa verificar se as condições do bem estão adequadas, e a obrigação de pagar os aluguéis e encargos até a data da entrega das chaves, sendo irrelevante a prévia resolução de *iure*.

Prorrogação legal

Se, porém, o locatário continuar no imóvel por mais de 30 dias, sem oposição do locador, ocorrerá, também de pleno direito, a prorrogação do contrato por prazo indeterminado, sem qualquer alteração das demais condições já pactuadas (Art. 46, §1º).

Denúncia

A partir de então, nasce para o locador o direito à denúncia vazia, que poderá ser exercitada a qualquer tempo (tal direito não se sujeita a prazo decadencial – STJ, Resp 137.353/SP), e por qualquer forma inequívoca de comunicação escrita. Em tese, aplicativos como o WhatsApp são meios eletrônicos válidos e produzem o efeito previsto no §2º do art. 46. Contudo, como a prova da ciência do destinatário, nos tempos atuais, ainda pode se tornar um desafio em caso de litígio, o locador deve, por prudência, e até que se avance em tal regulamentação, reforçar a notificação por outro meio ortodoxo, de modo a evitar uma discussão judicial capaz de prolongar a retomada do seu bem.

Resolução versus prorrogação

Há uma aparente contradição entre o *caput* e o parágrafo primeiro do art. 46. Afinal, como prorrogar uma locação já extinta de pleno direito? Em verdade, o que a Lei prevê são consequências alternativas:

- se o locador, um pouco antes do 30º mês, ou após o término do prazo e até o trigésimo dia, exigir do inquilino a devolução das chaves, a resolução se operará, com efeitos retroativos ao fim do último dia do prazo do contrato;

- em caso de inércia do locador, decorridos 30 dias do término do prazo, nenhuma resolução terá ocorrido, e o contrato simplesmente se prorroga por tempo indeterminado.

Cláusula de renovação automática

Podem as partes estabelecer a renovação automática pelo mesmo prazo originalmente pactuado? A título de exemplo, se a locação foi ajustada por 30 meses, e há cláusula prevendo 30 meses adicionais, salvo em caso de notificação de qualquer das partes com antecedência mínima de seis meses em sentido contrário. Ao que parece, tal estipulação é perfeitamente lícita, e não colide com o art. 45 da Lei de Locações, pois: (i) essa restrição à liberdade das partes geralmente visa a proteger o inquilino, que na maioria das vezes é a ponta fraca da relação locatícia, e a renovação por novo período lhe protege, pois o art. 4º lhe garante o direito de entregar o imóvel a qualquer tempo, pagando a multa proporcional; e (ii) a cláusula não retira *a priori* nenhum direito das partes, apenas exige certa organização e antecipação da decisão de entregar o imóvel (no caso do inquilino) ou retomá-lo (o locador) ao fim dos primeiros 30 meses, e assim, a renovação por novo prazo somente ocorrerá em caso de inércia.

Accessio Temporis

O requisito legal para a existência do direito à resilição unilateral é claro: contrato de pelo menos 30 meses. Portanto, eventual celebração de 3 contratos sequenciais de 12 meses (total de 36 meses), ou dois de 15 meses (total de 30 meses) não é suficiente para preencher tal condição. Conforme já decidido pelo Superior Tribunal de Justiça, *"o art. 46 da Lei nº 8.245/1991 somente admite a denúncia vazia se um único instrumento escrito de locação estipular o prazo igual ou superior a 30 (trinta) meses, não sendo possível contar as sucessivas prorrogações dos períodos locatícios*" (REsp 1.364.668/MG).

Denúncia ineficaz

Por fim, pode ser que a resilição unilateral, embora válida, seja ineficaz por certo tempo. Isso ocorrerá se, próximo ao término do prazo inicial, ou já na fase de tempo indeterminado, o locatário, com autorização tácita ou expressa do locador, realizar obra no imóvel sem direito a reembolso (como facultado pelo art. 35 da Lei de Locações).

Nesta hipótese, de acordo com o art. 473, parágrafo único, do Código Civil, a resilição unilateral só produzirá efeito depois de transcorrido prazo "*compatível com a natureza e o vulto dos investimentos*". Tem-se a suspensão dos efeitos da denúncia, que na prática impede o início da fluência do prazo de desocupação do imóvel. O objetivo, aqui, é proporcionar ao inquilino a obtenção do seu objetivo, que é a utilização do imóvel reformado por tempo razoável e correspondente ao investimento feito. Com isso se evita que o locador, especialmente em contrato de tempo indeterminado, realize a denúncia de modo abrupto, desleal ou abusivo, nos casos em que o inquilino tiver realizado investimentos relevantes no imóvel.

O artigo em questão se inspira na vedação do comportamento contraditório, que exige quatro pressupostos para sua configuração: (i) uma conduta inicial (no caso, a autorização para a obra); (ii) a legítima confiança da outra parte na conservação do sentido objetivo desta conduta; (iii) um comportamento contraditório, violador da confiança (a denúncia de curto prazo); e (iv) um dano ou, no mínimo, um potencial dano a partir da contradição.

Então, estando o prazo contratual perto do seu fim, ou prorrogada a locação, pelo consentimento tácito do locador, e realizada obra relevante pelo inquilino sem que o locador, dela comprovadamente ciente, o tenha alertado, a resilição unilateral prevista no art. 46, §2º, passa a ter como condição suspensiva a fluência do "*prazo compatível com a natureza e o vulto dos investimentos*" (CC, art. 473, p. único).

Em outras palavras, se na data da denúncia ainda não houver transcorrido o tempo compatível com o vulto da obra, a condição suspensiva legal não se implementará. Com isso, a notificação para desocupação em trinta dias não produzirá efeitos; e, consequentemente, o prazo não começará a fluir, permitindo ao locatário permanecer no imóvel até que ocorra a hipótese do p. único do art. 473, a ser apurada por perícia técnica.

Despejo

Exigida a devolução do imóvel pelo locador, terá ele a ação de despejo, em caso de resistência do inquilino. Registre-se, contudo, que o pedido deverá ser de simples despejo, e não de resolução do contrato, eis que o pacto já estará extinto, por força de lei.

> ***Art. 47. Quando ajustada verbalmente ou por escrito e com prazo inferior a trinta meses, findo o prazo estabelecido, a locação prorroga-se automaticamente, por prazo indeterminado, somente podendo ser retomado o imóvel:***
>
> ***I - Nos casos do art. 9º;***
>
> ***II - em decorrência de extinção do contrato de trabalho, se a ocupação do imóvel pelo locatário relacionada com o seu emprego;***
>
> ***III - se for pedido para uso próprio, de seu cônjuge ou companheiro, ou para uso residencial de ascendente ou descendente que não disponha, assim como seu cônjuge ou companheiro, de imóvel residencial próprio;***
>
> ***IV - se for pedido para demolição e edificação licenciada ou para a realização de obras aprovadas pelo Poder Público, que aumentem a área construída, em, no mínimo, vinte por cento ou, se o imóvel for destinado a exploração de hotel ou pensão, em cinqüenta por cento;***
>
> ***V - se a vigência ininterrupta da locação ultrapassar cinco anos.***
>
> **§ 1º Na hipótese do inciso III, a necessidade deverá ser judicialmente demonstrada, se:**
>
> ***a) O retomante, alegando necessidade de usar o imóvel, estiver ocupando, com a mesma finalidade, outro de sua propriedade situado nas mesma localidade ou, residindo ou utilizando imóvel alheio, já tiver retomado o imóvel anteriormente;***
>
> ***b) o ascendente ou descendente, beneficiário da retomada, residir em imóvel próprio.***
>
> **§ 2º Nas hipóteses dos incisos III e IV, o retomante deverá comprovar ser proprietário, promissário comprador ou promissário cessionário, em caráter irrevogável, com imissão na posse do imóvel e título registrado junto à matrícula do mesmo.**
>
> **André Abelha**

Como visto nos comentários ao art. 46, não há obrigatoriedade de prazo mínimo de 30 meses ou de contrato escrito. Entretanto, quando ajustada verbalmente ou por escrito e com prazo inferior a 30 meses, ocorre, ao fim do prazo estabelecido, a prorrogação automática do contrato por tempo indeterminado. Nesse novo período, sem data prévia de término, somente em sete hipóteses poderá o locador exigir a devolução do imóvel.

Art. 47, inciso I (distrato, infração e inadimplência)

As três primeiras janelas de retomada do imóvel alugado estão no art. 9º, a saber: (i) mútuo acordo, isto é, em caso de distrato; (ii) em decorrência da prática de infração legal ou contratual do locatário; e (iii) em caso de falta de pagamento do aluguel e encargos. Para mais detalhes, vide comentários ao referido dispositivo.

Art. 47, inciso II (extinção do contrato de trabalho)

Não é raro que o empregador aluguel um imóvel seu a um empregado, que nesse caso será também seu locatário. Nesta hipótese, a extinção do contrato de trabalho autorizará a retomada do imóvel.

A causa de extinção pouco importa: pedido de demissão, despedida com ou sem justa causa ou aposentadoria. Em qualquer dessas hipóteses o locador poderá reaver o imóvel alugado. Inclua-se aqui também a hipótese de morte do locatário. Ainda que a locação se sub-rogue a uma das pessoas indicadas no art. 11, I, da Lei de Locações, isto não retira do locador o direito de exigir a devolução do bem.

Sublinhe-se, porém, que a janela somente existirá: (i) se existir coligação entre as relações locatícia e trabalhista, ou seja, a ocupação do bem deve estar relacionada ao emprego; (ii) se o dono do imóvel e/ou empresa de seu grupo econômico cumularem as condições de empregador e locador. Leia-se: se a ocupação não tiver relação com a função, e/ou se o imóvel pertencer a terceira pessoa, não caberá o pedido de devolução.

Caso o inquilino resista a deixar o imóvel, caberá ação de despejo com liminar para desocupação voluntária no prazo de 15 dias, se houver prova escrita da rescisão do contrato de trabalho, ou sendo ela demonstrada em audiência prévia (art. 59, §1º, II). Se na relação jurídica não houver pagamento de aluguéis, isto é, se a ocupação do imóvel pelo empregado for a título gratuito, ainda que haja a obrigação de pagamento dos encargos, a medida cabível será a reintegração de posse, e não o despejo, por inexistir locação, e sim comodato.

Frise-se também que a interpretação teleológica do dispositivo permite concluir que não apenas o empregado com relação de emprego regulada pela Consolidação das Lei do Trabalho (CLT) está abrangido por essa regra legal. Um diretor, conselheiro ou outra pessoa com cargo estatutário igualmente se sujeitará à retomada do bem em caso de extinção do seu mandato ou contrato, se a ocupação do imóvel estiver relacionada ao seu cargo.

Normalmente tais contratos costumam ser celebrados por valores módicos ou inferiores aos preços de mercado, o que levanta a pergunta: se o aluguel foi fixado a valor de mercado, poderá o empregador-locador exigir a saída do inquilino por ocasião da extinção da relação até então existente entre ambos? A resposta é sim, pois o proprietário necessita do imóvel para o uso do sucessor, ainda que tal ocupação não venha a ser imediata, pois é esperado que a empresa queira o imóvel disponível e vazio para que possa ocupá-lo a qualquer tempo.

Art. 47, inciso III (uso próprio ou de familiar)

Como visto, se o locador optou por um contrato residencial de curto prazo (menor que 30 meses), ao fim do período a locação se prorroga automaticamente por tempo indeterminado, e somente em algumas hipóteses restritas ele poderá retomar o imóvel. A quinta delas se caracteriza pelo pedido para uso próprio do locador ou de seu cônjuge, companheiro, ascendente ou descendente, desde que este não disponha de imóvel residencial próprio.

O dispositivo claramente faz uma subdivisão em três grupos:

- se o imóvel destinar-se a ascendente ou descendente, a retomada deve ser realizada "*para uso residencial*", exclusivamente, que não podem ter imóvel residencial próprio;
- se o imóvel será utilizado por cônjuge ou companheiro, não há exigência de uso residencial, o que significa que a lei admite atividade profissional (v.g., consultório, aulas particulares ou similar), desde que seja permitida pela municipalidade e que não viole as regras convencionais, em caso de unidade autônoma em condomínio edilício; a esse grupo também se aplica a restrição à titularidade de imóvel residencial próprio; e
- ao próprio locador não se aplicam as duas restrições acima indicadas.

Em qualquer caso, a necessidade de retomada deve ser judicialmente demonstrada:

- se a retomada é para o próprio locador, e este já estiver ocupando outra casa ou apartamento de sua propriedade situado na mesma localidade, ou se o locador, pedindo o imóvel para si ou para seus familiares, já o tiver retomado anteriormente de outro locatário (art. 47, §1º, "a"); e
- se o beneficiário for ascendente ou descendente que já resida em imóvel próprio (art. 47, §1º, "a").

Na segunda hipótese há uma aparente contradição com o inciso III, ao referir-se ao familiar "*que não disponha, assim como seu cônjuge ou companheiro, de imóvel residencial próprio*". Contudo, a interpretação sistemática de tais dispositivos revela que a titularidade de outro imóvel não veda a retomada; apenas torna essencial a demonstração da sua necessidade. E embora a alínea "a" não mencione expressamente o cônjuge ou companheiro, a eles se aplica o mesmo raciocínio, e a interpretação estritamente literal deve ceder, sob pena de distorção da própria sistemática que o legislador criou.

A tabela a seguir ilustra as restrições de cada grupo:

Futuro possuidor do imóvel	Pode atribuir uso não residencial?	Pode ter imóvel residencial próprio?
Locador	Sim	Sim
Cônjuge ou companheiro	Sim	Sim, se provar necessidade
Ascendente ou descendente	Não	Sim, se provar necessidade

Como se vê, o locador, ao pedir de volta o imóvel, deve indicar quem será o novo morador ou usuário. E se ele estiver mentindo? A sinceridade do pedido sem foi discutida na doutrina, e a posição hoje prevalente é a seguinte:

(i) existe presunção relativa em favor do locador, cabendo ao inquilino provar cabalmente a insinceridade, não bastando indícios como a prévia tentativa de aumento de aluguel (aqui, por exemplo, a frustração de uma renda melhor pode ser justamente o motivo detonador da decisão de usar o imóvel para um dos fins previstos no inciso III); e

(ii) a insinceridade pode ser provada antes da retomada, caso em que a impedirá, ou depois, hipótese em que o locador incidirá nas penas adiante comentadas.

Uma vez retomado o imóvel, o retomante dispõe de seis meses para começar a usá-lo para o fim declarado, e deve ocupá-lo pelo prazo mínimo de um ano, sob pena de ficar tipificada a insinceridade, tipificada como crime de ação pública, punível com detenção de três meses a um ano, que poderá ser substituída pela prestação de serviços à comunidade. Além disso, o locatário prejudicado poderá reclamar, em processo próprio, multa equivalente a um mínimo de doze e um máximo de vinte e quatro meses do valor do último aluguel atualizado ou do que esteja sendo cobrado do novo locatário, se realugado o imóvel (art. 43, II, e p. único).

Para que efetivamente haja ilícito penal, é necessário que o próprio retomante e futuro usuário tenha feito a declaração insincera. Isto é, se o locador fez a declaração de que o imóvel seria utilizado por seu filho, e este, depois, por decisão própria, não se transfere para a residência, não há responsabilidade penal do locador. Aqui, embora não haja crime, o locador assume o risco da retomada, e poderá ser civilmente responsabilizado pelo inquilino prejudicado, com a exigência da multa antes referida, ou indenização equivalente.

Por fim, os termos "*necessidade*" (da retomada) e "*mesma localidade*" (do outro imóvel de titularidade do retomante) são conceitos jurídicos indeterminados, que devem ser avaliados pelo juiz diante das circunstâncias específicas de cada caso.

Art. 47, inciso IV (obras relevantes, hotel ou pensão)

Se o contrato de locação foi celebrado por prazo inferior a 30 meses e agora vigora por tempo indeterminado, a sexta autorização legal de retomada do imóvel consiste na demolição e edificação licenciada ou para a realização de obras aprovadas pelo Poder Público, que aumentem a área construída, em, no mínimo, 20% ou, se o imóvel for destinado a exploração de hotel ou pensão, em 50%.

Aqui não há, como na hipótese do art. 9º, IV, a exigência de que a obra seja urgente e determinada pelo Poder Público, caso em que o locador pode, inclusive, exigir a retomada do imóvel mesmo durante o prazo determinado. Estando o contrato em vigor por tempo indeterminado, basta a aprovação do projeto e licença para demolir e construir; ou então para reformar com acréscimo de área, com mínimo de 50% ou 20% de aumento, conforme se trate ou não de hotel ou pensão, como explicado acima. Consoante já decidido pelo Supremo Tribunal Federal, "*na retomada para construção mais útil, não é necessário que a obra tenha sido ordenada pela autoridade pública*" (Súmula 374).

Art. 47, inciso V (cinco anos de locação)

Finalmente, uma vez decorridos cinco anos desde a celebração do contrato, o locador que havia firmado a locação por tempo indeterminado ou com prazo inferior a 30 meses poderá resilir unilateralmente o contrato, denunciando-o, e dando ao locatário o prazo de 30 dias para a desocupação voluntária.

Em outras palavras, o locador que celebrar contrato de longo prazo (30 meses ou mais) tem o direito de reaver o imóvel ao fim do prazo, e mesmo que fique inerte, ocorrendo a prorrogação da locação por prazo indeterminado, terá a denúncia vazia a qualquer tempo, isto é, desde o 31º mês. Enquanto isso, o locador que, por exemplo, celebrou locação residencial de apenas 12 meses, somente terá a denúncia vazia a partir do 60º mês.

Prova de titularidade

De acordo com o parágrafo segundo do art. 47, nas hipóteses dos incisos III (uso próprio ou de familiar) e IV (obras voluntárias) o retomante deverá comprovar ser proprietário, promitente comprador ou promitente cessionário, com imissão na posse do imóvel e título registrado junto à matrícula do mesmo. Além disso, a promessa, para dar azo à retomada, não pode conter cláusula de desistência, sendo firmada em caráter irrevogável.

Art. 48. Considera - se locação para temporada aquela destinada à residência temporária do locatário, para prática de lazer, realização de cursos, tratamento de saúde, feitura de obras em seu imóvel, e outros fatos que decorrem tão-somente de determinado tempo, e contratada por prazo não superior a noventa dias, esteja ou não mobiliado o imóvel.

Parágrafo único. No caso de a locação envolver imóvel mobiliado, constará do contrato, obrigatoriamente, a descrição dos móveis e utensílios que o guarnecem, bem como o estado em que se encontram.

Art. 49. O locador poderá receber de uma só vez e antecipadamente os aluguéis e encargos, bem como exigir qualquer das modalidades de garantia previstas no art. 37 para atender as demais obrigações do contrato.

Art. 50. Findo o prazo ajustado, se o locatário permanecer no imóvel sem oposição do locador por mais de trinta dias, presumir - se - á prorrogada a locação por tempo indeterminado, não mais sendo exigível o pagamento antecipado do aluguel e dos encargos.

Parágrafo único. Ocorrendo a prorrogação, o locador somente poderá denunciar o contrato após trinta meses de seu início ou nas hipóteses do art. 47.

Patrícia Ribeiro Serra Vieira

Apresentação

O ponto de partida deste estudo é a obra do nosso saudoso e memorável professor Sylvio Capanema, da qual faz parte uma substanciosa, clara e magistral explicação sobre os institutos sociojurídicos. Capanema escrevia como falava. Parece que, ao ler seus textos, estamos a ouvi-lo, o que é (e será) muito bom.

Sempre vinha ele alertando a todos que, com os avanços tecnológicos, o mercado locatício mudou muito, tornando-se mais dinâmico e objetivo. A locação para temporada, por exemplo, deixou de mirar apenas o turismo. Ela passou também a ser observada em inúmeras outras circunstâncias nas quais a brevidade se impõe, como estudos, negócios, lazer, e até mesmo a reforma do imóvel de moradia.

Por isso, proponho uma abordagem doutrinária sobre o tema alinhada à jurisprudência atual. Considerei, para tanto, o incremento da oferta de imóveis, especialmente, pelos tipos legais de garantia negocial e o imediatismo da operação por aplicativos ou plataformas digitais. O pioneiro *Airbnb* (que se dá, comumente, de forma bastante impessoal, pelo acesso à distância) se mostra como fomentador da *economia por compartilhamento ou colaborativa,* e faz uso do *short-term rental, peer to peer* ou do também nominado *home-sharing.*

Aspecto (único) do instituto em referência: o tempo legal

O artigo 48 da Lei do Inquilinato caracteriza a locação para temporada como aquela cujo **prazo máximo é de 90 (noventa) dias**. Logo, qualquer outro pré-requisito não se aplica, como aqueles relacionados à localização do imóvel (em cidade praiana ou estação turística) ou ao fato de o pretendente (locatário) ter domicílio em outra cidade. No passado, esses três pré-requisitos deveriam ser atendidos. Sem um deles, essa modalidade de locação não se configurava. Hoje, na Lei das Locações perdura apenas a excepcionalidade relativa ao prazo limitado, sendo imprescindível a formalização da locação através de um contrato escrito (não podendo ser realizada de forma verbal). Afinal:

> Ao lado da locação residencial e não residencial dos imóveis urbanos, a Lei nº 8.245/91 rege a locação por temporada, definida, de modo exemplificativo, como "aquela destinada à residência temporária do locatário, para prática de lazer, realização de cursos, tratamento de saúde, feitura de obras em seu imóvel, e outros fatos que decorrem tão somente de determinado tempo, e contratada por prazo não superior a noventa dias, esteja ou não mobiliado o imóvel" (art. 48). (TEPEDINO; KONDER; BANDEIRA, 2020, p. 235)

Muitos proprietários de imóveis têm interesse nesse tipo locatício por ele ser versátil e rentável, mas, sobretudo, em razão da facilidade para a retirada do locatário que não respeitar o período de ocupação do bem. Além disso, muitos proprietários acreditam que a locação para temporada tende a desgastar menos o imóvel.

Contudo, diante das pontuadas motivações locatícias, há quem, fraudando a lei, se utilize do instituto exclusivamente a fim de receber de maneira prévia valores e/ou de evitar as restrições legais afeitas à locação residencial. E, nesse intento, segue renovando, de noventa em noventa dias, de forma ininterrupta (ou não), o contrato. Com "isso se consegue receber antecipadamente o aluguel, e se evita a periodicidade anual, além da limitação do índice de correção, sendo ainda mais fácil despedir o locatário" (SOUZA, 2019, p. 235). Tal prática, entretanto, atrai a incidência do artigo 45 da Lei do Inquilinato, porquanto reputam-se nulas de pleno direito as cláusulas contratuais que visem elidir os objetivos da avença.

A despeito de a locação para temporada ter a sua origem na área do turismo, ela em nada se confunde com a atividade hoteleira, visto que não oferta serviços (e as mesmas garantias) especializados de hospedagem. Conforme se alerta:

> A Lei do Inquilinato (arts. 48 a 50 da Lei no 8.245/1991) prevê a *locação por temporada por* até noventa dias, mas dirige-se a outra classe de inquilinos, e não a hóspedes. A *locação por temporada* se destina a lazer, realização de cursos, tratamento de saúde, feitura de obras no imóvel do locatário e situações símiles, como dispõe o art. 48. Porém, há que se ressaltar que na *locação por temporada* há locatários, e não hóspedes. Essa compreensão é fundamental. A *locação por temporada* somente se perfaz com contrato escrito, pois exige o prazo determinado, sendo incompatível o contrato verbal. (VENOSA, 2020, p.1)

Esse tipo de locação é mais problemático nos chamados condomínios edilícios. A alta rotatividade de ocupantes impacta negativamente a conclamada segurança e o sossego dos moradores fixos e dos funcionários. Muitas vezes ela também faz disparar o consumo médio de água e energia elétrica comuns, matéria, diga-se, que revela celeuma doutrinária e jurisprudencial.

Nesse sentido, deve-se lembrar que o exercício de direito de propriedade vem sendo relativizado frente à sistemática dos direitos de vizinhança (artigo 1.277 do Código Civil). Com isso judicializam-se situações fáticas, ditas abusivas, em que são postas em xeque a segurança, a qualidade de vida, a tranquilidade e a integridade psicofísica dos condôminos. Daí a razoabilidade e a prudência do julgador em estabelecer padrão de equidade, com base na vontade comum. Destaca-se:

> APELAÇÃO CÍVEL. DIREITO DE VIZINHANÇA. ALEGAÇÃO DE QUE O PROPRIETÁRIO DO IMÓVEL DÁ DESTINAÇÃO AO MESMO DIVERSA DA QUE ESTIPULADA NA CONVENÇÃO DO CONDOMÍNIO, BEM COMO QUE UTILIZA O BEM DE FORMA NOCIVA, COLOCANDO EM RISCO A SEGURANÇA E O SOSSEGO DOS DEMAIS CONDÔMINOS. SENTENÇA DE PROCEDÊNCIA. IRRESIGNAÇÃO DO RÉU. POSSIBILIDADE. A LOCAÇÃO POR TEMPORADA É RESIDENCIAL, CONFORME PREVÊ A LEI DO INQUILINATO, EMBORA A LEI NÃO PREVEJA PRAZO MÍNIMO PARA DITA LOCAÇÃO, CONDICIONANDO, APENAS, O PRAZO MÁXIMO QUE NÃO DEVE SER SUPERIOR A 90 (NOVENTA) DIAS, NÃO É MENOS VERDADE QUE A CONVENÇÃO DE

> CONDOMÍNIO ESTIPULA PRAZO MÍNIMO E LIMITE DE PESSOAS, SENDO CERTO QUE A MESMA PODE SER TIDA COMO NEGÓCIO JURÍDICO CELEBRADO ENTRE OS CONDÔMINOS, VINCULANDO-OS AO QUE LÁ ESTIPULARAM. COMPROVAÇÃO DE USO NOCISO DA PROPRIEDADE PELOS LOCATÁRIOS A ENSEJAR MULTA. RECURSO CONHECIDO, AO QUAL SE NEGA PROVIMENTO. (TJRJ. 12ª Câmara Cível. Ap. Cível nº 0232765-47.2014.8.19.0001. Rel.: Des. Jaime Dias Pinheiro Filho, julgado em 14/11/2017. www.tjrj.jus.br. Acesso em: 11 dez 2020).

Por outro lado, o locatário deve ao mesmo tempo ter sua dignidade preservada no pleno exercício de seus direitos e na função social do contrato, não sendo realmente plausível qualquer restrição, por exemplo, quanto ao uso das partes comuns do condomínio edilício. A convivência no direito de vizinhança, mesmo que temporariamente, deverá também, em reciprocidade, lhe favorecer em sossego, segurança e saúde. A propósito:

> Condomínio edilício. Ação com preceitos declaratório e indenizatório. Restrições impostas quanto à utilização da área comum a locatários por temporada. (...) É vedado ao condomínio edilício proibir a utilização das áreas comuns por locatários por temporada. Inteligência do art. 1.335, I e II e art. 1.399, "caput", do CC/2002. Todas as prerrogativas emanadas das faculdades de uso e fruição do bem são também deferidas em favor de locatários. Doutrina. Violação ao direito de propriedade da autora (artigo 5º, XXII, da Constituição Federal). [...] (TJSP. 27ª Câmara de Direito Privado. Ap. Cível nº 1000006-41.2017.8.26.0536. Rel.: Des. Alfredo Attié – DJe de 28/11/2019)

A locação para temporada pode envolver imóvel mobiliado, circunstância esta que mereceu especial enfoque da lei, no parágrafo único do mencionado artigo 48. Este estabelece que, se assim ocorrer, deverá constar a descrição dos móveis e utensílios que nele estejam, como também o estado em que se encontravam na oportunidade da avença, rol que passa a ser sua parte. Para que, assim, tudo seja devolvido nas condições originárias, quando finda a temporada (artigos 233 a 242 do CC); do contrário, portanto, legitimará eventual pleito indenizatório por parte do locador.[335]

---

335 O professor Capanema conclui que "se o perecimento ou deteriorização forem provocados por fato inimputável ao locatário, ou às pessoas que ocupem o imóvel, nenhuma indenização lhes poderá ser exigida, em decorrência do princípio romano segundo o qual a coisa

Se as partes não cumprirem a predita exigência legal, entendendo que despicienda a mencionada relação de bens, o imóvel será considerado vazio, mesmo que estivesse guarnecido quando da contratação.

Aspecto (clássico) impulsionador da locação para temporada

O artigo 49 da Lei do Inquilinato traz em si a motivação, dita essencial, e no interesse do locador, tendo em vista a possibilidade de ele receber o valor total concernente a alugueres e encargos, por todo o período locatício. Como pontua Marcos Lopes Prado:

> Portanto, nas locações para temporada o locador pode exigir do locatário a antecipação integral dos aluguéis e, cumulativamente, uma (e apenas uma) modalidade de garantia locatícia. A permissão legal ao locador para temporada para exigir do locatário qualquer uma das modalidades de garantia permitidas pelo art. 37 da Lei 8.245/1991) justifica-se, sobretudo, mas não exclusivamente, pela necessidade de reparação a eventuais danos causados pelo locatário ao imóvel locado e/ou ao seu mobiliário e utensílios, posto que o simples valor dos aluguéis totais antecipados não tem esse escopo de garantia e nem seria suficiente, em muitos casos, para tanto, em virtude do prazo curto de vigência que caracteriza a locação para temporada (até 90 dias). (*In* SCAVONE Jr.; PERES, 2017, p. 317)

Tepedino, Konder e Bandeira assinalam também que:

> A essa modalidade de locação a lei confere normas especiais. A mais relevante delas é a faculdade de o locador promover ação de despejo, independente de notificação, mediante depósito de valor de garantia, caso ao fim do contrato, o locatário não desocupe o imóvel no prazo de 30 (trinta) dias (art. 59, III). Ultrapassado esse prazo, a locação por temporada se prorroga por prazo indeterminado, atraindo o regramento típico dessa situação. Outra característica da locação por temporada é a faculdade que o locador tem de receber antecipadamente o valor total dos aluguéis e dos encargos que

perece para o dono". Aqui, como se não bastasse, agrego que também oponíveis em favor do locatário as excludentes de responsabilidade civil. E, complementa: "Mais uma vez, vale a pena lembrar que a ata notarial, a que se refere o art. 384 do CPC, poderá contribuir, e muito, para alcançar os objetivos do art. 48, para descrever e provar o estado dos móveis e utensílios que guarnecem o imóvel." (2019, p. 240).

> seriam cobrados periodicamente na vigência do contrato (art. 49). Essa possibilidade não sobrevive com a prorrogação do contrato por prazo indeterminado (art. 50). (2020, p. 235)

Além daquela possibilidade de pagamento/recebimento antecipado do montante (sem que seja proibido o pagamento parcelado, prática esta, diga-se de passagem, pouco usual), a Lei em vigor faculta ao locador exigir do locatário quaisquer das garantias relacionadas no artigo 37 (comumente, a fiança, caução em dinheiro ou o seguro). Como sabido, há ajustes em que o valor integral é adiantado, a título de aluguel, sem os respectivos encargos.

Locação para temporada prorrogada sem oposição do locador

No artigo 50 da Lei nº 8.245/1991, está previsto o prazo decadencial para o locador se opor à permanência do locatário em seu imóvel ao final do contrato. Visando inibir sua prorrogação automática, o locador deve informar ao locatário, de forma manifesta, em trinta dias a contar do término da avença, que desocupe o bem, conforme o ajuste temporal.[336]

Se assim não se der ou se aquele prazo for ultrapassado, ante ocasional inércia do locador, a locação passa a ser regida pelas regras ordinárias da locação residencial, só podendo ele denunciar o contrato após trinta meses de seu início ou nas hipóteses do artigo 47 (parágrafo único do artigo 50 da Lei do Inquilinato). A cobrança de aluguel passa então a ser feita mês a mês, mediante valor proporcional, utilizando-se, como regra, o reajuste anual do valor.

Entretanto, "se o locatário for pessoa jurídica, vigorará a regra do artigo 55 da lei, considerando-se a locação como não residencial, mesmo que o imóvel se destine à residência de seus sócios, diretores, executivos, gerentes ou funcionários" (SOUZA, 2019, p. 241). Logo, mesmo que tal modalidade de locação seja adotada, as amarras da denúncia vazia a ela não se opõem.

---

336 Em continuidade, e em singular comentário ao artigo 50 da Lei em referência, Marcos Lopes Prado, assinala os efeitos da prorrogação do contrato de temporada, ressaltando que: "na hipótese de já ter vencido o prazo determinado da locação para temporada e ter havido a sua conversão em locação comum (residencial ou não residencial), por prazo indeterminado, entendemos que (i) continuará havendo o direito de preferência do locatário para a aquisição do imóvel locado frente terceiros interessados, nas mesma condições anteriores, mas (ii) deixará de contar o locatário com a segurança da vigência da locação, posto que o prazo indeterminado fulmina esse direito perante o terceiro comprador do imóvel locado, nos termos do art. 8º da lei 8.245/1991, tanto para as locações residenciais como para as locações comerciais. Da mesma forma, se a locação para temporada com prazo vencido vier a ser convertida em locação comum e não residencial, por força do art. 55 da lei 8.245/1991, o locatário jamais irá adquirir o direito à ação renovatória da locação, por conta do prazo indeterminado dessa locação" (*In* SCAVONE Jr.; PERES, 2017, p. 323).

Matéria controvertida sobre a locação para temporada via plataforma virtual

Há substanciosa polêmica doutrinária e jurisprudencial acerca da locação para temporada através de plataforma digital de hospedagem (sendo a mais popular o *Airbnb*[337]) no âmbito da economia de compartilhamento.

Em outubro do ano 2019, teve início o julgamento do REsp. nº 1.819.075, no Superior Tribunal de Justiça, envolvendo tal questão. Na condição de relator o Ministro Luiz Felipe Salomão partiu da premissa de que, mesmo que se trate de uma típica prática comercial, por não estar normatizada, nenhum condômino, em tese, deve ser inibido no seu direito quando loca seu imóvel, ou parte dele, inclusive por prazo exíguo; sendo certo, no entanto, a aparente dificuldade de se singularizar aquela atividade, visto que não há uma prestação de serviços nos moldes complexos de uma hospedaria (hotel e assemelhados). Contudo, melhor se amolda mesmo ao contrato de locação para temporada. Destaca-se:

> **MANDADO DE SEGURANÇA. IMÓVEL. LOCAÇÃO. PLATAFORMA DIGITAL. AIRBNB. LOCAÇÃO PARA TEMPORADA. SERVIÇO DE HOSPEDAGEM. SUSPEIÇÃO. ART. 145 DO CÓDIGO DE PROCESSO CIVIL. ROL TAXATIVO.** 1. Hipótese de mandado de segurança cuja controvérsia refere-se à locação de imóvel via plataforma digital *Airbnb*. **Pretende-se definir se a conduta do proprietário do imóvel é condizente com o negócio jurídico de locação para temporada ou com serviço de hospedagem**. 2. A suspeição de parcialidade fica afastada se os fatos narrados não se amoldam a qualquer das hipóteses do art. 145 do Código de Processo Civil. 3. **O contrato celebrado via plataforma digital *Airbnb* não se ajusta à figura da hospedagem, de acordo com o que dispõe o art. 23 da lei no 11.771/2008**. 4. **A natureza jurídica dos negócios intermediados por plataforma digital mais aproxima da locação para temporada, nos termos do artigo 48 da Lei no 8.245/1991**. 5. Apelação conhecida e provida. Sentença reformada. (TJDFT. 3ª Turma Cível. Ap. cível nº 0701933-14.2018.8.07.0018. Julg. em 29 abr 2019. www.tjdft.jus.br. Acesso em: 11 dez 2020. Grifos nossos)

---

337 A plataforma permite conectar proprietários de imóveis a pessoas que buscam acomodações, mediante inegáveis facilitadores, tais como: melhor preço, ampla oferta, sistema de avaliação do objeto da locação. Ou seja, possibilita a ligação entre oferta e demanda de bens, sendo um avançado facilitador de negócios locatícios, assemelhando-se a um intermediador ou agenciador, a despeito de sempre informar sobre não ter nenhuma ingerência ou participação entre o que estabelecido entre o ofertante (usuário da plataforma) e o demandante; ou melhor, alertando que não responde pelas prestações ajustadas entre partes.

Nesse diapasão, o Ministro relator acima nominado esclareceu que "o contrato de hospedagem compreende a prestação de múltiplos serviços, sendo essa se não a tônica do contrato, ou elemento inerente à sua configuração, serviços como portaria, segurança, limpeza e arrumação dos cômodos" (MIGALHAS, 2019). Sendo assim, para ele, a *mera "alegação de alta rotatividade de pessoas, ausência de vínculo dos ocupantes e suposto incremento patrimonial dos recorrentes, não demonstrado, não servem para configuração da exploração comercial dos imóveis, sob pena de desvirtuar a própria caracterização da atividade"*. Diante da afirmada dificuldade de precisar a modalidade de negócio jurídico, portanto, "*as relações negociais mais se aproximam aos contratos de locação para temporada". E concluiu pela legitimidade de o proprietário do imóvel poder explorá-lo economicamente, com sinalização sobre a necessidade de uma adequada ponderação entre os interesses dos condôminos e do proprietário do imóvel (ou melhor, pondera-se no âmbito da forte e recorrente celeuma entre o direito de propriedade e o direito de vizinhança). Para conferência:*

> CONDOMÍNIO EDILÍCIO. Ação de obrigação de não fazer. Proibição da locação de curta temporada. Restrição ao direito de propriedade. Matéria que deve ser versada na convenção do condomínio. Ocupação do imóvel por pessoas distintas, em espaços curtos de tempo, que não descaracteriza a destinação residencial do condomínio. Precedentes. Recurso desprovido. (TJSP. 36ª Câmara de Direito Privado. Ap. Cível nº 1007888-02.2020.8.26.0002. Rel.: Des. Milton Paulo de Carvalho Filho. Julg. em 6/10/2020. www.tjsp.jus.br.)
>
> APELAÇÃO CÍVEL. AÇÃO DE OBRIGAÇÃO DE NÃO FAZER. CONDOMÍNIO. LOCAÇÃO POR TEMPORADA. SENTENÇA DE PARCIAL PROCEDÊNCIA PARA CONDENAR A PARTE RÉ A SE ABSTER DE UTILIZAR SUA UNIDADE DE FORMA NOCIVA E DE FORMA COMERCIAL/NÃO RESIDENCIAL DIVERSA DA PERMITIDA NA CONVENÇÃO. RECURSO DA PARTE RÉ. (...) Cuida-se, em síntese, de ação de obrigação de não fazer c/c pedido de tutela de urgência na qual o Condomínio Autor pretende que o Réu/Apelante, cesse as locações por meio de hospedagem on-line, através de plataformas digitais, tais como o 'AirBnb', argumentando que a mesma tem finalidade comercial, em descumprimento ao previsto na Convenção do Condomínio. Defende que o Demandado vem fazendo uso indevido da propriedade, desvirtuando a sua natureza, contrariando assim o disposto no regimento interno. Como cediço, entre os direitos do proprietário, está o direito de usufruir

o bem, inclusive locando a terceiros, por temporada, não podendo tal direito ser limitado pela Convenção nem pelo Regimento Interno do Condomínio, sob pena de indevida interferência e restrição no direito exclusivo de propriedade do condômino sobre a sua unidade residencial. Dentre as prerrogativas dos titulares do domínio, insere-se a de locar, ou mesmo dar em comodato, bem imóvel. O que é indissociável do direito de propriedade. Inteligência dos arts. 1.228 e 1.335 do Código Civil. Deve ser esclarecido que as locações levadas a efeito pela apelante são realizadas através da plataforma on-line conhecida como "Airbnb", a qual destina-se ao compartilhamento de imóveis e serviços de locação, sendo um canal direto para negócios entre locadores e locatários, de forma simples e rápida, por curtos períodos de tempo. Esse tipo de locação, ao contrário do alegado na inicial, tem natureza de locação por temporada e não de hotelaria/hospedagem, que oferecem serviços como recepção, limpeza, arrumação etc. Locação por temporada encontra previsão legal no artigo 48 da Lei nº o 8.245/1991 e é aquela contratada por prazo não superior a 90 dias. Restringir ou limitar o direito do proprietário de alugar seu imóvel por breves períodos de tempo é ir além do previsto no ordenamento jurídico, desvirtuando a sistemática vigente nas relações privadas. É cediço que, mesmo que a propriedade seja exclusiva de seus titulares, por força do Código Civil de 2002, devem estes sempre utilizar e gozar dentro dos limites da Convenção Condominial e da Lei. O condômino ou possuidor que, por seu reiterado comportamento anti-social, gerar incompatibilidade de convivência com os demais condôminos ou possuidores, poderá ser constrangido a pagar multa correspondente ao décuplo do valor atribuído à contribuição para as despesas condominiais, até ulterior deliberação da assembléia." (...) Repise-se, é vedada a locação comercial do imóvel em questão, mas não a locação por temporada, até porque, analisa-se a destinação do imóvel pelo fim que lhe é dado, que, no caso, é a moradia de turistas que visitam a cidade. Portanto, não restou demonstrado nos autos qualquer ilegalidade no fato de a apelante realizar a locação do seu apartamento a pessoas estranhas ao condomínio por curto período de tempo. Desse modo, a pretensão autoral de condenar a parte ré a abster-se de locar o imóvel por temporada, com fins residenciais, não merece prosperar. Sentença que se reforma. PROVIMENTO AO RECURSO. (TJRJ. 21ª Câmara Cível. Ap. cível nº 0002472-33.2017.8.19.0079 Rel.: André Emilio Ribeiro

> Von Melentovytch. Julg. em 6/10/2020. www.tjrj.jus.br. Grifos nossos).
>
> AGRAVO DE INSTRUMENTO. AÇÃO INIBITÓRIA. DECISÃO INTERLOCUTÓRIA QUE DEFERIU A TUTELA DE URGÊNCIA PARA DETERMINAR QUE O CONDOMÍNIO RESIDENCIAL SE ABSTENHA DE APLICAR MULTA OU PRATICAR QUALQUER AÇÃO QUE INVIABILIZE A LOCAÇÃO POR TEMPORADA DA UNIDADE IMOBILIÁRIA DE PROPRIEDADE DO AUTOR. (TJSC. 4ª Câmara de Direito Civil. Rel. Des. Selso de Oliveira. AgInt 4014239-84.2018.8.24.0900. Julg. em 28 fev 2019. www.revistadostribunaisonline.com.br. Acesso em: 10 nov 2020)

A partir do apresentado anteriormente, mesmo que ainda vigore a pontuada controvérsia, é preponderante o entendimento mais razoável adotado pelo Ministro relator.

Consideração final

Ao inolvidável jurista e professor Capanema, se prestará este anúncio conclusivo. Uma simples fala dele notabilizou, em período ainda recente (instigando os interessados na matéria), a necessária e permanente investigação sobre as modalidades contratuais contemporâneas, no âmbito do Direito imobiliário. Com seu singular bom humor e maestria, ele nos preveniu:

> *Os modelos são tão novos que acho que ainda não foram batizados na nossa língua, veja que ainda são referidos, quase todos, nas suas denominações originárias, quase todos surgiram nos Estados Unidos. Até tenho brincado com os meus alunos que esses novos contratos, infelizmente, votam um profundo desprezo pelo nosso idioma, porque são todos conhecidos e citados em inglês. (...) De modo que o Direito Imobiliário está submetido a um processo como nunca vi, nos meus tantos anos e tantas décadas de estudo, não foi tão rápida a mudança quanto tem sido nesses últimos dois ou três anos.* (Entrevista com o professor Sylvio Capanema de Souza, 2020, p. 15)

É inegável a necessidade de uma regulamentação do acesso ou uso profissional das plataformas digitais, no mercado locatício, aqui exemplificadas pelo Airbnb. Não se faz exigível, por exemplo, a apresentação do título de proprietário do imóvel, podendo o bem inclusive ser destinado à sublocação ou ocupação desenfreada por terceiros, sob a chancela de uma única pessoa (locatário/usuário da plataforma); por isso, a indicação (e efetiva discussão) de que a modalidade contratual se mostra atípica e mista, na ambientação do compartilhamento de imóveis.

A conclamada regulação no Brasil se justifica também pela comparação com o que já realizado em outros países pelo Airbnb.[338] Em Amsterdam, por exemplo, o tempo máximo de locações, por residentes oficiais, limita-se anualmente em dois meses; em Paris, no máximo de cento e vinte noites por ano civil, desde que a residência seja primária (isto é, se o locador residir no imóvel por pelo menos oito meses antes de levá-lo à locação. Senão, a residência é dita secundária, sendo necessária autorização oficial, para tanto); em Londres, o compartilhamento é limitado, em regra, a noventa noites/ano. Do contrário, entende-se que houve alteração de uso (do residencial para o comercial).

Não se pode negar que o short-term rental (no gênero locação para temporada) deu dinamismo ao mercado locatício e possibilitou a melhoria de renda de muitos proprietários de imóveis. O short-term rental intensificou-se a partir da confiança que os consumidores vêm mostrando no uso das plataformas digitais, que, em sua maioria, entende estar sob seu controle, quanto ao manuseio e às restrições de uso.

A exploração comercial, no entanto, não pode desvirtuar o contrato na sua origem (qual seja, para temporada), sendo a autorregulação entre as partes interessadas, em parceria com a plataforma escolhida ou utilizada, a melhor via. Fiel à prática (irreversível) mercadológica atual, visa-se com isso compatibilizar a exigência de uso da unidade residencial locada de forma segura, sossegada e saudável, em condomínios edilícios.

338 Ver: https://www.airbnb.com.br/help/topic/272/hospedando-com-responsabilidade. Acesso em: 15 dez 2020.

Referências

Entrevista com o professor Sylvio Capanema de Souza. *Revista Abami*, ano 17, nº 87, jan-mar 2020.

AIRBNB. "Hospedando com responsabilidade". Disponível em: https://www.airbnb.com.br/help/topic/272/hospedando-com-responsabilidade. Acesso em: 15 dez 2020.

_____. "Limites de noites em Amsterdã e Londres". Disponível em: https://www.airbnb.com.br/help/article/1628/limites-de-noites-em-amsterd%C3%A3-e-londres--perguntas-frequentes. Acesso em: 15 dez 2020.

_____. "Limites de noites na França". Disponível em: https://www.airbnb.com.br/help/article/2108/limites-de-noites-na-fran%C3%A7a-perguntas-frequentes. Acesso em: 15 dez 2020.

CAPANEMA, Sylvio. *A Lei do Inquilinato comentada*: artigo por artigo. 11ª ed. São Paulo: Forense, 2019.

MIGALHAS. STJ: Para relator, é ilícito proibir condômino de aluguel por temporada, como Airbnb. *Migalhas*, São Paulo, 10 out 2019. Disponível em: https://migalhas.uol.com.br/quentes/312810/stj--para-relator--e-ilicito-proibir-condomino-de--aluguel-por-temporada--como-airbnb. Acesso em: 11 dez 2020.

Revista dos Tribunais *on line*. Disponível em: www.revistadostribunaisonline.com.br. Acesso em: 10 nov 2020.

TEPEDINO, Gustavo (Org.); KONDER, Carlos Nelson; BANDEIRA, Paula Greco. *Fundamentos do Direito Civil*. Contratos. Vol. 3. Rio de Janeiro: Forense, 2020.

PRADO, Marcos Lopes. *In* SCAVONE Jr., Luiz Antonio; PERES, Tatiana Bonatti (Org.). *Lei do Inquilinato*: comentada artigo por artigo. Visão atual na doutrina e na jurisprudência. Rio de Janeiro: Forense, 2017.

VENOSA, Silvio de Salvo. Condomínios e *Airbnb*. *Migalhas*, São Paulo, 19 fev 2019. Disponível em: https://migalhas.uol.com.br/depeso/296505/condominios-e--airbnb. Acesso em: 11 dez 2020.

Art. 51. Nas locações de imóveis destinados ao comércio, o locatário terá direito a renovação do contrato, por igual prazo, desde que, cumulativamente:

I – o contrato a renovar tenha sido celebrado por escrito e com prazo determinado;

II – o prazo mínimo do contrato a renovar ou a soma dos prazos ininterruptos dos contratos escritos seja de cinco anos;

III – o locatário esteja explorando seu comércio, no mesmo ramo, pelo prazo mínimo e ininterrupto de três anos.

Thiago Ferreira Cardoso Neves

A locação de imóvel não residencial e a locação para fins empresariais (locação comercial)

A Seção III do Capítulo II da Lei do Inquilinato se volta à regulação da terceira espécie de contrato de locação de imóvel urbano regida pelo texto normativo que é a locação não residencial.

Como visto ao longo desta obra, o legislador se ocupou de regular três espécies de locação de imóvel urbano: a locação residencial, a locação por temporada e a locação não residencial.

Cada uma delas tem suas características e peculiaridades, e assim se classificam de acordo com a destinação do imóvel. A locação residencial tem como propósito a ocupação do bem, pelo locatário, para a sua moradia e de sua família; a locação por temporada visa atender as necessidades momentâneas do locatário, que podem ser desde uma residência temporária, até o uso para o seu lazer e de sua família, como uma casa de veraneio, por exemplo; e, enfim, a locação não residencial, a qual abrange toda e qualquer espécie de locação de imóvel urbano que não tenha fim residencial ou para temporada.

Da referida classificação trazida pela lei é possível constatar que em se tratando de locação de imóvel urbano destinada a fim diverso da moradia, e que não tenha um caráter temporário, ter-se-á um contrato de locação não residencial, que também não poderá abranger nenhuma das espécies versadas no parágrafo único do art. 1º da Lei do Inquilinato.[339]

339 Art. 1º A locação de imóvel urbano regula-se pelo disposto nesta lei. Parágrafo único. Continuam regulados pelo Código Civil e pelas leis especiais: a) as locações: 1. de imóveis de propriedade da União, dos Estados e dos Municípios, de suas autarquias e fundações públicas; 2. de vagas autônomas de garagem ou de espaços para estacionamento de veículos; 3. de espaços destinados à publicidade; 4. em *apart-* hotéis, hotéis – residência ou equiparados, assim considerados aqueles que prestam serviços regulares a seus usuários

Por essa razão, diz-se que o contrato de locação não residencial é residual, na medida em que assim se caracteriza quando não enquadrado na moldura normativa dos contratos de locação residencial e por temporada.

Mas, embora residual, pois se destina residualmente às locações de imóvel urbano que não se caracterizem, segundo a lei, como residenciais ou de caráter temporário, o contrato de locação de imóvel não residencial abrange uma vasta gama de hipóteses, abarcando inúmeros interesses do locatário quando da ocupação do bem.

Um desses interesses, e que se consubstancia em uma subespécie de contrato de locação não residencial, é o comercial, o qual é abarcado pelo contrato de locação comercial ou para fins empresariais.

Sobre esta, o legislador da Lei do Inquilinato trouxe um tratamento diverso daquele dado pelo Decreto nº 24.150/1934, a chamada *Lei de Luvas*. A antiga legislação diferenciava as espécies de locação em locação residencial, locação não residencial e locação comercial, separando, portanto, as locações comerciais daquelas genericamente tratadas como não residenciais.

Na atual lei, a locação comercial, hoje chamada de locação empresarial ou para fins empresariais (por força da teoria da empresa acolhida pelo Código Civil de 2002), abarca tanto as locações não comerciais como as comerciais. O que se quer dizer é, embora não esteja prevista tal divisão de modo sistematizado na Lei nº 8.245/1991, ela ainda subsiste, de modo que a locação não residencial pode ser vista como um gênero da qual são espécies as locações comerciais e não comerciais.[340]

Isso se comprova da redação do art. 51, *caput*, da Lei do Inquilinato que, inaugurando a Seção que trata da locação não residencial, dispõe que "[n]as locações de imóveis destinados ao comércio, o locatário terá direito à renovação do contrato".

Pelo texto é possível perceber que o legislador trouxe um tratamento diferenciado para essa espécie particular de locação não residencial, cujas razões demonstraremos nos itens adiante.

Então, nas locações não residenciais destinadas ao comércio, ter-se-á um tratamento diferente das demais hipóteses de locação não residencial, a saber,

e como tais sejam autorizados a funcionar; b) o arrendamento mercantil, em qualquer de suas modalidades.

340 No mesmo sentido é a lição de Sylvio Capanema de Souza, para quem "[n]o regime jurídico anterior as locações de imóveis urbanos classificavam-se, de acordo com sua destinação, em residenciais, não residenciais e comerciais ou industriais. [...] Na nova lei tudo isso se modificou, e as locações, hoje, dividem-se em residenciais, para temporada e não residenciais. Nesta última categoria agrupam-se as antigas locações não residenciais, propriamente ditas, e as que se destinam ao comércio e à indústria" (SOUZA, Sylvio Capanema. *A lei do inquilinato comentada artigo por artigo*. 12ª ed. Rio de Janeiro: Forense, 2020. p. 251-252).

o direito à renovação compulsória do contrato. E isso traz importantes repercussões quando da celebração de contratos de locação não residencial não destinados ao comércio.

Imagine-se, pois, um imóvel alugado para a instalação de uma associação ou fundação. Não se pode negar que tal contrato não tem finalidade residencial, e tampouco se destina ao atendimento de interesses temporários dessas pessoas jurídicas. Portanto, e sendo um contrato de locação de imóvel urbano, se caracterizará inequivocamente como não residencial, se subsumindo às disposições da Lei nº 8.245/1991.

Nada obstante, ele não se insere no conceito de locação para fins empresariais, na medida em que tais pessoas não exercem uma atividade empresarial, nos termos do art. 966 do Código Civil, e tampouco ocupam o imóvel para a exploração de atividades com fins lucrativos.

Nessa esteira, não se submeterão ao regime peculiar voltado aos contratos de locação para fins empresariais, e logo não farão jus à renovação compulsória do contrato, de modo que, se não chegarem a um bom termo com o locador ao final do término de vigência do vínculo, terão que desocupar o imóvel.

Daí se extrai o mais importante efeito da caracterização de um imóvel como destinado à empresa: o direito potestativo à renovação do contrato de locação, o que passaremos a enfrentar nos tópicos seguintes, com todas as suas repercussões.

O direito à renovação do contrato de locação para fins empresariais

Campo de incidência

Como visto anteriormente, a caracterização de um contrato de locação não residencial com finalidade empresarial confere ao ocupante do imóvel o direito à renovação compulsória do contrato.

Desse modo, é a destinação particular do bem que faz nascer o referido direito, o que se justifica pelo bem jurídico que se visa tutelar.

O propósito da norma é preservar a empresa e, de um modo mais amplo, a atividade econômica, cujo fundamento tem índole constitucional. A intenção do legislador é proteger um interesse constitucionalmente tutelado, qual seja, a livre iniciativa, princípio fundamental da ordem econômica, nos termos do art. 170, *caput*, da Constituição Federal.[341]

Sobre este aspecto, faz-se imperioso um aprofundamento e uma análise crítica do tema à luz das lições empregadas pela doutrina.

---

341 Art. 170. A ordem econômica, fundada na valorização do trabalho humano e na livre iniciativa, tem por fim assegurar a todos existência digna, conforme os ditames da justiça social, observados os seguintes princípios: [...].

É comum encontrar-se, na doutrina, a lição de que o fundamento para o direito à renovação do contrato de locação decorre da proteção do fundo empresarial (o estabelecimento) ou mesmo do ponto empresarial.[342]

Nada obstante, e embora seja esse um pensamento prevalecente na doutrina, não nos parece ser ele o mais acertado. Em verdade, o direito à renovação do contrato pretende, imediatamente, a tutela do ponto e, maximamente, do estabelecimento empresarial, na medida em que o ponto é apenas um dos elementos do fundo de comércio.

No entanto, o interesse mediato, que justifica a proteção do ponto e é, então, o seu fundamento e pilar, é a tutela da empresa e, em uma visão macro, da atividade econômica.

A razão que justifica essa conclusão é de ordem constitucional. O contrato de locação, em regra, tem como pano de fundo o direito de propriedade do locador sobre o imóvel e a faculdade de dele dispor mediante a cessão temporária da posse ao locatário.

Assim, embora o locador não seja, necessariamente o proprietário do imóvel, podendo-o ser, por exemplo, o promissário-comprador, o promissário-cessionário e o usufrutuário (no caso do usufruto, o usufrutuário é o único que pode transmitir a posse direta do bem), na grande maioria dos casos tem-se o proprietário da coisa em um dos polos da relação.

Tem-se, portanto, no seio da relação, o direito de propriedade, o qual tem natureza constitucional, por força da expressa previsão do art. 5º, XXII, da Constituição Federal.

O direito à renovação, contudo, uma vez exercido se sobrepõe e suplanta, ainda que temporariamente, o direito de propriedade, fazendo prevalecer o interesse do locatário sobre o do locador.

E se assim o é, o interesse do locatário, para prevalecer sobre o direito do locador, só pode ter natureza constitucional, isto é, só pode ter a mesma hierarquia do interesse do locador. Se assim não fosse, o direito à renovação do contrato de locação seria inconstitucional, na medida em que afrontaria uma norma hierarquicamente superior, a saber, a norma constitucional.

---

342 Nesse sentido ver, Sylvio Capanema (CAPANEMA. Op. cit. p. 253), Nascimento Franco (FRANCO, J. Nascimento. *Ação renovatória*. 2ª ed. São Paulo: Malheiros, 2000. p. 8), Sílvio Venosa (VENOSA, Sílvio de Salvo. *Lei do inquilinato comentada*: doutrina e prática. 15ª ed. São Paulo: Atlas, 2020. p. 195), Scavone Junior (SCAVONE JUNIOR, Luiz Antonio. In: SCAVONE JUNIOR, Luiz Antonio; PERES, Tatiana Bonatti (Coord.). *Lei do inquilinato comentada artigo por artigo*: visão atual na doutrina e jurisprudência. 2ª ed. São Paulo: Forense, 2017. p. 326) e Maria Helena Diniz (DINIZ, Maria Helena. *Lei de locações de imóveis urbanos comentada*. 14ª ed. São Paulo: Saraiva, 2010. p. 226-227.

Por essa razão, só podemos concluir que o direito à renovação do contrato de locação tem como fundamento e amparo a tutela da empresa e da atividade econômica, tutela essa que emana do princípio da livre iniciativa, também chamado de princípio da liberdade econômica ou da liberdade de iniciativa econômica[343], insculpido no art. 170 da Constituição Federal.[344]

O princípio da livre iniciativa, com suas inúmeras perspectivas,[345] também se caracteriza pela faculdade de conquistar e preservar sua clientela. Nessa preservação está, inequivocamente, o direito de não a perder com a mudança do ponto empresarial, o que pode vir a ocorrer caso não haja a renovação do contrato de locação.

Uma vez não renovado o contrato de locação do imóvel, o empresário-locatário perderá o seu ponto, que nada mais é do que o *local em que ele se encontra com sua clientela*.[346] Como consequência, é bem provável que, sendo obrigado a mudar a sua localização, não seja acompanhado ou até mesmo encontrado por sua clientela, de modo que a perderá.

A perda da clientela, à toda evidência, acarretará a derrocada do exercente da atividade empresarial e, fatalmente, à falência e ao fim da sua atividade. Nessa esteira, o princípio da preservação da empresa, que também encontra fundamento na livre iniciativa, que objetiva assegurar a liberdade de exercer a atividade econômica e, consequentemente, o direito e a possibilidade de exercê-la, igualmente resta violado.

Portanto, o direito à renovação do contrato de locação visa, imediatamente, a proteção do ponto e do fundo de comércio (estabelecimento empresarial), mas essa tutela imediata tem um fim maior, mediato, que é a proteção da própria atividade empresarial, fundada na livre iniciativa.

---

343 Expressão cunhada por Eros Roberto Grau. GRAU, Eros Roberto. *A ordem econômica na constituição de 1988.* 14ª ed. São Paulo: Malheiros, 2010. p. 203 e seguintes.

344 Em outro sentido, mas entendendo que o direito à renovação também tem índole constitucional, é o pensamento de José da Silva Pacheco. Em sua visão, o direito do locatário à renovação também emana do direito de propriedade, mas da propriedade da empresa, por ele nominada de *propriedade comercial.* O locatário é o proprietário do estabelecimento e, consequentemente, da atividade, sendo esse, na visão do autor, o direito tutelado pela renovação do contrato, o qual não consiste em "um novo direito real de propriedade, mas, simplesmente, em benefício do bem comum, fazendo com que a propriedade tenha a função social que a Constituição de 1988, nos arts. 5º, itens XXII e XXIII, e 170, inc. III, prevê e deve assegurar". PACHECO, José da Silva. *Tratado das locações, ações de despejo e outras.* 11ª ed. São Paulo: RT, 2000. p. 711.

345 Sobre essas inúmeras perspectivas, ver GRAU. Op. cit. p. 206.

346 Cf. FÉRES, Marcelo Andrade. *Estabelecimento empresarial*: trespasse e efeitos obrigacionais. São Paulo: Saraiva, 2007, p. 29.

O que se percebe, pois, é que o direito à renovação do contrato de locação está inserido em um imbricado complexo de interesses merecedores de tutela, e que buscam fundamento, primordialmente, na livre iniciativa, que tem sede constitucional.

Então, na ponderação de interesses constitucionais feitas pelo legislador, entre o direito de propriedade e a livre iniciativa, privilegiou-se, como regra, a tutela da empresa exercida pelo locatário, em detrimento do direito de propriedade.

Sem prejuízo, essa proteção não se limita às atividades empresariais *stricto sensu*, mas às atividades econômicas de modo lato. Tal conclusão decorre de expressa disposição legal, que estende o direito à renovação do contrato de locação para outras hipóteses que não se restringem à empresa, como se infere do disposto no art. 51, § 4º da Lei nº 8.245/1991, como se verá nos comentários à referida disposição.

A natureza do direito à renovação do contrato de locação empresarial

Questão relevante acerca do direito à renovação do contrato de locação para fins empresariais é aquela que diz respeito à sua natureza. Em que pese na doutrina encontremos entendimento no sentido de que este direito tem natureza híbrida, mista, por conter uma obrigação e um elemento real,[347] ou mesmo a natureza de uma obrigação *propter rem*,[348] a nosso sentir ele ostenta, inequivocamente, a natureza de um direito potestativo.

O direito potestativo é comumente conceituado como o poder conferido pelo ordenamento ao sujeito que, por vontade sua, pode interferir na esfera jurídica de outrem, ficando este último numa posição de sujeição, de modo a não poder impedir o seu exercício.[349] É, pois, da essência desse direito a imposição de uma vontade.

---

347 Segundo esse entendimento, defendido por Alfredo Buzaid, a relação que confere ao locatário o direito à renovação do contrato de locação é composta por uma obrigação de fazer e por um elemento real, que se fundem formando uma unidade autônoma (BUZAID, Alfredo. *Da ação renovatória*. v. I. 2ª ed. São Paulo: Saraiva, 1981. p. 202 e seguintes).

348 Nesse sentido é a opinião de Milton Fernandes (FERNANDES, Milton. et. al. *A lei do inquilinato anotada e comentada*. Rio de Janeiro: Forense Universitária, 1992. p. 103 e seguintes).

349 Nesse sentido, conceitua Pietro Perlingieri o direito potestativo como "o poder de provocar unilateralmente uma vicissitude jurídica desfavorável para outro sujeito" (PERLINGIERI, Pietro. *O direito civil na legalidade constitucional*. Edição brasileira organizada por Maria Cristina De Cicco. Rio de Janeiro: Renovar, 2008. p. 285). Igualmente, afirma Carlos Alberto da Mota Pinto que "*Os direitos potestativos* são poderes jurídicos de, por um acto livre de vontade, só de per si ou integrado por uma decisão judicial, produzir efeitos jurídicos que inelutavelmente se impõem à contraparte" (PINTO, Carlos Alberto da Mota. *Teoria geral do direito civil*. 3ª ed. Coimbra: Coimbra, 1999. p. 174).

Tem-se, então, quando da análise da estrutura e caracterização do direito potestativo, a ideia da existência de um direito que confere ao seu titular uma ampla e irrestrita liberdade de exercício, um direito quase absoluto em que a outra parte nada pode fazer para resistir ou impedir a atuação do sujeito ativo.[350]

Assim, e ao contrário do que ocorre com o direito subjetivo, sobre o qual não há dúvida de sua relatividade, na medida em que sofre limitação, em observância, por exemplo, à boa-fé, à função social e aos bons costumes,[351] o direito potestativo, em sua visão tradicional, não sofreria óbices ao seu exercício, uma vez que, em sua essência, se caracterizaria fundamentalmente como um poder de intervir na esfera jurídica alheia sem que possa sofrer qualquer oposição, resistência ou limitação.[352]

Contudo, esse poder conferido ao sujeito em decorrência do direito não deve ser visto como absoluto, como nenhum direito o é. Certo é que o direito po-

---

350 Sobre este peculiar aspecto dos direitos potestativos, explicita Agnelo Amorim Filho que "a principal característica dos direitos potestativos é o estado de *sujeição* que o seu exercício cria para outra ou outras pessoas, independentemente da vontade dessas últimas, ou mesmo contra a sua vontade" (AMORIM FILHO, Agnelo. Critério científico para distinguir a prescrição da decadência e para identificar as ações imprescritíveis. *Revista de direito processual civil.* a. 2, v. 3. p. 100. jan.-jun. 1961). Essa conclusão decorre do entendimento exposto por muitos de que os direitos potestativos são direitos absolutos, na medida em que, segundo explicita Orlando Gomes, "No lado passivo dessas relações jurídicas, não há *obrigações* no sentido estrito da palavra, mas *deveres* que antes correspondem a um estado de *sujeição* a um poder discricionário e não a um poder arbitrário ainda que exercido prudentemente" (GOMES, Orlando. *Introdução ao direito civil.* Atualização e notas de Humberto Theodoro Júnior. 18ª ed. Rio de Janeiro: Forense, 2001. p. 104-105).

351 O reconhecimento da relatividade dos direitos subjetivos passou por diversas etapas, até chegar a um consenso, hoje unânime, de que eles não têm caráter absoluto. O próprio direito de propriedade, que se caracteriza como um direito subjetivo de natureza real, e que era sacralizado pelos romanos, já admitia limites ao seu exercício. Neste sentido, ver MORAES, Renato Duarte Franco de. A responsabilidade pelo abuso de direito: o exercício abusivo de posições jurídicas, a boa-fé objetiva e o Código Civil de 2002. In: BARROSO, Lucas Abreu (Org.). *Introdução crítica ao código civil.* Rio de Janeiro: Forense, 2006. p. 78.

352 Tal característica é ressaltada pela doutrina como essencial à caracterização dos direitos potestativos. Nesse sentido, LEMOS FILHO, Flávio Pimentel. *Direito potestativo.* Rio de Janeiro: Lumen Juris, 1999. p. 39. Manuel Domingues Andrade, ao tratar da absoluta sujeição do sujeito passivo da relação potestativa, afirma que "Esta, por sua parte - correlato dos chamados direitos potestativos - consiste na *necessidade* imposta pela ordem jurídica ao sujeitado de suportar as consequências do exercício do direito potestativo, ou seja, a produção dos efeitos jurídicos a que tende o mesmo direito. Trata-se aqui de uma necessidade fatal, pois a produção destes efeitos verifica-se de modo *inelutável.* O sujeitado nada pode fazer contra isso" (ANDRADE, Manuel A. Domingues. *Teoria da relação jurídica*: sujeitos e objecto. v. I. Coimbra: Coimbra, 2003. p. 17).

testativo se caracteriza, essencialmente, pela possibilidade conferida pelo ordenamento de o sujeito agir, atingindo a esfera jurídica alheia, seja favorável, seja desfavoravelmente, quando este integra a relação jurídica. É um fato inexorável e que, por si só, não deslegitima o exercício do direito.

No entanto, para que o exercício desse direito e, consequentemente, do poder que dele emana, seja legítimo, é preciso que a sua conduta esteja em conformação com os limites impostos pela lei e, especialmente, pela função do direito, na medida em que apenas será merecedora de tutela a atuação do sujeito se esta estiver de acordo com as finalidades propostas pelo ordenamento.

Assim, o direito potestativo, embora confira ao seu titular um poder que, a princípio, pareça absoluto, sofre limitações impostas pela própria lei, como é o caso do direito à renovação do contrato, como veremos adiante, e pelos valores e princípios do ordenamento, como a função social, por exemplo.

O que se percebe, de tudo o que foi dito, é que o direito à renovação do contrato de locação se caracteriza inequivocamente como um direito potestativo. Tal conclusão se extrai da redação do *caput* do art. 51 da Lei nº 8.245/1991, que expressamente prevê que nos contratos de locação de imóveis destinados ao comércio o locatário *terá* direito à renovação do contrato, usando o legislador, então, a forma imperativa, a demonstrar a sua potestatividade.

Caso, contudo, ainda não fosse possível concluir pela natureza potestativa do direito, mesmo diante da referida disposição, outros dois argumentos fazem cair por terra eventual conclusão em contrário.

No art. 52 da Lei do Inquilinato, que será objeto de análise em separado, traz o legislador as hipóteses em que, embora existente o direito do locatário, não haverá a renovação do contrato. Ao explicitar tais hipóteses, prevê o dispositivo legal que, na ocorrência de algum dos casos expressamente nele previstos, o locador não estará *obrigado* a renovar o vínculo,[353] expressão essa que nos leva à conclusão de que, fora esses casos descritos na lei em que não haverá a renovação, nos demais o locador terá a obrigação de o renovar.

Tem-se, então, uma evidente posição de sujeição do locador, que não poderá se recusar a renovar o contrato de locação, obrigando-se a estender o vínculo jurídico existente com o locatário.

O último argumento a reforçar o nosso entendimento, e que, a nosso sentir, põe uma pá-de-cal na discussão, diz respeito à natureza do prazo para o exercício do direito, o qual, segundo o disposto no art. 51, § 5º da Lei do Inquilinato, é decadencial, como veremos nos comentários ao referido dispositivo, encerrando, pois, qualquer controvérsia acerca do tema.

353 Art. 52. O locador não estará obrigado a renovar o contrato se: [...].

Os requisitos para a constituição e exercício do direito potestativo à renovação do contrato de locação para fins empresariais

O direito potestativo à renovação do contrato de locação para fins empresariais tem como objetivo, como vimos anteriormente, a preservação da empresa e a tutela da atividade econômica de um modo mais amplo, alcançando também as pessoas jurídicas não empresárias, mas que exerçam atividades econômicas com fins lucrativos.

Por essa razão, a existência do direito potestativo à renovação do contrato pressupõe, em regra, a existência de uma atividade econômica-empresarial que deva ser protegida, que são aquelas cuja mudança de localização poderá importar na inviabilidade do seu exercício.

Isso significa que só há que se falar em direito potestativo à renovação do contrato de locação se estivermos diante de uma atividade consolidada, com uma clientela a ser preservada, sob pena de não termos um fundamento e uma justificativa para se sobrepor ao direito de propriedade do locador.

Afastar a plenitude do exercício das faculdades inerentes à propriedade, inclusive a do proprietário de alugar o imóvel para quem quiser, só se justifica diante da necessidade de se proteger a livre iniciativa e o pleno exercício das atividades econômicas, no caso, exercidas pelo locatário.

Por essa razão, a existência do direito à renovação compulsória do contrato de locação depende do preenchimento dos requisitos previstos no art. 51 da Lei do Inquilinato.

Nessa esteira, assim dispõe o art. 51, *caput* que "[n]as locações de imóveis destinados ao comércio, o locatário terá direito a renovação do contrato, por igual prazo, *desde que*, cumulativamente: I – o contrato a renovar tenha sido celebrado por escrito e com prazo determinado; II – o prazo mínimo do contrato a renovar ou a soma dos prazos ininterruptos dos contratos escritos seja de cinco anos; o locatário esteja explorando seu comércio, no mesmo ramo, pelo prazo mínimo e ininterrupto de três anos".

O legislador reclama, então, para a constituição do direito, a presença de três requisitos, os quais devem estar cumulativamente presentes, sob pena de não se poder falar na sua existência. Não se trata, portanto, de meros requisitos para o exercício do direito, mas elementos necessários à sua própria constituição.

O primeiro dos requisitos é o de que o contrato que se pretende renovar deve ser escrito e por prazo determinado.

Exige-se, portanto, um contrato formal, por escrito, de modo que seja inequívoca a sua existência, bem como os seus termos. Isso se deve ao fato de que o contrato se renovará nos mesmos termos do anterior, de modo que é preciso que se tenha um documento com todas as suas formalidades e condições, a fim de que não haja dúvidas e discussões no momento da renovação, que se dará judicialmente por meio da ação renovatória.

Do mesmo modo, o contrato deve estar vigendo por prazo determinado, e isso porque o contrato por prazo indeterminado pode ser denunciado a qualquer tempo, nos termos do art. 57 da Lei do Inquilinato, de modo que não tem a estabilidade e a segurança do contrato por prazo determinado.

Admitir-se a renovação compulsória de um contrato por prazo indeterminado seria um contrassenso e uma contradição ao sistema disposto pela lei de regência, além de ser ineficaz e contraproducente, pois o locador poderia denunciá-lo assim que fosse determinada judicialmente a renovação, razão pela qual só há que se falar na existência do direito do potestativo em comento se estivermos diante de um contrato escrito e por prazo certo.

O segundo requisito é que o contrato que se pretende a renovação deve estar vigendo por, no mínimo, 05 anos, ou a soma dos prazos ininterruptos dos contratos sucessivos perfaça, no mínimo, 05 anos.

Exigiu o legislador, para a existência do direito potestativo à renovação do contrato, que exista uma estabilidade na relação, isto é, que ela esteja perdurando por, no mínimo, 05 anos, e que, consequentemente, ali esteja estabelecido o locatário, firmando o seu ponto e sua cliente, por igual período.

Se o objetivo do direito à renovação compulsória do contrato é a tutela da atividade econômica exercida pelo locatário, protegendo-se sua clientela, a fim de que ela não se perca com a alteração do endereço do exercente da atividade, é preciso que esta clientela esteja formada e fidelizada, sob pena de a mudança não acarretar nenhum prejuízo para o ocupante do imóvel.

O legislador, então, estabeleceu uma presunção de que, se o contrato ou a soma dos vários contratos sucessivos não possui um prazo mínimo de 05 anos, não há uma estabilidade da relação, e tampouco da atividade econômica, que justifique a imposição da renovação do vínculo.

Ainda sobre o tema, questão que merece ser observada é a da possibilidade de somar os prazos dos diversos contratos celebrados sucessivamente, aquilo que se convencionou chamar de *acessio temporis*. O legislador, ao prever essa possibilidade, acolheu o entendimento já defendido pela doutrina e pela jurisprudência que há tempos admite o aproveitamento dos prazos de diversos contratos, a fim de alcançar o período mínimo de 05 anos.

A redação da lei, contudo, não solucionou o problema da possibilidade de se somar os prazos dos diversos contratos mesmo que, entre eles, haja uma solução de continuidade, isto é, em que haja uma pequena interrupção entre eles sem viger um contrato escrito e com prazo determinado.

Em verdade, a regra constante do art. 51, II, da Lei do Inquilinato leva à conclusão de que a soma dos prazos, neste caso, não é possível, uma vez que, na expressão da lei, só é possível a soma de prazos *ininterruptos* dos contratos, a fim de que se chegue ao prazo mínimo de 05 anos de vigência.

Tal solução proposta pelo legislador encontrou críticas na doutrina, críticas com a quais concordamos, na medida em que abre margem e possibilidade para o emprego da má-fé.[354] Pode o locador, por exemplo, visando afastar o direito à renovação, criar embaraços quando da negociação para a celebração de um novo contrato, quando inferior a 05 anos, deixando terminar o seu prazo para, só depois de algum tempo, concordar em celebrar um novo contrato escrito.

Nesse caso, diante da inexistência de contratos ininterruptos, não poderia o locatário renová-lo, ficando, pois, há mercê da ação do locador. Por essa razão, entendemos, e amparados na doutrina de nosso saudoso Prof. Sylvio Capanema, que a interpretação da lei não pode ser literal.[355]

A nosso sentir, é preciso interpretar o dispositivo à luz dos princípios que norteiam as relações contratuais, como a boa-fé, por exemplo, e especialmente em observância à função constitucional do instituto da renovação compulsória, que é a tutela da empresa e da atividade econômica.

As pequenas interrupções devem ser toleradas e desconsideradas, entendendo como ininterruptos os prazos quando se verificar que entre um contrato e outro decorreu período de tempo razoável, que denote que as partes estavam em negociação para a celebração de um novo vínculo.

Se locador e locatário tinham como objetivo, desde o início, a renovação do contrato, que só não ocorreu sem solução de continuidade porque certas arestas ainda estavam sendo aparadas, não há sentido em não reconhecer o direito à renovação.

De igual modo, se ficar verificado que o locador, injustificadamente, estava criando empecilhos para não renovar o contrato, o que levou à interrupção dos prazos dos contratos sucessivos, mas o renovou posteriormente por escrito, será possível fazer a soma dos prazos dos contratos.

Conclui-se, pois, em consonância também com a jurisprudência do STJ, que ainda nos casos de pequenas interrupções entre os contratos é possível somar os seus prazos para fim de atingimento do prazo mínimo de 05 anos.[356]

Por fim, o terceiro requisito para a constituição do direito à renovação do contrato é o de que deve estar o locatário exercendo no imóvel o mesmo ramo de atividade pelo prazo mínimo de 03 anos.

354 SOUZA. Op. cit. p. 253.

355 SOUZA. Op. cit. p. 254.

356 Nesse sentido, AgRg no REsp 61436/SP. Relator Ministro Hamilton Carvalhido. Sexta Turma. DJ 17/04/2006.

A referida exigência deve ser compreendida no mesmo contexto do requisito anterior. Se é reclamado um prazo mínimo de 05 anos de vigência do contrato para que se tenha uma estabilidade da relação e da própria atividade exercida pelo locatário, pelas mesmas razões o legislador estabeleceu um *plus*, que consiste na identidade da atividade por um prazo mínimo de 03 anos.

Assim como no requisitou anterior, estabeleceu o legislador uma presunção de que a atividade exercida pelo locatário precisa de, no mínimo, 03 anos para se consolidar, de modo que, se tiver ela menos de 03 anos, não terá ele formado substancialmente sua clientela, não merecendo, portanto, tutela jurídica. Assim, além do prazo mínimo do contrato, que deve ser de 05 anos, deverá o locatário estar exercendo o mesmo ramo de atividade por no mínimo 03 anos.

Questão tormentosa diz respeito à expressão "mesmo ramo" empregada pelo legislador. Ao prevê-la, quis o legislador exigir uma absoluta identidade da atividade exercida pelo locatário no período, sendo ela idêntica, ou admitiu que atividades semelhantes dentro desse prazo também autorizam a renovação? A nosso sentir, "mesmo ramo" não significa "mesma atividade" ou "atividade idêntica".

Imagine que o locatário inicie no imóvel uma atividade correspondente a um bar. Com o tempo, com o aumento da clientela e visando ampliá-la ainda mais, o locatário transforma o seu bar em um restaurante, colocando mesas e cadeiras e servindo refeições nos mais variados horários, e não mais apenas petiscos e bebidas. Neste caso, não teria ele direito à renovação do contrato? A nosso sentir, sim, em que pese existam entendimentos em contrário.[357]

Isso porque se tem, na hipótese, inequivocamente uma atividade do mesmo ramo, o de alimentos, pois ambos têm como propósito servir comidas e bebidas, ainda que tenha havido uma modificação no estilo do lugar e das refeições.[358]

Preenchidos, pois, os três requisitos, ter-se-á o direito potestativo à renovação do contrato, o qual será renovado pelo mesmo prazo do contrato que se pretende a renovação, conforme prevê o *caput* do art. 51 da Lei nº 8.245/1991, o que será objeto de nosso próximo tópico.

---

357 Segundo Luiz Antonio Scavone Junior, só se admite ampliação de atividade, e não modificação. Usando o exemplo da padaria, esclarece o autor que é possível a renovação quando uma padaria acrescenta à sua atividade um restaurante. Todavia, não será possível a renovação se padaria *se transformar* em restaurante. SCAVONE JUNIOR. Op. cit. p. 339.

358 No mesmo sentido, Sylvio Capanema (SOUZA. Op. cit. p. 255) e Silvio Venosa (VENOSA. Op. cit. p. 200).

O prazo do novo contrato a renovar

Última questão a ser enfrentada na análise do *caput* do art. 51 da Lei do Inquilinato diz respeito ao prazo do novo contrato de locação que será renovado por meio da ação renovatória.

A parte final do texto legal dispõe que o locatário terá direito à renovação do contrato por *igual prazo*, o que nos leva a concluir é que o prazo do novo contrato estará diretamente atrelado ao do contrato anterior.

Assim, se o contrato era o tradicional de 60 meses, ou 05 anos, o novo contrato será renovado também por 60 meses. Já se o contrato anterior era de 10 anos, o novo também o será. E se a hipótese for de diversos contratos que, somados, cumprem o prazo mínimo legal de 05 anos para renovação, o novo contrato será renovado pelo prazo do último instrumento, de modo que, se este for, por exemplo, de 02 anos, o novo contrato terá igual prazo.

Em que pese esta seja a conclusão que se extraia da interpretação literal do dispositivo, doutrina e jurisprudência vêm entendendo que o prazo do novo contrato deverá ser de 05 anos.[359]

Isso porque a referência a *igual prazo* prevista na parte final do *caput* do art. 51 da Lei do Inquilinato deve ser associada ao prazo mínimo de 05 anos previsto no mesmo dispositivo para a renovação do contrato.

Com efeito, e seguindo a jurisprudência já consolidada pelos tribunais na vigência da Lei de Luvas, inclusive, no enunciado nº 178 da súmula de jurisprudência do Supremo Tribunal Federal,[360] quando este tinha competência para a apreciação e julgamento de questões envolvendo matéria de lei federal, o prazo do novo contrato será de 05 anos, como vem entendendo a jurisprudência do STJ.[361]

---

359 Cf. SOUZA. Op. cit. p. 256.

360 STF. Súmula 178. Não excederá de cinco anos a renovação judicial de contrato de locação fundada no Decreto 24.150, de 20-4-1934.

361 RECURSO ESPECIAL. AÇÃO RENOVATÓRIA DE CONTRATO. LOCAÇÃO COMERCIAL. ACCESSIO TEMPORIS. PRAZO DA RENOVAÇÃO. ARTIGOS ANALISADOS: ART. 51 da Lei 8.245/91. 1. Ação renovatória de contrato de locação comercial ajuizada em 09.06.2003. Recurso especial concluso ao Gabinete em 07.12.2011. 2. Discussão relativa ao prazo da renovação do contrato de locação comercial nas hipóteses de "accessio temporis". 3. A Lei 8.245/91 acolheu expressamente a possibilidade de "accessio temporis", ou seja, a soma dos períodos ininterruptos dos contratos de locação para se alcançar o prazo mínimo de 5 (cinco) anos exigido para o pedido de renovação, o que já era amplamente reconhecido pela jurisprudência, embora não constasse do Decreto n.º 24.150/1934. 4. A renovatória, embora vise garantir os direitos do locatário face às pretensões ilegítimas do locador de se apropriar patrimônio imaterial, que foi agregado ao seu imóvel pela atividade exercida pelo locatário, notadamente o fundo de comércio, o ponto comercial, também não

§ 1º O direito assegurado neste artigo poderá ser exercido pelos cessionários ou sucessores da locação; no caso de sublocação total do imóvel, o direito a renovação somente poderá ser exercido pelo sublocatário.

Os legitimados para a ação renovatória

Nos §§ 1º, 2º e 3º do art. 51 da Lei nº 8.245/1991 o legislador positivou inúmeras situações nas quais o ocupante do imóvel é titular do direito potestativo à renovação do contrato de locação, sendo legitimado à propositura da ação renovatória regulada nos arts. 71 e seguintes da Lei do Inquilinato.

Tendo em vista o regime especial trazido pela lei, a extensão do direito e a legitimidade para a ação renovatória dependem de previsão legal, sendo certo que, por se tratar de regra de exceção, as referidas disposições que tratam dos legitimados à propositura da ação devem ser interpretadas restritivamente.

---

pode se tornar uma forma de eternizar o contrato de locação, restringindo os direitos de propriedade do locador, e violando a própria natureza bilateral e consensual da avença locatícia. 5. O prazo 5 (cinco) anos mostra-se razoável para a renovação do contrato, a qual pode ser requerida novamente pelo locatário ao final do período, pois a lei não limita essa possibilidade. Mas permitir a renovação por prazos maiores, de 10, 15, 20 anos, poderia acabar contrariando a própria finalidade do instituto, dadas as sensíveis mudanças de conjuntura econômica, passíveis de ocorrer em tão longo período de tempo, além de outros fatores que possam ter influência na decisão das partes em renovar, ou não, o contrato. 6. Quando o art. 51, caput, da Lei 8.2145 dispõe que o locatário terá direito à renovação do contrato "por igual prazo", ele está se referido ao prazo mínimo exigido pela legislação, previsto no inciso II do art. 51, da Lei 8.245/91, para a renovação, qual seja, de 5 (cinco) anos, e não ao prazo do último contrato celebrado pelas partes. 7. A interpretação do art. 51, caput, da Lei 8.245/91, portanto, deverá se afastar da literalidade do texto, para considerar o aspecto teleológico e sistemático da norma, que prevê, no próprio inciso II do referido dispositivo, o prazo de 5 (cinco) anos para que haja direito à renovação, a qual, por conseguinte, deverá ocorrer, no mínimo, por esse mesmo prazo. 8. A renovação do contrato de locação não residencial, nas hipóteses de "accessio temporis", dar-se-á pelo prazo de 5 (cinco) anos, independentemente do prazo do último contrato que completou o quinquênio necessário ao ajuizamento da ação. O prazo máximo da renovação também será de 5 (cinco) anos, mesmo que a vigência da avença locatícia, considerada em sua totalidade, supere esse período. 9. Se, no curso do processo, decorrer tempo suficiente para que se complete novo interregno de 5 (cinco) anos, ao locatário cumpre ajuizar outra ação renovatória, a qual, segundo a doutrina, é recomendável que seja distribuída por dependência para que possam ser aproveitados os atos processuais como a perícia. 10. Conforme a jurisprudência pacífica destaCorte, havendo sucumbência recíproca, devem-se compensar os honorários advocatícios. Inteligência do art. 21 do CPC c/c a Súmula 306/STJ. 11. Recurso especial parcialmente provido. REsp 1.323.410/MG. Rel. Ministra Nancy Andrighi. Terceira Turma. DJe 20/11/2013.

Assim, nos itens e disposições seguintes passaremos a examinar as hipóteses na quais o legislador conferiu a certos indivíduos a titularidade do direito à renovação compulsória do contrato de locação, sendo legitimados à propositura da ação renovatória.

Locatário

Como visto anteriormente, o direito potestativo à renovação do contrato de locação comercial tem como propósito a tutela da atividade econômica de modo amplo, embora seja voltado preferencialmente aos titulares das atividades empresariais.

Nesse sentido, o primeiro legitimado é, inequivocamente, o locatário, dono do estabelecimento e titular da atividade, e quem possui com o locador o vínculo de direito material decorrente do contrato de locação.

O locatário é, por excelência, o cessionário da posse do imóvel do locador, de modo que é ele quem, essencialmente, aluga o imóvel para nele exercer a sua atividade. Com efeito, é ele o principal legitimado ao exercício do direito potestativo à renovação do contrato por meio da ação renovatória.

Sem prejuízo, além do próprio locatário, a Lei do Inquilinato prevê outras pessoas também legitimadas ao exercício do direito à renovação compulsória, ostentando, pois, a condição de titulares do referido direito, de modo que a eles se estende o regime especial aplicável às locações comerciais, em que pese não sejam o locatário do imóvel, ou ao menos o locatário original.

São eles, então, merecedores de tutela jurídica por exercerem no imóvel a sua atividade econômica, como veremos a seguir.

Cessionários ou sucessores da locação

Além do locatário, os cessionários ou sucessores da locação também são titulares do direito potestativo à renovação do contrato de locação, na forma do art. 51, § 1º da Lei do Inquilinato.

No referido dispositivo temos duas hipóteses possíveis: o cessionário, *stricto sensu,* da locação, e os sucessores de modo amplo da relação locatícia, os quais não deixam de estar inseridos também os cessionários.

Quanto aos cessionários, em sentido estrito, da locação, eles são aqueles que assumem o polo da relação contratual locatícia por força do contrato de cessão do contrato de locação, por meio do qual se tem a cessão da posição contratual.

Não nos parece, embora respeitável o entendimento nesse sentido, que a hipótese legal diga respeito à cessão do fundo empresarial.[362] Isso porque, em nosso entender, a hipótese prevista na lei é do cessionário em cessão do contrato de locação, e não do trespassário em contrato de compra e venda do estabelecimento, conhecido como trespasse.

Em verdade, o trespasse pode importar na cessão do contrato de locação, mas isso pode não vir a ocorrer, assim como a cessão do contrato de locação não necessariamente envolverá o trespasse.

O trespasse é o contrato por meio do qual o empresário titular de um estabelecimento empresarial aliena esta universalidade de fato a um terceiro, que passa a ser o seu titular. Quando do trespasse, o trespassário transfere onerosamente todos os elementos do estabelecimento empresarial, sejam corpóreos, sejam incorpóreos.

Isso não significa, contudo, que haverá uma automática transferência ou cessão do contrato de locação, isso porque os contratos não são elementos do estabelecimento. Por essa razão, a cessão do contrato dependerá, ainda que na celebração do contrato de trespasse, da observância dos requisitos do art. 13 da Lei do Inquilinato, como veremos adiante.

Já na cessão, pura e simples, do contrato de locação, é possível que não haja a transferência dos elementos do estabelecimento. É possível que, neste caso, o cedente, com a anuência do locador, apenas ceda a sua posição no contrato, passando o cessionário a ocupar o seu lugar no polo contratual, sem que prossiga com a atividade antes exercida pelo cedente do contrato de locação.

Poderá o cessionário, quando da mera cessão do contrato, passar a exercer a sua própria atividade, a qual poderá, inclusive, ser de ramo diverso daquela exercida pelo cedente.

Por isso, é possível afirmar que na cessão pura e simples do contrato de locação o cedente apenas *passa o ponto* ao cessionário, não realizando a alienação do seu estabelecimento, o qual poderá ser transferido pelo cedente para outro lugar, continuando a sua atividade, ou mesmo extinguindo-a.

---

362 Entendendo que a hipótese prevista na lei é de cessão do fundo empresarial, Sylvio Capanema, para quem "o cessionário a que se refere o § 1º do artigo 51 é o do fundo empresarial, já que o do contrato de locação só terá direito à ação renovatória se com a cessão anuiu o locador, e se preencher ele as condições previstas nos incisos I a III do artigo 51" (SOUZA. Op. cit. p. 257). No mesmo sentido, Maria Helena Diniz, que entende que a hipótese do § 1º do art. 51 da Lei é de cessão ou sucessão no estabelecimento, e não no contrato de locação. Segundo ela, se "o inquilino apenas ceder a locação sem transferir o estabelecimento comercial, o cessionário não terá, de per si, o direito à renovação (*RT, 331:*204, *357:*191, *419:*358), mas poderá ter legitimidade ativa para mover a ação renovatória se o tempo remanescente lhe possibilitar formar fundo de comércio próprio pela exploração de uma atividade mercantil ininterruptamente por três anos" (DINIZ. Op. cit. p. 234).

Nada obstante, quando da cessão do contrato de locação, para que o cessionário seja titular do direito potestativo à renovação do contrato de locação deverá observar todos os pressupostos do art. 51 da Lei do Inquilinato, dentre eles o exercício da mesma atividade pelo prazo mínimo de três anos.

Por essa razão, caso a cessão do contrato não importe em continuidade da atividade anteriormente exercida pelo cedente e, portanto, esteja dissociada do trespasse, é preciso que ele cumpra com todos os requisitos anteriormente examinados, sob pena de não ser legitimado à ação renovatória.

Mas, para além do cumprimento dos referidos requisitos, a cessão da locação também deve, para que se aperfeiçoe e produza efeitos, cumprir outra importante condição: ter o consentimento do locador.

Consoante o disposto no art. 13 da Lei nº 8.245/91, a cessão do contrato de locação exige o consentimento *prévio e escrito* do locador, o qual já deve ter sido manifestado no próprio contrato de locação ou em documento apartado quando da celebração do vínculo, ou mediante manifestação escrita do locador antes que a cessão ocorra.

O que importa é que se tenha, previamente à cessão, a manifestação positiva do locador.

A ausência dessa aceitação *prévia e escrita* do locador poderá acarretar o rompimento do vínculo locatício por violação à lei ou ao contrato – caso o instrumento expressamente vede a cessão –, nos termos do inciso II do art. 9º da Lei do Inquilinato.

Esse é, por expressa disposição do art. 13 da Lei nº 8.245/1991, o requisito formal para a eficácia da cessão.

Sem prejuízo, e atendimento aos princípios da conservação dos contratos e da empresa, e da própria função social, pensamos que nada impede que esse consentimento seja dado posteriormente à celebração do contrato de cessão, mediante notificação formal ao locador, de modo a que se tenha o seu assentimento inequívoco.

O referido entendimento tem sustentação no § 2º do art. 13 da Lei do Inquilinato, o qual prevê que *desde que notificado por escrito pelo locatário, de ocorrência de uma das hipóteses deste artigo, o locador terá o prazo de trinta dias para manifestar formalmente a sua oposição.*

Então, a nosso sentir, embora exista respeitabilíssima posição em contrário,[363] o legislador admitiu que o aperfeiçoamento e a plena produção

363 Em sentido contrário, Sylvio Capanema de Souza (SOUZA. Op. cit. p. 113), Sílvio Venosa (VENOSA. Op. cit. p. 92) e José Carlos de Moraes Salles (SALLES. Op. cit. p. 120). Segundo os referidos professores, a notificação prevista no § 2ª do art. 13 somente se aplica às hi-

de efeitos da cessão fiquem condicionados à notificação do locador, ainda que posteriormente à realização da própria cessão, podendo este anuir, ainda que tacitamente, com a transferência do contrato, o que não acarretará nenhum prejuízo para as partes envolvidas.

Caso, contudo, ele manifeste, no prazo de 30 dias previsto na lei, a sua discordância, a cessão será ineficaz em relação a ele. Neste caso, poderá o locador denunciar o contrato por infração à lei ou aos próprios termos do instrumento locatício, caso haja vedação expressa de cessão no instrumento.

Note-se, contudo, que ainda que no contrato de locação haja proibição para a cessão, nada impede que as partes a admitam posteriormente, sendo esta válida em decorrência da boa-fé. Desse modo, não poderá o locador, caso anua expressamente com a cessão, posteriormente invocar a vedação outrora existente no contrato para torná-la ineficaz, rompendo o vínculo contratual locatício, o que se caracterizaria como um comportamento evidentemente contraditório.

Então, o que se extrai de tudo o que se disse é que a cessão do contrato, em princípio, exige prévio e expresso consentimento do locador para a sua plena produção de efeitos.

Nada obstante, admite-se que esse consentimento seja dado posteriormente à cessão, convalidando-a, desde que notificado o locador para se manifestar no prazo de 30 dias, na medida em que nenhum prejuízo trará para as partes, notadamente nos casos em que haja a concordância do locador.

Na mesma esteira, e excepcionalmente, pensamos que também será convalidada a cessão ainda que o locador não seja formalmente notificado da sua ocorrência, mas seja possível inferir a sua inequívoca concordância com a transferência do contrato por meio de atos que denotem a sua anuência.

Nesse sentido, caso não seja o locador comunicado formalmente da cessão, mas fique evidenciado de modo cabal que ele teve ciência inequívoca da cessão e com ela concordou – como, por exemplo, mediante a comprovação do recebimento de alugueres do cessionário, ou nos casos em que o próprio locador outorgar ao cessionário poderes para representá-lo em assembleia de condomínio na condição de locatário –, não poderá ele alegar, posteriormente, que não anuiu com a mudança contratual.

A sua inércia conduzirá, inegavelmente, a um consentimento tácito, tornando a cessão perfeita e eficaz, o que se impõe por força, ainda uma vez, da boa-fé objetiva.

---

póteses em que o contrato for silente acerca da possibilidade de cessão da locação, caso em que o locatário só poderá operar a cessão após a manifestação do locador devidamente notificado. Para eles, no caso de existência de autorização prévia e expressa no contrato, desnecessária será a notificação do locador.

Por tudo isso, podemos afirmar que a regra constante do § 1º do art. 13 da Lei nº 8.245/1991 deve ser interpretada segundo os princípios que regem as relações contratuais, notadamente a boa-fé e a função social da empresa e dos contratos.

A interpretação do dispositivo a partir de tais princípios levará à inexorável conclusão de que, em determinadas situações, a inércia do locador, ainda que não haja prévia autorização no contrato, assim como nos casos em que ele não tenha sido notificado da cessão (antes ou depois da sua ocorrência), levará ao reconhecimento da sua anuência com o ato de transferência da posição contratual.

Já quanto ao trespasse, a situação merece maior atenção.

O trespasse, como já observamos anteriormente, é o contrato por meio do qual o titular do estabelecimento cede, voluntária e onerosamente, o seu estabelecimento a terceiro. O trespasse é, portanto, o contrato de alienação ou compra e venda do estabelecimento empresarial.

O estabelecimento empresarial é uma universalidade de fato, consistindo no conjunto de bens, corpóreos e incorpóreos, reunidos pelo empresário para o exercício da sua atividade. Por meio do trespasse o empresário (pessoa natural ou jurídica) aliena a integralidade dos bens que compõem o fundo do comércio. Não é, pois, o trespasse a alienação de apenas um ou alguns dos elementos do estabelecimento, mas sim da totalidade destes. O trespasse, então, consiste na transmissão da própria empresa, da própria atividade empresarial.

Questão tormentosa no trespasse diz respeito à transmissão dos contratos relacionados à atividade empresarial cedida juntamente com o estabelecimento. Os contratos não são elementos do estabelecimento, de modo que, por uma conclusão lógica, a celebração do contrato de trespasse não leva necessariamente à transferência ou cessão dos contratos do alienante.

Todavia, muitos contratos celebrados pelo empresário são essenciais ao exercício da sua atividade, caracterizando-se inequivocamente como instrumentos para o exercício desta. Ligam-se, pois, de tal modo à atividade econômica exercida pelo empresário que se tornam essenciais a ela. Então, a alienação do estabelecimento, sem a transmissão dos contratos, pode inviabilizar o exercício da própria empresa.

Isso porque o adquirente do estabelecimento continua a atividade exercida pelo empresário alienante, ou seja, é ele o sucessor do negócio do alienante, de modo que para sucessão do negócio é necessário que sejam transferidos os contratos inerentes à atividade empresarial explorada no estabelecimento objeto da alienação, sob pena de o adquirente não conseguir prosseguí-la.

O que se vê é que o contrato de trespasse só terá eficácia concreta (ou efetividade) se, juntamente com a transferência dos elementos do estabelecimento, também houver a cessão dos contratos indispensáveis à sucessão do negócio.

Neste sentido, prevê o art. 1.148 do Código Civil que *[s]alvo disposição em contrário, a transferência [do estabelecimento] importa a sub-rogação do adquirente nos contratos estipulados para exploração do estabelecimento, se não tiverem caráter pessoal.*

Então, ocorrendo o trespasse, transmitir-se-ão não só o estabelecimento empresarial, com todos os seus elementos, assim como todos os contratos a ele inerentes, à exceção daqueles de caráter pessoal.

A dúvida que surge, sobre essa sub-rogação, diz respeito ao contrato de locação do imóvel. Questiona-se se esta relação se transfere automaticamente com o trespasse, ou se é exigível a cessão autônoma do contrato com a consequente necessidade de anuência do locador.

Em que pese a existência de posicionamento em contrário,[364] entendemos que o contrato de locação do imóvel não se transfere automaticamente com o trespasse, pois tem inequívoco caráter pessoal. A relação entre locador e locatário é, sem sombra de dúvidas, uma relação de confiança, pois a cessão da posse do bem só se dará se o locador, a partir das características apresentadas pelo locatário, confiar que o imóvel estará em boas mãos.

Desta forma, se o contrato tem caráter pessoal, ele se enquadra na exceção do art. 1.148 do Código Civil, de modo que, com o trespasse, para que haja a cessão do contrato de locação e efetivamente se viabilize a continuidade da atividade, deve o alienante buscar, previamente à celebração do contrato de transferência do estabelecimento, a anuência do locador, na forma do já examinado art. 13 da Lei nº 8.245/1991.

Nesse sentido é, inclusive, a posição firmada no âmbito do Superior Tribunal de Justiça[365], bem como no enunciado nº 234 da III Jornada de Direito

364 Neste sentido, Sylvio Capanema (SOUZA. Op. cit. p. 257).

365 RECURSO ESPECIAL. TRANSFERÊNCIA DO FUNDO DE COMÉRCIO. TRESPASSE. CONTRATO DE LOCAÇÃO. ART. 13. DA LEI Nº 8.245/91. APLICAÇÃO À LOCAÇÃO COMERCIAL. CONSENTIMENTO DO LOCADOR. REQUISITO ESSENCIAL. RECURSO PROVIDO. 1. Transferência do fundo de comércio. Trespasse. Efeitos: continuidade do processo produtivo; manutenção dos postos de trabalho; circulação de ativos econômicos. 2. Contrato de locação. Locador. Avaliação de características individuais do futuro inquilino. Capacidade financeira e idoneidade moral. Inspeção extensível, também, ao eventual prestador da garantia fidejussória. Natureza pessoal do contrato de locação. 3. Desenvolvimento econômico. Aspectos necessários: proteção ao direito de propriedade e a segurança jurídica. 4. Afigura-se destemperado o entendimento de que o art. 13 da Lei do Inquilinato não tenha aplicação às locações comerciais, pois, prevalecendo este posicionamento, o proprietário do imóvel estaria ao alvedrio do inquilino, já que segundo a conveniência deste, o locador se veria compelido a honrar o ajustado com pessoa diversa daquela constante do instrumento, que não rara as vezes, não possuirá as qualidades essenciais exigidas pelo dono do bem locado (capacidade financeira e idoneidade moral) para o cumprir o avençado. 5. Liberdade de contratar. As pessoas em geral possuem

Civil do CJF, o qual dispõe que "[q]uando do trespasse do estabelecimento empresarial, o contrato de locação do respectivo ponto não se transmite automaticamente ao adquirente".

Com efeito, e como observamos anteriormente, quando o locatário desejar fazer o trespasse, deverá buscar a prévia anuência do locador, a fim de que não se frustre o negócio e, inclusive, não seja obrigado a indenizar o adquirente do estabelecimento pelos prejuízos que lhe causar em razão da impossibilidade de continuar com a atividade.

Sem prejuízo, encontramos vozes na doutrina entendendo que não é lícito ao locador se opor à transferência do estabelecimento, e à consequente cessão da locação, pois isso acarretaria uma indevida ingerência sobre os negócios do locatário, bem como sobre o próprio negócio jurídico celebrado entre o locatário-cessionário e o terceiro, o qual se sub-rogará, em razão do trespasse, em todos os direitos e obrigações daquele, inclusive aquelas inerentes ao contrato de locação do imóvel.[366]

Ainda segundo esse entendimento, é possível que o locador apenas excepcionalmente se oponha à transferência, caso tenha uma razão justa. O que não se admite é a proibição do locador *ad nutum*, ou seja, imotivada.[367]

Ainda na análise do § 1º do art. 51 da Lei do Inquilinato temos a referência aos sucessores da locação, os quais não se limitam aos cessionários, embora estes sucedam o cedente na relação contratual.

Desse modo, o legislador, ao se referir aos sucessores, quis abranger tanto a sucessão *causa mortis*, quanto aquela decorrente de ato *inter vivos*, esta última não se limitando à cessão do contrato, podendo abarcar outros casos como, por exemplo, aqueles em que há a transformação de sociedade que se torna unipes-

---

plena liberdade na escolha da parte com quem irão assumir obrigações e, em contrapartida, gozar de direitos, sendo vedado qualquer disposição que obrigue o sujeito a contratar contra a sua vontade. 6. Aluguéis. Fonte de renda única ou complementar para inúmeros cidadãos. Necessidade de proteção especial pelo ordenamento jurídico. 7. Art. 13 da Lei nº 8.245/914 aplicável às locações comerciais. 8. Recurso especial provido. REsp 1202077 / MS. Rel. Ministro Vasco Della Giustina (Des. Convocado do TJ/RJ). Terceira Turma. DJe 10/03/2011.

366 Segundo o saudoso Prof. Sylvio Capanema, ao tratar da regulamentação do Código Civil sobre o contrato de trespasse, "o que é mais relevante para efeito de locação urbana, é o que dispõe o artigo 1.148, segundo o qual, 'a transferência importa a sub-rogação do adquirente nos contratos estipulados para exploração do estabelecimento', o que inclui o contrato de locação. A sub-rogação constitui uma substituição subjetiva, em que um terceiro, o sub-rogado, assume integralmente os direitos e deveres do cedente, o sub-rogante. Como se vê, não pode o locador se opor ao negócio jurídico engendrado pelo locatário e o terceiro que dele adquire o estabelecimento, restando-lhe, apenas, o direito de exigir nova garantia, caso o fiador do contrato de locação se exonere" (SOUZA. Op. cit. p. 257).

367 DINIZ. Op. cit. p. 235.

soal em empresário individual ou EIRELI, bem como na alienação do estabelecimento em processo de falência.[368]

A sucessão *causa mortis* da locação para fins empresariais está regulada no art. 11, II, da Lei nº 8.245/91, que prevê que nas locações com finalidade não residencial, ficarão sub-rogados nos direitos e obrigações do locatário morto o espólio e, se for o caso, o seu sucessor no negócio. Portanto, com a morte do locatário será seu sucessor o espólio ou o seu sucessor no negócio, que poderá ser, por exemplo, um herdeiro ou legatário.

No caso de atividade exercida por sociedade empresária, a sucessão *causa mortis* prevista na lei só será aplicável se o contrato de locação tiver sido celebrado pelo sócio em seu próprio nome, na condição de locatário, e este vier a falecer.

Caso o contrato tenha sido celebrado em nome da própria sociedade, não haverá sucessão *causa mortis*, pois a morte de um dos sócios não acarretará mudança no contrato de locação, pois a sociedade permanecerá *viva*. Continuará sendo ela a locatária no contrato e, portanto, não há que se falar em sucessão.

No entanto, se com a morte do sócio a sociedade tornar-se unipessoal e vier a se extinguir por não ter reconstituído a sua pluripessoalidade no prazo de 180 dias, nos termos do art. 1.033, IV, do Código Civil, poderá o sócio remanescente suceder à sociedade caso prossiga com a mesma atividade da pessoa jurídica, nos termos do art. 51, § 3º, da Lei Inquilinato, como se verá nos comentários ao referido dispositivo.

Ainda quanto à sucessão da locação, esta também pode se dar por ato *inter vivos* como, por exemplo, pela transformação da sociedade que se torna unipessoal em empresário individual e ou em Empresa Individual de Responsabilidade Limitada, nos termos do art. 1.033, parágrafo único, do Código Civil, e na alienação do estabelecimento em processo de falência, ficando a eficácia do ato translativo condicionada à aceitação do locador.

No primeiro caso, temos a hipótese da sociedade que, por exemplo, é composta por apenas dois sócios, e um deles morre ou se retira dos quadros sociais, permanecendo a pessoa jurídica com apenas um único sócio.

Em hipóteses tais, o Código Civil, em seu art. 1.033, parágrafo único, autoriza que o sócio remanescente se torne empresário individual ou constitua uma Empresa Individual de Responsabilidade Limitada, prosseguindo com a atividade da sociedade.

No caso da continuidade do sócio como empresário individual, esta hipótese é regulada no art. 52, § 3º da Lei nº 8.245/1991, a qual expressamente prevê

368 No mesmo sentido, José Carlos de Moraes Salles (SALLES. Op. cit. p. 118).

a sucessão e a legitimidade do sócio à postulação da renovação compulsória do contrato.

Já no caso da transformação da sociedade em EIRELI, não se tem, propriamente, o prosseguimento da atividade pelo sócio remanescente, mas sim por outra pessoa jurídica. Neste caso, parece-nos inequívoco que esta nova pessoa jurídica é sucessora da sociedade, sendo, pois, titular do direito potestativo à renovação compulsória do contrato.

Cumpre observar, ainda, que em se tratando de uma sociedade limitada é permitida a sua constituição, bem como a sua continuidade, com um único sócio, não sendo exigível, no último caso, a sua transformação em empresário individual ou EIRELI.

Isso porque desde o advento da Lei nº 13.874/2019 – a Lei da Liberdade Econômica –, que incluiu o § 1º no art. 1.052 do Código Civil, passou-se a admitir a figura da sociedade limitada unipessoal. Desse modo, é possível ser constituída originariamente uma sociedade limitada com apenas um único sócio, assim como é possível que ela continue a subsistir mesmo remanescendo um único sócio após a morte ou retirada dos demais.

Em tais casos, não há que se falar em sucessão, pois a pessoa jurídica é a locatária e, portanto, não haverá modificação na relação contratual.

Outra hipótese a merecer nossos comentários é a da alienação de estabelecimento empresarial no caso de falência do empresário titular do fundo de comércio.

O contrato de locação do imóvel para fins empresariais não se encerra automaticamente com a decretação da falência, pois segundo o disposto no art. 117 da Lei nº 11.101/05, *os contratos bilaterais não se resolvem pela falência e podem ser cumpridos pelo administrador judicial se o cumprimento reduzir ou evitar o aumento do passivo da massa falida ou for necessário à manutenção e preservação de seus ativos.*

Então, decretada a quebra da sociedade empresária, ou do empresário individual, o contrato de locação pode permanecer vigente, autorizando o juiz a continuidade da atividade empresarial. Ocorre, contudo, que como não há mais, desde a revogação do Decreto-lei nº 7.661/45, a possibilidade de reversão do estado falimentar através da concordata suspensiva, os bens arrecadados pelo administrador judicial deverão obrigatoriamente ser alienados para a satisfação dos credores. E dentre esses bens está o próprio estabelecimento e os elementos que o integram.

Na falência, a alienação preferencial não é aquela que se dá pela venda individualizada dos bens, mas sim aquela que compreende todo o bloco empresarial, com a venda de todos os estabelecimentos em conjunto ou dos estabelecimentos isoladamente.

Com a alienação dos estabelecimentos, em bloco ou isoladamente, o arrematante será sucessor do empresário falido em todos os contratos, dentre eles o de locação do imóvel, o que lhe conferirá a possibilidade de manejar a ação renovatória para compelir o locador a renovar o vínculo contratual.

Sublocatário na sublocação total

Ainda no exame dos titulares do direito potestativo à renovação do contrato, temos a hipótese descrita na parte final do § 1º do art. 51 da Lei nº 8.245/1991. Por ela, no caso de sublocação total do imóvel, o direito à renovação somente poderá ser exercido pelo sublocatário.

Nesse caso, o legislador, embora não haja uma relação jurídica contratual direta entre o locador e o sublocatário, conferiu a este último legitimidade exclusiva para o ajuizamento da ação renovatória em face do locador, excluindo-se o locatário-sublocador.

Tal decisão, a nosso sentir, foi acertada. A legitimidade exclusiva do sublocatário para ajuizar a ação renovatória diretamente em face do locador, quando há sublocação *total*, se justifica porque neste caso é o sublocatário que passa a exercer, com exclusividade, a atividade empresarial no imóvel dado em locação.

Então, na sublocação total o locatário desocupa o imóvel, deixando-o inteiramente livre para que o sublocatário explore no imóvel a sua atividade econômica. Por essa razão, não haveria, a nosso sentir, outro legitimado para o ajuizamento da ação renovatória do que aquele que é o titular da atividade que deve ser protegida por meio do direito potestativo à renovação do contrato.

Nesse caso, então, o sublocatário, mesmo não possuindo diretamente um vínculo jurídico com o locador, poderá ajuizar, em seu próprio nome, a ação renovatória em face deste.

Há, no entanto, quem critique esta legitimidade exclusiva conferida ao sublocatário, pois tal previsão acarreta, consequentemente, a exclusão do direito à renovação pelo locatário-sublocador, que é o legítimo titular da relação jurídica de direito material travada com o locador.

Essa exclusão da legitimidade do locatário-sublocador pode lhe acarretar, em determinadas situações, graves danos, como, por exemplo, na hipótese em que o sublocatário, de boa ou má-fé, deixar transcorrer, *in albis*, o prazo para o ajuizamento da ação renovatória, levando o locatário-sublocador a perder o ponto.[369]

A solução, então, na lição do saudoso Prof. Sylvio Capanema, seria "mitigar o rigor formal da redação do texto da lei, admitindo a presença do locatário,

369 SOUZA. Op. cit. p. 258.

sublocador, no polo ativo da ação, ainda mais quando não houver oposição do sublocatário, sendo comuns seus interesses [...]".[370]

Dessa forma, segundo esse entendimento, teria o locatário-sublocador a oportunidade de defender, em Juízo, o seu direito, evitando a perda da locação e do ponto, os quais são essenciais para o exercício da atividade empresarial.

Tal conclusão, contudo, nos parece processualmente inadequada, uma vez que imporia um litisconsórcio ativo necessário entre o locador e o sublocatário, o que não é possível. E não é possível porque ninguém pode ser obrigado a litigar em juízo, demandando em face de terceiro, de modo que se o locatário-sublocador se recusasse a demandar com o sublocatário, este perderia o direito à renovação.

Assim, e como bem observa Alexandre Freitas Câmara, o litisconsórcio ativo necessário é "uma figura que atenta contra a lógica do sistema processual brasileiro. Isto se diz porque o direito processual civil brasileiro está construído sobre dois pilares de sustentação: o direito de acesso ao Judiciário e a garantia da liberdade de demandar. Em outras palavras, a base do direito processual civil brasileiro está construída sobre estas duas ideias fundamentais: (a) ninguém é obrigado a demandar; mas (b) é livre o acesso ao Judiciário àqueles que pretendem ajuizar demandas".[371]

Por isso, a exigência de o locatário figurar no polo ativo da ação pode acarretar grave lesão ao sublocatário, pois caso o locador não queira demandar – e ele não pode, como vimos, ser obrigado a fazê-lo –, não será possível ajuizar a ação, o que prejudicará o sublocatário, impedindo-o de ir a juízo, na medida em que, em se reconhecendo a possibilidade de litisconsórcio ativo necessário, o ajuizamento da ação por uma apenas uma das partes levaria à extinção processo, sem julgamento do mérito, por ilegitimidade ativa.[372]

Evitando, pois, este verdadeiro atentado contra a ordem processual, é extremamente técnica e adequada a solução prevista no parágrafo único do art. 71 da Lei do Inquilinato, em que prevê que nesses casos o locatário-sublocador deverá figurar no polo passivo da ação, salvo nos casos em que, por força do contrato de locação originário, o locatário-sublocador tenha prazo para renovar este contrato.[373]

---

370 Idem.

371 CÂMARA, Alexandre Freitas. *O novo processo civil brasileiro*. 6ª ed. São Paulo: Atlas, 2020. p. 83.

372 Idem.

373 Art. 71. [...]. Parágrafo único. Proposta a ação pelo sublocatário do imóvel ou de parte dele, serão citados o sublocador e o locador, como litisconsortes, salvo se, em virtude de locação originária ou renovada, o sublocador dispuser de prazo que admita renovar

Então, salvo nesta última hipótese excepcional, competirá ao sublocatário ajuizar a ação em face do locador e também do locatário-sublocador, fazendo-o integrar a lide e, assim, participar da demanda, manifestando-se acerca da sua pretensão. E assim ocorrendo, se ao final da ação for julgado procedente o pedido de renovação, o locador ficará diretamente obrigado perante o sublocatário juntamente com o locatário.

§ 2° Quando o contrato autorizar que o locatário utilize o imóvel para as atividades de sociedade de que faça parte e que a esta passe a pertencer o fundo de comércio, o direito a renovação poderá ser exercido pelo locatário ou pela sociedade.

Legitimidade concorrente entre o locatário e a sociedade para a renovação do contrato de locação

Ainda no que toca às pessoas que podem exercer o direito à renovação compulsória do contrato de locação, temos no § 2º do art. 51 da Lei do Inquilinato duas hipóteses de legitimidade à ação renovatória: (i) aquela em que o sócio de uma sociedade ou o cotista de uma Empresa Individual de Responsabilidade Limitada – EIRELI celebra em seu nome o contrato de locação, mas faça inserir no instrumento autorização para que o imóvel seja explorado pela pessoa jurídica que ele integre, sendo esta a titular do estabelecimento; e (ii) o caso em que o locatário celebra em seu próprio nome o contrato de locação e venha, posteriormente à celebração do vínculo, constituir ou integrar uma pessoa jurídica, passando esta a ser titular do fundo de comércio.

Nesses casos, poderá a renovação do contrato ser postulada tanto pelo locador pessoa natural, quanto pela pessoa jurídica. Tem-se na hipótese, portanto, uma legitimidade concorrente entre a sociedade e a pessoa natural que celebrou o contrato de locação.

A decisão do legislador, a nosso sentir, também foi acertada, pois mesmo sendo a pessoa jurídica a titular da empresa, é a pessoa natural que figura no contrato de locação como locatário, o que também lhe legitima

a sublocação; na primeira hipótese, procedente a ação, o proprietário ficará diretamente obrigado à renovação.

ao ajuizamento da ação renovatória, na medida em que é ela que mantém com o locador a relação jurídica de direito material.[374]

Assim, confere-se legitimidade tanto ao titular da atividade econômica objeto da proteção pelo direito à renovação compulsória do contrato, quanto ao titular da relação jurídica de direito material, o qual, obviamente, não poderia ser excluído.

Questão controvertida diz respeito à exigência legal de autorização no contrato de locação para que o locatário utilize o imóvel para as atividades da sociedade que já integrava ou que passou a integrar, a fim de que possa a pessoa jurídica, posteriormente, exercer o direito à ação renovatória.

Para parcela da doutrina, faz-se necessária a existência de cláusula contratual expressa autorizando a utilização do imóvel pelo locatário para a atividade de sociedade cujo estabelecimento a ela passou a pertencer, a fim de que ela goze de legitimidade para o ajuizamento da ação renovatória, por força da expressa disposição da parte inicial do § 2° do art. 51 da Lei do Inquilinato.[375]

Para outra parcela da doutrina,[376] cujo entendimento aderimos, é admissível o ajuizamento da ação renovatória pela sociedade, mesmo que não haja autorização expressa no contrato para a utilização do imóvel por ela, uma vez que o objetivo da lei é a proteção da atividade empresarial, agora exercida pela pessoa jurídica.

§ 3° Dissolvida a sociedade comercial por morte de um dos sócios, o sócio sobrevivente fica sub-rogado no direito a renovação, desde que continue no mesmo ramo.

A hipótese retratada no § 3º do art. 51 da Lei nº 8.245/1991 é aquela por nós já examinada, quando da análise da legitimidade dos sucessores da locação, em que uma sociedade se torna unipessoal, pela morte ou retirada dos demais

374 Para Silvio Venosa, a legitimidade da sociedade, em verdade, decorre do fato de ser ela sucessora da atividade empresarial. Mas, apesar disso, a lei quis manter a legitimidade, concorrente, da pessoa natural (VENOSA. Op. cit. p. 232). Já Maria Helena Diniz não admite o ajuizamento da ação renovatória em um litisconsórcio entre o locatário e a sociedade, pois a lei, em verdade, previu uma alternatividade, ou seja, admitiu o ajuizamento da ação pelo locatário *ou* pela sociedade (DINIZ. Op. cit. p. 237).

375 DINIZ. Op. cit.

376 Nesse sentido, Gildo dos Santos (SANTOS. Op. cit. p. 237) e Sylvio Capanema de Souza (SOUZA. Op. cit. p. 259).

sócios, e não é recomposta a sua pluripessoalidade no prazo de 180 dias, como reclama o art. 1.033, IV, do Código Civil.

Havendo a recomposição do quadro social dentro do prazo, ou mesmo a manutenção da unipessoalidade durante o referido prazo, a sociedade continua legitimada para a propositura da ação renovatória, sendo titular do direito à renovação compulsória do contrato.

Isso porque se for recomposta a pluripessoalidade dentro do prazo previsto no art. 1.033, IV, do Código Civil, a sociedade não se dissolve, subsistindo a sua personalidade jurídica e, portanto, a aptidão para ser titular de direitos e deveres na ordem civil, de modo que poderá ela própria, locatária no contrato de locação, exercer o direito à renovação.

Do mesmo modo, durante o período de 180 dias, ainda que unipessoal, não há a dissolução e extinção da sociedade, existindo e funcionando a pessoa jurídica regularmente, razão pela qual terá ela plena legitimidade para a propositura da ação.

Hipótese diversa, e que é retratada no dispositivo em comento, é a da sociedade que, tornando-se unipessoal, não recompõe a sua pluripessoalidade no prazo previsto no Código Civil.

Neste caso, e à exceção das sociedades limitadas, as quais podem ser unipessoais por expressa previsão do art. 1.052, § 1º do Código Civil (incluído pela Lei nº 13.874/2019, a Lei da Liberdade Econômica), a unipessoalidade por mais de 180 dias leva à dissolução, liquidação e extinção da sociedade, de modo que não terá ela mais personalidade jurídica, não podendo exercer direitos ou propor ações.

Assim ocorrendo, confere a Lei do Inquilinato legitimidade ao sócio remanescente para a propositura da ação renovatória em seu próprio nome, mas desde que continue no mesmo ramo de atividade da sociedade extinta, cumprindo assim os requisitos do *caput* do art. 51 da Lei nº 8.245/1991.

§ 4º O direito a renovação do contrato estende-se às locações celebradas por indústrias e sociedades civis com fim lucrativo, regularmente constituídas, desde que ocorrentes os pressupostos previstos neste artigo.

Como visto anteriormente, o direito à renovação do contrato de locação comercial não se limita às locações empresariais, tendo o legislador estendido o regime especial também às locações com finalidades econômicas *lato sensu*.

Segundo o disposto no art. 51, § 4º da Lei nº 8.245/1991, o direito à renovação do contrato se estende às locações celebradas por indústrias e por sociedades civis com fins lucrativos, desde que devidamente constituídas.

Primeira questão a se observar, na previsão legal, é a questão temporal. A Lei nº 8.245/1991 foi editada quando ainda em vigor a teoria dos atos de comércio, do vetusto Código Comercial de 1850, antes, portanto, da positivação da teoria da empresa do Código Civil de 2002.

Pela teoria dos atos de comércio, a caracterização de uma atividade como comercial dependia de previsão expressa na lei ou no revogado Regulamento nº 737/1850, que complementava o Código Comercial, trazendo uma lista de atividades ditas como de mercancia. A caracterização do comerciante se dava, pois, objetivamente, por mera subsunção.

Nessa esteira, e segundo a teoria dos atos de comércio, a atividade industrial não se caracterizava, por si só, como comercial, o que levava, então, ao afastamento dos contratos de locação celebrados pelas indústrias como comerciais e, logo, não faziam jus ao direito à renovação.

Por essa razão, o legislador inquilinário estendeu o direito à renovação do contrato de locação, em seu entender, não comercial (embora não residencial), aos exercentes das atividades industriais. Veja-se: o legislador, em atendimento à teoria dos atos de comércio (pois editada a lei durante a sua vigência), não considera os contratos celebrados por indústrias como contratos de locação de imóvel comercial. Ainda assim, e por entender relevante a proteção dessa atividade, conferiu ao locatário o direito à renovação.

Mas, em que pese toda essa construção, a nosso sentir, coerente e adequada à época da edição da Lei do Inquilinato, ela não mais se justifica. Isso porque com a positivação, no Código Civil, da teoria da empresa, abandonou-se o critério objetivo de identificação do antigo comerciante, e agora empresário, substituindo-o por um critério que define a empresarialidade pela forma com que a atividade econômica é exercida pela pessoa natural ou jurídica.

A empresa se caracteriza, nos termos do art. 966 do Código Civil, como uma atividade econômica organizada, na qual estão presentes os quatro fatores de produção, a saber, capital, trabalho, matéria-prima e tecnologia, de modo que não importa mais, para a caracterização do empresário, se a sua atividade é definida taxativamente na lei como empresarial.

Para a sua definição se exige, em verdade, a análise da forma como ela é exercida. Sendo, então, organizado o exercício da atividade, com a presença dos quatro fatores de produção, será ela empresária.

E, a partir dessa definição, a atividade industrial é naturalmente empresária, pois não se vislumbra, em uma atividade complexa como a voltada à indústria, um exercício simplificado ou rudimentar. Tem-se, pois, inequivocamente a presença dos quatro fatores de produção, de modo que eventual imóvel alugado para o seu exercício é, inequivocamente, para fins empresariais.

Por essa razão, parece-nos despicienda, no contexto atual, a previsão do § 4º do art. 51 da Lei do Inquilinato no tocante à indústria, pois com a teoria da empresa ela se consubstancia, inequivocamente, como uma atividade empresarial, de modo que o contrato de locação celebrado para exercer, no imóvel, esta atividade, é também empresarial e, assim, gozará o locatário do direito à sua renovação.

De outro modo, quanto à previsão de extensão do direito à renovação aos contratos de locação celebrados por sociedades civis com fins lucrativos, esta permanece "atual".

Primeiro, a sua previsão evidencia a preocupação maior do legislador com a tutela da atividade econômica em sentido mais amplo, e não apenas com as atividades comerciais/empresariais.

Assim, o direito à renovação do contrato não se limita às atividades empresariais em sentido estrito, alcançando as atividades econômicas de modo amplo, notadamente quando exercidas por pessoas jurídicas.

No entanto, a previsão de extensão às sociedades civis com fins lucrativos reclama uma releitura. Isso porque, também com o advento da teoria da empresa, as referidas sociedades não mais existem, sendo substituídas pelas atuais *sociedades simples*, que se consubstancial nas pessoas jurídicas exercentes de atividades econômicas sem a organização empresarial. Daí porque nos referimos, anteriormente, à atualidade do texto entre aspas.

Disso se infere que tanto as sociedades empresárias, quanto as não empresárias, ao alugarem um imóvel para o exercício da sua atividade, farão jus à renovação do contrato de locação, protegendo, assim, a sua atividade. Trata-se, inequivocamente, e ainda uma vez, da tutela da atividade econômica e da livre iniciativa, não se limitando às atividades empresariais *stricto sensu*.

Nada obstante, questão que suscita controvérsias diz respeito aos profissionais liberais ou pessoas naturais exercentes de atividade econômica sem a forma empresarial.

Uma vez que o legislador estendeu o regime da locação empresarial às pessoas jurídicas não empresárias, surge a dúvida se essa extensão não poderia ser aplicada, analogicamente, também às pessoas naturais que exercem uma atividade econômica, em observância ao princípio do paralelismo. Ora, se as sociedades empresárias e simples gozam do benefício legal, por que no caso das pessoas naturais ele se limitaria aos empresários individuais e não aos demais exercentes de atividades econômicas?

Para uma parcela da doutrina[377], amparada em alguns precedentes juris-

377 Cf. SALLES, José Carlos de Moraes. *Ação renovatória de locação empresarial*: locações comerciais, industriais e para sociedades civis com fins lucrativos. 2ª ed. São Paulo: RT, 2002. p. 51.

prudenciais,[378] os profissionais liberais não podem ser locatários de imóvel para fins empresariais, pois a lei exige a presença de uma sociedade simples, pessoa jurídica.

Portanto, se o exercício dessa atividade não empresarial ocorrer individualmente, e sem a organização empresarial características dos empresários individuais, não será o profissional liberal locatário de imóvel para fins empresariais, e tampouco fará jus ao direito à renovação, especialmente por lhe faltar um fundo de comércio ou estabelecimento empresarial.

Tal entendimento, o qual nos filiamos, pode ser reforçado pelo fato de que a norma constante do art. 51, § 4º, da Lei nº 8.245/1991 se consubstancia em uma regra de exceção. A regra geral é a de que apenas os contratos de locação para fins empresariais gozam do benefício, de modo que é excepcional a extensão às pessoas jurídicas não empresárias.

Nesse sentido, como as regras de exceção, segundo a hermenêutica jurídica, devem ser interpretadas restritivamente, não se pode estendê-la aos profissionais liberais ou demais pessoas naturais que exercem atividades econômicas.

Além disso, cremos que o liame que une o profissional liberal aos seus clientes ou pacientes não é objetivo, isto é, não leva em consideração a localização do escritório ou consultório. O vínculo que se estabelece entre eles é subjetivo, pois leva em consideração a confiança no trabalho e a qualidade no atendimento, de modo, ainda que o profissional mude a sua localização, a maioria de seus clientes continuará o buscando.

Já para uma segunda parcela da doutrina[379] é possível aplicar aos profissionais liberais a regra constante do art. 51, § 4º da Lei do Inquilinato e, consequentemente, assegurar-lhes o direito à renovação do contrato.

Segundo esse entendimento, o legislador, ao admitir como locatárias de imóvel para fins empresariais as sociedades não empresárias, isto é, as pessoas jurídicas que, de modo amplo, exercem atividades econômicas, também quis abranger sob o seu manto os profissionais liberais, ou seja, todos aqueles que desempenhem uma atividade econômica visando o lucro.

Por fim, e com uma visão conciliatória, uma terceira parcela da doutrina, capitaneada pelo Prof. Sylvio Capanema,[380] sustenta que os profissionais liberais

378 Ver, exemplificativamente, REsp 119.480/SP. Relator Ministro Luiz Vicente Cernicchiaro. Sexta Turma. DJ 13/10/1997.

379 VENOSA. Op. cit. p. 204.

380 SOUZA. Op. cit. p. 261.

podem gozar dos benefícios da locação para fins empresariais, em particular o direito à renovação do contrato, desde que o contrato de locação expressamente os autorize, em prestígio à autonomia privada.

E isso porque, na visão do saudoso autor, cada vez mais esses profissionais dependem do ponto em que se instalaram, ante a impessoalidade que vêm assumindo as suas atividades. Por essa razão, e desde que previsto expressamente no contrato, têm essas pessoas o direito à renovação do contrato, submetendo-se ao regime jurídico dos contratos de locação para fins empresariais.

A conclusão que se extrai, da regra prevista no art. 51, § 4º da Lei nº 8.245/1991, é a de que o legislador se preocupa em amparar, do modo mais amplo possível, mas observado o rigor técnico, as atividades econômicas, as quais têm inequívoca importância social, na medida em que são uma fonte de circulação de riquezas, de geração de empregos e de arrecadação de tributos. As atividades econômicas têm, desta forma, uma destacada função social.

Com essa mesma mentalidade, o legislador também previu, desta vez no art. 55 da Lei de Locações – o qual será objeto de exame mais aprofundado em capítulo próprio desta obra –, que também se considera como locação não residencial quando o locatário for pessoa jurídica e o imóvel destinar-se ao uso de seus titulares, diretores, sócios, gerentes, executivos ou empregados. Pela redação, conclui-se que se considera não residencial a locação feita com a finalidade de moradia de administradores, gerentes, prepostos e empregados da pessoa jurídica, quando esta locar o imóvel para que essas pessoas o ocupem.

Uma primeira observação a ser feita é que, embora o dispositivo legal não chame a referida hipótese de *locação comercial*, o objetivo da previsão é estender a ela o regime jurídico das locações para fins empresariais, de modo que assim deve ser interpretada a disposição da lei.

Quanto às razões que justificam a referida extensão, essas parecem óbvias. Em muitos casos, a depender da atividade exercida e de sua localização, é necessário que a sociedade que exerce a atividade econômica alugue um imóvel para que seus administradores, gerentes, prepostos ou empregados fiquem mais próximos do local de trabalho e, assim, viabilizem o próprio exercício da atividade.

A distância entre a sede da pessoa jurídica e o local do exercício da atividade pode inviabilizar esta última, razão pela qual não é incomum que a sociedade alugue um imóvel para a moradia dos gerentes e prepostos, para que permaneçam perto do local de trabalho, ao menos durante a semana, retornando para as suas residências nos finais de semana.

Então, nesses casos é essencial a proteção também deste "ponto", pois a sua perda pode inviabilizar o próprio exercício da atividade.

Disso se extrai a razão pela qual o legislador estendeu o regime protetivo das locações para fins empresariais a esses contratos, conferindo-lhes o direito à renovação, a fim de, ainda uma vez, tutelar a atividade econômica.

§ 5º Do direito a renovação decai aquele que não propuser a ação no interregno de um ano, no máximo, até seis meses, no mínimo, anteriores à data da finalização do prazo do contrato em vigor.

O prazo para o exercício do direito potestativo à renovação do contrato de locação

Como visto nos comentários ao *caput* do art. 51 da Lei do Inquilinato, quando enfrentamos a discussão acerca da natureza do direito à renovação (item 2.2 daqueles comentários), vimos que este direito se caracteriza, inequivocamente, como um direito potestativo.

Argumento que reforça a referida conclusão é o da natureza do prazo para o seu exercício, o qual é, induvidosamente, um prazo decadencial, e isso por expressa disposição de lei.

Segundo a regra prevista no art. 51, § 5º da Lei nº 8.245/1991, "[d]o direito a renovação decai aquele que não propuser a ação no interregno de um ano, no máximo, até seis meses, no mínimo, anteriores à data da finalização do prazo do contrato em vigor".

Previu o legislador, então, que o prazo para o exercício do direito à renovação é um prazo decadencial, o que nos dá não só uma dica, mas uma certeza sobre a natureza do direito do locatário.

Mas para compreender esse ponto, é preciso discorrer sobre a diferenciação entre a natureza dos direitos e dos prazos que os fulminam, a fim de que possamos concluir, com segurança, que o direito à renovação do contrato de locação é, de fato, potestativo. Faz-se necessário, neste momento, diferenciar, ainda que brevemente, a prescrição da decadência.

Diversos são os critérios apresentados na doutrina para a diferenciação desses dois instigantes institutos. No entanto, foi o Prof. Agnelo Amorim Filho que apresentou, na década de 1960, um texto que se tornou referência na identificação da decadência e da prescrição e dos seus critérios de diferenciação. Em seu clássico artigo denominado *[c]ritério científico para distinguir a prescrição da decadência e identificar as ações imprescritíveis*, o autor estabeleceu um critério a partir da natureza dos direitos envolvidos e das ações que podem ser manejadas em cada um dos casos, assim identificando os institutos.

Primeiramente, o seu trabalho se inicia formulando profundas críticas ao principal critério estabelecido tradicionalmente pela doutrina, de que a decadência importa na perda do direito e a prescrição é causa de extinção da ação. Em sua visão, a identificação dos institutos não deve se dar pelos seus efeitos, mas sim pela sua causa.[381]

A partir dessa premissa, Amorim Filho passa a desenvolver seu critério científico tomando emprestado, primeiramente, a classificação de direitos desenvolvida por Chiovenda, segundo a qual os direitos se dividem em duas grandes categorias: a primeira que diz respeito aos direitos que têm como finalidade um bem da vida a ser obtido mediante uma prestação, os chamados *direitos prestacionais* ou *direitos a uma prestação*, como os direitos reais e os pessoais, em que há sempre um sujeito passivo obrigado a cumprir com uma prestação positiva ou negativa; e os direitos potestativos, os quais a lei confere ao titular um poder de influir, através de sua manifestação de vontade, sobre as situações jurídicas de terceiros, sem o concurso de vontade destes.[382]

Posteriormente a essa classificação dos direitos, Amorim Filho desenvolve sua teoria sobre o que ele chamou de moderna classificação das ações, a qual decorre, em seu entender, da própria concepção dos direitos potestativos, em que estes levaram a uma nova definição das ações, que passaram a ser classificadas não mais pela natureza do direito pleiteado, e sim pela natureza do provimento jurisdicional pretendido.[383]

Por essa orientação, as ações podem ser caracterizadas em condenatórias, constitutivas e declaratórias. Nas ações condenatórias o autor pretende que o Estado-Juiz imponha ao réu uma prestação, seja de dar, fazer, ou não fazer (por exemplo, pagar uma indenização, derrubar uma construção), ou seja, condena-se o réu para que ele, mediante um agir, satisfaça a pretensão do autor. Já nas ações constitutivas, o autor pretende do réu não uma prestação, mas sim que o próprio Estado-Juiz, mediante o provimento jurisdicional, e independentemente da atuação do devedor, crie, modifique ou extinga uma relação jurídica – por

381 "O critério mais divulgado para se fazer a distinção entre os dois institutos é aquêle segundo o qual a prescrição extingue a ação, e a decadência extingue o direito. Entretanto, tal critério, além de carecer de base científica, é absolutamente falho e inadequado, uma vez que pretende fazer a distinção pelos efeitos ou conseqüências. O critério apontado apresenta-se, assim, com uma manifesta petição de princípio, pois o que se deseja saber, precisamente, é quando o prazo atinge a ação ou o direito. O que se deseja saber, precisamente, é quando o prazo atinge a ação ou o direito. O que se procura é a causa e não o efeito". AMORIM FILHO, Agnelo. Critério científico para distinguir a prescrição da decadência e para identificar as ações imprescritíveis. In: Revista de direito processual civil. v. 3. a. 2. jan.-jun. 1961. p. 97.

382 AMORIM FILHO. Op. cit. p. 98-99.

383 AMORIM FILHO. Op. cit. p. 104-105.

exemplo, a anulação de um ato, desconstituindo a relação. Quanto às ações declaratórias, o autor pretende apenas o reconhecimento jurídico de um ato.

Assim, e objetivamente, conclui ele que para as ações condenatórias, é imperiosa a existência de uma violação ao direito, o que só ocorre no caso dos direitos subjetivos, os quais pressupõem um dever correspondente, que pode ser descumprido. Com efeito, havendo uma violação ao direito e, consequentemente, uma lesão ao titular, inicia-se para este o prazo para satisfazer, judicialmente, a sua pretensão de ver o seu direito reparado. Nessa hipótese, o prazo será prescricional. Então, a prescrição atinge a pretensão de ver reparado o direito subjetivo violado, de modo que os prazos prescricionais afetam apenas essas espécies de direitos.[384]

De outro modo, e também objetivamente, quando há um direito potestativo, embora não haja a possibilidade de violação ao direito – uma vez que a parte contrária está numa posição de simples sujeição –, se estabelece um prazo para o seu exercício, de modo que, em nome da segurança jurídica, o titular não tem a faculdade, ou o poder, de perpetuamente exercê-lo, subjugando o devedor por toda a vida deste, de modo que ele nunca saberá quando o credor o exercerá ou não. E os direitos potestativos são exercidos através das ações constitutivas, para as quais a lei estabelece um prazo para o seu manejo, prazo esse que é decadencial. Nessa esteira, a decadência atinge os direitos potestativos, os quais são exercitados, via de consequência pelas ações constitutivas.[385]

A partir, então, desse critério, podemos concluir que o legislador inquilinário, ao prever que o prazo para exercício do direito à renovação do contrato de locação é decadencial, quis lhe conferir, induvidosamente, a natureza de direito potestativo.

Definido, pois, a natureza do prazo e, consequentemente, do direito do inquilino, temos como último ponto a ser analisado neste tópico o próprio prazo previsto na lei, e a sua contagem.

Como transcrito anteriormente, prevê o art. 51, § 5º da Lei do Inquilinato que o locatário deverá exercer o direito à renovação no interregno de um ano, no máximo, até seis meses, no mínimo, anteriores à data da finalização do prazo do contrato em vigor.

Trata-se de um prazo fatal de 06 meses, que corresponde ao penúltimo semestre de vigência do contrato de locação, cujo termo final é o último dia deste penúltimo semestre, devendo ele também ser contado.

Levando-se em consideração que o prazo é de direito material, em que pese exercido por meio de uma ação, a ação renovatória, aplica-se o disposto

384 AMORIM FILHO. Op. cit. p. 107-113.

385 AMORIM FILHO. Op. cit. p. 103-116.

no art. 132 do Código Civil, excluindo-se, pois, o dia do começo, incluindo-se, contudo, o dia do vencimento.

Isso significa que em um contrato de 05 anos, celebrado no dia 1º de janeiro de 2021, cada semestre se vence, sucessivamente, nos dias 31 de junho e 31 de dezembro, de modo que o penúltimo semestre de vigência será entre os dias 1º de janeiro de 2025 e 31 de junho de 2025, contando-se esse último dia para o exercício do direito potestativo.

De todos esses comentários, é possível até pensar que a norma é confusa ao estabelecer como prazo para o exercício do direito o penúltimo semestre de vigência do contrato, sem estabelecer, com maior clareza e simplicidade, essas questões.

Acerca do próprio lapso para o exercício do direito, poder-se-ia questionar o porquê de não ter estabelecido como termo final do prazo o último dia de vigência do contrato, admitindo-se, ou não, a sua prorrogação, ao invés de dispor que o prazo corresponde ao do penúltimo semestre de vigência do instrumento. Mas, ao contrário do que se possa pensar, a regra é salutar.

Ela buscou proteger as partes e conferir uma maior segurança jurídica. Primeiro porque, proposta a ação renovatória no último dia de vigência do contrato, ter-se-ia uma situação de instabilidade e insegurança, pois o vínculo já teria formalmente se encerrado com término do prazo, como preceitua o art. 56 da Lei do Inquilinato (o qual será objeto de comentários em separado), sem que as partes saibam se este, de fato, terminou, tendo em vista estar *sub judice*.

Assim, obrigando-se o ajuizamento da ação no penúltimo semestre de vigência do contrato, as partes ainda terão 06 meses para discutir, e até mesmo chegar a um consenso, com o contrato ainda vigente, bem como haverá um tempo hábil mínimo para uma decisão judicial.

Além disso, com a referida previsão quis o legislador também proteger as partes do contrato, minimizando eventuais prejuízos caso não seja proposta a ação renovatória no prazo.

Protege-se o locador porque, se o locatário não exercitar o direito dentro do prazo legal, terá ele 06 meses para encontrar outro locatário, que poderá ocupar o imóvel tão logo haja o término do vínculo, não permanecendo o bem desocupado, o que traria inúmeros prejuízos ao locador.

Por outro turno, protege-se o locatário porque, caso ele perca o prazo fatal, terá ainda 06 meses para encontrar outro imóvel e transferir o seu estabelecimento, inclusive comunicando aos seus clientes da mudança, minimizando os seus prejuízos.

Vê-se, portanto, que o interregno previsto na lei, como prazo para o exercício do direito à renovação do contrato de locação, tem um propósito particular, que é proteger ambas as partes da relação jurídica locatícia, diminuindo os riscos de dano decorrentes de eventual interrupção abrupta do vínculo existente.

Questão que suscita controvérsias é aquela que diz respeito ao último dia do prazo cair em feriado ou final de semana. Ter-se-á, na hipótese de o termo fatal cair em dia não útil, prorrogação para o dia útil seguinte?

Como explicitado anteriormente, aplica-se à hipótese, para a contagem do referido prazo, o disposto no art. 132 do Código Civil. Esse dispositivo, e mais particularmente o seu § 1º, prevê que se o dia do vencimento cair em feriado, considerar-se-á prorrogado o prazo até o dia útil seguinte.

O propósito da norma é, à toda evidência, impedir a redução do prazo, uma vez que se o último dia cair em feriado ou final de semana, e não for possível estendê-lo até o dia útil seguinte, o titular será obrigado a exercer o seu direito em dia útil anterior ao do final do prazo, reduzindo-o. Ter-se-ia, então, uma verdadeira punição ao titular do direito pelo simples fato de o último dia para o exercício do seu direito ser um feriado ou final de semana.

No caso do direito potestativo à renovação do contrato de locação, o legitimado se veria obrigado a ajuizar a ação renovatória, nos termos dos arts. 71 e seguintes da Lei do Inquilinato, em dia anterior ao do vencimento do prazo legal. Alternativa seria o ajuizamento da ação em plantão Judiciário, o que, à toda evidência, dificultaria o exercício do direito, razão pela qual não seria o mais adequado.

Por essa razão, entendemos que, caindo o último dia do prazo em feriado ou final de semana, o prazo para o exercício do direito à renovação do contrato de locação se estenderá ao dia útil seguinte, como já se decidiu no âmbito do Superior Tribunal de Justiça.[386]

386 Civil e processual civil. Locação comercial. Ação renovatória. Prazo decadencial. Art. 51, § 5º da Lei 8.245/91. - Embora seja de decadência o prazo para a propositura da ação renovatória de locação comercial, previsto no art. 51, § 5º da Lei nº º 8.245/91, na hipótese de recair o termo final para o ingresso em juízo recair em dia não útil, será prorrogado ao primeiro dia útil seguinte, nos termos do art. 125, do Código Civil Brasileiro e 184, do Código de Processo Civil. - Precedente deste Tribunal. - Recurso parcialmente conhecido e, nesta extensão, provido. REsp 200426/RJ. Relator Ministro Vicente Leal. Sexta Turma. DJ 09/04/2001.
No mesmo sentido, ver os seguintes arestos: REsp 103790/SP. Relator Ministro Anselmo Santiago. Sexta Turma. DJ 03/08/1998; REsp 57367/MG. Relator Ministro Vicente Leal. Sexta Turma. DJ 17/06/1996; REsp 31136/PR. Relator Ministro José Dantas. Quinta Turma. DJ 22/03/1993.

Em sentido contrário, parcela majoritária da doutrina tem defendido a impossibilidade de estender o exercício do direito à renovação do contrato para o dia útil seguinte ao do término do prazo, ainda que o último dia caia em feriado ou final de semana, uma vez que o prazo é decadencial e, portanto, fatal, sendo, pois, improrrogável.[387]

Com efeito, e segundo esse entendimento, deverá o legitimado, para não perder o direito à renovação do contrato, ajuizar a ação no dia anterior ao do feriado ou final de semana, ou no dia do vencimento, mas no plantão Judiciário.

Sem prejuízo, e em que pese toda essa controvérsia, acreditamos que o advento do processo eletrônico, que se difundiu enormemente pós-pandemia do *Coronavírus*, viabilizou o ajuizamento da ação no último dia sem a necessidade de se ter que observar a prorrogação para o dia útil seguinte (quando o termo final cair em feriados ou finais de semana), ou mesmo o ajuizamento da ação em plantão judiciário.

Por essa razão, e por cautela, embora entendamos que o prazo deva ser prorrogado para o dia útil seguinte, recomendamos que a ação seja proposta no último dia do penúltimo semestre de vigência do contrato, ainda que seja feriado ou final de semana, a fim de evitar eventuais discussões acerca da perda do direito, o que apenas postergará a lide, correndo-se o risco de ser reconhecida a intempestividade do seu exercício.

A questão, portanto, é sensível e merece especial atenção e cautela dos operadores do direito.

Art. 52. O locador não estará obrigado a renovar o contrato se:

I – por determinação do Poder Público, tiver que realizar no imóvel obras que importarem na sua radical transformação; ou para fazer modificações de tal natureza que aumente o valor do negócio ou da propriedade;

Felipe Deiab

O dispositivo elenca as hipóteses em que o locador não está obrigado a renovar o contrato. A ação renovatória tem natureza constitutiva, sendo ex-

387 Nesse sentido, Sylvio Capanema (CAPANEMA. Op. cit. p. 263), Silvio Venosa (VENOSA. Op. cit. p. 205), Maria Helena Diniz (DINIZ. Op. cit. p. 231-232), Luiz Antonio Scavone Junior (SCAVONE JUNIOR. Op. cit. p. 340), José Carlos de Moraes Salles (SALLES. Op. cit. p. 152) e Gildo dos Santos (*Locação e despejo*: comentários à lei nº 8.245/91. 6ª ed. São Paulo: RT, 2010. p. 331).

pressão do exercício de um direito potestativo, também designado como direito formativo, pelo qual ao seu titular é atribuído o poder de interferir na esfera jurídica alheia, produzindo efeitos jurídicos independentemente da atuação da pessoa sobre cuja esfera jurídica tais efeitos recaiam[388]. Diferentemente do direito subjetivo, ao seu exercício não corresponde prestação alguma, limitando-se a estabelecer, em face dos interessados, a submissão a seus efeitos[389]. Por isso mesmo, conquanto a norma mencione que *"o locador não estará obrigado a renovar o contrato"*, na realidade, em redação mais técnica o legislador poderia ter consignado que *"o locador não se sujeitará à renovação do contrato"*.

O inciso I traz duas hipóteses de não-sujeição do locador ao direito potestativo do locatário de renovar o contrato.

A primeira reside na determinação do Poder Público para o locador realizar no imóvel obras que importarem na sua radical transformação.

Em primeiro lugar, é necessário definir o que seja Poder Público. Tradicionalmente, no Direito brasileiro, a expressão Poder Público abrange as pessoas jurídicas de Direito Público interno: União Federal, Estados e Distrito Federal, municípios, autarquias e demais entidades de caráter público criadas por lei, como, por exemplo, as fundações públicas, nos termos do art. 41 do Código Civil.

No entanto, a jurisprudência do Supremo Tribunal Federal vem conferindo a determinas sociedades de economia mista e empresas públicas prestadoras de serviços públicos, que são pessoas jurídicas de direito privado, nos termos do art. 5° do Decreto-lei n° 200/67 – recepcionado com eficácia de lei ordinária pela Constituição da República de 1988 – prerrogativas outrora exclusivas das pessoas jurídicas de Direito Público interno.

À guisa de ilustração dessa tendência do Supremo Tribunal Federal vale citar o caso da Empresa Brasileira de Correios e Telégrafos, que, segundo a jurisprudência da nossa mais alta Corte, por prestar serviço público da própria União Federal e exercer atividade não concorrencial, tem o pagamento de suas dívidas jungido ao regime de precatórios aplicável à Fazenda Pública[390] e faz jus

---

388 PEREIRA, Caio Mário da Silva. *Instituições de direito civil*, vol. I. Rio de Janeiro: Forense, 2019, 32ª ed. rev. e atualizada por Maria Celina Bodin de Moraes (1ª ed., 1961).

389 TEPEDINO, Gustavo & OLIVA, Milena Donato. *Fundamentos do Direito Civil*, vol. I. Rio de Janeiro: Gen, 2021, 2ª ed., p. 102.

390 "Ementa: CONSTITUCIONAL. ADPF. BLOQUEIO DE RECEITAS PÚBLICAS POR DECISÕES JUDICIAIS. CRÉDITOS TRABALHISTAS DEVIDOS POR ENTE DA ADMINISTRAÇÃO INDIRETA. INDEPENDÊNCIA ENTRE OS PODERES E LEGALIDADE ORÇAMENTÁRIA. ARGUIÇÃO PROCEDENTE. 1. Decisões judiciais que determinam o bloqueio, penhora ou liberação de receitas públicas, sob a disponibilidade financeira de entes da Administração Pública, para satisfação de créditos trabalhistas, violam o princípio da legali-

à imunidade tributária recíproca[391]. Se uma sociedade de economia mista pres-

dade orçamentária (art. 167, VI, da CF), o preceito da separação funcional de poderes (art. 2º c/c art. 60, § 4º, III, da CF), o princípio da eficiência da Administração Pública (art. 37, caput, da CF) e o princípio da continuidade dos serviços públicos (art. 175, da CF). Precedente firmado no julgamento da ADPF 387 (Rel. Min. GILMAR MENDES, Tribunal Pleno, julgado em 23/3/2017). 2. Arguição conhecida e julgada procedente." (ADPF 275, Relator(a): Min. ALEXANDRE DE MORAES, Tribunal Pleno, julgado em 17/10/2018, PROCESSO ELETRÔNICO DJe-139 DIVULG 26-06-2019 PUBLIC 27-06-2019).

391 "EMENTA: TRIBUTÁRIO. IMUNIDADE RECÍPROCA DA EMPRESA BRASILEIRA DE CORREIOS E TELÉGRAFOS. IPVA. 1. A jurisprudência do Supremo Tribunal Federal orienta-se no sentido de que a imunidade recíproca deve ser reconhecida em favor da Empresa Brasileira de Correios e Telégrafos, ainda que o patrimônio, renda ou serviço desempenhado pela Entidade não esteja necessariamente relacionado ao privilégio postal. 2. Especificamente com relação ao IPVA, cumpre reafirmar o quanto assentado na ACO nº 789/PI, Redator para o acórdão o Ministro Dias Toffoli, ocasião na qual foi confirmada a outorga da imunidade recíproca para o fim de afastar a incidência sobre os veículos de propriedade da requerente. 3. Ação Cível Originária julgada procedente." (ACO 879, Relator(a): Min. MARCO AURÉLIO, Relator(a) p/ Acórdão: Min. ROBERTO BARROSO, Tribunal Pleno, julgado em 26/11/2014, ACÓRDÃO ELETRÔNICO DJe-027 DIVULG 09-02-2015 PUBLIC 10-02-2015).
"EMENTA Recurso extraordinário com repercussão geral. Imunidade recíproca. Empresa Brasileira de Correios e Telégrafos. Peculiaridades do Serviço Postal. Exercício de atividades em regime de exclusividade e em concorrência com particulares. Irrelevância. ICMS. Transporte de encomendas. Indissociabilidade do serviço postal. Incidência da Imunidade do art. 150, VI, a da Constituição. Condição de sujeito passivo de obrigação acessória. Legalidade. 1. Distinção, para fins de tratamento normativo, entre empresas públicas prestadoras de serviço público e empresas públicas exploradoras de atividade econômica. 2. As conclusões da ADPF 46 foram no sentido de se reconhecer a natureza pública dos serviços postais, destacando-se que tais serviços são exercidos em regime de exclusividade pela ECT. 3. Nos autos do RE nº 601.392/PR, Relator para o acórdão o Ministro Gilmar Mendes , ficou assentado que a imunidade recíproca prevista no art. 150, VI, a, CF, deve ser reconhecida à ECT, mesmo quando relacionada às atividades em que a empresa não age em regime de monopólio. 4. O transporte de encomendas está inserido no rol das atividades desempenhadas pela ECT, que deve cumprir o encargo de alcançar todos os lugares do Brasil, não importa o quão pequenos ou subdesenvolvidos. 5. Não há comprometimento do status de empresa pública prestadora de serviços essenciais por conta do exercício da atividade de transporte de encomendas, de modo que essa atividade constitui conditio *sine qua non* para a viabilidade de um serviço postal contínuo, universal e de preços módicos. 6. A imunidade tributária não autoriza a exoneração de cumprimento das obrigações acessórias. A condição de sujeito passivo de obrigação acessória dependerá única e exclusivamente de previsão na legislação tributária. 7. Recurso extraordinário do qual se conhece e ao qual se dá provimento, reconhecendo a imunidade da ECT relativamente ao ICMS que seria devido no transporte de encomendas." (RE 627051, Relator(a): Min. DIAS TOFFOLI, Tribunal Pleno, julgado em 12/11/2014, ACÓRDÃO ELETRÔNICO REPERCUSSÃO GERAL - MÉRITO DJe-028 DIVULG 10-02-2015 PUBLIC 11-02-2015).
"EMENTA: Recurso extraordinário. Repercussão geral reconhecida. Tributário. IPTU. Em-

tadora de serviço público, como a EBCT, pode determinar, em prol do serviço de entrega de correspondência, que determinado locador de imóvel utilizado no serviço postal modifique seu imóvel em função, por exemplo, da pandemia do coronavírus, para restringir aglomerações, essa determinação pode ser considerada como ato do Poder Público? Dito em outros termos mais práticos: caso os Correios imponham obras em imóveis locados para o serviço de agência postal, como distanciamento mínimo entre a porta de entrada e os operadores de caixa, instalação de paredes internas com distância mínima entre um e outro setor, e de local próprio para atendimento de idosos e pessoas de maior vulnerabilidade sanitária etc., esse ato encerra determinação do Poder Público para os efeitos do inciso I desse dispositivo? A nós não resta dúvida de que a resposta é afirmativa, porquanto como prestador de serviço público em sentido estrito, os Correios podem editar atos com força cogente para impor obrigações e deveres na prestação do serviço postal, inclusive com eficácia externa, de modo a vincular locadores e locatários de imóveis onde esses relevantes serviços são prestados.

Conclusão diversa merecem as situações em que uma pessoa jurídica de direito privado integrante da Administração Pública indireta não preste serviço público em sentido estrito, isto é, em que esta exerça atividade econômica, como, por exemplo, a Petrobrás ou o Banco do Brasil. Ambas essas sociedades de economia mista, por exercerem atividade econômica, não estão revestidas das prerrogativas do Poder Público, como, por exemplo, sujeição ao regime de precatórios, aplicáveis aos Correios e imunidade tributária recíproca. Portanto, atos da Petrobrás e do Banco do Brasil não são atos do Poder Público e não representam óbice ao exercício do direito potestativo de o locatário renovar o contrato.

---

presa Brasileira de Correios e Telégrafos (ECT). Imunidade recíproca (art. 150, VI, a, da CF). 1. Perfilhando a cisão estabelecida entre prestadoras de serviço público e exploradoras de atividade econômica, a Corte sempre concebeu a Empresa Brasileira de Correios e Telégrafos como uma empresa prestadora de serviços públicos de prestação obrigatória e exclusiva do Estado. 2. A imunidade recíproca prevista no art. 150, VI, a, da Constituição, alcança o IPTU que incidiria sobre os imóveis de propriedade da ECT e por ela utilizados. 3. Não se pode estabelecer, a priori, nenhuma distinção entre os imóveis afetados ao serviço postal e aqueles afetados à atividade econômica. 4. Na dúvida suscitada pela apreciação de um caso concreto, acerca, por exemplo, de quais imóveis estariam afetados ao serviço público e quais não, não se pode sacrificar a imunidade tributária do patrimônio da empresa pública, sob pena de se frustrar a integração nacional. 5. As presunções sobre o enquadramento originariamente conferido devem militar a favor do contribuinte. Caso já lhe tenha sido deferido o status de imune, o afastamento dessa imunidade só pode ocorrer mediante a constituição de prova em contrário produzida pela Administração Tributária. 6. Recurso extraordinário a que se nega provimento." (RE 773992, Relator(a): Min. DIAS TOFFOLI, Tribunal Pleno, julgado em 15/10/2014, ACÓRDÃO ELETRÔNICO REPERCUSSÃO GERAL – MÉRITO DJe-032 DIVULG 18-02-2015 PUBLIC 19-02-2015).

Assim, *determinação do Poder Público*, para efeitos do inciso I do dispositivo, não é conceito jurídico indeterminado: é todo ato emanado da União federal, Estados, Distrito Federal, autarquias, fundações e demais entidades públicas bem como empresas púbicas e sociedades de economia mista prestadoras de serviços públicos em sentido estrito.

Há, entretanto, um conceito jurídico indeterminado na norma, que é a "radical transformação". Não é, pois, qualquer obra que afasta o direito do locatário de renovar o contrato. Essa obra deve ter magnitude suficiente para importar radical transformação do imóvel, cabendo ao juiz, utilizando-se do art. 375 do Código de Processo Civil, decidir se a intervenção determinada pelo Poder Público (*rectius*: Administração Pública) é ou não é radical.

Questão relevante que surge na aplicação dessa regra constante da primeira parte do inciso I é saber se, sendo a determinação do Poder Público ilegal ou inconstitucional, assistirá ao locatário o direito à renovação compulsória.

A matéria é instigante. Imagine-se, por exemplo, que (i) um Município edite lei impondo a instituições de ensino da rede privada a fixação de número máximo de degraus nas escadas percorridas pelas crianças de mais tenra idade e (ii) o Governador do Estado, sob a justificativa de regulamentar a lei municipal, determine, por decreto, outro número máximo de degraus a serem percorridos por essas crianças e ainda a interdição imediata dos prédios que não realizarem obras de adaptação.

Salta aos olhos a inconstitucionalidade da hipotética norma estadual.

De um lado, por força do rol de competências constitucionais, previstos no art. 211 da Constituição da República, compete aos Municípios atuar prioritariamente no ensino fundamental e na educação infantil (§2°) e aos Estados e ao Distrito Federal, atuar prioritariamente no ensino fundamental e médio. Por outro lado, não cabe ao Governador regulamentar lei municipal e, por último, mas não menos importante, a sanção prevista no decreto sequer estava prevista em lei e viola o direito de defesa, o devido processo legal bem como impõe sanção desarrazoada.

Assim, o locatário poderá exercer o direito à ação renovatória alegando a inconstitucionalidade do ato do Poder Público, no caso, do Estado?

Certamente, a resposta é afirmativa. A constitucionalidade do ato do Poder Público é uma questão prejudicial ao julgamento da ação renovatória, que caberá ao juiz e ao Órgão Especial do Tribunal de Justiça, por maioria de votos, conhecer. Declarada *incidenter tantum* a inconstitucionalidade do ato normativo do Estado, este deixa de ser válido e de produzir efeitos e, portanto, o locatário terá direito à renovação compulsória.

Frise-se, pois, que a determinação do Poder Público pode ser tanto (i) um ato materialmente administrativo, individual, preordenado a uma situação concreta e a destinatário específico ou (ii) um ato materialmente legislativo, isto é, regra geral, com carga de abstração de generalidade.

A parte final do inciso contempla outra situação que afasta o exercício, pelo locatário, do direito potestativo de renovar o contrato: a retomada, pelo locador, para fazer modificações que aumentem a) o valor do negócio ou b) da propriedade.

O aumento do valor do negócio deverá ser inferido em estrita obediência aos critérios do segmento econômico pertinente. Se o imóvel locado, por exemplo, destina-se à exploração de uma mercearia, mas pode sofrer modificações para abrigar um mercado maior ou até um frigorífico, o locador tem o direito de intervir no imóvel e retomá-lo[392].

Quanto ao aumento do valor da propriedade, é fundamental levar-se em consideração que os imóveis urbanos são avaliados pela Fazenda Municipal para efeitos de determinação da base de cálculo do ITBI. Nesse caso, o aumento do valor da propriedade deve, em linha de princípio, ser comprovado pela avaliação feita pela Municipalidade. Esse é o critério mais objetivo, mas não é único critério. Evidentemente o locador poderá se utilizar do trabalho de profissionais do mercado imobiliário que possam comprovar fidedignamente que determinada intervenção valorizará o imóvel.

II – o imóvel vier a ser utilizado por ele próprio ou para transferência de fundo de comércio existente há mais de um ano, sendo detentor da maioria do capital o locador, seu cônjuge, ascendente ou descendente.

A jurisprudência do Superior Tribunal de Justiça confere interpretação sistemática a esse dispositivo, conjugando-o com o §3° do mesmo artigo, adiante comentado. Note-se, nesse passo, que de acordo com STJ, o inciso alberga duas situações totalmente autônomas.

392 Para Luiz Antonio Scavone Junior, a hipótese de retomada pelo aumento do valor do negócio é restrita à locação que envolva o fundo de comércio em que o locador também seja o proprietário das instalações *v.g.*, posto de gasolina, cinema, hotel etc. Cf. SCAVONE Jr., Luiz Antonio. *Direito imobiliário: teoria e prática.* 15ª ed., Rio de Janeiro: Forense, 2020, p. 1522.

Na primeira hipótese, o locador pede o imóvel para uso próprio, tanto para finalidade residencial quanto para finalidade empresarial ou profissional. Em favor do senhorio milita presunção – relativa – de veracidade, cabendo ao locatário afastá-la, produzindo prova em contrário, nos termos da Súmula 485 do Supremo Tribunal Federal[393] (editada quando o STF ainda tinha competência constitucional para julgar recurso extraordinário por violação à legislação federal, competência que hoje é exercida pelo STJ)[394].

Na segunda hipótese, o locador pede o imóvel para transferir fundo de comércio, existente há mais de um ano, de pessoa jurídica da qual seja sócio majoritário ele, o locador, seu cônjuge, ascendente ou descendente. Não há, aqui, presunção de veracidade em prol do locador, mas só poderá o locatário pedir indenização pelo prejuízo e pelos lucros cessantes da atividade exercida no imóvel em procedimento próprio, pois não há direito à indenização pela mera retomada. Esta é necessária, mas não é suficiente para gerar o direito à indenização do locatário, que depende ainda da prova do desvio de uso posterior pelo senhorio[395].

O prazo mínimo de preexistência de um ano deverá ser contado na forma do §3° do art. 132 do Código Civil[396].

---

393 Súmula 485 do STF: "Nas locações regidas pelo Decreto 24.150, de 20-4-1934, a presunção de sinceridade do retomante é relativa, podendo ser ilidida pelo locatário."

394 "CIVIL E PROCESSUAL CIVIL. AGRAVO REGIMENTAL NA MEDIDA CAUTELAR. ATRIBUIÇÃO DE EFEITO SUSPENSIVO A RECURSO ESPECIAL. AUSÊNCIA DO FUMUS BONI JURIS. INDEFERIMENTO. DECISÃO MANTIDA. 1. A atribuição de efeito suspensivo a recurso especial é medida excepcional, contrária a expressa disposição do sistema processual (CPC, art. 497; Lei nº 8.038/1990, art. 27, § 2º), só se justificando diante de inequívoco risco de dano irreparável e sob o pálio de relevantes argumentos jurídicos. 2. No caso concreto, não logrou a requerente demonstrar a existência dos requisitos autorizadores do excepcional provimento acautelatório almejado, notadamente o fumus boni juris, haja vista que o pedido de retomada do imóvel pelo locador, para uso próprio, não exige a comprovação da preexistência do fundo de comércio (Lei nº 8.245/1991, art. 52, inc. II, primeira parte), ainda que se destine a finalidade não residencial. 3. Afirmando o Tribunal local que o locador apresentou pedido de retomada do imóvel para uso próprio, o acolhimento das alegações da requerente, que contradizem essa ilação, pressupõe o reexame do contexto fático-probatório dos autos, providência que se veda na instância especial (Súmula n. 7/STJ). 4. Agravo regimental a que se nega provimento. (AgRg na MC 22.688/RJ, Rel. Ministro ANTONIO CARLOS FERREIRA, QUARTA TURMA, julgado em 07/10/2014, DJe 20/10/2014)

395 Idem.

396 "Art. 132. Salvo disposição legal ou convencional em contrário, computam-se os prazos, excluído o dia do começo, e incluído o do vencimento *(omissis)* § 3 º Os prazos de meses e anos expiram no dia de igual número do de início, ou no imediato, se faltar exata correspondência."

Vale ainda salientar que a insinceridade do locador é idônea a gerar responsabilidade penal nos termos do art. 44, *caput*, inciso II, e parágrafo único da lei.[397]

A omissão quanto ao companheiro não justifica que a norma seja aplicada como se o legislador tivesse adotado um "silêncio eloquente". Na realidade, o companheiro é equiparado ao cônjuge para todos os efeitos legais, por força do art. 226, §3° da Constituição da República, conforme o entendimento do Professor Sylvio Capanema de Souza[398].

E, por último, mas não menos importante, é essencial destacar que embora nos termos da Súmula 486 do STF, admita-se a retomada para sociedade da qual o locador, ou seu cônjuge, seja sócio, com participação predominante no capital social, o dispositivo legal exige apenas a maioria do capital social, não sendo necessário que a participação do locador na sociedade empresária corresponda a pelo menos 50% mais uma cota de todo o capital social (maioria absoluta). Dito em outros termos: se o locador A tem 40% e os outros dois sócios, B e C, 30%, cada um, o locador A poderá requerer a retomada pela sociedade. A nosso entender, maioria do capital não se confunde com maioria absoluta do capital, de modo que a participação majoritaria capital deve ser computada em relação aos demais sócios e não em relação ao capital global[399].

§ 1° Na hipótese do inciso II, o imóvel não poderá ser destinado ao uso do mesmo ramo do locatário, salvo se a locação também envolvia o fundo de comércio, com as instalações e pertences.

---

397 "Art. 44. Constitui crime de ação pública, punível com detenção de três meses a um ano, que poderá ser substituída pela prestação de serviços à comunidade:
(...)
III – não iniciar o proprietário, promissário-comprador ou promissário-cessionário, nos casos do inciso IV do art. 9º, inciso IV do art. 47, inciso I do art. 52 e inciso II do art. 53, a demolição ou a reparação do imóvel, dentro de sessenta dias contados de sua entrega;
Parágrafo único. Ocorrendo qualquer das hipóteses previstas neste artigo, poderá o prejudicado reclamar em processo próprio, multa equivalente a um mínimo de doze e um máximo de vinte e quatro meses do valor do último aluguel atualizado ou do que esteja sendo cobrado do novo locatário, se realugado o imóvel".

398 SOUZA, Sylvio Capanema de. *A lei do inquilinato comentada.* Rio de Janeiro: Forense, 2020, 12ª ed., p. 264.

399 Em sentido diverso, o entendimento do Professor Sylvio Capanema de Souza, pelo qual a maioria do capital deve levar em conta o capital global e não a participação de cada sócio em relação aos demais. Cf. SOUZA, Sylvio Capanema de, cit, p. 263.

Em complemento à regra do inciso II, a norma do §1° supracitada prevê que o direito de retomada para uso próprio ou para transferência do fundo de comércio não poderá ser exercido se o imóvel for destinado ao mesmo ramo do locatário.

A parte final do dispositivo ressalva dessa regra geral a locação que envolve o fundo de comércio, com as instalações e pertences. É o que sucede com a locação de posto de gasolina ou padaria com todos os equipamentos, desde que tais circunstâncias estejam previstas no contrato, que deverá descrever os equipamentos e instalações que compõem a atividade empresarial[400].

A norma do §1° deve ser interpretada sistematicamente com o inciso II do *caput*. Nessa esteira, já decidiu o STJ que *"o art. 52, § 1º, da Lei 8.245/91 não versa sobre hipótese autônoma a autorizar a retomada do imóvel, devendo ser interpretada em consonância com o inciso II do mesmo dispositivo legal."*[401]

§ 2° Nas locações de espaço em *shopping centers*, o locador não poderá recusar a renovação do contrato com fundamento no inciso II deste artigo.

A regra encontra fundamento nas próprias características do contrato de locação em *shopping center*, como assentado pelo Professor Sylvio Capanema de Souza:

> *"Embora já esteja superada a discussão doutrinária quanto à natureza jurídica do contrato celebrado entre o empreendedor e o lojista de um* shopping center, *agora definido pela lei como sendo de locação, é inegável que ele se reveste de peculiaridades, que decorrem da própria técnica de venda ali desenvolvida.*
>
> *Desde o início do debate firmamos nossa posição de que se tratava, realmente, de um contrato de locação, ainda que contendo algumas cláusulas atípicas, que, entretanto, não eram suficientes para descaracterizar a relação* ex locato.
>
> *Não se poderia tratar, igualmente, a locação tradicional de uma loja de frente de rua, autônoma em relação às demais do mesmo logradouro, a e de um espaço em* shopping *center, onde, como já se viu,*

400 Cf. SCAVONE Jr., Luiz Antonio, cit., p. 1533.

401 REsp 594.637/SP, Rel. Ministro ARNALDO ESTEVES LIMA, QUINTA TURMA, julgado em 09/05/2006, DJ 29/05/2006, p. 286.

> *existe um mix, e um irresistível polo de atração de clientela.*
>
> *Na locação comum, o fundo de comércio pertence exclusivamente ao locatário, sendo por ele criado, com seu trabalho diuturno. Daí por que cabe a ele, e só a ele, escolher o ramo de atividade, decidir quanto à decoração da loja, fixar o seu horário de funcionamento, sua política de promoção de vendas, o melhor momento para proceder a uma liquidação e tudo mais que diga respeito à sua atividade comercial.*
>
> *Nos* shopping centers, *ao contrário, coexistem dois fundos de comércio, sendo um do locatário e outro do próprio complexo econômico, que funciona como polo de atração de clientela, mercê das facilidades que oferece e da segurança que proporciona, com áreas comuns de estacionamento, lazer, alimentação etc.*
>
> *Por outro lado, toda a filosofia de atuação de um* shopping center *repousa no equilíbrio das ofertas, fazendo-se um perfeito balanceamento das diversas modalidades e ramos de comércio, o que se chama de* tenant-mix.
>
> *O* shopping center *atua como um conjunto, atraindo a clientela e a distribuindo entre os lojistas."*[402]

Ademais, se a retomada fosse permitida à sociedade empresária que explora o *shopping center* (locador) para uso próprio ou para transferência do fundo de comércio, criar-se-ia praticamente uma cláusula potestativa pura em benefício em detrimento dos lojistas, porque o locador, pela atividade que exerce, sempre preencheria os requisitos do art. 52, inciso II, tendo, assim, o talante de decidir ou não retomar o imóvel.

§ 3° O locatário terá direito a indenização para ressarcimento dos prejuízos e dos lucros cessantes que tiver que arcar com mudança, perda do lugar e desvalorização do fundo de comércio, se a renovação não ocorrer em razão de proposta de terceiro, em melhores condições, ou se o locador, no prazo de três meses da entrega do imóvel, não der o destino alegado ou não iniciar as obras determinadas pelo Poder Público ou que declarou pretender realizar.

402 SOUZA, Sylvio Capanema de. Da Locação do Imóvel Urbano, Rio de Janeiro, Forense, 2001, n° 257, p. 361-362

Essa regra do §3° do art. 52 requer interpretação sistemática com o incisos I e II do *caput* do mesmo artigo. A parte final do §3° está umbilicalmente ligada às hipóteses dos dois incisos, aos quais se refere expressamente.

Ademais, o direito à indenização pelos prejuízos e lucros cessantes do locatário depende, no entanto, do exercício do direito de renovação, vale dizer, da propositura da ação renovatória. O *leading case*, nessa matéria, é o acórdão do STJ, cuja ementa segue abaixo:

> "RECURSO ESPECIAL - AÇÃO DE DESPEJO - INDENIZAÇÃO PELO FUNDO DE COMÉRCIO (52, § 3º, DA LEI Nº 8.245/91) - INSTÂNCIAS ORDINÁRIAS QUE ASSEVERARAM INEXISTIR DIREITO À REPARAÇÃO PELA MUDANÇA, PERDA DO LUGAR E DESVALORIZAÇÃO DO FUNDO DE COMÉRCIO, FACE A NÃO MANIFESTAÇÃO DA PRETENSÃO RENOVATÓRIA DA LOCAÇÃO COMERCIAL POR PARTE DO LOCATÁRIO (ART. 51, § 5º, DA REFERIDA LEI) - INSURGÊNCIA DO RÉU - RECURSO ESPECIAL DESPROVIDO.
>
> A controvérsia reside na vinculação ou não do pleito indenizatório previsto no art. 52, § 3º, da lei 8.245/91, ao direito de renovação compulsória do contrato de locação comercial.
>
> 1. Violação ao artigo 535 do CPC não configurada. Inexistência de negativa de prestação jurisdicional, porquanto clara e suficiente, embora sucinta, a fundamentação adotada pelo Tribunal de origem para o deslinde da controvérsia, revelando-se desnecessário o enfrentamento de cada um dos argumentos declinados pela parte.
>
> 2. Inviabilidade de o locatário pleitear, na defesa exercida no bojo da ação de despejo, indenização pelos prejuízos e eventuais lucros cessantes que tiver face a mudança, perda do lugar e desvalorização do fundo de comércio (artigo 52, § 3º, da Lei nº 8.245/91), haja vista que os já referidos fundamentos, aptos a autorizarem o seu deferimento, somente podem ser verificados após a entrega do imóvel.
>
> 3. Para a concessão da indenização pelo fundo de comércio, não basta a ocorrência dos fatos descritos na norma (art. 52, § 3º da lei nº 8.245/91 - não der o proprietário o destino alegado; não iniciar as obras determinadas pelo Poder Público ou que declarou pretender realizar em três meses da entrega), sendo imprescindível que esses decorram de um ato de retomada insincera do imóvel por parte do locador, circunstância também somente verificável posteriormente à procedência da demanda.
>
> 4. No caso dos autos, evidencia-se que o locador encaminhou comunicação ao locatário (fl. 29) com mais de seis meses de antecedên-

> cia do término do contrato locatício (21.12.2005), manifestando sua intensão de retomada do imóvel para a realização de obras e ampliação da edificação, não tendo o réu exercido qualquer pleito renovatório judicial.
>
> 5. O direito à indenização pelo fundo de comércio (artigo 52, § 3º, da Lei nº 8.245/91) está intrinsecamente ligado ao direito à renovação locatícia compulsória (artigo 51 do referido diploma legal), destinando-se aquela, exclusivamente, a penalizar o locador pela retomada insincera do imóvel, frustrando uma legítima expectativa à renovação contratual, hipótese não verificada nos autos, haja vista não ter o locatário manifestado a pretensão judicial renovatória, nos termos do § 5º do art. 51 da mesma lei.
>
> 6. Recurso especial desprovido."
>
> (REsp 1216537/MT, Rel. Ministro MARCO BUZZI, QUARTA TURMA, julgado em 03/09/2015, DJe 11/09/2015).

Questão relevante, nesse passo, reside em saber se o direito à indenização previsto no §3° do art. 52 pode ser cumulado com a multa de natureza penal prevista no parágrafo único do art. 44. Diante da natureza diversa do direito ao ressarcimento por prejuízos e lucros cessantes do locatário e do caráter punitivo da multa prevista no parágrafo único do art. 44, entendemos ser lícita a acumulação entre ambos.[403]

Art. 53 – Nas locações de imóveis utilizados por hospitais, unidades sanitárias oficiais, asilos, estabelecimentos de saúde e de ensino autorizados e fiscalizados pelo Poder Público, bem como por entidades religiosas devidamente registradas, o contrato somente poderá ser rescindido. (Redação dada pela Lei nº 9.256, de 9.1.1996)

I – nas hipóteses do art. 9º;

II – se o proprietário, promissário comprador ou promissário cessionário, em caráter irrevogável e imitido na posse, com título registrado, que haja quitado o preço da promessa ou que, não o tendo feito, seja autorizado pelo proprietário, pedir o imóvel para demolição, edificação, licenciada ou reforma que venha a resultar em aumento mínimo de cinqüenta por cento da área útil.

João Otávio de Noronha

403 Em sentido contrário, SCAVONE Jr., Luiz Antonio, cit., p. 1522.

As disposições desse dispositivo estabelecem condições especiais de rescisão de contratos de locação, de forma a proteger estabelecimentos que desenvolvam funções sociais de relevantes interesses públicos. Assim, nas locações de imóveis utilizados por hospitais, unidades sanitárias oficiais, asilos, estabelecimentos de saúde e de ensino autorizados e fiscalizados pelo Poder Público, bem como por entidades religiosas devidamente registradas, o contrato somente poderá ser rescindido nas hipóteses estabelecidas no dispositivo, a saber:

a) mútuo acordo;

b) prática de infração legal ou contratual;

c) falta de pagamento do aluguel e dos demais encargos;

d) realização de reparações urgentes determinadas pelo Poder Público que não possam ser executadas com a permanência do locatário no imóvel ou, podendo, ele se recuse a consenti-las;

e) pedido do proprietário, promissário comprador ou promissário cessionário, com título registrado e que tenha quitado o preço, em caráter irrevogável e imitido na posse, para demolição do imóvel locado, edificação ou reforma que venha a resultar em aumento mínimo de 50% da área útil.

De modo geral, uma vez terminado o contrato de locação, é facultada ao locador a retomada do imóvel sem que, para tanto, haja a necessidade de justificativa, com base na denúncia vazia – que pode ser intentada a qualquer tempo, se o locatário permanecer no imóvel após o prazo estabelecido no contrato, na forma do art. 46, § 2º, da Lei do Inquilinato. A exceção encontra-se no dispositivo comentado.

Nesse sentido, Capanema leciona:

> A orientação de proteger, de maneira ainda mais exacerbada, os locatários que desempenham atividades de interesse social ou comunitário, é antiga, tendo sido adotada desde a Lei nº 6.239, de 19 de setembro de 1975, expressamente revogada pela nova lei, mas cujo espírito foi por ela preservado e até alargado.
>
> Percebe-se, sem maior esforço hermenêutico, que o objetivo da lei foi compensar as carências do Poder Público, que não consegue atender a todas as necessidades da população, assegurando-lhe educação e assistência médica adequadas.[404]

404 SOUSA, Sylvio Capanema de. *A Lei do Inquilinato comentada artigo por artigo.* 12ª ed. Rio de Janeiro: Forense, 2020, p. 272.

Atividades-fim

As condições especiais só prevalecem se, realmente, os prédios funcionarem para o desenvolvimento de atividade-fim estabelecida em lei.

O Superior Tribunal de Justiça, no julgamento do REsp n. 1.310.960/SP, restringiu o alcance do art. 53 da Lei nº 8.245/1991 ao decidir que os privilégios da locação não têm validade se o espaço foi alugado para resolver somente atividades administrativas.

A contenda envolvia a locação de imóvel não residencial utilizado por hospital apenas para marcação de consultas e captação de clientela, o qual, em razão disso, não se enquadrava na hipótese da norma constante do art. 53 em comento. Confira-se a ementa do julgado:

> RECURSO ESPECIAL. CIVIL E PROCESSUAL CIVIL. LOCAÇÃO. DESPEJO. INTERPRETAÇÃO DA REGRA DO ART. 53 DA LEI 8.245/1991. EXEGESE RESTRITIVA. ALEGADA VIOLAÇÃO AO ART. 63 DA LEI 8245/91. AUSÊNCIA DE PREQUESTIONAMENTO.
>
> 1. A norma constante do art. 53 da Lei de Locações não alcança o local em que desempenhadas atividades administrativas de estabelecimentos de saúde. Precedentes específicos desta Corte.
>
> 2. O espaço locado em estação metroviária para a marcação de consultas e captação de clientes não se amolda ao benefício legal.
>
> 3. Prestação de serviço de saúde regularmente realizada em local diverso.
>
> 4. RECURSO ESPECIAL A QUE SE NEGA PROVIMENTO (REsp n. 1.310.960/SP, relator Ministro Paulo de Tarso Sanseverino, DJe de 16/9/2014).[405]

Assim, o que importa para a compreensão da possibilidade de denúncia da locação vigente por prazo determinado não é apenas a qualificação do locatário mas também a própria utilização do imóvel locado.

Entidades religiosas

No texto originário, as igrejas não tinham essa proteção, que foi incluída pela Lei nº 9.256/1996, que alterou o art. 53 a fim de acrescentar essas entidades.

405 Disponível em: <https://scon.stj.jus.br/SCON/pesquisar.jsp>.

Certamente que a proteção ora discutida não dispensa que as instituições religiosas tenham existência no ordenamento jurídico, de forma que devem estar regularmente constituídas, ter personalidade jurídica e figurar como sujeitos de direitos e titulares de obrigações.

Hospitais

Capanema[406] esclarece que, nada obstante a expressão "hospitais, unidades sanitárias oficiais", a norma aplica-se aos hospitais particulares, que têm a mesma relevância social dos serviços prestados em relação aos hospitais públicos.

Os consultórios médicos que não oferecem internação ou atendimento ambulatorial não "se agasalham sob a proteção do art. 53, considerando-se locações comuns, para efeito de retomada".

Asilos

Os asilos particulares regulares também estão sob a égide do dispositivo comentado.

Explica Capanema que a referência aos asilos é inovadora. Cita acórdão do Tribunal de Justiça do Rio de Janeiro segundo o qual a proteção da lei restringe-se aos estabelecimentos destinados a internação.

O Superior Tribunal de Justiça, em 2002, decidiu pela não incidência dos benefícios do art. 53 nas hipóteses em que a atividade desenvolvida, nada obstante a utilidade social, tenha por fim a obtenção de lucros. O acórdão recebeu esta ementa:

> DIREITO CIVIL. LOCAÇÃO PREDIAL URBANA. ASILO. DENÚNCIA VAZIA. DESPEJO. POSSIBILIDADE.
>
> 1 – Constatada a exploração de asilo por empresa privada, com fins eminentemente lucrativos, afasta-se a incidência das escusas do art. 53 da Lei nº 8.245/91, cujas raízes têm inspirações sociais e assistenciais, ficando possibilitada a denúncia vazia do contrato locatício e o conseqüente despejo da locatária, notadamente se os demais requisitos do mencionado dispositivo legal foram afastados pelo Tribunal de origem à conta, exclusivamente, de exegese fático-probatória, apta a impedir a submissão da vexata quaestio ao crivo do especial, ut súmula 7-STJ.

---

406 Op. cit., p. 274.

2 - Não caracteriza-se dissídio pretoriano quando os julgados trazidos a confronto, a título de paradigmas, a esse mister não se prestam, ante verificada dessemelhança temática.

3 - Recurso especial não conhecido. (REsp n. 406.553/MG, relator Ministro Fernando Gonçalves, DJ de 6/5/2002.)[407]

Estabelecimentos de ensino

A proteção da lei é para instituições que oferecem instrução regular, com currículos pré-aprovados e períodos de aulas regulares, e que estejam submetidas à fiscalização do Ministério da Educação. Portanto, estão excluídos os imóveis em que funcionam cursos de línguas, de computação, de ginástica, etc., pois independem de autorização ou fiscalização específica, até mesmo os imóveis locados para atividades burocráticas não ligadas diretamente ao ensino regular efetivo[408].

Com relação às escolas maternais ou dirigidas à primeira infância, segundo Venosa[409], desde que comprovadas a autorização para que funcionem como locais de ensino, e não como simples hotéis ou berçários, e sua fiscalização pelo Poder Público, é possível sua proteção.

Despejo

Para Venosa[410], o artigo não elide as hipóteses de rescisão previstas no art. 9º da Lei nº 8.245/1991, de forma que a locação pode ser desfeita por mútuo acordo, por infração contratual ou legal, falta de pagamento do aluguel e encargos.

Todas as hipóteses de despejo nessa modalidade de locação são de denúncia cheia e dispensam a notificação, exceto se constar de cláusula contratual. O despejo também pode ser concedido no caso de extinção do usufruto e fideicomisso ou de alienação do imóvel durante a vigência da locação[411].

Art. 54. Nas relações entre lojistas e empreendedores de shopping center , prevalecerão as condições livremente pactuadas nos contratos de locação respectivos e as disposições procedimentais previstas nesta lei.

407 Disponível em: <https://scon.stj.jus.br/SCON/pesquisar.jsp>.

408 Op. cit., p. 274.

409 VENOSA, Sílvio de Salvo. *Direito Civil: contratos em espécie.* São Paulo: Atlas, 2015, p. 169.

410 Op. cit., p. 169.

411 Op. cit., p. 170.

§ 1º O empreendedor não poderá cobrar do locatário em shopping center:

a) as despesas referidas nas alíneas a , b e d do parágrafo único do art. 22; e

b) as despesas com obras ou substituições de equipamentos, que impliquem modificar o projeto ou o memorial descritivo da data do habite - se e obras de paisagismo nas partes de uso comum.

§ 2º As despesas cobradas do locatário devem ser previstas em orçamento, salvo casos de urgência ou força maior, devidamente demonstradas, podendo o locatário, a cada sessenta dias, por si ou entidade de classe exigir a comprovação das mesmas.

João Otávio de Noronha

O que é shopping center

Shopping center decorre de um fenômeno econômico-social originado nos Estados Unidos da América, na década de 1950, que se espalhou por outros países, inclusive pelo Brasil. Inicialmente, tinha por características facilitar o estacionamento para veículos e visava aos consumidores dos bairros dos subúrbios nos Estados Unidos, daí sua localização comum ser fora dos centros urbanos. No Brasil, isso se repetiu, mas, com o tempo e em razão do sucesso do empreendimento, os *shopping centers* acabaram sendo implementados em áreas urbanizadas de alta concentração populacional.

Sílvio de Salvo Venosa comenta:

> [...] os centros de compras [...], hoje vão colocando-se como molas mestras do comércio, em todos os países, à medida que desenvolve seu capital, e dão oportunidade a economia privada. Deixam de ser unicamente um centro de compras, mas se transformam em centros de convivência, não só nas grandes cidades, onde a princípio surgiram em nosso país, mas também em entroncamentos econômicos no interior. Em razão da segurança e conforto que oferece, o *shopping center* se transforma em importantes células de lazer e prestação de serviços que integram as necessidades da população.[412]

412 VENOSA, Sílvio de Salvo. *Nova Lei do Inquilinato comentada.* 12ª ed. São Paulo: Atlas, 2013, p. 258.

Numa tradução literal da expressão inglesa, *shopping center* pode ser considerado como centro de compras, mas, no curso de seu desenvolvimento, transformou-se em centro de convivência, com ofertas de lazer, divertimentos e serviços, com bancos, casas lotéricas, restaurantes etc., e não apenas lugar para venda de produtos por comerciantes[413].

Diferença entre edifício comercial e shopping center

Shopping center é uma reunião metódica, organizada e sofisticada mantida por meio de contratos atípicos inseridos numa estrutura jurídica especialíssima.

Jurisprudência firmada pelo Superior Tribunal de Justiça estabeleceu referida diferença.

No julgamento do REsp n. 1.764.439/SP[414], a Ministra Nancy Andrighi, em seu voto, indicou os elementos diferenciadores, destacando que os *shoppings* primam por oferecer ambiente seguro aos clientes:

> Com efeito, a prestação de segurança aos bens e à integridade física do consumidor é inerente à atividade comercial desenvolvida pelos hipermercados e pelos *shopping centers*, porquanto a principal diferença existente entres estes estabelecimentos e os centros comerciais tradicionais reside justamente na criação de um ambiente seguro para a realização de compras e afins, capaz de incidir e conduzir o consumidor a tais praças privilegiadas, de forma a incrementar o volume de vendas.

Características do contrato de locação entre shopping center e lojistas

Segundo Nelson Nery Junior e Rosa Maria de Andrade Nery[415], se feita análise externa, serão apontadas a bilateralidade, a onerosidade, a comutatividade e a consensualidade como características do contrato de locação entre *shopping center* e lojista. Já por meio de análise interna, baseada nos deveres defluentes do vínculo, esses contratos costumam caracterizar-se como *contratos duradouros*, cujo desenvolvimento não se esgota em uma só prestação, mas supõe pe-

413 Op. cit.

414 REsp n. 1.764.439/SP, relatora Ministra Nancy Andrighi, DJe de 24/5/2019. Disponível em: <https://scon.stj.jus.br/SCON/pesquisar.jsp>.

415 NERY JUNIOR, Nelson e NERY, Rosa Maria de Andrade. *Leis civis comentadas e anotadas.* Ed. 2019. Editor: Thomson Reuters Brasil, pp. 33.13. Disponível em: <https://proview.thomsonreuters.com/launchapp/title/rt/codigos/101681777/v5/page/RL-33.13>.

ríodo de tempo mais ou menos largo, visto que seu conteúdo implica conduta duradoura ou a realização de prestações periódicas permanentes.

Relacionamento jurídico entre proprietários e lojistas

A natureza jurídica do contrato é de *contrato de locação*, de *contrato de locação atípico* ou de *contrato atípico*? Esse é um assunto complexo que apresenta diversas linhas de pensamento. Doutrinadores como Washington de Barros Monteiro e Caio Mario da Silva[416] defendiam tratar-se de contrato de locação, enquanto Orlando Gomes sustentava tratar-se de contrato atípico. A discussão sempre se embasou no fato de que determinadas cláusulas e condições não se acomodavam ao modelo tradicional de locação.

Foi Capanema[417] quem definiu a questão, dizendo que a Lei do Inquilinato sepultou, para sempre, as angústias e intermináveis discussões doutrinárias quanto à natureza jurídica do contrato de autorização de uso de espaços em *shopping center*. Entre as discussões sobre a atipicidade ou não do contrato e aquelas que sustentavam tratar-se de contrato de estabelecimento ou de sociedade, "a nova lei espancou as dúvidas e pacificou dissídio, não deixando margem a qualquer divergência quanto à natureza jurídica do contrato, que é de locação".

Esse entendimento está assentado na interpretação do dispositivo ora em análise, que se refere expressamente à relação jurídica criada entre empreendedores e lojistas como sendo de *locação*.

O autor afirmou que esse posicionamento representou expressiva vitória para os lojistas que sempre se empenharam em rotular o contrato como sendo de locação[418].

Ao Superior Tribunal de Justiça, por meio do REsp n. 1.535.727/RS, levou-se discussão sobre eventual abusividade de *cláusula de raio* ajustada por alguns *shoppings* e lojistas. O Ministro Marco Buzzi, apesar de reconhecer que o relacionamento jurídico de proprietário e lojista contém cláusulas diferenciadas em relação aos demais contratos de locação comercial, não descaracterizou,

---

416 MONTEIRO, Washington de Barros. *Shopping Centers*. In: *Shopping Centers: aspectos jurídicos*. São Paulo: Revista dos Tribunais, v. 580, 1984, p. 166.
PEREIRA, Caio Mario da Silva. *Shopping Centers* – Organização Econômica e Disciplina Jurídica. In: *Shopping Centers: aspectos jurídicos*. São Paulo: Revista dos Tribunais, v. 580, 1984, p. 77 e segs.
GOMES, Orlando. *Traços do perfil jurídico de um shopping center – aspectos jurídicos*. São Paulo: Revista dos Tribunais, vol. 580, pp. 108/109.

417 SOUSA, Sylvio Capanema de. *A Lei do Inquilinato comentada artigo por artigo*. 12ª ed. Rio de Janeiro: Forense, 2020, p. 267.

418 Op. cit., po. 267.

para outro tipo de contrato, essa espécie de locação entre proprietário e lojista. Inclusive deixou claro posicionamento mais liberal em relação a tais contratos, entendendo que prevalece a autonomia da vontade dos contratantes, sem necessidade de proteção específica estatal. Confira-se a ementa do julgado:

> RECURSOS ESPECIAIS DOS DEMANDADOS - AÇÃO DECLARATÓRIA DE INEXIGIBILIDADE CONTRATUAL AJUIZADA POR SINDICATO DE LOJISTAS OBJETIVANDO O AFASTAMENTO DA CLÁUSULA DE RAIO UTILIZADA NA LOCAÇÃO DE ESPAÇOS EM SHOPPING CENTER - TRIBUNAL *A QUO* QUE CONSIDEROU ABUSIVA A PRÁTICA POR VIOLAÇÃO À LIVRE CONCORRÊNCIA E INICIATIVA PRIVADA, MODIFICAÇÃO UNILATERAL DO PERÍMETRO DE ABRANGÊNCIA DA LIMITAÇÃO TERRITORIAL E PREJUÍZO AO CONSUMIDOR. IRRESIGNAÇÃO DAS RÉS.
>
> **Hipótese: Controvérsia acerca da ilegalidade/abusividade de "cláusula de raio" inserta em Escritura Declaratória de Normas Gerais Complementares regedoras das locações e outras avenças dos espaços comerciais situados no Shopping Center Iguatemi Porto Alegre.**
>
> [...]
>
> 6. Na hipótese, a "cláusula de raio" inserta em contratos de locação de espaço em shopping center ou normas gerais do empreendimento não é abusiva, pois o shopping center constitui uma estrutura comercial híbrida e peculiar e as diversas cláusulas extravagantes insertas nos ajustes locatícios servem para justificar e garantir o fim econômico do empreendimento.
>
> 7. O controle judicial sobre eventuais cláusulas abusivas em contratos de cunho empresarial é restrito, face a concretude do princípio da autonomia privada e, ainda, em decorrência de prevalência da livre iniciativa, do *pacta sunt servanda*, da função social da empresa e da livre concorrência de mercado.
>
> 8. Inaplicabilidade do diploma consumerista à espécie, pois não se vislumbra o alegado prejuízo genérico aos consumidores delineado pelo Tribunal *a quo*, uma vez que, o simples fato de não encontrar em todos os *shopping centers* que frequenta determinadas lojas não implica em efetivo prejuízo, pois a instalação dos lojistas em tais ou quais empreendimentos depende, categoricamente, de inúmeros fatores sociais, econômicos.
>
> [...]

> 10. Os ajustes locatícios, notadamente aqueles firmados para locação de espaço em shopping center, não constituem mero contratos de adesão, pois são de livre estipulação/comutativo entre os contratantes, sem a preponderância de um sobre outro, onde tanto locador como locatário estão livres para pactuarem as cláusulas contratuais que melhor assistam às suas necessidades.
>
> [...]
>
> 13. Recursos especiais parcialmente providos para julgar improcedente a demanda. (REsp n. 1.535.727, relator Ministro Marco Buzzi, DJe de 20/6/2016. Disponível em: <https://scon.stj.jus.br/SCON/pesquisar.jsp>.

Das cláusulas contratuais

Capanema observa que os contratos de locação com base no artigo ora comentado contêm cláusulas atípicas, entre elas:

a) a que estabelece sistema dúplice de cobrança de aluguel, sendo um fixo, no mínimo, e outro percentual sobre o total da receita mensal;

b) o pagamento de aluguel em dobro no mês de dezembro;

c) a obrigação de o locatário inscrever-se na associação de lojistas e participar do fundo comum de programações, propaganda e *marketing*;

d) a abertura e fechamento da loja nos horários determinados pelo empreendedor e a não realização de promoções e liquidações, senão na época estipulada, sendo ainda vedado mudar o ramo de negócio.

São condições, segundo expõe, de conteúdo puramente econômico, visando à sobrevivência do próprio empreendimento, também como compensação dos benefícios pela estrutura do *shopping center*, inclusive pela atração de considerável clientela.

Despesas

A submissão do contrato de *shopping center* ao regime do inquilinato exigiu que a lei fizesse algumas ressalvas. Então o § 1º do art. 54 estipula as despesas que não podem ser cobrados do locatário.

As primeiras são as despesas elencadas nas alíneas *a*, *b* e *d* do parágrafo único do art. 22 da Lei do Inquilinato. Assim, o locatário de espaço em *shopping center* está dispensado de pagar as despesas a seguir indicadas.

- Obras de reformas ou acréscimos que interessem à estrutura integral do imóvel

São despesas que devem ser suportadas pelo locador porque se incluem naquelas previstas no inciso III do art. 22 (manter, durante a locação, a forma e o destino do imóvel).

- Pintura de fachadas, empenas, poços de aeração e iluminação, bem como das esquadrias externas

A lei divide entre o locador e o locatário o dever de suportar as despesas com a parte comum do imóvel locado. Contudo, fachadas, telhado, poços de aeração e iluminação ou esquadrias externas do prédio são considerados despesas extraordinárias e são de responsabilidade do locador.

Nelson Nery Junior e Rosa Maria de Andrade Nery ainda esclarecem que, se eventualmente for exigido o reembolso das despesas aqui referidas, pode haver controvérsia sobre a natureza delas: se são ou não aquelas previstas na lei. Se isso ocorrer, a prova pericial é necessária para afastar dúvida e fixar responsabilidades[419].

- Indenizações trabalhistas e previdenciárias pela dispensa de empregados, ocorridas em data anterior ao início da locação

Essas despesas são do locador se houver dispensa do empregado antes do início da relação locatícia. Cabem ao locatário se a dispensa tiver ocorrido durante a vigência da relação locatícia (arts. 23, §§ 1º, *a*, e 2º, 23, I, e 25).

O § 2º do art. 54 versa sobre as despesas previstas em orçamento, estabelecendo que, com exceção das efetuadas em razão de acontecimentos de urgência e força maior, as demais devem ter sido previstas em orçamento.

Seguindo a linha dos autores aqui indicados, no tocante às despesas, ainda existem as decorrentes de casos de urgência ou força maior, que dispensam a previsão orçamentária, cabendo ao locador demonstrar a ocorrência desses fatos, que elidem seu dever de elaborar previsão orçamentária para o controle dos gastos (CPC, art. 373, I ou II, conforme seja autor ou réu de demanda em que se discuta a ocorrência ou não desses fatos)[420].

419 NERY JUNIOR, Nelson e NERY, Rosa Maria de Andrade. *Leis Civis comentadas e anotadas*. Ed. 2019. Thomson Reuters Brasil, pp. 33.13. Disponível em: <https://proview.thomsonreuters.com/launchapp/title/rt/codigos/101681777/v5/page/RL-33.13>.

420 Op. cit.

Quanto à demonstração e comprovação das despesas, é regra geral fornecer recibo discriminado de todas as importâncias que foram pagas pelo locatário (art. 22, VI), bem como exibir ao locatário os comprovantes das parcelas que lhe estão sendo exigidas (art. 22, IX)[421].

A comprovação pode ser exigida a cada 60 dias, sendo lícito ao locatário condicionar o pagamento à exibição da comprovação e correção de eventuais inconsistências (art. 54, § 2º).

Art. 54-A. Na locação não residencial de imóvel urbano na qual o locador procede à prévia aquisição, construção ou substancial reforma, por si mesmo ou por terceiros, do imóvel então especificado pelo pretendente à locação, a fim de que seja a este locado por prazo determinado, prevalecerão as condições livremente pactuadas no contrato respectivo e as disposições procedimentais previstas nesta Lei. (Incluído pela Lei nº 12.744, de 2012)

§ 1º Poderá ser convencionada a renúncia ao direito de revisão do valor dos aluguéis durante o prazo de vigência do contrato de locação. (Incluído pela Lei nº 12.744, de 2012)

§ 2º Em caso de denúncia antecipada do vínculo locatício pelo locatário, compromete-se este a cumprir a multa convencionada, que não excederá, porém, a soma dos valores dos aluguéis a receber até o termo final da locação. (Incluído pela Lei nº 12.744, de 2012)

João Otávio de Noronha

As transformações sociais, cada vez mais céleres, impactam profundamente a economia do perfil urbano e provocam, segundo Sylvio Capanema de Souza[422], o surgimento de novos modelos de locação, figurando entres eles o contrato *built to suit*, introduzido na Lei do Inquilinato em 2012.

Essa modalidade de contrato surgiu da necessidade empresarial de ocupar imóveis com estruturas apropriadas à atividade desenvolvida. É utilizado principalmente por empreendedores e empresários das redes de varejo e indústria, em atenção não só à funcionalidade que o modelo oferece mas também à diminuição de custos operacionais.

421 Op. cit.

422 SOUSA, Sylvio Capanema de. *A Lei do Inquilinato comentada artigo por artigo.* 12ª ed. Rio de Janeiro: Forense, 2020, pp. 23.

O art. 54-A da Lei do Inquilinato, introduzido pela Lei nº 12.744/2012, regulamenta a locação *built to suit*, modelo de negócio importado dos Estados Unidos da América que significa *construído para servir*.

O contrato *built to suit*

Built to suit é uma modalidade de locação imobiliária não residencial em que o imóvel é construído especificamente para atender às necessidades do futuro locatário. O locatário encomenda a construção ou a reforma de um imóvel para, posteriormente, alugá-lo, cabendo ao locador, por si ou por terceiros, proceder à adequação ou construir o imóvel.

Na encomenda da construção ou reforma do imóvel, o locatário estabelece as características pretendidas, cabendo ao locador promovê-la a suas expensas. Para tanto, antes do investimento, as partes contratantes celebram o contrato *built to suit*, ajustando prazo de vigência que permita ao locador recuperar o capital investido, além de perceber rendimentos da locação.

Segundo Capanema[423]:

> No contrato de *built to suit*, o investidor, pessoa natural ou jurídica, mas, geralmente, fundos de investimento imobiliário, se dispõe a construir um imóvel, por encomenda de terceiro, que promete alugá-lo, por tempo determinado e aluguel já avençado, tão logo lhe seja entregue, com o respectivo "habite-se".

O locatário se beneficia por não precisar despender recursos financeiros para ter instalações adequadas a sua atividade. O locador, que investe na construção ou reforma, tem o retorno de seu capital, além do valor relativo à locação, no preço e longevidade do contrato, que é de longo prazo, tratando-se de locação ajustada para até 50 anos.

O *built to suit* é relevante para o mercado, pois possibilita que empresas utilizem prédio totalmente adequado a suas necessidades, mostrando-se como alternativa para expansão da atividade comercial sem a necessidade de imobilização de capital, pois permite a preservação de recursos para investimento nas atividades fim empresariais.

Portanto, o contrato é benéfico para o locatário, porque não há imobilização de capital para o exercício de sua atividade fim, além de oferecer possíveis

423 Op. cit., pp. 282

vantagens tributárias[424], dependendo do regime de tributação adotado pela pessoa jurídica. A recompensa do locador, empreendedor, está não só no retorno do capital investido, acrescido do preço do aluguel, mas também na segurança de um contrato firme, pois é normalmente ajustado com pessoas jurídicas fortes e estabelecidas no mercado. Observe-se:

> Para os empreendedores imobiliários, por sua vez, o negócio significa mais uma oportunidade de investimento no ramo de sua especialidade com expectativa de excelente retorno financeiro a médio e longo prazo.[425]

O contrato é *intuitu personae*, ou seja, de caráter personalíssimo, já que o empreendedor/locador aceita executar a construção no seu terreno sob a encomenda do empresário/locatário, exclusivamente para atender às necessidades[426] deste.

Até o advento da Lei nº 12.744/2012, o *built to suit* era tratado como contrato atípico, pois não havia, no ordenamento jurídico brasileiro, nomenclatura própria e regras específicas que o regulamentassem. Com a introdução do art. 54-A na Lei do Inquilinato, parte da doutrina passou a admitir sua natureza típica, embora a terminologia *built to suit*, extraída do direito norte-americano, pouco explique sobre esse negócio jurídico.

O contrato típico – também conhecido como nominado, tendo em vista a denominação difundida no meio jurídico –, de acordo com o conceito tradicional da área contratual do Direito Civil, é aquele "reconhecido formalmente pelo direito, segundo modelo fixado pelo legislador (compra e venda, permuta, doação, empréstimo, mandato, locação, fiança, empreitada etc.)"[427].

O que confere tipicidade ao contrato não é propriamente o nome que se lhe dê, e "sim o conteúdo, pois este pode divergir integralmente daquele". Na verdade, "é a obrigação principal que determina a qualificação da relação contratual"[428].

Mas, no caso do *built to suit*, tendo em vista a dificuldade de se considerar que o 54-A seja suficiente para delimitar as regras gerais de um contrato com

---

424 O pagamento de aluguel é contabilizado como despesa operacional com redução de carga tributária.

425 MOREIRA, Camila Ramos. *Built to Suit: Particularidades e a Lei nº 12.744/2012*. São Paulo: Editora Revista dos Tribunais. Revista de Direito Imobiliário, vol. 38, n. 78, 2015, p. 128.

426 Op. cit.

427 LÔBO, Paulo. *Direito Civil: Contratos.* 2ª ed. São Paulo: Saraiva, 2014, p. 97.

428 Op. cit., p. 97.

elevado grau de complexidade e detalhamento exigido, é difícil pressupor tratar-se de contrato típico. Segundo Paulo Lôbo[429], os contratos típicos compõem-se de três partes, que são flexíveis de acordo com a contratação em espécie e grau de proteção. Segundo ele, uma parte é deixada à livre convenção das partes; a outra é formada por normas cogentes, imperativas ou proibitivas, que não permitem estipulação convencional de conteúdo; por fim, a parte intermediária é formada por normas dispositivas e cogentes.

Na hipótese do *built to suit*, trata-se de espécie de contratação que não se limita a simples contrato de locação, cabendo nele elementos dos contratos de empreitada e de prestação de serviços, além de outras espécies contratuais porventura aplicáveis ao caso concreto.

A Lei nº 12.744/2012 não impediu a incidência da regulamentação referente a esses contratos todos, sendo, inclusive, válida a aplicação subsidiária do Código Civil ou de outros diplomas legais. Portanto, é necessário recorrer aos contratos mistos, que "são os que fundem diversos contratos típicos, ou contratos típicos e atípicos, formando uma unidade autônoma"[430], ou, segundo Orlando Gomes[431], são os que resultam da fusão de elementos próprios de outros contratos. Com base nessa conceituação, pode-se afirmar que o contrato *built to suit* tem natureza mista, porquanto há nele parcelas de outros, tais com o contrato de empreitada, de prestação de serviço, etc.

Portanto, nada obstante ser modalidade de *locação imobiliária* não residencial, a atipicidade desse modelo contratual está evidenciada. A considerar os elementos do contrato de empreitada, não é suficiente a classificação do contrato *built to suit* como contrato típico de locação. A prestação da empreitada extrapola quaisquer tentativas de qualificar o *built to suit*, considerados seus elementos essenciais, tão somente como contrato locativo.

Tratando-se de contrato atípico, deve-se observar a seguinte hierarquia (Gomide, 2018):

> i) a Lei nº 12.744/2012, que alterou o art. 4º e inseriu o art. 54-A na Lei nº 8.245/1991, a cujos limites estarão adstritas as partes, inclusive nas disposições procedimentais da lei (à exceção da ação revisional que as partes poderão renunciar);
>
> ii) as condições livremente pactuadas no contrato respectivo (art. 54-A);

429 Op. cit., p. 98.

430 Op. cit., p. 105.

431 GOMES, Orlando. *Contratos.* 21ª ed. Rio de Janeiro: Forense, 2000, p. 103.

iii) as normas e princípios estabelecidos no Código Civil para a generalidade dos contratos;

iv) usos e costumes da operação econômica dos contratos *built to suit*; e

v) por fim, valendo-nos de uma aplicação analógica, (a) as demais disposições da Lei nº 8.245/1991, (b) as disposições do contrato de empreitada no Código Civil (arts. 610 a 626), (c) as disposições do contrato de compra e venda no Código Civil (arts. 481 e 504) e (d) as disposições do contrato de locação previsto no Código Civil (arts. 565 a 578).[432]

Cláusulas contratuais

Como modalidade de locação, o contrato *built to suit* é recente no país, pois foi inserido na Lei nº 8.245/1991 no ano 2012. A aplicação integral da Lei nº 8.245/1991 é inconciliável com a natureza do *built to suit* em alguns aspectos. Essa lei limita a autonomia da vontade, sendo um exemplo de dirigismo estatal, ao partir do pressuposto de que há desvantagens econômicas entre locador e locatório, pressupondo que este tem posição jurídica e econômica de vulnerabilidade em relação àquele.

Por meio do art. 54-A, ficou conferida aos contratos *built to suit* maior amplitude da autonomia da vontade, de forma que as cláusulas livremente pactuadas devem ser válidas, sem padecer de nulidade na forma das locações convencionais.

O contrato apresenta complexidade significativamente maior que a locação convencional de imóvel urbano. O aspecto mais evidente quanto a isso diz respeito ao valor locatício, pois o aluguel deve remunerar, além do uso e gozo, também o investimento feito pelo locador na construção ou adaptação do imóvel e os riscos assumidos.

Não há impeditivo legal para que o locador despenda recursos de terceiros, valendo-se de operações de financiamento para tal fim, ou mesmo ajuste subempreitadas.

O Superior Tribunal de Justiça (STJ), em 2008, portanto, antes da alteração legislativa ora comentada, foi provocado a decidir sobre ação de indenização em razão de danos na estrutura de prédio encomendado e do não atendimento das especificações contratadas mediante contrato *built to suit* no qual o locador afirmara ter-se valido de subempreitada e promovido alterações no projeto

432 GOMIDE, Alexandre Junqueira. *Contrato Built to Suit: em defesa da atipicidade*. São Paulo: Editora Revista dos Tribunais. Revista de Direito Imobiliário n. 45 – maio/jun. 2018 – Parte Geral, pp. 88/92.

original com concordância do locatário. O resultado da contenda foi decidido conforme acórdão assim ementado:

> Civil. Processo civil. Recurso especial. Ação de indenização. Contrato de incorporação no modelo "build to suit". Construção de imóvel sob medida para utilização e no interesse de terceiros pré-determinados. Contrato posterior de empreitada. Obra que foge aos padrões determinados, de forma a ter sua utilidade reduzida. Reparação dos danos pleiteada, em valores a serem parcialmente estabelecidos em liquidação de sentença, de acordo com perícia ainda a ser realizada. Culpa caracterizada pela má execução do serviço. Condenação a reparar os gastos verificáveis para dar à obra a utilidade desejada, assim como para indenizar os prejuízos sofridos pela limitação de uso. Alegação de condicionalidade e de julgamento para além do pedido. Honorários.
>
> [...]
>
> - No modelo de construção "build to suit", há um contrato inicial entre a incorporadora e os terceiros que utilizarão efetivamente o bem. Na presente hipótese, tal relação originária já previa a responsabilidade da ora recorrente, que ficara incumbida de escolher o empreiteiro, por eventual má prestação de serviços deste. A sentença, já reconhecendo o dever de ressarcimento da incorporadora em face de terceiros que não são parte neste processo – os locatários – condenou a ré nos mesmos termos, aplicando assim uma espécie de cadeia de responsabilidades contratuais.
>
> - Ainda nessa situação não há condicionalidade, pois se há responsabilidade contratual – questão que não pode mais ser discutida – a parte sobre a qual recai tal obrigação não é obrigada a ser demandada em juízo para que se sinta no dever de cumpri-la. Portanto, o dever escalonado de ressarcimento é certo; apenas a liquidação e a execução desta obrigação é que podem estar condicionadas a evento futuro e incerto, que é o pagamento dos prejuízos, por parte da incorporadora, aos locatários.
>
> - Pontos definidos pelo Tribunal de Justiça com base no exame das provas dos autos não podem ser alterados em sede extraordinária, em face do óbice da Súmula nº 7/STJ.
>
> [...] (STJ, REsp n. 885.910/SP, relatora Ministra Nancy Andrighi, Terceira Turma, DJe de 5/8/2008.)

No contrato *built to suit*, é vedada ao locatório a denúncia imotivada, pois, em razão dos altos valores envolvidos, não lhe é permitido surpreender o locador com rescisão precoce.

Apesar da legislação específica, o contrato *built to suit* deve seguir os princípios gerais dos contratos, tais como a boa-fé e o equilíbrio econômico-financeiro. Isso assegura a justiça em relação aos investimentos feitos pelo locador e o retorno do investimento (acrescido de lucratividade).

O § 1° do art. 54-A

O § 1º do art. 54-A determina, expressamente, a possibilidade de se ajustar a renúncia ao direito de revisão do valor dos aluguéis durante o prazo de vigência do contrato.

Na verdade, o legislador disciplinou o que já era prática no mercado, pois a renúncia do locatário ao direito de pleitear tal revisão é comum nos contratos *built to suit*. Mas essa cláusula é válida para os contratos por prazo determinado. Se a locação passar a viger por prazo indeterminado, tal cláusula perde a vigência. A partir daí, tem espaço a revisão do aluguel, já que se pressupõe que o valor do investimento feito pelo locador na construção do imóvel estará saldado, permanecendo apenas o valor da locação.

Essa questão foi submetida ao Superior Tribunal de Justiça no REsp n. 1.837.218/SP, em razão de disputa entre locador e locatória na qual esta pretende a revisão do valor de aluguel, afirmando tratar-se de contrato de locação comercial comum. Nada obstante, anteriormente à vigência da Lei nº 12.744/2012, que inseriu o art. 54-A na Lei nº 8.245/1991, o Tribunal de Justiça do Estado de São Paulo (TJSP)[433] entendeu ser o contrato de locação firmado entre as partes atípico, *built to suit*, e, portanto, não caber a alteração do valor locativo por meio de ação judicial. Disse o TJSP que, se a locadora se obrigou a construir hospital no imóvel, atendendo exatamente aos interesses da locatária, a contraprestação contratual compreendia não apenas a figura do aluguel pelo exercício da posse direta mas ainda a contrapartida do investimento realizado no seu interesse.

No caso, a fixação do aluguel nessa espécie contratual, segundo consta do acórdão do TJSP, já levara em conta o período de vigência do contrato, tendo as partes reconhecido o tempo necessário para assegurar o retorno do investimento realizado pela parte locadora, como sendo de 222 meses, ou seja, pouco mais de 18 anos, de forma que a renovação deve ocorrer, segundo a letra da lei, apenas após o transcurso desse prazo.

433 Agravo de Instrumento n. 2191044-84.2017.8.26.0000.

Assim, a questão submetida ao STJ refere-se ao direito de revisão do contrato antes do esgotamento do período fixado para a vigência do ajuste nas contratações anteriores à entrada em vigor do art. 54-A e seus parágrafos.

Camila Ramos sustenta que, considerando as peculiaridades do modelo de negócio em que o aluguel representa contraprestação cujo valor é destinado a remunerar tanto a cessão de uso e gozo do imóvel quanto o investimento do empreendedor/locador e os riscos nos quais incorreu, bem como considerando a boa-fé objetiva, que sempre deve permear os contratos, mostra-se razoável a ponderação de princípios que apontam para a validade da renúncia expressa do empresário/locatário ao direito de revisão do aluguel por determinado período de tempo[434].

O § 2º do art. 54-A

O § 2º do art. 54-A estabelece que, na hipótese de denúncia antecipada do vínculo locatício pelo locatário, este compromete-se a cumprir a multa convencionada, que não poderá exceder a soma dos valores dos aluguéis a receber até o termo final da locação. Na locação convencional, o locador não pode cobrar os aluguéis vincendos, apenas a multa. No *built to suit*, dada a natureza do contrato, pode.

Capanema[435], ao comentar as disposições do § 2º do art. 54-A, afirma que é fundamental, para o resto da equação econômica do sistema *built to suit*, que o aluguel convencionado seja pago durante todo o curso do contrato, para garantir o retorno do capital investido e a rentabilidade.

Assim, a denúncia antecipada por iniciativa do locatário pode tornar-se um risco insuportável para o investidor/locador. Visto que o imóvel foi construído segundo as especificações do locatário, é difícil para o locador conseguir encontrar outra pessoa que se interesse por alugá-lo, fora as despesas que haveria com impostos e demais encargos.

Daí, admite-se que a multa compensatória pela denúncia antecipada do contrato possa ter valor equivalente à totalidade dos aluguéis vincendos, até o término do prazo ajustado, fato que assegura o retorno integral do investimento.

O professor ressalta ainda que, com essa regra, a lei estabeleceu o valor máximo, nada impedindo que as partes ajustem a redução da pena. Veja-se:

434 Op. cit., p. 135.

435 Op. cit., p. 6.770.

> Depreende-se que mantém a lei, a regra que veda a denúncia antecipada por iniciativa do locador, ainda que ele se dispõe a pagar a multa combinada, aplicando-se, nesta hipótese, redação constante do art. quarto.[436]

O cálculo do aluguel

O aluguel de imóvel por meio desse modelo é bem mais complexo e demanda mais investimentos. O investidor demora mais para receber o capital aplicado, sendo considerado modelo de ajuste de **baixa liquidez**.

O *built to suit* possui uma série de singularidades que, envolvidas no cálculo, variam conforme o contrato estabelecido. Mas algumas variáveis são constantes e influenciam o valor:

a) tamanho e localização do terreno;

b) tamanho do imóvel;

c) especificidades de acabamento e estrutura.

O tempo de locação também afeta o preço do aluguel. Quanto maior o tempo do contrato, menores as mensalidades.

Normas procedimentais

As disposições procedimentais previstas na Lei nº 8.245/1991 são aplicáveis aos contratos *built to suit*. Assim, não serão válidas cláusulas que afastem algumas dessas normas procedimentais.

Art. 55. Considera - se locação não residencial quando o locatário for pessoa jurídica e o imóvel, destinar - se ao uso de seus titulares, diretores, sócios, gerentes, executivos ou empregados.

Werson Rêgo

A Lei 8.245/91 tem várias regras diferentes quando a locação é residencial, o que se justifica facilmente pela importância que tem esse fato jurídico para a sociedade em que vivemos, mas, obviamente, não desconsidera nas locações

436 Op. cit., p. 6.797.

não residenciais a necessidade de ajustar a construir relações mais sustentáveis, equilibradas e compatíveis com os fenômenos sociais a que se destinam.

Até a edição da Lei, os Tribunais divergiam sobre considerar que a natureza não residencial da locação poderia derivar do simples fato da locatária ser uma pessoa jurídica, ainda que o imóvel fosse utilizado para fins residenciais, ou se a definição decorreria exclusivamente do uso a que se destinaria o imóvel.

Essa dúvida impactava nos prazos dos contratos, fazendo com que os locatários fossem, muitas vezes, o empregado da empresa ou o destinatário do bem, enquanto a pessoa jurídica assumia a posição de fiadora e, em verdade, a pagadora do aluguel e encargos, já que, não raramente, essas despesas compunham e ainda compõem a cesta salarial de quem irá residir no imóvel

Como nas sociedades evoluídas, o correto é que a lei acompanhe os movimentos sociais, regulamentando os pontos em que o acordo social não for capaz de resolver, houve consenso acerca da necessidade de normatizar aquilo que já ocorria na prática, garantindo transparência ao fato jurídico, o que facilita até mesmo na entrega de eventual prestação jurisdicional.

A lei adotou uma teoria mista, consagrando que **considera-se locação não residencial quando o locatário for pessoa jurídica e o imóvel destinar-se ao uso de seus titulares, diretores, sócios, gerentes, executivos ou empregados.**

A escolha foi pela teoria da natureza jurídica do locatário, mas a ela acrescentou que isso se dará sempre que o uso do imóvel se destinar a uma daquelas pessoas listadas em rol apenas exemplificativo do próprio artigo 55.

No caso, o objetivo da lei é considerar não comercial a locação do imóvel sempre que for do interesse da locatária pessoa jurídica esse fato, quer por ligação com suas atividades, quer por simetria aos seus objetivos, temporários ou definitivos.

É fundamental que essa definição esteja prevista em contrato, não que seja indispensável para configurar a locação não residencial, mas preponderantemente para evitar conflitos desnecessários na interpretação do pacto entre as partes.

Como se disse, a relação de pessoas que podem morar no imóvel é exemplificativa, não se exigindo que seja, por exemplo, alguém com cargo executivo, bastando, como se disse, que exista o interesse empresarial da locatária, o que nos leva a afirmar que o uso do imóvel poderá se dar até por terceiro que não tenha relação jurídico-laboral com a locatária. Nesse caso, um prestador de serviços temporários pode se enquadrar na definição, desde que previsto no contrato os fins a que se destinará o imóvel.

Nos dias atuais, em que o home office é o *"novo normal"* sem previsão de encerrar, essa questão ganha relevância e incita ao debate de futuras questões polêmicas.

Para começar, é preciso destacar que a locatária não precisa identificar quem irá morar no imóvel e, além disso, uma vez que o mesmo tenha sido ocupado, ela poderá substituir quantas vezes forem necessárias o beneficiário da locação, observadas, claro, as regras do condomínio, quando for o caso.

Agora, uma vez identificado o beneficiário em livre convenção das partes e estabelecido que a sua mudança provocará o término da locação, a construção pretoriana admite a validade dessa limitação.

Como, em casos tais, a locação já se considera não residencial, entendo que não haverá controvérsias quando o beneficiário da locação exercer, no imóvel, atividades laborais para sua empregadora ou parceira comercial[437], já que a destinação não estará alterada em prejuízo do locador.

Por outro lado, considerando-se a previsão expressa do artigo 55, caso o locatário seja pessoa física, mas passe a exercer, junto com a moradia habitual, uma atividade laboral no imóvel, entendo que essa alteração não provocará a alteração do tipo de locação, nem o sujeitará a infração contratual, desde que observados os limites da razoabilidade do uso da coisa, como já se alertara ao estabelecer os deveres do locatário.

A possibilidade do locador exigir do locatário a celebração do contrato em nome de pessoa jurídica da qual ele, locatário, seja titular para ter, então, um contrato não residencial, é de ser vista com cautela, posto que, se não provada a ligação de utilidade/benefício da locação específica com a atividade empresarial do locatário, esse enquadramento poderá ser revisto pela atuação do Poder Judiciário.

Há na Lei nº 8.245/91 diversos chamados das partes para uma conduta contratual ética e esse é mais um dos pontos de destaque, no qual a clareza contratual é peça fundamental para o equilíbrio da relação.

A locação poderá ser por prazo inferior a 30 (trinta) meses, garantindo ao locador o direito de retomada imotivada do imóvel ao seu fim, mas, mesmo em sendo celebrada por prazo igual ou superior a cinco anos, não haverá de se permitir o direito à renovatória, posto que tal direito é reservado apenas às locações destinadas ao comércio, nos termos do artigo 51.

Art. 56. Nos demais casos de locação não residencial, o contrato por prazo determinado cessa, de pleno direito, findo o prazo estipulado, independentemente de notificação ou aviso.

Marco Aurélio Bezerra de Melo

437 Vide o motivo da locação

A locação não residencial é definida por exclusão da locação com finalidade de assegurar ao locatário uma moradia, seja ela estabelecida de forma mais perene no tempo (locação residencial) ou não (locação para temporada). Assim, todas as outras locações de imóveis urbanos serão consideradas não residenciais, tenha ela por objeto, exemplificativamente, o comércio, a indústria, atividade de lazer, esportiva, cultural, associativa, educacional, médica, hospitalar, imobiliária, de representação comercial, de entretenimento, tinturaria, salão de beleza, assim como para o exercício do ofício de corretor, contador, advogado, médico, odontólogo, terapeuta, dentre outras.

Capanema nos ensina que "no largo espectro das locações não residenciais algumas merecem proteção especial, em homenagem à existência de um fundo empresarial, que justifica ser preservado, em função de sua densidade econômica e socialo. São aquelas que preenchem as condições elencadas no art. 51, e para as quais prevê a lei o direito potestativo à renovação compulsória do contrato, a ser exercido mediante o ajuizamento de ação renovatória. As demais, ao contrário, ficam desprotegidas, estabelecendo o art. 56" (Da Locação do Imóvel Urbano. Forense: 2000, p. 369) regra específica a respeito da denúncia desse contrato.

Nessa hipótese e em se tratando de contrato com prazo determinado, sua extinção acontece após a expiração do prazo contratual, independentemente de qualquer comunicação prévia. Assim, "a mora do inquilino, quanto à obrigação de restituir o imóvel locado, é ex re (...)"(obra citada, p. 369), pois a extinção do contrato se dá de pleno direito.

A conclusão evidente, ao comparar-se essa locação com aquela para fins de moradia, foi muito bem percebida por Capanema, ao afirmar que: "daí se conclui que, em se tratando de locação não residencial, a denúncia imotivada não está condicionada ao prazo mínimo de 30 meses, como se exige na residencial." (A Lei do Inquilinato Comentada. GZ Editora: 2012, p.241)

Importante ressaltar que o mesmo não se aplica às locações sujeitas à renovação compulsória do contrato.

Parágrafo único. Findo o prazo estipulado, se o locatário permanecer no imóvel por mais de trinta dias sem oposição do locador, presumir - se - á prorrogada a locação nas condições ajustadas, mas sem prazo determinado.

O dispositivo trata da prorrogação automática da locação não residencial e cria, a contrario sensu, prazo para a propositura da competente ação de despejo, caso o locador tenha interesse na retomada do imóvel. A inobservância do prazo acarreta a prorrogação da locação, nos termos do contrato, mas agora por prazo indeterminado. O prazo de 30 dias previsto na lei, a contar do término do prazo contratual, substitui a necessidade da notificação prévia.

Não se olvide que, no futuro, o locador poderá denunciar a locação fora dessa hipótese prevista em lei, mas precisará fazer a notificação prévia, para não surpreender negativamente o locatário.

Por fim, atente-se que o dispositivo ora em comento trata de prorrogação automática e não da cláusula – corriqueira nos contratos de locação não residencial – de renovação automática do prazo de vigência, por meio das quais, uma vez expirado o prazo originalmente estabelecido, o contrato de locação é automaticamente renovado pelo novo prazo estipulado, sem que haja a necessidade de comunicação prévia entre as partes e, em tese, de ajuizar a ação renovatória.

Art. 57. O contrato de locação por prazo indeterminado pode ser denunciado por escrito, pelo locador, concedidos ao locatário trinta dias para a desocupação.

Fábio de Oliveira Azevedo

Comentário:

O contrato de locação pode ser celebrado por qualquer prazo, de acordo com o art. 3º da Lei 8.245/91, sendo necessária apenas autorização conjugal se o ajuste for igual ou superior a dez anos.

Dessa forma, o prazo indeterminado do contrato de locação pode surgir em duas hipóteses: i. quando as partes, desde o início, já o estipularem por prazo indeterminado; ii. quando terminar o prazo ajustado e decorrerem 30 dias sem manifestação, o que ocorre tanto nas locações residenciais, como nas não-residenciais e temporada.

Prorrogado por prazo indeterminado, em qualquer um desses 2 casos, faculta-se ao locador resilir unilateralmente o contrato. E a denúncia, referida pelo comentado artigo, será o instrumento para o exercício da faculdade resilitória.

Tal notificação precisa ser realizada pela forma escrita, o que não significa que a solenidade do tabelionato seja necessária ou mesmo o encaminhamento com AR (aviso de recebimento). Em tempos de comunicação digital, pensamos que a notificação pode ocorrer por e-mail ou qualquer outro modo de comunicação que permita comprovar que foi recebida pelo destinatário.

Muito embora não haja prazo legalmente fixado para o ajuizamento da ação de despejo, findo o lapso de 30 dias concedido para a desocupação, recomenda-

-se que o locador o faça o quanto antes, de modo a não se criar expectativa legítima de que mudou de posição e abriu mão do despejo. Sobretudo se o aluguel continua a ser pago pontualmente pelo locatário, somado a outros elementos do caso concreto que possam assinalar a legitimidade da expectativa criada. Esse cenário poderia conduzir ao exercício abusivo do direito de despejar, com base no art. 187 do CC, cujo resultado conduz a improcedência do pedido.

Outra preocupação interessante se dá com a denominada denúncia injusta, prevista no art. 473, parágrafo único, do CC. Nesse caso, pelas peculiaridades que podem envolver casuisticamente a própria execução do contrato, uma das partes pode ter realizado investimento considerável e, decorrente desses gastos, ter criado uma expectativa legítima de que o locador não denunciaria o contrato, antes de decorrer tempo suficiente para compensar tais investimentos.

Ao contrário da hipótese anterior, nesse caso, não haveria o exercício abusivo do direito de despejar, mas uma ofensa à boa-fé objetiva em momento anterior, que é a própria denúncia do contrato de locação. Dito de modo diverso, essa resilição, materializada pela denúncia, torna-se ineficaz durante o tempo necessário à recuperação do investimento realizado, impossibilitando o despejo e, em muitos casos, exigindo a produção de prova pericial para apurar o tempo necessário à retomada da eficácia da resilição.

Art. 58. Ressalvados os casos previstos no parágrafo único do art. 1°, nas ações de despejo, consignação em pagamento de aluguel e acessório da locação, revisionais de aluguel e renovatórias de locação, observar-se-á o seguinte:

I – os processos tramitam durante as férias forenses e não se suspendem pela superveniência delas;

II – é competente para conhecer e julgar tais ações o foro do lugar da situação do imóvel, salvo se outro houver sido eleito no contrato;

III – o valor da causa corresponderá a doze meses de aluguel, ou, na hipótese do inciso II do art. 47, a três salários vigentes por ocasião do ajuizamento;

IV – desde que autorizado no contrato, a citação, intimação ou notificação far-se-á mediante correspondência com aviso de recebimento, ou, tratando-se de pessoa jurídica ou firma individual, também mediante telex ou fac-símile, ou, ainda, sendo necessário, pelas demais formas previstas no Código de Processo Civil;

V – os recursos interpostos contra as sentenças terão efeito somente devolutivo.

Luciano Saboia Rinaldi de Carvalho

Introdução

O triste ano de 2020, marcado pela pandemia, nos levou Sylvio Capanema de Souza, vítima da covid-19, aos 82 anos de idade.

Em sua trajetória profissional, notabilizou-se como professor, escritor, advogado e desembargador do Tribunal de Justiça do Rio de Janeiro, oriundo do quinto constitucional da advocacia. Foi um orador inigualável, que captava a atenção de todos com sua inteligência, sensibilidade, cultura e simpatia.

Para Sylvio Capanema de Souza dizia, a Lei nº 8.245, de 18 de outubro de 1991, teve o objetivo principal de *"acelerar a prestação jurisdicional, reduzindo-se, assim, a insuportável tensão que envolvia o contencioso da locação"*, ao mesmo tempo em que exaltava a coragem do legislador em *"romper modelos do passado, libertando-se da tirania das formas e das solenidades, em busca de efetividade"*[438].

Numa de suas últimas aparições ao público[439], gravou um vídeo para a Escola da Magistratura do Estado do Rio de Janeiro (EMERJ), de sua casa, dizendo que nunca foi tão importante tratar do direito das obrigações e dos contratos nesses tempos de pandemia, exigindo de advogados e magistrados um esforço redobrado em razão da multiplicação das demandas envolvendo o pagamento das obrigações pecuniárias e o cumprimento integral dos contratos (força obrigatória dos contratos x onerosidade excessiva). E fez um alerta fundamental:

> "Nunca foi tão importante quanto agora que vocês estudem direito, que vocês se debrucem sobre as repercussões sociais deste momento, para que também não se contamine o Judiciário com o vírus muito mais perigoso da insensibilidade social e do desamor. Sejam todos muito felizes, corajosos, mantenham-se em casa, mas atentos aos desdobramentos desses momentos e, acima de tudo, debruçando-se sobre o estudo da doutrina, tão necessária neste momento".

Sylvio Capanema de Souza, gigante do direito, nos deixa seus ensinamentos como valiosa herança, e inspira muitas gerações de estudiosos do direito, de ontem, de hoje e de amanhã. Para mim, foi um privilégio e uma alegria ter convivido e aprendido com ele.

---

438 SOUZA, Sylvio Capanema. A Lei do Inquilinato Comentada. 8ª Edição, Rio de Janeiro: Forense, 2012, p. 245/246.

439 Disponível em: < https://www.youtube.com/watch?v=5YjpmOkajfE>. Acesso em 29 de dezembro de 2020.

Interpretação restritiva da regra prevista no caput do artigo 58

O *caput* do artigo 58 da Lei do Inquilinato deve ser interpretado restritivamente, ou seja, são taxativas as hipóteses nele previstas, e não meramente exemplificativas. Ao se pronunciar sobre o tema, disse Sylvio Capanema de Souza[440]:

> "Uma questão preliminar logo se arguiu, diante da redação do caput do artigo 58 e que, como sempre, suscitou divergência.
>
> O elenco ali referido das ações derivadas de locação seria exaustivo, em '*numerus clausus*', ou meramente enunciativo, ampliando-se para abranger outras que também tivessem como origem o contrato de locação urbana?
>
> A questão não é acadêmica, sem maior interesse prático, a exigir cuidadosa análise.
>
> Isso porque as disposições gerais criadas pelo artigo 58 são de impacto profundo sobre os procedimentos, visando torná-los mais céleres e efetivos, atalhando os caminhos que retardavam, de maneira exasperante, a entrega da prestação jurisdicional. (...)
>
> A primeira corrente sustenta que as regras ali expostas aplicar-se-ão a todas as ações decorrentes de um contrato de locação de imóvel urbano, considerando-se que a mens legis é a de acelerar a entrega da prestação jurisdicional, não se justificando a restrição.
>
> A referência expressa justificar-se-ia pelo fato de serem mais comuns as ações ali enunciadas, a título exemplificativo. (...)
>
> Prevaleceu, entretanto, a vertente oposta, sempre por nós defendida, no sentido de ser exaustivo o elenco do caput do artigo 58, só se aplicando as disposições gerais às ações ali expressamente referidas.

440 SOUZA, Sylvio Capanema. A Lei do Inquilinato Comentada. 8ª Edição, Rio de Janeiro: Forense, 2012, p. 247/248.

> Estamos convencidos do acerto dessa posição em razão de serem as disposições gerais regras de exceção, muitas delas contrariando consolidados conceitos processuais, impondo-se assim, a interpretação restritiva.
>
> Como se não bastasse, o legislador não precisaria referir-se expressamente as quatro ações ali constantes, se pretendesse abranger toda e qualquer ação decorrente da locação.
>
> Anote-se que a lei não usou as fórmulas que denotam a intenção de apenas enunciar ou exemplificar hipóteses como "entre outras", "especialmente", "inclusive", limitando-se a referir-se às ações de despejo, consignação em pagamento de aluguel e acessórios da locação, revisionais de aluguel e renovatórias de locação.
>
> Essa vereda doutrinária está hoje pacificada, não mais persistindo as dúvidas que agitaram os primeiros anos de vigência da lei".

Portanto, as disposições do caput do artigo 58 não se aplicam a outras ações judiciais que não sejam aquelas expressamente mencionadas no texto legal.

Tramitação das ações locatícias durante as férias e recesso forenses

O inciso I preceitua que as ações de despejo, consignação em pagamento de aluguel e acessório da locação, revisionais de aluguel e renovatórias de locação devem tramitar durante as férias forenses, como também não se suspendem pela superveniência delas.

Como se sabe, por determinação constitucional (CF, art. 93, XII), a atividade forense é ininterrupta, sendo vedadas férias coletivas nos juízos e tribunais de segundo grau, que devem funcionar em regime de plantão permanente nos dias em que não houver expediente forense normal.

Na linha de entendimento do Superior Tribunal de Justiça, o recesso forense deve ser equiparado às férias forenses para efeito de aplicação da norma.[441]

441 REsp 163.191/RJ, Rel. Ministro ARI PARGENDLER, TERCEIRA TURMA, DJ 23/09/2002.

Em havendo cumulação da ação de despejo com ação de cobrança, deve ser suspenso o curso do prazo processual durante o recesso forense, sendo inaplicável o artigo 58, I da Lei nº 8.245/1991, conforme orientação da Corte Superior.[442]

Competência do foro – lugar de situação do imóvel ou o indicado em cláusula de eleição de foro

O inciso II estabelece a competência do foro em que estiver situado o imóvel objeto da locação, respeitada a opção diversa (autonomia privada) manifestada pelas partes em contrato (foro de eleição).

O foro de situação do bem otimiza o processamento do feito, especialmente em relação à produção de provas e cumprimento de medidas executórias.

A regra de competência não se limita às ações de despejo, mas todas aquelas expressamente indicadas no caput do artigo 58.

Sendo relativa competência territorial, é necessário que haja requerimento expresso da parte caso a ação locatícia seja distribuída em foro diverso da situação do imóvel, ou se houver inobservância ao foro de eleição.[443] Não sendo

---

442 RECURSO ESPECIAL. CIVIL E PROCESSUAL CIVIL. LOCAÇÃO. AÇÃO DE DESPEJO CUMULADA COM COBRANÇA DE ALUGUEIS. AUSÊNCIA DE PREQUESTIONAMENTO DOS DISPOSITIVOS APONTADOS COMO VIOLADOS. SÚMULA 282/STF. DISCUSSÃO ACERCA DA TEMPESTIVIDADE DE APELAÇÃO. SUSPENSÃO DO PROCESSO DURANTE O RECESSO FORENSE. INAPLICABILIDADE DO ART. 58, I, DA LEI DE LOCAÇÕES. PRECEDENTES.
1. Nos casos em que há cumulação da ação de despejo com a cobrança de alugueis, o prazo recursal fica suspenso durante o recesso forense.
2. Inaplicabilidade do disposto no art. 58, I, da Lei 8.245/1991, que, ao estatuir hipóteses excepcionais de tramitação de determinadas ações locatícias durante o recesso e as férias forenses, deve ser interpretado restritivamente.
3. Doutrina e precedentes jurisprudenciais do STJ acerca da questão processual.
4. RECURSO ESPECIAL DESPROVIDO.
(REsp 1414092/PR, Rel. Ministro PAULO DE TARSO SANSEVERINO, Terceira Turma, julgado em 01/03/2016, DJe 09/03/2016)

443 DESPEJO - FALTA DE PAGAMENTO DE ALUGUEL - INFRAÇÃO CONTRATUAL - PRAZO PARA DESOCUPAÇÃO - RECURSO DESPROVIDO.
Ação de despejo por falta de pagamento. Exceção de incompetência. Descabimento. Em se tratando de competência territorial, e, portanto, relativa a exceção terá que ser oposta pela via processual própria, em autos apartados, pelo que não pode ser ela conhecida, se não atende aos requisitos extrínsecos. A relação de locação restou provada, e o réu não se interessou, apesar do longo tempo decorrido, em demonstrar que vem pagando os aluguéis, mediante consignação, impondo-se, assim, a decretação do despejo, por falta de pagamento. Desprovimento do recurso.
(0001979-95.2000.8.19.0000 - Apelação - Des(a). SYLVIO CAPANEMA DE SOUZA - Julgamento: 24/04/2001 - Décima Câmara Cível)

alegada a incompetência em preliminar de contestação (CPC, art. 337, II[444]), prorroga-se a competência, inviabilizando a discussão da matéria no curso do feito (preclusão).

Ainda sobre esse ponto, o artigo 47 do Código de Processo Civil também prevê a competência do foro de situação da coisa nas ações fundadas em direito real sobre imóveis.

Em relação ao foro de eleição, a escolha se restringe à Comarca, e não ao Juízo. As Varas Regionais possuem competência funcional, de natureza absoluta, não derrogável pelas partes. Consequentemente, eleito no contrato o foro da Capital da Comarca do Rio de Janeiro, deverá ser observada eventual existência de Vara Regional no local em que estiver localizado o imóvel, onde a ação necessariamente tramitará, em razão da competência territorial-funcional, que é absoluta.

Finalmente, sendo a ação proposta em outro foro, que não seja o foro da situação do imóvel ou aquele eleito pelas partes, estará configurada a incompetência absoluta, ficando o juiz autorizado a reconhecê-la de ofício, a qualquer tempo e grau de jurisdição (CPC, art. 64, §1º)[445].

Nas palavras de Sylvio Capanema de Souza[446]:

> "É mais que sabido que as ações derivadas da locação predial não são reais, e sim pessoais imobiliárias. Daí por que a competência territorial não é absoluta, tal como ocorre nas ações reais, não sendo também indispensável que os cônjuges das partes, se casadas forem, integrem a relação processual".

---

444 Art. 337. Incumbe ao réu, antes de discutir o mérito, alegar: (...)
II - incompetência absoluta e relativa; (...)

445 Art. 64. A incompetência, absoluta ou relativa, será alegada como questão preliminar de contestação.
§ 1º A incompetência absoluta pode ser alegada em qualquer tempo e grau de jurisdição e deve ser declarada de ofício.
§ 2º Após manifestação da parte contrária, o juiz decidirá imediatamente a alegação de incompetência.
§ 3º Caso a alegação de incompetência seja acolhida, os autos serão remetidos ao juízo competente.
§ 4º Salvo decisão judicial em sentido contrário, conservar-se-ão os efeitos de decisão proferida pelo juízo incompetente até que outra seja proferida, se for o caso, pelo juízo competente.

446 SOUZA, Sylvio Capanema. A Lei do Inquilinato Comentada. 8ª Edição, Rio de Janeiro: Forense, 2012, p. 249.

Valor da causa

Nos termos do inciso III, o valor da causa (nas ações previstas no *caput*) será equivalente a doze meses de aluguel (uma anuidade), com exceção da hipótese prevista no inciso II do artigo 47 (extinção do contrato de trabalho, se a ocupação do imóvel pelo locatário era relacionada com seu emprego), quando o valor da causa corresponderá três salários vigentes na data do ajuizamento.

O somatório deve considerar apenas o valor dos aluguéis, sem computar demais encargos e acessórios da locação.

Conforme advertência de Sylvio Capanema de Souza, em relação à exceção, no momento do ajuizamento da ação não haverá mais contrato de trabalho, que já terá sido rescindido, razão pela qual devem ser considerados três salários do trabalhador vigentes na época da dissolução do contrato de trabalho. E, havendo cumulação de pedidos, o valor da causa deve representar a soma de todos eles (CPC, art. 292, VI)[447].

Citação e intimação – as novas tecnologias de comunicação

Diz inciso IV que, havendo previsão contratual, a citação, intimação e notificação poderão ocorrer por correspondência com aviso de recebimento (A.R.) ou, no caso de pessoa jurídica ou firma individual, também mediante telex, fac-símile ou outras formas idôneas previstas na lei processual.

A utilização da via postal para atos de citação, intimação e notificação tornou-se preferencial no processo civil e, no caso das ações locatícias, a jurisprudência afastou a exigência da previsão expressa no contrato, dada a relativa eficiência do método.

Atualmente, em razão dos notórios avanços tecnológicos, não mais se cogita a realização de tais atos por meio de telex e fac-símile para as pessoas jurídicas ou firmas individuais, dando lugar a outros meios idôneos e legalmente admitidos.

O Código de Processo Civil, em seu artigo 246, expressa que a citação pode ser feita por correio, por oficial de justiça, pelo escrivão ou chefe de secretaria (se o citando comparecer em cartório), por edital ou, por meio eletrônico, conforme regulado em lei. O parágrafo primeiro determina que as empresas públicas e privadas mantenham cadastro no sistema de processo em autos ele-

447 Art. 292. O valor da causa constará da petição inicial ou da reconvenção e será:
(...)
VI – na ação em que há cumulação de pedidos, a quantia correspondente à soma dos valores de todos eles;

trônicos para efeito de recebimento de citações e intimações, ficando excluídas dessa obrigação as microempresas e empresas de pequeno porte.[448]

Novidade processual importante (art. 248, §4º)[449] diz respeito à validade da citação mediante a entrega do mandado ao funcionário da portaria nos condomínios edilícios ou nos loteamentos com controle de acesso. Nesses casos, no entanto, o porteiro pode recusar o recebimento se declarar, por escrito e sob as penas da lei, a ausência do destinatário da correspondência.

Em relação aos autos eletrônicos, a Lei nº 11.419/2006, que dispõe sobre a informatização do processo judicial, estabelece em seu artigo 9º que todas as citações, intimações e notificações serão feitas por meio eletrônico e, em caso de inviabilidade, esses atos processuais *"poderão ser praticados segundo as regras ordinárias, digitalizando-se o documento físico, que deverá ser posteriormente destruído"*.[450]

---

448 Art. 246. A citação será feita:
I - pelo correio;
II - por oficial de justiça;
III - pelo escrivão ou chefe de secretaria, se o citando comparecer em cartório;
IV - por edital;
V - por meio eletrônico, conforme regulado em lei.
§ 1º Com exceção das microempresas e das empresas de pequeno porte, as empresas públicas e privadas são obrigadas a manter cadastro nos sistemas de processo em autos eletrônicos, para efeito de recebimento de citações e intimações, as quais serão efetuadas preferencialmente por esse meio.
§ 2º O disposto no § 1º aplica-se à União, aos Estados, ao Distrito Federal, aos Municípios e às entidades da administração indireta.
§ 3º Na ação de usucapião de imóvel, os confinantes serão citados pessoalmente, exceto quando tiver por objeto unidade autônoma de prédio em condomínio, caso em que tal citação é dispensada.

449 Art. 248. Deferida a citação pelo correio, o escrivão ou o chefe de secretaria remeterá ao citando cópias da petição inicial e do despacho do juiz e comunicará o prazo para resposta, o endereço do juízo e o respectivo cartório.
(...)
§4º. Nos condomínios edilícios ou nos loteamentos com controle de acesso, será válida a entrega do mandado a funcionário da portaria responsável pelo recebimento de correspondência, que, entretanto, poderá recusar o recebimento, se declarar, por escrito, sob as penas da lei, que o destinatário da correspondência está ausente.

450 Art. 9º No processo eletrônico, todas as citações, intimações e notificações, inclusive da Fazenda Pública, serão feitas por meio eletrônico, na forma desta Lei.
§ 1º As citações, intimações, notificações e remessas que viabilizem o acesso à íntegra do processo correspondente serão consideradas vista pessoal do interessado para todos os efeitos legais.
§ 2º Quando, por motivo técnico, for inviável o uso do meio eletrônico para a realização de citação, intimação ou notificação, esses atos processuais poderão ser praticados segundo as regras ordinárias, digitalizando-se o documento físico, que deverá ser posteriormente destruído.

Questão polêmica diz respeito à utilização de e-mail ou aplicativos de celular para fins de citação e intimação. O Código de Processo Civil autoriza a citação por meio eletrônico, conforme regulado em lei, nos termos do artigo 246, V. Por seu turno, a Lei nº 11.419/2006, em seu artigo 1º, § 2º, considera: a) meio eletrônico como sendo qualquer forma de armazenamento ou tráfego de documentos e arquivos digitais, b) transmissão eletrônica como sendo toda forma de comunicação à distância com a utilização de redes de comunicação, preferencialmente, a rede mundial de computadores, c) assinatura eletrônica, com identificação inequívoca do signatário, como sendo (i) a assinatura digital baseada em certificado digital emitido por autoridade credenciadora credenciada, na forma de lei específica e, ainda, (ii) mediante cadastro de usuário no Poder Judiciário, conforme disciplinado pelos órgãos respectivos.[451]

Embora a lei de informatização do processo judicial não trate especificamente da questão, a citação eletrônica por meio de aplicativos de celular ou e-mail pressupõe necessariamente a utilização de portal próprio do respectivo tribunal, o credenciamento prévio do destinatário no Poder Judiciário (art. 2º)[452], a utilização de assinatura eletrônica no mandado de citação, além das

---

451 Art. 1º. O uso de meio eletrônico na tramitação de processos judiciais, comunicação de atos e transmissão de peças processuais será admitido nos termos desta Lei.
§ 1º. Aplica-se o disposto nesta Lei, indistintamente, aos processos civil, penal e trabalhista, bem como aos juizados especiais, em qualquer grau de jurisdição.
§ 2º. Para o disposto nesta Lei, considera-se:
I – meio eletrônico qualquer forma de armazenamento ou tráfego de documentos e arquivos digitais;
II – transmissão eletrônica toda forma de comunicação a distância com a utilização de redes de comunicação, preferencialmente a rede mundial de computadores;
III – assinatura eletrônica as seguintes formas de identificação inequívoca do signatário:
a) assinatura digital baseada em certificado digital emitido por Autoridade Certificadora credenciada, na forma de lei específica;
b) mediante cadastro de usuário no Poder Judiciário, conforme disciplinado pelos órgãos respectivos.

452 Art. 2º O envio de petições, de recursos e a prática de atos processuais em geral por meio eletrônico serão admitidos mediante uso de assinatura eletrônica, na forma do art. 1º desta Lei, sendo obrigatório o credenciamento prévio no Poder Judiciário, conforme disciplinado pelos órgãos respectivos.
§ 1º O credenciamento no Poder Judiciário será realizado mediante procedimento no qual esteja assegurada a adequada identificação presencial do interessado.
§ 2º Ao credenciado será atribuído registro e meio de acesso ao sistema, de modo a preservar o sigilo, a identificação e a autenticidade de suas comunicações.
§ 3º Os órgãos do Poder Judiciário poderão criar um cadastro único para o credenciamento previsto neste artigo.

demais exigências contidas no artigo 5º.[453] Isto sem perder de vista a viabilidade técnica dos sistemas oficiais e a indispensável regulamentação de novas tecnologias no processo judicial.

A citação é ato fundamental para validade do processo judicial, devendo ser realizada com a necessária cautela e oficialidade, sob pena de nulidade. A busca pela razoável duração do processo não justifica a adoção de práticas informais e inseguras para o ato citatório. Não se pode cogitar a realização da citação por meio do envio de uma mensagem de e-mail ou aplicativo de celular pelo juiz ou pelo cartório, por representar afronta ao devido processo legal, ampla defesa e contraditório, gerando grave segurança jurídica. Repito: a busca pela razoável duração do processo não autoriza a inobservância de outras garantias fundamentais.[454]

Os meios tecnológicos estão em constante evolução e aperfeiçoamento, cabendo ao Poder Judiciário utilizá-los de forma gradual responsável, sem açodamentos, sempre em prol da efetividade, segurança jurídica e excelência da atividade jurisdicional.

---

453 Art. 5º As intimações serão feitas por meio eletrônico em portal próprio aos que se cadastrarem na forma do art. 2º desta Lei, dispensando-se a publicação no órgão oficial, inclusive eletrônico.

§ 1º Considerar-se-á realizada a intimação no dia em que o intimando efetivar a consulta eletrônica ao teor da intimação, certificando-se nos autos a sua realização.

§ 2º Na hipótese do § 1º deste artigo, nos casos em que a consulta se dê em dia não útil, a intimação será considerada como realizada no primeiro dia útil seguinte.

§ 3º A consulta referida nos §§ 1º e 2º deste artigo deverá ser feita em até 10 (dez) dias corridos contados da data do envio da intimação, sob pena de considerar-se a intimação automaticamente realizada na data do término desse prazo.

§ 4º Em caráter informativo, poderá ser efetivada remessa de correspondência eletrônica, comunicando o envio da intimação e a abertura automática do prazo processual nos termos do § 3º deste artigo, aos que manifestarem interesse por esse serviço.

§ 5º Nos casos urgentes em que a intimação feita na forma deste artigo possa causar prejuízo a quaisquer das partes ou nos casos em que for evidenciada qualquer tentativa de burla ao sistema, o ato processual deverá ser realizado por outro meio que atinja a sua finalidade, conforme determinado pelo juiz.

§ 6º As intimações feitas na forma deste artigo, inclusive da Fazenda Pública, serão consideradas pessoais para todos os efeitos legais.

454 No Superior Tribunal de Justiça, em decisão monocrática de lavra do Ministro JOÃO OTÁVIO DE NORONHA no julgamento do EDcl na HDE 003897, ocorrido em 10.03.2020, decidiu-se que *"não há previsão legal para citação ou intimação por correio eletrônico ou por aplicativo de mensagens. A Lei nº 11.419/2006, que dispõe sobre a informatização do processo judicial, determina que as intimações e citações por meio eletrônico sejam realizadas, mediante portal próprio, aos credenciados no órgão do Poder Judiciário, não havendo, portanto, possibilidade de comunicação de atos processuais por correio eletrônico ou por aplicativo de mensagens".*

Efeitos dos recursos

Serão recebidos apenas no efeito devolutivo os recursos interpostos contra as sentenças proferidas nas ações de despejo, consignação em pagamento de aluguel e acessório da locação, revisionais de aluguel e renovatórias de locação, nos moldes do inciso V.

Nas ações renovatórias, antes da vigência da Lei nº 12.112/2009 - que alterou a Lei no 8.245/1991 para aperfeiçoar as regras e procedimentos sobre locação de imóvel urbano - o artigo 74 da Lei do Inquilinato previa que *"não sendo renovada a locação, o juiz fixará o prazo de até seis meses após o trânsito em julgado da sentença para desocupação, se houver pedido na contestação".*

Atualmente, o referido dispositivo legal estabelece que *"não sendo renovada a locação, o juiz determinará a expedição de mandado de despejo, que conterá o prazo de 30 (trinta) dias para a desocupação voluntária, se houver pedido na contestação"*, afastando assim a observância do trânsito em julgado para fins de execução provisória da sentença que não renovar a locação e ordenar o despejo.[455]

---

455 AGRAVO INTERNO. AGRAVO EM RECURSO ESPECIAL. PREQUESTIONAMENTO FICTO. NÃO CABIMENTO. SÚMULA 282/STF. RENOVATÓRIA. ARTIGO 74 DA LEI 8.245/1991. NORMA PROCESSUAL. SÚMULA 83/STJ.
1. Recurso interposto na vigência do Código de Processo Civil anterior, sujeito aos requisitos de admissibilidade nele previstos, conforme Enunciado Administrativo 2/2016 desta Corte.
2. Não se admite o recurso especial quando a questão federal nele suscitada não foi enfrentada no acórdão recorrido. Incidem as Súmulas 282 e 356 do Supremo Tribunal Federal (STF).
3. Se as questões trazidas à discussão foram dirimidas pelo Tribunal de origem de forma suficientemente ampla, fundamentada e sem omissões, deve ser afastada a alegada violação ao artigo 535 do Código de Processo Civil de 1973.
4. "A Lei nº 12.112/2009, que alterou regras e procedimentos sobre locação de imóvel urbano, por se tratar de norma processual tem aplicação imediata, inclusive a processos em curso (...) Na ação renovatória, é possível a execução provisória do julgado, com a determinação de expedição do mandado de despejo para a desocupação do imóvel locado e mediante caução prestada pelo locador, não sendo necessário que se aguarde o trânsito em julgado da sentença" (REsp 1.290.933/SP, Relator Ministro JOÃO OTÁVIO DE NORONHA, TERCEIRA TURMA, julgado em 17.3.2015, DJe 24.4.2015). Incidência da Súmula 83/STJ.
5. Agravo interno a que se nega provimento.
(AgInt no AgRg no AREsp 796.307/RS, Rel. Ministra MARIA ISABEL GALLOTTI, QUARTA TURMA, julgado em 17/08/2017, DJe 22/08/2017)

Quanto às ações revisionais, o artigo 69 exige o trânsito em julgado da sentença para execução de diferenças de aluguel apuradas no curso da ação, excetuando a regra geral do artigo 58, V.[456]

Na ação de despejo por falta de pagamento cumulada com cobrança de aluguéis, o recurso interposto em face da sentença deve ser recebido apenas no efeito devolutivo, sob pena de ser favorecer indevidamente o locatário inadimplente e frustrar a celeridade do procedimento[457].

Naturalmente, os recursos especial e extraordinário são sempre recebidos no efeito devolutivo, não havendo que se cogitar da aplicação do artigo 58, V, que se refere apenas aos recursos interpostos contra sentença, e não contra acórdão.

Mesmo nas ações locatícias, o relator poderá suspender os efeitos da decisão recorrida se verificar a probabilidade de provimento do recurso e demonstração de risco de dano grave, de difícil ou impossível irreparável caso a decisão produza efeitos imediatamente (art. 995, p.u. e art. 1.012,

---

456 Art. 69. O aluguel fixado na sentença retroage à citação, e as diferenças devidas durante a ação de revisão, descontados os alugueres provisórios satisfeitos, serão pagas corrigidas, exigíveis a partir do trânsito em julgado da decisão que fixar o novo aluguel.

457 AGRAVO INTERNO NO AGRAVO (ART. 544 DO CPC/73) - AÇÃO DE DESPEJO - APELAÇÃO RECEBIDA APENAS NO EFEITO DEVOLUTIVO. ART. 58, V, DA LEI 8.245/91. NÃO OCORRÊNCIA DA EXCEPCIONALIDADE QUE PERMITIRIA A ATRIBUIÇÃO DE EFEITO SUSPENSIVO - DELIBERAÇÃO MONOCRÁTICA QUE NEGOU PROVIMENTO AO RECLAMO.
INSURGÊNCIA DA RÉ.
1. A alegação de afronta ao art. 535 do CPC/73 de forma genérica, sem efetiva demonstração de omissão do Tribunal a quo no exame de teses imprescindíveis para o julgamento da lide, impede o conhecimento do recurso especial ante à deficiência na fundamentação (Súmula 284/STF).
2. O STJ possui entendimento firmado no sentido de que o recurso de apelação que ataca sentença proferida em ação de despejo, ainda que cumulada com ação de cobrança de débitos atrasados, deve ser recebido somente no efeito devolutivo. Inteligência do art. 58, V, da Lei 8.245/91. Precedentes.
3. Em que pese as alegações da recorrente de existir dano grave ou de difícil reparação na hipótese de recebimento da apelação apenas no efeito devolutivo, não há como rever a conclusão a que chegou o Tribunal de origem sem que se proceda à revisão do contexto fático-probatório da demanda, o que é vedado na estreita via do recurso especial pelo enunciado sumular nº 7/STJ.
4. Agravo interno desprovido. (AgInt no AREsp 781.068/RJ, Rel. Ministro MARCO BUZZI, QUARTA TURMA, julgado em 19/09/2017, DJe 28/09/2017)

§4º)[458]/[459]. Também será possível a concessão de efeito suspensivo a recurso especial ou extraordinário através de requerimento específico da parte, nos termos do artigo 1.029, §5º.[460]

Art. 59. Com as modificações constantes deste capítulo, as ações de despejo terão o rito ordinário.

Haroldo Lourenço

---

458 Art. 995. Os recursos não impedem a eficácia da decisão, salvo disposição legal ou decisão judicial em sentido diverso.
Parágrafo único. A eficácia da decisão recorrida poderá ser suspensa por decisão do relator, se da imediata produção de seus efeitos houver risco de dano grave, de difícil ou impossível reparação, e ficar demonstrada a probabilidade de provimento do recurso.
Art. 1.012. A apelação terá efeito suspensivo.
§ 1º Além de outras hipóteses previstas em lei, começa a produzir efeitos imediatamente após a sua publicação a sentença que:
(...)
§ 4º Nas hipóteses do § 1º, a eficácia da sentença poderá ser suspensa pelo relator se o apelante demonstrar a probabilidade de provimento do recurso ou se, sendo relevante a fundamentação, houver risco de dano grave ou de difícil reparação.

459 REQUERIMENTO DE EFEITO SUSPENSIVO EM APELAÇÃO. DESPEJO. EQUIPAMENTOS DE TELEFONIA MÓVEL INSTALADOS NA ÁREA LOCADA.
- Admissibilidade, que pela nova sistemática processual em vigor, é feita pelo segundo grau de jurisdição.
- Eficácia da sentença que pode ser suspensa pelo Relator, no período compreendido entre a interposição e a distribuição da apelação, nos casos em que se vislumbra os requisitos elencados no art.1.012, §4º, do CPC.
- Possibilidade de ocorrer dano irreparável que justifica a concessão da suspensão postulada. (0020369-83.2018.8.19.0000 – REQUERIMENTO DE EFEITO SUSPENSIVO EM APELAÇÃO – Des(a). FLÁVIA ROMANO DE REZENDE – Julgamento: 25/04/2018 – DÉCIMA SÉTIMA CÂMARA CÍVEL

460 Art. 1.029. O recurso extraordinário e o recurso especial, nos casos previstos na Constituição Federal , serão interpostos perante o presidente ou o vice-presidente do tribunal recorrido, em petições distintas que conterão: (...)
§ 5º O pedido de concessão de efeito suspensivo a recurso extraordinário ou a recurso especial poderá ser formulado por requerimento dirigido:
I – ao tribunal superior respectivo, no período compreendido entre a publicação da decisão de admissão do recurso e sua distribuição, ficando o relator designado para seu exame prevento para julgá-lo;
II – ao relator, se já distribuído o recurso;
III – ao presidente ou ao vice-presidente do tribunal recorrido, no período compreendido entre a interposição do recurso e a publicação da decisão de admissão do recurso, assim como no caso de o recurso ter sido sobrestado, nos termos do art. 1.037.

Não obstante fazer o dispositivo fazer menção a "rito ordinário", deve ser lido em conformidade com o art. 1046 §4º do CPC/15 e, por conseguinte, a menção alude ao rito comum (art. 318 CPC/15).

Contudo, não se tem, essencialmente, uma ação de rito comum, pois, além de previsto em legislação especial, contém características peculiares e marcantes que afastam a ação de despejo do rito comum, como os especiais casos de liminares (art. 59 §1º), requisitos específicos da petição inicial (ex.: art. 62, I e II e art. 58, III), purga da mora no prazo de contestação (art. 62, III), os efeitos da apelação (art. 58, V), entre outras.

O art. 59 está mais próximo do art. 318, parágrafo único do CPC/15, estabelecendo que à ação de despejo devem ser aplicadas as previsões inerentes às ações de rito comum, sem deixar de ser um procedimento especial.

A criação de modelos rituais especiais resulta, ao menos em tese, de particularidades do direito material ou a pessoa dos litigantes, sendo na hipótese do despejo, obviamente, ligada à primeira hipótese.

Como o mote do CPC/15 foi a simplificação dos ritos, além de mitigar o modelo da legalidade estrita das formas, permite-se ao juiz e às partes, até certo grau, a adaptação dos procedimentos às particularidades objetivas e subjetivas da causa, como se observa, respectivamente, dos art. 139, VI e 190, não fugindo a ação de despejo de tal possibilidade.

Cabe registrar que, por ser um procedimento especial, o artigo 334 do CPC/15 não deve ser aplicado, nada impedindo que, em outro momento, se busque uma autocomposição (art. 139, V CPC).

§1° Conceder-se-á liminar para desocupação em quinze dias, independentemente da audiência da parte contrária e desde que prestada caução no valor equivalente a três meses de aluguel, nas ações que tiverem por fundamento exclusivo:

Dispositivo de vanguarda da lei de locações ao trazer extenso rol de despejo "liminar" em 1991, verdadeiros casos atualmente designados de tutela provisória (art. 294 ao 311 CPC/15), mesmo sem existir adequada regulamentação à época.

A tutela antecipada foi generalizada em nosso ordenamento somente pela Lei Federal nº 8.952/94, quando introduziu o art. 273 no Código de Processo Civil de 1973, autorizando a sua concessão em qualquer processo quando, até então, era prevista somente em procedimentos especiais, como no mandado de segurança[461] ou nas propaladas possessórias de força nova[462], além da previsão ora em comento.

Atualmente, com o sistema processual muito mais amadurecido, "liminar" é entendida como toda medida proferida no início do processo ("in limine"), relacionando-se com o momento da sua concessão, não com o seu conteúdo. Veja-se que é possível a prolação de sentenças liminares (v.g., o art. 332 CPC/15), interlocutórias liminares (art. 9º, parágrafo único, CPC/15) ou até mesmo despachos (designação inicial de audiência de conciliação, nos termos do art. 334 CPC/15).

Nesse sentido, a Lei de Locações ao se referir à liminar sugere a tutela provisória[463], atualmente uma tutela provisória de urgência antecipada de maneira incidental ou, até mesmo, tutela provisória de evidência, como melhor será demonstrado adiante.

Registre-se, ainda, que mesmo antes do CPC/15 o STJ[464] já admitia o deferimento de tutela antecipada em hipóteses não previstas no art. 59 §1º da LI, o que torna profundamente questionável no aspecto jurídico a ampliação das hipóteses do art. 59 §1º da Lei nº 8.245/91[465], sobrando somente uma pressão social e hermenêutica no sentido de se admitir em novas hipóteses.

Caminhando pela linha de que as hipóteses do art. 59 §1º não são taxativas, nenhum óbice em as partes negocialmente melhor regulamentarem contratualmente suas hipóteses, criando, expandindo ou reduzindo o propósito dos casos previstos em lei, com fundamento no art. 190 do CPC/15.

Em outro viés, a rigor o tempo é um mal necessário para uma adequada tutela de direitos, contudo, precisa ser gerido entre todos os que participam da relação jurídica processual, o que passa, inequivocamente, pela tutela provisória e, tal circunstância, pesou significativamente no veto presidencial ao art. 9º da Lei Federal nº 14.010/20 (RJET).

---

461 Veja-se, por exemplo, o art. 7º, II da Lei nº 1.533/51, revogada posteriormente pela Lei nº 12.016/09.

462 Veja-se art. 928 do CPC/73 ("Estando a petição inicial devidamente instruída, o juiz deferirá, sem ouvir o réu, a expedição do mandado liminar de manutenção ou de reintegração; no caso contrário, determinará que o autor justifique previamente o alegado, citando-se o réu para comparecer à audiência que for designada.), obviamente revogado pelo CPC/15.

463 Afirmando que se em 1991 já se tivesse sido recepcionada a tutela antecipatória a lei de locações teria a ela se referido, não à liminar: SOUZA, Sylvio Capanema de. A lei do inquilinato comentada. 6 ed. Rio de Janeiro: GZ Ed., 2010, p. 266.

464 Idem, p. 26, mencionado, inclusive, precedente do: STJ, REsp 702.205/SP, rel. Min. Esteves Lima, j. 12.06.2006.

465 CÂMARA, Alexandre Freitas. *Comentários à reforma da Lei de Locações*. Editora Lumen Juris, Rio de Janeiro, 2010, p. 27-30.

É interessante observar que boa parte dos incisos do art. 59 §1º se enquadram, genuinamente, como tutelas de evidência documental, a semelhança do art. 311, II, III e IV do CPC/15, bastando prova documental hábil que traga ao magistrado alto grau de probabilidade do direito substancial alegado.

Esse alto grau de evidência dos fatos alegados influencia o magistrado e o requerente. Ao magistrado proporciona maior tranquilidade, pois o dano que sua decisão pode gerar e sua eventual irreversibilidade[466] são abafados pela improvável chance de êxito da parte contrária. Ao requerente essa evidência ofusca a necessidade de comprovação de estar sofrendo ou estar na iminência de sofrer risco de dano de difícil ou incerta reparação pois, em muitos casos, a lei já o presume[467].

Nessas situações a evidência é um fato jurídico processual, um estado processual de como as afirmações de fato estão comprovadas, sendo uma técnica processual que pode servir às tutelas definitivas, como no mandado de segurança, na prova escrita para ação monitória, no título executivo para a execução, ou provisórias, nada mais sendo do que uma antecipação provisória da tutela satisfativa.

O propósito de tal tutela é redistribuir o ônus que advém do tempo necessário para transcurso de um processo e a concessão de tutela definitiva, implementado pela concessão imediata e provisória de tutela para a parte que releva elevado grau de probabilidade de suas alegações, em detrimento da parte adversa e a improbabilidade de êxito em sua resistência[468].

Assim, o ônus de distribuição do tempo é gerido com melhor moderação, concedendo tutela para aquele que demonstra estado de evidência e maiores chances de sucesso, direcionando para a parte contrária o ônus de suportar a demora natural do processo.

Exige o dispositivo que o Locador preste caução, que pode ser real ou fidejussória, em favor do Locatário, sendo uma contra cautela prevista pela lei como forma de reparar o Locatário por eventuais prejuízos.

A jurisprudência já rejeitou a tese de que a caução para efetivação do despejo liminar (art. 59 §1º) poderia se sub-rogar na caução prestada como garantia da locação pelo Locatário (art. 39, I), principalmente quando essa se tornar irrisória quando comparada ao débito locatício, principalmente pelo fato de ter

---

466 Sob o requisito previsto no art. 300 §3º do CPC/15 vale notar o Enunciado 419 Fórum Permanente de Processualistas Cíveis: "Não é absoluta a regra que proíbe tutela provisória com efeitos irreversíveis."

467 Maiores considerações: LOURENÇO, Haroldo. Despejo liminar após o veto ao RJET: uma solução simples. Fonte: https://migalhas.uol.com.br/depeso/331129/despejo-liminar-apos-o-veto-ao-rjet--uma-solucao-simples, acessado em 24.12.2020.

468 BODART, Bruno Vinícius da Rós. *Tutela de evidência*. São Paulo: Revista dos Tribunais, 2014, p. 132.

sido o próprio Locador que deixou isso ocorrer pela sua falta de diligência, sendo exigência legal que a mesma seja prestada[469].

I – o descumprimento do mútuo acordo (art. 9º, inciso I), celebrado por escrito e assinado pelas partes e por duas testemunhas, no qual tenha sido ajustado o prazo mínimo de seis meses para desocupação, contado da assinatura do instrumento;

Frise-se que tal acordo deve ter sido celebrado por escrito, assinado pelas partes e por duas testemunhas, sendo possível em se dispensar a assinatura do Locador, por ser ele o beneficiário de tal acordo.

O objeto de tal acordo será o ajuste para desocupação do prédio com prazo mínimo de seis meses contado da assinatura do instrumento.

Tem-se hipótese de tutela de evidência documental, onde o *periculim in mora* é presumido pela necessidade do Locador retomar o imóvel.

II – o disposto no inciso II do art. 47, havendo prova escrita da rescisão do contrato de trabalho ou sendo ela demonstrada em audiência prévia;

A prova da existência do contrato de trabalho como fundamento da locação e a sua extinção pode ser produzida por documentos ou por provas orais em audiência prévia a ser designada.

Trata-se de hipótese de tutela de evidência documental, onde o *periculim in mora* é presumido pela necessidade do Locador retomar o imóvel, eis que o propósito da locação restou esvaziado pela rescisão do contrato de trabalho.

III – o término do prazo da locação para temporada, tendo sido proposta a ação de despejo em até trinta dias após o vencimento do contrato;

Tal hipótese se aplica exclusivamente para os contratos de locação para temporada, previstos no art. 48, os quais destinam-se a residência temporária do locatário, com prazo não superior a noventa dias.

469 STJ, 3ª T., AgRg no AREsp 647.746/ES, Rel. Min. RICARDO VILLAS BÔAS CUEVA, julgado em 20/10/2015.

Por ser possível se exigir de uma só vez e antecipadamente os aluguéis (art. 49), sendo uma locação utilizada com muita frequência pelo Locador para sua manutenção ou complementação de renda, bem como nem ser costume se exigir garantias locatícias, terminado o contrato e proposto o despejo no prazo decadencial de trinta dias será cabível o deferimento da tutela provisória, restando claro que o *periculum in mora* é presumido, outra hipótese de tutela de evidência.

IV – a morte do locatário sem deixar sucessor legítimo na locação, de acordo com o referido no inciso I do art. 11, permanecendo no imóvel pessoas não autorizadas por lei;

O legislador quis evitar o inconveniente da incerteza do Locador quanto à continuação da locação em casos de falecimento ou permanência de pessoas não autorizadas.

Caberá ao Locador o ônus da prova e, se não o fizer, será possível designação de audiência prévia para tanto, se utilizando de provas orais, mediante apresentação de provas documentais mínimas, como certidão de óbito e a existência da locação.

Tem-se hipótese de tutela de evidência, onde o *periculim in mora* é presumido pela necessidade do Locador retomar o imóvel.

V – a permanência do sublocatário no imóvel, extinta a locação, celebrada com o locatário.

Deverá o Locador demonstrar por prova documental, ou até mesmo prova oral em audiência prévia, a locação e a sua extinção, a sublocação e a permanência do sublocatário, mesmo após extinta a locação.

Mais um caso de tutela de evidência, onde o *periculim in mora* é presumido pela necessidade do Locador retomar o imóvel.

VI – o disposto no inciso IV do art. 9º, havendo a necessidade de se produzir reparações urgentes no imóvel, determinadas pelo poder público, que não possam ser normalmente executadas com a permanência do locatário, ou, podendo, ele se recuse a consenti-las;

Há, nessa hipótese, notório *periculum in mora*, sendo típica hipótese de tutela provisória de urgência, inclusive, é prescindível a determinação do

Poder Público para o seu deferimento, bastado haver prova da necessidade de reparos urgentes.

Para tal hipótese, em casos de urgência contemporânea a propositura da ação, cremos ser possível aplicação do art. 303 do CPC/15, sendo possível a petição inicial se limitar ao requerimento da tutela antecipada, a indicação do pedido de tutela final, indicando o valor da causa (art. 303 §4º CPC/15, na forma do art. 58, III Lei nº 8.245/91).

Não se pode descuidar da possibilidade do Locatário demandar por ação autônoma, postulando perdas e danos por não ter havido cumprimento por parte do Locador dos seus deveres expressos no art. 22, I, salvo se houver pacto expresso em prestígio à boa-fé, com aceitação pelo Locatário das condições do imóvel.

VII – o término do prazo notificatório previsto no parágrafo único do art. 40, sem apresentação de nova garantia apta a manter a segurança inaugural do contrato;

O Locador, nas hipóteses do art. 40, poderá exigir novo fiador ou substituição da garantia, com notificação para que o faça em trinta dia, sob pena de desfazimento da locação (art. 40, parágrafo único), com o cabimento, a partir de então, da liminar ora em comento.

Tal garantia irá depender da aceitação do Locador e, no caso de desacordo, o magistrado poderá ser chamado a decidir.

Tem-se hipótese de tutela de evidência documental, onde o *periculim in mora* é presumido pela necessidade do Locador retomar o imóvel.

VIII – o término do prazo da locação não residencial, tendo sido proposta a ação em até 30 (trinta) dias do termo ou do cumprimento de notificação comunicando o intento de retomada;

Tem-se hipótese de ação de despejo por denúncia vazia, ou seja, imotivada, com o simples fundamento do término do prazo da locação não residencial, gerando uma presunção de *periculum in mora*, desde que proposta após os 30 dias, sendo uma tutela de evidência documental, devendo ser demonstrado pelo Locador o término da locação ou a notificação comunicando o intento de retomada.

IX – a falta de pagamento de aluguel e acessórios da locação no vencimento, estando o contrato desprovido de qualquer das garantias previstas no art. 37, por não ter sido contratada ou em caso de extinção ou pedido de exoneração dela, independentemente de motivo.

Trata-se de inciso que visa, nitidamente, de um lado proteger o locador e do outro fomentar a locação de imóveis, viabilizando o constitucional direito à moradia (art. 6º) estimulando a locação de imóveis sem exigência de garantias.

O legislador já criou, de antemão, uma ponderação entre os interesses do Locador e do Locatário, porém, é possível que no caso concreto não haja *periculum in mora*, como um Locatário solvente e com vasto acervo patrimonial,

Nessa hipótese será admissível a purga da mora (§3º e 62, II), que irá ilidir os efeitos da liminar, desde que o Locatário já não tenha se utilizado de tal benefício nos vinte e quatro meses anteriores a propositura da ação (art. 62, parágrafo único).

A purga da mora, processualmente, é uma forma de sanção premial ou premiada, ou seja, um meio de coerção indireto, estimulando o Locatário a adimplir, mantendo hígido o vínculo contratual.

Por outro lado, mesmo que já tenha se utilizado da purga da mora nos vinte e quatro meses anteriores, será possível purgar novamente, contudo, não terá o efeito de ilidir o despejo.

Nesse tipo de locação é possível que o Locador exija aluguel antecipado (art. 42 c/c 20 LI).

Interessante perceber que as garantias se estendem até a efetiva devolução do imóvel, ainda que prorrogada a locação por prazo indeterminado por força de lei, salvo disposição contratual em contrário (art. 39). Assim, prorrogada a locação por prazo indeterminado, é facultado ao fiador se exonerar, ficando responsável pelo prazo de 120 dias (art. 40, X)[470] e, nessa toada, poderá o Locador exigir do Locatário nova garantia (art. 40, parágrafo único), sob pena de desfazimento da locação, dando ensejo a liminar ora em comento.

Tem-se hipótese de tutela de evidência, onde o *periculim in mora* é presumido pelo fato do Locador ter alugado o imóvel desprovida de qualquer garantia.

470 Súmula 134 TJ/RJ: Nos contratos de locação responde o fiador pelas obrigações futuras após a prorrogação do contrato por prazo indeterminado se assim o anuiu expressamente e não se exonerou na forma da lei.

§2° Qualquer que seja o fundamento da ação dar-se-á ciência do pedido aos sublocatários, que poderão intervir no processo como assistentes.

Trata-se de regra decorrente da ampla defesa e contraditório, viabilizando que eventuais sublocatários ingressem no feito na condição de assistente simples (art. 121 CPC/15).

A falta de ciência de ciência (*rectius*, intimação) de sublocatários não tem o condão de gerar nulidade do processo de conhecimento, contudo, poderá comprometer o cumprimento de sentença, pois sendo uma sublocação legítima (art. 13 LI) esse terá direito à tutela a sua posse contratual opondo, por exemplo, embargos de terceiro[471].

§3° No caso do inciso IX do §1° deste artigo, poderá o locatário evitar a rescisão da locação e elidir a liminar de desocupação se, dentro dos 15 (quinze) dias concedidos para a desocupação do imóvel e independentemente de cálculo, efetuar depósito judicial que contemple a totalidade dos valores devidos, na forma prevista no inciso II do art. 62.

Remetemos o leitor para os comentários ao inciso IX, complementando pela circunstância de que, em caso de obstáculo judicial, admite-se a purga da mora, pelo locatário, além do prazo legal, na dicção do Enunciado 173 da Súmula da jurisprudência dominantes do STF.

471 STJ, 4ª T., REsp 326063/MT, Rel. Ministro RAUL ARAÚJO, Rel. p/ Acórdão Ministro LUIS FELIPE SALOMÃO, julgado em 20/06/2013, DJE 23/08/2013.

Art. 60. Nas ações de despejo fundadas no inciso IV do art. 9º, inciso IV do art. 47 e inciso II do art. 53, a petição inicial deverá ser instruída com prova da propriedade do imóvel ou do compromisso registrado.

Alexandre Flexa[472]

Como visto no comentário ao artigo anterior, as ações de despejo seguirão o rito comum[473]. Assim, a petição inicial das ações de despejo em geral deve conter os elementos previstos no art. 319 e no art. 320, ambos do CPC. É comum achar que a petição inicial deve atender apenas ao disposto no citado art. 319, para que esteja regular. Mas, além do endereçamento correto, qualificação das partes, causas de pedir, pedido, valor da causa, indicação de provas e do interesse na realização de audiência de conciliação (art. 319, I ao VII, CPC), a petição inicial também deve vir acompanhada dos documentos indispensáveis à propositura da ação. Uma petição inicial normalmente deve vir acompanhada de alguns *documentos genéricos* indispensáveis à propositura da ação: 1) procuração[474]; 2) atos constitutivos, se o autor é pessoa jurídica. Existem ainda *documentos específicos* indispensáveis à propositura da ação, os quais somente são exigidos em certas situações, como a certidão de óbito na ação de inventário ou a certidão de casamento na ação de divórcio.

O art. 60 da lei de locações prevê dois documentos específicos para a propositura das ações de despejo fundadas (1) na necessidade de realização de

472 Advogado há 23 anos, especializado em contencioso cível e representação de partes nos Tribunais, elaborando recursos e fazendo sustentação oral nas sessões de julgamento. Atua nas áreas do Direito Civil e Processual Civil e Direito Administrativo. Pós-graduado em Direito pela Fundação Getúlio Vargas - FGV. Professor de Direito Processual Civil dos cursos de pós-graduação da Fundação Getúlio Vargas, da Escola da Magistratura do Estado do Rio de Janeiro - EMERJ, e da PUC-Rio. Coordenador da pós-graduação em Advocacia Cível da Universidade Candido Mendes. Procurador da Associação dos Magistrados do Estado do Rio de Janeiro - AMAERJ. Livros publicados: 1) Novo Código de Processo Civil: Temas inéditos, mudanças e supressões. Ed. JusPodivm. 2) Manual do Advogado Cível. Ed. JusPodivm. 3) Juizados Especiais Cíveis Estaduais. Lei 9.099/95 comentada. Ed. JusPodivm. 4) Juizados Especiais Cíveis Federais. Lei 10.259/2001 comentada. Ed. JusPodivm. 5) Juizados Especiais da Fazenda Pública. Lei 12.153/2009 comentada. Ed. JusPodivm. 6) Coautor de: Comentários ao Novo Código de Processo Civil. Ed. Forense. 7) Coautor de: Novo Código de Processo Civil: Análise Doutrinária. Ed. Contemplar.

473 A redação do art. 59 da lei de locações dispõe que as ações de despejo seguirão o *rito ordinário*, espécie de procedimento que existia na vigência do CPC de 1973. No CPC de 2015, o equivalente é o procedimento comum.

474 A procuração será dispensada quando o autor for advogado e estiver atuando em causa própria; quando a causa tramita perante os Juizados Especiais Cíveis com valor até vinte salários mínimos e quando houver dispensa legal para apresentação de procuração, como, por exemplo, ações propostas pelo Ministério Público ou por Procuradores Públicos.

reparações urgentes determinadas pelo Poder Público, que não possam ser normalmente executadas com a permanência do locatário no imóvel ou, podendo, ele se recuse a consenti-las (art. 9º, IV); (2) em pedido para demolição e edificação licenciada ou para a realização de obras aprovadas pelo Poder Público, que aumentem a área construída, em, no mínimo, 20%, se o imóvel for destinado a exploração de hotel ou pensão, em 50%, desde que, em qualquer caso, o prazo contratual da locação seja inferior a trinta meses (art. 47, IV); e (3) nas locações de imóveis utilizados por hospitais, unidades sanitárias oficiais, asilos, estabelecimentos de saúde e de ensino autorizados e fiscalizados pelo Poder Público, bem como por entidades religiosas devidamente registradas, se o proprietário, promissário comprador ou promissário cessionário, em caráter irrevogável e imitido na posse, com título registrado, que haja quitado o preço da promessa ou que, não o tendo feito, seja autorizado pelo proprietário, pedir o imóvel para demolição, edificação, licenciada ou reforma que venha a resultar em aumento mínimo de 50% da área útil.

Nessas três hipóteses, é indispensável juntar à petição inicial prova da propriedade do imóvel ou do compromisso registrado. Portanto, nesses casos, como ensina o nosso homenageado, "*não basta a comprovação de locador, para se aferir a legitimidade para ocupar o polo ativo da relação processual, nas ações de despejo. Exige a lei que o autor comprove, ainda, a condição de proprietário ou de promissório-comprador ou promissório-cessionário, com o título registrado*[475]".

Como se vê, cinco são as hipóteses de ação de despejo em que a petição inicial deve vi acompanhada da prova da propriedade do imóvel ou do registro do compromisso, quais sejam, as três previstas no art. 60, que ora comentamos, assim como as duas previstas no art. 47, §2º, da lei de locações.

Não se pode confundir *documentos indispensáveis à propositura da ação* com *documentos indispensáveis à vitória do autor*. No primeiro caso (que é a previsão do art. 320), têm-se os documentos indispensáveis *para que uma ação judicial seja proposta*, como os exemplos citados acima. Já os documentos indispensáveis à vitória do autor são as provas que o demandante deve juntar para demonstrar a existência do seu direito.

Importante frisar que a ausência de qualquer desses dois gêneros de documentos gera consequências negativas para o autor. A diferença está na natureza do provimento judicial. Se o autor não juntar os documentos indispensáveis à propositura da ação, o juiz determina a emenda da petição inicial (art. 321) no prazo de quinze dias e, caso não cumpra a determinação, indefere-se a petição inicial (art. 321, parágrafo único), extinguindo-se o processo sem resolução

475 SOUZA, Sylvio Capanema, A Lei do Inquilinato Comentada Artigo por Artigo, ed. Forense, 9ª edição, 2014, p. 278

do mérito (art. 485, I, CPC). Por outro lado, caso o autor não produza a prova documental que embase o seu pedido, a consequência será uma sentença de improcedência do pedido (art. 487, I), aplicando-se o princípio *allegatio et non probatio, quasi non allegatio* (alegar e não provar é o mesmo que não alegar).

Art. 61 Nas ações fundadas no § 2° do art. 46 e nos incisos III e IV do art. 47, se o locatário, no prazo da contestação, manifestar sua concordância com a desocupação do imóvel, o juiz acolherá o pedido fixando prazo de seis meses para a desocupação, contados da citação, impondo ao vencido a responsabilidade pelas custas e honorários advocatícios de vinte por cento sobre o valor dado à causa. Se a desocupação ocorrer dentro do prazo fixado, o réu ficará isento dessa responsabilidade; caso contrário, será expedido mandado de despejo.

José Roberto Mello Porto

Abre-se, aqui, a possibilidade de, diante de um juízo de certeza derivado da manifestação do réu, garanti-lo recompensa financeira e de tempo. Trata-se de autêntica "sanção premial", mecanismo de pressão psicológica a estimular o comportamento de assentimento do locatário, acelerando a solução do feito e a pacificação social.

O primeiro requisito para a incidência da norma é que se esteja diante de um dos casos mencionados[476]. O legislador tratou, nesse dispositivo, de uma pluralidade de estímulos, especificamente voltada às locações cuja duração foi prorrogada, após o prazo escrito (i) originalmente igual ou superior a trinta meses, admitindo a denúncia vazia (art. 46, §2º[477]), ou (ii) originalmente inferior

476 "Há uma referência expressa ao § 2º do artigo 46 e aos incisos III e IV do artigo 47. Em se tratando de regra de exceção, não pode ter aplicação analógica ou extensiva. Logo, a nosso aviso, a concordância do réu, com os efeitos previstos no artigo 61, só será admitida nas ações de despejo que se fundamentem nos dispositivos ali expressamente referidos, ou seja, § 2º do artigo 46 e incisos III e IV do artigo 47. Nesse sentido é o Enunciado 8 do 2º TA-CSP, nos seguintes termos: Enunciado 8 – O reconhecimento da procedência do pedido na ação de despejo somente acarreta a concessão do prazo de seis meses para a desocupação, contado da citação, se a pretensão se apoiar em qualquer das hipóteses referidas no artigo 61 da Lei nº 8.245/91." (SOUZA, Sylvio Capanema de. *A Lei do inquilinato comentada: artigo por artigo*. 12ª ed. Rio de Janeiro: Forense, 2020).

477 Art. 46. Nas locações ajustadas por escrito e por prazo igual ou superior a trinta meses, a resolução do contrato ocorrerá findo o prazo estipulado, independentemente de notificação ou aviso.

§ 1º Findo o prazo ajustado, se o locatário continuar na posse do imóvel alugado por mais

a trinta meses, se o pedido for para uso próprio ou residencial de ascendente ou descendente que não possua imóvel residencial (art. 47, III[478]) ou para realização de demolição ou edificação que aumenta a área construída em vinte ou cinquenta por cento (em caso de hotéis ou pensões), autorizadas pelo Poder Público (art. 47, IV)[479].

O segundo requisito é que o réu, no prazo para contestar, reconheça juridicamente o pedido, nem que seja apenas quanto à desocupação do imóvel – a literalidade da norma deixa aberta a possibilidade de discussão quanto a valores eventualmente cobrados, quando houver cumulação de pedido condenatório ao de despejo.

---

de trinta dias sem oposição do locador, presumir -se -á prorrogada a locação por prazo indeterminado, mantidas as demais cláusulas e condições do contrato.
§ 2º Ocorrendo a prorrogação, o locador poderá denunciar o contrato a qualquer tempo, concedido o prazo de trinta dias para desocupação.

478 Art. 47. Quando ajustada verbalmente ou por escrito e como prazo inferior a trinta meses, findo o prazo estabelecido, a locação prorroga - se automaticamente, por prazo indeterminado, somente podendo ser retomado o imóvel:
III – se for pedido para uso próprio, de seu cônjuge ou companheiro, ou para uso residencial de ascendente ou descendente que não disponha, assim como seu cônjuge ou companheiro, de imóvel residencial próprio;
IV – se for pedido para demolição e edificação licenciada ou para a realização de obras aprovadas pelo Poder Público, que aumentem a área construída, em, no mínimo, vinte por cento ou, se o imóvel for destinado a exploração de hotel ou pensão, em cinquenta por cento.
§ 1º Na hipótese do inciso III, a necessidade deverá ser judicialmente demonstrada, se:
a) O retomante, alegando necessidade de usar o imóvel, estiver ocupando, com a mesma finalidade, outro de sua propriedade situado nas mesma localidade ou, residindo ou utilizando imóvel alheio, já tiver retomado o imóvel anteriormente;
b) o ascendente ou descendente, beneficiário da retomada, residir em imóvel próprio.
§ 2º Nas hipóteses dos incisos III e IV, o retomante deverá comprovar ser proprietário, promissário comprador ou promissário cessionário, em caráter irrevogável, com imissão na posse do imóvel e título registrado junto à matrícula do mesmo.

479 Discutiu-se a aplicação do comando à hipótese de denúncia vazia do art. 78 (contratos anteriores à Lei 8.245/91: Art. 78. As locações residenciais que tenham sido celebradas anteriormente à vigência desta lei e que já vigorem ou venham a vigorar por prazo indeterminado, poderão ser denunciadas pelo locador, concedido o prazo de doze meses para a desocupação. Parágrafo único. Na hipótese de ter havido revisão judicial ou amigável do aluguel, atingindo o preço do mercado, a denúncia somente poderá ser exercitada após vinte e quatro meses da data da revisão, se esta ocorreu nos doze meses anteriores à data da vigência desta lei.), havendo quem sustentasse a incidência (Alexandre Thiollier Filho, relator da comissão elaboradora do projeto da lei). Por outro lado, vedando a extensão: VENOSA, Sílvio de Salvo. Lei do Inquilinato Comentada. 16ª ed. São Paulo: Atlas, 2021. De todo modo, a aplicabilidade prática da questão, pelo decorrer do tempo, está esvaziada (SOUZA, Sylvio Capanema de. *A Lei do inquilinato comentada: artigo por artigo*. 12ª ed. Rio de Janeiro: Forense, 2020).

Discute-se se o réu precisaria estar, necessariamente, assistido por advogado, ante a simplicidade da manifestação. Apesar de alguma simpatia jurisprudencial com a tese que dispensa a participação do profissional, desonerando o locatário dos gastos correspondentes, a melhor posição não enxerga margem para excepcionar a exigência do pressuposto processual da capacidade postulatória, que deriva diretamente da essencialidade da advocacia. Ademais, a escolha do réu, no fulcral momento de apresentação da defesa, possui consequências múltiplas, que precisam ter sido devidamente explanadas e compreendidas[480].

A natureza jurídica do pronunciamento do réu será de reconhecimento jurídico do pedido, autorizando o julgamento imediato do processo, por sentença (art. 354 do Código de Processo Civil[481]). Exige-se, assim, a capacidade plena de direitos da parte ou, ao menos, procuração com poderes especiais para que o advogado se manifeste nesse sentido[482]. Fora das hipóteses elencadas no artigo (inclusive, no despejo por infração contratual), a flexibilização dependeria de realização de acordo (transação), contando com a concordância do autor.

A vantagem, para o réu, é, como dito, dupla: gozará de prazo maior para evacuar o bem (de trinta dias, passa a ter seis meses) e deixará de pagar, acaso efetivamente deixe o imóvel nesse interregno, custas e honorários sucumbenciais.

Tecnicamente, a sentença deve condenar o réu ao pagamento dos honorários, sob condição suspensiva[483]. Assim, se permanecer no bem, será expedido mandado de despejo (*ad evacuandum*), cumprível independentemente de notificação, e passa a ser exequível o montante fixado em vinte por cento do valor da causa, em favor do advogado do locador, nos próprios autos[484].

---

480 "Trata-se de ato judicial, que impõe responsabilidade à parte, em caso de inadimplemento da obrigação assumida, e que só pode ser deduzido em juízo através de advogado regularmente inscrito na Ordem. Além do mais, a participação obrigatória do advogado revela que o locatário conhece as opções que a lei lhe oferece, tendo escolhido a que melhor atenda a seus interesses." (SOUZA, Sylvio Capanema de. *A Lei do inquilinato comentada: artigo por artigo*. 12ª ed. Rio de Janeiro: Forense, 2020).

481 Art. 354. Ocorrendo qualquer das hipóteses previstas nos arts. 485 e 487, incisos II e III, o juiz proferirá sentença. Parágrafo único. A decisão a que se refere o caput pode dizer respeito a apenas parcela do processo, caso em que será impugnável por agravo de instrumento.

482 VENOSA, Sílvio de Salvo. Lei do Inquilinato Comentada. 16ª ed. São Paulo: Atlas, 2021.

483 "Mediante o pedido do réu nesses casos, o juiz, ao acolher a pretensão, julgará procedente o pedido, ficando a execução da sentença sujeita a termo para sua execução e também sujeita à condição suspensiva no tocante à possibilidade de cobrança dos consectários da sucumbência." (VENOSA, Sílvio de Salvo. Lei do Inquilinato Comentada. 16ª ed. São Paulo: Atlas, 2021).

484 Não parece necessária a expedição de "mandado de cobrança dos ônus sucumbenciais" (como sustentado em: SOUZA, Sylvio Capanema de. *A Lei do inquilinato comentada: artigo por artigo*. 12ª ed. Rio de Janeiro: Forense, 2020), bastando que o advogado, em legitimidade ordinária, ou o autor, em legitimidade extraordinária, peticione, principiando o cumprimento de sentença.

Art. 62. Nas ações de despejo fundadas na falta de pagamento de aluguel e acessórios da locação, de aluguel provisório, de diferenças de aluguéis, ou somente de quaisquer dos acessórios da locação, observar-se-á o seguinte:

I – o pedido de rescisão da locação poderá ser cumulado com o pedido de cobrança dos aluguéis e acessórios da locação; nesta hipótese, citar-se-á o locatário para responder ao pedido de rescisão e o locatário e os fiadores para responderem ao pedido de cobrança, devendo ser apresentado, com a inicial, cálculo discriminado do valor do débito;

II – o locatário e o fiador poderão evitar a rescisão da locação efetuando, no prazo de 15 (quinze) dias, contado da citação, o pagamento do débito atualizado, independentemente de cálculo e mediante depósito judicial, incluídos:

a) os aluguéis e acessórios da locação que vencerem até a sua efetivação;

b) as multas ou penalidades contratuais, quando exigíveis;

c) os juros de mora;

d) as custas e os honorários do advogado do locador, fixados em dez por cento sobre o montante devido, se do contrato não constar disposição diversa;

III – efetuada a purga da mora, se o locador alegar que a oferta não é integral, justificando a diferença, o locatário poderá complementar o depósito no prazo de 10 (dez) dias, contado da intimação, que poderá ser dirigida ao locatário ou diretamente ao patrono deste, por carta ou publicação no órgão oficial, a requerimento do locador;

IV – não sendo integralmente complementado o depósito, o pedido de rescisão prosseguirá pela diferença, podendo o locador levantar a quantia depositada;

V – os aluguéis que forem vencendo até a sentença deverão ser depositados à disposição do juízo, nos respectivos vencimentos, podendo o locador levantá-los desde que incontroversos;

VI – havendo cumulação dos pedidos de rescisão da locação e cobrança dos aluguéis, a execução desta pode ter início antes da desocupação do imóvel, caso ambos tenham sido acolhidos.

Parágrafo único. Não se admitirá a emenda da mora se o locatário já houver utilizado essa faculdade nos 24 (vinte e quatro) meses imediatamente anteriores à propositura da ação.

Alexandre Flexa[485]

485 Advogado há 23 anos, especializado em contencioso cível e representação de partes nos Tribunais, elaborando recursos e fazendo sustentação oral nas sessões de julgamento. Atua nas áreas do Direito Civil e Processual Civil e Direito Administrativo. Pós-graduado em Direito pela Fun-

O art. 62 trata do procedimento da ação de despejo fundada em falta de pagamento do valor do aluguel e/ou dos consectários decorrentes.

Vale lembrar que o art. 59, acima comentado, determina que as ações de despejo adotem o rito comum, com as modificações constantes do capítulo II (arts. 59 a 66).

Desta forma, a redação do art. 62 prevê modificações no procedimento comum para as ações de despejo por falta de pagamento, transformando-o num procedimento especial. Nesse contexto, apresentada a petição inicial em juízo, com os elementos previstos no art. 319 do CPC, também devem ser observados os requisitos trazidos neste artigo, conforme veremos mais adiante.

A redação do *caput* do art. 62 foi alterado pela Lei nº 12.112/2009, aumentando a incidência da ação de despejo para formular pedidos referentes a todo e qualquer débito do locatário.

O inciso I, do art. 62 prevê a possibilidade de cumulação dos pedidos de despejo (decorrente da rescisão da locação) e de cobrança de aluguéis e acessórios locatícios. Na praxe forense, discute-se se há cumulação de pedidos ou cumulações de ações. A verdade é que as expressões se equivalem, embora não sejam idênticos.

Isso porque *cumulação de* ações é expressão corriqueira entre os operadores do Direito, utilizada quando se quer cumular mais de um pedido em um mesmo processo. Assim, é fácil ver em petições iniciais os *nomen iuris* "ação de despejo cumulada com ação de cobrança de aluguéis"; "ação de indenização por danos materiais *cumulada com* ação de compensação por danos morais"; "ação de investigação de paternidade *cumulada com* ação de alimentos" etc.

Embora o termo, nessa acepção, não esteja equivocado, cumulação de ações não significa mera cumulação de pedidos; ao contrário, é termo genérico que significa muito mais. Os elementos identificadores das ações são três: partes (elementos subjetivos), causa de pedir, e pedido (elementos objetivos). Dessa forma, é possível falar em cumulação de ações quanto aos elementos subjetivos, que ocorre quando, num mesmo processo, existe pluralidade de partes. No processo em que há litisconsórcio, há cumulação subjetiva de ações. Por outro lado,

dação Getúlio Vargas – FGV. Professor de Direito Processual Civil dos cursos de pós-graduação da Fundação Getúlio Vargas, da Escola da Magistratura do Estado do Rio de Janeiro – EMERJ, e da PUC-Rio. Coordenador da pós-graduação em Advocacia Cível da Universidade Candido Mendes. Procurador da Associação dos Magistrados do Estado do Rio de Janeiro – AMAERJ. Livros publicados: 1) Novo Código de Processo Civil: Temas inéditos, mudanças e supressões. Ed. JusPodivm. 2) Manual do Advogado Cível. Ed. JusPodivm. 3) Juizados Especiais Cíveis Estaduais. Lei 9.099/95 comentada. Ed. JusPodivm. 4) Juizados Especiais Cíveis Federais. Lei 10.259/2001 comentada. Ed. JusPodivm. 5) Juizados Especiais da Fazenda Pública. Lei 12.153/2009 comentada. Ed. JusPodivm. 6) Coautor de: Comentários ao Novo Código de Processo Civil. Ed. Forense. 7) Coautor de: Novo Código de Processo Civil: Análise Doutrinária. Ed. Contemplar.

quando são cumulados pedidos e/ou causas de pedir, estamos diante de uma cumulação objetiva de ações. Quando se vê uma "ação de despejo cumulada ação de cobrança de aluguéis", por exemplo, há cumulação objetiva de ações ou cumulação de pedidos. Também se permite (art. 62, I) que haja cumulação subjetiva de ações, quando o polo passivo for composto pelo locatário e fiador(es); ou quando houver mais de um locatário; ou ainda, mais de um locatário e um ou mais fiadores. Trata-se de litisconsórcio facultativo, sendo possível ao locador optar por demandar apenas o locatário ou o locatário e o fiador quanto à cobrança[486]. Em sentido contrário à posição, por nós, aqui defendida, sustentando tratar-se de verdadeiro litisconsórcio necessário, está o nosso professor homenageado, Sylvio Capanema de Souza[487].

A lei concede ao locador, portanto, duas formas distintas de buscar a satisfação do seu direito[488]: (1) cumulando, em um mesmo processo, duas demandas: despejo e cobrança; ou (2) ajuizar duas ações em processos distintos: uma ação de conhecimento visando à decretação do despejo e uma ação de execução dos créditos decorrentes da locação, desde que exista prova documental da existência da locação, quando se tem um título executivo extrajudicial (art. 784, VIII, do CPC). Frise-se que a existência de título executivo extrajudicial não impede a parte de, dele, abrir mão, optando pelo processo de conhecimento, como dispõe o art. 785 do CPC.

Conclui-se, desta forma, que a opção prevista no art. 62, I (cumular os pedidos de despejo e de cobrança) será de que disporá o locador quando a locação for verbal, eis que excluída a via executiva por falta de título executivo, que deve ser sempre documental (regra da cartularidade do título executivo).

Por fim, ressalte-se que a cumulação aqui estudada é facultativa, nada impedindo que o locador proponha separadamente uma ação de despejo e uma outra ação, visando ao recebimento dos aluguéis e acessórios.

Com a petição inicial, deve ser apresentado cálculo discriminado com o valor atualizado do débito, tratando-se de verdadeiro documento indispensável à propositura da ação que, ante sua ausência, impõe ao juiz intimar o autor para que complete a petição inicial (art. 321 do CPC), sob pena de indeferimento da petição inicial e, consequentemente, extinção do processo sem resolução do mérito (art. 485, I, do CPC).

O inciso II prevê a possibilidade da purgação da mora com o intuito de evitar o despejo. Locatário e fiador têm legitimidade concorrente para pagar o débito, no

486 Nesse sentido, STJ, 4ª Turma, AgInt no AREsp 879.490/RJ, Rel. Ministra Maria Isabel Gallotti, julgado em 17/11/2016, DJe 28/11/2016.

487 SOUZA, Sylvio Capanema, A Lei do Inquilinato Comentada Artigo por Artigo, ed. Forense, 9ª edição, 2014, p.284.

488 *Op. Cit.*, p. 287.

prazo de quinze dias a contar da citação, mediante depósito judicial, devendo o valor incluir o referente aos aluguéis e acessórios da locação vencidos até o efetivo depósito, bem como eventuais multas e demais penalidades contratuais, juros moratórios, custas processuais e honorários advocatícios de 10% (dez por cento) sobre o montante devido, se outro percentual não estiver previsto no contrato de locação.

Como o autor da ação tem a obrigação de apresentar demonstrativo atualizado de débito, cabe ao locatário ou fiador efetuar o depósito integral, no prazo de 15 dias, sem possibilidade de pedido de remessa prévia ao contador judicial. Caberá ao demandado optar entre purgar a mora pelo valor apontado pelo locador ou contestar o pedido.

Resta analisar se o prazo de 15 dias para purgar a mora deve ser contado em dias úteis ou em dias corridos. Tal divergência surge em razão da má redação do art. 219, parágrafo único, do CPC, que dispõe que os prazos processuais serão contados em dias úteis. Daí surge a discussão: Prazo para purgar a mora é processual (contando-se em dias úteis) ou é prazo de direito material (devendo ser contado em dias corridos)?

Entendemos que a purgação da mora tem natureza jurídica de pagamento, que é típico ato de direito material, razão pela qual deve ser contado em dias corridos. Note-se que, para ocorrer a purga da mora, sequer seria necessária a existência de um processo, bastando que o devedor quisesse efetuar o pagamento antes do ajuizamento da ação. Ora, não se pode definir como *prazo processual* um lapso de tempo para que um ato seja praticado quando esse ato sequer exige a existência de um processo. Trata-se de verdadeiro ato de direito material, devendo ser contado em dias corridos.

Efetuado o depósito judicial com o intuito de purgar a mora, será dada a oportunidade de o locador manifestar-se sobre o prazo e o valor depositado. Alegando que o depósito foi feito a menor, justificadamente, o locatário poderá complementar o depósito no prazo de dez dias (também corridos), contados do dia em que foi intimado, pessoalmente, ou por seu patrono constituído nos autos, desde que não tenha utilizado essa prerrogativa nos vinte e quatro meses anteriores.

Purgada a mora completamente, seja no primeiro depósito ou no depósito de emenda, entende-se que houve espécie de confissão por parte do(s) réu(s), o que equivale a um reconhecimento da procedência do pedido, permitindo julgamento imediato do mérito, na forma do art. 355, I, do CPC, impondo-se os ônus da sucumbência.

Não sendo purgada por inteiro a mora, prossegue a ação de cobrança (e também o pedido de despejo, se foi formulado), permitindo-se ao autor levantar, em seu favor, o depósito parcial eventualmente realizado pelo devedor, por se tratar de parcela incontroversa do pedido autoral.

Os valores vincendos considerando a data da propositura da ação, ou seja, as obrigações que se vencerem no curso do processo estão automaticamente incluídos no pedido principal, por força do disposto no art. 323 do CPC, cabendo ao locatário ou fiador pagar tais rubricas diretamente ao locador ou depositar em juízo, conforme forem vencendo, permitindo-se ao credor levantá-los, caso não tenham sido depositados em juízo para serem discutidos (art. 62, V).

Havendo pedido pecuniário, admite-se a execução dos valores acolhidos antes mesmo de efetivado o despejo (art. 62, VI), pela desocupação do imóvel, desde que o pedido de despejo também tenha sido julgado procedente.

Nesse ponto, é preciso demonstrar uma distinção no modelo de execução a ser adotado, dependendo da existência ou não do trânsito em julgado.

Caso a sentença tenha sido proferida decretando o despejo e condenando o réu ao pagamento de quantia, mas ainda esteja pendente de julgamento algum recurso, é possível a instauração de execução provisória, eis que os recursos interpostos contra as sentenças são desprovidos de efeito suspensivo[489] (art. 58, V, da Lei nº 8.245/91), conforme procedimento dos arts. 520 e seguintes do CPC.

Nada impede que locador opte por aguardar o trânsito em julgado para promover a execução, caso em que será definitiva, nos moldes do art. 523 do CPC.

Art. 63. Julgada procedente a ação de despejo, o juiz determinará a expedição de mandado de despejo, que conterá o prazo de 30 (trinta) dias para a desocupação voluntária, ressalvado o disposto nos parágrafos seguintes.

§ 1° O prazo será de quinze dias se:

a) entre a citação e a sentença de primeira instância houverem decorrido mais de quatro meses; ou

b) o despejo houver sido decretado com fundamento no art. 9° ou no § 2° do art. 46.

§ 2° Tratando-se de estabelecimento de ensino autorizado e fiscalizado pelo Poder Público, respeitado o prazo mínimo de seis meses e o máximo de um ano, o juiz disporá de modo que a desocupação coincida com o período de férias escolares.

§ 3° Tratando-se de hospitais, repartições públicas, unidades sanitárias oficiais, asilos, estabelecimentos de saúde e de ensino autorizados e fis-

489 SOUZA, Sylvio Capanema, Da Ação de Despejo, Editora Forense, 3ª edição, 1998, 166.

calizados pelo Poder Público, bem como por entidades religiosas devidamente registradas, e o despejo for decretado com fundamento no inciso IV do art. 9º ou no inciso II do art. 53, o prazo será de um ano, exceto no caso em que entre a citação e a sentença de primeira instância houver decorrido mais de um ano, hipótese em que o prazo será de seis meses.

§ 4º A sentença que decretar o despejo fixará o valor da caução para o caso de ser executada provisoriamente.

José Roberto Mello Porto

A sentença na ação de despejo possui diversas facetas. Quando procedente, será constitutiva negativa quanto à extinção da relação locatícia e executiva *lato sensu* quanto ao cumprimento da ordem de saída do imóvel. Quando improcedente, se reveste de natureza declaratória negativa[490].

Em matéria de execução, a vigente sistemática em muito favorece o cumprimento do julgado, ultrapassando-se a *via crucis* da anterior disposição legal, que pressupunha intimação, corriqueiramente dificultada, do réu, e o posterior pedido de expedição de mandado pelo autor. A moderna redação se alinha à efetividade processual pretendida pelo Código Fux (arts. 4º e 6º[491]), cabendo, em acréscimo, a dedicação de advogados e de serventuários para que se encontre maior celeridade[492].

---

490 FUX, Luiz. *Locações – processo e procedimentos*. 5ª ed. Niterói: Impetus, 2008, p. 91.

491 Art. 4º As partes têm o direito de obter em prazo razoável a solução integral do mérito, incluída a atividade satisfativa.
Art. 6º Todos os sujeitos do processo devem cooperar entre si para que se obtenha, em tempo razoável, decisão de mérito justa e efetiva.

492 "Teoricamente, a solução é excelente e merece os mais entusiásticos aplausos. Mas a longa experiência e as orgulhosas cicatrizes que décadas de exercício da advocacia nos deixaram levam-nos à convicção de que não bastará a mudança do texto da lei para alcançar os louváveis objetivos perseguidos. Será indispensável modificar práticas cartorárias, consolidadas pelo tempo, havendo uma natural inércia para a necessária transformação. O mandado terá que ser expedido em duas vias, para que a primeira, valendo como intimação, permaneça com o locatário. A tradição é que o oficial, retornando ao Juízo, devolva a intimação, devidamente cumprida, para aguardar a expedição do mandado de despejo. Agora, não poderá mais fazê-lo. Será preciso que ele guarde o mandado, em seu poder, até o decurso do prazo, para a eventualidade de ter que executar a ordem. Se ele o devolver ao cartório, será muito difícil e desgastante recuperá-lo, para devolver ao oficial, principalmente se já tiver sido ele juntado aos autos. No nosso entendimento, talvez seja preciso que as Corregedorias de Justiça editem normas de serviço para disciplinar estes novos procedimentos, sem o que a tão desejada mudança poderá se converter em dolorosa frustração. O decidido e enérgico papel dos advogados será também indispensável, junto aos juízes e oficiais de Justiça, para que se cumpra a lei." (SOUZA, Sylvio Capanema de. *A Lei do inquilinato comentada: artigo por artigo*. 12ª ed. Rio de Janeiro: Forense, 2020).

Há uma unificação dos prazos para cumprimento da decisão. Como regra, o prazo para desocupação voluntária será de trinta dias, contado da intimação do réu – ou seja, da juntada dos autos do mandado cumprido (art. 231, II, do Código de Processo Civil[493]). O dia de início, porém, deve ser sempre útil (assim entendido aquele no qual haja regular expediente forense) e, se assim não for, a contagem deve principiar no dia útil a seguir.

Interessante questão se refere à sua forma de cômputo. Uma primeira leitura enxerga natureza meramente material na desocupação, de sorte que o prazo deveria ser contado em dias corridos[494]. De outro lado, parece mais adequado compreender que, conquanto o ato de saída do bem seja efetivamente material, produz inegável efeito processual, de sorte que apenas os dias úteis sejam computados, a exemplo do que tem entendido o Superior Tribunal de Justiça para o pagamento voluntário do valor devido no cumprimento de sentença de obrigação de pagar[495].

---

493 Art. 231. Salvo disposição em sentido diverso, considera-se dia do começo do prazo:
II – a data de juntada aos autos do mandado cumprido, quando a citação ou a intimação for por oficial de justiça.

494 SOUZA, Sylvio Capanema de. *A Lei do inquilinato comentada: artigo por artigo*. 12ª ed. Rio de Janeiro: Forense, 2020.

495 RECURSO ESPECIAL. CUMPRIMENTO DE SENTENÇA. INTIMAÇÃO DO DEVEDOR PARA PAGAMENTO VOLUNTÁRIO DO DÉBITO. ART. 523, CAPUT, DO CÓDIGO DE PROCESSO CIVIL DE 2015. PRAZO DE NATUREZA PROCESSUAL. CONTAGEM EM DIAS ÚTEIS, NA FORMA DO ART. 219 DO CPC/2015. REFORMA DO ACÓRDÃO RECORRIDO. RECURSO PROVIDO. 1. Cinge-se a controvérsia a definir se o prazo para o cumprimento voluntário da obrigação, previsto no art. 523, caput, do Código de Processo Civil de 2015, possui natureza processual ou material, a fim de estabelecer se a sua contagem se dará, respectivamente, em dias úteis ou corridos, a teor do que dispõe o art. 219, caput e parágrafo único, do CPC/2015. 2. O art. 523 do CPC/2015 estabelece que, "no caso de condenação em quantia certa, ou já fixada em liquidação, e no caso de decisão sobre parcela incontroversa, o cumprimento definitivo da sentença far-se-á a requerimento do exequente, sendo o executado intimado para pagar o débito, no prazo de 15 (quinze) dias, acrescido de custas, se houver". 3. Conquanto o pagamento seja ato a ser praticado pela parte, a intimação para o cumprimento voluntário da sentença ocorre, como regra, na pessoa do advogado constituído nos autos (CPC/2015, art. 513, § 2º, I), fato que, inevitavelmente, acarreta um ônus ao causídico, o qual deverá comunicar ao seu cliente não só o resultado desfavorável da demanda, como também as próprias consequências jurídicas da ausência de cumprimento da sentença no respectivo prazo legal. 3.1. Ademais, nos termos do art. 525 do CPC/2015, "transcorrido o prazo previsto no art. 523 sem o pagamento voluntário, inicia-se o prazo de 15 (quinze) dias para que o executado, independentemente de penhora ou nova intimação, apresente, nos próprios autos, sua impugnação". Assim, não seria razoável fazer a contagem dos primeiros 15 (quinze) dias para o pagamento voluntário do débito em dias corridos, se considerar o prazo de natureza material, e, após o transcurso desse prazo, contar os 15 (quinze) dias subsequentes, para a apresentação da impugnação, em dias úteis, por se tratar de prazo processual. 3.2. Não se pode ignorar, ainda, que a intimação para o cumprimento de sentença, independentemente de quem seja o destinatário, tem como finalidade a prática de um ato processual, pois, além

Há, ainda, quem repute o prazo exclusivamente processual[496].

A seguir, o legislador aponta as exceções para o prazo de trinta dias.

Em primeiro lugar, pontua o prazo de quinze dias para três hipóteses: (i) sentença proferida mais de quatro meses após a citação – o que não é raro, tendo em conta a realidade do volume de trabalho dos juízos –, (ii) despejo fundado em qualquer dos quatro casos do art. 9º[497] ou (iii) em denúncia vazia de locação inicialmente com prazo superior ou igual a trinta meses, prorrogado tacitamente (art. 46, §2º[498]).

Quanto ao último caso, importa verificar que o prazo de trinta dias, mencionado no dispositivo, é de direito material, apenas aplicável à hipótese de saída do locador em decorrência de notificação prévia, extrajudicial, essencialmente voluntária (art. 46, §2º). Por outro lado, se o despejo depende da ordem judicial, após o trâmite processual, apenas disporá de quinze dias (art. 63).

Em outras hipóteses, o prazo excepciona a regra geral em sentido contrário, sendo alargado.

---

de estar previsto na própria legislação processual (CPC), também traz consequências para o processo, caso não seja adimplido o débito no prazo legal, tais como a incidência de multa, fixação de honorários advocatícios, possibilidade de penhora de bens e valores, início do prazo para impugnação ao cumprimento de sentença, dentre outras. E, sendo um ato processual, o respectivo prazo, por decorrência lógica, terá a mesma natureza jurídica, o que faz incidir a norma do art. 219 do CPC/2015, que determina a contagem em dias úteis. 4. Em análise do tema, a I Jornada de Direito Processual Civil do Conselho da Justiça Federal – CJF aprovou o Enunciado n. 89, de seguinte teor: "Conta-se em dias úteis o prazo do caput do art. 523 do CPC". 5. Recurso especial provido. (REsp 1708348/RJ, Rel. Ministro Marco Aurélio Bellizze, Terceira Turma, julgado em 25/06/2019).

496 Mencionando prazo "exclusivamente procedimental": VENOSA, Sílvio de Salvo. Lei do Inquilinato Comentada. 16ª ed. São Paulo: Atlas, 2021.

497 Art. 9º A locação também poderá ser desfeita:
I - por mútuo acordo;
II - em decorrência da prática de infração legal ou contratual;
III - em decorrência da falta de pagamento do aluguel e demais encargos;
IV - para a realização de reparações urgentes determinadas pelo Poder Público, que não possam ser normalmente executadas com a permanência do locatário no imóvel ou, podendo, ele se recuse a consenti-las.

498 Art. 46. Nas locações ajustadas por escrito e por prazo igual ou superior a trinta meses, a resolução do contrato ocorrerá findo o prazo estipulado, independentemente de notificação ou aviso.
§ 1º Findo o prazo ajustado, se o locatário continuar na posse do imóvel alugado por mais de trinta dias sem oposição do locador, presumir - se - á prorrogada a locação por prazo indeterminado, mantidas as demais cláusulas e condições do contrato.
§ 2º Ocorrendo a prorrogação, o locador poderá denunciar o contrato a qualquer tempo, concedido o prazo de trinta dias para desocupação.

É o que se prevê para a desocupação de estabelecimentos de ensino autorizados e fiscalizados pelo Poder Público, o que exclui cursos sem vinculação, temporários ou desprovidos de currículos regulares[499]. De modo a resguardar o andamento da aprendizagem e o ínsito interesse de alunos e professores, a lei prevê que o prazo seja maior, a ser fixado pelo magistrado entre seis meses e um ano, devendo ser efetivado o despejo no período de férias escolares. Como não se restringe a desocupação às férias de início ou de meio do ano, podem ocorrer em janeiro ou julho ou, ainda, em outro período no qual, pela peculiaridades da instituição de educação, esteja marcado o recesso[500].

Além disso, a lei estende para um ano[501] o período para a saída do imóvel ocupado por hospitais, repartições públicas[502], unidades sanitárias oficiais, asilos, estabelecimentos de saúde e de ensino[503] autorizados e fiscalizados pelo

---

499 SOUZA, Sylvio Capanema de. *A Lei do inquilinato comentada: artigo por artigo*. 12ª ed. Rio de Janeiro: Forense, 2020.

500 VENOSA, Sílvio de Salvo. Lei do Inquilinato Comentada. 16ª ed. São Paulo: Atlas, 2021.

501 "Melhor seria que a lei estabelecesse um prazo mínimo e um máximo para a discricionariedade do juiz, pois um ano poderá ser prazo muito longo para um prédio que esteja em ruínas, ou poderá ser muito exíguo para a mudança de um hospital ou repartição pública." (VENOSA, Sílvio de Salvo. Lei do Inquilinato Comentada. 16ª ed. São Paulo: Atlas, 2021).

502 "Ao se ler este parágrafo percebe-se uma curiosidade, que vale a pena assinalar. É que nela se faz menção expressa às "repartições públicas", colocando-as ao lado dos hospitais, unidades sanitárias oficiais, asilos e estabelecimentos de saúde e de ensino. Essas atividades são as mesmas referidas no artigo 53, e que merecem proteção especial. Ocorre que no artigo 53 não se incluem as repartições públicas, que só vão aparecer no § 3º do artigo 63, o que parece não ter lógica. A explicação é: quando da elaboração do projeto, do qual resultou a lei, as repartições públicas estavam incluídas no rol das locações superprotegidas e relacionadas no artigo 53. Mais tarde, durante os debates legislativos, chegou-se à conclusão, aliás correta, de que as restrições impostas aos locadores fariam com que eles resistissem à ideia de alugar os seus imóveis para uso de repartições públicas. Com isso tornar-se-ia quase impossível para o Poder Público encontrar, no mercado, imóveis disponíveis para alugar, a não ser por preços muito elevados. Assim entendendo, o Congresso Nacional eliminou do projeto inicial a referência feita, no artigo 53, às repartições públicas. Mas, por um lapso evidente de revisão, permaneceu a referência no artigo 63, § 3º, o que se tornou incoerente. Daí resultou o seguinte: as repartições públicas, que não as elencadas no artigo 53, quando locatárias de imóveis onde se achem instaladas, não terão proteção especial, quanto às hipóteses de retomada, mas disporão de prazo muito mais longo para a desocupação, quando decretado o despejo." (SOUZA, Sylvio Capanema de. *A Lei do inquilinato comentada: artigo por artigo*. 12ª ed. Rio de Janeiro: Forense, 2020.).

503 "Tratando-se de estabelecimento de ensino, não faz referência a lei à desocupação no período de férias escolares. Portanto, esse prazo de desocupação independe de escoar nas férias ou não." VENOSA, Sílvio de Salvo. Lei do Inquilinato Comentada. 16ª ed. São Paulo: Atlas, 2021).

Poder Público e entidades religiosas registradas[504]. Novamente, o interesse social nas atividades e a sensibilidade envolvida, a impedir a abrupta desocupação, justificam a norma, excepcionada apenas na hipótese de o processo ter durado, da citação até a sentença, mais de um ano. Nesse último caso, o prazo será de seis meses.

Idêntica lógica se aplica aos despejos fundados na realização (i) necessária de reparações urgentes determinadas pelo Poder Público, sem que possam ser executadas com o locatário ocupando o bem – ou, podendo sê-lo, o próprio locatário recuse consenti-las (art. 9º, IV[505]) –, (ii) de demolição, edificação ou reforma que acarrete aumento de, ao menos, cinquenta por cento da área útil (art. 53, II[506]). É correta, aqui, a crítica doutrinária quanto à incoerência da previsão: se a primeira dentre as desocupações mencionadas se funda na necessidade de obra urgente, não há razão para que se conceda prazo anual, ou mesmo semestral, para o despejo[507].

Por fim, trata o legislador da efetividade da execução do mandado de despejo, ao definir que a execução provisória é possível, desde que fixado valor a título de caução. Esse condicionante tem sido amplamente confirmado pela jurisprudência do Superior Tribunal de Justiça[508].

---

504 "A Lei nº 9.256/96 incluiu as entidades religiosas nesse contexto. Esse texto mais recente beneficia amplamente essas entidades, pois a lei não mencionava 'templos', mas entidades, o que abrange todos os prédios ocupados por elas." (VENOSA, Sílvio de Salvo. Lei do Inquilinato Comentada. 16ª ed. São Paulo: Atlas, 2021).

505 Art. 9º A locação também poderá ser desfeita:
IV – para a realização de reparações urgentes determinadas pelo Poder Público, que não possam ser normalmente executadas com a permanência do locatário no imóvel ou, podendo, ele se recuse a consenti-las.

506 Art. 53 – Nas locações de imóveis utilizados por hospitais, unidades sanitárias oficiais, asilos, estabelecimentos de saúde e de ensino autorizados e fiscalizados pelo Poder Público, bem como por entidades religiosas devidamente registradas, o contrato somente poderá ser rescindido:
II – se o proprietário, promissário comprador ou promissário cessionário, em caráter irrevogável e imitido na posse, com título registrado, que haja quitado o preço da promessa ou que, não o tendo feito, seja autorizado pelo proprietário, pedir o imóvel para demolição, edificação, licenciada ou reforma que venha a resultar em aumento mínimo de cinqüenta por cento da área útil.

507 SOUZA, Sylvio Capanema de. *A Lei do inquilinato comentada: artigo por artigo*. 12ª ed. Rio de Janeiro: Forense, 2020.

508 RECURSO ESPECIAL. CIVIL E PROCESSUAL CIVIL. LOCAÇÃO. RAZÕES QUE ATACAM SOMENTE UM DOS FUNDAMENTOS DO ACÓRDÃO REGIONAL. PRAZO PARA DESOCUPAÇÃO DO IMÓVEL. DENÚNCIA VAZIA. NÃO INCIDÊNCIA DO ARTIGO 63, PARÁGRAFO 3º, DA LEI Nº 8.245/91. NÃO CONHECIMENTO. 1. Tratando-se de hospitais, repartições públicas, unidades sanitárias oficiais, asilos e estabelecimentos de saúde e de ensino autorizados e

A lógica da Lei de Locações, que traz a ausência de efeito suspensivo para os recursos, é prestigiar e efetivar, prontamente, a sentença judicial, inclusive porque a prática já havia demonstrado, inspirando o legislador, a pouca probabilidade de reversão do decidido[509]. De todo modo, considerando o caráter reversível da execução provisória, exige o legislador a prestação de caução, real ou fidejussória, semelhantemente ao que ocorre no regramento geral do Código de Processo Civil, que igualmente exige a garantia para a prática de atos sensíveis do procedimento executivo[510], como é a desocupação.

Em caso de omissão da sentença, não sanados pela via dos embargos de declaração, nada impede que o juiz fixe a caução, de ofício ou a pedido do autor[511].

---

fiscalizados pelo Poder Público, e o despejo for decretado com fundamento do inciso IV do artigo 9º ou do inciso II do artigo 53, o prazo para a desocupação do imóvel será de um ano, exceto nos casos em que entre a citação e a sentença de primeira instância houver decorrido mais de um ano, hipótese em que o prazo será de seis meses (artigo 63, parágrafo 3º, da Lei nº 8.245/91). 2. A denúncia imotivada da locação, precisamente porque tem causa de pedir estranha àquelas previstas nos artigos 9º, inciso IV, e 53, inciso II, da Lei do Inquilinato, não determina a incidência do artigo 63, parágrafo 3º, da mesma lei. 3. Recurso não conhecido. (REsp 261.917/RJ, Rel. Ministro Hamilton Carvalhido, Sexta Turma, julgado em 07/02/2002)
CIVIL. LOCAÇÃO. AÇÃO DE DESPEJO POR FALTA DE PAGAMENTO. CÁLCULO DISCRIMINADO DO DÉBITO. DESNECESSIDADE. EXECUÇÃO PROVISÓRIA. CAUÇÃO. OBRIGATORIEDADE. ARTS. 62, I, 63 E 64 DA LEI Nº 8.245/91. - A regra imposta pelo art. 62, I da Lei nº º 8.245/91, ao determinar que deverá o autor, na inicial, apresentar memória discriminada do valor do débito, não se aplica em caso de ação de despejo por falta de pagamento não cumulada com o pedido de cobrança dos encargos locativos atrasados. - A Nova Lei do Inquilinato autoriza a execução provisória da sentença que julga procedente ação de despejo por falta de pagamento, desde que oferecida caução pelo locador, a quem é assegurado, inclusive, dar em garantia o próprio imóvel retomado. - Recurso especial parcialmente conhecido. (REsp 77.398/SP, Rel. Ministro Vicente Leal, Sexta Turma, julgado em 29/05/2001)
PROCESSO CIVIL. LOCAÇÃO. DESPEJO POR FALTA DE PAGAMENTO. EXECUÇÃO PROVISÓRIA DA SENTENÇA. CAUÇÃO. EXIGIBILIDADE. 1 - A execução provisória da sentença prolatada em ação de despejo por falta de pagamento deve ser precedida da necessária caução de que tratam os artigos 63, § 4º e 64, ambos da Lei nº 8.245/91, sob pena de violação à expressa disposição dessa norma legal. Precedentes. 2 - Recurso conhecido e provido. (REsp 299.448/RJ, Rel. Ministro Fernando Gonçalves, Sexta Turma, julgado em 24/04/2001)

509 FUX, Luiz. *Locações - processo e procedimentos.* 5ª ed. Niterói: Impetus, 2008, p. 93.

510 Art. 520. O cumprimento provisório da sentença impugnada por recurso desprovido de efeito suspensivo será realizado da mesma forma que o cumprimento definitivo, sujeitando-se ao seguinte regime: IV - o levantamento de depósito em dinheiro e a prática de atos que importem transferência de posse ou alienação de propriedade ou de outro direito real, ou dos quais possa resultar grave dano ao executado, dependem de caução suficiente e idônea, arbitrada de plano pelo juiz e prestada nos próprios autos.

511 SOUZA, Sylvio Capanema de. *A Lei do inquilinato comentada: artigo por artigo.* 12ª ed. Rio de Janeiro: Forense, 2020; VENOSA, Sílvio de Salvo. Lei do Inquilinato Comentada. 16ª ed. São Paulo: Atlas, 2021.

Art. 64. Salvo nas hipóteses das ações fundadas no art. 9°, a execução provisória do despejo dependerá de caução não inferior a 6 (seis) meses nem superior a 12 (doze) meses do aluguel, atualizado até a data da prestação da caução.

Daniela Muniz

Comentar artigo de lei de natureza processual cujo anteprojeto foi elaborado, dentre outros juristas competentes, pelo Mestre Sylvio Capanema é missão muito grata, pois se pode perceber, muito claramente, o olhar do advogado, para além do civilista, tão preocupado com a efetividade das normas de processo civil que estão insculpidas na lei nº 8.245/91, sendo impressionante constatar como é avançada e arrojada a parte processual dessa lei.

O artigo em comento trata da execução provisória da sentença de despejo e seus requisitos. A sentença que decreta o despejo rompe a locação e determina o desalijo. É sentença executiva *lato sensu*, modalidade muito comum hoje, mas prevista aqui na lei de locações muito antes que o Código de Processo Civil (CPC), mesmo o de 1973, conhecesse essa modalidade de execução que se dá em processo sincrético.

O CPC prevê o cumprimento provisório de sentença no artigo. 520 e seguintes, regulação direcionada à execução da obrigação de pagar quantia. A regra ora em comento aplica o sistema de execução provisória – ou cumprimento provisório da sentença –, para a sentença que decreta o despejo, que determina a entrega de coisa certa.

Os requisitos do sistema processual para o cabimento de execução provisória são a produção de efeitos da decisão e que ela não seja estável, por ser passível de modificação pela via recursal. *In casu*, é o que ocorre. De fato, de acordo com o artigo 58, V, da lei de locações, a sentença que decreta o despejo – e as sentenças em ações locatícias em geral – desafia apelação que é recebida sem o efeito suspensivo. Desse modo, a sentença nasce produzindo seus efeitos e é, portanto, passível de execução, desde logo, mesmo que esteja pendente da interposição e processamento de apelação.

Sylvio Capanema comemorou a regra trazida pela Lei nº 8.245/91:

> "Entre tantas estimulantes modificações, aplaudimos (...) a eliminação do efeito suspensivo dos recursos, tudo numa evidente demonstração de estar o legislador do inquilinato preocupado em transformar o processo em efetivo instrumento de realização da Justiça." (Da Locação do Imóvel Urbano. Forense: 2000, p. 377)

O objetivo do legislador é bem claro: permitir a eficácia da decisão que decreta o despejo, tendo em vista a necessidade de retomada do imóvel pelo locador e o equilíbrio do mercado de locações.

A sentença, no entanto, não estará dotada de estabilidade, podendo ser modificada pelo julgamento da apelação. Nesse caso, danos teriam sido suportados indevidamente pelo locatário que foi desalijado injustamente. Como minorar esses danos? Por isso, a lei prevê que a execução provisória dependerá de caução, que terá sido fixada pelo juiz na sentença, na forma prevista no artigo 63, §4º da lei em comento.

Questão interessante é saber quais as consequências da falta de fixação de ofício pelo juiz na sentença, ao decretar o desalijo. Capanema afirma que:

> "Nesse caso, tanto o autor quanto o réu poderão provocá-lo, pela via dos embargos de declaração, para que supra a omissão, obedecendo-se, a respeito, ao que dispõe o Código de Processo Civil, nos art.s 535 a 538.
>
> E se também as partes se omitirem, deixando escoar in albis, o prazo legal de cinco dias para interposição de embargos declaratórios?
>
> (...)
>
> Logo, nada impede que, ao dar início à execução provisória, o juiz arbitre a caução, se não o fez antes...(...)" (Obra citada, p. 457)

Importante lembrar que a realização de execução provisória em qualquer caso é uma faculdade do exequente, que, no entanto, uma vez que opte por realizá-la, estará sujeito aos efeitos legais. Capanema nos ensina que:

> "Criou-se, assim, o princípio da responsabilidade da parte pela execução do julgado, cabendo a ela decidir se lhe convém proceder à execução provisória, quando remotas as chances de acolhimento do recurso, ou aguardar o julgamento de instância revisora, para não correr o risco de ter de indenizar o recorrente." (Obra citada, p. 390)

Diferentemente do sistema do CPC, na lei de locações o legislador trouxe parâmetro para auxiliar o juiz na fixação da caução. Importante frisar que, embora se trate de obrigação de entregar coisa, não seria possível uma reversibilidade in natura, pois não cabe mandado de reocupação do imóvel. Portanto, no caso de reforma ou anulação da sentença de despejo em sede de apelação, a questão se resolverá sempre em perdas e danos.

Como afirma o artigo, entretanto, a determinação da caução ocorrerá, excluídas as situações de despejo fundadas no artigo 9º da lei de locações.

Como se disse, a lei nº 8.245/91 já previa originalmente parâmetros para a fixação da caução, mas na reforma trazida pela Lei nº12.112/2009, as hipóteses de dispensa de caução foram ampliadas para abrangência de todas as situações previstas no art. 9º (aplicavam-se, anteriormente, apenas aos incisos I, II e IV do art. 9°) e o valor da caução foi reduzido no mínimo e no máximo, para valor não inferior a 6 (seis) meses nem superior a 12 (doze) meses do aluguel de forma mais consentânea com a realidade (o texto anterior previa que a caução fosse fixada em valor não inferior a doze meses e nem superior a dezoito meses do aluguel).

Note-se que o objetivo da redução foi ampliar a proteção ao locador, pela frente ao locatário inadimplente, o que tem sido uma tendência do legislador pátrio. Ademais, se a própria lei locatícia prevê para o caso de despejo liminar a prestação de caução de 3 vezes o valor do aluguel, não faria nenhum sentido exigir caução tão superior para a execução provisória da sentença, já que em qualquer caso de despejo não haverá a possibilidade de um mandado de reocupação, como prevê, de forma mais protetiva, o direito Português.

De fato, nas hipóteses do art. 9º o legislador fez a opção por uma ponderação de interesses. Assim, prevaleceu o interesse do locador, que tem premência na realização do despejo, mesmo porque são os casos considerados de infrações graves, nos quais a chance de êxito do locatário, em sede recursal, é muito remota. Já se estaria aí diante de uma situação de provimento judicial baseado em juízo de evidência, o que só mais tarde chegaria de forma sistematizada ao ordenamento processual civil.

A ampliação da dispensa de caução para todas as hipóteses de infração grave do artigo 9º da lei locatícia encerrou antiga divergência doutrinária e jurisprudencial acerca de sua aplicação aos casos de despejo fundado na falta de pagamento, muito embora o posicionamento prevalente já incluísse a falta de pagamento na previsão do inciso II, conforme divulgado no Informativo nº 469 do Superior Tribunal de Justiça:

> "LOCAÇÃO. DESPEJO. EXECUÇÃO PROVISÓRIA. CAUÇÃO.
>
> Para que a caução seja dispensada na execução provisória, o único requisito que a lei impõe é que a causa de pedir da ação de despejo seja o descumprimento de mútuo acordo (art. 9º, I, da Lei nº 8.245/1991), a prática de infração legal ou contratual (art. 9º, II) ou a necessidade de reparações urgentes determinadas pelo Poder Público (art. 9º, IV). Ocorre que o caput do art. 64 da Lei nº 8.245/1991, com a redação anterior à Lei nº 12.112/2009, deter-

> minava que, salvo nas hipóteses das ações fundadas nos incisos I, II e IV do art. 9° (explicitados acima), a execução provisória do despejo dependia de caução. Assim, para a Min. Relatora, embora a Lei nº 8.245/1991 não tenha incluído expressamente o inciso III do art. 9º como hipótese de dispensa de caução, a falta de pagamento do aluguel e demais encargos pelo locatário constitui infração que está acobertada pelo inciso II do art. 9º e, nessa hipótese, dispensa-se a caução para a execução provisória do despejo, visto que não deve prevalecer uma interpretação literal do art. 64 da citada lei de locação. Anota que o despejo funda-se na falta de pagamento, sendo, portanto, dispensável a exigência de caução. Com esse entendimento, a Turma negou provimento ao recurso. Precedente citado: AgRg no Ag 663.548-MS, DJ 10/4/2006." REsp 1.207.793-MG, Rel. Min. Nancy Andrighi, julgado em 14/4/2011.

Não significa que não haja reversibilidade - ao menos relativa - com futura indenização, mas não precisou garantir o juízo com a caução, ficando menos garantida a posição futura do locatário. Assim, importante frisar que a execução provisória da sentença de despejo fundado nas hipóteses do artigo 9º corre por conta e risco do exequente, mas não haverá a necessidade de prestar caução para o ato naturalmente danoso que é o desalijo.

O CPC de 2015, entretanto, ampliou, na sistemática geral, as situações de dispensa de caução em seu artigo 521. Seriam essas situações aplicáveis, também, para a sentença de despejo?

Podemos entender que Capanema, a princípio, entende que não, pois sustenta que as causas de dispensa do CPC não se plicam aqui:

> "Fácil é perceber, pela descrição das modalidades da caução e do procedimento para que ela se efetive, que há uma profunda diferença entre o que dispõe a Lei do Inquilinato e o Código de Processo Civil.
>
> A primeira diferença é que, na ação de despejo, a prestação da caução é condição sine qua non para que se promova a execução provisória, o que não se verifica na lei de regência, onde é possível, em certos casos, dispensá-la." (obra citada, p. 456)

Nos parece, contudo, que o juiz poderá aplicar na execução da sentença de despejo as hipóteses previstas no artigo 521 do CPC, por conta da aplicação do princípio da subsidiariedade, já que não há nenhuma incompatibilidade entre os sistemas:

> "Art. 79. No que for omissa esta lei aplicam-se as normas do Código Civil e do Código de Processo Civil." (Lei nº 8.245/91)

§ 1º A caução poderá ser real ou fidejussória e será prestada nos autos da execução provisória.

Genericamente, podemos dizer que a caução é modalidade de garantia pessoal que coloca o credor de uma obrigação em posição de vantagem para o recebimento de seu crédito, mas com vantagem relativa, já que não vincula o objeto da garantia à execução futura da obrigação.

In casu, a caução real será a garantia dada pelo locador com bens do seu patrimônio, para garantir o juízo que ele possui bens suficientes para responder pelos danos que a execução provisória da sentença de despejo possa vir a causar, caso ela seja futuramente reformada pelo tribunal. Assim, o locador demonstrará higidez patrimonial para o valor determinado pelo juiz, com base nos parâmetros legais - não inferior a 6 (seis) meses nem superior a 12 (doze) meses do aluguel.

De outro lado, a caução fidejussória se dará quando o locador trouxer à relação processual um terceiro que venha a garantir aquela obrigação processual com seu próprio patrimônio. Esse terceiro, portanto, assumirá o papel de fiador judicial, podendo ser executado futuramente, independentemente de não ter participado da fase cognitiva do processo, já que sua vinculação decorre de ter se obrigado diretamente perante o Estado-juiz e não na relação obrigacional de direto material.

A lei não prevê, expressamente, a caução em dinheiro. Na verdade, porque essa garantia - depositar dinheiro à disposição do Estado-juiz - vai bastante além dos objetivos da garantia pessoal da caução. Mas, quem pode o mais, pode o menos e, assim, será possível, ainda, a prestação de caução em dinheiro.

§ 2º Ocorrendo a reforma da sentença ou da decisão que concedeu liminarmente o despejo, o valor da caução reverterá em favor do réu, como indenização mínima das perdas e danos, podendo este reclamar, em ação própria, a diferença pelo que a exceder.

A regra prevista nesse parágrafo tem um objeto que não pode ser alcançado na forma prevista pelo legislador: a redação da lei pressupõe que o valor da caução "reverterá" em favor do réu - locatário. Isso não é, no entanto, possível, assim simplesmente. De fato, como se percebeu, a caução será real ou fidejussória e, nos dois casos, se dá sobre bem - do próprio locatário ou de terceiro, conforme a hipótese. Assim, não é possível a mera "reversão", ainda que se trate de caução prestada em dinheiro. Será necessário que o locatário, ora credor do valor da caução, realize no mesmo processo a execução por quantia certa para que possa atingir o patrimônio do devedor - locador.

No mesmo sentido, de forma visionária, antes mesmo da adoção da atual sistemática de execução sincrética para o título judicial, já previa Capanema:

> "Partindo desta premissa básica, e apesar da redação do já citado § 2º do art. 64, parece-nos que sua interpretação correta deveria ser o seguinte:
>
> a) ocorrendo a reforma da sentença ou da decisão que concedeu liminarmente o despejo, proceder-se-á à liquidação das perdas e danos sofridos pelo réu;
>
> b)apurado o quantum debeatur, proceder-se-á à execução por quantia certa contra o devedor solvente, pelo montante devido; (...)
>
> f) se, com a utilização da garantia, o locatário não conseguisse receber tudo o que lhe fosse devido, outros bens do devedor seriam penhorados. (...)" (Obra citada, p. 460)

Ousamos divergir do Professor Capanema, entretanto, no entendimento de que em se tratando de caução em dinheiro, seria possível, tão somente, o levantamento da quantia, sem inaugurar o procedimento executivo, o que ofende o devido processo legal. Ele fundamenta na dificuldade "do levantamento da caução, retardando, é claro, a indenização do réu, já prejudicado pela execução açodada do despejo, o que, certamente, a lei procurou compensar" (Obra citada, p. 461). Apesar do argumento tão pragmático, preferimos ficar ao lado de uma ordem jurídica justa que só permita atos processuais forçados de materialização de um direito diante das garantias processuais.

Interessante pensar no conceito de "indenização mínima" prevista no dispositivo legal. Seria uma espécie de liquidez antecipada pela lei, pois o valor efetivo do dano sofrido será apurado pela via própria. Aparentemente, o legislador de forma pragmática, quis antecipar um valor possivelmente "justo", pensando em desencorajar o locatário e ir buscar apuração do valor real.

Em nosso ordenamento, hipótese semelhante ocorre na sentença penal condenatória, onde o art. 387, IV, do CPP, prevê que o juiz penal, ao proferir sentença penal condenatória, fixará indenização mínima, mas, de acordo com o artigo 63 do mesmo diploma, cujo valor real será apurado em sede de liquidação. A norma foi inserida no CPP em 2008.

Percebe-se que caminhou melhor o legislador naquela norma. De fato, ao perquirir o valor real em sede de liquidação, significa que o mesmo se dará no próprio processo em que se poderá fazer a execução da indenização mínima.

Aqui na seara locatícia, ao contrário, o legislador afirma expressamente que a diferença que exceder (ou seja, o valor real) teria que ser apurado em ação própria. Estranho parece, portanto, que haja título executivo para executar o locador pelo valor fixado à título de caução, mas que não haja título executivo – a depender somente da liquidação da extensão do dano – para executar a diferença, precisando a matéria ser discutida no âmbito de um processo de conhecimento, aonde poderão, inclusive, ser negados *an* e *quid debeatur* e não somente para apurar o *quantum debeatur*.

Art. 65. Findo o prazo assinado para a desocupação, contado da data da notificação, será efetuado o despejo, se necessário com emprego de força, inclusive arrombamento.

Daniela Muniz

O prazo para desocupação varia, conforme a hipótese de despejo, na forma do disposto no artigo 63, mas são comuns as situações legais em que o prazo será de 15 dias.

O legislador, em nomenclatura mais afim ao código de 1939, diz que o prazo será contado da data da notificação. Frise-se que o nosso CPC de 2015, assim como o CPC de 1973, não contempla a notificação como meio de comunicação processual, aplicando-se, in casu, as regras referentes à intimação (artigo 269 e seguintes, CPC). No caso do despejo, por se tratar de ato material, deverá ser feita intimação pessoal.

A lei locatícia prevê o despejo com emprego da força, se necessário, inclusive sendo cabível o arrombamento, com o emprego de força, que aqui é referência à força policial.

José Guy de Carvalho Pinto assevera que "A lei vigente não mais elege condição de que o despejo seja providenciado por dois oficiais de justiça, como constava da que a antecedeu (art. 43, § 1º, da Lei nº 6.649/79)" (Locação e Ações Locativas. Editora Saraiva: 1997, p. 654).

Importante lembrar, entretanto, a aplicação analógica das regras previstas no CPC referentes à execução para entrega de coisa certa (v. art. 538, § 3º, e 536, § 2º), especificamente a imissão na posse, onde a diligência deverá ser cumprida por dois oficiais de justiça.

Importante frisar, ademais, que, muito embora, de regra, o cumprimento do mandado de imissão na posse seja suficiente para gerar o cumprimento forçado da obrigação, não se olvida da possibilidade de o juiz estabelecer medidas executivas diferentes da prevista em lei, em observância ao princípio da atipicidade dos meios executivos.

§ 1º Os móveis e utensílios serão entregues à guarda de depositário, se não os quiser retirar o despejado.

O legislador prevê aqui a figura do depositário fiel para fazer a guarda dos bens móveis e utensílios do locatário, caso esse não venha a retirar os bens, o que será feito por analogia aos termos do artigo 840, II, CPC, como meio de dar maior efetividade à norma que determina o despejo e seguirá as normas do Código Civil sobre o depósito de bens.

Os bens devem ser levados ao depositário judicial e, na falta deste, outro depositário será nomeado pelo juiz, podendo ser até mesmo o próprio locador.

> "Numa e noutra instância, as despesas com o deslocamento e vigilância, além de acréscimos dos demais ônus judiciais, ficarão contabilizados à responsabilidade do locatário." (Obra citada, p. 655)

Importante frisar que os móveis e utensílios que não sejam retirados pelo locatário não podem ser consideradas coisas abandonadas, conforme já decidiu o Superior Tribunal de Justiça, em decisão monocrática:

> "Trata-se de agravo de instrumento interposto por OLÁVIA DUCCI, em face de decisão do Vice-Presidente do 2º Tribunal de Alçada Cível do Estado de São Paulo, indeferitória do processamento de recurso especial fundado na letra "a", do art. 105, da Carta Política, contra acórdão daquele Pretório que indeferiu o pedido da recorrente de transferência da propriedade de bens encontrados em prédio objeto de despejo, sob o propósito de serem coisas abandonadas.
> A irresignação da agravante não merece prosperar, porquanto a jurisprudência da Corte é no sentido preconizado pelo acórdão recorrido, verbis:
> "RESP – LOCAÇÃO – RELAÇÃO LOCATÍCIA DESCONSTITUÍDA – BENS DEIXADOS PELO INQUILINO NO IMÓVEL – Os móveis e utensílios deixados, no imóvel, pelo inquilino devem ser entregues à guarda de depositário.

O instituto do "abandono" reclama comprovação do animus." (REsp nº 181.405/SP, DJ 14/12/98, Rel. Ministro LUIZ VICENTE CERNICCHIARO) Do acórdão acima, transcrevo o seguinte trecho: "Ora, o alegado assenhoramento é, indubitavelmente, defeso em lei face ao disposto no artigo 65, § 1º da Lei do Inquilinato. Ademais, tal incorporação patrimonial caracteriza verdadeira legitimação da apropriação indébita, haja vista ser o Recorrente guincheiro e haver em sua posse bens de terceiros, além de seus apetrechos indispensáveis à consecução de seu labor.

Outro aspecto a ser analisado é o conceito de bem abandonado. Para caracterizar-se o abandono é indispensável a renunciar ao dominus da res. Esta intenção há de ser patente e insofismável para evidenciar desapreço e a – desafetação – do bem ao patrimônio do senhorio. Torna-se coisa sem dono.

Obviamente não foi que ocorreu no caso em exame. A propósito, grande parte dos bens deixados no imóvel locado pertencem a terceiros não podendo serem tidos como abandonados e, quiçá, incorporados pelo instituto da ocupação como entendeu o v. acórdão a quo. Esse entendimento traz complicações extra contrato locatício, ao passo que se assenhora o locador de bens pertencentes a proprietários direto e indireto, sem dar ouvidos aos seus legítimos senhores.

Por último, a manutenção da figura do assenhoramento aplicada ao caso vertente viola não somente preceitos infraconstitucionais, assim como as garantias constitucionais do direito à propriedade assegurados na Carta Política."

Nesse contexto, nos termos do art. 557 do CPC, com redação dada pela Lei nº 9.756/98, não há motivo para se deferir seguimento ao recurso especial.

Ante o exposto, nego provimento ao agravo.

Publique-se e intime-se.

Brasília, 29 de fevereiro de 2000." (AG 281543 – STJ – Rel. Min. FERNANDO GONÇALVES – Publicação 9.3.2000)

§ 2° O despejo não poderá ser executado até o trigésimo dia seguinte ao do falecimento do cônjuge, ascendente, descendente ou irmão de qualquer das pessoas que habitem o imóvel.

Por razões humanitárias, em respeito ao luto e à dignidade da pessoa humana (art. 1º, III, CF), prevê o legislador o não cumprimento da ordem de desalijo nos 30 dias seguintes ao falecimento de certos familiares de quaisquer das pessoas que habitem o imóvel - chamado "período de nojo" -, em previsão que não era estranha ao CPC, que tem regra semelhante para realização de citação (art.244, II), mas com prazo bem menor, tendo em vista que os efeitos da citação são mais processuais, do que materiais (apesar da interrupção da prescrição e da constituição em mora), enquanto que o desalijo impacta diretamente a vida material do locatário.

Percebe-se aqui, muito claramente, o olhar carinhoso e caridoso do nosso homenageado, membro da comissão do anteprojeto da lei locatícia, Sylvio Capanema, que a par de atuar sempre de forma profundamente técnica, deixava transparecer em muitos momentos, até mesmo pela letra da lei, o ser humano solidário e fraterno que sempre foi e será.

Art. 66. Quando o imóvel for abandonado após ajuizada a ação, o locador poderá imitir-se na posse do imóvel.
Haroldo Lourenço

O dispositivo não faz alusão à verificação do estado de abandono do imóvel, o que não faz concluir que o Locador poderá, por ato próprio, arrombar a porta ou mudar a fechadura[512].

Deve, portanto, o Locador requerer ao juízo mandado de imissão na posse, qualquer que seja a fase do processo, bem como será possível mandado de verificação a ser cumprido, por exemplo, por oficial de justiça.

É ônus do Locador demonstrar o abandono, podendo se valer de prova testemunhal documentada por meio, por exemplo, de ata notarial (art. 384 do CPC/15), do contrário, o magistrado deverá indeferir a imissão, prosseguindo a ação de despejo.

Constatado o abandono, tratando-se de ação de despejo sem pedido de

512 SOUZA, Sylvio Capanema de. A lei do inquilinato comentada. 6 ed. Rio de Janeiro: GZ Ed., 2010, p. 304.

cobrança cumulado, a demanda será extinta pela falta de interesse de agir superveniente (art. 485, VI CPC/15) caso ocorra antes da citação do réu ou, do contrário, caso o abandono ocorra após a citação do Locatário, haverá um reconhecimento tácito da procedência do pedido, gerando extinção com resolução de mérito (art. 485, III, "a" CPC/15), com imposição dos ônus de sucumbência ao Locatário (art. 90 §1º CPC/15).

Art. 67. Na ação que objetivar o pagamento dos aluguéis e acessórios da locação mediante consignação, será observado o seguinte:

I - a petição inicial, além dos requisitos exigidos pelo art. 282 do Código de Processo Civil, deverá especificar os aluguéis e acessórios da locação com indicação dos respectivos valores;

II - determinada a citação do réu, o autor será intimado a, no prazo de vinte e quatro horas, efetuar o depósito judicial da importância indicada na petição inicial, sob pena de ser extinto o processo;

III - o pedido envolverá a quitação das obrigações que vencerem durante a tramitação do feito e até ser prolatada a sentença de primeira instância, devendo o autor promover os depósitos nos respectivos vencimentos;

IV - não sendo oferecida a contestação, ou se o locador receber os valores depositados, o juiz acolherá o pedido, declarando quitadas as obrigações, condenando o réu ao pagamento das custas e honorários de vinte por cento do valor dos depósitos;

V - a contestação do locador, além da defesa de direito que possa caber, ficará adstrita, quanto à matéria de fato, a:

a) não ter havido recusa ou mora em receber a quantia devida;

b) ter sido justa a recusa;

c) não ter sido efetuado o depósito no prazo ou no lugar do pagamento;

d) não ter sido o depósito integral;

VI - além de contestar, o réu poderá, em reconvenção, pedir o despejo e a cobrança dos valores objeto da consignatória ou da diferença do depósito inicial, na hipótese de ter sido alegado não ser o mesmo integral;

VII - o autor poderá complementar o depósito inicial, no prazo de cinco dias contados da ciência do oferecimento da resposta, com acréscimo de dez por cento sobre o valor da diferença. Se tal ocorrer, o juiz declarará quitadas as obrigações, elidindo a rescisão da locação, mas imporá ao autor-reconvindo a responsabilidade pelas custas e honorários advocatícios de vinte por cento sobre o valor dos depósitos;

VIII – havendo, na reconvenção, cumulação dos pedidos de rescisão da locação e cobrança dos valores objeto da consignatória, a execução desta somente poderá ter início após obtida a desocupação do imóvel, caso ambos tenham sido acolhidos.

Parágrafo único. O réu poderá levantar a qualquer momento as importâncias depositadas sobre as quais não penda controvérsia.

Luciano Rinaldi

Consignação de aluguéis e acessórios da locação

O artigo 67 da Lei do Inquilinato trata da ação de consignação de aluguel e acessórios da locação.

A ação de consignação em pagamento, enquanto forma indireta de extinção da obrigação, possibilita ao locatário depositar em juízo o valor dos aluguéis e acessórios da locação caso haja algum fato que impeça ou dificulte o pagamento direto ao locador.

Também se admite o manejo da ação consignatória prevista no artigo 67 para devolução do imóvel, mediante a entrega das chaves em juízo, pondo fim ao contrato de locação.

Requisitos da petição inicial – especificação de aluguéis e acessórios da locação, com indicação dos valores

Nos termos do inciso I, a petição inicial deve atender os requisitos formais da lei processual civil. A lei faz referência ao artigo 282 do Código de Processo Civil de 1973, devendo hoje ser consultado o artigo 319 da lei processual vigente, de 2015.

Deverão ser especificados na petição inicial os aluguéis e acessórios da locação, com indicação dos referidos valores. Caso a regra não seja observada, o juiz deverá intimar o autor para emendar a inicial, no prazo de 15 dias, esclarecendo o ponto a ser ajustado ou complementado, sob pena de indeferimento da petição (CPC, art. 321, p.u.)[513].

No caso de consignação de aluguéis e acessórios da locação, deverá o autor da consignatória demonstrar necessariamente a *mora accipiendi*, ou seja, a injusta recusa do locador em receber a prestação ajustada.

513 Art. 321. O juiz, ao verificar que a petição inicial não preenche os requisitos dos arts. 319 e 320 ou que apresenta defeitos e irregularidades capazes de dificultar o julgamento de mérito, determinará que o autor, no prazo de 15 (quinze) dias, a emende ou a complete, indicando com precisão o que deve ser corrigido ou completado.
Parágrafo único. Se o autor não cumprir a diligência, o juiz indeferirá a petição inicial.

Citação do réu para defesa e intimação do autor para depósito

Estando em termos a petição inicial, o juiz ordenará a citação do réu para defesa e, ainda, a intimação do autor, na pessoa de seu advogado, para efetuar o depósito judicial dos aluguéis e acessórios da locação, conforme indicados pelo próprio autor, no prazo de 24 horas. Em relação a esse prazo, nos termos do artigo 542, I do CPC, o depósito poderá ser feito em até 5 dias a partir do deferimento.[514] Não sendo realizado o depósito, a ação será extinta.

Depósito das obrigações que se vencerem durante a tramitação do feito e até ser prolatada a sentença – necessidade de nova consignatória para depósitos posteriores

Após o depósito inicial, caberá ao autor da consignatória realizar o depósito das parcelas vincendas no mesmo processo, sem maiores formalidades, sempre no prazo de até 5 dias de cada vencimento. O depósito das parcelas que se vencerem no curso da ação deverão ser realizados até a prolação da sentença.

Será necessário o ajuizamento de nova ação consignatória para o depósito das parcelas com vencimento posterior à data de publicação da sentença, caso persista a recusa do locador, naturalmente. Não é admissível a realização dos depósitos, nos mesmos autos, após a prolação da sentença, em qualquer instância.

Ausência de contestação ou recebimento de valores pelo locador – custas e honorários

Não sendo oferecida contestação, ou em caso de anuência pelo locador dos valores depositados, a ação será julgada procedente, com quitação das parcelas e extinção da obrigação, respondendo o réu pelos ônus da sucumbência.

Havendo resistência, o réu somente poderá alegar, além de questões de direito: a) ausência de recusa ou mora em receber, b) que a recusa foi justa, c) que o depósito não foi efetuado no prazo ou no lugar do pagamento; d) que o depósito foi insuficiente.

Em relação à condenação em honorários sucumbenciais, embora o texto legal mencione o teto máximo de 20% sobre o valor dos depósitos, o juiz pode-

514 Art. 542. Na petição inicial, o autor requererá:
I – o depósito da quantia ou da coisa devida, a ser efetivado no prazo de 5 (cinco) dias contados do deferimento, ressalvada a hipótese do art. 539, § 3º;
II – a citação do réu para levantar o depósito ou oferecer contestação.
Parágrafo único. Não realizado o depósito no prazo do inciso I, o processo será extinto sem resolução do mérito.

rá arbitrá-los dentro dos patamares previstos no parágrafo 2º do artigo 85 do Código de Processo Civil.[515]

Reconvenção pelo locador

De acordo com o inciso VI, além de contestar o pedido consignatório, o réu poderá reconvir pedindo o despejo pelo não pagamento das diferenças e aluguéis ou encargos da locação, inclusive cobrando o valor do débito que vier a ser apurado.

Importante perceber que, pela nova sistemática da lei processual civil, o pedido reconvencional deverá ser deduzido na própria contestação, e não de forma autônoma, como ocorria no Código anterior (CPC, art. 343)[516].

Consoante lição doutrinária de Fredie Didier Jr.[517]:

> "A reconvenção deve ser apresentada no mesmo prazo da contestação e na mesma peça em que ela é apresentada, sob pena de preclusão consumativa.
>
> Os prazos especiais de defesa, já vistos, se estendem à reconvenção.
>
> Reconvenção e contestação são apresentadas em uma única peça processual (art. 343, caput, CPC). Mas o réu pode reconvir independentemente de contestar, se esta for a sua vontade (art. 343, §6º, CPC)."

---

515 Art. 85. (...)
§ 2º Os honorários serão fixados entre o mínimo de dez e o máximo de vinte por cento sobre o valor da condenação, do proveito econômico obtido ou, não sendo possível mensurá-lo, sobre o valor atualizado da causa, atendidos:
I - o grau de zelo do profissional;
II - o lugar de prestação do serviço;
III - a natureza e a importância da causa;
IV - o trabalho realizado pelo advogado e o tempo exigido para o seu serviço.

516 Art. 343. Na contestação, é lícito ao réu propor reconvenção para manifestar pretensão própria, conexa com a ação principal ou com o fundamento da defesa.
§ 1º Proposta a reconvenção, o autor será intimado, na pessoa de seu advogado, para apresentar resposta no prazo de 15 (quinze) dias.
§ 2º A desistência da ação ou a ocorrência de causa extintiva que impeça o exame de seu mérito não obsta ao prosseguimento do processo quanto à reconvenção.
§ 3º A reconvenção pode ser proposta contra o autor e terceiro.
§ 4º A reconvenção pode ser proposta pelo réu em litisconsórcio com terceiro.
§ 5º Se o autor for substituto processual, o reconvinte deverá afirmar ser titular de direito em face do substituído, e a reconvenção deverá ser proposta em face do autor, também na qualidade de substituto processual.
§ 6º O réu pode propor reconvenção independentemente de oferecer contestação.

517 DIDIER JR., Fredie. Curso de direito processual civil: introdução ao direito processual civil, parte geral e processo de conhecimento - 20ª ed. - Salvador: Ed. Jus Podivm, 2018, p. 763.

Complementação do depósito

Na forma do inciso VII, caso o réu alegue insuficiência do depósito inicial, o autor poderá complementá-lo no prazo de 5 dias, contados da intimação para se manifestar sobre a contestação. Nesse caso, haverá um acréscimo de 10% sobre o valor da diferença. Sendo regular a complementação, o juiz declarará quitadas as obrigações, com rescisão do contrato, cabendo ao autor da consignatória a responsabilidade pelo pagamento das custas e honorários sucumbenciais, estes arbitráveis conforme os patamares e critérios definidos no artigo 85, § 2º da lei processual civil, tomando como base de cálculo o valor dos depósitos.

Reconvenção cumulando pedidos de rescisão do contrato de locação e cobrança dos valores objeto da ação consignatória – possibilidade de execução antes da desocupação, e não após

Caso seja acolhido o pedido de despejo formulado na reconvenção, será possível a execução dos aluguéis antes da desocupação de imóvel, e não após, caso ambos os pedidos tenham sido acolhidos.

Tal interpretação busca conciliar o artigo 67, VIII com o artigo 62, VI, ambos da Lei do Inquilinato, este último autorizando a execução antes da desocupação do imóvel nas ações de despejo fundadas na falta de pagamento cumuladas com pedido de rescisão da locação e cobrança de aluguéis, caso todos tenham sido acolhidos. Nada justifica, portanto, que apenas por se tratar de reconvenção, na qual também se cumulam pedidos de rescisão da locação e cobrança de valores inadimplidos pelo locatário, que o tratamento legal seja diverso, ou seja, para autorizar a execução somente após a desocupação do imóvel, e não antes.

Sylvio Capanema de Souza[518], ao analisar os referidos dispositivos legais, mostra-se categórico:

> "Havendo cumulação de pedidos, de rescisão da locação e de cobrança dos aluguéis, a execução desta pode ter início antes da desocupação do imóvel, caso ambos tenha sido acolhidos.
>
> O dispositivo é inteiramente inútil.
>
> A desocupação do imóvel nada tem a ver com a cobrança do aluguel, que pode ser feita antes da ação de despejo, no curso da ação de despejo ou depois dela, ou ainda, antes ou depois da desocupação do imóvel.

518 SOUZA, Sylvio Capanema. A Lei do Inquilinato Comentada. 8ª Edição, Rio de Janeiro: Forense, 2012, p. 292 e 324.

A execução de uma sentença nunca fica na dependência da execução de outra, a não ser, é claro, no caso de prejudicialidade.

Mas esta não é a hipótese, já que os aluguéis representam um título executivo, no qual estão reunidos todos os requisitos que a lei exige para a execução, não se podendo admitir que nenhum outro provimento judicial possa obstar a cobrança. (...)

Se houver reconvenção, em que pede o réu a decretação do despejo por falta de pagamento e cobrança dos valores que são objeto da consignatória, estabelece o inciso VIII que a execução só poderá ter início após obtida a desocupação do imóvel, caso ambos tenham sido acolhidos.

O dispositivo é de todo infeliz e colide, inclusive, com o que dispõe o artigo 62, inciso VI.

Julgado procedente o pedido de despejo, nada impede a execução dos aluguéis antes que se proceda a desocupação do imóvel".

Levantamento das parcelas incontroversas, a qualquer momento

Se não houver controvérsia quanto às parcelas depositadas pelo autor, o réu poderá, a qualquer tempo e sem maiores dificuldades, levantar os valores consignados, seguindo a ação em relação às diferenças controvertidas.

Art. 68. Na ação revisional de aluguel, que terá o rito sumário, observar-se-á o seguinte: (Redação dada pela Lei nº 12.112, de 2009)

I – além dos requisitos exigidos pelos arts. 276 e 282 do Código de Processo Civil, a petição inicial deverá indicar o valor do aluguel cuja fixação é pretendida;

II – ao designar a audiência de conciliação, o juiz, se houver pedido e com base nos elementos fornecidos tanto pelo locador como pelo locatário, ou nos que indicar, fixará aluguel provisório, que será devido desde a citação, nos seguintes moldes: (Redação dada pela Lei nº 12.112, de 2009)

a) em ação proposta pelo locador, o aluguel provisório não poderá ser excedente a 80% (oitenta por cento) do pedido; (Incluída pela Lei nº 12.112, de 2009)

b) em ação proposta pelo locatário, o aluguel provisório não poderá ser inferior a 80% (oitenta por cento) do aluguel vigente; (Incluída pela Lei nº 12.112, de 2009)

III – sem prejuízo da contestação e até a audiência, o réu poderá pedir seja revisto o aluguel provisório, fornecendo os elementos para tanto;

IV – na audiência de conciliação, apresentada a contestação, que deverá conter contraproposta se houver discordância quanto ao valor pretendido, o juiz tentará a conciliação e, não sendo esta possível, determinará a realização de perícia, se necessária, designando, desde logo, audiência de instrução e julgamento; (Redação dada pela Lei nº 12.112, de 2009)

V – o pedido de revisão previsto no inciso III deste artigo interrompe o prazo para interposição de recurso contra a decisão que fixar o aluguel provisório. (Incluído pela Lei nº 12.112, de 2009)

§ 1º Não caberá ação revisional na pendência de prazo para desocupação do imóvel (arts. 46, parágrafo 2º e 57), ou quando tenha sido este estipulado amigável ou judicialmente.

§ 2º No curso da ação de revisão, o aluguel provisório será reajustado na periodicidade pactuada ou na fixada em lei.

Art. 69. O aluguel fixado na sentença retroage à citação, e as diferenças devidas durante a ação de revisão, descontados os alugueres provisórios satisfeitos, serão pagas corrigidas, exigíveis a partir do trânsito em julgado da decisão que fixar o novo aluguel.

§ 1º Se pedido pelo locador, ou sublocador, a sentença poderá estabelecer periodicidade de reajustamento do aluguel diversa daquela prevista no contrato revisando, bem como adotar outro indexador para reajustamento do aluguel.

§ 2º A execução das diferenças será feita nos autos da ação de revisão.

Art. 70. Na ação de revisão do aluguel, o juiz poderá homologar acordo de desocupação, que será executado mediante expedição de mandado de despejo.

Rodrigo Fux

Considerações iniciais

Honra-me o Instituto Nêmesis com o convite para participar desta obra coletiva, em forma de comentários à Lei do Inquilinato (Lei nº 8.425/1991), tema este que Sylvio Capanema de Souza era indiscutivelmente referência Brasil a fora e fonte de pesquisa de todos os estudantes e estudiosos do Direito. Nesse tópico dedicado à "Ação Revisional de Aluguel", procurarei formular algumas considerações que reputo relevantes sobre o tema, esperando, genuinamente, que elas alcancem a altura do tributo merecido pelo homenageado.

A ação revisional de aluguel constitui uma das quatro ações locatícias típicas previstas na Lei nº 8.245/1991, que busca corrigir anomalias e adequar uma das obrigações no decorrer da execução do contrato de locação diante da realidade.

Como cediço, a locação é essencialmente de natureza onerosa[519], comutativa[520] e de execução sucessiva, isto é, ajustam as partes a retribuição que será devida em contrapartida à cessão, por tempo determinado ou não, do uso e gozo de coisa não fungível.

De acordo com os ensinamentos do mestre Sylvio Capanema, a Lei nº 8.245/1991 estabeleceu, para os casos em que o equilíbrio entre os valores da prestação (cessão do uso e gozo) e da contraprestação (aluguel) "*venha a ser abalado, no curso de sua duração, pelas alterações sofridas pelo mercado, em decorrência do comportamento errático de nossa economia*"[521], a possibilidade de requererem "*revisão judicial do aluguel, a fim de ajustá-lo ao preço de mercado*" (art. 19 da Lei nº 8.245/1991).

Portanto, por intermédio da ação revisional de aluguel, a Lei nº 8.245/1991 oferece aos contratantes um instrumento para corrigir a defasagem entre o valor locativo contratado e o valor locativo de mercado[522]. Não qualquer defasagem, mas especificamente aquela que tenha causa efetiva em oscilações no valor de mercado. Quando originada da corrosão do valor da moeda por ação da inflação, a defasagem se corrige por meio do reajuste definido no contrato (índice e periodicidade).

Aos olhos da jurisprudência, a ação revisional é "*um instrumento jurídico para a manutenção do equilíbrio econômico do contrato*"[523], colocado à dispo-

519 A natureza onerosa pode ser inferida, no caso da locação de coisas, da redação dada ao artigo 565 do Código Civil de 2002; no caso da locação de prédio urbano, da previsão na Lei nº 8.245/1991 de disposições específicas sobre a retribuição devida pelo locatário como contraprestação (artigos 17 a 21), incluindo o estabelecimento de reajuste do aluguel como forma de preservação da comutatividade entre prestação e contraprestação e da previsão da revisão judicial.

520 SOUZA, Sylvio Capanema de. A lei do inquilinato comentada. 8ª ed. Rio de Janeiro: Forense, 2012, p. 329.

521 SOUZA, Sylvio Capanema de, op. cit., nota 2, p. 329.

522 "A revisão do aluguel cumpre o desígnio acima e consiste na modificação do pactuado pelas partes, através da intervenção do Estado no domínio econômico do contrato permitindo uma atualização do aluguel mediante amplo debate em juízo, com escopo de se alcançar o preço de mercado atual do imóvel." (FUX, Luiz. Locações: processo e procedimentos. 3ª ed. Rio de Janeiro: Editora Destaque, 1999, p. 308).

523 STJ, AgRg no REsp 1.206.723/MG, Relator Ministro Jorge Mussi, 5ª Turma, j. em 17/05/2012; STJ, AgRg no AREsp 184.299/DF, Relator Ministro Sidnei Beneti, 3ª Turma, j. em 27/11/2012; STJ, REsp 1.300.831/PR, Relator Ministro Marco Buzzi, 4ª Turma, j. em 27/03/2014.

sição dos contratantes nos casos de superveniente *"alteração das bases econômicas iniciais do contrato"*[524]. Tanto a alteração que favorece o locador quanto a que beneficia o locatário.

O contratante poderá pretender a revisão judicial do aluguel, da cláusula de reajuste ou de qualquer outra cláusula econômica com repercussão na comutatividade do negócio jurídico[525]. Seja qual for o objeto da revisão pretendida, o Judiciário intervém em prol do equilíbrio[526].

Dispõe o art. 19 da Lei nº 8.245/1991 que a revisão judicial poderá ser postulada *"após três anos de vigência do contrato ou do acordo anteriormente realizado"*. Estabeleceu a lei requisito temporal que condiciona o cabimento da ação locatícia típica nela prevista. Importante registrar que a sub-rogação ocorrida no pacto locatício (na posição de locador ou de locatário) não interfere no cômputo do triênio legal[527], tampouco a prorrogação automática do contrato[528].

Se, todavia, a ruptura do equilíbrio sobrevier em razão de evento imprevisível dentro do interregno de três anos, a restauração do equilíbrio poderá ser pretendida, não pela via da ação locatícia típica prevista na Lei nº 8.245/1991, mas através da ação pelo procedimento comum fundamentada na cláusula *rebus sic standibus* e nas correspondentes bases legais (arts. 317 e 478 do Código Civil).

A diferença – pontificava o insigne Professor Sylvio Capanema – é que, pretendida a restauração na via da ação locatícia típica, *"fica o autor dispensado da prova da ocorrência do fato modificador das condições econômicas e do prejuízo, que se presume. Se exercitada em prazo mais curto, a pretendida modificação dependerá da prova concludente da lesão, e do nexo causal, o que se fará pelo rito ordinário, onde é mais ampla a dilação probatória."*[529].

A ação revisional não terá cabimento, entretanto, *"na pendência de prazo para desocupação do imóvel (arts. 46, parágrafo 2° e 57), ou quando tenha sido este estipulado amigável ou judicialmente"*, conforme disposto no §1º do art. 68 da Lei de Locações. É dizer, na pendência dos 30 (trinta) dias para desocupação no caso do locador optar pela denúncia quer do contrato por prazo certo ocorrendo a prorrogação quer do contrato por prazo indeterminado. A revisão

---

524 STJ, REsp 1300831/PR, Relator Ministro Marco Buzzi, 4ª Turma, j. em 27/03/2014.

525 SOUZA, Sylvio Capanema de, op. cit., nota 2, p. 331.

526 FUX, Luiz, op. cit., nota 5, p. 308 ("O equilíbrio é fonte de otimização do relacionamento social, em prol dele é que intervém o Judiciário na ação revisional").

527 SCAVONE JUNIOR, Luiz Antonio; PERES, Tatiana Bonatti. Lei do Inquilinato comentada artigo por artigo: visão atual na doutrina e jurisprudência. 2ª ed. Rio de Janeiro: Forense, 2017, p. 258.

528 STJ, AgRg no Ag 947.491/SP, Relatora Ministra Maria Thereza de Assis Moura, 6ª Turma, j. em 05/10/2010.

529 SOUZA, Sylvio Capanema de, op. cit., nota 2, p. 340.

- como corolário lógico da boa-fé contratual - seria incompatível com o direito de retomada.

Noutro giro, não inibe a ação revisional a preexistência de ações de despejo por outros fundamentos, nem as ações renovatórias ou de consignação [530]. A revisão do aluguel terá reflexos financeiros na apuração de débitos, não prejudicando o direito do locador de retomar o imóvel. No entanto, se expirado o prazo para desocupação e o locatário voluntariamente não deixou o imóvel, "*desaparece o óbice para a propositura da ação revisional porque o locador precisará então propor o despejo mesmo, cuja tramitação normal e demorada tornaria extremamente injusta a manutenção da proibição.*"[531].

Artigo 68

A Lei nº 8.245/1991 disciplina a ação revisional de aluguel no Capítulo I do Título II - que reúne as disposições gerais aplicáveis às quatro ações típicas (art. 58) - e nas normas que compõem o Capítulo IV do Título II ("Da Ação Revisional de Aluguel").

A redação atual do art. 68 estipula que a ação revisional "terá o rito sumário". O texto anterior prescrevia "o rito sumaríssimo", que foi modificado pela Lei nº 12.112/09 em adaptação à redação do art. 275 do Código de Processo Civil de 1973 (após o advento da Lei nº 9.245/1995).

Ao nosso ver, a compreensão contemporânea do art.68 - no que se refere ao rito, assim como em outros aspectos adiante abordados - reclama uma leitura à luz do Código de Processo Civil de 2015 (que entrou em vigor em 18 de março de 2016). Ainda que a literalidade da redação do art. 68 não tenha sido atualizada expressamente, à semelhança do que se verificou com a Lei nº 12.112/09 em relação à substituição do "rito sumaríssimo" pelo "rito sumário" em razão de alterações implementadas no CPC/1973, é de se entender que a ação revisional de aluguel observará o procedimento comum previsto no CPC/2015 por força do disposto no parágrafo único do seu art. 1.049, *verbis "Parágrafo único. Na hipótese de a lei remeter ao procedimento sumário, será observado o procedimento comum previsto neste Código, com as modificações previstas na própria lei especial, se houver.*".

O inciso I do art. 68 da Lei nº 8.245/1991, com a entrada em vigor da nova legislação processual civil, reclama a compreensão no sentido de que a petição inicial da ação revisional de aluguel conterá (a) os requisitos aludidos no art. 319 do CPC/2015 (que substitui o art. 282 do CPC/1973), (b) a indicação do

530 VENOSA, Sílvio de Salvo. Lei do inquilinato comentada. 13ª ed. São Paulo: Atlas, 2014, p. 361.

531 FUX, Luiz, op. cit., nota 5, p. 315.

valor do aluguel cuja fixação é pretendida, (c) o requerimento de fixação de aluguel provisório[532] e, quando o autor tiver também essa pretensão, (d) o pedido para modificação do índice de reajuste/periodicidade indicados no contrato e/ou para modificação de outra cláusula econômica.

Dentro desse contexto, estão compreendidos no pedido principal de revisão os encargos da mora, por disposição contida na legislação processual (CPC/2015, art. 322, §1º), e as diferenças de aluguel porventura devidas no período de tramitação da ação revisional[533], que se executam nos próprios autos (art. 69, §2º, da Lei nº 8.245/1991).

Não se há de considerar implicitamente compreendido no pedido principal de revisão uma eventual pretensão à modificação da cláusula de reajuste, que deverá ser formulada de modo expresso[534].

O regulamento do procedimento comum no CPC/2015 não exige que a petição inicial desde logo apresente o rol de testemunhas e, se requerida perícia, formule quesitos e indique assistente técnico, tal como estipulava o rito sumário disciplinado no CPC/1973. Porém, a petição inicial que desde logo o faça atende ao objetivo da Lei nº 8.245/1991 de acelerar a marcha do processo das ações locatícias típicas[535], favorecendo os interesses do próprio postulante.

A petição inicial indicará, ainda, o valor da causa que corresponderá "a doze meses de aluguel", conforme estabelecido no inciso III do art. 58 como disposição geral aplicável às ações locatícias típicas. A referência é o aluguel em vigor, *"sendo irrelevante, para o seu cálculo, o aluguel pretendido"*[536].

A petição inicial da ação revisional, assim como das demais ações locatícias típicas, deverá ser endereçada ao "foro do lugar da situação do imóvel, salvo se outro houver sido eleito no contrato" (inciso II do art. 58). Eventual arguição de incompetência sujeita-se ao regramento do procedimento co-

532 Em seus comentários à Lei de Locações, Sylvio Capanema registrava que "[n]ão nos parece, entretanto, que não possa ele [aluguel provisório] ser pleiteado após a inicial, já que não há regra de processo que o impeça, desde que não prejudique o desenvolvimento normal da ação." (SOUZA, Sylvio Capanema de, op. cit., nota 2, p. 345).

533 "Quanto à cobrança, nos mesmos autos, das diferenças de aluguel apuradas no curso da ação, não há necessidade de cumulação expressa, já que o artigo 69, § 2°, a admite, independentemente de constar do pedido inicial" (SOUZA, Sylvio Capanema de, op. cit., nota 2, p. 342).

534 "Fica, entretanto, bem claro que se exige pedido expresso, para a modificação da periodicidade ou do indexador, não podendo o juiz concedê-la de ofício, ou por considerar implícita a pretensão." (SOUZA, Sylvio Capanema de, op. cit., nota 2, p. 354).

535 SOUZA, Sylvio Capanema de, op. cit., nota 2, p. 332.

536 SOUZA, Sylvio Capanema de, op. cit., nota 2, p. 342.

mum, sendo alegada como questão preliminar de contestação, admitida a prorrogação da competência (CPC/2015, art. 65) em vista de sua natureza relativa[537].

O inciso II do art. 68 da Lei nº 8.245/1991, na redação que lhe deu a Lei nº 12.112/09, alude a "elementos fornecidos tanto pelo locador como pelo locatário", assim corrigindo a impropriedade da redação anterior (que dispunha "elementos fornecidos pelo autor") e deixando claro que tanto o locador quanto o locatário detêm legitimidade para propor a ação revisional de aluguel[538-539]. Também terá legitimidade quem se sub-rogar nos direitos provenientes do pacto locatício, como é o caso do adquirente de imóvel locado[540]; qualquer dos sucessores da locação nos termos dos art. 10 e 11[541] e o fiador[542].

A Lei nº 12.112/09, para a conformação com as mudanças implementadas nos arts. 277 e 278 do CPC/73, também atualizou a redação do inciso II do art.

537 TJSP, AI nº 2280491-78.2020.8.26.0000, Relator Desembargador Arantes Theodoro, 36ª Câmara de Direito Privado, j. em 03/12/2020; TJDF, AI nº 0714470-28.2020.8.07.0000, Relatora Desembargadora Maria De Lourdes Abreu, 1ª Câmara Cível, j. em 27/07/2020; TJRJ, AI nº 0044180-19.2011.8.19.0000, Relatora Desembargadora Nancí Mahfuz, 12ª Câmara Cível, j. em 01/07/2013.

538 "[...] a ação revisional de aluguel pode ser aparelhada tanto pelo locador quanto pelo locatário, ou para majorar o aluguel ou reduzi-lo, dependendo das oscilações do mercado." (SOUZA, Sylvio Capanema de, op. cit., nota 2, p. 333). No mesmo sentido, FUX, Luiz, op. cit., nota 5, p. 311 ("[...] n]ao há qualquer vedação legal para que ambas as partes iniciem a ação pelos dois fundamentos: a valorização ou a depreciação. Desde que contravertam sobre o quantum a majorar ou a apreciar, qualquer deles pode tomar a iniciativa de comprovar em juízo a justeza de sua pretensão.").

539 "1. Tanto o locador quanto o locatário têm legitimidade ativa ad causam para propor ação revisional. Inteligência do art. 19 c/c 68, II, da Lei 8.245/91." (STJ, REsp 606.384/SP, Relator Ministro Arnaldo Esteves Lima, 5ª Turma, j. em 04/08/2007).

540 TJSP, AC 0073308-83.2011.8.26.0002, Relator Desembargador Penna Machado, 30ª Câmara de Direito Privado, j. em 28/01/2015.

541 "Art. 10. Morrendo o locador, a locação transmite-se aos herdeiros. Art. 11. Morrendo o locatário, ficarão sub-rogados nos seus direitos e obrigações: I – nas locações com finalidade residencial, o cônjuge sobrevivente ou o companheiro e, sucessivamente, os herdeiros necessários e as pessoas que viviam na dependência econômica do de cujus, desde que residentes no imóvel; II – nas locações com finalidade não residencial, o espólio e, se for o caso, seu sucessor no negócio."

542 "Os mesmos princípios que norteiam a possibilidade de o fiador provocar o credor para a cobrança da dívida e a própria natureza acessória de sua obrigação revelam seu inegável interesse e legitimidade na propositura da ação, conferindo assim legitimidade ativa ao garante. Basta para tanto imaginar-se uma ação em que a redução do aluguel se impõe pela notória depreciação do imóvel, e o locatário mantém-se inerte. Nessa hipótese, o fiador poderá mover ação figurando o locatário, se intervier, na qualidade de assistente litisconsorcial por ser titular da relação debatida em juízo." (FUX, Luiz, op. cit., nota 5, pp. 311-312).

68 para referir-se a "audiência de conciliação" ao invés de "audiência de instrução". Na vigência da legislação processual civil anterior, o regramento traçado para o procedimento sumário compreendia (i) a designação da audiência de conciliação a ser realizada no prazo de trinta dias, com a citação do réu para comparecimento pessoal à audiência com antecedência mínima de dez dias, (ii) a realização de audiência de conciliação na qual o réu, se não obtida a conciliação, ofereceria na própria audiência resposta escrita ou oral, acompanhada de documentos, rol de testemunhas e, se requerida perícia, dos quesitos formulados e da indicação de assistente técnico, (iii) a realização de perícia, quando requerida e deferida a prova e (iv) a realização de audiência de instrução e julgamento havendo necessidade de produção de prova oral. Com a supressão do procedimento sumário na atual legislação processual civil, a ação revisional de aluguel observará o procedimento comum.

O inciso II do art. 68 da Lei nº 8.245/1991 prevê que o juiz, "ao designar a audiência de conciliação", "fixará aluguel provisório" se houver pedido. Infere-se da literalidade da disposição que o primeiro despacho do juiz contemple ambas as providências. A compreensão extraída da norma pela jurisprudência tradicional é no sentido de que "*deve o aluguel provisório ser fixado pelo Juízo da ação revisional, tomando por base os elementos fornecidos pelo autor, ou nos que ele indicar*"[543]. A partir da vigência do CPC/2015, incumbirá ao magistrado, diante da formulação de requerimento para a fixação de aluguel provisório, deliberar à luz das circunstâncias concretas se é caso de prestigiar o *contraditório participativo*[544] (estatuído como regra no art. 9º do estatuto processual civil), assegurando ao réu igual oportunidade de fornecer elementos para influir no arbitramento do aluguel provisório, ou de diferir no tempo o exercício do contraditório em razão da presença dos requisitos da tutela provisória ou de evidência (parágrafo único daquele art. 9º) para fixar o aluguel provisório já no despacho inicial.

Nas alíneas do inciso II do art. 68, a Lei nº 8.245/1991 fornece parâmetros quantitativos para balizar a fixação do aluguel provisório. Na ação revisional em

---

543 STJ, Ag 1.199.659/SP, Relator Ministro Og Fernandes, 6ª Turma, j. 14/04/2011. No mesmo sentido, STJ, REsp 873.151/RS, Relator Ministro Gilson Dipp, 5ª Turma, j. em 13/02/2007; REsp 606.384/SP, Relator Ministro Arnaldo Esteves Lima, 5ª Turma, j. em 12/09/2006.

544 "O Contraditório Participativo, como o princípio que assegura aos interessados o Direito de influir eficazmente nas Decisões Judiciais, e a Ampla Defesa, como 'o Direito de apresentar todas as alegações, propor e produzir toda as provas que, a seu juízo, possam militar a favor do acolhimento da sua pretensão ou do não acolhimento da postulação do seu adversário', conferem às Partes o Direito de defender-se provando, ou seja, o Direito de não apenas propor provas a serem discricionariamente admitidas ou não pelo Juiz, mas de efetivamente produzir todas as provas que possam ser úteis à defesa dos seus interesses." (GRECO, Leonardo. A Prova no Processo Civil: do Código de 1.973 ao Novo Código Civil. In: Revista Scientia Iuris, vol. 5/6. Londrina, 2001/2002, p. 101).

que o locatário pretender a redução do valor locativo, o aluguel provisório "não poderá ser inferior a 80% (oitenta por cento) do aluguel vigente" (alínea 'b'). Na ação revisional em que o locador pretender o aumento do valor locativo, o aluguel provisório "não poderá ser excedente a 80% (oitenta por cento) do pedido" (alínea 'a'). Nessa hipótese, é de se extrair, em compreensão lógico-sistemática guiada pelo propósito da ação revisional de restabelecer a comutatividade que se perdeu, que o novo aluguel a viger provisoriamente por requerimento do locador (limitado a 80% do valor pretendido) não seja inferior ao valor que até então vigorava. Não teria sentido que o remédio jurídico apto a corrigir a defasagem do valor locativo redundasse no pagamento de valor inferior àquele que se reputa defasado, mesmo que provisoriamente durante a tramitação da ação revisional e por mais que assegure a lei a retroatividade à data da citação do aluguel fixado na sentença (art. 69).

O inciso III do art. 68 dispõe que "o réu poderá pedir seja revisto o aluguel provisório, fornecendo os elementos para tanto". Como pontificava o homenageado Sylvio Capanema, autor e réu – que recebem da lei processual o dever de cooperação para que se obtenha decisão de mérito justa e efetiva (CPC/2015, art. 6º) – têm o ônus de *"cercar o seu pedido da maior credibilidade possível, carreando para os autos provas concretas, quanto ao nível do mercado e as condições reais do imóvel"*[545]. No arbitramento judicial, serão levados em conta, por exemplo, elementos como *"pesquisas feitas por entidades especializadas, associações de classe ligadas a imóveis, administradores de imóveis, anúncios em jornais, contratos de locação relativos a imóveis vizinhos etc."*[546]. Os melhoramentos, *"as benfeitorias e as acessões realizadas pelo locatário, em regra, não devem ser consideradas no cálculo do novo valor do aluguel"*[547].

Nos casos em que o aluguel provisório for fixado no despacho inicial sem prévia oitiva do réu (*inaudita altera pars*), lhe é assegurado, no limite, o exercício diferido do contraditório. Não obstante esse diferimento, autor e réu hão de desfrutar de iguais chances para influir na fixação do aluguel provisório – também em respeito do *contraditório participativo*. Na legislação processual civil atual – que buscou para as Tutelas Provisórias uma sistematização que equalizasse prestação jurisdicional célere com prestação jurisdicional eficiente e equilibrada, sem descurar da paridade entre as partes nas diferentes posições do polo processual –, não parece existir espaço para que os elementos fornecidos pelo autor sejam valorados aprioristicamente com maior peso do que se atribui aos elementos for-

545 SOUZA, Sylvio Capanema de, op. cit., nota 2, p. 346.

546 VENOSA, Sílvio de Salvo, op. cit., nota 13, p. 365.

547 STJ, REsp 1.193.926/RS, Relator Ministro Antonio Carlos Ferreira, 4ª Turma, j. em 19/04/2006.

necidos pelo réu só pela posição ocupada no polo processual ou pelo diferimento do momento de sua apreciação. Os elementos fornecidos por autor e réu merecem valoração em confronto analítico, incumbindo ao magistrado, na decisão que manter ou reconsiderar a fixação de aluguel provisório, declinar fundamentadamente (CPC/2015, art. 489) os elementos probatórios e as razões que estruturam a sua percepção *primo oculi* acerca do valor locativo de mercado.

O pedido de revisão, tenha por extensão a pertinência de uma fixação provisória ou simplesmente a amplitude do ajuste quantitativo no valor do aluguel, "interrompe o prazo para interposição de recurso" (inciso V do art. 68). A jurisprudência compreende o pedido de revisão como uma faculdade[548], ou seja, o réu poderá oferecê-lo ou desde logo interpor o recurso se preferir.

O recurso referido (e cabível) é o agravo de instrumento: dele poderá o réu se valer para se insurgir contra a fixação do aluguel provisório ou para decotar eventuais excessos do arbitramento [549], enquanto o autor dele poderá fazer uso para se insurgir contra a recusa do juízo em fixar o aluguel provisório[550], contra a extensão em que fora fixado ou, ainda, contra o acolhimento do pedido do réu que resulte em revisão do aluguel provisório anteriormente fixado no interesse do autor[551].

O regramento que a Lei de Locações dispensou ao pedido de revisão explicita apenas que ele pode ser feito "até a audiência". À época em que a ação revisional tramitava sob o rito sumário, o Professor Sylvio Capanema salientava que a redação do inciso III suscitava a discussão se o legislador teria se referido "*ao primeiro momento, quando o réu oferece sua contestação, ou à continuidade dela, após a produção da prova*"[552], registrando sua compreensão no sentido de que "*a pretensão de reduzir o aluguel provisório deve ser deduzida pelo locatário, devidamente instruída, até o momento da contestação*"[553].

---

548 STJ, REsp 567.801/MG, Relator Ministro José Arnaldo Da Fonseca, 5ª Turma, j. em 28/09/2004.

549 TJRJ, AI nº 0013931-61.2006.8.19.0000, Relator Desembargador Sylvio Capanema de Souza, 10ª Câmara Cível, j. em 30/05/2006.

550 STJ, AgInt no AREsp 725.287/SP, Relator Ministra Maria Isabel Gallotti, 4ª Turma, j. em 14/03/2017; TJSP, AI 2045085-24.2013.8.26.0000, Relator Desembargador Clóvis Castelo, 35ª Câmara de Direito Privado, j. em 10/02/2014; TJSP, AI 2010493-51.2013.8.26.0000, Relator Desembargador Edgard Rosa, 25ª Câmara de Direito Privado, j. 12/09/2013.

551 "Embora a lei não o diga, reduzido o aluguel provisório, se o autor se mostrar inconformado, poderá interpor agravo de instrumento. Também poderá o autor usar dos mesmos recursos, se entender que o aluguel provisório é insuficiente" (SOUZA, Sylvio Capanema de, op. cit., nota 2, p. 347).

552 SOUZA, Sylvio Capanema de, op. cit., nota 2, p. 346.

553 Ibid. p. 346.

Na vigência do CPC/2015, a permissão normativa para oferecimento de pedido de revisão "até a audiência" (inciso III do art. 68) poderia suscitar discussão nos casos em que transcorrem 15 (quinze) dias úteis (contados da juntada aos autos do mandado de citação e de intimação do aluguel provisório fixado) antes da data designada para audiência. Se a audiência ainda irá ocorrer e a lei especial dispõe que o réu pode formular pedido de revisão "até a audiência", a decisão de fixação do aluguel provisório ficaria coberta pela preclusão após o decurso do prazo de interposição do agravo de instrumento? Ou será que o procedimento comum "com as modificações previstas na própria lei especial" (parágrafo único do art. 1.049 do CPC/2015) assegura ao réu a faculdade de formular, o pedido de revisão (dotado do efeito legal de interromper o prazo recursal) a qualquer momento "até a audiência" ainda que já transcorridos mais de 15(quinze) dias úteis?

A questão, em nosso sentir, merece enfrentamento da jurisprudência a fim de explicitar se, na tramitação da ação revisional pelo procedimento comum, o pedido de revisão do aluguel provisório interromperá o prazo de recurso, assegurando a interposição contra a decisão que rejeitar ou acolher em parte o requerimento, apenas se apresentado antes do vencimento do prazo recursal ou se apresentado em qualquer momento "até a audiência" mesmo que já transcorridos mais de 15 (quinze) dias úteis.

O aluguel provisório é exigível desde a intimação do réu da decisão que o fixar, exceto se for atribuído efeito suspensivo ao agravo de instrumento dela interposto. Sobre ele recairá o reajuste pactuado no contrato ou, na falta de estipulação, conforme a periodicidade da lei (§2º do art. 68)[554]. A doutrina diverge se o não pagamento do aluguel sem cumprimento ao valor fixado provisoriamente sujeitaria ou não o locatário ao pedido de despejo por iniciativa do locador[555].

---

554 Sílvio de Salvo Venosa entende que o reajuste sobre o aluguel provisório incidirá "a partir da citação, quando passa a ser devido novo valor, desprezando-se períodos anteriores." (VENOSA, Sílvio de Salvo, op. cit., nota 13, p. 366).

555 SOUZA, Sylvio Capanema de, op. cit., nota 2: "Se se trata de aluguel, ainda que provisório e fixado pelo juiz, o seu não pagamento tempestivo constitui o locatário em mora, ensejando ao locador a ação de despejo. Se assim não fosse, tomar-se-ia inócua a fixação, pois o locatário não o pagaria, certo de que nenhuma consequência mais grave lhe adviria da mora.". Em sentido contrário, cf. FUX, Luiz, op. cit., nota 5, pp. 321-322: "A questão complica quando o locatário deixa de pagar os alugueis provisoriamente fixados. Trata-se de valor instável, passível de modificação na sentença, e portanto, não se pode imaginar uma ação de despejo com base em causa petendi instável. Como se procederia se se chegasse à conclusão de que não era devido aquele aluguel provisório pelo qual despejou-se o locatário por falta de pagamento? A solução parece-nos calcar na própria manifestação das partes. A Lei exige que o autor indique um valor e o réu a sua contraproposta obrigatória.

O inciso IV do art. 68 cobra do réu, caso discorde do valor pretendido pelo autor, uma contraproposta[556]. O juiz, na audiência de conciliação ou de mediação prevista no art. 334, tentará conciliar as partes em relação ao ajuste no valor do aluguel ou mesmo quanto à desocupação do imóvel.

O inciso IV também alude à apresentação de contestação na própria audiência de conciliação, o que mantinha sintonia com o regramento do procedimento sumário (art. 278 do CPC/73). Embora tenha o CPC/2015 abolido o procedimento sumário, a falta de expressa revogação de dispositivos da Lei de Locações e a previsão do parágrafo único do art. 1.049[557] poderiam suscitar uma compreensão de que sobreviveria a estipulação para apresentação de contestação em audiência. Nas ações revisionais de aluguel ajuizadas na vigência do novo estatuto processual, o oferecimento da contestação de acordo com as disposições contidas no art. 335 do CPC/2015 é medida que contribui para a coesão e a integridade do sistema[558].

Em contestação, o réu poderá arguir desde a ausência de fundamentos de fato para a revisão, como a adequação do aluguel ao preço de mercado e a exa-

---

Nos limites da contraproposta o réu está vinculado; é como se houvesse reconhecimento parcial do pedido e dessa parte ele não pode sequer recorrer por preclusão lógica. Ora, até o limite desse valor ele pode ser acionado por despejo ou execução se não adimpli-lo no curso do processo de revisão.".

556 Tal estipulação parece estar em sintonia com diretriz presente no CPC/2015, que se descobre em normas que exigem a declaração do valor que se reputa correto na defesa apresentada no cumprimento de sentença (art. 525, §4º), na execução (art. 917, §3º) e na ação monitória (art. 702, §2º).

557 "Parágrafo único. Na hipótese de a lei remeter ao procedimento sumário, será observado o procedimento comum previsto neste Código, com as modificações previstas na própria lei especial, se houver."

558 "[...]o artigo 68, IV, da Lei de Locações dispõe que a contestação deverá ser apresentada na audiência de conciliação, caso o acordo não seja alcançado. [...] Todavia, pensamos que essa disposição da Lei de Locações, que, aliás, segue a mesma padronização do artigo 278 do CPC de 1973, só fazia sentido dentro da sistemática do procedimento sumário, não devendo ser preservada diante da aplicação do procedimento comum. Até porque, convenhamos, eventual apresentação da contestação na própria audiência parece ferir o espírito do estímulo aos métodos alternativos de solução de conflitos. Ora, se o réu já pagou os honorários de seu advogado para preparar a defesa, qualquer mínimo desgaste na audiência o fará apresentar desde logo a contestação, encerrando automaticamente a tentativa de composição amigável. Considerando a extinção do procedimento sumário, entendemos que não se deveria criar uma situação híbrida (apresentação da contestação na própria audiência de conciliação ou mediação), sob pena de flagrante insegurança jurídica e ruptura da coesão sistêmica." (MAZZOLA, Marcelo. As incursões do Novo CPC na Lei de Locações. Revista da EMERJ, Rio de Janeiro, v. 20, n. 79, p. 95-120, maio/agosto 2017, p. 109). No mesmo sentido, VENOSA, Sílvio de Salvo. Lei do inquilinato comentada. 15ª ed. São Paulo: Atlas, p. 460.

cerbação do pedido do autor, além das preliminares pertinentes às condições da ação e aos pressupostos processuais[559].

A não apresentação de contestação ensejará a revelia do réu (CPC/2015, art. 334). Poder-se-ia discutir se a disponibilidade dos direitos envolvidos permitiria presumir correto o valor locativo de mercado sinalizado pelo autor. Sylvio Capanema acentuava que "*[d]esconhecendo a realidade do mercado, deverá o juiz determinar a realização da vistoria, para arbitramento do aluguel*"[560] – sendo permitida a partir daí eventual intervenção do réu revel no feito, " no estado em que se encontrar" (CPC/2015, art. 346, parágrafo único), formulando quesitos ou apresentando manifestação crítica ao laudo pericial – ou prolatar desde logo a sentença "*se considerar que já dispõe de elementos suficientes para formar sua opinião quanto ao nível do mercado*"[561].

Fracassada a conciliação, o juiz determinará a realização de perícia, se necessário, para aferir o valor locativo de mercado, "designando, desde logo, audiência de instrução e julgamento". A literalidade da redação do inciso IV sinaliza que a designação dessa segunda audiência seria etapa necessária do rito. A despeito dessa impressão, a entrada em vigor do CPC/2015 – que elege a efetividade da prestação jurisdicional como pilar fundamental e admite convenções processuais entre as partes – parece fazer dispensável tal designação, sobretudo quando as partes concordarem, para assim promover a razoável duração do processo.

Também por força do atual estatuto processual, quaisquer decisões interlocutórias da ação revisional, exceto a que fixa aluguel provisório, submetem-se à regra da recorribilidade diferida e devem ser suscitadas em preliminar de apelação por força do disposto no art. 1.009, § 1º, do CPC/2015. É o caso das decisões que resolvem questões processuais, que indeferem produção de provas[562] ou de quesitos, definem a distribuição do ônus da prova ou eventualmente deixem de designar audiência de instrução e julgamento que o interessado repute essencial.

---

559 FUX, Luiz, op. cit., nota 5, pp. 323.

560 SOUZA, Sylvio Capanema de, op. cit., nota 2, p. 348.

561 Ibid.

562 A respeito da utilidade das espécies probatórias para o deslinde da ação revisional, precedente do Superior Tribunal de Justiça afirmou que "[a] ação revisional de aluguel, por sua natureza, possui campo de cognição restrito, reclamando provas eminentemente técnicas, visto que não abre espaço para discussão de natureza fática. Investiga-se, durante sua fase de instrução, a possibilidade de ajuizamento (pela observância do prazo trienal de que trata o art. 19 da Lei nº 8.245/1991) e a existência de oscilação do mercado capaz de justificar a pretendida readequação do valor livre e anteriormente ajustado pelas partes." (STJ, REsp 1.566.231/PE, Relator Ministro Ricardo Villas Bôas Cueva, 3ª Turma, j. em 01/03/2016).

A sentença fixará o aluguel definitivo. Na medida em que o pedido deve ser certo (art. 68, inciso I, da Lei 8.245/1991 c/c art. 322 do CPC/2015), poder-se-ia questionar se a sentença que fixar valor superior ao indicado na petição inicial teria incorrido no vício do julgamento fora do pedido (CPC/2015, art. 141 c/c art. 492). Há precedentes que identificam o julgamento *ultra petita* na sentença de arbitramento de aluguel em valor superior ao pedido com base em laudo pericial[563]. Há precedentes do Superior Tribunal de Justiça, por outro lado, no sentido de que *"pode o julgador, excepcionalmente, fixar o valor locativo em montante superior ao estimado pelo autor (REsp 1.339-RJ, Rel. Min. Barros Monteiro; REsp 6.603-CE, Rel. Min. Waldemar Zveiter), tanto mais quando da inicial conste pedido alternativo em relação ao 'valor que for arbitrado'"*[564].

A sentença que modificar o pacto locatício – assim assentou o Superior Tribunal de Justiça – *"só obriga o fiador do contrato de locação se este tiver sido citado na demanda"*[565]. É dizer, *"[n]ão tendo o fiador integrado a ação revisional, não pode ser demandado pelos valores que por ela forem acrescidos ao antes contratado"*[566]. A compreensão encontra respaldo também na doutrina[567].

A apelação terá apenas efeito devolutivo (art. 58, inciso V), admitindo embora a jurisprudência[568] a possibilidade do relator excepcionalmente lhe atri-

---

563 TJSP, AC 1000577-74.2015.8.26.0441, Relator Desembargador Alfredo Attié, 27ª Câmara de Direito Privado, j. em 27/09/2020; TJSP, AC 0001948-14.2013.8.26.0586, Relator Desembargador Mourão Neto, 27ª Câmara de Direito Privado, j. 09/10/2018.

564 STJ, REsp 30.136/SP, Relator Ministro Assis Toledo, 5ª Turma, j. em 16/12/1992.

565 STJ, AgInt no AgInt no AREsp 946.871/SP, Relator Ministro Marco Buzzi, 4ª Turma, j. em 31/08/2020; AgRg nos EDcl no REsp 421.028/SP, Relatora Ministra Maria Thereza de Assis Moura, 6ª Turma, j. em 15/05/2008; REsp 687.476/SP, Relatora Ministra Laurita Vaz, 5ª Turma, j. em 15/03/2007; REsp 672.615/RS, Relator Ministro Arnaldo Esteves Lima, 5ª Turma, j. em 01/03/2007; AgRg no REsp 719.501/SP, Relator Ministro Gilson Dipp, 5ª Turma, j. em 27/09/2005; EREsp 397.832/RS, Relator Ministro Jorge Scartezzini, 3ª Seção, j. em 28/04/2004 e REsp 316.357/PR, Relator Ministro José Arnaldo da Fonseca, 5ª Turma, j. em 07/06/2001.

566 STJ, REsp 672.615/RS, Relator Ministro Arnaldo Esteves de Lima, 4ª Turma, j. em 01/03/2007.

567 FUX, Luiz, op. cit., nota 5, p. 312 ("Na ação proposta por qualquer dos co-titulares da locação, pela natureza constitutiva o litisconsórcio é necessário e unitário. Assim, proposta a ação pelo locador em face dos locatários, todos deverão ser citados e a decisão há de ser uniforme para todas as partes litisconsorciais. Pela possibilidade de exigibilidade das diferenças nos próprios autos, inegável é a necessidade de citação do fiador.").

568 STJ, AgRg no AREsp 352.893/PA, Relator Ministro Antonio Carlos Ferreira, 4ª Turma, j. em 03/02/2015; AgRg na MC 17.783/SP, Relator Ministro Sidnei Beneti, 3ª Turma, j. em 12/04/2011; REsp 588.414/SP, Relator Ministro Arnaldo Esteves Lima, 5ª Turma, j. em 12/09/2006; AgRg no REsp 661.699/SP, Relator Ministro Hélio Quaglia Barbosa, 6ª Turma, j. em 29/11/2005.

buir também o efeito suspensivo com fundamento no art. 1.019, inciso I, do CPC/2015.

Artigo 69

Se acolhida a pretensão à revisão do aluguel, o novo valor fixado será devido desde a citação[569]. A sentença é desde logo eficaz, porque está sujeita à apelação dotada apenas do efeito devolutivo (art. 58, inciso V). O aluguel definitivo fixado na sentença, independentemente do seu trânsito em julgado, substitui o aluguel provisório anteriormente arbitrado[570] e é exigível desde a intimação do locatário acerca da sentença[571] até a data da efetiva desocupação do imóvel[572].

Apesar da eficácia imediata da sentença, o art. 69 deu outra solução para as diferenças de aluguéis, que serão exigíveis "a partir do trânsito em julgado da decisão que fixar o novo aluguel". Acerca da compreensão do conteúdo do art. 69, o Professor Sylvio Capanema pontuava a distinção: "*Não há que se confundir o início da vigência do aluguel definitivo fixado na sentença, que independe do recurso eventualmente interposto, com a cobrança das diferenças locativas, projetadas para depois do trânsito em julgado.*"[573]. E na sequência criticava a opção da lei de diferir a exigibilidade do pagamento das diferenças: "*só se admitirá a partir do trânsito em julgado da decisão que fixar o novo aluguel, o que não tem muita lógica, já que o recurso contra a sentença é recebido só no efeito devolutivo.*

---

569 "[...] não se revê, pois, o aluguel do mês inteiro, mas apenas o do correspondente aos dias que se seguiram ao da citação. No caso, o aluguel será revisto pro rata die" (BARROS, Francisco Carlos Rocha de. Comentários à Lei do Inquilinato. 2ª ed. São Paulo: Saraiva, 1997, p. 542).

570 "O termo a quo do aluguel provisório é o mês da citação e o seu termo ad quem o mês da sentença, quando então prevalecerá o aluguel definitivo estabelecido no final do processo. A diferença entre ambos comporta um quantum capaz de ser exigido após o trânsito em julgado da sentença (art. 69 da lei)." (FUX, Luiz, op. cit., nota 5, p. 319).

571 Exceto se ao recurso de apelação for excepcionalmente atribuído o efeito suspensivo.

572 STJ, REsp 1.566.231/PE, Relator Ministro Ricardo Villas Bôas Cueva, 3ª Turma, j. em 01/03/2016: "O valor revisado do aluguel substitui por completo o originalmente pactuado, sendo assim exigido desde a citação da parte requerida até o termo final do contrato, considerado este não apenas o expressamente avençado como tal, mas, sim, a data da efetiva desocupação do imóvel no caso de eventual prorrogação do contrato por prazo indeterminado (art. 56, parágrafo único, da Lei nº 8.245/1991)".

573 SOUZA, Sylvio Capanema de, op. cit., nota 2, p. 352.

O dispositivo estimulará o locatário a interpor recursos meramente protelatórios, para retardar o pagamento das diferenças."[574].

O art. 69, portanto, expressamente afasta a possibilidade do credor pretender a execução provisória do débito decorrente da sentença. Ainda que os recursos pendentes sejam desprovidos do efeito suspensivo, a lei especial condicionou a exigibilidade do pagamento ao trânsito em julgado.

Apesar de postergar o recebimento das diferenças para depois do trânsito em julgado, o art. 69 garante ao locador o pagamento corrigido. Aplicam-se os índices oficiais de correção monetária de débitos decorrentes de condenações judiciais, que incidem desde os respectivos vencimentos. A redação do art. 69 não alude textualmente a juros legais, mas a possibilidade dessa incidência parece decorrer do §1º do art. 322 do CPC/2015, ficando ao crivo da sentença decidir sobre a incidência de juros legais sobre o débito condenatório a título de diferenças de aluguel e sobre a demarcação do termo inicial (se desde o trânsito em julgado[575], quando o pagamento das diferenças passa a ser exigível, ou se desde os respectivos vencimentos de cada aluguel pago a menor).

574 SOUZA, Sylvio Capanema de, op. cit., nota 2, p. 353.

575 TJMG, AC nº 10521100033831008, Relator Desembargador Sérgio André da Fonseca Xavier, 18ª Câmara Cível, j. 10/03/2020 ("O termo inicial dos juros de mora incidentes sobre a diferença apurada entre o valor do aluguel fixado na sentença e aquele originalmente contratado deve ser o trânsito em julgado, já que somente com a renovação do contrato, o locatário tomou conhecimento do valor do novo aluguel."); TJRJ, AC nº0012518-92.2015.8.19.0001, Relator Desembargador Juarez Fernandes Folhes, 19ª Câmara Cível, j. em 10/07/2018 ("...a mora somente se caracteriza a partir do trânsito em julgado da sentença proferida na ação revisional/renovatória, momento em que surge a obrigação de pagar as diferenças de alugueis, motivo pelo qual deve ser o termo inicial de incidência dos juros moratórios.");TJMG, AC nº 0005179-02.2012.8.13.0245, Relator Desembargador Vasconcelos Lins, 18ª Câmara Cível, j. em 13/06/2017 ("A mora no cumprimento da obrigação de pagar o novo valor de aluguel elevado por sentença judicial só se configura após o trânsito em julgado da decisão, antes do qual não há falar em incidência de juros moratórios."). No mesmo sentido, embora tratando de diferenças de aluguel apuradas em ação renovatória (art. 73), confiram-se: STJ, AgRg no REsp 1.286.476/SP, Relator Ministro Moura Ribeiro, 3ª Turma, j. 10/06/2015 ("A mora, portanto, só se caracteriza a partir do trânsito em julgado da sentença proferida na ação revisional, momento em que surge a obrigação de pagar as diferenças de alugueis, motivo pelo qual este deve ser o termo inicial de incidência dos juros moratórios."); STJ, REsp 1.034.112/SP, Relator Ministro Arnaldo Esteves Lima, 5ª Turma, DJe 2/2/2009 ("Os juros moratórios sobre as diferenças entre os valores do aluguel original e o fixado na ação renovatória são contados a partir da data da citação na ação de execução. Inteligência do art. 73 da Lei 8.245/91"); TJSP, AC 0009822-52.2012.8.26.0047, Relator Desembargador Paulo Ayrosa, 31ª Câmara de Direito Privado, j. em 26/05/2015; TJSP, AC nº 0010280-68.2011.8.26.0576, Relator Desembargador Antonio Rigolin, 31ª Câmara de Direito Privado, j. em 24/02/2014; TJSP, AC nº 0015425-02.2008.26.0224, Relator Desembargador Manoel Justino Bezerra Filho, 35ª Câmara de Direito Privado, j. em 07/05/2012).

As diferenças, sejam elas devidas ao locador ou ao locatário[576][577], serão apuradas e executadas nos autos da ação de revisão (§2º do art. 69), descontados os aluguéis provisórios adimplidos no período de tramitação da demanda e computados os reajustes que incidirem sobre o aluguel revisado, na periodicidade definida no contrato.

O pagamento de aluguéis provisórios se orienta pela teoria do risco-proveito, que estabelece o dever do beneficiário da tutela provisória de arcar com prejuízos causados à parte adversa caso a sentença lhe seja desfavorável[578]. O locatário que obteve redução provisória do aluguel e depois teve rechaçada sua pretensão à revisão, ou quando acolhida a pretensão com fixação de aluguel definitivo superior ao aluguel provisório[579], responderá pelo pagamento das diferenças, inclusive no período em que vigeu a decisão de fixação do aluguel provisório. Da mesma forma, o locatário que, por força de decisão provisória, se viu compelido a pagar aluguel superior ao valor do contrato tem direito à repetição das diferenças[580] (ou à compensação entre créditos e débitos futuros, a critério dos contratantes) em caso de improcedência da pretensão de revisão deduzida pelo locador. A restituição, em qualquer caso, será exigível com acréscimo de correção pelos índices oficiais desde a data do pagamento.

---

576 STJ, REsp 986.550/PR, Relator Ministro Jorge Mussi, 5ª Turma, j. em 16/10/2008 ("1. A exigibilidade de eventuais diferenças de alugueres, seja pelo locador, seja pelo locatário, tem seu momento próprio na fase executiva da própria revisional. Precedentes. 2. O fato de o aluguel provisório ser devido de imediato não afasta a regra definida no art. 69 da Lei nº 8.245/91. 3. Agravo regimental improvido").

577 "Não se pode olvidar, entretanto, que o aluguel da sentença possa ser inferior ao aluguel provisório. Nesse caso, o contracrédito é do locatário, que á semelhança do locador poderá exigi-lo nos próprios autos, também a partir do trânsito da sentença." (FUX, Luiz, op. cit., nota 5, p. 319).

578 STJ, REsp 1770124/SP, Relator Ministro Marco Aurélio Bellizze, 3ª Turma, j. em 21/05/2019: "2. O Código de Processo Civil de 2015, seguindo a mesma linha do CPC/1973, adotou a teoria do risco-proveito, ao estabelecer que o beneficiado com o deferimento da tutela provisória deverá arcar com os prejuízos causados à parte adversa, sempre que: i) a sentença lhe for desfavorável; ii) a parte requerente não fornecer meios para a citação do requerido no prazo de 5 (cinco) dias, caso a tutela seja deferida liminarmente; iii) ocorrer a cessação da eficácia da medida em qualquer hipótese legal; ou iv) o juiz acolher a decadência ou prescrição da pretensão do autor (CPC/2015, art. 302, caput e incisos I a IV)."

579 SOUZA, Sylvio Capanema de, op. cit., nota 2, p. 357.

580 TJSP, AC 0009344-58.2001.8.26.0361, Relator Desembargador Felipe Ferreira, 26ª Câmara de Direito Privado, j. em 28/11/2012 ("Se da ação revisional verificou-se a existência de saldo credor do locatário, tendo em vista o pagamento do locativo em valor superior ao fixado na sentença, e não existindo mais a possibilidade de compensação, por inexistirem dívidas líquidas e vencidas, de rigor a sua devolução nos autos da ação de revisão.").

O §1º do art. 69 confirma o cabimento da ação revisional para pretender a modificação do índice de reajuste e/ou de sua periodicidade (também servirá para a instituição do reajuste na falta de previsão contratual). Em seus comentários, Sylvio Capanema registrava que "*[d]e nada adianta elevar o aluguel ao nível de mercado se, desde logo, não se criar mecanismo eficiente para preservar o seu valor intrínseco, adaptando o período de correção à velocidade do fenômeno inflacionário.*"[581].

A leitura isolada do dispositivo poderia sugerir que a modificação poderia ser perseguida apenas pelo locador[582]. "*Adotar tal entendimento seria agredir o princípio da igualdade das partes*"[583]. Uma interpretação sistemática confere à norma do §1º do art. 69 uma compreensão no sentido de que tanto o locador quanto o locatário podem pretender a revisão da cláusula de reajuste. Se a mudança implementada na redação do inciso II do art. 68 deixa claro que tanto o locador quanto o locatário detêm legitimidade para propor a revisão do aluguel, para ampliar ou para reduzir o seu valor, locador e locatário também terão igual legitimidade para pretender a modificação da cláusula de reajuste. É como dizia o brocardo herdado dos romanos expressando a teoria dos poderes implícitos: *in eo quod plus est semper inest et minus* ("quem pode o mais, pode o menos").

A referência ao sublocador na redação do §1º do art. 69 não significa que a sentença que decidir sobre o reajuste do contrato de locação implicará *tout court* modificação do reajuste do contrato de sublocação. A sentença faz coisa julgada às partes entre as quais é dada, não prejudicando terceiros (CPC/2015, art. 506). Se o sublocador não é parte da ação revisional, se o contrato de sublocação não compõe o objeto da lide, a cláusula de reajuste do contrato de sublocação não é atingida pela sentença que decidir sobre a cláusula de reajuste do contrato de locação. A alusão na redação do dispositivo apenas sinaliza que o sublocador (assim como o sublocatário) poderá pretender a modificação da cláusula de reajuste do contrato de sublocação.

O racional condutor da revisão do aluguel, como visto, é o ajuste para adequação ao mercado. A modificação da cláusula de reajuste, em nosso sentir, também deve ser pautada por referências de mercado, sempre respeitando a pe-

581 SOUZA, Sylvio Capanema de, op. cit., nota 2, p. 354.

582 "§1º Se pedido pelo locador, ou sublocador, a sentença poderá estabelecer periodicidade de reajustamento do aluguel diversa daquela prevista no contrato revisando, bem como adotar outro indexador para reajustamento do aluguel."

583 SOUZA, Sylvio Capanema de, op. cit., nota 2, p. 354.

riodicidade mínima de um ano definida no §1º do art. 28 da Lei nº 9.069/1995 (Lei do Plano Real)[584], que é norma cogente.

A modificação da cláusula de reajuste decretada em sentença retroagirá à citação conforme preconiza o *caput* do art. 69. Os reflexos financeiros desse acolhimento seguem as mesmas diretrizes: se executam nos autos da ação de revisão (§2º do art. 69) e o pagamento corrigido é exigível após o trânsito em julgado.

A execução nos próprios autos, em qualquer caso, seguirá o rito definido no Capítulo III do Título II da Parte Especial do CPC/2015 ("Do Cumprimento Definitivo da Sentença que Reconhece a Exigibilidade de Obrigação de Pagar Quantia Certa").

Artigo 70

Locador e locatário, ocupem o polo ativo ou o polo passivo da demanda, terão sempre a alternativa da composição: quer em relação à revisão do aluguel (ou de outras cláusulas econômicas do contrato, como o reajuste), quer em relação ao encerramento da relação locatícia com devolução do imóvel.

Preconiza o art. 70 que "o juiz poderá homologar acordo de desocupação", o qual poderá versar, a critério das partes, também sobre prazo e condições para a desocupação e indenizações estipuladas a qualquer título.

A inércia ou recusa do locatário em desocupar o imóvel locado no prazo fixado ensejará a expedição do mandado de despejo[585] nos próprios autos[586]. Da mesma forma como "*não pode o locador recusar a devolução, repelindo, por exemplo, a entrega das chaves, ainda que alegando estar o locatário em mora, quanto ao pagamento de aluguéis ou encargos, ou de qualquer outra obrigação decorrente do contrato*"[587], também não pode o locatário recusar a desocupação do imóvel no prazo acordado alegando mora do locador no cumprimento de qualquer outra obrigação decorrente do contrato.

A reparação de perdas e danos decorrentes do descumprimento de quaisquer cláusulas do contrato de locação "*poderá ser exigida por meio da com-*

584 "§ 1º É nula de pleno direito e não surtirá nenhum efeito cláusula de correção monetária cuja periodicidade seja inferior a um ano."

585 SOUZA, Sylvio Capanema de, op. cit., nota 2, p. 356.

586 SCAVONE JUNIOR, Luiz Antonio; PERES, Tatiana Bonatti, op. cit., nota 10, p. 260 ("Ocorrendo o acordo judicial no bojo da ação revisional, mesmo que referente à desocupação, possível a sua execução nos mesmos autos, ou seja, o juiz poderá determinar a expedição de mandado de despejo caso o locatário não desocupe voluntariamente o imóvel").

587 SOUZA, Sylvio Capanema de, op. cit., nota 2, p. 41.

petente ação de perdas e danos"[588], não sendo lícita a retenção do imóvel sob esse fundamento. Na medida em que *"o ressarcimento de eventuais prejuízos decorrentes da locação do imóvel deve ser buscado pela via própria"*[589] – conforme firme jurisprudência[590] –, atuarão em abuso de direito tanto o locatário que recusar a desocupação do imóvel no prazo acordado quanto o locador que recusar o recebimento das chaves do imóvel, sob razão ligada ao cumprimento de estipulações outras que não o prazo para desocupação, contidas no acordo ou no contrato de locação (como, por exemplo, mas não somente, o dever de restituir o imóvel no mesmo estado).

Considerações finais

Uma questão derradeira se coloca para a reflexão: é válida a renúncia antecipada à revisão judicial do aluguel? A indagação foi objeto da antiga Súmula 357 do Supremo Tribunal Federal, aprovada ainda na vigência da legislação locatícia anterior ("É lícita a convenção pela qual o locador renuncia, durante a vigência do contrato, à ação revisional do art. 31 do Decreto 24.150, de 20.4.34.")[591].

Na vigência da Lei 8.245/1991, precedentes do Superior Tribunal de Justiça afirmaram a compatibilidade com a legislação da *"disposição contratual, livremente pactuada pelas partes, na qual o locador renuncia ao direito de propor ação revisional de aluguel"*[592]. O Superior Tribunal de Justiça também já reconheceu válida cláusula de renúncia ao direito de indenização de benfeitorias

588 STJ, AgRg no Ag 853.350/SP, Relator Ministro Arnaldo Esteves Lima, 5ª Turma, j. em 18/12/2007.

589 TJRJ, AC 0310615-51.2012.8.19.0001, Relatora Desembargadora Jacqueline Lima Montenegro, 15ª Câmara Cível, j. em 20/04/2014.

590 STJ, REsp 254.949/SP, Relator Ministro. Hamilton Carvalhido, 6ª Turma, j. em 17/09/2002 ("É segura a doutrina que, a tal poder jurídico do locatário, não pode o locador opor resistência, ligada a cláusulas contratuais, produtoras de direitos subjetivos atendíveis por instrumentos legais próprios"); TJRJ, AC 0012196-35.2012.8.19.0209, Relator Desembargador Carlos José Martins Gomes, 16ª Câmara Cível, j. em 06/07/2016 ("...não pode o locador recusar-se a receber o imóvel, deixando de receber as chaves, ao argumento de que há débito locatício ou que não foi realizada a vistoria no imóvel. Nesses casos, a opção que se apresenta ao mesmo é de ajuizar ação própria para ser ressarcido de eventual prejuízo."); TJRJ, AC 0012582-41.2007.8.19.0209, Relator Desembargador. Celso Peres, 10ª Câmara Cível, j. em 04/04/2012; TJRJ, AI 0061022-74.2011.8.19.0000, Relator Desembargador Marcelo Lima Buhatem, 4ª Câmara Cível, j. em 7/12/2011.

591 Aprovada na Sessão Plenária de 13/12/1963. Precedentes: RE 52.555, DJ de 14/06/1963; RE 48.929, DJ de 03/01/1963; RE 34.546, DJ de 31/12/1958; RE 37.313, DJ de 24/04/1958.

592 STJ, REsp 243.283/RJ, Relator Ministro Fernando Gonçalves, 6ª Turma, j. em 16/03/2000. No mesmo sentido: STJ, REsp 1.413.818/DF, Relator Ministro Ricardo Villas Bôas Cueva, 3ª Turma, j. em 14/10/2014.

e ao direito de retenção[593], ratificando o posicionamento favorável à validade de estipulações de renúncia antecipada no âmbito de relações locatícias. Em sentido divergente, porém, dispõe o Enunciado 433 aprovado na V Jornada de Direito Civil do Conselho da Justiça Federal[594].

À luz das manifestações jurisprudenciais, tem-se que a convenção entre as partes de renúncia antecipada assume-se válida e eficaz na presunção da paridade e simetria dos contratos civis e empresariais (art. 421-A do Código Civil[595]). Admitir-se-á, porém, o afastamento dessa presunção nos casos em que as circunstâncias e o contexto da contratação espremeram a liberdade de contratar a ponto de convertê-la em uma contratação por adesão. A estipulação de renúncia, nesse caso, se verá confrontar pelo disposto na norma do art. 424 do Código Civil ("*Nos contratos de adesão, são nulas as cláusulas que estipulem a renúncia antecipada do aderente a direito resultante da natureza do negócio.*"). Somente uma investigação, guiada pela boa-fé que os contratantes devem guardar na negociação, conclusão e execução do contrato (art. 422 do Código Civil), dirá válida ou não a renúncia antecipada no caso em apreciação *vis-à-vis* a identificação de algum de vício de consentimento na contratação[596].

Ainda sobre o tema, vale considerar que a inserção na Lei 8.245/1991 da locação *built to suit* (locação não residencial "na qual o locador procede à prévia

---

593 REsp 1.411.420/DF, Relator Ministro Antonio Carlos Ferreira, 4ª Turma, j. em 19/05/2015; AgRg no AREsp 101.712/RS, Relator Ministro Marco Buzzi, 4ª Turma, j. em 03/11/2015; AgRg no AREsp 624.056/RJ, Relatora Ministra Maria Isabel Gallotti, 4ª Turma, j. em 18/08/2015; AgRg no AREsp 45.970/PR, Relator Ministro Raul Araújo, 4ª Turma, j. em 03/02/2015; AgRg nos EDcl no AREsp 441.188/MG, Relator Ministro Sidnei Beneti, 3ª Turma, j. em 25/02/2014; AgRg no REsp 756.546/SP, Relator Ministro Og Fernandes, 6ª Turma, j. em 02/04/2013; REsp 829.110/MG, Relatora Ministra Laurita Vaz, 5ª Turma, j. em 06/04/2010; AgRg no Ag 1.023.082/GO, Relator Ministro Arnaldo Esteves Lima, 5ª Turma, j. em 29/05/2008; AgRg no Ag 961.157/MG, Relator Ministro Jorge Mussi, 5ª Turma, j. em 18/03/2008.

594 Enunciado 433 – A cláusula de renúncia antecipada ao direito de indenização e retenção por benfeitorias necessárias é nula em contrato de locação de imóvel urbano feito nos moldes do contrato de adesão.

595 "Art. 421-A. Os contratos civis e empresariais presumem-se paritários e simétricos até a presença de elementos concretos que justifiquem o afastamento dessa presunção, ressalvados os regimes jurídicos previstos em leis especiais, garantido também que: [...]".

596 Vale assinalar que a proteção da lei consumerista não recai sobre a relação locatícia, conforme já decidiu o Superior Tribunal de Justiça (STJ, AgRg no AREsp 101.712/RS, Relator Ministro Marco Buzzi, 4ª Turma, j. em 03/11/2015; AgRg no AREsp 508.335/SC, Relator Ministro Raul Araújo, 4ª Turma, j. em 23/06/2015; AgRg no AREsp 361.005/MG, Relator Ministro Luis Felipe Salomão, 4ª Turma, j. em 10/09/2013; AgRg no AREsp 41.062/GO, Relator Ministro Antônio Carlos Ferreira, 4ª Turma, j. em 07/05/2013; AgRg no AREsp 272.955/RS, Relator Ministro Sidnei Beneti, 3ª Turma, j. em 12/03/2013; AgRg no AREsp 111.983/RS, Relator Ministro Ricardo Villas Bôas Cueva, 3ª Turma, j. em 21/08/2012).

aquisição, construção ou substancial reforma" – art. 54-A) contemplou no §1º expressa permissão à renúncia ("*§1º Poderá ser convencionada a renúncia ao direito de revisão do valor dos aluguéis durante o prazo de vigência do contrato de locação.*").

As considerações formuladas parecem valer para o direito à revisão judicial e também para o requisito temporal (triênio do art. 19). Uma convenção entre as partes para delimitar a revisão judicial ao transcurso de 4 anos representaria parcial renúncia ao direito de pretendê-la em menor tempo, sendo válida, em princípio, se fruto da livre manifestação de vontade de partes capazes e bem representadas.

Nota afetuosa do autor ao homenageado

Não poderia deixar de fazer um registro final. A vida agraciou-me com a sorte da convivência próxima com Sylvio Capanema e toda sua família, em churrascos e viagens que nada tinham a ver com o mundo do Direito. Desde a infância, passando à adolescência e à fase adulta, vivenciei de perto seu senso ímpar de humanidade e a capacidade do "Tio Capanema" de alegrar e contagiar qualquer ambiente – traços que lhe que renderam uma legião de admiradores e fraternas amizades , a exemplo da belíssima relação de irmandade não sanguínea construída com meu pai.

A escolha profissional pelas carreiras jurídicas permitiu-me observar, também dentro da comunidade forense, o seu talento de impressionar. O Professor Sylvio Capanema – com uma fascinante oratória que lhe era peculiar – inspirou gerações de alunos em suas memoráveis aulas; prendeu a atenção de ouvintes nas palestras que ministrou pelo Brasil; promoveu arejadas reflexões sobre uma adequada compreensão da Lei de Locações (da qual foi coautor), do Código Civil editado em 2002 e de temas afetos ao direito imobiliário e condominial. Quando proferiu votos no exercício da função judicante (também ao lado do meu pai na 10ª Camara Cível), por fascinante ironia do destino), sempre proporcionou lições lapidares a advogados, a estagiários e a quem mais se fizesse presente nas salas de julgamentos do Tribunal de Justiça do Rio de Janeiro.

Pouco tempo antes de seu falecimento, pude observar, de uma vista privilegiada de quem sentava-se à mesa de debatedores no I Encontro de Direito Imobiliário do IBRADIM-RJ realizado em 11 de outubro de 2019, o encantamento que o Professor Sylvio Capanema, aos 82 anos de idade, despertava durante sua exposição na atenta plateia que lotava o auditório da Escola da Magistratura do Estado do Rio de Janeiro – EMERJ.

Nenhuma dúvida tenho de que o Professor Sylvio Capanema, para além de uma legião de alunos, deixa uma miríade ainda maior de admiradores. Dentro da comunidade jurídica e também fora dela. Com lágrimas nos olhos por força da minha memória afetiva, encerro minha colaboração, registrando, uma vez mais, a honra de participar dessa justa homenagem a esse grande homem e jurista de todos os tempos.

Referências bibliográficas

BARROS, Francisco Carlos Rocha de. Comentários à Lei do Inquilinato. 2ª ed. São Paulo: Saraiva, 1997.

FUX, Luiz. Locações: processo e procedimentos. 3ª ed. Rio de Janeiro: Editora Destaque, 1999.

GRECO, Leonardo. A Prova no Processo Civil: do Código de 1.973 ao Novo Código Civil. In: Revista Scientia Iuris, vol. 5/6. Londrina, 2001/2002.

MAZZOLA, Marcelo. As incursões do Novo CPC na Lei de Locações. Revista da EMERJ, Rio de Janeiro, v. 20, n. 79, p. 95-120, maio/agosto 2017.

SCAVONE JUNIOR, Luiz Antonio; PERES, Tatiana Bonatti (Orgs.). Lei do Inquilinato comentada artigo por artigo: visão atual na doutrina e jurisprudência. 2ª ed. Rio de Janeiro: Forense, 2017.

SOUZA, Sylvio Capanema de. A lei do inquilinato comentada. 8ª ed. Rio de Janeiro: Forense, 2012.

VENOSA, Sílvio de Salvo. Lei do inquilinato comentada. 13ª ed. São Paulo: Atlas, 2014.

Art. 71. Além dos demais requisitos exigidos no art. 282 do Código de Processo Civil, a petição inicial da ação renovatória deverá ser instruída com:

I – prova do preenchimento dos requisitos dos incisos I, II e III do art. 51;

II – prova do exato cumprimento do contrato em curso;

III – prova da quitação dos impostos e taxas que incidiram sobre o imóvel e cujo pagamento lhe incumbia;

IV – indicação clara e precisa das condições oferecidas para a renovação da locação;

V – indicação do fiador quando houver no contrato a renovar e, quando não for o mesmo, com indicação do nome ou denominação completa, número de sua inscrição no Ministério da Fazenda, endereço e, tratando-se de pessoa natural, a nacionalidade, o estado civil, a profissão e o número da carteira de identidade, comprovando, desde logo, mesmo que não haja alteração do fiador, a atual idoneidade financeira; (Redação dada pela Lei nº 12.112, de 2009)

VI – prova de que o fiador do contrato ou o que o substituir na renovação aceita os encargos da fiança, autorizado por seu cônjuge, se casado for;

VII – prova, quando for o caso, de ser cessionário ou sucessor, em virtude de título oponível ao proprietário.

Parágrafo único. Proposta a ação pelo sublocatário do imóvel ou de parte dele, serão citados o sublocador e o locador, como litisconsortes, salvo se, em virtude de locação originária ou renovada, o sublocador dispuser de prazo que admita renovar a sublocação; na primeira hipótese, procedente a ação, o proprietário ficará diretamente obrigado à renovação.

Aluísio Gonçalves de Castro Mendes

A leitura da Lei nº 8.245/1991, Lei do Inquilinato, revela a preocupação do legislador em proteger a atividade econômica realizada no imóvel locado, disponibilizando ao locatário, através da propositura da ação renovatória, importante instrumento de defesa da sua atividade empresarial, nos casos em que as partes não logram reconduzir de forma amigável o contrato anteriormente firmado.

Busca-se evitar, dessa forma, através da propositura da ação renovatória, desde que preenchidos, cumulativamente, os requisitos previstos no artigo 51 da Lei do Inquilinato, que a atividade econômica seja negativamente impactada – pela transferência de clientela ou pela desmontagem de equipamentos sensíveis, por exemplo –, garantindo-se ao locatário a ocupação do imóvel, por um novo prazo, em condições alinhadas ao mercado imobiliário.

Nesse contexto, o sujeito ativo da ação renovatória é o locatário, o sublocatário, bem como seus sucessores ou cessionários, assim como aquele que dispõe de título de cessão oponível ao sujeito passivo, que poderá ser o locador, sublocador, sucessores ou sub-rogados.

O artigo 71 da Lei do Inquilinato elenca os elementos específicos que deverão instruir a inicial da ação renovatória, além de fazer menção ao artigo 282 do antigo Código de Processo Civil, atual artigo 319 do diploma processual (Código Fux). Embora não tenha sido expressamente mencionado, o artigo 283, do antigo Código de Processo Civil, atual artigo 320, por óbvio, também deverá ser observado.

No que se refere aos elementos específicos da renovatória, deverá o autor, a teor do inciso I, do artigo 71, da Lei do Inquilinato, instruir a inicial com a prova dos requisitos dos incisos I, II e III, do art.51, da mencionada Lei, que estabelecem a necessidade de o contrato de locação ter sido celebrado por escrito, com prazo contratual determinado e mínimo – ainda que somados os prazos ininterruptos dos contratos sucessivos – de cinco anos e exploração do comércio pelo locatário, no mesmo ramo, pelo prazo mínimo e ininterrupto de três anos.

Revela-se, pois, imprescindível que a inicial venha acompanhada do contrato de locação - ou dos sucessivos contratos -, para que se demonstre não apenas os requisitos previstos no inciso I, como também o prazo mínimo estabelecido pelo inciso II, do já citado artigo 51, da Lei do Inquilinato.

O prazo mínimo de exploração da atividade econômica pelo locatório (inciso III, do artigo 51, da Lei do Inquilinato), por sua vez, pode ser demonstrado através da juntada de documentos contábeis, tributários, entre outros, que atestem que, pelo menos nos últimos três anos, o locatário exerceu, de forma ininterrupta, a atividade empresarial, afastando a hipótese do estabelecimento estar fechado ou improdutivo.

Os requisitos específicos elencados no artigo 51 da Lei do Inquilinato são essenciais ao desenvolvimento do processo e, desta forma, devem constar da inicial, sob pena de extinção do feito sem resolução do mérito, o que, a depender do prazo decadencial, pode se consubstanciar em um prejuízo irreparável ao locatário.

Prosseguindo nos requisitos específicos para a propositura da ação renovatória, a Lei do Inquilinato exige, ainda, que o locatário prove o cumprimento das obrigações que lhe competia, tanto as contratuais (inciso II, do artigo 71) quanto as tributárias (inciso III, do artigo 71). Trata-se de reflexo da regra inserida no artigo 476 do Código Civil, eis que o contrato de locação é sinalagmático.

A comprovação do cumprimento regular das obrigações pelo locatário, no entanto, deve ser analisada interpretando-se, de forma sistemática e teleológica, os incisos II e III, do artigo 71, da Lei do Inquilinato, de modo que, inexistindo prejuízo ao locador e não caracterizada falta contratual grave, privilegia-se a proteção ao fundo do comércio, substrato da própria ação renovatória. Nessa linha, já se manifestou o Superior Tribunal de Justiça, ao admitir o reconhecimento da regularidade do parcelamento fiscal firmado antes da propositura da renovatória de locação[597].

---

597 RECURSO ESPECIAL. DIREITO CIVIL E PROCESSUAL CIVIL. LOCAÇÃO. IMÓVEL NÃO RESIDENCIAL. AÇÃO RENOVATÓRIA. INTERPRETAÇÃO SISTEMÁTICA E TELEOLÓGICA DO INCISO III DO ART. 71 DA LEI DE LOCAÇÕES (LEI Nº 8245/91). POSSIBILIDADE DE AJUIZAMENTO DA AÇÃO RENOVATÓRIA COM A DEMONSTRAÇÃO NA PETIÇÃO INICIAL DO PARCELAMENTO DE DÉBITOS FISCAIS PELO LOCATÁRIO.

1. Controvérsia em torno da suficiência de certidão de parcelamento fiscal para demonstrar a quitação tributária exigida pelo inciso III do art. 71 da Lei de Locações (LL) para efeito do ajuizamento de ação renovatória de locação empresarial. 2. O tribunal de origem, interpretando de forma literal o disposto no inciso III do art. 71 da LL, entendeu não ser suficiente o parcelamento fiscal. 3. A ação renovatória de locação empresarial, tendo por escopo a proteção do fundo de comércio, reconhece ao locatário o direito de renovar seu contrato de locação de imóvel não residencial quando atendidas as exigências legais do art. 51 e seguintes da Lei de Locações. 4. A interpretação sistemática e teleológica do disposto no inciso III do art. 71 da LL conduz ao reconhecimento da regularidade do parcelamento fiscal firmado

O inciso IV, do art.71, da Lei do Inquilinato estabelece a necessidade de o locatário indicar, de forma clara e precisa, as condições oferecidas para a renovação da locação. Nesse ponto, cabe destacar que referidas condições podem vir no próprio corpo da inicial, não exigindo a lei um documento apartado. O que se exige é que a proposta do locatário esteja clara o suficiente para possibilitar a análise pelo locador.

Também são essenciais ao ajuizamento da ação renovatória a correta indicação do fiador (inciso V, do art.71, da Lei do Inquilinato) e a comprovação de que este aceita os encargos da fiança (inciso VI, do art.71, da Lei do Inquilinato).

A redação do inciso V sofreu substancial modificação pela Lei nº 12.112/2009, ao passar a exigir, desde logo, atual prova da idoneidade financeira do fiador, ainda que mantido aquele apresentado originalmente no contrato que se pretende renovar. Em recente julgado, proferido pela Terceira Turma do Superior Tribunal de Justiça, consignou-se que *"ao utilizar a expressão "atual", a nova redação faz crer que tal exigência se dá diante da inegável possibilidade de alteração da situação econômica do fiador, uma vez que os contratos de locação, certamente, duram tempo suficiente para que isso ocorra"*[598].

antes do ajuizamento da ação para propositura da renovatória de locação comercial. 5. Ausência de prejuízo ao locador e inocorrência de falta grave a cláusula constante do contrato de locação, devendo ser priorizada a tutela do fundo de comércio. 6. Retorno dos autos ao tribunal de origem para aprofundamento das demais questões atinentes à ação renovatória, especialmente a adequação do valor ofertado a título de aluguel em face do preço de mercado. 7. RECURSO ESPECIAL PROVIDO.
(REsp 1698814/SP, Rel. Ministro PAULO DE TARSO SANSEVERINO, TERCEIRA TURMA, julgado em 26/06/2018, DJe 29/06/2018)

598 DIREITO PROCESSUAL CIVIL E CIVIL. RECURSO ESPECIAL. AÇÃO RENOVATÓRIA. CONTRATO DE LOCAÇÃO. OMISSÃO, CONTRADIÇÃO OU OBSCURIDADE. INEXISTÊNCIA. COMPROVAÇÃO DA IDONEIDADE FINANCEIRA DO FIADOR. EXIGÊNCIA PREVISTA NO ART. 71, V, DA LEI 8.245/91.
1. Ação ajuizada em 18/12/2012. Recurso especial concluso ao gabinete em 26/08/2016. Julgamento: CPC/73.
2. O propósito recursal, a par da análise da ocorrência de negativa de prestação jurisdicional, é definir se a presente ação renovatória de contrato de locação deve ser extinta por ausência de comprovação da idoneidade financeira dos fiadores.
3. Não há que se falar em violação do art. 535 do CPC/73 quando o Tribunal de origem, aplicando o direito que entende cabível à hipótese, soluciona integralmente a controvérsia submetida à sua apreciação, ainda que de forma diversa daquela pretendida pela parte.

4. A fim de aperfeiçoar as regras e procedimento sobre locação de imóvel urbano, foi promulgada a Lei 12.112/09, que alterou a redação original de alguns dispositivos da Lei 8.245/91, sendo um dos dispositivos legais alterados, justamente, o art. 71, V, da referida lei.
5. Realmente, dada a atual redação do dispositivo legal, a questão acerca da comprovação da idoneidade financeira do fiador quando da propositura da ação renovatória ganhou novas luzes, uma vez que a lei passou a ditar, de forma expressa, a necessidade de comprovação da

Há, no ponto, uma questão que merece maior detalhamento. Isso porque o artigo 22, VII, da Lei de Inquilinato, imputa ao locador a responsabilidade por pagar "*as despesas necessárias à aferição da idoneidade do pretendente ou de seu fiador*", revelando, portanto, aparente contradição com a regra estabelecida pelo inciso V, do artigo 71, supramencionada. No entanto, analisando-se as regras em aparente conflito é possível concluir que, em se tratando de ação renovatória, aplica-se a regra específica prevista no inciso V, do artigo 71, que faz recair sobre o locatário o ônus da prova da idoneidade do fiador e, consequentemente, das despesas correlatas.

Além de indicar o fiador, demonstrando a sua idoneidade, o locatório deve, ainda, instruir a petição inicial da ação renovatória com a prova de ter o fiador aceito o encargo (inciso VI, do artigo 71). Tal prova poderá ser feita, por exemplo, através de uma declaração, revestida das autenticidades necessárias. Importante que se observe também, sob pena de invalidade da fiança prestada[599], a outorga uxória, sendo certo que, a teor do artigo 1.647, III, do Código Civil, o único regime de casamento que a dispensa é o da separação absoluta.

O último inciso do artigo 71 da Lei do Inquilinato (VII) dispõe que, se o locatário é sucessor ou cessionário, deve fazer prova da referida condição no momento do ajuizamento da ação renovatória, como forma de atestar a sua própria legitimidade para o ajuizamento da demanda.

Estabelece, ademais, o parágrafo único do artigo 71, da Lei do Inquilinato, a hipótese de um litisconsórcio necessário entre o sublocador e o locador, quando a ação é proposta pelo sublocatário e no contrato original não há prazo suficiente para absorver a renovação do contrato acessório de sublocação. Note-se, neste caso, que, julgado procedente o pedido formulado na ação renovatória proposta pelo sublocatário, o locador deverá respeitar a decisão judicial, sendo, portanto, hipótese rara em que o sublocatário possui ação direta em face do locador.

---

atual idoneidade financeira do fiador, mesmo que não haja a sua alteração ou substituição.

6. Além de referir-se expressamente à necessidade de comprovação da idoneidade financeira, ainda que não haja a alteração do fiador do contrato primitivo, ao utilizar a expressão "atual", a nova redação faz crer que tal exigência se dá diante da inegável possibilidade de alteração da situação econômica do fiador, uma vez que os contratos de locação, certamente, duram tempo suficiente para que isso ocorra.

7. Destarte, tendo em vista que o acórdão recorrido considerou por desnecessária a comprovação liminar da idoneidade financeira do fiador – porque não houve a substituição daquele garantidor –, mostra-se imperiosa a sua reforma.

8. Recurso especial conhecido e parcialmente provido.

(REsp 1582214/SP, Rel. Ministra NANCY ANDRIGHI, TERCEIRA TURMA, julgado em 23/04/2019, DJe 26/04/2019)

599 Dispõe o Enunciado da Súmula nº 332 do Superior Tribunal de Justiça: "*A fiança prestada sem autorização de um dos cônjuges implica a ineficácia total da garantia.*"

Art. 72. A contestação do locador, além da defesa de direito que possa caber, ficará adstrita, quanto à matéria de fato, ao seguinte:

I - não preencher o autor os requisitos estabelecidos nesta lei;

II - não atender, a proposta do locatário, o valor locativo real do imóvel na época da renovação, excluída a valorização trazida por aquele ao ponto ou lugar;

III - ter proposta de terceiro para a locação, em condições melhores;

IV - não estar obrigado a renovar a locação (incisos I e II do art. 52).

§1° No caso do inciso II, o locador deverá apresentar, em contraproposta, as condições de locação que repute compatíveis com o valor locativo real e atual do imóvel.

§2° No caso do inciso III, o locador deverá juntar prova documental da proposta do terceiro, *subscrita por este e por duas testemunhas, com clara indicação do ramo a ser explorado, que não poderá ser o mesmo do locatário. Nessa hipótese, o locatário poderá, em réplica, aceitar tais condições para obter a renovação pretendida.*

§3° No caso do inciso I do art. 52, a contestação deverá trazer prova da determinação do Poder Público ou relatório pormenorizado das obras a serem realizadas e da estimativa de valorização que sofrerá o imóvel, assinado por engenheiro devidamente habilitado.

§4° Na contestação, o locador, ou sublocador, poderá pedir, ainda, a fixação de aluguel provisório, para vigorar a partir do primeiro mês do prazo do contrato a ser renovado, não excedente a oitenta por cento do pedido, desde que apresentados elementos hábeis para aferição do justo valor do aluguel.

§5° Se pedido pelo locador, ou sublocador, a sentença poderá estabelecer periodicidade de reajustamento do aluguel diversa daquela prevista no contrato renovando, bem como adotar outro indexador para reajustamento do aluguel.

Haroldo Lourenço

Trata-se de nítido dispositivo que contempla caso de cognição limitada, onde o magistrado somente poderá analisar as matérias aqui listadas, contudo, no que se refere às questões de ordem pública, previstas no art. 337 do CPC/15 será possível sua análise, dando ensejo à réplica por parte do Locatário (art. 350 e 351 do CPC/15).

A primeira linha de defesa do Locador é alegar que o Locatário não preenche os requisitos estabelecidos nesta lei (art. 51 LI), não atender a proposta do locatário o valor locativo real do imóvel na época da renovação, excluída a valorização trazida por aquele ao ponto ou lugar, ter proposta de terceiro para a locação, em condições melhores ou, ainda, não estar obrigado a renovar a locação (incisos I e II do art. 52).

Há, ainda, o ônus processual do Locador, em colaboração processual, de apresentar, em contraproposta, as condições de locação que repute compatíveis com o valor locativo real e atual do imóvel (art. 72 §1º).

A renovatória ostenta caráter processualmente dúplice, pois o Locador, ou sublocador, poderá pedir, ainda, a fixação de aluguel provisório, para vigorar a partir do primeiro mês do prazo do contrato a ser renovado, não excedente a oitenta por cento do pedido, desde que apresentados elementos hábeis para aferição do justo valor do aluguel, onde a sentença poderá estabelecer periodicidade de reajustamento do aluguel diversa daquela prevista no contrato renovando, bem como adotar outro indexador para reajustamento do aluguel.

Registre-se que tais indicações feitas pelo Locador devem ser precisas, pois não se pode consentir com pedidos genéricos, salvo quando expressamente autorizados pela lei, como nos casos listados no art. 324 §1º e 343 do CPC/15.

Art. 73. Renovada a locação, as diferenças dos aluguéis vencidos serão executadas nos próprios autos da ação e pagas de uma só vez.

Aluísio Gonçalves de Castro Mendes

Apesar de relevante instrumento disponibilizado ao locatário, a ação renovatória não garante a automática recondução do contrato de locação, autorizando a lei, desta forma, em prestígio ao princípio constitucional da propriedade, que o locador se oponha à pretensão renovatória.

O artigo 72, da Lei do Inquilinato elenca, nessa esteira, as matérias de defesa que podem ser apresentadas pelo locador. Vale destacar, no ponto, a natureza dúplice da demanda renovatória, uma vez que o locador pode pedir a retomada do imóvel no bojo da própria contestação.

O caráter dúplice da ação renovatória é reforçado pelo artigo 73, da Lei do Inquilinato, que contempla, no que tange à renovação, os interesses do locatário e, relativamente à diferença dos aluguéis vencidos, os interesses do locador.

A possibilidade de cobrança da diferença de aluguel, apurada no curso da demanda renovatória e no bojo do mesmo processo, permite maior celeridade da prestação jurisdicional, já que o locador não precisa ajuizar ação própria para cobrança do seu crédito referente à diferença dos aluguéis.

O art. 75 estabelece a hipótese de procedência do pedido de renovação da locação, estabelecendo a possibilidade da cobrança da diferença dos alugueres. Deve ser ressaltado que o legislador não detalhou vários aspectos relacionados ao acolhimento do pedido de renovação.

O primeiro deles é o prazo e o novo período de locação. No que diz respeito ao prazo, a interpretação sistemática da legislação, especialmente do art. 51, inciso II, da Lei nº 8.245/1991, indica que a renovação deve se dar pelo prazo de cinco anos, considerando-se que este é o lapso exigido como condição para que se possa requerer a renovatória. Nesse sentido, o Superior Tribunal de Justiça[600]

600 Superior Tribunal de Justiça. Recurso Especial. Ação renovatória de contrato. Locação comercial. "Accessio temporis". Prazo da renovação. Artigos analisados: Art. 51 da Lei 8.245/91. 1. Ação renovatória de contrato de locação comercial ajuizada em 09.06.2003. Recurso especial concluso ao Gabinete em 07.12.2011. 2. Discussão relativa ao prazo da renovação do contrato de locação comercial nas hipóteses de "accessio temporis". 3. A Lei 8.245/91 acolheu expressamente a possibilidade de "accessio temporis", ou seja, a soma dos períodos ininterruptos dos contratos de locação para se alcançar o prazo mínimo de 5 (cinco) anos exigido para o pedido de renovação, o que já era amplamente reconhecido pela jurisprudência, embora não constasse do Decreto nº 24.150/1934. 4. A renovatória, embora vise garantir os direitos do locatário face às pretensões ilegítimas do locador de se apropriar patrimônio imaterial, que foi agregado ao seu imóvel pela atividade exercida pelo locatário, notadamente o fundo de comércio, o ponto comercial, também não pode se tornar uma forma de eternizar o contrato de locação, restringindo os direitos de propriedade do locador, e violando a própria natureza bilateral e consensual da avença locatícia. 5. O prazo de 5 (cinco) anos mostra-se razoável para a renovação do contrato, a qual pode ser requerida novamente pelo locatário ao final do período, pois a lei não limita essa possibilidade. Mas permitir a renovação por prazos maiores, de 10, 15, 20 anos, poderia acabar contrariando a própria finalidade do instituto, dadas as sensíveis mudanças de conjuntura econômica, passíveis de ocorrer em tão longo período de tempo, além de outros fatores que possam ter influência na decisão das partes em renovar, ou não, o contrato. 6. Quando o art. 51, "caput", da Lei 8.2145 dispõe que o locatário terá direito à renovação do contrato "por igual prazo", ele está se referido ao prazo mínimo exigido pela legislação, previsto no inciso II do art. 51 da Lei 8.245/91, para a renovação, qual seja, de 5 (cinco) anos, e não ao prazo do último contrato celebrado pelas partes. 7. A interpretação do art. 51, "caput", da Lei 8.245/91, portanto, deverá se afastar da literalidade do texto, para considerar o aspecto teleológico e sistemático da norma, que prevê, no próprio inciso II do referido dispositivo, o prazo de 5 (cinco) anos para que haja direito à renovação, a qual, por conseguinte, deverá ocorrer, no mínimo, por esse mesmo prazo. 8. A renovação do contrato de locação não residencial, nas hipóteses de "accessio temporis", dar-se-á pelo prazo de 5 (cinco) anos, independentemente do prazo do último contrato que completou o quinquênio necessário ao ajuizamento da ação. O prazo máximo da renovação também será de 5 (cinco) anos, mesmo que a vigência da avença locatícia, considerada em sua totalidade, supere esse período. 9. Se, no curso do processo, decorrer tempo suficiente para que se complete novo interregno de 5 (cinco) anos, ao locatário cumpre ajuizar outra ação renovatória, a qual, segundo a doutrina, é recomendável que seja distribuída por dependência para que possam ser aproveitados os atos processuais como a perícia. 10. Conforme a jurisprudência

foi muito claro, ao estabelecer que o prazo seria de cinco anos, afastamento, em princípio, ao mesmo tempo, a possibilidade de fixação tanto de prazos maiores quanto menores.

Quanto ao período da nova locação, é de se presumir que haja a continuidade temporal, ou seja, que o novo lapso, de cinco anos, seja imediatamente posterior ao da locação renovada. Entretanto, alguns fatores deverão ser considerados, dentre os quais a própria duração do processo em que se pleiteia a renovação, que poderá ter uma tramitação por vários anos, até mesmo mais do que um lustro. Sendo assim, os órgãos judiciais, no plural, porque não apenas o juiz de primeiro grau, mas também os que venham a apreciar eventuais recursos, deverão analisar a situação superveniente ao ajuizamento, para definir o período da nova locação, bem como as questões decorrentes, como valor dos respectivos alugueres, garantia etc.

Importante fazer a distinção existente entre o início da vigência do novo aluguel - que, desde que vencido o prazo do contrato renovado, ocorrerá logo após a decisão de primeira instância, tendo em vista que eventual recurso de apelação não terá efeito suspensivo (artigo 58, V, da Lei do Inquilinato) - com a execução das diferenças dos aluguéis, que, nos termos do artigo 73, dependerá do trânsito em julgado.

Registre-se que o artigo 73 da Lei do Inquilinato não impede o locador de propor ação de despejo por falta de pagamento, caso o locatário, ao término da ação renovatória, não pague a diferença apurada referente aos aluguéis.

Sobre o tema, vale conferir a lição de Sylvio Capanema[601]:

> "Iniciada a execução, nos próprios autos da renovatória, como comanda o art.73, não atende o locatário ao pagamento, ou porque considera errado o cálculo, ou porque não lhe sobram recursos.
>
> Poderá o juiz decretar o desalijo, ou terá o locador de lhe propor a ação de despejo por falta de pagamento?
>
> A questão é das mais instigantes e de difícil resposta, ainda mais porque a lei é silente.

pacífica desta Corte, havendo sucumbência recíproca, devem-se compensar os honorários advocatícios. Inteligência do art. 21 do CPC [atual art. 86] c/c a Súmula 306/STJ. 11. Recurso especial parcialmente provido (REsp 1.323.410/MG, Rel. Min. Nancy Andrighi, 3ª Turma, j. 07.11.2013, DJe 20.11.2013).

601 SOUZA, Sylvio Capanema de. *A Lei do Inquilinato Comentada* - Artigo por Artigo. Rio de Janeiro: 12.ed. Gen/Forense, 2020, p. 468 (versão *e-book*).

A nosso aviso, a ação é de execução, visando, apenas, à realização do crédito, podendo o credor valer-se dos meios conducentes para compelir o devedor a lhe pagar, inclusive com a penhora de seus bens.

Não há pedido de rescisão do contrato, pelo que não vemos como poderá o juiz, mesmo na fase de execução das diferenças, decretar o despejo.

Assim, sendo, não sendo pagas as diferenças, ou preferindo o locador a rescisão do contrato, terá ele de trilhar a via da ação de despejo por falta de pagamento, para obter a desocupação do imóvel."

Art. 74. Não sendo renovada a locação, o juiz determinará a expedição de mandado de despejo, que conterá o prazo de 30 (trinta) dias para a desocupação voluntária, se houver pedido na contestação.

Haroldo Lourenço

Ao artigo se pretendeu incluir três parágrafos pela Lei nº 12.112/09, os quais foram vetados, os quais estabeleciam diversas hipóteses de retomada "liminar" do imóvel por parte do locador, desde que na contestação haja pedido de retomada fundado em melhor proposta de terceiro (§1º), bem como previa hipóteses em que o locatário poderia evitar tal retomada, como, por exemplo, aceitando a mesma oferta realizada pelo terceiro (§2º) e, por fim, para que o locador executasse provisoriamente tal retomada deveria prestar caução (§3º).

Tal alteração seria de grande relevância e tecnicamente possível, eis que o art. 300 CPC/15 faculta o requerimento de tutela antecipada às partes, portanto, o locador, não obstante ser réu na ação renovatória, no exercício de seu pedido contraposto, estaria em posição ativa, podendo assim fazer tal requerimento em sua contestação, como autorizado pela parte final do art. 74.

Nesse cenário, como todos os parágrafos do art. 74 da LI foram vetados, em tese, não se admite liminar em favor do locador na contestação, não obstante o art. 74 permitir o pedido contraposto.

Guardamos reservas a tal interpretação, eis que o Presidente, nas suas razões, vetou os mencionados dispositivos pelo fato de somente prever liminar para a hipótese de melhor proposta de terceiro, não tendo se pronunciado quanto às outras hipóteses de igual importância. Assim, a rigor, o problema de tal dispositivo era sua falta de sistematicidade.

De igual modo, o regime da tutela antecipada é disponível às partes, não somente ao autor, e segundo o veto *"a regra prevista no caput certamente atenderá satisfatoriamente os provimentos judiciais relativos às três hipóteses mencionadas"*.[602]

Evidentemente que é possível o deferimento da retomada do imóvel no curso do processo, antes de prolatada a sentença de improcedência da renovatória, desde que preenchidos os requisitos do art. 300 do CPC/15 pelo locador em seu pedido contraposto, porém, há quem advogue tese em sentido contrário, afirmando somente ser admissível após a prolação da sentença de improcedência da renovatória[603], bem como há quem sustente que até mesmo na hipótese de extinção da renovatória sem resolução de mérito é possível a retomada.[604]

Afirma o dispositivo que, não sendo renovada a locação, o juiz determinará a expedição do mandado de despejo, com prazo de trinta dias para desocupação voluntária, sendo indispensável a intimação pessoal do Locatário, para que proceda à desocupação do imóvel em execução provisória[605].

Assim, a renovatória tem caráter dúplice[606] pelo menos no aspecto processual, o pedido inserto na contestação já autoriza a expedição do mandado de despejo, não sendo necessário novo pedido.

Nessa linha, não sendo renovada a locação, não haverá posterior ação de despejo, nem ação de execução de sentença, pois o desalijo será efetivado mediante a expedição do respectivo mandado.

Ressalta-se que o legislador exige requerimento do locador na contestação, do contrário, não renovada a locação, esta passará a vigorar por prazo indeterminado, restando ao locador promover ação autônoma de despejo por denúncia vazia (art. 46 § 2°), portanto, o fato de não ser renovada a locação não implicará, automaticamente, o desalijo.

Não renovada a locação o prazo de desocupação já se inicia da intimação da sentença, não do trânsito em julgado, eis que é possível o cumprimento provisó-

---

602 "§ 1º Conceder-se-á liminar para desocupação em 15 (quinze) dias, contados da intimação do lo catário, por si ou por seu advogado, quando houver, na contestação, pedido de retomada fundado em melhor proposta de terceiro. § 2º A desocupação liminar somente será indeferida se: I - a proposta de terceiro não atender aos requisitos previstos no § 2º do art. 72; II - o locatário aceitar, em réplica, as mesmas condições ofertadas pelo terceiro. § 3º A execução provisória da retomada fica condicionada à prestação de caução em valor não inferior a 6 (seis) meses nem superior a 12 (doze) meses do aluguel, atualizado até a data da prestação da caução."

603 THEODORO JR., Humberto. *Inovações na Lei do Inquilinato* cit., 2010, p. 49.

604 CÂMARA, Alexandre Freitas. *Comentários à reforma da Lei de Locações* cit., 2010, p. 77.

605 STJ, 4ª T., AgRg nos EDcl no AREsp 389671/SP,Rel. Ministro LUIS FELIPE SALOMÃO, julgado em 27/05/2014,DJE 03/06/2014.

606 THEODORO JR., Humberto. *Inovações na Lei do Inquilinato* cit., 2010, p. 46.

rio nos moldes do art. 58, V da Lei nº 8.245/91, na dicção do art. 520 CPC/15, eis que a apelação terá somente efeito devolutivo[607], observada a exigência do art. 64 da Lei devendo ser prestada a caução real ou fidejussória.

Nada obsta que o Locatário, em sua apelação, obtenção efeito suspensivo *ope iudicis*, nos termos do art. 1012 §4º CPC/15, como consagrado pelo STJ[608] desde o CPC/73.

Quando o legislador se refere à não renovação da locação, tal dispositivo deve ser interpretado no sentido da improcedência e da extinção do processo sem resolução de mérito.[609]

Não pode se deixar de registrar que o prazo para a desocupação só pode ter início após o término do prazo do contrato de locação que estava em vigor no momento do ajuizamento da demanda renovatória, pois é possível que a sentença venha a ser proferida antes do término do prazo contratual em vigor.[610]

Art. 75. Na hipótese do inciso III do art. 72, a sentença fixará desde logo a indenização devida ao locatário em consequência da não prorrogação da locação, solidariamente devida pelo locador e o proponente.

Aluísio Gonçalves de Castro Mendes

O artigo 75 da Lei nº 8.245/1991 (Lei do Inquilinato) assegura ao inquilino o direito à indenização caso a sua pretensão renovatória venha a ser desacolhida em virtude de o locador ter alegado, em sua defesa, a matéria de fato prevista no artigo 72, inciso III, que se refere a uma melhor proposta de terceiro.

Destaca-se que, ao restringir a indenização à hipótese de proposta mais vantajosa de terceiro para que não seja renovado o contrato de locação, opta o legislador por excluir o direito à indenização nas demais questões de fato previstas no artigo 72 desta lei.

607 STJ, 4ª T., AgRg no AREsp 646890/SP, Rel. Ministro RAUL ARAÚJO, julgado em 24/03/2015, DJE 24/04/2015.

608 STJ, 4ª T., AgRg no AREsp 352893/PA, rel. Ministro ANTONIO CARLOS FERREIRA, julgado em 03/02/2015, DJE 11/02/2015.

609 VENOSA, Silvio de Salvo. *Lei do Inquilinato comentada.* 5ª ed. São Paulo: Atlas, 2001. p. 335.

610 CÂMARA, Alexandre Freitas. *Comentários à reforma da Lei de Locações* cit., 2010, p. 78.

Segundo Sylvio Capanema, a diversidade de tratamento seria justificável, porque *"na hipótese de melhor proposta de terceiro, a resistência do locador tem caráter puramente especulativo, visando à vantagem econômica imediata, representada por aluguel superior ao oferecido pelo locatário"*[611].

O valor de indenização será fixado na sentença que julgar improcedente o pedido formulado na ação renovatória, não prorrogando o contrato de locação. A quantia deverá abranger a integralidade do fundo empresarial, conforme preceitua o artigo 52, §3º da Lei do Inquilinato, considerando o valor dos bens corpóreos e incorpóreos que integram o fundo empresarial, além da própria redução da clientela, desmontagem de equipamentos e despesas da mudança[612].

A indenização será solidariamente devida pelo locador e pelo terceiro que fez proposta mais vantajosa e poderá viabilizar que o locatário se instale em outro local, com a consequente retomada do bem pelo locador.

Sobre o tema, ressalta Sylvio Capanema[613] que:

> "No nosso entendimento, a solidariedade aqui estabelecida por lei não significa que a dívida será suportada, em partes iguais, pelos codevedores. O locador é o único responsável pela totalidade da dívida, funcionando a solidariedade para efeitos de pagamento, tal como ocorre, por exemplo, quando o fiador assume a responsabilidade pela liquidação do débito, solidariamente com o afiançado.
>
> Nestes casos, o terceiro, assim como o fiador, não tem quinhão próprio na dívida, podendo regredir, por inteiro, contra o devedor, que é o único interessado."

Ressalta-se, ainda, que a Lei nº 12.112/2009, que aperfeiçoou as regras e procedimentos sobre locação de imóvel urbano, teve, em seu texto, o veto à proposta de uma nova redação ao artigo 75 da Lei do Inquilinato[614].

---

611 SOUZA, Sylvio Capanema de. *A Lei do Inquilinato Comentada* - Artigo por Artigo. Rio de Janeiro: 12.ed. Gen/Forense, 2020, p. 473 (versão *e-book*).

612 THEODORO JUNIOR, Humberto. *Curso de Direito Processual Civil.* Vol. II. 54.ed. Rio de Janeiro: Gen/Forense, 2020, p. 883.

613 SOUZA, Sylvio Capanema de. *Op. Cit.*, p. 475.

614 O texto proposto tinha o seguinte teor: "*Art. 75. Sendo executada provisoriamente a decisão ou sentença que conceder a retomada do imóvel, o locatário terá direito a reclamar, em ação própria, indenização por perdas e danos, caso a ação renovatória venha a ser julgada procedente ao final da demanda, vedado, em qualquer hipótese, o retorno do locatário ao imóvel.*" (NR)

O texto proposto não suprimia o direito à indenização, mas previa o cumprimento provisório da sentença que ordenasse a desocupação em ação renovatória, deixando que a indenização ao locatário preterido fosse fixada através do ajuizamento de uma nova ação.

Porém, nas razões de veto[615], destacou-se a necessidade de propositura de uma nova ação para a apuração do valor de indenização "*milita contrariamente aos anseios de maior celeridade processual, razoável duração do processo e diretriz da resolução do maior número possível de litígios em uma mesma sentença, e até para que se evitem decisões contraditórias*".

Ademais, a responsabilidade solidária para o pagamento entre o locador e o proponente da melhor oferta causadora da desocupação prevista pela redação original e vigente do dispositivo seria uma "*ferramenta facilitadora do recebimento, pelo locatário, da indenização devida*".

Como consequência, manteve-se a possibilidade de se obter, nos mesmos autos, o direito à indenização do inquilino preterido em virtude da formulação por terceiro de uma proposta mais vantajosa.

Art. 76 Não se aplicam as disposições desta lei aos processos em curso.

Fábio de Oliveira Azevedo

Esse disposto disciplina o denominado direito transitório, ou seja, busca definir se as relações jurídicas locatícias surgidas antes da Lei 8.245/91 serão submetidas à legislação anterior, ou, alternativamente, se poderá ser aplicada imediatamente a lei nova.

O dispositivo, infelizmente, se limita a tratar dos processos em curso, e, ainda por cima, sem distinguir regras de direito processual – que possuem aplicação imediata – das regras de direto material – que gera polêmica intensa na doutrina e jurisprudência.

Basta pensar que os processos que forem iniciados hoje, com base em contratos antigos, não terão suas disciplinas realizadas pelo analisado art. 76, valendo as visões dogmáticas de direito transitório para o direito material (analisar ofensa ao direito adquirido, ao ato jurídico perfeito e a coisa julgada) e

615 As razões de veto estão disponíveis em http://www.planalto.gov.br/ccivil_03/_Ato2007-2010/2009/Msg/VEP-1004-09.htm. Último acesso em 29 set. 2020.

processual (aplicação imediata das regras processuais, como decidiu o STJ ao julgar o AgRg no Ag 1132115/PR).

Pensamos que a lei afastou-se da regra geral e do sistema processual ao impedir a aplicação imediata das regras processuais, o que até se justifica e se compreende, para evitar duplicidade de regras procedimentais.

Mas, com relação ao direito material, defendemos a impossibilidade da denominada retroatividade em grau mínimo, que consiste na aplicação imediata da lei nova, de modo que sua eficácia possa incidir sobre os efeitos dos contratos posteriores à vigência da lei nova. Nenhuma desses desafios foi objeto de algum zelo pelo impreciso dispositivo.

Ao contrário do que ocorre em sistemas como o francês e o italiano, a proteção do direito adquirido, do ato jurídico perfeito e da coisa julgada possuem *status* constitucional no Brasil, direito individual fundamental previsto pelo art. 5º, XXXVI, da CF.

Muito embora se defenda que o progresso recomende a aplicação da lei nova, criada para substituir possível obsoletismo e descompasso com a realidade atual da lei antiga, pensamos, ainda assim, que a segurança jurídica recomenda que as três situações jurídicas, se existentes, merecem ficar imunes à eficácia da nova lei.

Claro, não havendo nenhuma das três situações jurídicas, especialmente um contrato de locação prevendo situação diversa da lei nova, pensamos que não haveria problema algum em aplicar a lei nova, imediatamente, tal como determina o art. 6º da LINDB. Enfim, não se violará a regra constitucional, que não proíbe a aplicação imediata ou, sequer, a retroatividade expressa em nível infraconstitucional, desde que, claro, não se violem as três situações jurídicas constitucionalmente tuteladas.

De modo que o problema não estará na aplicação imediata da lei nova em si, mas, ao contrário, na aplicação de lei nova que desrespeite contrato – ato jurídico perfeito, neste exemplo – com conteúdo diverso daquele previsto pela legislação.

Sem adentrar nessa questão, como se a lei de locação só tivesse regras processuais, o legislador simplesmente afastou a aplicação imediata da lei nova, o que não parece ser problema em perspectiva constitucional, mas apenas uma ruim escolha legislativa.

Tanto é verdade que a Lei 12.112/09, que alterou a Lei 8.245/91, passou a ser aplicada imediatamente em relação aos seus aspectos processuais, tendo sido essa a orientação adotada pelo Egrégio STJ (REsp 1307530/SP e REsp 1207161/RJ, respectivamente das 3ª e 4ª Turmas do STJ)

De toda sorte, o debate perdeu há muito tempo sua importância prática, por ser improvável que tramite em 2022 um processo judicial iniciado antes de outubro 1991. Mas poderá sobreviver o debate para ações judiciais mais recentes envolvendo contratos antigos, embora prorrogados por prazo indeterminado, como prevê o artigo que será comentado em seguida.

Art. 77. Todas as locações residenciais que tenham sido celebradas anteriormente à vigência desta lei serão automaticamente prorrogadas por tempo indeterminado, ao término do prazo ajustado no contrato.

Fábio de Oliveira Azevedo

Pelo dispositivo, as locações residenciais, celebradas antes de outubro de 1991, são prorrogadas por prazo indeterminado a partir da entrada em vigor da lei nova.

Com isso, segundo Sylvio Capanema de Souza, "a nova lei alcança e passa a disciplinar as locações residenciais que tenham sido celebradas anteriormente à sua vigência, que se consideram automaticamente prorrogadas, por tempo indeterminado, à proporção que se expirem os prazos dos contratos" (A Lei do Inquilinato Comentada, 11ª Edição, Forense, pag. 472).

Como dito nos comentários ao artigo anterior, o desafio maior estará na hipótese em que o contrato prevê uma determinada regulamentação que é contrariada pela nova lei, de modo que sua aplicação violaria o art. 5º, XXXVI, da CF, com possível interpretação inconstitucional do dispositivo, a depender da admissão ou não da retroatividade em grau mínimo.

Art. 78 As locações residenciais que tenham sido celebradas anteriormente à vigência desta lei e que já vigorem ou venham a vigorar por prazo indeterminado, poderão ser denunciadas pelo locador, concedido o prazo de doze meses para a desocupação.

Parágrafo único. Na hipótese de ter havido revisão judicial ou amigável do aluguel, atingindo o preço do mercado, a denúncia somente poderá ser exercitada após vinte e quatro meses da data da revisão, se esta ocorreu nos doze meses anteriores à data da vigência desta lei.

Fábio de Oliveira Azevedo

Esse dispositivo criou uma situação social absolutamente controversa, ao possibilitar fosse aplicada a lei nova e a resilição unilateral, pela denúncia, aos contratos anteriores à sua entrada em vigor, tão somente porque passaram a vigorar por prazo indeterminado.

Todavia, retomando os comentários aos artigos 76 e 77, não há que se falar em direito adquirido de não ser denunciado, de modo que se pode elogiar ou censurar a escolha legislativa, mas não defender sua incompatibilidade com a CF.

De toda sorte, para suavizar os efeitos deletérios da resilição, o legislador concedeu um razoável prazo de 12 meses para a desocupação, findo o qual seria possível o ajuizamento de ação de despejo.

Pelo parágrafo único do analisado dispositivo, se entre 20/12/90 e 20/12/91 as partes realizaram a revisão judicial ou consensual do aluguel, só seria possível a denúncia 24 meses após tal revisão, s esta ocorreu nos dozes meses anteriores a vigência da lei.

Art. 79. No que for omissa esta lei aplicam-se as normas do Código Civil e do Código de Processo Civil.

Fábio de Oliveira Azevedo

Esse dispositivo mostra-se alinhado com o art. 2º, 2º, da LINDB, segundo o qual "a lei nova, que estabeleça disposições gerais ou especiais a par das já existentes, não revoga nem modifica a lei anterior".

Com Código Civil de 2002, esse cuidado foi explicitado em seu art. 2036, que previu "A locação de prédio urbano, que esteja sujeita à lei especial, por esta continua a ser regida".

Indo além, o analisado art. 79 determinou expressamente a aplicação supletiva do Código Civil e do Código de Processo Civil, naquilo que fosse omissa a lei locatícia.

É o caso da teoria geral dos contratos, omissa pela Lei 8.245/91, de modo que se aplicam os artigos 421 ao 480.

Os exemplos relevantes são muitos.

O art. 424 previu que "nos contratos de adesão, são nulas as cláusulas que estipulem a renúncia antecipada do aderente a direito resultante da natureza do negócio".

Por sua vez, o art. 35 da Lei 8.245/91 prevê que "salvo expressa disposição contratual em contrário, as benfeitorias necessárias introduzidas pelo locatário, ainda que não autorizadas pelo locador, bem como as úteis, desde que autorizadas, serão indenizáveis e permitem o exercício do direito de retenção".

O STJ, na Súmula 335, afirma que "nos contratos de locação, é válida a cláusula de renúncia à indenização das benfeitorias e ao direito de retenção".

Todavia, realizando um corte para diferenciar contratos de locação paritários e adesivos, o Enunciado 433 do Conselho da Justiça Federal, de autoria do Prof. Marco Aurélio Bezerra de Melo, concluiu que "a cláusula de renúncia antecipada ao direito de indenização e retenção por benfeitorias necessárias é nula em contrato de locação de imóvel urbano feito nos moldes do contrato de adesão".

De modo que a Súmula 335 valeria para os contratos paritários e o Enunciado 422 para os contratos de locação qualificáveis como adesivos.

Já com o Código de Processo Civil de 2015 surgiram muitas dúvidas. Controverte-se, por exemplo, sobre a necessidade de designação da audiência de conciliação ou de mediação prevista pelo art. 334 do CPC.

E isso porque o art. 318 do CPC previu a regra geral de que "aplica-se a todas as causas o procedimento comum, salvo disposição em contrário deste Código ou de lei".

Já o procedimento nas ações de despejo possui características especiais, como prevê expressamente o art. 59 da Lei 8.245/91.

Por sua vez, acirrando o debate, o art. 1046, § 2º, do CPC, previu que "permanecem em vigor as disposições especiais dos procedimentos regulados em outras leis, aos quais se aplicará supletivamente este Código".

Art. 80. Para os fins do inciso I do art. 98 da Constituição Federal, as ações de despejo poderão ser consideradas como causas cíveis de menor complexidade.

Fábio de Oliveira Azevedo

Esse dispositivo previu, em abstrato, que ações de despejo "poderão" ser considerados como causas cíveis de menor complexidade.

Porém, a Lei 9.099/90, ao definir a competência dos juizados especiais cíveis, estabeleceu em seu art. 3º, III, que o juizado especial cível tem competência para conciliação e julgamento das causas cíveis de menor complexidade, assim consideradas "a ação de despejo para uso próprio".

Art. 81. O inciso II do art. 167 e o art. 169 da Lei nº 6.015, de 31 de dezembro de 1973, passam a vigorar com as seguintes alterações:

"Art. 167. ....

II – ....

16) do contrato de locação, para os fins de exercício de direito de preferência."

"Art. 169. ....

..

III – o registro previsto no nº 3 do inciso I do art. 167, e a averbação prevista no nº 16 do inciso II do art. 167 serão efetuados no cartório onde o imóvel esteja matriculado mediante apresentação de qualquer das vias do contrato, assinado pelas partes e subscrito por duas testemunhas, bastando a coincidência entre o nome de um dos proprietários e o locador."

Fábio de Oliveira Azevedo

O direito de preferência do locatário não depende do prévio registro do contrato de locação. Todavia, para que se possibilite o depósito do valor da venda e a reivindicação do imóvel contra o terceiro adquirente, é necessário que tenha havido prévio "registro", para o art. 33 da Lei 8.245/91.

Esse dispositivo teve a virtude de não restringir a averbação do contrato de locação tão somente na hipótese em que contenha cláusula de vigência, para o fim de criar obrigação com eficácia real prevista pelo art. 8º da Lei 8.245/91.

Do mesmo modo, o registro para esse fim previsto pelo art. 8º, ou a averbação para o fim do art. 33, ambos da Lei 8.245/91, passa a ser feito pela mera apresentação do contrato de locação subscrito por 2 testemunhas.

Muito embora a locação não exija que o locador seja o proprietário do imóvel, bastando que seja mero possuidor, o dispositivo em exame impõe como requisito específico para o registro e a averbação que o locador coincida com o proprietário que figura na matrícula do imóvel.

Art. 82. O art. 3º da Lei nº 8.009, de 29 de março de 1990, passa a vigorar acrescido do seguinte inciso VII:

"Art. 3º ....

..

VII – por obrigação decorrente de fiança concedida em contrato de locação."

Fábio de Oliveira Azevedo

Esse dispositivo criou uma exceção à proteção da impenhorabilidade prevista pelo art. 1º da lei 8.009/90, de modo que o fiador de fiança concedida especificamente em caso de locação não poderá abrigar-se com a tutela da impenhorabilidade do bem de família.

Esse dispositivo gerou uma série de discussões no âmbito da jurisprudência, a começar pela sua constitucionalidade.

O STF, ao julgar o RE 407.688, concluiu por maioria ser constitucional o art. 3º, VII, da Lei 8.009/90, não havendo ofensa ao direito de moradia previsto pelo art. 6º da CF.

Art. 83. ao art. 24 da Lei nº 4.591, de 16 de dezembro de 1964 fica acrescido o seguinte § 4º:

"Art. 24. ....

...

4º Nas decisões da assembléia que envolvam despesas ordinárias do condomínio, o locatário poderá votar, caso o condômino locador a ela não compareça."

Fábio de Oliveira Azevedo

O dispositivo altera a lei de condomínio e incorporação e autoriza que o locatário vote em todas as questões relacionadas a despesas ordinárias, bastando que o locador não compareça na assembleia, ou seja, tem-se a impressão de que o locatário recebeu autorização para votar em qualquer tema que não envolva despesas extraordinárias.

De acordo com o Sylvio Capanema é necessário realizar uma interpretação restritiva do dispositivo, pois "nas matérias que envolvam direito de propriedade, como, por exemplo, a alteração das frações ideais do terreno, a extinção do condomínio, a mudança de destinação das unidades, entendemos que não se poderá admitir a votação do locatário, sob pena de fragilizar, de maneira perigosa, o direito de propriedade, constitucionalmente garantido" (Lei do Inquilinato Comentada, 11ª edição, Forense, pag. 83).

Art. 84 Reputam-se válidos os registros dos contratos de locação de imóveis, realizados até a data da vigência desta lei.

Fábio de Oliveira Azevedo

O dispositivo, extremamente cauteloso, reafirma o art. 5º, XXXVI, da CF, ao respeitar o ato jurídico perfeito caracterizado pelo registro do contrato de locação realizado antes da sua entrada em vigor.

Art. 85. Nas locações residenciais, é livre a convenção do aluguel quanto a preço, periodicidade e indexador de reajustamento, vedada a vinculação à variação do salário mínimo, variação cambial e moeda estrangeira:

I – dos imóveis novos, com habite-se concedido a partir da entrada em vigor desta lei;

II – dos demais imóveis não enquadrados no inciso anterior, em relação aos contratos celebrados, após cinco anos de entrada em vigor desta lei.

Fábio de Oliveira Azevedo

Esse dispositivo, embora vigente, perdeu sua eficácia, assim entendida a capacidade de produzir efeitos concretos. E isso porque a lei comentada já vigora há mais de 3 décadas.

Art. 86. O art. 8° da Lei n° 4.380, de 21 de agosto de 1964 passa a vigorar com a seguinte redação:

"Art. 8° O sistema financeiro da habitação, destinado a facilitar e promover a construção e a aquisição da casa própria ou moradia, especialmente pelas classes de menor renda da população, será integrado."

Fábio de Oliveira Azevedo

Como bem lembra Sylvio Capanema, "uma das mais corajosas, profundas e eficazes medidas no sentido de combater o déficit habitacional e aquecer a oferta de novas unidades, foi introduzida pelo art. 8º, ao modificar a redação do art. 8º da Lei 4.380, que regula o Sistema Financeiro da Habitação".

Art. 87. (Vetado).

Art. 88. (Vetado).

Art. 89. Esta lei entrará em vigor sessenta dias após a sua publicação.

Art. 90. Revogam-se as disposições em contrário, especialmente:
I – o Decreto n° 24.150, de 20 de abril de 1934;
II – a Lei n° 6.239, de 19 de setembro de 1975;
III – a Lei n° 6.649, de 16 de maio de 1979;
IV – a Lei n° 6.698, de 15 de outubro de 1979;
V – a Lei n° 7.355, de 31 de agosto de 1985;
VI – a Lei n° 7.538, de 24 de setembro de 1986;
VII – a Lei n° 7.612, de 9 de julho de 1987; e
VIII – a Lei n° 8.157, de 3 de janeiro de 1991.

Fábio de Oliveira Azevedo